湘潭县年鉴

XIANG TAN XIAN NIAN JIAN

2015

湘 潭 县 人 民 政 府 主办
湘潭县年鉴编纂委员会 主编

图书在版编目（CIP）数据

湘潭县年鉴. 2015 / 湘潭县年鉴编纂委员会编. -- 北京：方志出版社，2015.11
ISBN 978-7-5144-1763-0

Ⅰ. ①湘… Ⅱ. ①湘… Ⅲ. ①湘潭县-2015-年鉴 Ⅳ. ①Z526.44
中国版本图书馆CIP数据核字（2015）第255611号

湘潭县年鉴（2015）

编　　者：湘潭县年鉴编纂委员会
责任编辑：齐 笑

出 版 人：黄祥德
出 版 者：方志出版社
　　　　地址　北京市朝阳区潘家园东里9号（国家方志馆4层）
　　　　邮编　100021
　　　　网址　http://www.fzph.org
发　　行：方志出版社发行中心
　　　　电话（010）67110500
经　　销：各地新华书店
印　　刷：湘潭地调彩印厂

开　　本：889×1194　1/16
印　　张：17.85
字　　数：718千字
版　　次：2015年11月第1版　2015年11月第1次印刷
印　　数：0001~1000册

ISBN 978-7-5144-1763-0　　定 价：158.00元

《湘潭县年鉴》编辑部

地　　址　湘潭县大鹏中路518号(湘潭县人民政府大院内)

邮　　编　411228

电　　话　0731-52520626　0731-52520623

邮　　箱　szb2520623@163.com

《湘潭县年鉴》编纂委员会

编辑说明

一、《湘潭县年鉴》是由湘潭县人民政府主办、湘潭县年鉴编委会主编的湘潭县综合性年鉴。1997年创刊，每年编辑一部。《湘潭县年鉴(2015)》为第19部。

二、本卷年鉴坚持以马列主义、毛泽东思想、邓小平理论、"三个代表"重要思想和科学发展观为指导，全面、系统、真实地记载2014年湘潭县自然、政治、经济、文化、社会和生态文明建设等方面的基本情况，为各级政府及部门决策提供依据，为社会各界了解和研究湘潭县提供基本信息资料；为续修《湘潭县志》积累史料。

三、本卷年鉴为中编结构，分"类目""分目""条目"三个层次。部分涉及面较广的"分目"下增设"副分目"。2015年卷设图片专辑、特载、大事记、综述、中共湘潭县委员会、湘潭县人大常委会、湘潭县人民政府、政协湘潭县委员会、民主党派·工商联、群众团体、法治、国防建设、经济管理、建设·环保、重点工程·园区建设、农业、工业、交通·邮政·通信、贸易·旅游、财政·税务、金融·证券·保险、教育·科技、文化·体育·传媒、卫生·医疗、社会民生、乡镇、人物·荣誉录、统计资料、附录、索引等30个类目。卷首设照片专辑、特载、大事记、综述4个类目；百科设中共湘潭县委员会等24个类目；卷末设附录、索引2个类目。除综合性类目分别置于首尾外，其余各类目按自然、政治、经济、文化、社会的顺序，依次排列。

四、为减少层次，避免交叉重复，《湘潭县年鉴》多次"类目"下不设"概述"，仅在"分目"或"副分目"下设"概况"作为第一条目，以对部门、单位期内情况进行综合性或概括性记述。

五、本卷年鉴框架结构基本保持稳定，略有调整，"重点工程"升格为类目，与"园区建设"一并为"重点工程·园区建设"类目，置于"工业"类目之前；各乡镇内容增添"各行政村基本情况表"，记录各行政村重要数据信息。

六、为延续传统表述方式，书中保留了部分"亩"及"亩产"的单位表述方式。

七、本卷年鉴所载信息资料均由各部门、单位专人撰写，并经领导审阅，文中所用统计数据均由供稿单位审核，撰稿人随文署名，以示尊重劳动成果并文责自负。"统计资料"由县统计局提供，凡因统计口径、方法、时间不同造成与条目中数据不一致时，均以《湘潭县2014年国民经济和社会发展统计公报》发布的数据为准。组织结构和负责人名录由各单位提供，以县委组织部审定为准。《湘潭县年鉴》编辑部对各部门、单位资料整理编辑，经2015年8月20日年鉴编纂委员会会议审核通过，具有权威性。

八、本卷年鉴编纂出版工作得到全县各部门、单位的大力支持与配合，广大编撰人员为之付出了艰辛劳动，借此表示衷心感谢。由于成书仓促，水平有限，多有疏漏或不足之处，敬请广大读者批评指正。

《湘潭县年鉴》编辑部

2015年10月

湘潭县行政区划图

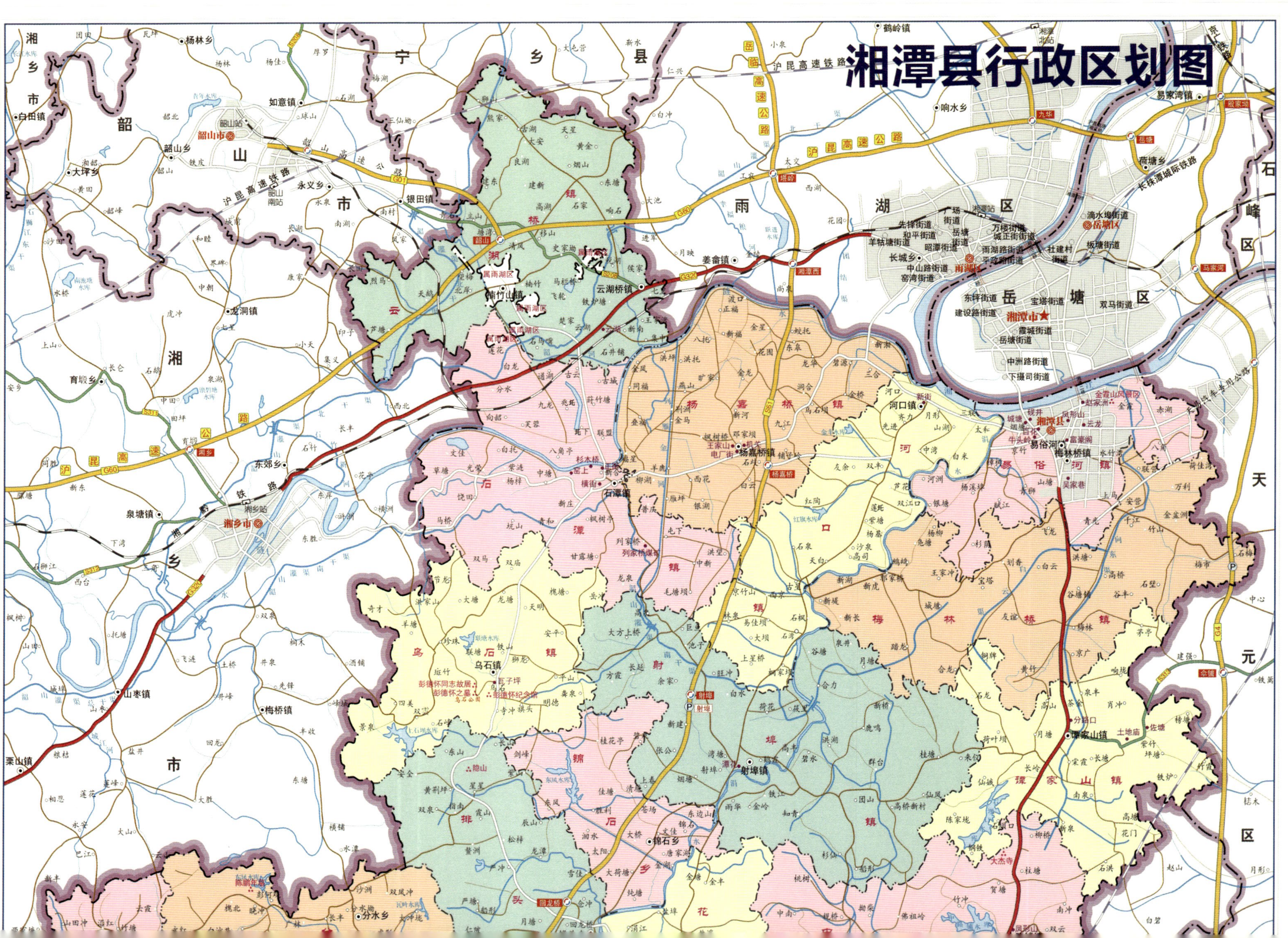

湘潭市
湘潭县
韶山市
湘乡市
岳塘区
雨湖区
易俗河镇
河口镇
杨嘉桥镇
石潭镇
云湖桥镇
花石镇
乌石镇
射埠镇
茶恩寺镇
谭家山镇
中路铺镇
梅林桥镇
排头乡
锦石乡
分水乡
姜畲镇
东郊乡
泉塘镇
龙洞镇
银田镇
如意镇
山枣镇
栗山镇
梅桥镇
育段乡
白田镇
大坪乡
韶山乡
杨林乡
永义乡
响水乡
鹤岭镇
易家湾镇
荷塘乡
沪昆高速铁路
沪昆高速公路
岳临高速公路
长株潭城际铁路
京广铁路
湘黔铁路

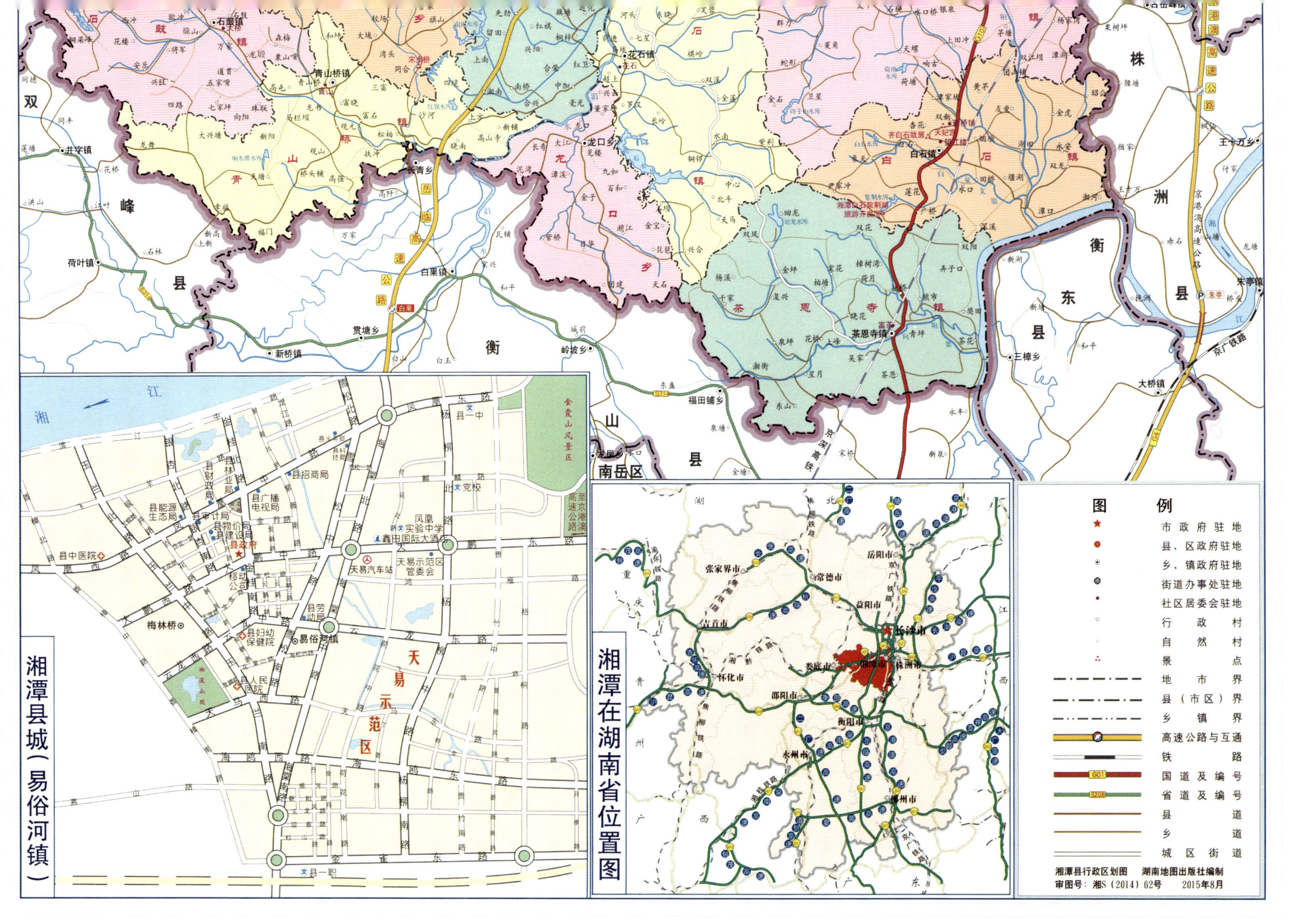
湘潭县城（易俗河镇）
湘潭在湖南省位置图
图例
市政府驻地
县、区政府驻地
乡、镇政府驻地
街道办事处驻地
社区居委会驻地
行政村
自然村
景点
地市界
县（市区）界
乡镇界
高速公路与互通
铁路
国道及编号
省道及编号
县道
乡道
城区街道
湘潭县行政区划图 湖南地图出版社编制
审图号：湘S（2014）62号 2015年8月
茶恩寺镇
白石镇
花石镇
龙口乡
青山桥镇
石鼓镇
射埠镇
易俗河镇
天易示范区
株洲县
衡东县
衡山县
双峰县
南岳区
长沙市
株洲市
湘潭市
岳阳市
常德市
益阳市
张家界市
吉首市
怀化市
娄底市
邵阳市
衡阳市
永州市
郴州市
县政府
县人民医院
县中医院
县妇幼保健院
县一中
党校
县一职
天易汽车站
易俗河镇
梅林桥

重要荣誉称号

★全国粮食生产先进县
★全国计划生育优质服务先进县
★全国科技进步先进县
★全国文化县
★全国绿化模范县
★全国农业综合开发示范县
★中国民间文化艺术之乡
★中国最具投资潜力特色示范县200强

★湖南省文明县城
★湖南省“经济十强县”
★湖南省特色县域经济重点县
★湖南省安全生产先进县
★湖南省社会管理综合治理先进县
★湖南省非公经济和中小企业发展先进县
★湖南省民政工作先进县
★湖南省旅游强县
★湖南省连片推进农村土地整治示范县

数字湘潭县2014

全县总面积	2134平方千米	专利授权量	235件
全县总人口	98.94万人	卫生机构	779个
全县生产总值	286.8亿元	医疗床位数	3268张
其中：第一产业增加值	48.7亿元	社会消费品零售总额	64.8亿元
第二产业增加值	152.6亿元	城镇居民人均可支配收入	25653元
第三产业增加值	85.5亿元	农村居民人均可支配收入	13344元
财政总收入	22.3698亿元	城镇居民人均消费支出	13120.7元
财政总支出	38.3500亿元	农村居民人均消费支出	10058.8元
规模以上工业企业增加值	130.4亿元	参加城镇职工基本医疗保险人数	58502人
农林牧渔业总产值	91.7亿元	参加城镇居民基本医疗保险人数	51377人
固定资产投资	166.3亿元	参加新型农村合作医疗人数	816308人
房地产开发投资	13.0亿元	参加失业保险职工人数	21807人
房屋建筑施工面积	205.0万平方米	参加工伤保险职工人数	47482人
房屋建筑竣工面积	93.5万平方米	参加生育保险职工人数	27929人
进出口总额	4000万美元	参加企业单位养老保险人数	45102人
接待入境旅游人数	704.16万人次	参加机关事业单位养老保险人数	15816人
旅游收入	48.12亿元	参加新型农村养老保险人数	315442人
专利申请量	571件		

2014年6月16日，省委副书记孙金龙(左一)、省委常委、长株潭两型试验区工委书记张文雄(左三)一行考察湘潭县“两型”农业发展典型——梅林山庄项目

(罗 建 摄)

2014年3月11日，省委常委、组织部长郭开朗(右一)查看易俗河镇政务服务中心办事指南

(旷 颖 摄)

2014年4月4日，省委常委、省军区政委李有新（左三）现场查看湘潭县人武部消防学习演练

（黄银平 摄）

2014年8月7日，副省长李友志（左二）到湘潭县检查幼儿园安全工作

（旷 颖 摄）

2014年3月27日，副省长张硕辅（前排白衬衣）湘潭县调研森林防火工作开展情况

（罗　建 摄）

2014年3月5日，省政协副主席武吉海（前排右二）到湘潭县开展“加快推进湘江保护与治理”专题调研

（旷　颖 摄）

2014年11月18日，市委书记陈三新（右三）考察天易示范区农产品精深加工物流园建设情况

（罗 建 摄）

2014年1月27日，市委副书记、市长胡伟林（前中）一行到湘潭县走访慰问企业

（龙显扬 摄）

2014年1月17日，县委书记谢振华到青山桥镇走访调研基层组织建设和干部作风建设

（罗　建 摄）

2014年11月7日，县人大常委会主任黄忠德考察高新技术产业发展

（齐　骏 摄）

2014年3月6日，县委副书记、县长傅国平到杨河工业园企业东凌彩印进行调研

（旷 颖 摄）

2014年5月30日，县政协主席王惠芳到排头乡黄荆坪中心学校看望老师和学生

（龙显扬 摄）

2014年12月20日，重大革命历史题材电视剧《彭德怀元帅》剧组在北京人民大会堂举行开机仪式

（彭德怀纪念馆 提供）

2014年10月24日，湘潭县举办纪念彭德怀同志诞辰116周年暨红三军团长征出发80周年系列活动

（齐　骏 摄）

2014年12月26日，全省依法逐级走访工作现场推进会在鑫田国际大酒店召开

（县信访局 提供）

2014年1月7日，全省水利建设流动观摩团成员到湘潭县排头乡现场学习水利建设经验

（罗 建 摄）

2014 年 10 月 13 日，全省农村诗词工作经验交流会在云湖桥镇举行

（龙显扬 摄）

2014 年 9 月 1 日，“我们的价值观——曲艺走基层全国百场巡演”活动走进湘潭县

（龙显扬 摄）

2014年7月12日，湘潭县举行“大匠之门”名家文化艺术交流系列活动

（龙显扬 摄）

2014年12月8日，湘潭县廉政文化教育基地正式对外开放

（齐 骏 摄）

2014年10月28日，中共湖南省委党校湖南行政学院教学基地落户彭德怀纪念馆

（彭德怀纪念馆 提供）

2014年4月17日，“探寻白石故里，畅游秀美莲乡”启动仪式暨“白石之旅”一日游产品发布会在五龙山大杰寺举行

（齐 骏 摄）

2014年5月8日，湘潭县“欢乐潇湘·幸福湘潭·莲乡大舞台”大型群众文艺汇演启动　（旷　颖　摄）

2014年12月25日，中电投湖南娄底新能源有限公司光伏发电项目与湘潭县人民政府成功签约

（罗　建 摄）

2014年3月17日，位于湘潭天易示范区的飞利浦·吉光LED联合生产基地一期工程已建成投产

（罗　建 摄）

“芙蓉王·2013中国湘商力量总评榜颁奖盛典暨湘商创业与发展高峰论坛”于7月9日在长沙举行(湘潭天易示范区喜获“2013中国湘商十大最具投资价值经济园区”)

(天易示范区 提供)

2014年6月12日,芙蓉大道武广客运专线共线段工程等五大项目举行开工仪式

(罗 建 摄)

2014年9月19日，湘潭县城核心商圈“新地标”——步步高广场开业 （旷 颖 摄）

碧桂园小区 （丁艳平 摄）

凤凰东路 （丁艳平 摄）

天易金霞小学（天易示范区 提供）

金霞广场一角 （杨红艳 摄）

滨江风光带 （丁艳平 摄）

芙蓉大道武广客运专线 （罗 建 摄）

芙蓉小区廉租房　　（县住建局 提供）

县人民医院外科大楼内新建的全县唯一的重症医学科(ICU)
（县人民医院 提供）

涓水二桥通车　　（周铁东 摄）

全民健身工程

污水处理厂　　　　（县住建局 提供）

（县文体广新局 提供）

县城二水厂建设项目——城投（湘潭）制水有限公司一期工程5万吨已投产
（湘潭京湘供水公司　提供）

梅林桥美丽乡村示范片居民点　　（丁艳平　摄）

整治后的紫荆河　　（丁艳平　摄）

天易大道 （天易示范区 提供）

天易示范区 （天易示范区 提供）

县城俯瞰（天易示范区提供）

湘潭县滨江风光带夜景　　　　（周铁东 摄）

县城夜景　　　　　　　　（周铁东 摄）

彭德怀纪念馆　　（县旅游局 提供）

齐白石故居　　（县旅游局 提供）

周小舟故居　　（县旅游局 提供）

黎氏八骏故居　　（县旅游局 提供）

风景秀丽的紫荆湖　　（县旅游局 提供）

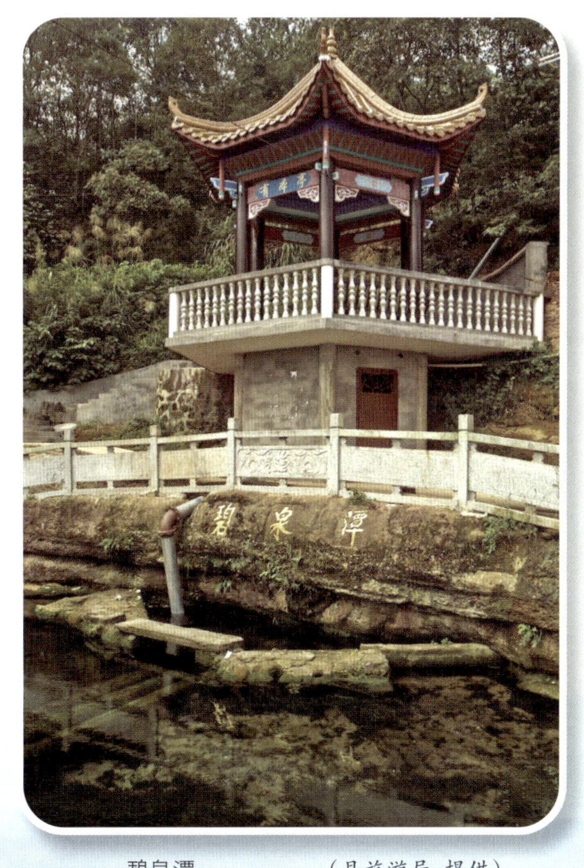

碧泉潭　　　（县旅游局 提供）

铜梁风光　　　（县旅游局 提供）

金霞山　　　　　　（县旅游局 提供）

天下隐山　　　　　　（县旅游局 提供）

十里荷香　　　　　　（县旅游局 提供）

目　录

CONTENTS

湘潭县人大常委会
XIANGTANXIAN PEOPLES CONGRESS

湘潭县人民政府
THE PEOPLES GOVERNMENT OF XIANGTANXIAN

政协湘潭县委员会
C.P.P.C.C XIANGTANXIAN MUNICIPAL PARTY COMMITTEE

民主党派·工商联
DEMOCRATIC PARTY ASSOCIATION OF INDUSTRY AND COMMERCE

群众团体
SOCIAL MASS ORGANIZATIONS

法　治
RULE OF LAW

国防建设
NATIONAL DEFENSE

经济管理
ECONOMIC ADMINISTRATION

建设·环保
CONSTRUCTION AND ENVIRONMENTAL PROTECTION

重点工程·园区建设
CONSTRUCTION OF KEY PROJECTS AND DEVELOPMENT ZONE

农 业
AGRICULTURE

工 业
INDUSTRY

交通·邮政·通信
TRANSPORTATION AND POST OFFICE AND COMMUNICATIONS

贸易·旅游
TRADE AND TOURISM

财务·税务
FINANCE AND TAXATION

金融·证券·保险
FINANCE AND SEURITIES AND INSURANCE

教育·科技
EDUCATION AND SCIENCE AND TECHNOLOGY

文化·体育·传媒
CULTURE AND SPORTS AND MASS MEDIA

卫生·医疗
HEALTH AND MEDICAL

社会民生
SOCIAL AND LIVELIHOOD

乡　镇
TOWNSHIP

人物·荣誉录
FIGURES AND HONOR DIRECTORY

统计资料
STATISTICAL DATA

附 录
APPENDIX

索 引
INDEX

在县委经济工作会议上的讲话

中共湘潭县委书记 谢振华

（2015年1月27日）

县委书记 谢振华

同志们：

这次县委经济工作会议的主要任务是，学习贯彻中央、省市经济工作会议精神，认真总结2014年工作成效，安排部署2015年经济工作。稍后，国平县长还要做出具体部署和安排，请大家认真抓好落实。下面，根据县委常委会研究意见，我讲三个方面的内容。

一、要认真总结成绩，倍加珍惜来之不易的好局面

2014年，全县上下紧扣“现代壮县、幸福莲乡”主题，继续实施“强工壮县、惠农富民”系列举措，扎实开展群众路线教育实践活动，经济社会发展呈现总体平稳、稳中有进、稳中提质的良好局面。

1.在复杂艰难的形势下，保持量质齐升的增长态势。积极克服经济下行压力，大力扶持实体经济，县域经济保持平稳健康的发展态势。全年实现GDP287亿元，增长11.5%；财政总收入22.4亿元，增长11.8%；规模工业增加值131.4亿元，增长15.3%；固定资产投资168亿元，增长25%。虽然部分指标增长较往年有所放缓，但主要指标仍处在合理增长区间，特别是规模工业增加值、固定资产投资等主要指标逆势上扬，增速位居省市前列。

2.在调整转型的逆境中，形成创新突破的良好格局。有效应对结构调整带来的“阵痛”，探索推进“一区多园”战略，示范区综合实力位居省级以上园区第一方阵，杨河组团、青山皮鞋、茶恩竹木等新经济增长点茁壮成长。芙蓉大道、大鹏西路等道路顺利推进，拉开县域“三纵五横”的交通新框架。30余家企业陆续入驻农产品精深加工园和宏信创新创业园，形成产业集聚效应。行政审批、松绑减负、扩权强镇等改革取得突破，在省市形成特色亮点。

3.在全面小康的赛场上，创造和谐惠民的累累硕果。主动投身全面小康建设的竞技场，持续加大投入，民生支出占财政总支出的67%以上；城乡居民人均可支配收入分别增长13%、14%；全面完成省市县为民办实事项目；各类社会保险实现扩面提标，科教文卫事业统筹推进、亮点纷呈；连续三年荣膺“全省安全生产先进

县”，社会大局和谐稳定，群众安全感和幸福指数不断巩固提升。

4.在从严治党的要求下，彰显务实创业的强大能量。始终坚持从严治党的方针，调整完善干部选拔任用、干部绩效考评等机制，有效调动了党员干部干事创业的积极性。各级领导干部带头转作风、改文风、正会风，文山会海、办公用房超标、干部“走读”等问题得到有效整治，凝聚了推动改革发展的强大正能量。

成绩有目共睹，问题不容忽视。当前县域发展存在的问题和不足主要体现在：一是全县经济总量仍然偏小，结构调整和产业转型有压力；二是财政收支矛盾比较突出，民生保障、基础设施建设等方面有欠账；三是城乡发展不均衡、不协调，城乡统筹有难度；四是领导担当、干部执行与县域发展、上级要求和群众期待有差距。这些问题，既有发展中的共生性、阶段性问题，也有长期累积、多年致力改善而没有从根本上解决的问题，对此，我们要以全面深化改革为契机，以问题的导向倒逼改革，以改革的办法破解难题。

二、要更加坚定信心，主动适应转型调整的新常态

当前，我国经济发展已进入增速换挡、结构调优、动力转换的新常态，中央、省市经济工作会议深刻分析新常态带来的新要求、新机遇、新目标。要正确认识当前形势，准确研判未来走势，客观看待县域发展的阶段性特征，科学把握新常态带来的机遇和挑战。

1.正确认识新常态，始终保持发展定力

新常态之“新”，在于不同以往；新常态之“常”，在于相对稳定。新常态意味着我国经济发展的条件和环境发生了重大转变，但是在诸多转变的形势下，我们仍然面临“三个没有变”：

一是经济增速相对放缓，但加快发展的内在基础和上级要求没有变。2014年我县的经济发展速度有所放缓，少数指标没有完成预定目标任务，这既是全国经济下行的大背景在我县的具体体现，也是挤干水分、自我加压，加快调结构、转方式带来的增长放缓。但是，我县作为农业大县、人口大县，发展不足、水平不高的最大县情没有根本改变，加快发展仍是最大的主业。因此，我们推动发展的态势决不能减弱，必须明确调速不减势、量增质更优的基调，继续保持一个高于全省平均水平的增长速度。

二是风险挑战日益增多，但总体向好的根本趋势和长期走势没有变。在当前经济增长进入换挡期、结构调整面临阵痛期、前期刺激政策转向消化期的“三期”叠加形势下，一系列不确定性风险逐步显性化，地方债务风险、金融风险等潜在风险也在我县相继浮出水面，迫使我们在工作中更加谨慎。新常态有新挑战，更蕴含着新机遇，我们不能盲目乐观，更不能妄自菲薄。虽然经济发展进入新常态，但没有改变我县发展仍处于可以大有作为的重要战略机遇期的判断。特别是国家实施“一带一部”发展战略、长株潭获批国家自主创新示范区以及特色县域经济重点县等政策红利将持续释放，要求我们必须抓住当前政策和预期趋好的时机，因势利导，顺势而为。

三是产业转型初见成效，但区域竞争的格局和优胜劣汰的机制没有变。目前，劳动密集型、高能耗、高污染企业占全县企业总数的60%以上，高新技术企业仅占10%，长期以来形成的投资拉动型、资源消耗型、传统工业主导型格局没有大的改变，结构调整的任务依然繁重。但这丝毫不能成为我们放慢发展脚步、畏惧区域竞争的借口，特别是在当前交通条件改善、市场壁垒逐渐破除、要素流动更加便利的情况下，先发城市的“虹吸效应”会进一步强化，区域之间的竞争将在更广领域展开。如果不自我加压、逆势而上，落伍掉队的风险就会加大。全县上下必须切实增强紧迫感和危机感，坚定信心，保持定力，扎实苦干，才能在新一轮区域竞争中脱颖而出。

2.牢固树立新思维，切实增强应变能力

新常态要有新思维，新思维展现新作为。具体来讲，新常态下我们县乡干部要着重树立“四种思维方式”：

一要树立辩证思维。用辩证思维来把握县域经济发展规律，坚持“一分为二”看问题，既要看到有利的一面，也要看到不利的一面；既要看到自身的优势，也要看到面临的困难和问题；既要看到发展的机遇，也要看到存在的风险与挑战，辩证认识质与量的统一、速度与效益的统一、经济下行压力较大和经济运行稳中向好并存的阶段性特征，在“一分为二”的基础上扬长避短、化危为机。

二要树立底线思维。底线是不可逾越的警戒线、是事物质变的临界点，一旦突破底线，就会出现严重的后果。新形势下要重点守住三条底线：守住经济增长底线，不仅是稳住经济数据，还要稳步提升经济质量，实现更平衡、更全面、更优质的可持续发展。守住风险防控底线，科学决策、精准施策、防范在前，把经济风险因素及其可能带来的连锁反应控制在最小范围。守住安全生产底线，把安全作为不能触碰、不能逾越的高压线，不能有丝毫侥幸，不能有丝毫疏忽，不能有丝毫懈怠，全面落实管行业必须管安全、管业务必须管安全、管生产经营必须管安全，切实把安全责任落实到岗位、落实到人头，确保不发生较大及以上安全事故。

三要树立统筹思维。要善于运用统筹思维开展工作，时刻注意“弹好钢琴”，统筹兼顾，不能顾此失彼，努力做到全局与局部相配套、当前与长远相协调、整体推进与重点突破相统一。一方面要统筹推进各领域改革工作。深化改革涉及各个领域，各类要素相互交织，牵一发而动全身，必须注重系统性、整体性和协同性，推进各领域改革良性互动、协同推进。另一方面要统筹解决突出问题。在具体工作中会遇到许多问题和矛盾，要善于分清主次矛盾，把有关联的工作和矛盾放在一起统筹解决，以最少精力取得最大成效。

四要树立法治思维。要运用法治手段保障经济发展，依法从严从快打击各种扰乱市场的违法犯罪行为，为项目建设、企业发展保驾护航。要运用法治方法引领社会治理，深入推进“全省平安县”建设，依法规范信访秩序，化解社会矛盾。灵活运用“法无授权不可为，法无禁止即可为”的规则，推动改革在法治轨道上有序运行。

三、要瞄准全省一流，奋力打造经济强县的升级版

2015年是纵深推进全面小康、深化改革的攻坚之年，是"十二五"收官、"十三五"谋篇的承转之年。全县各级各部门要保持清醒头脑，冷静分析研判，找准工作着力点，把握发展主动权。

全县工作的总体思路是：深入贯彻党的十八大和十八届三中、四中全会精神以及中央、省市经济工作会议精神，主动适应经济发展新常态，紧紧围绕"创一流、进百强"的宏伟目标，突出抓好深化改革、全面小康"两大任务"，切实强化民生、作风、党建"三个保障"，全力推进园区、项目、产业、城乡建设"四大攻坚"，锐意创新，接力奋斗，全面谱写"现代壮县，幸福莲乡"建设的崭新篇章！

全县经济工作的主要预期目标是：GDP增长9%以上，财政总收入增长9%以上，规模工业增加值增长13%以上，固定资产投资增长20%以上，社会消费品零售总额增长13%以上，城镇居民人均可支配收入增长11%以上，农民人均纯收入增长12%以上。

今年是"十二五"规划的收官之年，截至目前，"十二五"规划确定的43项目标大部分进展良好，但也有高新技术产值占GDP比重、直接利用外资等少数指标相对滞后。各级各部门要进一步巩固优势指标，冲刺滞后指标，确保全面完成目标任务。同时，要突出规划重点，侧重项目研究，加强规划衔接，切实做好"十三五"规划的编制工作，为全县未来五年经济社会发展提供行动纲领。

完成2015年工作预期目标，要着重抓好以下工作：

（一）紧紧围绕"一个目标"——创一流、进百强

创一流，即打造全省一流经济强县。这是湘潭县发展的阶段性要求，也是建设"现代壮县、幸福莲乡"的客观需要。进百强，即县域经济综合实力进入全国百强。今年市委经济工作会议提出全市要有1个县（市）进入全国百强序列，担负起这一使命，湘潭县责无旁贷。全县上下要毫不犹豫、坚定不移地把"创一流、进百强"目标植入心中，要有舍我其谁的胆识和坚忍不拔的意志，顺应时代要求，把握时间节点，咬定目标不动摇，一张蓝图干到底。

（二）突出抓好"两大任务"

1.主动落实深化改革任务。改革既是推进发展的动力，也是创新工作的手段。要在认真落实上级部署的前提下，积极对照县委深化改革的58项任务，按时间节点扎实推进，着力破除体制机制桎梏。加快政府机构改革，转变政府职能，着力优化干部队伍；理顺园区管理体制机制，剥离社会事务职能，对园区"松绑减负"，科学推进民生改善、人才、薪酬等改革，确保精简高效运转；推进县与乡之间的改革，合理下放事权，建立权责利对等的工作机制；实施纪律检查体制改革，按照"三转"要求，减少与之无关的职责和事务，把主要精力集中在监督执纪问责上，推动改革取得质的突破。

2.加快推进全面小康建设。当前全县全面小康实现程度为86.9%，整体呈现协调运行、稳步推进态势。要如期如质实现全面小康，每年必须保持4个百分点以上的提升幅度，任务艰巨，不容松懈。各乡镇和涉及的部门必须增强"总抓手"意识，认真对照指标体系和目标任务，靠实责任、细化举措、狠抓推进，继续巩固已初步达标的面上指标，重点提升人均GDP、第二、第三产业增加值占比、税收占比、城镇化率等薄弱指标，在重点、难点领域取得突破，确保全面小康建设工作稳居在全省第二方阵的第一序列。

在当前和今后一个时期，要把全面建成小康和全面深化改革作为"两条主线"，贯穿于全县经济社会发展的全过程，毫不偏移、一抓到底。既要用好全面建成小康社会的指挥棒作用，着力补短板、提质量，推动县域经济社会协调发展，又要坚持向改革要动力、要红利，着力破除体制机制障碍，激活内生动力。

（三）切实强化"三个保障"

1.切实强化民生保障，提高群众满意度。要认真落实中央提出的"更加注重保障基本民生，更加关注低收入群众生活，更加注重社会大局稳定"的要求，把群众满意度提升作为民生工作的根本指向。重整合提质量。进一步优化财政支出结构，加强资金整合，确保民生投入有新提高。重点抓好各项民生实事项目，统筹做好教育、医疗、保障性住房、社会保障、食品安全等重点工作，不断提升民生工作质量。兜底线保基本。多做雪中送炭的工作，加强困难群众的就业帮扶、社会救助、生活保障，编织好保基础、兜底线、促公平、可持续的"安全网"。聚民心促和谐。全面推进依法治县，用法治引领"平安建设"；持续推动信访积案化解，把涉法涉诉信访纳入法治化轨道，切实维护群众合法权益。着力创建省级"安全生产示范县"，严格落实"党政同责、一岗双责、齐抓共管"的要求，推动安全生产形势持续好转。

2.切实强化作风保障，提升队伍战斗力。全面适应作风建设新常态，营造聚精会神、真抓实干的谋事创业氛围。依靠制度管干部。坚持"三严三实"，横下一条心纠正"四风"顽疾，狠抓制度刚性执行，对教育实践活动中修订完善的一系列制度要始终如一地贯彻下去，让制度成为约束党员干部行为的"紧箍咒"，着力形成用制度管权管人管事的长效机制。狠抓落实解难题。习总书记说过，"抓而不紧，等于不抓；抓而不实，等于白抓。"要聚焦发展中心、勇于攻坚克难，站高一步想问题、下沉一级抓落实，在一线了解情况，在一线解决问题，让各项工作早见效、见实效。严格督查究责任。突出问题导向，强化督促检查，坚决保障政令畅通。重点聚焦在招商引资、项目建设、行政审批中推诿扯皮、吃拿卡要的人和事；重点聚焦在服务市场主体过程中不作为、乱作为的人和事；重点聚焦脱离群众、损害群众利益的人和事，发现一起查处一起，决不姑息、决不手软。

3.切实强化党建保障，增强组织凝聚力。深刻把握"抓好党建是最大政绩"的新要求，始终突出从严治党这根主线，努力构建"思想建党、制度治党、书记带头、长抓严管"的工作格局，着力提高党建工作实效，为经济社会发展凝聚力量。党建阵地标准化。全面推进便民服务平台建设，到年底实现县乡村三级全覆盖。完

善乡镇标准化“五小”设施建设，到年底实现全覆盖。党建制度规范化。落实党员干部联系服务群众长效机制，强化村级集体经济保障机制，坚持和完善“三会一课”、民主集中制、党员“两考四评”等制度，促进村级治理规范化。党建载体品牌化。把品牌理念引入党建工作，各个层面要根据自身特点，合理设置活动载体，精心培育和打造有特色、有亮点的党建品牌，以此提升基层党建的影响力。党建队伍优质化。从“三个精”入手，建设优质的党建队伍：加强源头管理，把好党员入口，做到“精挑细选”；加强能力培训，提升队伍素质，锤炼“精兵强将”；加强班子建设，优化队伍结构，确保“精诚团结”。

(四) 全力推进“四大攻坚”

1.推进园区建设攻坚，在晋位升级中加速崛起

园区始终是湘潭县经济建设的主战场、主心骨。要继续巩固提升“一区多园”战略思路，以晋位为途径，以财源为核心，以改革为动力，推动园区经济优质高效、更好更快发展。

一要更加坚定地走晋位升级之路。目标明确，方能攀登新高；定位清晰，才能制胜未来。天易示范区要盯住创建国家级经开区的目标不松劲，制订实施三年行动计划，矢志不渝，奋发进取，力争在2017年成功晋级“国家队”。要着力调存量，扩增量，抓进度，提速度，确保“一区三园”的主要经济指标保持20%以上增速。要逐步改变单纯依靠行政资源、要素、低价、优惠政策等推动发展的模式，更加注重创新型、内涵式发展，主动抢抓长株潭“国家自主创新示范区”、省政府创新创业园区“135”工程等政策机遇，集聚产业优势，提升产业品质，在新一轮创新创业大潮中抢占先机。

二要更加高效地谋聚财生财之道。没有财源，园区发展就如无本之木、无源之水。要进一步提高招商引资主动性、针对性、实效性，通过定位招商，定标安商，引进一批产业项目，发展一批财源项目。着力壮大实体经济，点对点培植成长型企业、扶持潜力企业、改造传统企业，精心培育骨干财源。善于盘活现有的土地、资金等资产资源，置换一批停产企业、闲置土地，切实提高资产收益。狠抓前期签约项目的落地，促其转化为投资、产出和税收。天易示范区的财税收入增幅要在全县平均水平的基础上至少提高6个百分点，力争达到15%，这既是示范区的使命担当，也是一种责任要求。

三要更加灵活地聚改革创新之力。示范区的“示范”，既要体现在政策上的先行先试，更要体现在向改革要动力、向市场要活力。优化“一区多园”互动机制，构建政策共享、产业互补的良性格局。推进示范区与县直部门之间体制、内部运行机制和纪检监察机制改革，进一步聚焦经济发展主业，提升工作效能。着力提振企业信心，创新服务机制，调整支持思路，综合运用过桥资金、税费优惠、以奖代投等政策杠杆，帮助企业渡过难关。加快投融资平台市场化步伐，以“筑巢引凤”、“借鸡下蛋”等方式引入民间资本，实现投资主体多元化。加强债务管理，多途径减少负债压力，防控债务风险。

2.推进项目建设攻坚，在提速增效中集聚后劲

强化项目“生命线”意识，始终把项目建设作为加快发展的第一抓手，着力提升项目建设效益。

一要扩投资、增效益。今天的投资结构，就是明天的产业结构；今天的投资力度，决定今后的发展速度。新的一年，仍然要持续强化项目投资对经济的拉动作用，推进实施重点工程建设项目80个以上，加快武广大道等一批在建重点项目建设，力促中电投光伏发电、中国供销城等项目落户开工，力争重点项目投资增长30%以上。要继续提高工业类、产业类项目所占比重，加强项目建设全程监管，提升项目建设的经济、社会和环境效益。

二要攻难题、提速度。项目申报、落地、推进都要力争快人一拍，做到向上对接快、手续办理快、开工建设快。善于用新常态的思维、法治化的手段和“钉钉子”的精神解难题，疏通“肠梗阻”，打破“玻璃门”、“弹簧门”，扫清项目建设一切障碍。严格落实领导联点服务项目机制，县级联点领导务必亲自牵头去盯、去跟、去抓。始终以项目论英雄、排座次、定奖惩，促进项目督查的常态化，点名通报，铁腕问责，强力推进项目落地生根、投产达效。

三要抓储备、强后劲。围绕新常态下的产业政策导向，结合“十三五”规划编制，精准策划一批带动力强、成长性好、经济效益高的优质项目，力争有更多项目纳入国、省盘子，吸引更多大项目、好项目纷至沓来、落地生根，确保未来一个时期重点项目梯次跟进，循环接续，为县域经济发展提供强大持久的动力。

3.推进产业建设攻坚，在转型升级中争创优势

一个地方若离开产业的支撑，可能就是钢筋水泥的堆砌，最终只能叫好不叫座。要以转型理念提升产业结构和质量，进一步优化存量、扩大增量，加快推进传统产业转型升级、新兴产业发展壮大。

一是推进工业壮大实力、提档升级。突出新型工业的主导地位，从科技成果转化、科技企业融资和人才激励等方面入手，推动先进装备制造、食品加工、新材料等主导产业向高端方向成长，形成一批具有自主知识产权的科技成果，崛起一批具有核心竞争力的现代企业。加快淘汰落后产能，有序推进煤矿关闭退出，推动洗煤、化工等传统产业改造升级。重点加强产业项目招商，引进符合产业政策和县情实际的特色产业和新兴产业，为转型升级注入优质增量。

二是推进农业转变方式、增加效益。在稳定粮食生产基础上，积极推进农业结构调整，促进一二三产业融合互动，提高农业综合效益和竞争力。抓好土地承包经营权确权颁证工作，健全公开规范的土地流转市场。整合涉农资金，加大金融支持，大力培植农业产业化龙头企业、农民专业合作社、家庭农场、专业大户等经营主体，促进农业适度规模发展。以市场为导向，支持引导湘莲、生猪、粮食、油茶、竹木等特色产业，打造县域特色品牌。

三是推进服务业拓展领域、创新业态。进一步提升现代服务业的战略地位，拓展服务业发展领域。要结合一、二产业的需求，配套发展商贸物流、金融保险、电子商务、高端房产、科技信息等生产性服务业；瞄准新

的消费增长趋势，围绕建设文化强县、旅游强县，拓展餐饮住宿、文化创意、休闲旅游、社区服务、养老服务等现代生活性服务业，构建多点支撑的消费增长格局。

4.推进城乡建设攻坚，在统筹联动中提升品质

要牢固树立“城乡一盘棋”的理念，坚持统筹推进，既要以城带乡，又要城乡互动，全面提升城乡一体化水平。

一是城镇化推进既要有建的速度，更要有管的力度。从规划入手，统筹城镇发展总体规划、土地利用总体规划、产业发展规划、基础设施建设规划，协调城乡发展。大力发展“镇域经济”，以城镇发展带动投资、集聚产业、扩大消费，不断增强城镇综合承载力。各乡镇的城镇开发既不能“等米下锅、等客上门”，也不能“捡到篮子里都是菜”，要因地制宜，量力而行。以人为本推进农业转移人口市民化，落实户籍制度改革等政策，让农业转移人口放心在城镇落户。加大对违法违规建设的监督管理和执法力度，严守生态红线、耕地红线和水资源红线，依托绿水青山，打造“金山银山”。

二是新农村建设既要有物的投入，更要有人的关怀。要按照中央农村工作会议的要求，积极稳妥推进新农村建设，推动“物的新农村”和“人的新农村”建设齐头并进。推进“物的新农村”建设，要着力改善农村道路、饮水、电力设施和住房条件等人居环境，重点抓好107国道和潭花线沿线村新农村建设，加大力度推进示范片、“美丽乡村”试点村和帮扶村建设。推进“人的新农村”建设，要着力建立农村留守老人、儿童、妇女的关爱服务体系，建立健全养老、教育、医疗等农村公共服务，让“三留守”有依靠有保障。

三是文明县城创建既要有“面子”，更要有“里子”。“面子”是外在的形象，“里子”是内在的品质。“面子”光鲜，并不代表“里子”也实在。以创建全国文明县城为契机，加大背街小巷基础设施改造力度，推动县城管理工作走上常态化、精细化和品质化轨道。市容市貌只是表象，真正的文明源于广大市民的素质和言谈举止。要引导和发动每一位群众成为全国文明县城创建的主角，用实际行动为文明创建挣“里子”，共同营造表里如一的宜居宜业新县城。

四是农村环境整治既要有短期的成效，更要有机制的长效。根据市委市政府启动新一轮农村环境综合整治的要求，要重点抓好农村生活垃圾分类减量处理、乡镇镇区污水治理、马路市场整治、三边绿化、生态养殖和病媒生物防治等源头性工作，促进农村环境综合整治朝着更加科学化、规范化和长效化的方向纵深发展。

同志们，新常态孕育新机遇，新常态要有新作为。让我们以勇于开拓的精神和与时俱进的智慧，在全面建成小康社会、全面深化改革、全面推进依法治国、全面从严治党的大局中，认真落实好2015年各项工作，在县域经济“创一流、进百强”征程中再创新的业绩！

湘潭县人民代表大会常务委员会工作报告

——2015年2月10日在湘潭县第十五届人民代表大会第三次会议上

县人大常委会主任　黄忠德

县人大常委会主任　黄忠德

各位代表、同志们：

我受湘潭县第十五届人民代表大会常务委员会的委托，向大会报告工作，请予审查，并请各位列席的同志提出意见。

2014年，在县委的正确领导下，县人大常委会深入贯彻落实党的十八大、十八届三中四中全会和习近平总书记系列重要讲话精神，坚持党的领导、人民当家做主、依法治国有机统一，紧紧围绕全县工作大局，认真履行宪法和法律赋予县级人大常委会的各项职权，先后组织召开常委会会议7次，听取和审议专项工作报告9项，组织执法检查3次，做出决定决议7个，依法依程序任免国家机关工作人员81人次，圆满完成县十五届人大二次会议和2014年工作要点确定的各项目标任务，为建设“现代壮县、幸福莲乡”做出新的贡献。

一、精选工作议题，全力为县域经济社会健康发展贡献力量

常委会立足于夯实县域经济发展基础，主动介入，听取和审议县人民政府土地储备工作情况的报告，提出了健全规章制度、创新融资机制、规范收储和出让行为、加强组织领导等意见。县人民政府认真落实审议意见，将土地储备工作纳入全县国土工作考核目标，创新土地储备融资机制，出台《湘潭县土地储备管理办法》等规章制度，并主动收储一批建设用地，促进土地储备工作开展。

针对时下经济下行压力增大，企业生产经营大多不景气的状况，应县人民政府提请，常委会及时调整工作部署，将中小企业服务平台建设情况纳入听取和审议专项工作报告范畴，对全县中小企业服务现状进行调查，组织有关人员赴广州、株洲、宁乡等地学习先进经验，提出加强组织领导、制定发展规划、加大政策支持、创新服务方式的建议。

围绕“双过半”工作要求，去年7-8月份，常委会组成五个调查组到县直单位和部分乡镇，分类分项对“一府两院”工作报告所列主要指标、主要工作进行调查研究，督促“一府两院”及时对工作进行查漏补缺，更好地兑现在人代会上所作承诺，提升政府公信力。

常委会对县人民政府贯彻实施《档案法》《大气污染防治法》《农民专业合作社法》三部法律的情况组织执法检查。通过对《档案法》的执法检查，督促县电视台保护和抢救珍贵历史档案，督促县城建档案馆加强县城地下管网资料的收集整理，还推动县档案馆建设；通过对《农民专业合作社法》的执法检查，督促清理整顿现有农民专业合作社，出台有关政策文件；通过对《大气污染防治法》的执法检查，推动天易示范区企业实现煤改气，督促治理建筑扬尘，关停了非法炼焦点，提高了城区空气质量。

常委会听取和审议县人民检察院关于法律监督工作情况的报告，向县人民检察院交办进一步提高法律监督意识、提升监督工作实效、健全法律监督工作机制的建议。

根据年初工作要点安排，常委会对金霞山公园建设和管理、学校周边环境治理、涓江流域综合治理、刑罚判决执行监督等工作进行跟踪督办，提升监督效果；考察特色县域经济发展、县公安局执法办案场所、高新技术产业发展、长沙航电枢纽工程湘潭县段建设情况，促进相关工作开展。

二、坚持民本理念不动摇，推动解决人民群众最关心的民生问题

一是办结涓水流域综合治理议案。涓水是湘潭县重要生产和生活水源，素有“母亲河”之称。涓水流域综

合治理也是上届人大唯一一份议案，自2011年2月在县十四届人大四次会议上立案以来，常委会就对涓水流域综合治理紧盯不放，综合运用听取专项工作报告、考察、专题调研等形式进行跟踪督办，提出治理工作要求，做出加强涓水流域综合治理的决议；县人民政府前后三位县长都高度重视议案办理工作，以实地考察、组织召开现场办公会等方式，对涓水流域综合治理问题进行认真研究部署；有关职能部门及沿线乡镇勇于担当，认真落实治理工作责任，主动加强协同配合，推动综合治理工作深入开展。通过近四年持续发力，相关部门编制涓水保护与建设总体规划及相关子规划，积极争取上级有关项目和资金支持，沿线乡镇垃圾处理等生态环境保护和水库除险加固等项目建设工作取得显著成效。在县十五届人大常委会第十五次会议上，涓水保护、开发和利用成效获得常委会组成人员肯定，以票决方式通过议案办结的决议。

二是致力于推动农村环境综合治理工作更好开展。常委会将农村环境综合治理这一近年来县委、县政府的中心工作作为监督选题，体现“围绕中心、服务大局”的工作理念。针对调查中发现的问题，常委会提出扩大社会各界参与、加大财政投入、科学处理垃圾、治理生猪养殖粪污的要求。

三是持续给力医患纠纷调处。该项工作是2009年上届常委会工作评议选题。评议工作结束以后，常委会仍以考察、听取工作汇报等方式对此进行密切关注，去年又以听取和审议专项工作报告的形式将其作为年度监督议题之一，提出加大宣传力度、明晰职能部门工作职责、加强医患纠纷调处中心建设、强化医疗机构内部管理的工作建议。

四是在“四行”活动的组织和开展中维护人民群众利益。常委会突出少而精的工作原则，相继以“减少大气污染”“确保水产品质量安全”“走进基层、关注村级卫生室建设”“提高工作效率、促进司法公正”为题，组织开展“环保世纪行”“三湘农产品质量安全行”“三湘农民健康行”和“司法公正行”活动，解决一批与群众生产生活息息相关的民生问题。

五是带着责任做好人大信访工作。常委会把信访工作作为畅通民意渠道、维护人民权益的重要工作来抓，进一步规范工作程序，热情接待群众来访，及时办理群众来信，耐心宣讲政策和法律法规，积极做好思想疏导和矛盾化解工作。对反映集中的房屋拆迁、土地征用、社会保障等突出问题，加大调查研究和督办力度。一年来，共受理来信来访227件、380人次，协调处理集体访27批。

三、加强和改进财政监督工作，提高政府依法理财水平

上届以来，财政监督工作一直是常委会持续发力的方向，部门预算在我县实现从无到有、从粗到细的转变，财政监督和财经法规意识逐步深入人心。去年，常委会在做好各项财政监督工作“规定动作”的基础上，实现财政监督的新突破。启动并实施全口径财政监督，界定全口径财政预算决算监督范围，做到三个“首次”。即首次听取政府性基金预算、国有资本经营预算、社会保险基金预算编制情况的报告；首次对农口、文教、城环、财经、政法五个系统资金安排和使用情况进行调查，并在审查2013年县级财政决算中听取五个系统财政决算调查情况；首次以主任会议建议书的形式就加强全口径预算编制、加大预算执行、提高财政监管水平、支持审计机关依法履职等四个方面向县人民政府提出建议。这些工作都是常委会落实十八届三中全会提出的“加强人大预算决算审查监督职能”的具体行动。

四、依法议决重大事项，认真做好人事任免工作

根据县人民政府提请和工作需要，常委会依法做出加强政府全口径预算决算审查监督、部门预算、城维资金安排、财政决算、调整“十二五”规划部分指标、涓水流域治理议案办理、预算调整等7个决议、决定，有力推动全县经济社会可持续发展。

在行使人事任免权中，常委会认真落实任前调查、法律知识测试、供职发言等人事任免规则，共计任免地方国家机关工作人员81人次，其中决定任免县政府组成局局长10人次，任免法院、检察院及其他相关人员71人次。

五、尊重人大代表主体地位，切实发挥人大代表作用

一是组织开展县城交通秩序治理工作评议。该项工作历经动员、调查、评议和测评四个阶段，历时7个月。在整个评议活动中，常委会主要负责组织协调，县人大代表始终是评议活动的主体力量，且参与活动的代表超过了100人，占全体代表总数的三分之一以上，这样既丰富闭会期间代表活动，又促进评议工作的高效开展。通过专项工作评议，掌握当前县城交通秩序治理工作现状，找准交通秩序治理工作中存在的主要问题，有的放矢地向县人民政府提出依法履行部门职责、加大道路基础设施建设力度、加快完善交通安全设施、加强管理并严格执法、推动公交便民等五个方面的整改建议，督促县人民政府进一步明确部门权责，加大城区路网建设力度，完善交通安全设施，组织专项执法行动，优化公交站点布局和公交线路设计，实现县城交通基础设施建设大提档和交通管理水平大提升的工作目标，评议实效得到广大人民群众的赞誉。

二是加强和改进代表建议办理工作。修订代表建议办理办法，专设对代表建议办理工作的监督检查章节，从制度层面防范以往建议办理过程中少数部门重答复、轻办理，人大代表不满意或者“被满意”现象，同时继续实行重点建议重点督办制度，并组织开展多轮督办，年前重点建议已经办结，代表满意率较高，代表对其他建议办理的满意率也比以往有实质性提升。

三是精心组织代表开展履职培训。去年11月上旬，常委会组织全体县人大代表和广大县乡人大工作者开展集训。与以往组织的培训相比，本次集训组织更科学严密，内容设计中既有习总书记在纪念人民代表大会制度建立60周年座谈会上的重要讲话精神的辅导讲解，又有如何审查人代会工作报告的专题讲座，还有代表建议提出与办理、县情概述及当前经济社会发展态势

等内容的集中学习；在培训议程上，增设法律知识测试，这也是县人大常委会首次对全体县人大代表和县乡人大工作者组织的法律知识测试。从培训效果来看，参训人员对培训组织工作和内容设计普遍评价较高，培训达到预期目的。

四是加强了与代表的日常联系。常委会努力创造条件，扩大代表对常委会各项活动的参与，在专项工作调查、考察、座谈会等活动中，有针对性地邀请县人大代表参与，直接听取和吸收代表们的意见，尤其是去年大幅增加常委会会议列席代表人数，每次邀请10名左右的人大代表列席常委会会议，保证本届任期内每位县人大代表至少列席一次常委会会议；定期给代表寄送《县人大常委会公报》《人民之友》《莲乡人大》等资料，督促“一府两院”将重大决策和重大事项开展情况及时向代表通报，支持代表参加电视问政活动，保证代表知情知政和监督权；主动了解代表工作生活情况，积极做好“三联”工作，竭力为代表排忧解难；认真落实人大常委会发出的《关于进一步做好乡镇人大工作的意见》，支持乡镇创建代表工作室，促进代表联系群众工作开展，并指导乡镇人大主席团开展“创优争先”、工作评议、召开人代会等活动，全面提升乡镇人大工作水平。

六、以党的群众路线教育实践活动为契机，不断提升依法履职能力

按照全县统一安排，常委会从去年3月中旬开始，到10月底基本结束，历时8个月，扎实开展以为民务实清廉为主题的党的群众路线教育实践活动。整个活动聚焦“四风”深入查摆问题，严肃认真开展批评和自我批评，坚持立行立改，加强建章立制，着力整改存在的突出问题。共查摆出反映常委会党组及机关工作中存在部分监督工作实效不明显、代表作用发挥不充分、机关服务能力需提高等37个方面的问题，有的放矢地制定整改措施，取得整改成效。尤其是在建章立制和转变干部作风两个方面收效更为突出，常委会出台9项工作制度，编印常委会工作制度汇编合订本，其中完善规范性文件备案审查办法、组织代表开展工作评议办法、讨论决定重大事项规定、代表建议批评和意见办理办法、常委会议事规则、人事任免办法六个工作制度，新建三联工作制度、审议意见办理办法、常委会会议制度三个工作制度；常委会机关还完善一系列内部管理制度，为进一步规范常委会工作开展和加强常委会机关内部管理提供了制度保障。严格落实八项规定等作风建设纪律，实现年度办公费、差旅费、公务接待费、公务用车费等都同比下降20%以上。在抓好自身教育实践活动的基础上，常委会领导还参与县委统一安排的教育实践活动督导和指导活动。

常委会积极争创市级文明机关。在市县宣传部门的指导下，常委会严格对照评选标准，主动将创建工作与机关实际结合起来，提升机关硬件和软件建设水平，通过市级文明单位创建验收。

常委会重视对外宣传工作。继续办好《莲乡人大》刊物，加强与相关媒体沟通、衔接，在《人民之友》等省级以上媒体发稿60余篇，扩大全县人大工作的社会影响，人大新闻宣传工作继续保持全市领先地位。

在认真履行县级人大常委会各项职权的同时，常委会还配合省市人大做好了执法检查、专项工作调研等相关工作；积极参与省级文明县城复查验收、共驻共建、联系乡镇、重点企业、薄弱学校建设等县委中心工作。

各位代表，一年来，县人大常委会各项工作能取得新的进展和新的成绩，这是县委正确领导的结果，是县人大常委会全体组成人员和广大代表认真履职、积极参与的结果，是“一府两院”和各级各部门大力支持配合的结果。在此，我谨代表县人大常委会，向大家表示衷心的感谢并致以崇高的敬意！

同时，我们也清醒地认识到，人大常委会的工作离宪法和法律的要求，离人大代表和人民群众的期望还存在一定的差距：一是工作活力不够。如按部就班开展工作多，探索创新性工作少；监督方式单一，监督组合拳打得不够好，个别监督工作实效不突出。二是代表履职积极性调动不够。代表履职激励机制不健全，代表参与常委会活动仍偏少，代表小组活动不活跃。三是自身建设有待进一步加强。常委会机关在服务常委会和广大代表方面做得还不够好，仍有一定的提升空间。这些不足，我们将在今后的工作中认真研究，切实加以解决。

各位代表：习近平总书记的一系列重要讲话，为我们实践好人民代表大会制度指明了前进的方向。60年前建立起来的人民代表大会制度，在中国政治发展史乃至世界政治发展史上都具有划时代的意义。正如习近平总书记指出的“在中国实行人民代表大会制度，是中国人民在人类政治制度史上的伟大创造，是深刻总结近代以后中国政治生活惨痛教训得出的基本结论，是中国社会100多年激越变革、激荡发展的历史结果，是中国人民翻身做主、掌握自己命运的必然选择。”在新的奋斗征程上，必须充分发挥人民代表大会制度的根本政治制度作用，继续通过人民代表大会制度牢牢把国家和民族前途命运掌握在人民手中。这是时代赋予我们的光荣任务。

新的一年，县人大常委会将按照党的十八大、十八届三中、四中全会对进一步发挥人大职能作用做出的系列部署和去年9月习近平总书记在庆祝全国人民代表大会成立60周年大会上的讲话精神，在县委的坚强领导下，认真履行宪法和法律赋予的职责，努力把握县级人大工作规律，不断完善工作机制，充分发挥代表作用，切实加强自身建设，全力提升工作实效。今年将重点抓好以下六个方面的工作：

1.关注经济发展新常态，促进县域经济平稳健康发展。经济发展新常态是转型时期一个国家和社会必然经历的阶段性特征。我们将认真做好“十三五”规划初审工作，切实把握好经济发展新常态的新特征、新趋势，使“十三五”规划更加符合发展规律，更加反映人民意愿。实体经济是一个地方发展的基础，我们将组织调查考察，继续关注实体经济发展状况，结合落实关于加大支持服务中小企业发展力度的交办函，督促县人民政府进一步加大对实体经济的扶持力度。创新方式，加大对政府性投资项目监督力度，合理安排建设时序，规范项目全程管理，提高项目投资效益。同时，还将对湘莲产

业发展、乡镇工业园区、花石重点镇建设等工作开展调研和考察，协力推进工作。

2.贯彻十八届四中全会决定精神，助推法治湘潭县建设。十八届四中全会做出全面推进依法治国的决定，对依法治国工作进行全面系统的部署，法治中国将会为此大提速，人大在加速推进民主化、法治化进程中理应承担更多的责任。我们将加强对法律法规实施情况的检查监督，创新执法检查工作方式，规范执法检查流程，发挥好执法检查在促进法律实施、推进工作中的作用，拟对《禁毒法》《森林法》《食品安全法》等法律法规在我县实施情况进行执法检查，促进相关法律在我县的正确实施；进一步加强和改进规范性文件备案审查工作，强化制度建设和能力建设，维护法治和政令统一；认真组织开展“司法公正行”活动，加强对司法领域的监督，继续组织常委会组成人员和代表旁听法院庭审，推进司法公开，对司法机关规范化建设、案件超审限情况和司法体制改革情况等开展调查考察，认真处理涉法涉诉信访，维护司法公平正义；组织对依法任命人员及任命的法律职务人员开展述职活动。

3.回应人民群众关切，积极促进改善民生。结合县域经济社会发展的现实需要和工作中收集到的社情民意，积极回应民众关切，将挑选幼儿园园车管理、合格学校建设、涉众型经济案件审理、县城物业管理、农村公路建设与养护等民生热点问题，以听取和审议专项工作报告为主要形式，综合运用其他监督手段，加强对专项工作的监督，有的放矢地以发放审议意见交办函的方式，就调查和审议中发现的问题向相关部门提出务实的工作建议，并密切关注整改进展情况，同时，以“三湘农产品质量安全行”“三湘农民健康行”和“环保世纪行”为载体开展各项活动，切实保障和改善民生。

4.落实财政监督新要求，稳步实施全口径财政预算决算审查监督。加强财政监督，为公民看紧“钱袋子”，是人民群众的强烈呼声。十八大报告提出“加强对政府全口径预算决算的审查和监督”，十八届三中全会决定指出“加强人大预算决算审查监督职能”；新修订的《预算法》也已从今年1月1日开始实施，对财政预算工作提出了许多新要求。加强财政监督既是顺应民意的需要，也是人大依法履职的必然要求。我们将按照中央对人大加强财政监督工作的新要求，在继续做好已有常规财政监督工作的基础上，稳步实施全口径预算决算审查监督，听取和审查政府性基金预算、国有资本经营预算、社会保险基金预算编制情况的报告，并结合听取和审查“同级审”和财政决算工作报告，加强对专项资金安排和使用情况的监督，同时注重“同级审”结果运用，提高依法理财、民主理财工作水平。

5.高度重视代表工作，激发代表工作活力。人大工作的主体是代表、基础在代表、发展靠代表。我们将进一步落实“三联”工作制度，畅通民意表达渠道；加强和改进县人大代表对常委会活动的参与，在专项工作调研、执法检查等活动中提前向广大县人大代表普发活动开展通知，邀请广大代表贡献力量和智慧，扩大代表参与常委会工作的广度和深度；以人大代表为主体，就县城居民健身场所建设组织专项工作评议，切实加大对代表评议意见落实工作的督办，确保代表评议取得实实在在的效果；落实新修订的代表建议办理办法，创新代表建议督办机制，继续实行重点建议领衔办理制度，开展重点部门承办代表建议督办工作，切实提升问题解决率和代表满意率；健全和完善常委会组成人员年度履职报告、述职制度和代表向选区选民述职制度，调动常委会组成人员和代表履职积极性；加强对人大代表的培训和引导，切实提升代表自身素质，更好地发挥他们在县域经济社会发展中的正能量作用；加强对乡镇人大工作的指导，发挥乡镇人大代表工作室作用，提升全县人大工作水平。

6.切实加强常委会自身建设，不断提升服务保障水平。切实抓好常委会机关自身建设，是做好人大工作的重要保证。我们将严格遵守和执行中央八项规定和省委、市委九项规定，进一步加强思想、组织和作风建设；认真落实常委会各项工作制度和常委会机关各项内部管理制度，切实提高制度执行力；主动适应人大工作新形势，加强人大新闻宣传、理论研究和工作研讨；努力做好机关党建、工青妇、纪检监察、机要保密、信访维稳、老干、后勤接待等工作，为常委会提供良好的保障和服务。

各位代表，在这辞旧迎新之际，让我们一起重温习近平总书记在庆祝全国人民代表大会成立60周年大会上的一段讲话：“人民代表大会制度是中国特色社会主义制度的重要组成部分，也是支撑中国国家治理体系和治理能力的根本政治制度。新的形势下，我们要毫不动摇坚持人民代表大会制度，也要与时俱进完善人民代表大会制度。”让我们高举中国特色社会主义伟大旗帜，在中共湘潭县委的领导下，解放思想，求真务实，奋发进取，积极作为，努力开创人大工作新局面，为加速推进依法治县进程，早日实现“现代壮县、幸福莲乡”的宏伟目标而努力奋斗！

政府工作报告

2015年2月9日在湘潭县第十五届人民代表大会第三次会议上

湘潭县人民政府县长　傅国平

县人民政府县长　傅国平

各位代表：

现在，我代表县人民政府向大会作政府工作报告，请予审查，并请各位政协委员和其他列席会议的同志提出宝贵意见。

一、2014年工作回顾

刚刚过去的2014年，是极不平凡而又富有成效的一年。一年来，在县委的坚强领导下，在县人大、县政协的监督支持下，全县上下坚持“现代壮县、幸福莲乡”主题，强力实施“强工壮县、惠农富民”举措，深入践行党的群众路线，努力克服经济下行压力，攻坚克难、锐意进取，扎实完成县十五届人大二次会议确定的各项目标任务。

全年实现地区生产总值286.8亿元，增长11.6%（同比，下同）；财政总收入22.4亿元，增长11.8%；规模工业增加值130.4亿元，增长15.3%；固定资产投资166.3亿元，增长23.5%；社会消费品零售总额64.8亿元，增长14%；城镇居民人均可支配收入、农民人均纯收入分别达2.57万元、1.33万元，增长9%、11.4%。继续保持“全国粮食生产先进县”“全省文明县城”等重要成绩，成功获取“中国民间文化艺术之乡”“全省安全生产先进县”等重要荣誉。

1.坚持实施强工战略，一区多园蓄势发力。天易示范区保持高位增长。全面启动国家级经开区创建工作，天易示范区获评中国湘商十大最具投资价值经济园区，综合实力位居省级以上产业园区领先地位。完成技工贸总收入485亿元，增长25.1%；完成财税收入13.5亿元，增长16.4%；报批土地2000亩，征地1430亩，腾地4120亩，融资到位40亿元；实现招商引资到位资金32.5亿元；投资99亿元，完成基础设施和重大产业项目52个。先进装备制造、食品、新材料三大主导产业产值占全县规模工业总产值的60%以上，产业集聚效应进一步凸显。易俗河、梅林桥和相关部门全力支持天易示范区发展，发展环境进一步优化。乡镇工业实现高效发展。率先实施“一区多园”战略，获批成立天易示范区杨河工业园、青山皮鞋工业园、茶恩竹木工业园。3个乡镇工业园发展势头强劲，全年完成投资15亿元，引进企业13家，其中5家企业竣工投产。青山皮鞋、茶恩竹木产品呈现产销两旺、供不应求的良好局面。“一区引领、多园支撑”的工业发展模式成为全市示范。云湖桥等工业强镇发展势头良好，全县乡镇完成规模工业总产值183.6亿元。

2.坚持壮大实体经济，产业发展步伐稳健。三次产业结构比由19.7∶51.5∶28.8调整为17∶53.2∶29.8，产业结构进一步优化。农业优势巩固提升。完成粮食种植面积159.7万亩，粮食总产量达74万吨；出栏生猪221万头；全县市级以上农业产业化龙头企业达到47家，实现农业产业化产值195亿元；新增国家级农民合作示范社3家、市级以上示范社6家，全程社会化服务体系发展模式在全省推广；120个村的“五小”水利项目建设基本竣工；射埠连片农村土地整治示范项目稳步推进；农机装备水平连续九年稳居全省前列；梅林桥“美丽乡村”、茶恩寺金坪·复兴、白石潭口3个示范片和110个帮扶村建设取得显著成效；88个行政村电网改造升级、200千米农村公路硬化建设、7.8万农村人口饮水安全工程全面完成。工业转型迈步提速。完成规模工业总产值427.6亿元，增长17.3%；新增规模工业企业15家，总数达208家；新登记注册企业880家；新增驰名商标1件、省著名商标7件、省名牌产品2个；新增国家级高新技术企业3家，完成高新技术产值149.5亿元；完成工业技改投资75亿元，万元规模工业增加值能耗降低率达23%。三产发展稳步提质。核心商圈建设步伐加快，全县首个城市综合体项目同丰·中央广场投入运营；成功争取全省首批“百城千镇县乡流通再造试点县”和“全省农村商贸综合服务体建设试点县”；与淘宝网合作组建“特色中国·湘潭县馆”电子商务平台，县内121家企业成功入驻，并上线运营。成功申报一级资质建筑企业1家。出台促进房地产业健康发展的政策措施，成功举办全县首届房地产交易博览会，商品房开发建设和管理水平不断提升。成功创建1家五星级旅游酒店，顺利举办“赏荷”等乡村旅游活动，石鼓等乡镇积极开发特色旅游产品，旅游人次和旅游收入大幅提升。严厉打击非法集资，金融秩序逐步规范；成功引进光大银行、长沙银行来县设立分支机构，全年金融机构发放贷款164亿元，有力地促进了县域经济稳步发展。

3.坚持加快项目建设，内生动力势头强劲。全年引进项目48个，实现到位内资36.2亿元；建设重点工程项目86个，完成项目投资122亿元，投资总量和增速稳居全市第一。芙蓉大道、玉兰路、天易生态水厂、紫竹路、黄莺路等7个重大基础设施项目全面建成；珠江啤酒、新向维包装、傲派自动化设备等15个重大产业项目竣工投产；县污水处理厂二期、金霞山公园、滨江风光带等12个重大民生项目加快推进。按照“打开通道、拓展框架、着重配套、提升管理”总体思路，加快县城东西南北四个出城通道的建设，涓水二桥及其连接线、五大桥及其南引线和天易大道辅道工程竣工通车，107国道拓改工程和武广大道建设快速推进。

4.坚持发展特色经济，特色产业亮点纷呈。大力推动特色县域经济重点县建设，全年完成农副产品加工业项目总投资30亿元，实现农副产品加工业产值142亿元，有效带动就业2.58万人。完成400亩“寸三莲”原种场基地、花石万亩湘莲基地、8万亩高档优质稻种植基地、1.4万亩油茶和8000亩楠竹基地建设任务；新增宏信油茶、金风食品2家省级农业产业化龙头企业，新增润竹竹业、堂皇湘莲等12家市级农业产业化龙头企业。天易示范区农产品精深加工物流园初具规模，12家农产品加工企业顺利入园，鸿益食品、妙研食品2家企业实现投产；映日荷花、傲农生物、省地方特色产品（湘莲）质量监督检验中心等6个项目完成主体工程建设；梅林现代农业示范园建设稳步推进；锦石的飞跃湘莲、排头的华为湘莲、龙口的泽润生态农业等特色产业项目建设进展顺利。

5.坚持强化城乡统筹，城乡面貌焕然一新。城乡建设全面推进。完成中路铺、射埠等3个乡镇建设规划和石鼓、杨嘉桥等4个乡镇控制性详细规划编制；完成小城镇建设投入1.7亿元，实施镇区道路、电力等基础设施项目82个；花石、石潭两个全国重点镇和乌石、白石两个省级特色镇建设步伐加快，云湖桥、排头等乡镇城镇建设明显加强，全县城镇化水平不断提高。城乡管理全面提升。园林绿化管理养护、背街小巷环卫清扫实现市场化运作；新增10路、101路、123路等3条公交线路，基本实现市县公交同城；完成平安城市电子防控系统建设并投入使用，严格规范校车园车管理，严厉打击超限超载和非法客运行为，交通秩序整治取得明显成效；认真清理整顿城镇开发建设秩序，查处违法用地210亩、违法建筑3700余平方米；省级文明县城复检顺利通过，城市管理水平有效提升。城乡环境全面改善。认真落实“涓水流域综合治理议案”，加强“一江两水”保护和大气污染防治，划定湘江干流规模畜禽养殖禁养、限养、适养区，白石、易俗河等4个乡镇积极落实退养任务；持续整治非法采砂洗砂行为，杨嘉桥、青山桥等乡镇着力巩固整治成果；全面完成各项减排任务；森林覆盖率达44.9%；纵深推进农村环境综合整治，实行网格化、精细化管理，中路铺率先实行镇区环卫清扫社会化，锦石、龙口等乡镇推行垃圾焚烧处理、分类减量，城乡面貌明显改善。

6.坚持改善民生民利，社会事业持续进步。省、市34项为民办实事工作全面完成，并获全省先进。高考各项评价指标连续16年蝉联全市第一；天易金霞小学建成投入使用，成为全县基础教育新亮点；44所合格学校和3所公办幼儿园建设任务全面完成；县一中校园全面提质；县职校实训大楼顺利竣工。“欢乐潇湘·莲乡大舞台”群众文艺活动深入人心；谭家山等两个乡镇文体广场建成投入使用；分水等3个乡镇广播“村村响”试点工程有序推进；电视剧《彭德怀元帅》正式开拍。完成51个村卫生室标准化建设；完成谭家山卫生院整体搬迁和梅林桥、河口卫生院提质改造；县中医院住院综合大楼顺利封顶；新农合参合率达98.3%；村卫生室基本药物制度覆盖率达97.9%；成功创建“全省慢性病综合防控示范区”。切实加强食品药品监督工作，食品药品安全得到有效保障。认真落实“单独二孩”政策，人口计生主要指标平稳运行，继续保持“国优、省模”地位。新改扩建敬老院4所，县社会福利中心投入使用，城乡低保救助和农村“五保”供养扩面提标，城乡居民养老保险覆盖率达到100%。新增农村劳动力转移就业6900人，新增城镇就业8000人；完成46万张社会保障卡发放。建设保障性住房190套，棚改安置1200套，改造农村危旧房1000户。严格落实退耕还林、生态公益林补偿等惠农政策，积极维护民生利益。认真开展第三次全国经济普查，顺利推进行政村合并和第九次村民委员会换届选举工作。强力监管安全生产，实现了事故起数和伤亡人数“双下降”，杜绝较大及以上安全事故，花石镇成功创建“省级安全生产示范乡镇”；强力推动煤矿关闭退出，谭家山、石潭积极落实关闭工作，顺利关闭长岭、邓公等5家煤矿。不断规范信访秩序，持续开展打黑除恶专项行动，社会治安秩序良好，社会大局和谐稳定。

7.坚持推进简政放权，行政效能明显提升。深入开展党的群众路线教育实践活动，切实整治“四风”突出问题。全县“三公”经费下降27.8%，会议文件精简32%，议事协调机构减少51%，腾退办公用房5680平方米，公务用车、财政供养人员只减不增，干部作风明显改进。行政审批事项由原来的580项精简到288项，全面实施“两集中、两到位”工作机制（即行政审批职能向一个股室集中、承担审批职能的股室向政务服务中心集中，确保审批事项进驻到位、授权到位），审批时限缩短2/3以上。率先启动委托乡镇授权执法工作，“扩权强镇”经验在全市推广。自觉接受人大、政协的监督，办结人大议案和代表建议294件、政协委员提案120件；办结社情民意、“县长信箱”来信187件。开展对45个县直单位60个财政支出项目的资金绩效评价和审计监督，资金使用效益不断提升。县行政学校投入使用，干部教育阵地得到加强。

围绕经济建设和社会发展，供销、物价、移民、气象、烟草、史志、档案、人防、对台、侨务、人民武装、国防教育、民族宗教等工作取得新进展，消防、通信、供水、供气等部门做出新贡献，工会、共青团、妇联、残联、工商联、文联、科协、关工委、老龄委等群团组织、各民主党派及其他社会团体获取新成绩。

在此，我谨代表县人民政府，向辛勤工作在各行各业的广大干部群众，向人大代表、政协委员，向工商联、人民团体，向各民主党派、无党派人士和离退休老同志，向所有为全县经济社会发展做出贡献的各位朋友、各界人士，表示衷心的感谢并致以崇高的敬意！

在充分肯定成绩的同时，全县经济社会发展仍然存在一些困难和问题。我们深知，加快经济发展仍需加压奋进。经济增速放缓，部分指标没有完成年度计划。全县经济总量仍然偏小，产业结构有待优化，产业规模不大，龙头企业不足，项目支撑能力不够，防抗风险能力不强。我们深知，加大民生保障仍需加倍努力。全县财政收支矛盾比较突出，刚性支出日益增长，可用财力增长乏力，积欠债务负担较重，在民生领域和基础设施建设方面，还存在不少差距，统筹城乡发展任务仍然十分艰巨。我们深知，加强效能建设仍需加大力度。机关作风虽然有所改善，但是服务意识、担当意识和责任意识仍然不强，不作为、缓作为、消极应付的现象仍然存在，执法不规范、不到位、敷衍塞责的现象时有发生，工作作风仍待改进。对此，我们一定高度重视，在今后工作中采取有效措施，认真加以解决。

二、2015年工作安排

指导思想：深入贯彻党的十八大和十八届三中、四中全会精神，紧紧围绕“四化两型”“三量齐升”总要求，坚持稳中求进总基调，认真落实市委、县委经济工作会议精神，以全面建成小康经济强县为总揽，全面深化和落实“强工壮县、惠农富民”举措，积极推进“经济提升、深化改革、法治建设”三大任务，始终坚持以改善民生为目标，以项目建设为抓手，以一区多园为载体，以特色产业为重点，顺应新常态，谋求新发展，为建设“现代壮县、幸福莲乡”而持续发力，实现经济社会平稳、健康、和谐发展。

总体目标：GDP增长9%以上，达到315亿元；财政总收入增长9%以上，达到24.4亿元；规模工业增加值增长13%以上，达到148亿元；固定资产投资增长20%以上，达到200亿元；建设重点工程项目80个以上，完成项目投资100亿元；社会消费品零售总额增长13%以上，达到73亿元；城镇居民人均可支配收入、农民人均纯收入分别增长11%、12%以上，达到2.85万元、1.49万元。

切实改善民生民利，着力推进“八大民生重点”：1.着力改善交通设施。全力推动潭衡高速晓南互通和潭花复线公路项目，力争年内开工建设；拓宽改造潭花公路（河口段）；建成易俗河港区千吨级码头。2.着力改善农村基础设施。建设“五小”水利项目村150个；硬化农村公路300千米；完成50个行政村电网改造；整理农村土地3.2万亩。3.着力改善文体设施。启动县体育馆（县一中艺体馆）建设；建成县档案馆、非遗保护中心和全民健身综合中心；新建5个乡镇文体广场。4.着力改善教育条件。建设40所合格学校、3所公办幼儿园；建好县特殊教育学校；建设1.1万平方米农村学校教师周转房。5.着力改善医疗卫生条件。搬迁扩建县人民医院老县城分院；完成县中医院住院综合大楼建设并投入使用；筹建县精神卫生中心；提质改造50个村卫生室。6.着力改善城区基础设施。推进滨江风光带二期建设；提质改造大鹏路和10条背街小巷；完善金霞山公园配套设施；加快文体广场建设步伐；启动天易市民广场（一笑堂地块）建设。7.着力改善基本生活保障。新建保障性住房180套；改造农村危房700户；新改扩建4所敬老院；综合治理20个矿区村，改善矿区生产、生活和生态环境。8、着力改善平安保障能力。完成公安业务技术用房建设；筹建县交通安全管理综合服务中心；建设2个基层派出所和1个基层法庭；实施派出所建设“三年行动计划”，实现乡镇派出所全覆盖。

工作举措：为完成以上目标和任务，我们将从以下九个方面切实采取措施：

1.切实推进园区建设。全力加快天易示范区发展步伐，力争示范区完成技工贸收入600亿元，财政总收入15.5亿元，项目投资40亿元，招商引资30亿元。加快示范区基础建设。力争新开工项目20个，竣工项目35个；推进武广大道二期、凤凰东路二期等骨干路网建设，完成云龙东路、香樟路等15条园区道路建设任务，启动县第二污水处理厂建设，进一步夯实园区承载能力。加快示范区产业提升。进一步优化基础布局，推动产业集聚，大力培育先进装备制造、农产品精深加工等主导产业，力争主导产业产值占规模工业总产值90%以上。启动中国供销城、靖通车饰等项目建设，加快宏信创新创业园二期、南方阀门等项目推进，完成小龙王食品、五洲通药业、力威液压、信诺颜料等企业新、改、扩建任务，着力打造更具支撑力的“两型”产业体系。加快示范区带动发展。按照“一区多园”战略，编制全县工业产业发展规划；充分发挥天易示范区辐射带动作用，加快推进杨河、青山皮鞋、茶恩竹木3个乡镇工业园建设；继续推动有条件的乡镇设立工业园，不断壮大“一区多园”规模。建立招商引资利益共享机制，采取“飞地经济”模式，鼓励其他乡镇积极参与“一区多园”建设。力争大洋白石广场等2个投资过10亿元项目正式签约，力促中粮可口可乐等4个投资过亿元项目落户建设，全年全县实现招商引资到位资金40亿元以上。构建乡镇工业园与天易示范区政策共享、产业互补、发展协同的新格局，力争“一区多园”规模工业总产值占全县70%以上。

2.切实强化新型工业。深化和落实“强工壮县”系列举措，加速推进新型工业化。以优服务提升工业。继续落实《关于稳增长促发展的九条意见》，推进中小企业服务体系建设，加大融资、减负的服务力度，保障企业用地、用电、用工需求，努力帮助中小微企业走出困境、加快发展；实施成长型企业“入规”培育计划，全年新增规模工业企业12家以上，完成规模工业总产值480亿元；大力推进企业改制扫尾工作，基本完成国有、集体企业改制任务。以高技术提升工业。完成技改投入85亿元，实现高新技术产值168亿元，新增国家级高新技术企业2家以上。全面推进信息化建设，大力发展战略性新兴产业，支持韶力电气、高耐合金等一批科技含量高、发展潜力大的企业加快自主创新步伐；加快淘汰、提升和转型一批高能耗、高污染、低水平的落后企业，全年万元规模工业增加值能耗降低率6%以上。以强品牌提升工业。鼓励企业抱团打造知名品牌，培育一批行业领先、省内著名、国内有影响力的企业，新增省著名商标7件、省名牌产品3个。

3.切实发展现代农业。按照“培育新主体、推广新品种、普及新技术、建设新农村”的思路，加快“惠农富民”进程，扎实推进农业现代化。继续抓好国家级现代农业产业示范园建设；完成粮食种植面积160万亩以上；实现农业产业化产值220亿元以上。培育新主体。推进农村土地承包经营权确权登记颁证工作；加快农村土地流转，培育新型农业经营主体，支持鼓励家庭农场、种粮大户、农民合作组织发展；重点培育10家骨干龙头企业、20个家庭农场、30家农民专业合作社和40个特色种养基地。推广新品种。开展粮食高产示范创建，办好县级万亩高产和19个乡镇千亩高产创建示范点；依托农民合作社，大力推广水稻、油茶等新品种，以及蔬菜等高产高效作物。普及新技术。促进生猪养殖标准化、规模化、无害化建设；加快推进全程社会化服务体系建设，实施测土配方施肥技术56万亩、完成机插秧面积35万亩、水稻集中育秧技术20万亩、双超配套技术35万亩，开展病虫害专业化统防统治30万亩。建设新农村。实行“集中投入、打造示范、轮流帮扶”的办法，建设美丽新农村。将梅林桥“美丽乡村”、茶恩寺金坪·复兴、白石潭口3个示范片打造成全市典范，扎实推进锦石碧泉、云湖桥楚家等7个“美丽乡村”试点村、110个帮扶村和28个省定贫困村建设。扎实完成射埠等乡镇省连片土地整治示范项目建设任务。认真抓好防汛抗旱、农业保险、气象服务、动物防疫、森林防火、移民后扶等工作，促进农业可持续发展。

4.切实提升第三产业。加速发展商贸流通业，积极促进总部经济、商贸物流、电子商务和现代服务业，着力打造飞羊西路商业街，加速银杏北路核心商圈二期发展步伐，推动东城区商业服务圈建设；加快推进“农村商贸综合服务体”建设和“县乡流通再造”项目；依托“特色中国·湘潭县馆”电子商务平台，加强产品推介，拓展市场影响；优先采用本地产品，积极促进本地消费。启用贵竹路农贸市场，规范整顿易俗河百花、金鹏农贸市场，全面整治乡镇马路市场；启动花石湘莲市场四期建设；完成分水等5个乡镇农贸市场建设和提质改造。加强银企合作，扩大信贷投放，加大金融机构支持实体经济力度。落实房地产健康发展的促进措施，规范房地产开发秩序；精心举办第二届房交会，搭建房产展销平台；鼓励房地产企业参与城镇开发建设，促进房地产市场平稳健康发展。加快发展文化旅游产业，以名人文化、红色文化、湖湘文化为重点，增强旅游文化内涵；打造“人文旅游、红色旅游、生态旅游”三张名片，加强景区基础建设和配套设施建设，发展以“观千亩油菜”和“赏万亩荷花”为主题的农业观光旅游，不断提升全县旅游接待能力和服务水平。

5.切实壮大特色经济。壮大特色基地。继续实施万亩湘莲示范片、“寸三莲”原种场二期工程，建设2万亩特色油茶产业基地、万亩楠竹丰产基地和2万亩高档优质稻基地。壮大特色园区。进一步拓展天易示范区农产品精深加工物流园框架，完善园区内供水、供电等配套设施；确保省地方特色产品（湘莲）质量监督检验中心等一批项目建成投入使用。壮大特色企业。招商引进一批，力争年内新增特色产业企业10家以上；培育提升一批，支持粒粒珍湘莲等一批企业做大做强；投产达效一批，确保杰萃生物等10个以上特色产业项目建成投产。全年争取上级投入特色产业1.5亿元以上，拉动社会投入30亿元，实现农副产品加工业产值200亿元以上，全面加快省特色县域经济重点县建设步伐，努力壮大特色产业规模。

6.切实统筹城乡建设。提升县城品位。继续按照“打开通道、扩展框架”的思路，加快县城建设。向西，完成潭花公路（河口段）拓宽改造；向南，完成107国道（吴家巷至县九中段）提质改造；向东、向北，加快凤凰东路、云龙东路、芙蓉大道辅道等项目建设进度，畅通县城出口。启动杨柳路二期、梧桐南路二期、向东渠东路等道路建设，拓展城市框架。推进滨江风光带二期建设；提质改造大鹏路；完善金霞山公园配套设施；加快文体广场招商和建设步伐；加快搬迁一笑堂、古汉堂两家企业，启动天易市民广场建设，拓展市民活动空间。实施背街小巷基础设施升级改造“三年计划”，改造10条背街小巷；清理整顿户外广告；继续开展“三整三化”行动，提升县城品位。加快城镇建设。编制河口新区规划，完成谭家山镇控制性详规和乌石镇、锦石乡总规编制，实现规划全覆盖。着力推动中心城镇、特色城镇和小城镇建设，重点加强镇区道路、电力、排污、排水、环卫、文体等基础及配套设施建设。加快花石镇市级特色镇建设步伐。完成150个村“五小”水利项目建设、300千米农村公路硬化、8座危桥改造、50个行政村电网改造和3.2万亩农村土地整理。重点支持边远乡村基础设施建设。全力推动潭衡高速晓南互通和潭花复线公路项目；建成易俗河港区千吨级码头；加快推进酒泉至湖南800千伏特高压直流输电工程和醴娄高速公路等重大跨境基础设施建设。深化城乡建设管理，严厉整治违法违规占地建房行为。争取国省项目支持，整合农村土地整治、公路建设、水利建设、电网改造等项目，综合治理谭家山、龙口、石潭等乡镇的20个矿区村，不断改善矿区群众生产生活条件。加强城镇产业发展，加快推进新型城镇化，全面提升城镇化水平。加强生态保护。增强环境保护意识，加强农村环境综合整治，推进垃圾分类减量，实施垃圾无害化处理，切实解决“垃圾进城”问题；按划定区域扎实推进湘江干流规模畜禽养殖的退养工作；大力推广以沼气、太阳能为主的新能源；严厉整治非法采砂洗砂行为；持续加强大气污染防治和“一江两水”环境保护，全面完成省、市减排任务。加强生态资源保护，坚守森林资源红线，完成工程造林4.2万亩，全县森林覆盖率达到45%以上。

7.切实增进民生福祉。进一步改善办学条件，优化教育资源配置，规范民办教育管理，进一步提高基础教育、职业教育质量；启动县体育馆（县一中艺体馆）建设；完成40所合格学校、3所公办幼儿园建设，实现合格学校建设全覆盖；建好县特殊教育学校，加强残障人群的教育和培训；支持江声中学创建省级骨干学校；加强薄弱学校帮扶，促进教育均衡发展。搬迁扩建县人民医院老县城分院；完成县中医院住院综合大楼建设，将其建成县未病治疗和预防中心；推进县妇幼保健院、云湖桥卫生院整体搬迁；筹建县精神卫生中心；加强基层医疗队伍建设和监管，推进村级卫生室标准化建设，提质改造50个村卫生室，实现国家基本药物制度全覆盖；按照“便民惠民”原则，改善农村合作医疗管理，提高医疗保障水平。加快县档案馆、非遗保护中心和全民健身综合中心建设，年内建成投入使用；逐步向居民开放县直机关单位体育设施，提高全民健身水平；新建5个乡镇文体广场。坚持计划生育基本国策，提高出生人口素质。扎实做好1%人口抽样调查工作。启动实施市县公交“一卡通”和城乡客运“一体化”，逐步开通县城至中心城镇的公交线路。建立城乡低保、农村“五保”核对机制，不断提高供养水平；健全社会救助体系，加大对特困家庭的救助；新建保障性住房180套；改造农村危房700户；扎实推进安全饮水工程，完成石潭、中路铺等11处饮水工程建设；新改扩建排头、石鼓等4所敬老院。实行免费人才培训，鼓励全民创业，以创业带动就业，全年举办专场招聘会50场次以上，新增就业1.5万人以上；培训农民10万人次，转移农村劳动力32.9万人，实现劳务收入65亿元以上。全面完成省、市为民办实事工作任务。

8.切实加强社会管理。以创建省级“安全生产示范县”为目标，牢固树立安全意识，切实盯紧高危行业，始终保持高压态势，严格落实安全责任。认真实施“四大三基”三年行动计划，继续开展“打非治违”专项行动。稳妥推进煤矿关闭退出工作。深入开展示范乡镇、示范村、示范企业、示范学校达标创建活动，构建安全生产长效机制。以安全隐患排查为重点，突出抓好校车园车、易燃易爆、道路交通、矿山、消防等安全整治；加快推进公路重点地段安保工程建设；着力加强食品、药品、农产品等质量监督，特别是农村、校园等重点区域的食品质量监管，切实保障人民群众的健康和安全。打击处置非法集资和恶意逃债等扰乱金融秩序的行为，深入开展“创建金融安全区”活动。规范信访秩序，引导群众依法解决信访问题，加大非访依法处置力度，及时化解矛盾纠纷，进一步推动社会和谐稳定。加强社会治安综合治理，加快“平安湘潭县”建设，完善危机预防管理体系，进一步提高对灾害、事故和公共卫生、社会安全等应急处置能力。健全社会治安综合防控体系，完成公安业务技术用房建设并投入使用，启动县交通安全管理综合服务中心建设，新建乌石、杨嘉桥等基层派出所，不断强化公安基础工作；持续开展打黑除恶专项行动，严厉打击群众反映强烈的突出犯罪行为；新建射埠法庭，加强基层法庭建设；加大人民调解、社区矫正和法律援助力度，进一步提升人民群众安全感和满意度。努力夯实村级基础建设，提升村级经费保障水平，提高村干部待遇，筑牢社会管理基础。

9.切实推动改革创新。全面推进政府机构改革，进一步精简整合行政机构，转变政府职能；全面完成事业单位分类改革。高标准编制“十三五规划”；探索“多规合一”，总揽城镇发展总体规划、土地利用总体规划和产业发展规划，形成城乡统筹、专项协调、覆盖全域的规划体系。鼓励民间资本投资公共领域建设，推动农村信用社改制为农村商业银行，加快村镇银行组建步伐。推进财政改革，推行全口径预算管理；严控新增政府债务，化解财政金融风险；规范村级财务管理，加强村级财务监督。放宽市场主体准入条件，推行商事登记制度改革，实行“先照后证”，落实注册资本认缴登记、企业年度报告公示等制度。深化土地管理改革，全面落实不动产登记制。探索建立公办学校标准化建设制度、校长教师轮岗交流制度，促进优质教育资源共享；适应高考新要求，改革创新教育教学和管理工作。启动县人民医院、县中医院、县妇幼保健院等公立医院改革，逐步形成资源共享、专业互补、便民惠民的医疗体系。建立统一的城乡居民基本养老保险制度，推进养老、医疗保险全民参保登记试点，逐步推动社会保障“五险合一”进程。创新天易示范区内部管理机制，优化考核体系；建立健全支持示范区发展要素保障机制；逐步剥离示范区承担的社会事务。

继续加强工会、共青团、妇女、儿童、国防教育、民兵预备役、老龄、老干、外事侨务、文联、残联、工商联、档案、人防、史志、民族宗教、科协等工作，推动各项事业全面进步。

三、切实加强政府自身建设

坚持依法治县，创新管理服务方式，不断改进工作作风，树立清正廉洁形象，持续推进人民满意政府建设。

持续推进法治建设。始终把法治思维贯穿政府工作的全过程，始终把依法行政作为政府工作的第一准则。认真贯彻中央“依法治国”基本方略，加快民主法治建设。坚持依法行政，推进科学民主依法决策，推行政府法律顾问制度，建立健全重大决策跟踪反馈和责任追究制度。严格执行议事规程和决策程序，自觉接受人大的法律监督、政协的民主监督和社会的舆论监督，认真办理人大代表建议和政协委员提案，虚心听取人民群众的意见。支持司法机关依法独立行使职权，着力构建公平公正的法治环境。

持续推进效能建设。始终把公开透明作为政府工作的基本要求，始终把协调高效作为政府工作的重要目标。大力推行“1+3清单”（即“行政职权总清单”加

“负面清单”、“流程清单”、“监管清单”）制度，进一步拓展集中审批范围，进一步加大简政放权力度，进一步加快“扩权强镇”步伐；严格目标管理，强化过程控制，加快审批速度，提高办事效率。实行“一站式”服务，实现“一条龙”审批，确保便捷高效；加强政府运行管理，加大行政问责力度，确保政令畅通。全面推行政务公开，促使权力阳光运行，着力构建平等有序的发展环境。

持续推进作风建设。始终把廉洁从政作为政府工作不可逾越的底线，始终把务实为民作为政府工作的首要任务。认真落实各项纪律，自觉践行群众路线，旗帜鲜明反对“四风”，毫不松懈改进作风。真心实意为群众谋利，千方百计为企业解难，想方设法为项目排忧。认真落实党风廉政责任，深入贯彻反腐倡廉规定。强化行政监察，严格审计监督。坚决查处各类违法违纪案件，坚决杜绝各种以权谋私现象，坚决制止各种为官不为行为，着力构建严谨务实的政务环境。

各位代表，目标在前，正当乘风破浪；重任在肩，更需奋力赶超。让我们在县委的坚强领导下，在县人大、县政协的监督支持下，始终保持争创一流的锐气、攻坚克难的勇气、奋发有为的朝气，坚定信心、扎实苦干，坚决完成全年经济社会发展和“十二五”规划的各项目标任务，为全面建成小康经济强县而努力奋斗！

政协湘潭县第八届委员会常务委员会工作报告

——2015年2月8日在政协湘潭县第八届委员会第三次会议第一次全体会议上

县政协主席 王惠芳

县政协主席 王惠芳

各位委员、各位同志：

我受政协湘潭县第八届委员会常务委员会的委托，向大会作工作报告，请予审议，请列席会议的同志提出意见。

2014年工作回顾

2014年，县政协深入学习贯彻中共十八大、十八届三中、四中全会和习近平总书记系列讲话精神，在中共湘潭县委的坚强领导下，以深入开展党的群众路线教育实践活动为动力，以提升履职能力和服务科学发展为主题，充分发挥人民政协在协商民主中的重要渠道作用，扎实履职，积极奉献，为县域改革和发展做出新的贡献。

一、创新方法、注重实效，为助推改革发展履职尽责

增强协商议政实效，为科学决策当参谋。充分发挥人民政协在社会主义协商民主中的重要渠道作用，着力“议大事、谋全局、抓重点、求实效”，围绕年初提出的政治协商重点事项，常委会将专题协商与调研考察有机结合，组织专题协商3次，提出进一步发挥天易示范区对乡镇工业的带动作用、推动教育资源均衡发展、支持生态环保养殖、开展道德模范评选表彰活动等100余条意见建议，得到县委县政府的吸收和采纳，为相关工作决策提供有力支持。各专委会与有关单位和部门就县域经济发展、社会组织和社会服务、公共文化建设等方面开展对口协商10次，提出意见建议80余条，为推动工作的开展提供帮助。各联工委组就产业发展、小城镇建设、农村环境卫生整治等事项开展协商议政120多次，促进各项工作的落实。同时将提案办理协商贯穿于提案工作全过程，提高提案工作的实效。

提高调查研究质量，为改革发展献良策。常委会2014年围绕乡镇工业园区发展和全县医疗卫生资源配置两个专题开展调研。调研组认真研读相关政策理论，切实深入基层、深入实际掌握情况，广泛征求意见，反复研究，形成《构建乡镇工业集中发展平台，推动县域经济持续健康发展》和《关于基层医疗资源配置情况的调查与建议》两个专题调研报告，以建议案的形式呈报县委、县政府。对乡镇工业园的发展提出“突出重点、合理规划、整合资源、优化环境”等建议。针对基层医疗资源配置的现状和问题提出“加大投入力度、完善人才政策、整合物力资源”等建议，县委、县政府高度重视，召开专题会议认真研究，积极采纳，通过加强乡镇工业园区组织领导、出台政策、规范管理、加大工作力度等一系列举措，取得乡镇工业园区发展的良好开局；通过加快乡镇卫生院的改扩建步伐、加强基层人才队伍建设优化我县基层医疗资源的配置。各联工委组围绕农业产业化发展、城镇基础设施建设、饮水安全等工作，开展专题调研45次，撰写调查报告36篇，有关意见建议得到了党委政府的采纳。

创新民主监督方式，为改进工作进诤言。常委会开展农村环境综合整治工作、重点项目工程建设两个专题考察；专委会对农村水利建设、人民调解工作、国土综合整理和违法用地、农村新能源建设等工作开展专题考察18次。我们改进考察方式，规范考察流程，注重前期调研，深入了解情况，组织集中考察掌握实情，召开专题协商会广泛征求意见，切实增强专题考察的针对性和实效性，提出的健全我县人民调解组织体系、加强对镇村的垃圾分类指导、开展对城镇建设清理整顿等40多条建议得到较好的落实。各联工委组开展考察评议4两次，就优化发展环境、转变工作作风等问题提出意见与建议200余条，并跟踪督促落实，有效推动各项工作的开展和部门工作的改进。

为增强民主监督的组织化程度，开展委派民主监督小组试点工作，向县环保局、县交通运输局、县城管

局、县住建局、县公安局等5个单位委派民主监督小组。各民主监督小组围绕监督主要事项，主动工作、积极作为，推动受派单位提高行政效能、改进工作作风。促进工业节能减排、城区非法营运整治、廉租房建设、打击非法集资、维护市容市貌等工作的开展。

委员们充分发挥联系面广的优势，积极收集和反映群众的意见和诉求，收集社情民意160余条，编辑报送《社情民意》7期，向省市报送社情民意10余条。其中《加强金霞山广场的管理的建议》等社情民意引起县政府和有关部门的重视，一些人民群众反映强烈的问题得到有效解决。

改进提案工作方法，注重提案办理效果。八届二次会议以来，收到提案129件，经审查立案126件，提案办结率和见面率均为100%，委员对提案办理的满意率为98%，当年解决率为61%。继续坚持主席、副主席领衔督办重点提案，县长、副县长阅批和牵头办理重要提案，专委会对口协商办理提案，提案委会同政府办加强经常性的督办和服务等措施，加强提案办理工作；制定《县政协常委会民主评议提案办理工作办法》，对县文体广新局、县财政局、县住建局、县国土资源局、县环保局、县城乡规划局、县林业局等七家单位提案办理工作开展评议，增强提案承办单位工作责任感，提高办理工作水平，为推动养老事业发展、加强水资源保护、加强食品安全监管等人民群众关心的热点问题的解决发挥积极作用。开通网上提案办理系统，提高提案工作效率。

二、突出团结民主的主题，为改革发展凝心聚力

充分发挥委员主体作用。县政府定期向政协常委会通报经济社会发展、重要工作情况，让委员知情明政。县委县政府和相关部门主动邀请委员参加重要工作决策和推进、绩效考核、竞聘上岗、民主测评、党的群众路线教育实践等活动，认真听取委员意见。县委县政府积极落实政协建议案、意见与建议、提案、社情民意等，并及时反馈和通报办理落实情况，做到件件有回音，事事有着落。县政协加强对联工委组工作的指导和督促，联工委组开展调研、考察、评议等各种履职活动。委员们积极参与“五个一”活动，为经济社会发展提出建议意见600余条，提出提案126件，参与协调化解社会矛盾380余起，为困难群众办实事320余件，为薄弱学校建设、扶贫帮困等各项公益事业直接捐资245万元。注重扩大履职活动中的委员参与面，常委会和专委会先后邀请120名余委员参加调研、考察等活动；选派21名委员参与政风行风评议、特约人员工作。政协委员通过参与丰富而扎实有效的履职活动，主体作用得到充分发挥。

充分发挥桥梁和纽带作用。我们通过常委会议、座谈会、调研考察、走访慰问等形式保持与人民团体、各民主党派成员和各界代表人士的经常性联系联络，为他们在政协履行职责搭建平台、畅通渠道，不断巩固和发展了最广泛的爱国统一战线。进一步密切与港澳台侨及其亲友的联系联络，积极引导他们参与全县经济社会发展。发挥宗教界代表人士的作用，及时了解反映信教群众意见和诉求，促进宗教和睦、社会和谐。委员们发挥自身特点和优势，密切联系界别群众，积极宣传党的路线方针政策和县委县政府决策部署，促进了社会各界增进共识，形成合力。2014年有110名政协委员积极参与“四同”（同心园区、同心项目、同心社区、同心乡村）创建活动，开展统战文化、政策法律、消防安全、反邪教等宣传活动10次，收集反映社情民意200多条，开展义务医疗保健、法律援助、心理辅导等志愿服务30余次，扶贫帮困捐助财物12万多元，密切党群关系，促进社会和谐。

三、切实加强自身建设，提高政协工作水平

深入开展党的群众路线教育实践活动。县政协党组和机关领导班子根据县委的统一部署，扎实开展党的群众路线教育实践活动。聚焦“四风”问题，共征集意见建议491条，查找存在的主要问题48个，制定整改措施24项，并扎实推进整改落实。认真贯彻落实中央、省、市、县委作风建设的规定，改进学风、会风、文风，转变调研考察方式，轻车简从，深入群众，了解实情，反映真实情况，提出真知灼见；改进民主监督方式，提高监督实效；严格“三公”经费、公车管理；建立和完善《政协常委会工作规则》等15项工作制度和9项机关管理制度，通过深入开展教育实践活动，县政协党组和政协组织为民务实清廉的意识进一步牢固，凝聚力进一步加强，作风建设长效机制进一步巩固完善。

办好主题活动，展示政协形象。以人民政协成立65周年和县政协成立30周年为契机，召开县委政协工作会议暨县政协成立30周年纪念大会。回顾和总结我县政协走过的历程、取得的成就和经验，展望政协事业的美好愿景，增强做好政协工作的责任感和使命感；开展政协知识百题有奖竞赛活动，近万人参与，提高社会各界对政协工作的认识；举办“忠实履职，奉献莲乡”书画摄影展，展出书画摄影作品100余幅，丰富政协的文化活动，活跃政协工作氛围。

加强宣传，扩大政协工作影响。通过县内媒体开展纪念县政协成立30周年、重要履职活动、委员风采等系列报道；通过县政协网站、《莲乡政协》工作刊物积极宣传中国特色社会主义理论、政协知识，反映政协工作动态，展示履职成果，刊发文章、信息200多篇，被省、市政协媒体采用工作信息15条，在《湘声报》《文史博览》上稿6篇；省政协新闻采访团集中采访报道县政协围绕金霞山公园的保护和建设所开展的系列履职活动，《湘声报》专题报道我县政协工作情况，提高我县政协工作的知名度和美誉度。

各位委员、同志们：2014年我们的工作每一点进步，每一份收获，所取得的成效，都离不开中共湘潭县委高度重视、坚强领导，离不开县人大、县政府、县人武部和社会各界的大力支持、密切配合，离不开全体委员和政协工作者忠实履职、积极奉献。在此，我代表县政协常委会，向所有重视、关心、支持、参与政协工作的领导和同志们致以衷心的感谢和崇高的敬意！

同时，我们清醒地认识到，工作中还存在一些薄弱环节，如开展协商民主的形式和方法还有待进一步探索和实践；履行民主监督职能有待进一步加强，部分委员履职的意识和能力有待进一步提高，政协机关服务委员

和群众的能力有待进一步增强。对这些问题，我们将在今后工作中切实加以改进。

2015年工作任务

2015年，是全面深化改革的关键之年，是全面建成小康社会的攻坚之年，是全面依法治国的开局之年，是全面完成“十二五”规划的收官之年。在新的一年里，县政协常委会要在中共湘潭县委的坚强领导下，主动适应当前政协工作的新常态和新要求，大力推进履职能力建设。充分发挥人民政协在社会主义协商民主中的重要渠道作用，凝心聚力、履职尽责，为我县改革发展稳定做出新的贡献。

一、认真学习贯彻中共中央重大决策部署和习近平总书记系列重要讲话精神

认真学习贯彻中共中央关于全面深化改革、全面推进依法治国、发展社会主义协商民主等重大决策部署，认真学习贯彻习近平总书记在纪念人民政协成立65周年大会上的讲话等系列重要讲话精神，是政协组织和广大政协委员当前和今后一个时期的一项重要政治任务。要通过组织常委会专题学习，联工委组、界别负责人、委员培训等多种形式把学习活动引向深入，不断巩固共同思想政治基础，充分发挥人民政协在社会主义协商民主中的重要渠道作用，充分发挥人民政协在促进国家治理体系和治理能力现代化建设中的重要作用。

二、适应经济新常态，为改革发展献计出力

紧扣中央和省、市、县经济工作会议提出的目标要求，加强对经济新常态的分析研究，以加快全面建成小康社会为总揽，针对我县深入改革和经济社会发展中的重大问题，突出在推动深化改革、经济转型升级、民主法治建设、生态文明建设、“十三五”规划纲要制定等开展协商议政。要制定好协商计划，组织好专题协商、对口协商、界别协商和提案办理协商。县政协常委会确定三个专题协商：一是围绕我县制定“十三五”规划纲要组织委员积极参与调研、咨询、论证等工作，为科学决策建言献策；二是围绕“培育主导产业，促进县域经济转型升级”开展专题调研和协商；三是围绕“规范村级管理，夯实基层基础”开展专题调研和协商。围绕促进合格学校建设、电子商务平台发展等事项开展对口协商4次，界别协商3次。县政协各专委会和联工委组、界别要正确认识和主动适应经济新常态，精心选题、深入调研，组织开展调研和考察活动，并形成调研考察报告，向县委、县政府及有关部门提出对策建议。强化民主监督，改进民主监督形式。县政协常委会组织围绕“落实行政审批改革，激发市场活力”等事项开展专题考察。建立和完善委派民主监督小组工作制度，委派民主监督小组由5个扩大到10个，对相关单位依法行政、司法公正和服务群众的事项开展民主监督，进一步提高民主监督的组织化程度和监督力度。进一步加强提案工作，要在提高提案质量和提案办理工作上下功夫，实现提案由数量型向质量型转变；进一步推动常委会民主评议提案办理工作，县委县政府领导牵头办理，主席、副主领衔席督办，专委会对口联系办理，提案委全面跟踪督办和网上提案办理等措施，提高提案办理实效。进一步做好社情民意工作，反映群众呼声，促进工作落实，推动民生改善。

三、发挥优势，广泛凝聚改革发展的正能量

人民政协要充分发挥代表性强、联系面广、包容性大的优势，继续加强同各民主党派、无党派人士、港澳台侨胞、宗教界人士的联系联络，积极宣传改革发展的大政方针，引导人民群众积极支持和参与改革发展，努力为改革发展增进共识、形成合力，凝聚正能量。要完善工作机制，创新工作方法，搭建履职平台，为民主党派成员和无党派人士更好发挥作用创造条件。要创新群众工作方法，畅通和拓宽各界群众利益诉求表达渠道，拓展有序政治参与空间。在委员中继续开展“五个一”活动，进一步发挥畅通民意、理顺情绪、协调关系、化解矛盾、排忧解难、加油鼓劲的作用。要坚持在宪法、法律和政协章程的框架下正确履职，积极引导广大政协委员成为社会主义法治建设的宣传员和实践者。政协组织和政协委员要恪守宪法法律，自觉践行社会主义核心价值观，锤炼道德品行，改进工作作风，切实发挥在本职工作中的带头作用、在界别群众中的代表作用、在全社会学法守法中的表率作用，树立良好的公众形象，自觉接受来自各方面的监督。

四、以改革创新的精神，大力推进履职能力建设

政协常委会和政协委员要全面把握中共十八大以来对人民政协提出的新任务和新要求，以改革思维、创新理念、务实举措大力推进履职能力建设，努力在推进国家治理体系和治理能力现代化中发挥更大作用。要积极开展学习培训，不断提升委员和政协工作者的政治把握能力、调查研究能力、服务群众能力和合作共事能力。政协党组和政协机关要继续巩固党的群众路线教育实践活动成果，践行“三严三实”的要求，着力建立作风建设的长效机制，切实加强机关党建工作和廉政建设，密切与人民群众的血肉联系，用好的作风推动各项工作。要提高机关工作水平，进一步加强对联工委组、界别工作的指导、督促、检查，加强同委员的经常性联系，切实为委员提供优质服务。继续加强以推进社会主义协商民主广泛多层制度化发展为主题的理论研究，总结工作经验，探索基层协商民主的形式和方法。发挥文史工作存史、资政、团结、育人的作用，开展对湘潭县第17辑文史资料征集工作。抓好政协宣传工作，进一步提高《莲乡政协》办刊水平，发挥政协网站宣传平台作用，加强与县内外新闻单位的联系协调，不断提高政协宣传工作水平，扩大政协工作影响。

各位委员，同志们，新的一年我们面临新机遇、新挑战、新任务，肩负着新的重大责任，让我们以饱满的政治热情，勇于担当的精神，紧密团结在以习近平同志为总书记的中共中央周围，在中共湘潭县委的坚强领导下，同心同德，扎实工作，锐意进取，开拓创新，为全面建成小康社会，建设“现代壮县，幸福莲乡”做出新的更大的贡献！

（责任编校　杨红艳）

大事记

1月

2日　县委召开县社会管理综合治理委员会全体会议。

3日　县政府召开2014年第一次安委会会议，分析安全生产形势，部署春节及两会期间安全生产工作。

7日　省水利厅厅长詹晓安率省水利厅相关负责人及14个市、州水利局局长到湘潭县排头乡考察水利建设。

15日　县委召开中共湘潭县委第十一届四次全会暨经济工作会议。

16日　省政府副秘书长王光明，省旅游局党组书记、局长张值恒率省旅游产业发展年度考核组一行到彭德怀纪念馆调研考察湘潭县旅游产业发展现状。

20日　12时5分，乌石镇寺冲村同心组后山发生火灾。乌石镇政府组织镇机关干部、民兵应急分队、村组干部参与灭火，至次日凌晨3时基本扑灭。此次山火烧毁森林46.7公顷。

21日　县政府召开县城乡规划委员会2014年第一次会议，听取审议项目规划方案并提出修改完善意见和建议。

22日　县委召开县内各界人士代表迎春座谈会。

23日　县委召开全县老干部代表座谈会。

24日　县政府召开全县人口和计划生育工作会议。

27日　市委副书记、市长胡伟林，市委常委、市纪委书记张建平率市总工会、市残联负责人一行走访慰问困难企业和群众。

31日12时30分，乌石峰顶发生一起山火。乌石镇森林防火指挥部组织镇村干部及当地群众砍伐草木建防火隔离带，扑灭山火。县林业局、县武警消防队赶赴现场灭火，于次日凌晨1时山火基本扑灭。此次山火烧毁森林3公顷。

2月

14日　县委、县政府召开中共湘潭县第十一届纪委第四次全会暨全县反腐败工作会议。

是日　县政府召开全县投资和重点工程项目建设推进会。

16日—18日　政协湘潭县第八届委员会第二次会议召开。

17日—19日　湘潭县第十五届人民代表大会第二次会议召开。

17日　湖南省人民政府办公厅下发《关于2013年“3521”乡村旅游创建工作考核验收情况通报》，湘潭县创建成为湖南省旅游强县。

25日　湘潭县新型工业化工作得到省委、省政府的肯定，获“2013年全省加速推进新型工业化一等奖”。

26日　县委政法暨群众工作大会召开，部署“全省平安县”建设工作。

27日　湖南省2014年新增点慢性病及其危险因素监测工作启动会暨现场观摩培训在湘潭县举行。

3月

3日　县委、县政府召开全县公安工作会议。

5日　省政协副主席武吉海率调研组到湘潭县开展“加快推进湘江保护与治理”专题调研。

是日　省民政厅厅长段林毅一行到湘潭县调研考察民政工作。

6日　县委召开湘潭县庆祝“三八”国际劳动妇女节104周年大会。

7日　县委召开全县深入开展党的群众路线教育实践活动动员大会，市委副书记、市长胡伟林出席会议并讲话，省委督导组副组长、省委组织部副巡视员由红军通报督导组的主要职责和督导工作的主要任务；市人大常委会副主任、市委督导组组长杨真平讲话；县委书记谢振华作动员报告；县委副书记、县长傅国平主持会议。全体在职的副县级以上领导参加会议。

11日　省委常委、组织部部长郭开朗调研湘潭县开展党的群众路线教育实践活动，提出将群众的满意程度作为该项活动的检验标准。省委政研室副厅级纪检员罗云寿，省委基层办副主任刘浩等陪同。

12日　全省疾病预防控制工作会议暨县级疾控中心主任管理培训班在湘潭县举行。

13日　县政府召开县城交通秩序治理工作部署会。

14日　市委书记陈三新一行到湘潭县党的群众路线教育实践活动基地——彭德怀纪念馆参观彭老总为民务实清廉风范展，重温入党誓词。

18日　省水利厅副厅长甘明辉到湘潭县督查防汛备汛工作。

20日　省委党的群众路线教育实践活动湘潭督导组组长蔡力峰调研湘潭县党的群众路线教育实践活动开展情况。

是日　县政府开展“反恐、防暴”综合性应急演练活动。

21日　市委副书记李江南调研湘潭县“三农”工作。

是日　县委召开全县经济工作总结表彰暨推进新型工业化大会。

是日　县委农村工作会议召开，总结上年全县农业农村工作，表彰先进，统筹安排2014年的全县农业农村工作。

是日　湘潭鸿泰宇矿业有限公司二矿发生一起顶板事故，死亡2人。

24日　省水利厅副厅长许向东一行到湘潭县验收河道采砂专项整治及规范化管理工作。

是日　县政府召开全县安全生产工作会议，提出争创“全省安全生产示范县”的目标，实施安全生产“四大三基”三年行动计划。

26日　县委县政府召开全县卫生暨食品安全工作会议。

27日　副省长张硕辅调研湘潭县森林防火工作。省政府副秘书长陈吉芳、省林业厅厅长邓三龙、省森林公安局局长姜汉辉等陪同调研。

31日　市委书记陈三新到湘潭县调研党的群众路线教育实践活动开展情况。

是日　县委、县政府召开文化强县建设工作推进会，部署本年度推进“文化强县”建设重点工作和责任分工。

是月，省委、省政府确定湘潭县为省直机关年轻公务员锻炼试点基地，选派16名年轻公务员到湘潭县进行为期一年的挂职锻炼。

4月

2日　县政府召开县发展特色县域经济领导小组会议，围绕如何进一步发展壮大湘潭县特色产业深入探讨，为县域特色经济的发展提振信心、加油鼓劲。

3日　省委常委、省军区政委李有新到湘潭县调研人民武装工作开展和群众路线教育活动情况。

8日　湘潭县召开2014年“欢乐潇湘·幸福湘潭·莲乡大舞台”大型群众文化活动动员大会。

是日　湘潭县开展“爱鸟周”宣传活动。

9日　全市一季度投资及重大项目建设情况讲评会在天易示范区召开。

10日　县委议军会议在县人武部三楼党委会议室召开。县领导谢振华、傅国平、周艳希、唐正武、周俊文、周贤、谭何龙、张性宇、向富生、曾力真等出席会议。

是日　县政府召开2014年一季度全县经济形势分析会。县委副书记、县长傅国平分析经济形势，提出“八大举措”来推动县域经济发展。

11日　县政府召开全县防汛抗旱工作会议，提出七项工作要求。

15日　县政府在排头乡同心村、红卫村举办大规模机械化插秧现场演示活动，组织高速插秧机5台、乘坐式插秧机13台、手扶式插秧机15台参演，演示面积达53.33公顷。省农业厅党组成员、省农机局局长王罗方等领导到现场观摩指导。

是日　湘潭天易示范区召开非公经济组织及民营企业负责人代表座谈会。

17日　湘潭县“探寻白石故里，畅游秀美莲乡”启动仪式暨“白石之旅”一日游产品发布会在国家AAA级旅游景区五龙山大杰寺举行。

25日　县委召开2013年度绩效考核总结讲评暨全县党务工作会议。

是日　县委、县政府召开全县经济工作推进会，安排部署经济工作，动员全县上下进一步坚定信心，推动县域经济社会快速稳步发展。全体县级领导，各乡镇党委书记、乡镇长，县内各有关部门负责人，县内规模以上企业负责人，县内各家银行行长、信贷科长以及部分小额贷款公司负责人，银企合作洽谈签约和招商引资签约的企业负责人参加会议。

30日　省委组织部副部长、省人力资源和社会保障厅党组书记、厅长胡伯俊到湘潭县调研人力资源和社会保障工作。

5月

14日　中央党校第36期中青一班二支部到湘潭县调研农村基层党组织建设。

15日　湘潭县召开党纪条规教育暨作风建设推进会，县委书记谢振华上党课，从“知纪、守纪、执纪”三个层面强调，要严守党纪条规，推进作风建设，推动工作开展。

20日　乌石镇成立湘潭县首家环保合作社。

27日　国家AAA级景区五龙山大杰寺禅修辟谷养生班开班，市、县旅游局相关负责人参加开班仪式并亲身体验禅修辟谷课程。

28日　县委主持召开党的群众路线教育实践活动专题党课，市委副书记、市长胡伟林主讲。

是日　湘潭县首期《我有话要说》电视问政节目开录播放。县交通运输局和县交警大队两个职能部门的“一把手”现场经历一场“照镜子、正衣冠、洗洗澡、治治病”的“履职大考”。

30日　湘潭县举行2014年“安全生产月”活动启动仪式。

是日　湘潭县召开全县人口和计划生育工作讲评会。

6月

5日　市领导严华、廖国锋等到湘潭县检查防汛工作。

16日　省委副书记孙金龙，省

委常委、长株潭两型试验区工委书记张文雄一行到湘潭县调研指导提前全面建成小康社会工作。

20日　湘潭县土地确权颁证登记试点工作在谭家山镇泉丰村启动。

27日　县政府召开劳动力资源信息采集“百日会战”动员大会。

7月

2日　副市长陈小山到湘潭县调研“白石之旅”一日游线路中的主要景点。

7日　副市长戴德清到湘潭县调研水毁工程建设及早稻生产情况。

8日　县政府第十五届四次全体（扩大）会议召开，通报上半年政府工作开展情况、重点工作落实情况，谋划下半年政府工作。

是日　省人大常委会委员、财经委副主任、常委会预工委主任朱新民一行到湘潭县开展《湖南省人力资源市场条例（草案）》立法调研。

9日　全县所有在职副县级以上领导干部及各单位党政主要负责人到“长沙监狱”开展警示教育活动。

12日—18日　湘潭县举行国内文化艺术名家开展“大匠之门”系列文化艺术交流和采风活动。期间，举行“传承白石艺术建设文化强县”座谈会，在市齐白石纪念馆举行“大匠之门——纪念齐白石诞辰150周年国画作品展”；组织艺术家们到乌石、花石、白石、韶山等地采风，参观毛泽东、彭德怀、齐白石纪念馆和故居。

13日　“游千年古镇赏万亩荷花”湘潭县赏荷之旅启动仪式暨一日游旅游线路产品发布会在花石镇举行。

16日　市委副书记李江南到湘潭县调研县域经济工作。

是日　市委常委、政法委书记廖国锋一行到湘潭县法院调研服务经济发展工作。

17日　市委书记陈三新一行到湘潭县调研县域经济工作，强调精准发力，精准施策。

是日　县法院公开开庭审理一起生产、销售有毒有害食品案，市人大常委会副主任阳建民一行及湘潭县乡镇人大主席、易俗河镇部分社区居民代表等近百人现场观摩庭审。

21日　由国家住房城乡建设部、发展改革委、财政部、国土资源部、农业部、民政部、科技部联合发文，湖南省170个乡镇被列入全国重点镇，湘潭县花石镇、石潭镇入选。

22日　县委、县政府召开争创全国文明县城暨省级文明县城复查迎检工作动员大会，全面启动新一轮创建工作。

30日　县委常委班子专题民主生活会通报会暨专项整治工作推进会召开。县委书记谢振华代表县委常委班子通报专题民主生活会的召开情况，并安排部署专项整治、立行立改、建章立制等三个方面的工作。市委督导组组长、市人大常委会副主任杨真平到会指导。

30日　2014年“欢乐潇湘·幸福湘潭·莲乡大舞台”大型群众文艺会演在县城白石广场举行。

是日　省委统战部督察组到湘潭县谭家山镇月塘村督查指导“同心乡村”创建工作。

31日　湘潭县纳入全省57个国家战备储备木材基地建设试点县行列，拟划定和建设国家战备储备林666.67公顷。

8月

7日　副省长李友志到湘潭县检查幼儿园安全工作。

10日　县妇幼保健院产妇张某因“羊水栓塞”导致死亡，经依法依程序鉴定，“产妇的死亡原因符合肺羊水栓塞所致的全身多器官功能衰竭，事件不构成医疗事故”。因相关媒体报道严重不实，引发舆论热潮。经上级重视和各部门共同努力，事件得到妥善处理。

15日　湘潭县开展代号“天剑”的保护候鸟等野生动物专项行动。

21日　整治“四风”突出问题专项工作座谈会在县委常委会议室召开。

26日　河口镇三联村党支部专题组织生活会召开。市委副书记、市长胡伟林到场参会并全程指导，市委督导组组长、市人大常委会副主任杨真平，县委书记谢振华，县委常委、县委办主任谭何龙参加会议。

27日—9月4日　水利部派河南省开封市稽查组到湘潭县核查水库绩效评估工作。

29日　县政府召开全县农村环境综合整治工作推进会。

9月

1日　“我们的价值观——曲艺走基层全国百场巡演”活动在走湘潭县玉兰芳影剧院举行，王波、张涛、大兵等多位来自中国曲艺家协会的表演艺术家为市民们表演曲艺。

10日　湘潭县庆祝第30个教师节暨教育工作会议在县政府五楼会议室召开，一批“最美莲乡教师”“十佳校长”等受到表彰。

17日　省水利厅厅长詹晓安到湘潭县检查水利建设工作。

是日　第九批省直新闻单位编辑记者到乡镇实践锻炼座谈会在县委常委会议室召开。省记协副秘书长郭世钦，市委宣传部副部长陈敏，县委书记谢振华，县委常委、宣传部部长刘耀奇及县委宣传部、县委组织部相关负责人和部分乡镇宣委等参加座谈会。

18日　国家卫生计生委宣传司副司长宋树立到湘潭县调研卫生宣传、医患关系、医药卫生体制改革等工作。

23日　庆祝县广播电视台建台20周年座谈会召开。县领导谢振华、傅国平、唐正武、黄忠德、王惠芳、谭何龙、刘耀奇、张性宇出席会议。

24日　市人大副主任成建云到谭家山镇指导人大代表工作室建设工作。

25日　县委政协工作会议暨县政协成立30周年纪念大会在鑫田大酒店召开。会议回顾人民政协65周年的光辉历程，回顾和总结湘潭县政协30年走过的历程、取得的成绩和经验，进一步坚定信心，展望未来，推动县政协工作创新发展。

26日　中国杂交水稻育种专

家、杂交水稻之父、中国工程院院士袁隆平到湘潭县考察射埠镇富硒彩米种植基地。

27日 “探千年碧泉潭寻湖湘文化源”暨庆祝《旅游法》颁布实施一周年活动在锦石乡启动。

29日 湘潭县召开人大代表评议县城交通秩序治理工作测评大会。

10月

9日 县政府召开创建慢性病综合防控示范县工作推进会。

11日 县政府召开全县秋冬季森林防火工作会议。

13日 湖南省农村诗词工作经验交流会在云湖桥镇举行，来自全省14个地州市的诗词协会及其农村诗社负责人共计百余人参加。

23日 县委召开湘潭县党的群众路线教育实践活动总结大会。省委督导组副组长、省委组织部副巡视员由红军，市委督导组组长杨真平等到会指导并讲话。县委、县人大、县政府、县政协的主要领导谢振华、傅国平、周艳希、黄忠德、王惠芳及全体在职的副县级以上领导参加会议。

是日 湘潭县农村居民社会保障卡正式启用，46万多农民将享受到社会保障卡“一卡通用、一卡通行”，持卡人可以持卡办理城乡居民养老保险缴费、待遇领取、金融业务等各项社会保障业务。

24日 由中华爱国工程联合会、中共湘潭县委、湘潭县人民政府主办，彭德怀纪念馆、彭德怀希望小学承办的纪念彭德怀诞辰116周年暨红三军团长征出发80周年系列活动在彭德怀纪念馆铜像广场举行。

11月

4日 湘潭县国家档案馆正式开工建设。

6日 县委第十一届六次全会通过湘潭县关于全面深化改革的实施意见。

11日 副市长戴德清到县检查“三冬”工作。

16日 湘潭市山地自行车爬坡挑战赛在中路铺镇晓霞山举行，160余名骑行爱好者参与挑战。

18日 市委书记陈三新率市发改委、市农办、市国土局、市交通局、市住建局负责人一行到湘潭县调研经济社会发展情况。

19日 由省政府副秘书长虢正贵一行到湘潭县调研并乡（镇）合村工作。

21日 湘潭县党外知识分子联谊会换届大会召开。会议选举湘潭县党外知识分子联谊会新一届领导班子，政协副主席刘绵晖当选为会长。

25日 县委召开全县基层党建工作会议。

12月

1日 副省长张硕辅率省财政厅、省农业委的相关负责人到湘潭县调研特色县域经济重点县建设情况。

4日 首个“国家宪法日”，县委法治湘潭县建设领导小组办公室组织公、检、法、司等县直相关单位在县政府前坪举办“12·4”国家宪法日暨湖南省社区法治宣传日大型现场宣传活动，活动主题为：“坚持依宪治国，树立宪法权威”和“恪守宪法原则，弘扬宪法精神，履行宪法使命”。

5日 全市委托乡镇执法现场交流会在湘潭县举行，市委常委、常务副市长谈文胜，市政府副秘书长彭术龙，县委副书记、县长傅国平及省、市、县法治办负责人等参加。

8日 湘潭县廉政文化教育基地正式对外开放。省纪委常委刘大放，省纪委宣传部部长廖丽萍，市委常委、纪委书记张建平等到教育基地参观指导。

10日 省属主要媒体、中央驻湘新闻单位、香港驻湘媒体等近20家媒体到梅林桥镇实地查看秸秆沼气工程，开展“清洁低碳绿色家园”主题宣传报道，肯定湘潭县可再生能源建设工作。

12日 县委召开全面深化改革工作推进会。

12日—14日 县委副书记、县长傅国平率团参加第十届泛珠三角区域合作与发展论坛暨经贸洽谈会（珠洽会），开展招商对接活动。

17日 湖南旅游电子商务平台加盟洽谈暨网络营销培训会在长江宾馆三楼举行。会上共有8家旅游企业加入该平台，标志着湖南旅游电商平台正式落户湘潭县。

18日 省纪委常委刘大放一行到湘潭县检查考核2014年度落实党风廉政建设责任制、推进惩治和预防腐败体系建设工作，肯定“湘潭县模式”。

20日 革命历史题材电视剧《彭德怀元帅》剧组在北京人民大会堂举行开机仪式。

22日 县政府制定印发《湘潭县森林防火重点乡镇管理办法》。

24日 湘潭县通过省卫计委慢性病综合防控示范区的评审认定，达到省级慢性病综合防控示范区考核标准要求，授予湘潭县“湖南省慢性病综合防控示范区”称号。

25日 中电投湖南娄底新能源有限公司光伏发电项目与县人民政府签约。此项目将投资20亿元，占地400公顷，装机总容量约200兆瓦，预计年税收2.4亿元以上。

26日 全省依法逐级走访工作现场推进会议在湘潭县召开。省政府副秘书长、省信访局党组书记、局长张严，市委常委、常务副市长谈文胜，以及全省市、县两级信访局局长，省联席会议各专项工作小组信访工作机构负责人，省信访局相关负责人参加会议。县领导谢振华、傅国平、周艳希、周俊文、谭何龙、唐剑恒、王泽端等参加推进会和陪同现场观摩。

（责任编校 杨红艳）

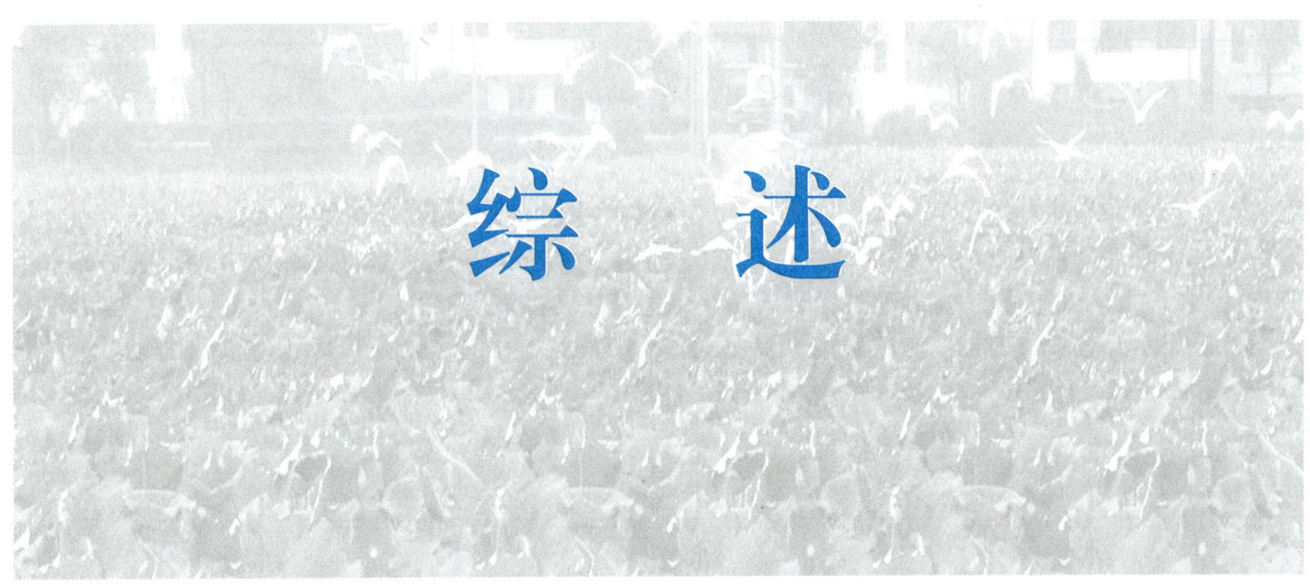

综 述

概 况

【地理位置】 湘潭县位于湖南省中部偏东，湘江下游西岸，北纬27°20′00″—27°50′44″，东经112°25′30″—113°03′45″。东北与长沙县以湘江为界，与湘潭市区犬牙交错，东与株洲市天元区、株洲县水陆相连，东南隔湘江与衡东县相望，南与衡山县接壤，西南与双峰县相邻，西与湘乡市接界，西北与韶山市毗连，北与宁乡县、湘潭市雨湖区为邻。楠竹山镇插入县域云湖桥镇的中南部。

【面积】 湘潭县自宋朝元符元年（1098）至民国时期，县域没有变化。1949年，县境跨湘江下游东西两岸，今湘潭市区、株洲市区全部及韶山市、株洲县大部分都属湘潭县统辖，全县面积为4586平方千米。中华人民共和国成立后，境域析置多变，析出划入相抵，总计减少面积2073.77平方千米。至1990年，全县面积为2512.23平方千米。1991年3月至1994年4月，县国土部门进行县域土地详查，详查后确定县域土地面积为2512.98平方千米。2009年7月1日，根据《湖南省民政厅关于将湘潭县响水乡成建制划归雨湖区管辖的批复》（湘民行发〔2009〕7号）文件规定，湘潭县响水乡成建制划归雨湖区管辖。行政区划调整后，湘潭县总面积2374平方千米。2010年11月20日，根据《湖南省民政厅关于将湘潭县响塘乡和姜畲镇成建制划归雨湖区管辖的批复》（湘民行发〔2010〕15号）文件规定，湘潭县响塘乡、姜畲镇成建制划归雨湖区管辖。行政区划调整后，湘潭县总面积为2134平方千米。

【资源】 ①植被。县域内属中亚热带东部常绿阔叶林亚林带，按植被区系划分，属华中偏东亚系。过去对天然植被利用不当，致使现皆为次生植被或人工植被。次生植被的组成主要有壳斗科、樟科、山茶科等；人工植被的组成主要有用材林、油茶经济林及沼泽性水上植物等群落。地貌形态多样致使植被各具特色。县境内野生植物资源较为丰富，名目较多，主要有林木类、竹类、药用植物类、花卉类等数百个品种。②野生动物。县境内野生动物属亚热带林灌丛草地农田动物群，常见的野生动物有鼠、野兔等6个种；禽类有麻雀、野鸡等22个种；鳞类有鲤、鲢等40多个种；介类有龟、蟹等6个种；昆虫类有蜘蛛、蝉等46个种；无脊椎类有蜗牛、蚯蚓等6个种；脊椎爬行类有眼镜蛇、水蛇等14个种；两栖类有泥蛙、泽蛙等5个种。③矿产。县境内已探明的矿产资源主要有煤、锰、铅、磷、石膏、海泡石、矽砂、石灰石、铁、金、高岭土、白云石和矿泉水等。

【县治】 南朝梁天监年间（502—519）立湘潭县，县治在湘江东岸今衡东县石湾一带。唐天宝八年（749），县治移至洛口（今易俗河镇）。南宋年间（1127—1279），移至今湘潭市雨湖区观湘门直街。1995年9月28日，移至新县城——易俗河镇至今。

【历史概况】 境内荆洲老虎坑、锦石乡堆子山发现大溪文化时期聚落遗址（属湘中四大大溪文化遗址），从这里收集的彩绘陶器等文物，证明早在距今5000年左右，县内先民已由狩猎、采集活动，进入畜牧、水稻生产阶段，形成定居。

商周时期，境内出土的文物较多，其中最珍贵最有代表性的是九华桂花村船形山出土的豕尊和青山桥镇高屯村老屋出土的窖藏尊、鼎、觯、铚、爵、钟等青铜器。青铜器的种类、形制和纹饰工艺，说明境内先民已用青铜制作生产工具，懂得酿造技艺，尚祀神饮酒和娱乐活动。

战国时期，县域属楚国。隶长沙郡。境内已使用铁制工具，饮食具“饭稻羹鱼”特点。秦灭楚，置临湘县，今县地属临湘县，隶长沙郡。

西汉，析临湘置湘南县（东汉为湘南侯国），治所在今石潭镇古城村，今县地分属湘南和临湘县，隶长沙国。

三国吴太平二年（257），分临湘立湘西县，今县地分属湘南、湘西县，隶衡阳郡。晋，湘南、湘西隶属关系未变。南朝齐建元二年(480)，湘南县废。今县地分属湘西、湘乡、新康县。梁天监年间(502—519)，分阴山县立湘潭县，湘潭县始立，县地多在今衡东县境，治所在衡东石湾附近，隶湘东郡。

隋开皇九年（589），湘潭县域扩大，将茶陵、攸水、阴山、建宁县并入，今株洲县凤凰山以北部分地域亦属湘潭县。衡山县域亦扩大，湘西、湘乡县、新康县部分并入。今县地属衡山县，隶潭州长沙郡。

唐天宝八年（749），湘潭县大部划属衡山县，衡山县北部划属湘潭县，县治移至洛口（今易俗河镇），隶潭州。至此，县境初定，名地相符。是时，碧泉潭涌泉，利于灌溉。湘潭、易俗河等港口，利于船舶停靠。刘禹锡、杜甫等著名诗人，至此多有诗作，中原文化影响益深。

五代十国时期，县域属马殷楚国，隶潭州长沙府。易俗河商业发达，设置场馆。

宋代，湘潭县隶荆湖南路潭州。县人开采金矿，开垦山田，扩种水稻。株洲商业兴起，开征酒税。元符元年（1098），湘潭县析出2乡、长沙县析出5乡置善化县。南宋，县治移至今湘潭市观湘门直街，设立学堂。崇安人胡安国从荆门移居县域，筑碧泉书堂讲学，撰成《春秋传》，创湖湘学派，开一代学风。

元贞元年（1295），湘潭县升为州，隶湖广行省潭州路。元末，人民不堪重负，湘乡人易华据境内乌石寨起兵反抗。后为陈友谅农民起义军参政，抗衡朱元璋。

明初，朱元璋部将常遇春平湘潭，其部杀易华于乌石峰下，并大肆屠戮，全县幸存20053人。湘潭复降为县，隶长沙郡。此后，县民多从江西迁入，经过休养生息，人口渐繁。湘潭成为湘江交通枢纽，县治筑城，工商业发达，易俗河成为著名米市。

清顺治六年（1649），清军入城，杀明督师大学士何腾蛟，并“以邑人多贰于圣朝”，下令“血洗县城”，全城幸存者不满百人。清康熙十三年（1674），吴三桂反清，占领县城。清康熙十八年(1679)，清军复定湘潭，兵戎蹂躏，境荒田20余万亩。清咸丰四年(1854)，太平军袭占县城。曾国藩以侍郎督师专征东南，治兵衡阳，倚湘潭为饷源，其后筹饷皆取自湘潭，且大新县城。自此，沿江十余里，商贸繁荣，城中街坊街总，楼宇整峻。时称天下第一壮县。

1905年，湘潭辟为寄港地，外国商品涌入，民族工业、手工业受到冲击。同时，县内效兴洋务，电话、电报事业始兴；株萍铁路、粤汉铁路长株、株渌段建成；西医随教会传入；废除书院，兴办学堂，数十名青年东渡日本留学，寻求救国救民之术。刘揆一与黄兴等创立华兴会，任副会长，曾代行总理职务。他与孙中山，黄兴同为同盟会三巨头，曾联络会党谋划反清起义。刘道一参加同盟会，参与领导萍浏醴起义，壮烈牺牲。武昌起义胜利后，湖南首先响应，10月27日，湘潭宣布反正。

民国3年（1914），湘潭县隶湘江道。民国11年（1922）撤道，隶湖南省。民国27年（1938），隶湖南省第一行政督察区。

袁世凯窃国后，县人参与护国反袁运动。

1919年以后，受俄国十月革命和国内“五四”运动的影响，县人开始研究马克思主义，共产主义运动兴起。毛泽东创建湖南共产党早期组织，一批先进分子加入中国共产党。他们中多数人回县，深入工农群众，宣传马克思主义，建立中共湘潭县基层组织和中共湘潭地方执行委员会，领导湘潭工农运动。蒋介石发动“四一二”反革命政变后，许克祥在长沙发动“马日事变”，其部进驻湘潭，实行白色恐怖，全县共产党员、工农运动领导人及革命群众共200余人惨遭杀害。中共湘潭地方组织被迫转入秘密活动。

抗日战争开始后，国共两党实现第二次合作，中共湘潭县工作委员会建立，开展抗日救亡工作。1939年，“平江惨案”后，国共合作再度破裂，中共湘潭地方组织又被迫转入秘密活动。1944年6月17日，县城沦陷，日军在县境四处扫荡，到处奸淫、烧、杀和掳掠，全县死伤13万余人。1945年9月20日，日军向驻潭国民革命军缴械投降。

抗日战争胜利后，蒋介石发动反人民的内战，县政府强令抓丁充当内战炮灰。奇征异科，日重一日，地租加重，社会黑暗，官吏贪婪。加之滥发纸币，物价飞涨，工商倒闭，失业人口剧增，民怨沸腾。

1949年8月，湖南和平解放。8月9日，中国人民解放军第一三八师第四一三团进驻湘潭县城。11日，南下途中组建的中共湘潭县委率干部百余人抵城，宣布湘潭和平解放。县域隶长沙专区（1952年，长沙专署改名湘潭专区，县域隶湘潭专区）。13日，中共湘潭工委与中共湘潭县委合并。22日，县人民政府成立，接管旧政权，开展筹粮支前，清匪反霸，安定社会，发动群众兴修水利，恢复生产。1950年，县城关区析出，建县级湘潭市。此后，县内开展减租退押，开始土地改革，试办农业互助组，镇压反革命，着手兴办地方国营企业和区、乡供销合作社，动员青年参加中国人民志愿军赴朝参战。

1951年，株洲镇及太平桥等7乡从县境析出，建株洲市。同年，开展土改复查，至1952年结束。

1953年，县内开始进行农业、手工业和私营工商业的社会主义改造。1956年，全县基本实现农业合作化，完成手工业和私营工商业的社会主义改造。同时在农村开展反资斗争。1957年，第一个五年计划完成，全县工农业总产值1.2897亿元，为1949年的140%。此后，政治运动不断。1957年，县委在党内开展整风运动，后期转到反右派斗争。1958年，开始大跃进、人民公社化运动，办公共食堂，大炼钢铁，共产风、浮夸风等五风盛行，加上自然灾害，导致发生1959—1961年的国民经济严重困难。1959年，县境析出五星、卫星、星星、上游四个公社及红旗公社的一部分和雷打石镇入株洲市。1960年，县内整风整社，纠正五风错误。1963年，开展社会主义教育运动。1966年，“文化大革命”开始，历时十年，国民经济遭到严重破坏。同年，兴建韶山灌区工程，为农业发展创造条件。1968年，析出韶山区建省属韶山特区。

1978年，中共十一届三中全会后，县委清理“左”的指导思想，拨乱反正，平反冤、假、错案，以经济建设为中心，实行改革开放，县域经济飞速发展。1980年，全县工农业总产值达32612.29万元，为1949年的3.56倍。1992年，规划易俗河镇为新县城所在地，并启动新县城建设。1995年9月28日，县治移址易俗河。同年，在首批百家中国特产之乡命名宣传活动组委会举办的首批“中国特产之乡”命名大会上，湘潭县被命名为“中国湘莲之乡”。1997年，全县综合实力进入全省十强县，生猪生产为湖南第一，粮食生产为湖南第二。1998年8月，县内出现严重旱情，经全县人民奋力抗旱，仍有万余亩晚稻减产。同年10月20日，彭德怀诞辰百周年纪念大会暨铜像揭幕仪式在彭德怀纪念馆隆重举行。

2001年，县委、县政府提出“主攻工业，提升农业，大力发展第三产业”发展思路，推动工业园区建设，易俗河经济开发区和新县城建设以及县域经济发生全新变化。2005年，全县GDP达到75.16亿元，财政收入达到3.5亿元。2005年9月，举办县治移址10周年庆典活动，一个崭新的湘潭县形象展示在世人面前。2006年，实现GDP达到85.7亿元，财政收入4.47亿元。2007年，实现地区生产总值110.7亿元，财政总收入5.64亿元。湘潭县连续3年获“全国粮食生产先进县标兵”称号。县域经济综合实力跻身全省第十二位，被省委、省政府授予“全省县域经济发展先进县市区”称号。2008年，实现地区生产总值129.5亿元，财政总收入7.0768亿元。湘潭县连续六年被国家农业部评为全国粮食生产先进县、被中国科协评为“全国科普示范县”、被国家科技部评为“全国科技进步考核先进县”荣誉称号。县域经济综合实力跻身全省第十位，被授予全省县域经济“十强”县。2009年，全年实现GDP148.5亿元，增长13.9%。其中第一、第二、第三产业分别实现增加值43.0、60.5、45亿元。三个产业结构比为29∶40.7∶30.3；全县实现财政总收入8.5亿元，增长20.1%，比上年所定目标高出5.1个百分点，连续第五年收入总量位居全市首位。全口径税收收入达5.8亿元，占财政总收入比重为67.9%，同比提高0.7个百分点。财政收入过千万元乡镇达到10个。城乡居民可支配收入分别达14592元、6548元，增长12%、10.4%；城镇化率29%。湘潭县获国家农业部、文化部、科技部分别授予“全国粮食生产先进县标兵”“全国文化先进单位”“国家科技进步示范县”等荣誉。2010年，实现GDP172.1亿元，比上年增长14.4%，其中：第一产业增加值44.4亿元，增长4.3%；第二产业增加值76.1亿元，增长23.1%；第三产业增加值51.6亿元，增长12.3%。三次产业结构由上年29:40.7:30.3调整为25.8:44.2: 30.0。全年实现财政收入10.0008亿元，增长17.63%。全县农民人均可支配收入7542元，增长15.2%；农民人均纯收入7566元，增长15.2%。全县城镇居民人均可支配收入16346元，增长12%。湘潭县连续第八年获得国家农业部授予的“全国粮食生产先进县”称号；先后被国家人力资源和社会保障部、民政部、商务部、世界品牌组织　美中经贸投资总商会　世界500强全球合作组织、国务院第一次全国污染源普查领导小组办公室　环境保护部　国家统计局　农业部、司法部、湖南省人民政府分别评为“全国农村劳动力转移就业工作示范县”“全国农村‘五保’供养工作先进单位”“全国市场监测分析工作先进单位”“中国最具投资潜力特色示范县200强”“第一次全国污染源普查先进集体”“全国人民调解宣传工作先进单位”“湖南省‘芙蓉杯’水利建设竞赛先进县”等荣誉称号，县域形象得到进一步提升。2011年，实现地区生产总值195.5亿元，增长14.9%；财政总收入突破13亿元，增长30%；完成固定资产投资74.4亿元，增长31.7%；城镇化率达对30.5%；城乡居民可支配收入分别达18578元和8758元，增长13.7%和16.1%。湘潭县被国家民政部、科技部、省委省政府、省政府残工委分别评为“‘十一五’全国民政系统先进单位”“全国科技进步先进县”“全省安全生产先进县”“‘十一五’全省残疾人工作先进县”；举办庆祝建党90周年、第二届湘莲文化艺术节、纪念爱国诗僧释敬安诞辰160周年等系列活动，县域影响力、美誉度得以提升。2012年，实现地区生产总值227.3亿元，增长13.7%。三次产业结构由上年的22.2:48.8:29.0调整为20.8:50.6:28.6。全县人均生产总值27061元，比上年增加4713元。财政总收入17亿元，增长30.6%。获批全国小型农田水利建设重点县、省可持续发展试验区和省首批新型工业化产业示范基地。第九次被国家农业部评为“全国粮食生产先进县”，连续第二年被省委省政府评为“全省安全生产先进县”。创建“湖南省文明县城”。分别被国家人口和计划生育委员会、被省委省政府、省民政厅评为“全国计划生育优质服务先进县”“湖南省社会管理综合治理先进县”“全省民政工作先进县”。2013年，实现地区生产总值258.4亿元，增长12.2%；财政总收入20亿元，增长17.7%；固定资产投资134.6亿元，增长33%；社会消费品零售总额56.8亿元，增长16.2%；城乡居民人均可支配收入分别达23519元、11929元，增长10.4%、13.9%，跻入湖南省“经济十强县”行列，入选全国农业综合开发示范县、全省特色县域经济重点县、全省旅游强县、全省连片推进农村土地整治示范县。省长新农村示范片落户梅林桥。获得国家农业部、全国绿化委员会、科技部、省委省政府、湖南省促进非公有制经济和中小企业发展工作领导小组、省委省政府分别授予的全国粮食生产先进县、全国绿化模范县、全国科技进步先进县，全省社会管理综合治理先进县、全省非公经济和中小企业发展先进县、全省人口和计划生育工作模范单位等荣誉。

2014年，湘潭县实现地区生产总值286.8亿元，增长11.6%；财政总收入22.3698亿元，增长11.8%；规模工业增加值130.4亿元，增长15.3%；固定资产投资166.3亿元，增长23.5%；社会消费品零售总额64.8亿元，增长14.0%；城镇居民人均可支配收入、农民人均纯收入分别达25653元、13344元，增长9.0%、11.4%。继续保持“全国粮食生产先进县”“全国计划生育先进县”“湖南省文明县城”等荣誉，被文化部、省委省政府分别授予“中国民间文化艺术之乡”“湖南省安全生产先进县”等荣膺称号。

【行政区划】 2014年，湘潭县辖15个镇、4个乡，549个行政村，9177个村民小组，13个居委会，16个社区居委会，总面积2140.1平方千米。

【人口状况】 2014年，全县共30.7653万户，总人口98.9355万人，其中非农业人口9.1123万人，农业人口89.8232万人。男性51.1384万人，女性47.7961万人，其中18岁以下17.0287万人，60岁以上17.21万人。出生11845人，其中男性6274人，女性5571人。死亡6318人。年内省内迁入1845人，省外迁入959人，迁往省内3119人，迁往省外1315人。

【民族宗教】 全县少数民族有28个族种，1700人，19个乡镇均有分布，呈散居状，大多数为县外嫁入女性，其中以苗族、土家族、壮族人数居多。县内有五大教派，为全省40个宗教工作重点县市之一。全县依法登记的宗教活动场所51处，其中天主教2处，分别位于梅林桥镇麦子石管区和锦石乡东坝村；基督教10处，其中市级基督教重点聚会点2个（射埠聚会点和易俗河聚会点）、真耶稣教派1处（易俗河聚会点）；佛教活动场所21处，其中省级重点活动场所1处（中路铺镇的五龙山大杰寺），市级重点活动场所3处（易俗河镇的龙兴寺、慈航阁、射埠镇的西灵寺）；道教14处；民间信仰场所4处。

【风景名胜】 湘潭县属中亚热带湿润气候区，土地肥沃，植物茂盛，山川相趣，雄奇与精微、恢宏与质朴浑然一体，形成众多钟灵毓秀的山水景观，加上地处全省五大旅游区的中心，东有长沙，南有衡山，西有武陵源，北有岳阳，中有韶山，具有明显的区位优势。

湘潭县山川秀丽。湘江和涓水、涟水穿越县境；古潇湘八景之一的昭山、湖湘文化发祥地隐山、高耸入云的昌山、巍峨挺拔的乌石峰、重峦叠翠的仙女山、傍江而立的金霞山可登高览胜；湘潭文庙、关圣殿、夕照亭等古刹殿宇历史文物犹存；碧泉潭、砚井、汉城桥等名胜古迹可游目骋怀。历代留下“岸花飞送客，樯燕语留人”“绿水暖青萍，湘潭万里春”“杯底还缴龙安云，剑边更落金霞山”等千古绝唱。

湘潭县名人辈出。纳韶峰之灵气，汲湘江之膏泽，受湖湘文化心性修养、经世致用精神的熏陶，孕育出老一辈无产阶级革命家毛泽东、彭德怀、罗亦农以及世界文化名人齐白石、近代文学艺术界杰出人物黎氏八兄弟、一代文豪王闿运、诗僧释敬安、音乐家吕骥等名人。这里还是台湾地区政要马英九、宋楚瑜的祖籍所在地。

县内有革命纪念地、全国爱国主义教育基地和国防教育基地、国家AAAA级旅游景区——彭德怀纪念馆，世界文化名人齐白石故居，国家AAA旅游景区、湖南省重点佛教活动场所——五龙山大杰寺，湘潭重要的革命传统教育基地，湖南省级文物保护单位，国家级AAA级旅游景区——周小舟故居等名胜，旅游资源丰富。

【交通状况】 湘潭县区位优越。交通项目建设按照“西提、东扩、南拓、北接”的思路，一个以干线公路为骨架、县乡公路为经络，通村达户的县域公路交通网基本形成，全县公路通车里程达9892千米。跨县境内的高速公路4条：京港澳高速公路（G4）、沪昆高速公路（G60）、韶山高速公路（S01）、岳临高速公路（S61）；国道2条：G107、G320；省道2条：学七线（S208）、分雷线（S313）；县道28条。其中湘湘、韶茶两条干线公路总长113.21千米，途经县内9个乡（镇）72个村。城市公交:线路11条，其中，601路、602路、603路、605路和605路延长线为县城公交，10路、23路、101路、108路、116路、123路为县域公交。港口：湘潭港易俗河港区千吨级码头正在建设中。

【气候特点与气象灾害】 2014年，湘潭县全年气候呈现：气温正常，降水量接近多年均值，气象灾害历时短、强度大、局地灾害重等特征。年内主要天气气候特点：年初气温异常偏高，2月多低温阴雨雪天气；3月局地多强对流天气；汛期暴雨过程频繁，局地灾害重；秋冬季节雾、霾频发。主要灾种为洪涝和雷电灾害。其中以汛期暴雨洪涝所造成的影响和损失最大。

年气候要素

1.气温。全县全年平均气温正常，为17.9℃，较常年偏高0.5℃，较上年偏低0.6℃，属正常年份。各月平均气温与常年同期比，1月、3月和10月平均气温偏高，其余月份接近常年。年内日极端最高气温38.5℃（7月21日），高温日数（日最高气温≥35℃）27天，接近常年。年极端最低气温-3.7℃（2月14日）。

2.降水。全县年降水量正常，但时空分布不均。年平均降水总量1553.7毫米，较常年偏多176.8 毫米（12.8%），比上年偏多290.7毫米（23%），全县正常。全年雨（雪）日（R≥0.1毫米）15两天，接近常年。全年出现暴雨（日降水量≥50.0毫米）5天，暴雨的时空分布不均，主要出现在5—8月。汛期（4-9月）全县平均降水量1024.0毫米，较常年同期偏多150.3毫米（17.2%），较上年汛期偏多167.3毫米（19.5%）。其中降水主要集中在5-6月，降水量为570.3毫米，占汛期总降水量的55.7%，占全年总降水量的36.7%。

3.日照。全年日照时数正常。

全县平均总日照时数1404.1小时，较常年偏少202.8小时（-12.6%），比上年偏少405.1小时（-22.4%）。全年日照正常；年日照百分率为32%，属正常范畴。

入春和入夏偏早，入秋和入冬偏晚。2014年3月11日入春，比常年入春时间偏早1两天，春季持续时间73天，较常年同期偏多7天；全县季平均降水量600.4毫米，较常年同期偏多113.6毫米（23.3%），属正常范畴；春季全县平均日照时数为267.1小时，较常年同期偏少76.8小时，属偏少范畴。5月23日入夏，较常年提前5天，夏季持续时间150天，较常年同期（113天）偏多37天；全县季平均降水量564.6毫米，较常年同期偏多115.8毫米（25.8%），属正常范畴，季雨日45天，较常年偏多11.5天，出现暴雨日数3天，日最大降水量111.5 毫米（6月20日）；夏季全县平均日照时数为432.3小时，较常年同期偏少183.7小时，属显著偏少范畴。10月21日入秋，较常年推迟33天，是有气象记录以来入秋时间最晚的一年，秋季持续时间40天，较常年同期（6两天）偏少2两天；全县季平均降水量204.0毫米，较常年同期偏少18.5毫米（-8.3%），属正常范畴；全县季平均日照时数为399.8小时，较常年同期偏少12.1小时，属正常范畴。12月1日入冬，较常年推迟9天；全县季平均降水量154.0毫米，较常年同期平均偏少49.2毫米（-24.7%），属显著偏少范畴，1月降水量为有气象记录以来第四少值；全县季平均日照时数306.0小时，较常年同期偏多76.8小时，属偏多范畴，为有气象记录以来同期第五多值。

（说明：以上各气象要素的统计时间划分：年度指本年1月—12月；冬季指上年12月—本年2月。）

灾害天气

1.1月气温异常偏高，降水显著偏少，森林火灾频发。1月平均气温8.3℃，较常年同期偏高3.2℃，较上年同期偏高2.7℃，属异常偏高。特别是1月下旬气温上升明显，旬平均气温10.5℃，比常年同期偏高5.7℃，与1992年同为建站以来第一高值。1月31日出现27.0℃的月极端最高气温，为历年同期第一高值。1月全县降水量显著偏少，月雨日仅4天，为有气象记录以来第二少值。由于出现持续高温少雨天气，全县森林火险等级居高不下，据县防火办统计，1月共发生2起森林火灾。

2.雷暴大风强对流。3月湘潭多发生强对流天气，3月7日晚上到8日出现首次雷电。除此之外，3月11日—12日、26日—28日、30日出现三次雷电、大风、短时强降水等强对流天气过程。

3.暴雨洪涝。2014年汛期内共出现5次暴雨天气过程（5月4日—5日、5月25日、6月20日、7月4日—5日，8月18日），特别是6月20日、7月5日全县范围内出现大暴雨天气过程。 6月19日—21日全县出现一次暴雨、大暴雨天气过程。国家气象观测站19日08时—21日08时降水量126.0毫米。据27个区域自动气象站资料统计，全县平均降水量134.1毫米，100毫米以上的站点23个，其中最大降水量188.1毫米，出现在茶恩寺镇。受强降水影响，全县农作物均不同程度受灾，尤以青山桥、花石等乡镇受灾严重。6月中旬末早稻已基本齐穗，但被淹时间较长的早稻结实率仍将受到影响，一季稻、晚稻秧苗、蔬菜也分别受不同程度影响。受本地和湘江上游强降水影响，湘江湘潭站于6月23日5：06出现34.87米的月最高水位，月最大流量9530立方米/秒。涓水射埠站于20日17：00出现49.80米月最高水位，超警戒水位3.3米，洪峰流量1270立方米/秒，排在该站1972年建站以来第三位，洪水重现期15年一遇。此次降水也有效地补充全县山塘水库的蓄水。

7月1日—5日，全县多阵雨天气，其中3日晚到5日出现强降水，全县普降暴雨，局地大暴雨。国家气象观测站4日20时—5日20时降水量82.5毫米。据27个区域自动气象站资料统计，全县过程平均降水量76毫米，共出现18站暴雨，4站大暴雨，强降水主要集中在南部区域，最大降水量为162.5毫米（锦石乡）。此次降水过程持续时间较长，多地出现短时暴雨、强雷电和6级以上阵风。

4.年内雾霾频发。年内全县平均出现大雾天气27天，较常年同期（23天）偏多4天，较上年偏多10天。全县平均出现灰霾天气111天，较上年偏多29天。雾、霾天气增多，对交通和人体健康带来不利影响。

国民经济和社会发展

【概况】 2014年，湘潭县实现地区生产总值（GDP）286.8亿元，增长11.6%。其中，第一产业增加值48.7亿元，增长5.2%；第二产业增加值152.6亿元，增长13.8%；第三产业增加值85.5亿元，增长12.1%。人均地区生产总值为33633元。三次产业结构比为17.0∶53.2∶29.8，第二、第三产业比重较上年提升1.9个百分点。第一、二、三次产业对经济增长的贡献率分别为9.0%、61.4%和29.6%。

全年财政总收入22.3698亿元，增长11.8%。其中，公共财政预算收入完成16.5434亿元，增长12.9%；上划收入完成5.8264亿元，增长8.8%。公共财政预算支出39.277亿元，增长8.4%。年末全县金融机构本外币各项存款余额263.5亿元，增长15.7%；本外币各项贷款余额157.0亿元，增长17.1%。

湘潭县承办的34项省、市实事工程全面完成工作任务。其中新增城镇就业、新增农村劳动力转移就业、农村危房改造、新增城镇管输天然气用户、城市棚户区改造、救治救助贫困重性精神病患者、新扩无公害蔬菜专业基地等7项实事超额完成工作任务。

【农业】 2014年，湘潭县实现农业总产值91.7亿元，增长4.2%。全县粮食种植面积10.65万公顷，增长2.1%，粮食总产量74.1万吨，增长3.4%，再获“全国粮食生产先进县”称号。蔬菜种植面积2.25万公顷，增长1.8%，蔬菜产量68.14万吨，增长6.3%；水产品产量3.78万吨，增长4.8%；禽蛋产量1.94万吨，增长4.1%。全年出栏肉猪

218.47万头，增长2.4%。全年水利工程投入资金2.26亿元，完成土石方1212万立方米。全县治理水土流失面积3.1平方千米，新增农田有效灌溉面积333.33公顷，新增节水灌溉面积133.33公顷。

【工业、建筑业和交通】 2014年，湘潭县208家规模工业企业完成总产值427.6亿元，增长17.3%，完成规模工业增加值130.4亿元，增长15.3%。其中天易示范区完成规模工业总产值277.7亿，增长22.2%，完成规模工业增加值86.7亿元，增长19.3%，占全县规模工业增加值的比重为66.5%。全县规模工业企业实现主营业务收入418.2亿元，增长14.4%，实现利润14.5亿元，增长14.9%。

全县22家具有资质等级的总承包和专业承包建筑企业实现总产值21.6亿元，增长15.3%，实现利润总额1.16亿元，增长25.7%。完成房屋施工面积205.0万平方米，房屋竣工面积93.5万平方米。

全县交通项目建设投入资金18.26亿元，增长17.4%。硬化农村公路300千米，完成危桥改造17座，创建文明示范路54.8千米。完成芙蓉大道二期与武广大道重合段路基建设，完成武广高铁连接线Ⅰ标段建设，天易公路二期主干道竣工通车。

【固定资产投资】 2014年，湘潭县完成固定资产投资166.3亿元，增长23.5%。按经济类型分，国有投资50.6亿元，增长25.7%；非国有投资115.7亿元，增长22.6%。按投资方向分，其中产业投资60.8亿元，增长28.8%；基础设施投资47.4亿元，增长29.5%；房地产开发投资13.0亿元，下降30.1%。施工项目431个，其中新开工项目364个。全县重点工程建设项目89个，完成年度投资122.5亿元，增长18.1%，完成年度投资计划的99.1%。全县共签约新项目48个，其中引进投资过亿元项目10个。到位内资36.2亿元，实际利用外资6771.5万美元，增长23.5%。

【贸易和旅游】 2014年，湘潭县实现社会消费品零售总额64.8亿元，增长14.0%。其中，批发和零售业45.3亿元，增长19.2%；住宿和餐饮业19.5亿元，增长3.5%。全县实现进出口总额4000万美元，增长15.2%。其中，进口总额111万美元，增长16.8%；出口总额3889万美元，增长15.1%。全县有进出口实绩企业23家。

全年推出白石之旅、花石之旅、碧泉之旅三大旅游精品线路。鑫田国际大酒店成功创建五星级旅游饭店。开始编制县首部乡镇旅游产业发展专项规划。全县接待游客704.16万人次，实现旅游综合收入48.12亿元，增长2.2%。

【教育和科学技术】 2014年，湘潭县有中等职业教育学校6所，在校学生6685人，教职工506人。普通高级中学10所，在校学生20107人，教职工1350人。初级中学60所，在校学生32060人，教职工2695人。普通小学183所，在校学生44572人，教职工2437人。特殊教育学校1所，在校学生20人，教职工10人。各类民办学校11所，在校学生39533人。幼儿园在园幼儿17464人。小学适龄儿童入学率、初中毕业生升学率均为100%。

全县实现高新技术产业总产值149.5亿元，增长37.6%；实现高新技术产业增加值44.9亿元，增长37.7%。新增省部级以上科技成果4项。完成专利申请571件，增长6.7%，其中发明专利128件。授权专利235件，增长2.6%，其中发明专利12件。

【文化和卫生】 2014年，湘潭县有群众艺术馆、文化馆1个，公共图书馆1个，博物馆、纪念馆1个，艺术表演团体1个。放映农村公益电影7716场。湘潭县先后获评省文化厅2014—-2016年度“湖南省民间文化艺术之乡”和国家文化部“中国民间文化艺术之乡”。

全县医院、卫生院拥有床位数3268张，增长14.3%。卫生技术人员3810人，其中执业医师和执业助理医师1620人，注册护士1547人。

【资源和环境】 2014年，湘潭县规模工业综合能源消费量23.4万吨标准煤，下降18.1%。单位GDP能耗0.775吨标准煤/万元，下降12.6%。化学需氧量、二氧化硫、氮氧化物、氨氮主要污染物削减率分别为5.2%、8.03%、6.78%、5.61%。工业企业主要污染物排放达标率96.5%。全县完成造林面积4950公顷，年末实有封山育林面积9979公顷，生态环境保护进一步加强。

【人口、人民生活和社会保障】 2014年，湘潭县户籍人口98.94万人，其中，农业人口89.82万人，非农业人口9.11万人。常住人口85.32万人，其中，城镇人口30.61万人，农村人口54.71万人。全年出生人口11845人，出生率12.13‰，死亡人口6318人，死亡率6.47‰，人口自然增长率5.66‰。

据抽样调查，居民人均可支配收入17298元，增长10.3%；城镇居民人均可支配收入25653元，增长9.0%；农村居民人均可支配收入13344元，增长11.4%。

全县新增城镇就业人员8134人，其中失业人员再就业1444人，城镇登记失业率为4.14%。新增农村劳动力转移就业6933人。全县共有城乡低保对象42865人，累计发放保障金及一次性价格临时补贴7346.2万元；农村“五保”供养对象9155人，累计发放“五保”供养经费及一次性价格临时补贴2812.4万元。机关事业单位参加养老保险人数15816人；企业单位参加养老保险人数45102人；参加城镇职工基本医疗保险人数58502人；城镇居民参加基本医疗保险人数51377人；失业保险人数21807人；工伤保险人数47482人；生育保险人数27929人；新型农村养老保险参加人数315442人；新型农村合作医疗参加人数816308人，参合率98.3%。

（注：湘潭县GDP、各产业增加值绝对数按现价计算，增长速度按可比价计算。）

组织机构和负责人名录

（截至2014年12月31日）

中共湘潭县委员会

书 记 谢振华
副书记 傅国平 周艳希（女）
唐正武
常 委 周 贤 周俊文
谭何龙 唐剑恒
刘铁强 刘耀奇
张性宇 胡亚湘

湘潭县人大常委会

主 任 黄忠德
副主任 韩 炎 欧建美
何晓春（女）
赵国政 曾耀辉

湘潭县人民政府

县 长 傅国平
常务副县长 周俊文
副 县 长 刘铁强 黄铁华
陈卫兵（女）
谭捍卫 韩 伟
唐仁光

政协湘潭县委员会

主 席 王惠芳（女）
副主席 成极中（兼）
宋小玲（女）
刘绵晖（兼）
李西文
刘新玉（兼）

县人民武装部

部 长 向富生
政 委 张性宇

党群系统

县委办公室

县委常委、县委办主任 谭何龙
副主任 刘培军 肖国祥
王铁钢 许讦讨
何 敏 彭送来（兼）
副主任、纪检组长 唐 荣

机要（保密）局

局 长 郭抗美
副局长 丁铁它

县纪律检查委员会、县监察局

县委常委、纪委书记 胡亚湘
纪委副书记、县监察局局长
杨 格
纪委副书记 李学军 朱良红
纪委常委、县监察局副局长
刘会琴（女） 王 剑
纪委常委 唐湘鹏 黄拥军
周 意（女）
县监察局副局长 王兴奇

县委组织部

县委常委、组织部部长 周 贤
副部长 刘建平 陈金红
陈 义（兼）
虞 也（兼）
胡荣华（兼）
副部长、纪检组长 方继前

县委统战部

县委常委、统战部部长 周 贤
副部长 田建国
副部长兼台办主任 戴 勇
副部长 唐声华（兼）

县直机关工作委员会

书 记 胡秋莲（女）
副书记 王 军 周自伦
纪工委书记 胡 芳（女）

县机构编制委员会办公室

主 任 胡荣华
副主任 马 令（女） 张 昶

县委老干部局

局 长 虞 也
副 局 长 何天然 杨艳辉（女）
纪检组长 赵立军

县委党校

校委主任、常务副校长 韩 云
校委委员、副校长 伍佑平
王三文
校委委员、副校长、纪检组长
王 耀

县史志办

党组书记、主任 彭送来
党组副书记、副主任 章桂芝
党组成员、副主任 杨红艳（女）
党组成员、纪检组长
肖 静（女）

县档案局

党组书记、局 长 张灼峰
党组成员、副局长 丁绪南
齐彩霞（女）
党组成员、纪检组长 傅登奎

县总工会

主 席 韩 炎
党组书记、副主席 张国富
党组副书记、副主席 贺重农
党组成员、副主席
胡 钧（女）
党组成员、纪检组长
张妍娜（女）
党组成员 陈欣波

团县委

书 记 万子萱（女）
副书记 陈泰宏 胡 巧（女）

县妇联

党组书记、主席 胡理芬（女）
党组副书记、副主席
何小梅（女）
党组成员、副主席 刘胜林（女）

县工商联（非公党工委）

主 席 成极中
党组书记、副主席、非公经济党工委副书记 唐声华
党组副书记、副主席 谷宏伟
党组成员、副主席（秘书长）
曹 颖（女）
党组成员、副主席 徐 琳（女）

县科协

党组书记、主 席 宋日新
党组成员、副主席 龚清节
副 主 席 杨跃军
党组成员 曾正芳（女）

宣传系统

县委宣传部

县委常委、宣传部部长 刘耀奇
副部长 谭学文 刘立新
李日方（兼）
副部长、纪检组长 周 军

彭德怀纪念馆

党组书记、馆 长 李日方
党组成员、副馆长 刘晓年
王彩玉（女）
党组成员、纪检组长 陈名勋

县文体广新局

党组书记、局 长 莫柏槐
党组副书记、纪检组长 苏新波
党组成员、副局长 黄中柱
欧阳红梅（女）
副局长 谢尚志

县旅游局

党组书记、局 长 刘献忠
党组成员、副局长 王 璧（女）

党组成员、纪检组长
王志宏(女)
副局长 易 文(女)

县广播电视台

党组书记、台 长 肖 军
党组成员、副台长 陈建良
何秉煌
党组成员、副台长兼电视中心主任
周 芳(女)
党组成员、纪检组长 赵辉林
党组成员 徐细合

县文联

党组书记、主席 赵炽光
党组成员、副主席 陈 艳(女)

政法系统

县委政法委员会

县委常委、政法委书记 唐剑恒
副书记 吴玉林 陈江华 翁建培
贺建平 贺 博(兼)
纪检组长 林亚强

县委防范和处理邪教问题领导小组办公室

主 任 贺 博
副主任 傅钰凯

县综治办

主 任 翁建培
副主任 周志军 王 忠

县维稳办

主 任 陈江华
副主任 彭伟强 熊建华

县公安局

党委书记、局长 韩 伟
党委副书记、政委 曾正新
党委委员、副局长
曾文博 陈一新
谢 伟 郭 松
党委委员、纪委书记 樊海冰

县消防大队

大队长 胡 鹍
教导员 谢方勇

县人民检察院

党组书记、检察长 曹海平
党组副书记、副检察长 王壮光
党组成员、副检察长 曾国富
谭文见
副检察长 张文忠
党组成员、纪检组长 刘文忠
党组成员、政工科科长
尹爱辉(女)
党组成员、反渎职侵权局局长
韩进平

县人民法院

党组书记、院长 袁钢赤
党组副书记、副院长 马 铁
冯革新
党组成员、副院长 赵超纲
副院长 成翠芬(女)
党组成员、纪检组长 张 琦
党组成员、执行局局长 蒋岳强
党组成员、刑庭庭长 罗 星

县司法局

党组书记、局长 杨希平
党组副书记、副局长 刘新群
党组成员、副局长 刘新宇
副局长 林亚科
党组成员 张红娟(女)

县民政局

局 长 邓高燕
党组成员、副局长 杨立新
赵冠群 王 军
党组成员、纪检组长 郑赛君(女)

人大常委会各委室

县人大办公室

县人大常委会党组成员、
办公室主任 冯德君
办公室副主任 张 晟(女)
倪 波(女)
人大机关纪检组长 唐星堤

联工委

主 任 喻国强
副主任 谭甚昭(女)

内司工委

主 任 刘天星
副主任 杨立明

城环工委

主 任 谢凯泉
副主任 唐定伟

财经工委

主 任 周迪泉

农工委

主 任 王泽洪

科教文卫工委

主 任 陈北球
副主任 王美玉(女)
人大专职常委 冯 敏(女)
杨 庆(女)
张润清 周清梅(女)
刘志安 冯旭辉

政府办系统

县人民政府办公室

党组书记、主任 楚荣光
党组副书记、副主任 周 斌
党组副书记 肖云祥
党组成员、副主任
王观忠 彭瑞霞(女)
汤炳葵 汤立新(兼)
胡建军 曾慧聪(女)
唐 术 周建新
蔡 坚
党组成员、纪检组长 彭志辉
党组成员 欧少泉 吴健敏

县民宗局

局 长 刘绵晖
副局长 周 峰

县侨务办

主任 唐育平(女)
侨联主席、侨务办副主任(兼)
李 言
侨务办副主任、侨联副主席(兼)
赵凤华(女) 李 霞(女)

县法制办

副主任 李再球 赵 智

县政务公开领导小组办公室

(县政务服务中心)
党组书记、主任 谢定龙
党组成员、副主任 张学峰
党组成员、纪检组长 赵卫红(女)

县人力资源和社会保障局

党组书记、局 长 陈 义
党组成员、副局长
李友庚 谢乔泉
王栋梁 王 睿
杨志强 黄进希
党组成员、纪检组长 唐习平(女)
党组成员 旷秋江(女)

县国土资源局

党委书记、局长 肖尽红
党委副书记、副局长 朱建阳
副局长 陈宏望 奚勇军
党委委员、副局长 章文星
党委委员、纪委书记 彭志高
党委委员、执法监察大队长
唐剑勇

县煤炭监督管理局

党组副书记、局长 胡立新
党组副书记、副局长 龙显清
党组副书记 王山洪
党组成员、副局长 田 灿
党组成员、纪检组长 彭苏苏(女)

县招商局
党组书记 陈鹏湘
局 长 周 毅
党组成员、副局长 言志强
苏征峰 张 沙
党组成员、纪检组长 李映红（女）
党组成员 彭志祥
县信访局
党组书记、局长 汤立新
党组副书记、副局长 胡志明
党组成员、副局长 陈建军
党组成员、纪检组长 赵庆武
县残疾人联合会
党组书记、理事长 谭海涛
党组成员、副理事长 胡平均
党组成员、纪检组长 陈扬佳
党组成员 王兰英（女）
市住房公积金湘潭县管理部
主 任 何湘龙

政协各委室

县政协办公室
县政协党组成员秘书长、办公室主任
周向荣
办公室副主任 胡雨雪 谭金丹
提案委
主 任 谭少奇
副主任 杨永幸（女）
法制群团委
主 任 王建军
副主任 周理湘
经科委
主 任 马新国
副主任 刘 理
人口资源环境委员会
主 任 胡 勇
副主任 周艳洋（女）
学习文史联谊和港澳台侨委
主 任 符双之
副主任 陈艳妮（女）

人民武装部各科室

副部长兼军事科长 曾力真
政工科长 刘 畅
后勤科长 贺学军

湘潭天易示范区管委会

党工委书记 谢振华
党工委委员、管委会主任 傅国平
党工委委员、管委会常务副主任
唐正武
党工委委员、管委会副主任
唐向前 杨欣荣（女）
胡 庚 罗义彬
唐争耀
党工委委员、总工程师 荣虎成
管委会主任助理 郭问利（女）
张金爱（女）
胡明伟
贺玉良（兼）
欧阳钧（兼）
经济发展部部长 郭问利（女）
财政投融资部部长 张金爱（女）
综合管理部部长（办公室主任）
方小山
规划建设部部长 贺泽武
资源管理部部长 任俭琳
纪工委副书记、纪监室主任
左和平
综合管理部副部长 谷述良
杨立华
经济发展部副部长 盛瑾瑜
周杏安（女）
财政投融资部副部长
欧阳艳花（女）
莫 明
规划建设部副部长 肖旭阳
唐小春 胡勇星
资源管理部副部长 谭 亮
唐剑勇

发展改革系统

县发展和改革局（统计局）
党组书记、局长 易继辉
党组副书记、副局长
刘智勇（主持统计工作）
向日辉
党组成员、副局长 徐智勇
唐智辉（女）
党组成员、纪检组长 彭丙林
党组成员 胡协邦

县统计局
党组成员、副局长 陈永忠
尹文湘
党组成员、纪检组长 文德静（女）
县物价局
党组书记、局长 李 哲
党组副书记、副局长 刘炳英（女）
党组成员、副局长 邹国培
唐丛虎
党组成员、纪检组长 卢 旺
党组成员 谭文忠
县农调队
队 长 周家富
副队长 唐泽斌

经济局系统

县经济和信息化局
党委书记、局长 张拥军
党委委员、副局长 向阳花（女）
阳 波 黄凡强
派驻党委委员、纪委书记 田建军
党委委员、武装部部长 黄飞龙
县交通运输局
党委书记、局长 易剑光
党委副书记、副局长 彭友瑜
党委委员、副局长 汤奋强
王 斌
派驻党委委员、纪委书记 周建军
党委委员 熊 雄
总工程师 武智勇
县公路局
党委委员、局长 严志强
党委委员、副局长 易建湘
潘青云（女）
刘 纲 刘 滔
党委委员 苏自立
副局长 刘运军
县安监局
党组书记、局长 章建新
党组成员、副局长 胡志文
派驻党组成员、纪检组长 李术华
副局长 宾 辉（女）
国网湘潭县供电公司
总经理 彭 奕
总支书记兼工会负责人 王金亮
总支副书记、纪委书记 刘力刚
副经理 张环球 陈 谦 刘 懋
县邮政局
局长、党委书记 杨林平
副局长 杨 李
副局长、纪检书记、工会主席
冯 攀
县质量技术监督局
党组副书记、副局长 袁瑞兰
副局长 曹立明
纪检组长 陈向阳
中国电信湘潭县分公司
党委书记、经理 夏 维
纪委书记、副经理 张少富
副经理 周建新
中国移动湘潭县分公司
经理、党支部书记 周震天

副经理　颜　建
经理助理　李旭良　唐　敏

中国联通湘潭县分公司

经　理　程增和
副经理　李　彬（女）

农办系统

县农办

党组书记、主任　庞　军
党组副书记　武友庚
党组成员、副主任　谭绍泉
王正河　罗术生
副主任　易新民
派驻党组成员、纪检组长
曾静美（女）
党组成员　阳爱华（女）

县农业局（粮食局）

党委书记、局长　胡建伟
党委副书记、副局长
黄旭术（主持粮食工作）
韩克勤
党委副书记　汪文治
党委委员、副局长　罗　超
党委委员、副局长（工会主席）
丁唯芳（女）
党委委员、总农艺师　扶利民
党委委员　刘新谷
派驻党委委员、纪委书记　赵修武

县粮食局

党委委员、副局长　马春茹
周志鹏　沈国平
派驻党委委员、纪委书记　刘百鸣

县林业局

党委书记、局长　王蔚然
党委副书记、副局长　唐应能
党委委员、副局长　莫叶青（女）
王迪清　王　翔
派驻党委委员、纪委书记　谭建设
党委委员　段运洪
党委委员、森林公安局局长
郭宗金

县水务局

党委书记、局长　赵迎新
党委副书记　陈晓春
党委委员、副局长　林志勇　齐向中
赵向阳　贺红宇（女）
党委委员、副局长、总工程师
朱建章
派驻党委委员、纪委书记
谭建设

县畜牧兽医水产局

党组成员、副局长　陈里仁（女）
李　奇
派驻党组成员、纪检组长　赵修武
党组成员　晏坤乾

县农机局

党委书记、局长　谭卫兵
党委副书记、副局长　方骥知
党委委员、副局长　马红军
蔡球辉
派驻党委委员、纪委书记
邓　培（女）
党委委员　张　术

县农村合作经济管理局

党组书记、局长　黄新球
党组副书记、副局长　陈金陵
党组成员、副局长　周　武
派驻党组成员、纪检组长：
周　莉（女）
党组成员　易伯荣

县能源办（能源生态局）

党组书记、主任（局长）
杨翠英（女）
党组成员、副主任（副局长）
袁　冰　洪孝昌
派驻党组成员、纪检组长
周　莉（女）
党组成员　田　晔（女）

县农民素质教育管理办公室

党组书记、主任　周　令（女）
党组成员、副主任　罗伟民
刘战林（女）
派驻党组成员、纪检组长　赵修武

县移民局

党组书记、局长　胡松林
党组成员、副局长　欧阳舜
彭义波　杨大比
派驻党组成员、纪检组长
邓　培（女）

县气象局

局　长　何泽良
副局长　周小兵
副局长、纪检员　胡　坚

财贸系统

县财政局

党组书记、局长　胡自根
党组副书记　肖石亮
党组成员、副局长
唐启武　周友军
齐志明　张　燕（女）
党组成员、总会计师　陈先知

派驻党组成员、纪检组长　阳　敏
党组成员　刘先辉　周凤华
陈定炎

县审计局

党组书记、局长　叶立成
党组成员、副局长　胡在正
文湘民　谭　晋
派注党组成员、纪检组长　黄忠林
总审计师　袁英姿（女）
党组成员　裴建新

县供销合作社联合社

党委书记、理事会主任　彭大江
党委副书记、理事会副主任
陈赛龙
党委委员、理事会副主任
吴建群　唐明旺
派驻党委委员、纪委书记　刘百鸣
党委委员　陈　碧（女）

县农开办

党组书记、主任　陈定炎
党组副书记、副主任　赵新辉
党组成员、副主任　李建军
王　晋
派驻党组成员、纪检组长
左安安（女）

县商务局

党委书记、局长　刘石根
党委委员、副局长　陈建强
曲建军
副局长　杨　敏（女）
派驻党委委员、纪委书记　黄忠林
党委委员　楚英姿（女）

县工商行政管理局

党组书记、局长　谢　龙
党组副书记、副局长
天易分局筹备组组长　许江池
党组成员、副局长　朱晓红
黄　欧　王大洪
王　艳（女）
党组成员、副局长
天易分局筹备组副组长　许旦（女）

县国税局

党组成员、副局长　刘应坚
苏　龙　冯　果　赵宋根
党组成员、纪检组长　李　湘

县地方税务局

党组书记、局长　崔　智
党组成员、副局长　彭英果
张晓峰　李湘珍
党组成员、纪检组长　朱永忠
工会主席　苏　萍（女）

县烟草专卖局

书记、局长、经理　谢献球

副局长　彭宇蕾
副经理　李　丹
纪检组长　张剑鸣

教科文卫系统

县教育局
党委书记、局长　李建军
党委副书记　刘俊林
党委委员、副局长
皮红卫　彭利红
周少如　杨伟军
党委委员、纪委书记　贺鹏程
党委委员（工会主席）　陈粤湘

县科技局
党组书记、局长　符建光
党组副书记　邓中华
党组成员、副局长　刘福禄
黄启洪
党组成员、纪检组长　许朝晖（女）

县卫生局
党委书记　贺卫文
局　长　刘新玉
党委副书记、纪委书记　曾金华
党委委员、副局长　刘启南
彭　军　齐先强
党委委员、武装部部长　徐海苍
党委委员（工会主席）　刘银龙
党委委员　姜正其

县计生局
党组书记、局长　李　鹏
党组副书记、县计生协会常务副会长　莫金明
党组成员、副局长　周　平
胡再辉　赵英姿（女）
副局长　刘冰薇（女）
党组成员、副局长、纪检组长
胡利芳（女）
党组成员　张　毅

县食品药品监督局
党组书记、局长　马勇军
党组副书记、副局长　文翰吾
党组成员、副局长　赵德飞
唐雄辉
党组成员、纪检组长　陈良荣

建设局系统

县住房和城乡建设局（人防办）
党委书记、局长　肖命军
党委副书记　杨建军
党委副书记、副局长　王泽建
谭建明（主持人防工作）
党委委员、副局长　唐小春　林　涛
副局长　贺松林
派驻党委委员、纪委书记　郑良德
党委委员、总工程师　罗健芳（女）

县人民防空办公室
党组成员、副主任　彭梅超
贺国泉
派驻党组成员、纪检组长　刘碧文
副主任　傅美湘（女）

县房产局
党组书记、局长　胡孝泉
党组副书记　叶金凤（女）
党组副书记、副局长　王小敏
党组成员、副局长　刘顺奇
康健明
派驻党组成员、纪检组长
赵丽娟（女）
党组成员　潘正伏

县城市建设管理局
党组书记、局长　陈志锋
党组副书记　刘德纯（女）
党组副书记、副局长　赵　伟
党组成员、副局长　刘　毅
冯艳果
党组成员、纪检组长　易佑斌（女）
党组成员、总工程师　刘文斌

县环保局
党组书记、局　长　邹国栋
党组成员、副局长　彭玉辉
黄文斌
党组成员、总工程师
蔡艳红（女）
派驻党组成员、纪检组长　刘碧文
党组成员　唐文辉（女）

县规划局
党组书记、局长　韩铁军
党组副书记、副局长　姜伟文
党组成员、副局长　周克亮
冯光志
派驻党组成员、纪检组长
刘碧文
党组成员　黄　宁
总工程师　谭　勇

乡　镇

云湖桥镇
党委书记　杨　林
党委副书记、镇长　冯传强
党委副书记、人大主席　朱　亮
党委委员、副镇长、政协联工委主任　朱振华
纪委书记　陈艳红（女）
组织宣传统战委员　唐　滚
党委委员、武装部部长　王　锋
副镇长　史江宏　王　鹤

杨嘉桥镇
党委书记　陈　赞
党委副书记、镇长　王冬高
党委副书记、人大主席　马勇根
党委委员、副镇长、政协联工委主任　向海军
纪委书记　王建华
组织宣传统战委员　周意群（女）
党委委员、武装部部长　张亚丰
副镇长　黄杨林　董继兵

石潭镇
党委书记　刘奇志
党委副书记、镇长　何海军
党委副书记、人大主席　张学军
党委委员、副镇长、政协联工委主任　肖和平
纪委书记　阳旭东
组织宣传统战委员　宋春秀（女）
党委委员、武装部部长　符　鑫
副镇长　郭安明　彭　坤

乌石镇
党委书记　赵龙江（女）
党委副书记、镇长　黄宏伟
党委副书记、人大主席　刘　纲
党委委员、副镇长、政协联工委主任　肖铁光
纪委书记　赵小祥
组织宣传统战委员　陈　超
党委委员、武装部部长　王建伟
副镇长　蔡　茁　汤进军

分水乡
党委书记　成　凯
党委副书记、乡长　周强宇
党委副书记、人大主席　朱　军
党委委员、副乡长、政协联工委主任　杨　毅
纪委书记　唐清云（女）
组织宣传统战委员　龚　亮
党委委员、武装部部长　贺　虎
副乡长　马　亮　冯俊军

石鼓镇
党委书记　陈虎彪
党委副书记、镇长　王富强
党委副书记、人大主席　王佳洪
党委委员、副镇长、政协联工委主任　周　波
纪委书记　肖经炎
组织宣传统战委员　张银华（女）
党委委员、武装部部长　胡志勇
副镇长　莫　凌　康安定

青山桥镇
党委书记 罗刚强
党委副书记、镇长 胡 卫(女)
党委副书记、人大主席 马 立
党委委员、副镇长
政协联工委主任 张 宏
纪委书记 谭铁权
组织宣传统战委员 张密湘(女)
党委委员、武装部部长 陈 哲
副镇长 任志文 陈立强

龙口乡
党委书记 贺斗志
乡长 肖小年
党委副书记、人大主席 陈 龙
党委委员、副乡长
政协联工委主任 汤友良
纪委书记 肖 伟
组织宣传统战委员 谷 巍(女)
党委委员、武装部部长 张国强
党委委员、副乡长 王 武
副乡长 张 伟

花石镇
党委书记 赵勇光
党委副书记、镇长 陈建强
党委副书记、人大主席 陈大伟
党委委员、副镇长
政协联工委主任 王新其(女)
纪委书记 胡孝全
组织宣传统战委员 王格律
党委委员、武装部部长 刘新军
副镇长 袁 勇 周劲东

排头乡
党委书记 许伟成
党委副书记、乡长 何金强
党委副书记、人大主席 彭光宇
党委委员、副乡长
政协联工委主任 赵 珊
纪委书记 徐 彬
组织宣传统战委员 李淑群(女)
党委委员、武装部部长 李毅龙
副乡长 汪海洋 周佳文

锦石乡
党委书记 周 湘
党委副书记、乡长 彭均赞
党委副书记、人大主席 彭进高
党委委员、副乡长
政协联工委主任 谭洪斌
纪委书记 陈耀武
组织宣传统战委员 熊 伟(女)
党委委员、武装部部长 方新奇
副乡长 蔡剑锋 贺细谷

射埠镇
党委书记 陈 颂
党委副书记、镇长 肖建祥
党委副书记、人大主席 雍灿辉
党委委员、副镇长
政协联工委主任 杨习光
纪委书记 谭舜尧(女)
组织宣传统战委员 谭思恩
党委委员、武装部部长 胡 勇
副镇长 赵 露 胡忠健

河口镇
党委书记 吴 能
党委副书记、镇长 周海洋
党委副书记、人大主席 刘江华
党委委员、副镇长
政协联工委主任 袁谷红(女)
纪委书记 贺 超
组织宣传统战委员 熊志军
党委委员、武装部部长 曾立斌
副镇长 周 勇 石 涛

易俗河镇
党委书记 贺玉良
党委副书记、镇长 符念龙
党委副书记、人大主席 赵应和
党委委员、副镇长
政协联工委主任 宾博韦
纪委书记 许 鹏
组织宣传统战委员 刘 蔚(女)
党委委员、武装部部长 唐晓昆
副镇长 李光灿 唐高明

梅林桥镇
党委书记 欧阳钧
党委副书记、镇长 邱伶俐(女)
党委副书记、人大主席 左 华
党委委员、副镇长
政协联工委主任 周 勇
纪委书记 周 伟
组织宣传统战委员 盛 铁
党委委员、武装部部长 谭望存
副镇长 唐建新 倪赤炎

谭家山镇
党委书记 胡定伟
党委副书记、镇长 朱广武
党委副书记、人大主席 周冬林
党委委员、副镇长
政协联工委主任 楚放军
纪委书记 胡海军
组织宣传统战委员 朱金凤(女)
党委委员、武装部部长 彭 彰
副镇长 宋学文 朱建国

中路铺镇
党委书记 李洪运
党委副书记、镇长 唐智锋
党委副书记、人大主席 赵文彬
党委委员、副镇长
政协联工委主任 陈泽锋
纪委书记 张 勇
组织宣传统战委员 崔 强
党委委员、武装部部长 周鹏程
副镇长 梁 军 廖 湘(女)

白石镇
党委书记 尹 忠
党委副书记、镇长 王 鑫
党委副书记、人大主席 罗勇辉
党委委员、副镇长
政协联工委主任 陈 虹
纪委书记 周勇超
组织宣传统战委员 张海花(女)
党委委员、武装部部长 王 锋
副镇长 胡 兴 谢文光

茶恩寺镇
党委书记 彭积春
党委副书记、镇长 唐晓坤
党委副书记、人大主席 胡咏新
党委委员、副镇长
政协联工委主任 张杨佑
纪委书记 刘泽林
组织宣传统战委员 张 霞(女)
党委委员、武装部部长 齐志敏
副镇长 蔡 雄 宾鸿涛

(责任编校 杨红艳)

中共湘潭县委员会

概述

【概况】 2014年，湘潭县紧扣建设“现代壮县、幸福莲乡”主题，继续实施“强工壮县、惠农富民”系列举措，克服经济下行压力，开展党的群众路线教育实践活动，全面完成或超额完成市委、市政府下达的绩效考核各项目标，继续保持“全国粮食生产先进县”“全国计划生育先进县”“湖南省文明县城”等重大荣誉，成功争取“中国民间文化艺术之乡”“湖南省安全生产先进县”等重要成绩。

一、把稳增长作为重中之重，经济发展逆势跃升

年内，实现GDP286.8亿元，增长11.6%；完成财政总收入22.37亿元，增长11.8%；完成固定资产投资166.3亿元，增长23.5%；三次产业结构比调整为17.0∶53.2∶29.8；实现社会消费品零售总额64.8亿元，增长14.0%；城乡居民人均收入分别达25653元、13344元，增长9.0%、11.4%。

“一区多园”成绩喜人。天易示范区主要经济指标继续保持高位增长，综合实力位居全省园区第1两名，获评中国湘商十大最具投资价值园区，创建国家级经开区工作迈出坚实步伐。完成技工贸总收入485.1亿元，增长25.11%；完成财税收入13.5亿元，增长16.4%；报批土地200公顷，融资到位40亿元。先进装备制造、食品、新材料三大主导产业产值占全县规模工业总产值的60%以上，产业集群效应日益凸显。易俗河镇、梅林桥镇和相关部门全力支持天易示范区发展，发展环境进一步优化。率先实施“一区多园”战略，获批成立天易示范区杨河工业园、青山皮鞋工业园、茶恩竹木工业园。3个乡镇工业园发展势头强劲，年内，完成投资15亿元，引进入园企业13家，其中5家企业竣工投产。乡镇工业园迅速发展，带动全县乡镇完成规模工业总产值180亿元，“一区多园”引领全县工业发展的模式初步构建，县域发展多点支撑局面基本成型。

工业经济企稳向好。出台《关于稳增长促发展的九条意见》，在引进金融机构、增加贷款发放、精简审批项目、规范涉企行为等方面为企业“牵线搭桥、减负松绑”，实体经济发展活力不断增强。年内，新登记注册企业880家；新增规模企业15家，总数达208家；完成规模工业总产值427.6亿元，增长17.3%；完成规模工业增加值130.4亿元，增长15.3%。着力推动科技创新，完成高新技术产值140亿元，完成工业技改投资75亿元，新增国家级高新技术企业3家；新增驰名商标1件、省著名商标7件、省名牌产品2个；加快淘汰落后产能，万元规模工业增加值能耗降低率达23%。

农业经济稳中有升。完成粮食播种面积10.65万公顷，总产量达74.1万吨，继续保持“全国粮食生产先进县”荣誉；出栏肉猪218.47万头。土地流转面积1万公顷，新增农民合作社68个，其中国家级示范社3家、市级以上示范社6家，完成农业产业化产值195亿元，增长18%。农机装备水平连续九年稳居全省前列，水稻良种覆盖率达98%。转移农村劳动力35万人，实现劳务收入60亿元。全面加快特色县域经济重点县建设，完成万亩湘莲基地、26.67公顷“寸三莲”原种场基地建设及石潭、射埠两个片区8万亩高档优质稻种植基地建设；农产品精深加工物流园“五纵三横”路网格局基本成型；新增省级农业产业化龙头企业2家、市级12家；省地方特色产品（湘莲）质量监督检验中心等项目完成主体工程建设。

第三产业日趋繁荣。核心商圈建设步伐加快，全县首个城市综合体项目同丰·中央广场投入运营；成功争取全省首批“百城千镇县乡流通再造试点县”和“全省农村商贸综合服务体建设试点县”；县内121家企业入驻淘宝网“特色中国·湘潭县馆”电子商务平台并上

线运营。成功申报一级资质建筑企业1家，房地产开发投资13.0亿元，下降30.1%，房地产实现平稳健康发展。年内，实现旅游综合收入48.12亿元；鑫田大酒店获评五星级旅游饭店。成功引进光大银行、长沙银行设立分支机构，金融支持实体经济发展的力度不断加大；严厉打击非法集资行为，金融管理不断加强。

项目建设强力推进。推行项目建设“三个一”工作机制和干部跟班协调服务机制，年内，引进新项目48个，其中过亿元项目10个，实现到位内资36.2亿元；争取到位国省预算内资金1.5亿元；建设重点工程项目89个，完成投资122.5亿元。天易公路二期竣工通车；天易金霞小学完成投资近亿元，顺利投入使用；芙蓉大道、滨江风光带等一系列基础设施项目全面完成；高空作业平台生产线、软包装印刷生产基地、年产40万千升啤酒生产基地等一系列产业项目竣工投产；湘江长沙综合枢纽工程湘潭县库区等一系列民生项目投入使用。

二、把抓统筹作为关键之策，城乡面貌再添新颜

县城建管不断提质。县城东南西北四个出城通道全面拓展，涓水二桥及其连接线、五大桥及其南引线竣工通车，107国道拓改工程和武广大道建设稳步推进。城区空间不断拓宽。完成玉兰路、龙江路、雪松北路提质改造等22个基础设施项目，县污水处理厂二期投入运营，城市基础设施不断完善。创新城市管理，以联合执法形式，对城区“六乱”行为、城区交通秩序及超限超载、非法营运等行为开展集中整治，全县文明出行秩序和交通安全秩序得到有效维护。新增10路、101路、123路等3条公交线路，基本实现市县公交同城。城市管理改革加快，园林绿化管理养护、背街小巷环卫清扫实现市场化运作；城区净化、绿化、亮化实现提质提档，县城面貌明显改观，顺利通过省级文明县城复检。

城镇建设步伐加快。突出规划引领，完成石鼓等4个乡镇核心镇区控制性详细规划编制。完成小城镇建设投入1.7亿元，实施镇区道路、电力等基础设施项目82个；加快中心城镇、特色城镇和小城镇建设步伐。花石、石潭等“全国重点镇”基础设施不断完善，精细化管理水平不断提升；乌石、白石等“省级特色镇”着力发展特色旅游经济，开创“基础强镇、特色兴镇”新格局，全县城镇化率达39%。强力整治城乡建设秩序，年内，共查处违法用地14公顷，查处违法建筑3700余平方米。

农村基础明显改善。投入水利资金2.26亿元，完成各类水利工程1.13万处。梅林桥“美丽乡村”示范片、茶恩寺金坪·复兴示范片、白石潭口示范片建设稳步推进；投入3000余万元，110个帮扶村建设任务全面完成。持续整治非法采砂洗砂行为，全面完成各项减排任务，全县森林覆盖率达44.9%，农村环境综合整治纵深推进，垃圾分类减量处理等多项工作成为全市亮点。

三、把惠民生作为施政之本，社会事业协调发展

保障水平不断提高。完成各类民生支出28亿元，占财政总支出的67%以上。推进覆盖城乡居民的社会保障体系建设，城乡居民养老保险覆盖率达100%，城镇基本医疗保险覆盖率达到95%，新农合参合率达98.3%，城镇基本失业保险覆盖率达到85%。2014年城乡居民基础养老金由55元/月提高至60/月；企业离退休人员月平均养老金由1422元提高至1599元；失业保险领取标准由760元/月提高至916元/月；征地建设项目社会保险费征缴标准由20元/平方米提高到40元/平方米；新增天易示范区被征地农民养老保险参保375人，总数达2935人。新增农村劳动力转移就业6867人，城镇新增就业8036人。完成46万张社会保障卡发放。建设保障性住房190套，棚改安置1200套，改造农村危旧房1000户。严格落实退耕还林、生态公益林补偿政策，发放惠农资金1500万元。

各项事业稳步推进。投入资金3.2亿元，完成农村危房改造、农村公路建设、改扩建农村敬老院等34项省、市为民办实事工作任务，其中7项超额完成目标任务。落实“教育强县三年行动计划”，完成44所合格学校和3所公办幼儿园建设；高考各项评价指标连续16年蝉联全市第一。“欢乐潇湘·幸福湘潭·莲乡大舞台”群众文艺活动深入人心；锦石、谭家山两个乡镇文体广场建成投入使用；龙口、分水、白石3个乡镇广播“村村响”工程试点有序推进；电视剧《彭德怀元帅》正式开拍。积极创建全民综合健身示范城市。切实加强食品药品监督工作，“舌尖上的安全”得到有效保障。认真落实“单独二孩”政策，人口计生主要指标平稳运行，继续保持“国优、省模”地位。

社会大局和谐稳定。强力监管安全生产，年内，未发生较大及以上安全事故，湘潭县被评为“全省安全生产先进县”，花石镇成功创建“省级安全生产示范乡镇”。顺利关闭茶园煤矿、鸿泰宇二矿、长岭煤矿、邓公煤矿。落实领导干部直接联系群众各项制度，年内，县级领导共接待来访群众388批1387人次，化解和缓解问题189件。全县机关干部参与大走访10.2万人次，走访群众56.3万户次，共处理1.45万起矛盾纠纷。开展信访积案化解“百日攻坚”行动，交办51件信访积案，化解23件，办结18件。规范信访秩序，引导群众依法逐级走访，大力推行“四通工作法”，群众来信、走访、网上信访、电话信访回复办结率达95.2%，满意率达89.5%。以法治建设引领平安建设，健全“打防结合、以防为主”的治安防控网络，完成平安城市电子防控系统建设。开展专项行动，打击违法犯罪，破获各类刑事案件1882起，移送起诉676人，抓获各类逃犯126名；全县抢劫、抢夺案件发案分别同比下降47.6%、71.2%。妥善处理“8·10产妇死亡事件”等10多起影响较大的舆情事件，社会治安秩序良好，社会大局和谐稳定。

四、把转作风作为执政之基，党的建设巩固提升

群众路线教育实践活动卓有成效。全县5个县级领导班子、105个参学单位、1391个基层党组织、38721名党员认真贯彻“照镜子、

正衣冠、洗洗澡、治治病”总要求，突出问题导向，深入反对“四风”。县委、县政府精简各类会议40%以上、文件20%以上、考核检查评比项目30%以上、行政审批项目50%以上；清理超编公车28台，清理腾退超标办公用房面积5900余平方米，“三公”经费较上年压缩30%，严格执行中央八项规定、省市九条规定；坚决整治“会所中的歪风”“三超两乱”“为官不为”“吃空晌”等问题；把纠正乡镇干部“走读”现象、解决协调指挥机构津补贴发放不规范问题、为基层“松绑减负”等作为县域特色动作，在全省率先开展，取得良好效果。

领导班子和干部队伍坚强有力。严格执行民主集中制，增进班子团结。落实新修订的《干部任用条例》，先后5批次调整配备干部122人。对15名单位“一把手”开展领导干部经济责任审计。做好县委拟提拔重用的三批干部调整意见征求、任前公示、报批等工作。深入开展“三超两乱”治理，消化超职数干部47名（含非领导）。共清理在国有控股企业兼职的党政领导干部37名共51人次，全部提交辞呈，清理出在社会组织兼职领导干部148人次，已有65人辞去兼任职务，其余正在按程序进行审批。在全县范围内清理出违规抽调借调人员229人。研究修订《湘潭县后备干部管理暂行办法》，出台《湘潭县党政领导后备干部工作实施办法》，完善后备干部的选拔、培养和管理办法。

党的基层堡垒更加坚实。严格执行党组织书记抓党建工作述职评议制度，出台《湘潭县基层党建工作“联述联评联考”实施办法》，强化党组织书记抓党建工作第一责任人意识。顺利完成行政村合并和村级组织换届，对71个软弱涣散村党组织进行整顿提升。优先保障党建经费，将村级组织运转经费提高到村均7万元以上。提高村专职干部报酬标准，实行村专职干部养老保险补贴，提高离任村主干生活困难补助标准。落实《关于在党员发展管理中严格执行“2233”制和“两考四评”制的意见》和《湘潭县处置不合格党员实施办法》，共处理51名不合格党员。坚持“四个一”（一人一台账、一月一联系、一月一汇报、一年一考核）制度，加强流动党员管理。选聘8名高校毕业生到村任职，选派149名“两新”组织党建工作指导员。

党风廉政建设不断深化。认真落实市委《关于党委主体责任和纪委监督责任的实施办法（试行）》，推进纪委“三转”（转职能、转方式、转作风），对各级各部门纪委书记（纪检组长）分工进行调整。强化党内监督，出台《关于实行党政正职“三个不直接分管”和“末位表态”制度》。开展“党纪条规教育年”活动。开通县本级“5910”廉政账户，37名党员领导干部主动上交红包礼金49.6万元。建立健全信访监督提醒、诫勉谈话等制度，开展暗访督查19轮次，通报批评57人，约谈单位“一把手”8人，诫勉谈话25人，责令做出书面检查47人，责令辞职1人，免职5人，纪律处分23人。开展科级党政正职述廉述德评议工作，对6名“一把手”进行廉政和品德评议，严肃追究10名科级干部党风廉政建设责任。开展村级换届纪律专项督查，严肃处理16名违反财经纪律的村干部，促进农村党风廉政建设。

宣传统战工作全面发展。深化党的十八大、十八届三中、四中全会和习近平总书记系列重要讲话精神学习宣传，开展县委学习中心组、县委第二学习中心组和理论讲座18次。巩固“一村一员一课堂”“书记（局长）大讲堂”“社区论坛”等宣讲阵地，组织主题宣讲120余场次，组织村级宣讲6000余次，举办社区论坛2期。评选出10名县级道德模范。组织民主党派成员、非公经济人士、各类党外代表人士谈心12场次，共收集意见建议100余条。全县19个乡镇200余名党政负责人联系区域内400余名重点统战成员，全县24名县级领导与7两名党外代表人士联谊交友，融洽党内外合作共事关系。全力推进“四同创建”活动，全县共有创建点23个，共投入项目资金9000余万元，受益居民和群众达10万余人。

重要会议和决策

【中共湘潭县第十一届委员会第四次全会暨经济工作会议】 1月15日，县委召开第十一届委员会第四次全会暨经济工作会议，会议由县委副书记、天易示范区管委会常务副主任唐正武主持。县领导谢振华、傅国平、周艳希、唐正武、黄忠德、王惠芳、周贤、周俊文、谭何龙、唐剑恒、刘耀奇、胡亚湘等全体在家县级领导参加会议。会议明确当前和今后将以全面小康为总揽，以经济工作为手段，以党的建设为保障，加快推动转型升级，在变局中抢抓机遇，在挑战中趋利避害，在小康建设中争先进位，奋战2014年，冲刺明年，跨越四年，坚定不移地推进“现代壮县、幸福莲乡”建设进程。会议表决通过《关于分类指导加快推进全面建成小康社会的决定》。

【中共湘潭县第十一届委员会第五次全体会议】 8月29日，县委召开第十一届第五次全体会议。按照党章相关规定，会议以举手表决的方式，决定递补县委候补委员曾耀辉、陈金红、汤立新（女）、肖命军为县委委员。

【中国共产党湘潭县第十一届委员会第六次全体会议】 11月6日，县委召开第十一届委员会第六次全体会议。会议由县委副书记、县长傅国平主持，县领导谢振华、傅国平、周艳希、唐正武、黄忠德、王惠芳等参加会议。会议审议和通过《中共湘潭县委关于全面深化改革的实施意见》，标志着湘潭县全面深化改革工作全面启动，从当前到2020年的改革蓝图已经绘成。谢振华要求，全县各级各部门一定要切实增强紧迫感和责任感，加强对全面深化改革工作的组织领导，做到有重点、有步骤、有秩序地推进改革，务求取得实实在在的改革成效。

【2014年第一次常委会议】 1月13日，由县委书记谢振华主持召开。

会议研究审定《关于分类指导加快推进全面建成小康社会的决定》，听取小康办工作汇报；审定县委经济工作会议上县委书记、县长的讲话材料及人大、政府、政协工作报告；审定县级领导和县直单位联系乡镇的安排方案；听取关于青山桥镇杨晓应案相关责任人处理情况的汇报；听取干部选拔任用工作的有关建议。

【2014年第二次常委会议】 2月8日，由县委书记谢振华主持召开。会议传达学习中央十八届纪委第三次全会、省十届纪委第六次全会、市十一届纪委第三次全会精神；审定县十一届纪委第四次全体会议工作报告；听取关于2014年湘潭县重点工程项目建设计划的汇报及文化强县建设工作汇报。

【2014年第三次常委会议】 2月27日，由县委书记谢振华主持召开。会议审定全县党的群众路线教育实践活动实施方案及县委常委党的群众路线教育实践活动实施方案；研究干部人事工作；审定县委、县人大、县政府、县政协2014年工作要点；听取关于教育强县工作的汇报，审定《2014年县级领导联系薄弱学校的安排》；研究审定《湘潭县公务消费管理暂行办法》。

【2014年第四次常委会议】 3月18日，由县委书记谢振华主持召开。会议审定《中共湘潭县委关于建立县级领导和县直单位联系乡镇责任机制的通知》《关于加快乡镇工业园发展的实施意见》《2014年县级领导联系产业、重点企业安排表》《2014年新农村建设工作方案》《县委农村工作会议筹备工作方案》；听取关于2013年度县域经济发展奖励情况的汇报、启动湘潭县机关单位第三步规范公务员津补贴情况的汇报；研究审定县政府办三定方案、公路交通管理体制改革的实施方案以及县供销社三定方案；审议《关于给予卢顺林开除党籍处分的请示》《关于给予冯辉留党察看处分的请示》。

【2014年第五次常委会议】 4月23日，由县委书记谢振华主持召开。会议听取县活动办关于全县党的群众路线教育实践活动开展情况汇报及县活动办联络一组关于县委常委班子开展党的群众路线教育实践活动情况的汇报；审定2013年科级领导班子考核结果、2013年度村（社区、居委会）领导班子和专职干部绩效考核工作情况汇报；审定《关于稳增长、促发展的九大举措》；研究审定党政后备干部工作实施办法的修改意见；研究干部人事工作。

【2014年第六次常委会议】 5月19日，由县委书记谢振华主持召开。会议审定《“莲乡发现——最美群众贴心人”评选活动工作方案》；研究审定《湘潭县道德模范评选表彰办法》及关于湘潭县建设投资有限公司合并入湘潭产业投资发展集团有限公司发行小微企业扶持债券的情况汇报。

【2014年第七次常委会议】 6月17日，由县委书记谢振华主持召开。会议审定县委常委班子党的群众路线教育实践活动对照检查材料及2013年度科级领导干部绩效考核结果；听取当前反恐工作形势的汇报；听取信访维稳积案化解工作的汇报。

【2014年第八次常委会议】 7月18日，由县委书记谢振华主持召开。会议研究审定关于支持湘潭天易示范区建设与发展有关问题的请示；审定县级领导小组、议事协调机构清理方案及《县事业单位分类工作方案》和分类指导目录；听取关于建立县委全面深化改革工作相关工作机制的汇报、关于原湘潭市列家桥煤矿处置的情况汇报、“四同”创建、白石镇潭口新农村示范片建设工作情况汇报及给予罗石光党纪处分情况汇报；审议《关于实行党政正职“三个不直接分管”和“末位表态”制度的实施意见》；研究安全生产工作及干部任免工作。

【2014年第九次常委会议】 8月20日，由县委书记谢振华主持召开。会议学习《中共湘潭市委办公室湘潭市人民政府办公室〈关于进一步加强重大事项社会稳定风险评估工作的通知〉》（潭办发〔2014〕14号）文件。审定《湘潭县委常委班子党的群众路线教育实践活动整改方案》；听取关于湘潭县妇幼保健院“8·10”产妇死亡事件的处置情况汇报、关于当前涉稳问题的情况汇报；审定《县委办县政府办关于加强应急突发事件信息报送和处理工作的若干规定》；审议挂职干部任职安排。

【2014年第十次常委会议】 8月27日，由县委书记谢振华主持召开。会议审定“湘潭县2014年度科级领导干部绩效考核办法修改建议及考核目标分解表”；审议《湘潭县机关事业单位借调人员管理暂行办法》《关于县委候补委员递补为县委委员的决定（草案）》；听取关于严禁超职数配备干部等三项工作情况的汇报；研究党的群众路线教育实践活动有关工作。

【2014年第十一次常委会议】 10月17日，由县委书记谢振华主持召开。会议听取当前党的群众路线教育实践活动有关情况汇报；审定《服务型党组织建设实施方案》《湘潭县落后煤矿关闭退出工作实施方案》《关于完善党员干部直接联系群众制度的实施意见》《关于各级党委（党组）贯彻执行民主集中制的基本规则（试行）》；听取湘潭县安全生产党政同责、一岗双责有关规定的情况汇报、湘潭县党史工作情况汇报、成立社会组织党工委的情况汇报；研究干部人事工作。

【2014年第十二次常委会议】 11月4日，由县委书记谢振华主持召开。会议传达学习贯彻党的十八届四中全会精神；听取关于全面深化改革有关工作的情况汇报；审议给予杨芳其、吴广怀、卢斌乾的党纪处分决定；研究干部人事工作。

【全县人口和计划生育工作会议】 1月24日，湘潭县人口计生工作会议在县政府五楼会议室召开。会议总结2013年度人口计生工作，讲评冬季优质服务竞赛活动，分析工作形势，高度统一思想认识，安排部署2014年度人口计生工作任务。县领导谢振华、傅国平、周艳希、赵国政、李西文、陈雪娥出席会议。各乡镇党委书记、乡镇长、计生分管负责人和计生办主任，县直计生综治单位行政一把手，县委人口计生领导小组全体成员等参加会议。县长傅国平就做好2014年人口与计生工作提出明确要求。县委书记谢振华强调，要科学研判，把握政策，切实强化思想认识；巩固成果，破解难题，不断提升工作水平；落实责任，统筹协调，着力构建良好格局。

【全县投资和重点工程项目建设推进会】 2月14日，湘潭县召开投资和重点工程项目建设推进会，动员全县把主要精力放在经济建设上。县领导傅国平、周艳希、唐正武、王惠芳、周俊文及全体在职副县级以上干部、各乡镇党政一把手等参加会议。县委书记谢振华强调，全县要坚定决心，凝心聚力，真抓实干，迅速掀起投资和项目建设新热潮。县委副书记、县长傅国平提出“九点要求”，要增强项目意识，强化项目是工作抓手、项目是新增财源和项目是发展基础的共识；要严格分工负责，按照年内工作目标任务，形成合力，全力推进；要优化绩效评价，把项目建设作为评价乡镇和部门工作绩效的主要依据；要维护建设环境，必须采取铁的手腕来维护；要规范政府投资，严格落实各项程序和规定，加强保障和监管；要强化要素保障，主要是土地和资金两个要素的保障；要提高审批效率，2014年将下大力气推动集中审批，为项目建设节约宝贵有限的工期；要狠抓质量安全，把项目建设的质量和安全始终摆在首位，要狠抓进度，但进度须服从于质量和安全；要抓紧项目前期，积极主动向上争取项目和对外引进项目。

【县委政法暨群众工作会议】 2月26日，县委政法暨群众工作大会召开。会议由县委副书记周艳希主持，县领导谢振华、周艳希、唐正武、黄忠德、王惠芳、周俊文、唐剑恒及全体在家在职的县级领导等参加会议。县委常委、常务副县长周俊文宣读2013年度综治维稳工作考核结果的通报；县委常委、政法委书记唐剑恒作工作报告，总结2013年全县政法和群众工作，分析形势并安排部署2014年的政法和群众工作。县委书记谢振华强调，要把维护社会大局稳定作为基本任务，提升理念、创新方式，努力确保县域长治久安；要把保障人民安居乐业作为根本目标，打防并举、标本兼治，持续提升群众安全感和满意度；要把促进社会公平正义作为核心价值追求，科学执法、提升效能，为县域经济发展保驾护航；要把加强队伍建设作为第一要求，强化素质、严明纪律，致力打造坚强可靠的政法铁军。

【县委农村工作会议】 3月21日，县委农村工作会议召开。会议由县委副书记周艳希主持，县领导谢振华、傅国平、周艳希、黄忠德、王惠芳、赵国政、谭捍卫、宋小玲和杜孟洋参加会议。副县长谭捍卫全面总结2013年农业农村工作成绩，安排部署2014年“三农”工作任务。县委副书记、县长傅国平对2014年的农村工作提出九个方面的要求，要始终坚持惠农富民，不断加大对三农的投入，把改革开放的成果惠及到农村和农民；要切实加强基础设施建设，整合各项涉农项目和资金，加大对农村基础设施的建设力度；要合理引导规模经营，促进农村土地的有效流转；要全力发展特色产业，把农产品精深加工作为农业发展的重点，改变农业大县出售、贱卖初级农产品的粗放的发展方式；要努力巩固粮食生产，严禁耕地抛荒，严格纠正抛荒土地照样享受国家粮食补贴和农业补贴的做法；要深入整治农村环境，做到投入不减，人员不减；要务实调整农业保险，将农业保险的政策宣传到全体农户；要广泛开展扶贫帮困，高度关注困难村和边远村，达到均衡发展的目的；要切实落实“三防”工作，尽早安排防汛抗旱、森林防火、动物防疫等工作。

【全县安全生产工作会议】 3月24日，湘潭县安全生产工作会议召开。县领导谢振华、傅国平、周俊文、刘铁强、黄铁华、陈卫兵、谭捍卫、韩伟、唐仁光、罗义彬等参加会议。会议总结2013年全县安全生产工作，提出2014年全面实施安全生产“四大三基”三年行动计划，时刻绷紧安全生产之弦，筑牢安全生产之基。县委副书记、县长傅国平提出七个“不能”作为本年度开展安全生产工作的要求，要始终把人民生命安全放在首位，发展绝不能以牺牲人的生命作为代价，要做到安全红线不能突破，企业主体不能缺位，强力监管不能失职，打非治违不能手软，安全教育不能放松，从严追责不能含糊，应急处突不能犹豫，实现一般事故和伤亡人数双下降，杜绝较大及以上安全事故的发生。县委书记谢振华强调，全县各级各部门要以铁的纪律、铁的手段抓安全、抓落实、抓查处，确保全县安全生产工作警钟长鸣、平稳推进、扎实有效，努力为全县经济社会发展创造安定祥和的环境。

【2013年度绩效考核总结讲评暨全县党务工作会议】 4月25日，2013年度绩效考核总结讲评暨全县党务工作会议召开，会议由县委副书记周艳希主持。县委常委、组织部部长、统战部部长周贤，县委常委、县委办主任谭何龙，县委常委、宣传部部长刘耀奇分别就绩效考核和组织、统战工作，宣传思想文化和建设文化强县工作，以及办公室工作进行总结讲评，并对2014年工作进行安排部署。县委常委、纪委书记胡亚湘宣读《关于表彰奖励2013年度绩效考核先进单位的通报》等。县委书记谢振华指出，绩效考核旨在导向，重在运用，要正确认识，理性对待；党务工作核心在党，重心在务，要围绕大局，服务发展。他要求，要像抓经济工作一样把党务工作具体化、项目化，使党务工作更好地渗透和融入全面建成小康社会的各个领域。组织工作要着力选贤任能，固本强基；宣传工作要着力营造氛围、鼓足干劲；统战工作要着力发挥优势、凝聚力量；党办工作要着力谋划全局、优质服务。谢振华强调，促发展，作

风是保证，形象是先导。第二批党的群众路线教育实践活动如火如荼开展，全县广大党员干部要以此为契机，带头讲政治，做顾全大局、凝心聚力的表率；带头讲学习，做提升能力、开拓创新的表率；带头讲纪律，做改进作风、清正廉洁的表率，以坚定的党性，务实的作风，推动各项工作开展，以更突出的成绩服务于党和人民。

【湘潭县经济工作推进会】 4月25日，经济工作推进会在鑫田大酒店召开。会议由县委副书记、湘潭天易示范区管委会常务副主任唐正武主持，县领导谢振华、傅国平、黄忠德、王惠芳、周俊文、刘铁强、唐仁光、唐向前、杨欣荣、胡庚、罗义彬，各乡镇党委书记、乡镇长，县内各有关部门负责人，县内规模以上企业负责人，县内各家银行行长、信贷科科长以及部分小额贷款公司负责人，银企合作洽谈签约和招商引资签约的企业负责人参加会议。会议安排部署今后一段时期经济工作，动员全县上下进一步坚定信心，推动县域经济社会快速稳步发展。

【湘潭县党的群众路线教育实践活动总结大会】 10月23日，湘潭县召开党的群众路线教育实践活动总结大会。省委督导组副组长、省委组织部副巡视员由红军，市人大常委会副主任、市委督导组组长杨真平，谢振华、傅国平、周艳希、黄忠德、王惠芳等全体在职的副县级以上领导等参加会议。会议对全县党的群众路线教育实践活动进行全面总结，对进一步巩固拓展活动成果、持续深化作风建设、全面推进从严治党进行安排部署。县委书记谢振华要求，全县各级党组织要以此次活动总结为新的起点，以习总书记从严治党“八项要求”为指导，把党的建设牢牢抓在手上、落到实处。他强调，要在增强党要管党意识、落实从严治党责任上下功夫；要在全面加强思想建党、制度治党上下功夫；要在严肃党内生活、强化党性锻炼上下功夫；要在深入持续反对四风、改进作风上下功夫；要在切实严明党的纪律、从严管理干部上下功夫；要在自觉接受群众评判、发挥人民监督作用上下功夫。全县各级党组织一定要按照上级决策部署，继续扎实抓好党的建设和干部作风，为加快推动科学发展、实现富民强县做出新的更大的贡献。

【2015年度全县党报党刊发行工作会议】 11月6日，2015年度全县党报党刊发行工作会议召开。会议由县委常委、县委办主任谭何龙主持，县委常委、县委宣传部部长刘耀奇作工作报告，县委副书记周艳希作重要讲话。

重要调研

【孙金龙调研湘潭县全面小康社会建设工作】 6月16日，省委副书记孙金龙，省委常委、长株潭两型试验区工委书记张文雄率省委副秘书长马勇、省委农村工作部长蔡建和、省委政策研究室副主任张伟达等一行由市领导陈三新、李江南、陈忠红、县领导傅国平、周艳希、唐正武、谭何龙等陪同，到湘潭县调研指导全面建成小康社会工作。孙金龙一行实地考察湘潭县土地流转和“两型”农业发展的典型梅林山庄项目，察看梅林村蔬菜基地、居民点建设现场，实地考察湘潭高耐合金公司两型产业发展情况，专题听取湘潭县城市规划建设工作、加快推进全面建成小康社会工作、“两型社会”建设工作等方面的汇报。孙金龙肯定湘潭县两型产业的发展成绩。他强调，要始终把发展县域经济作为推进全面小康的重中之重，大力推进新型工业化和新型城镇化；要把新型工业化作为推进富民强县的引擎和龙头，大力发展县域工业经济，推动工业向园区集中；要解放思想，以开放的理念狠抓招商引资，依托资源禀赋发展产业，真招商、招真商、招外商，为县域经济培植更多更优可持续的税源。他还指出，县城是城镇化的重要载体，要厘清新型城镇化背景下的城市发展边界，集中精力把县城做大做强做优做美；要坚持“富规划、穷建设”，规划要着眼长远，一步到位，建设要从实际出发，分步实施；要注重产城融合，实事求是抓好基础设施建设；要坚持以人为本，注意留足路网和绿地面积，规划好路网系统，构建确保长远发展需要的城市交通体系；要大力发展现代农业，工业反哺农业，用工业的理念提升农业产业化水平，扎实推进新农村建设。

【郭开朗调研湘潭县党的群众路线教育实践活动】 3月11日，省委常委、组织部部长郭开朗率省委政研室副厅级纪检员罗云寿、省委基层办副主任刘浩一行由市陈三新、严华、张建平、陈忠红、县领导谢振华、傅国平、唐正武、周贤、胡亚湘等陪同，到湘潭县开展党的群众路线教育实践活动专题调研。郭开朗一行实地查看易俗河镇银塘村村部、易俗河镇政务服务中心，并与易俗河镇等3个乡镇党委书记和谭家山镇荷叶坝村村支部书记彭文魁等3名村支书进行座谈，提出要将群众的满意程度作为该项活动的检验标准。通过调研，郭开朗认为，湘潭县党的群众路线教育实践活动认识高、行动快，密切结合实际，很好地形成县、镇（乡）、村三个活动层次，并抓住重点、抓紧时间在有效开展。他希望，湘潭县在今后的活动开展中把握群众满意度这一检验标准，多为群众办好事、办实事，切实解决好长期存在的“四风”等问题；各级领导从自己做起，班子带头率先垂范，率先学习，率先推动工作；将活动开展与改革发展很好地结合起来，在转变工作作风的同时，为加快县域发展、推进全面建成小康社会提供强大动力。

【李有新到湘潭县调研】 4月3日，省委常委、省军区政委李有新由市孔雪兴、县领导傅国平、张性宇陪同，到湘潭县调研人武部年度工作及党的群众路线教育实践活动开展情况。李有新一行查看县人武部的消防、防爆救灾装备，并现场观看士兵们的消防学习演练，肯定县人武部的工作。李有新要求，湘潭县人武部要聚焦强军目标，要进一步提升标准、提升质量；要扎实抓好群众路线教育实践活动，既要解决问题也要提升建设质量；要加强国防教育的学习氛围，提升人武部内的指挥氛围和国防教育氛围，加大对全体官兵的军事素质培养；要时刻保持警惕，为湘潭县的平安稳定做出更大贡献。

【武吉海到湘潭县调研】 3月5日，省政协副主席武吉海率调研组一行由市周放良、吴小月、马石城、县领导傅国平、王惠芳等陪同，到湘潭县开展“加快推进湘江保护与治理”专题调研。武吉海一行实地查看湘潭县飞龙牧业、红燕化工、滨江堤河道采砂综合整治现场和滨江风光带，重点围绕湘江保护和治理工作中资金投入、责任体系建设、政策配套、技术措施的应用、成效和经验等方面展开调查研究。武吉海指出，要借着省内湘江流域重金属污染综合治理的契机，最大程度减少对周边区域大气、地下水和土壤环境的污染，改善周边群众的生活居住环境和饮用水水质。

县委办公室工作

【概况】 2014年，中共湘潭县委办公室以争创全省一流的县级党委办公室为目标，紧扣群众路线教育实践活动、全面建成小康社会、全面深化改革等县委中心工作，全力践行“五个坚持”，全面履行“三服务”职能，着力打造县委的“核心智库、坚强前哨、巩固后院”，推动全县办公室工作科学化水平的稳步提升。

【政策研究】 围绕县域经济发展、家庭农场建设、村（社区）事务“松绑减负”等县域发展的重点问题，组织开展或陪同主要领导开展专题调研活动20余次，形成一批调研成果，有效服务领导决策。其中《县域工作如何顶住经济下行压力》《湘潭县加快推进全面建成小康社会的若干思考》等一批文稿先后被全国中文核心期刊《领导科学》、省政府《研究与决策》《新湘评论》等刊发，其中，《让政府行为“归位”，让村级自治“守位”》在《省委内参》刊发，得到省委书记徐守盛等省委主要领导肯定，批示在全省推介。年内，共起草各类讲话和汇报材料250篇，大批文稿得到上级领导及县委主要领导的充分肯定。注重二次创作和向上推介。年内，有60篇文章在国家、省、市各级主流刊物上发表，其中国家级8篇、省42篇、市10篇。做好内刊编印工作，年内，刊印《县委通报》11期，及时将县委主要领导重要讲话及决策部署向全县各部门、各乡镇通报；编印《莲乡之声》4期，成为县域经济社会发展成果交流的重要阵地；编印《小康简报》6期、《改革简报》7期，为县委主要领导和全县各级干部提供重要参考。

【综合信息】 发挥党委信息主渠道作用，组织开展全县信息人员动态登记，完善信息考核、通报和联系制度，将信息触角延伸至乡镇各管区、村、社区，定期通报各单位信息采用情况，推动信息工作常态化。年内，向省委、市委上报信息1000余条，一大批精品信息被省、市采用，采用率达30%以上，信息工作稳居全省先进行列、全市第一。规范紧急信息报送制度，统一报送口径，严格执行24小时值班。梳理分析不稳定因素和倾向性、苗头性问题，年内上报紧急信息90条，《县委要情》135期、《突发事件报告》5期，没有发生紧急信息漏报、迟报、瞒报等现象。发挥综合职能，按月进行县委工作总结及计划，呈送县委主要领导。及时处理“书记信箱”群众来信和市委来电，“书记信箱”办共收到群众来信127件，依规定按程序受理93件，承办市委来电19件，处置和答复率达100%。

【督查】 围绕重点项目建设、干部作风建设、省文明县城复检、信访维稳、民调工作和农村环境整治等中心工作，全力推动决策部署的贯彻落实。年内，共组织和参与各项督查活动45次，编发《督查通报》7期，出动350人次外出开展督查，周末开展督查18次。认真查办抓解决，专项办理的实效性得到切实增强。通过现场督办，电话督办，回访当事人等方式，督促协调各责任单位认真调查，共受理各级领导批示73件，办结完成率达到100%，工作得到领导和群众的肯定。注重规范化建设。进一步规范领导批示件的办理工作，新制定《重要批示件办理情况单》《批示件报告单》等规范文本。

【办文办会】 贯彻落实《党政机关公文处理条例》《湖南省党政机关公文处理工作细则》，规范公文处理工作流程，提高处理时效，保证公文办理及时、安全、高效。充分利用电子政务内网收发处理公文，尽可能减少纸质公文数量。年内，共发文119件，同比上年减少17%，全部通过电子政务内网发送。办会善统筹、无疏忽。按照精简、高效、务实的原则，实行整合开会，切实减少会议数量。严格控制规模，科学设置议程，压缩会议时间。年内，发出会议通知450余个，完成50多个重要会议活动的协调服务工作。坚持执行县“四大家”主要领导碰头会议、县委常委工作部门碰头会议，县“四办”主任联席（扩大）会议制度，实行“6+5”周工作协调联动机制，统筹协调安排县“五大家”、天易示范区和县委常委部门重要会议和重大活动，年内，发出全县重要会议活动安排表23期，协调服务各类领导公务活动70余个。

【后勤接待】 围绕县委、县政府的中心工作和县域经济社会发展大局，把握改进工作作风与热情周到服务有机融合，开拓创新，扎实工作，严格贯彻八项规定，坚持务实节俭与精细高效两不误，接待减负与工作加压两手抓，开创“务实节俭、服务精细、文化引领、主动有为”的接待工作新格局。年内共接待来宾134批次2400余人次，其中国家领导人1批次，省部级领导7批次11人，国家各部委、省、市副厅级以上领导72批次1525人次；省内外地市、县考察团、考核组43批次731人次。 （潘娟）

【机要保密电子政务】　督促全县各单位明确定密事项和定密责任人，规范依法定密工作。充分运用多种传媒手段，组织开展10余次保密教育。切实加强保密工作督促检查，年内，共参与有关单位保密监督10多次，开展保密工作检查两次，开展涉密文件保密管理专项检查，年底对全县保密、电子政务工作进行综合检查，推动保密工作水平稳步提升。电子政务稳定畅通。对部分乡镇、单位网络进行光纤改造，提高速率。加强电子政务网运推广，新增内网发文单位2个，内网收发文单位1个，电子公章4个。着力提高政务网平台综合使用率，内网收发文、信息、业务短信等各项指标均居于全市首位。

（董硕　周伟）

纪检监察工作

【概况】　2014年，中共湘潭县纪委、湘潭县监察局贯彻上级纪委全会精神，落实“三转”要求，聚焦中心任务，突出主业主责，严格监督执纪问责，各项工作稳步推进。

落实“两个责任”。按照“谁主管、谁负责”原则，健全责任分解、监督制约、倒查追究工作机制，完善责任体系。县委出台关于《落实党风廉政建设党委主体责任和纪委监督责任的考核实施办法》，明确考核内容和考核范围。组织全县各级党委（党组）、纪委（纪检组）签订主体、监督责任书94份，对具体责任签字背书，层层传导压力。制定《2014年全县党风廉政建设和反腐败工作责任分解意见》，将党风廉政建设工作细化为48项责任，分解到岗、落实到人，形成各部门齐抓共管、上下联动的工作格局。强化党内监督，出台《关于实行党政正职“三个不直接分管”和“末位表态”制度》，开展科级党政正职述廉述德评议工作，对6名“一把手”进行廉政和品德评议。严肃责任追究。推进“一案双查”机制，对发生重大腐败案件和不正之风问题较严重的单位，既追究当事人责任，又倒查追究“两个责任”。

强化监督检查。开展以“暗访抽查”为主的常态化监督检查，从元旦、春节、端午等时间节点抓起，从工作纪律、中餐饮酒、打牌赌博等一个个突出问题抓起，年内，组织开展暗访督查19轮次，印发通报5期，发放作风建设整改函9份，交办函10份，通报批评57人，约谈单位“一把手”8人，诫勉谈话25人，责令做出书面检查47人，责令辞职1人，免职5人，纪律处分23人。抓问题曝光。干部作风问题一经核实依纪快查快办，一律通报曝光。组织全县各乡镇、县直各部门主要负责人召开全县干部作风讲评大会，对16个单位、1两名干部的作风问题进行通报批评。开展村级换届纪律专项督查，由纪委常委分片对联点乡镇进行走访，对重点信访问题进行督办，督促乡镇党委严肃换届纪律。严肃处理16名违反财经纪律的村干部，推进村级财务规范化建设工作。

严肃查办案件。通过开展信访举报宣传月活动、改版升级网络信访举报专栏，畅通信访举报渠道。年内，共受理信访举报330件次，排查问题线索45件次，处分党员16人次，组织处理8人次。出台《纪检监察疑难信访举报案件联合办理暂行办法》。年内，立案124件，结案159起，办结积案45起。严明办案工作纪律，确保办案安全。及时做好案件审理工作，县本级自办案件32件，片区审理45件，已全部审结到位。

加强廉政教育。构建“一报一台一网一刊一短信”为主阵地的“五位一体”宣传网络，改版升级“县纪检监察网”，综合运用电视、报纸、网络等宣传平台，营造浓厚廉政文化氛围。开展“党纪条规教育年”活动，组织副科级以上党员干部近800人参加党纪条规知识测试；开展讲一堂党纪条规党课、组织一次警示教育活动、开展一次党纪条规巡回宣讲活动、开办一个党纪条规教育大讲坛、组织一次党纪条规知识测试、举办一次学用《领导干部廉洁从政手册》交流座谈会、办好一个党纪条规学习教育宣传平台的“七个一”活动。组建反腐倡廉宣讲团，巡回宣讲38场。组织各级领导干部共900余人到长沙监狱等警示教育基地接受警示教育。在县委党校建成湘潭县廉政文化教育基地。开办廉政手机报，在春节、端午等时间节点，向全县干部发送廉政短信，有效预防“节日腐败”。开通县本级5910廉政账户，37名党员领导干部主动上交红包礼金49.6万元。建立健全信访监督提醒、诫勉谈话等制度，先后对48名有违纪苗头或轻微违纪行为的干部进行警示提醒，对30余名“一把手”进行提醒约谈。

狠抓队伍建设。明确各级各部门对纪委书记（纪检组长）分工，不得安排纪委书记（纪检组长）分管与本职无关的工作。会同县委组织部对乡镇纪委书记兼任组织委员职务问题进行调整到位，明确专职的纪委副书记、纪检干事，确保乡镇纪委专职专用。集中培训全县200余名纪检监察干部，安排4批12人次的基层纪检监察干部到上级纪委跟班学习。调整内设机构，合并党风室、纠风室、执法室、效能室成立党风政风监督室，新增2个纪检监察室，组建组织部、宣传部，调整后从事监督执纪的业务室达7个，人员达到内设机构总人数的3/4，精力、人力向主业倾斜。清退98个参与的议事协调机构，保留14个。对本职工作进行梳理，制作职权清单，划定职权边界，规范工作流程，将工程招投标、政府采购等与本职不相符的工作交还给主责部门，不再参加与主业无关的事务。

【中共湘潭县第十一届纪委第四次全会暨全县反腐败工作会议】2月14日，湘潭县第十一届纪委第四次全会暨全县反腐败工作会议召开，会议由县委副书记、县长傅国平主持。县领导唐正武、王惠芳、周贤、周俊文、谭何龙、唐剑恒、刘铁强、刘耀奇、张性宇、胡亚湘等全体在家县级领导参加会议。县委书记谢振华强调，党风廉政建设是一项常抓不懈的政治任务，务必保持清醒，坚定决心，切实增强使命感、紧迫感和责任感；反腐倡廉是一项长期复杂的系统工程，务必正本清源，激浊扬清，深入有效推进党风廉政建设和反腐败工作；使党纪法规成为高压线，务必有令则行，有禁则止，切实增强党的组织纪律性。要切实增强组织观念，坚定政治立场；要切实加强组织管理，规范制度运行；要坚决执行组织纪律，确保政令畅通。全县19个乡镇党委书记向县委书记谢振华递交党风廉政建设主体责任工作责任书，各乡镇纪委书记向县委常委、纪委书记胡亚湘递交党风廉政建设监督责任工作责任书。

【党纪条规教育暨作风建设推进会】5月15日，湘潭县党纪条规教育暨作风建设推进会召开，会议由县委副书记、县长傅国平主持，全体在家的副县级以上领导，各部门、乡镇相关负责人等参加会议。县委书记谢振华结合工作实际，从“知纪、守纪、执纪”三个层面，与大家一起学习和交流，共同警醒和勉励。谢振华要求，全县各级党组织和党员干部认真领会总书记的指示精神，把此次作风讲评既当作一个“平面镜”，对照自身找问题；又当作一个“显微镜”，聚焦问题找根源，在“深学、细照、笃行”中确保教育实践活动有效推进，在即知即改、边查边改中促进干部作风持续好转。

【党的群众路线教育实践活动专项整治】2014年，根据省、市统一部署，湘潭县先后部署开展3批次共54项专项整治任务。通过强化工作举措，立行立改，“四风”突出问题专项整治工作已经取得明显成效。从严控制会议和各类文件方面，县本级会议数量同比减少14个，同比减少40%；县委、县政府发文数量同比减少78个，同比减少22.5%。从严清理各类领导小组、议事协调机构方面，经清理，保留的领导小组和议事协调机构数量为123个，比清理之前减少142个，精简幅度达53.5%。切实整治“慵懒散”方面，查处“慵懒散拖”等违反工作纪律方面的问题55起78人次。清理在编不在岗、编外大量聘用人员、整治“吃空饷”方面，经清理，县直机关事业单位编外聘用人员共1168人，已清退251人；清理出在编不在岗人员467人，已清退和纠正327人；清退和纠正“吃空饷”27人。

【张建平调研湘潭县纪检监察工作】9月18日，市委常委、纪委书记张建平一行到湘潭县开展党风廉政建设“两个责任”和纪检监察机关“三转”（转职能、转方式、转作风）工作专项督导。张建平对湘潭县落实党风廉政建设“两个责任”和纪检监察机关“三转”工作表示肯定。张建平指出，落实党委的主体责任，具体来说就是要落实好选人用人、政治纪律、作风建设、源头防腐、廉政表率五个方面，发挥好党委班子集体、党委书记和班子成员三个层面的作用。要增强党员意识，树立抓党风抓作风就是抓改革抓发展的观点。

【湘潭县廉政文化教育基地建成开放】湘潭县廉政文化教育基地选址在县委党校，占地220平方米，设有展示厅和报告厅，集教育性、警示性、文化性等多功能于一体。其中，展示厅分为“序厅、高瞻远瞩、莲乡廉韵、正气扬清、警钟长鸣、未来展望”六个篇章，以大量的文字、图片、视频等多种形式，将生活中真实的案例故事、人物实例等，通过图文布展、主题造型、多媒体演示、声光电互动体验等形式，让参观者在看、听、感、悟中接受廉政教育和精神洗礼。基地的建成，为党员干部接受反腐倡廉教育搭建平台，标志着湘潭县反腐倡廉宣传教育工作迈出新步伐。12月8日，湘潭县廉政文化教育基地正式对外开放。省纪委常委刘大放，省纪委宣传部部长廖丽萍，市委常委、纪委书记张建平等领导亲临现场参观指导。县委书记谢振华、县委副书记周艳希等县级领导参加，各乡镇、县直机关各单位党政正职等220余人作为首批参观对象，接受一次廉政教育洗礼。

【党纪条规知识测试活动】6月22日，湘潭县近800名领导干部在江声实验学校，参加党纪条规知识测试活动。试题内容以《中国共产党章程》《中国共产党纪律处分条例》等党纪条规为主，突出党员领导干部廉洁从政所必须具备的应知应会知识以及党员领导干部在日常工作中容易产生的法规模糊认识等重点。通过测试，促进党员领导干部真学、真懂、真用法规，增强廉洁自律意识，提高自觉地用党纪条规约束规范自身行为的能力。

【纪检监察干部业务培训班开班】4月28日，举办全县纪检监察干部业务培训班，近200名纪检监察干部接受为期两天的业务培训。县纪委监察局从市、县两级纪检监察机关邀请业务能力强、工作经验丰富的专家，对加强纪检监察干部自身建设、审理工作业务知识、抓好新形势下的干部作风建设、加强办案工作、应对网络舆情、反腐倡廉的形势与任务、加强基层信访举报工作方面进行系统的讲解。业务培训对于提高纪检监察干部的专业理论水平、业务技能，更好地做好纪检监察工作具有积极作用。（程密群）

组织工作

【概况】 2014年，全县基层党组织1515个。其中，党委36个、工委3个、党总支107个、支部1369个。党员39111名，其中，女性6791名，少数民族20人，45岁及以下16390人、大专及以上10987人；农村党员2889两名。年内，发展党员430名，其中女性149名。

制定出台《2014—2020年湘潭县加强基层服务型党组织建设实施方案》，部署基层服务型党组织建设工作。推行“书记谈党建”“书记述党建”“书记考党建”三大举措，年内在县电视台定期录播“书记谈党建”节目3期，全县19名基层党组织书记分批进行述职评议。

对71个软弱涣散村（社区）党组织，坚持“一村一策”，落实整顿工作领导挂点、部门联动机制，软弱涣散村党支部整顿到位。投入资金近700万元，对200个无村级组织活动场所村进行标准化村部建设，提质改造22个老旧村部，全县549个行政村的村级组织活动场所建设全覆盖。建立村级组织运转经费增长机制和基层党建工作经费保障机制，村级运转经费提高到村均7万元以上、县城社区运转经费提高到15万元以上；县财政按每名村（社区）党员100元/年、“两新”组织党员200元/年的标准拨付基层党建和党员活动经费，保障基层党建工作经费；出台《湘潭县提高村专职干部经济待遇若干规定》，村（社区）党组织书记报酬提高到900元／月，年内，新增经费640余万元。

培训基层党组织书记1712人次，制定流动党员管理“四个一”制度，建立流动党员台账，流出党员2734人，流入流动党员99人，建立流动党员“一册通”制度。出台《湘潭县处置不合格党员实施办法》，推行党员“两考四评”制度。严格党内生活，全县1391个基层党组织按要求召开专题民主生活会，民主评议党员3457两名。

开展党员教育活动，建立健全远教站工作月报、站点资产管理、网络资费等多项制度，加强对乡镇远教专干的管理和考核，推动远教站点规范化运行。开展“示范站点”创建活动，创建市级示范点3个。投入资金30多万元，更新远教站点电脑设备100台，完成日常维护300多台次，确保远教设备的正常运行。依托在线平台夯实党员教育站点主阵地，发动和指导村级站点开展红星视频在线学习。组织制作展播党的群众路线教育实践活动精品教材，收集100部优秀党员教育电视片制作成光碟发放到全县所有党委作学习资料。开展电脑、iTV电视、手机多终端接入党员远教系统的试点工作，动员、鼓励全县广大共产党员通过参与“共产党员微信、易信”等互动交流，不断探索基层党员教育培训新手段。依托湘潭县组工网组织开展“中华优秀传统文化知识竞赛”等一系列共产党员网开展的活动，全县共有一千多人次参与。

学习贯彻新修订的《党政领导干部选拔任用工作条例》，重新完善《县委管理干部选拔任用工作流程》，规范干部选拔任用工作程序。年内，调整任用干部5批次98人次，其中，提拔或重用17人，交流任职32人，职务调整25人，免职24人。对上年度提拔任职的51名干部进行试用期满考察，全部按期转正。对乡镇纪委书记职务职责进行调整，乡镇纪委书记实行专职，不再兼任其他职务。加大组织处理力度，先后对1名工作失误造成不良后果的和3名严重违纪的班子成员做出免职处理。

落实干部选拔任用“四项监督制度”，加强对选人用人工作的监督。对县委拟提拔任用的3批共16名科级领导干部人选进行公示；组织对超过两年未进行经责审计和2013年异动交流、未进行离任经责审计的15名单位一把手开展领导干部经济责任审计，其中任期中审计13名，离任审计两名；组织对2010年3月以来“带病提拔”的党政领导干部的选拔任用过程进行倒查。认真落实“一报告两评议”制度，组织全委会委员对县委2014年度干部选拔任用工作和新选拔任用领导干部进行民主评议，满意度均在98%以上。

先后举办第21期科干班、19期青干班、公务员初任培训班3个主体班，培训科级领导干部48人、优秀年轻干部53人、新任公务员40人。选送34名领导干部参加中央、省、市主体班、研修班培训，选送73名学员参加湘潭市党员干部教育培训网络学院学习，组织73名县级领导干部及乡镇党委书记、乡镇长参加学习贯彻习近平总书记系列讲话和党的十八届三中全会精神集中轮训。11月，与中南大学联合举办“服务型政府建设”领导干部高级研修班，与市委党校联合举办湘潭县科级领导干部能力提升班，选送154名科级领导干部参加集中培训。年内举办各类培训班43期，培训干部10500人次。完善“湘潭县干部在线学习网”教学课程资源，组织3700余人参加在线学习。县委党校（县行政学院）搬迁新校区，于2014年12月投入使用，建筑面积10777.42平方米，可容纳380名学员同时上课和200名学员住宿。

制定印发《党政领导干部在企业兼职问题专项整治方案》和《关于对县委管理干部在社会组织兼职进行清理规范的通知》。清理在企业兼职的党政领导干部37名，51人次，全部提交辞呈。清理出在社会组织兼职领导干部148人次，未发现在社会组织违规领取报酬的现象，有65名领导干部辞去兼任职务。纠正违规长期借调人员，出台《湘潭县机关事业单位借调人员管理暂行办法》，建立长效机制，开展专向督查，推动清理工作落实，清理出违规抽调借调人员23人，按要求整改到位。

继续实施“5518”人才引进工程和六项人才培养工程计划，共为机关事业单位公开招聘紧缺专业技术人员23名，乡镇和公安、法院系统公开招录公务员30人，教育系统招聘教师140名，卫生系统引进专业技术人员201名。与高等院校、社会培训机构联合办学，选送36人到湖南城建职业技术学院，参加为期5个月的工程管理专业知识培训班；选送25人到湖南生物机电职业技术学院，参加为期3个月的畜牧专业知识培训班。选送10名理论、新闻、文艺人才到上级媒体、高等艺术培训学校进行培训；与浙江大学联合举办企业经营管理人才高级研修班，培训52名中小企业高层经营管理人才；培训中高级技能人才60人次，卫生专业技术人员1600人次，教师1200人次。继续推进科技特派员开展科技服务和创业行动，全县共确定科技特派员单位52个，其中，省派单位2家，市派单位13家，县派单位27家，市县农村科技致富示范点10家；下派科技特派员52名；建设湘莲和生猪科技特派员创业链，从省农大、农科院等高校和科研院所选聘1两名专家教授作为创业链科技特派员。

深化绩效考核改革，完善绩效考核办法和指标体系，提升考核的科学性和准确度，更好地发挥激励和导向作用。调整乡镇考核类别，增设“园区建设”类乡镇，将杨嘉桥、河口、青山桥、茶恩寺4个园区乡镇纳入此类；调整县农办、县统计局、县政府办等县直单位考核类别或排队定等方式，按照“经济发展、社会工作、民生工作、生态文明”四大类制定考核目标体系，将全面建成小康社会工作作为考核重要内容。增设一类加分项目，即为全县经济社会发展做出重大贡献的加0.3分。加重考核责任单位的工作责任，对其“绩效考核工作”一项指标由2分调增到5分。提高绩效考核奖金基数，乡镇工作人员绩效考核奖金标准与县直单位一致，一等班子乡镇的班子成员奖金与县直单位一致，加大考核结果与干部选拔任用和奖惩挂钩的力度，强化考核结果的运用。

制定《关于整治村（社区）等基层干部办事不公、损害群众利益等违法违纪行为特别是涉黑涉恶问题的方案》，采取开通举报电话、设立举报信箱、开展群众大走访活动等形式对基层干部违法违纪、涉黑涉恶等行为全面调查摸底，查处20名村（社区）党员干部违纪违法行为。

2014年，县委组织部被湘潭市委组织部评为全市先进组织部门。

【行政村合并和支村“两委”换届】 2014年，湘潭县制订全县支村“两委”换届及行政村合并实施方案，通过行政村调整合并，全县减少行政村95个，由644个减少至549个；实施“86431”工作法▲，严把人选素质、推进民主公开、落实关键环节、严厉打击贿选，共选举产生村党组织班子成员1826人，选优配强村党支部班子，村干部年龄结构、文化结构、“双带”能力均有改善和提高。

▲“86431”工作法：“8”，即召开村党支部大会推荐新一届支部委员初步人选8名；“6”，即召开非党村委会成员、村民代表和村民小组长、驻村人大代表、政协委员、村群团组织及经济组织负责人会议，进行无记名信任投票，确定6名预备人选；“4”，即乡镇党委对预备人选进行考察，集体研究确定正式候选人4名；“3”，即村党支部召开党员大会，差额选举支部委员3名；“1”，即乡镇党委对新任支委进行分工，任命党支部书记1名。

【纪念中国共产党建党93周年座谈会】 7月1日，中共湘潭县委组织召开纪念中国共产党建党93周年座谈会，县委副书记周艳希对全县党的建设工作进行总结，对花石镇党委、射埠镇泉井村党支部等52个“先进基层党组织”，候新民、何植梁等57名“优秀共产党员”进行表彰。

【大学生村官及“一村一名大学生计划”】 2014年，湘潭县安排第6批8名大学生村官到村任职。组织对55名大学生村官进行年度考核，注重加强对大学生村官的日常管理、培养锻炼和作用发挥。继续推进“一村一名大学生计划”，择优选送77名优秀青年到电大学习。

【湘潭县选派第六批村党支部第一书记】 2014年，全县从县、乡机关选派82名第六批村党支部第一书记，其中县直机关27名，乡镇机关55名，到基层党组织分类定级为“较差”“一般”等次的村任党支部第一书记，任期一年。第六批村党支部第一书记到村后，围绕“三抓一促”（抓党的建设、抓经济发展、抓公益事业、促和谐发展）目标开展工作，为村上带班子、定规划，争资争项，村级工作转变明显，促进基层党组织晋位升级。

【“双联共建”活动】 2014年，继续将市“千万帮扶”工程与县“双联共建”活动有机结合，对527个机关、企事业单位党支部与644个农村党支部、机关党员和农村党员结对情况进行调整完善，确立三年共建期限。实行机关企事业单位党员到村报到制度，每季度到共建村党支部报到认领一个服务项目，帮扶一户困难群众，构建城乡统筹党建长效机制。全县机关、企事业单位8320名党员与11250名农村困难群众结对子，帮创业扶产业，帮生活扶家业。提供帮扶资金273.6万元，解决各类困难8463起。

【党的群众路线教育实践活动】 2014年3月，中共湘潭县委在全县启动党的群众路线教育实践活动，发放学习教育读本12万多册，领导干部上党课或辅导课564次，县委“党的群众路线宣讲团”到基层巡回讲学100余次；参学单位形成调研报告或理论文章530多篇。实行“四个一”工作机制▲，县级领导班子共征集意见建议2757条，党员县级领导干部征集各类意见建议4481条。开展“访基层群众、转干部作风”主题活动，走访群众19600余人，发放征求意见函15500余份，征求各类意见建议5700多条；召开各类座谈会370余场次，参加座谈人数达6100多人，共征求到各类意见建议16800多条；召开高质量专题民主生活会和组织生活会，发放自查表、互查表1060余份，发放干部职工征求意见表9900余份，共计征求到各类意见建议48000多条。

制定《班子整改方案》，建立整改台账，实行开门整改和整改“盘点销号”制，先后部署3批次共54项专项整治任务，形成“36+9+9”专项整治体系，推动作风整体好转。开展“纠正乡镇干部走读现象”“为基层松绑减负”“清理协调指挥机构津补贴”等工作。开办《“我有话说”电视问政》专栏7期，对16家县直执法、窗口单位进行电视问政，播出《专项整治进行时》专栏16期。推进建章立制，全面梳理近五年出台的各项制度，提出并完成49项制度建设任务，形成全县作风建设和联系服务群众长效机制。

通过整改落实，县委班子共制定52项整改任务，均已整改到位，其中23项需要长期坚持；全县四大家班子和天易示范区班子共制定整改任务131项、专项整治任务96项、制度建设计划114项，县级班子成员共制定个人整改措施462条，年底全部完成预定的整改目标并经市委督导组审核同意销号；105个科级班子共制定整改项目1995个、已销号1986个，制定专项整治项目1179个、已完成1177个，制定制度建设项目2182个、已完成2180个，科级班子成员共制定个人整改项目8043个，已销号8014个；县四大家领导班子和天易示范区党工委班子，以及105个科级单位均通过电子政务网、相关媒体或政务公开栏向社会各界公示整改落实情况。对县委、县政府在活动期间确定的7个立行立改项目，以及科级单位收集的193个群众反映突出的民生实事问题，进行责任交办、限期整改，共涉及19个乡镇和39个县直单位，至年底，193个项目全部落实到位。

▲“四个一”工作机制：一是管一条线。常委班子把加强对活动的指导与对工作的领导结合起来，虚心接受党员干部群众对分管工作的意见和建议，督促分管部门抓好问题的整改落实，对分管战线的建章立制担负领导责任。二是联一个点。每一名县委常委分别联系1个乡镇，帮助解决具体问题，对各个环节严格把关，努力把联系点办成示范点，并运用点上经验指导面上活动开展。三是蹲一个村。结合“双联共建”工作，每一名常委在联点乡镇选取一个村，与村党支部结成固定对子，定期入村蹲点，帮助蹲点村理清发展思路、办好一批实事。四是帮一个户。每一名县委常委在蹲点村选取1户困难党员家庭，建立长期的结对帮扶关系，帮助困难党员解决生产生活困难、提高自我发展能力，以实际行动践行党的群众路线。

【“莲乡发现——最美群众贴心人”评选活动】 2014年4月，中共湘潭县委党的群众路线教育实践活动领导小组研究决定，在全县开展“莲乡发现——最美群众贴心人”评选活动，经过宣传发动、专题评审、网络投票、评选表彰等环节，赵在和、汤光览、蔡娟、钟金盆、王石连、胡玉光、张红波、熊幸于、仇桂、姜淑斌等10人被评选为“最美群众贴心人”。

【治理干部人事和机构编制领域突出问题】 2014年，根据省委组织部等6部门《关于印发〈全省“三超两乱专项治理工作整改阶段实施方案〉的通知》（湘组〔2014〕42号）文件精神，“三超两乱”治理工作调整为县委组织部牵头，重点抓“三超两乱”问题▲的整改落实工作。制定《湘潭县党政机关消化超编人员工作实施方案》，严格执行机构编制政策法规、规范机构编制管理，消化超编制限额进人。至2014年年底，县直党政群机关共消化行政超编人员47名；事业编制人员减少53人。制定《湘潭县超职数配备干部整改消化工作方案》，坚持有序消化超职数配备的干部，严格执行“空三消二”的消化政策，在领导职位出现空缺时，优先消化超职数配备干部。共消化超职数干部47名，其中领导职务13名，非领导职务34名。违规党政分设全部消化完毕。整治违反规定程序乱进人、在编不在岗和“吃空饷”问题。对在编不在岗人员分类制定整改措施，有针对性的督促各单位整改落实。至2014年年底，在编不在岗已清理、整改464人。规范返岗人员重新启动工资的办理程序，至2014年年底，有14人恢复工资。收缴违规领取的工资共计321639元，对6个由单位违规领取的工资424092元，统一下达代扣或划转指标通知，由县财政在2015年年初部门预算基本支出中予以核减。调动工作的，及时接转工资关系。清理“吃空饷”27人，全部停发工资，至2014年年底，开除1人，辞职2人，辞退4人，返岗4人，理顺人事关系16人，全部整改到位。

▲“三超两乱”问题：指干部人事和机构编制领域存在的较突出问题，具体包括：超编制限额进人，超职数、超规格配备领导干部，超范围分设党政职务，随意按年龄划线调整配备干部，违反规定程序乱进人。

【乡镇党代会年会试点工作】 2014年，湘潭县落实党代表任期制工作，在易俗河镇和河口镇推行乡镇党代会年会试点工作。易俗河镇和河口镇分别在2月和3月召开党代会年会。年会就乡镇党委和纪委过去三年工作进行总结回顾，部署2014年主要工作，代表们对两个报告进行认真审议，党代表任期制工作得到有力推动。乡镇党代表工作室运行逐步规范，党代表活动更加经常，党代表作用发挥更加突出。

（付静）

2014年10月23日，湘潭县党的群众路线教育实践活动总结大会(组织部提供)

宣传思想工作

【概况】 2014年，组织开展党的十八大、十八届三中、四中全会和习近平总书记系列重要讲话精神的学习宣传。健全完善理论学习机制，组织县委中心组（扩大）集中学习4次。组织“十八届三中全会大家谈”活动。开展“三中全会精神在基层”百姓微宣讲活动和“党的十八届四中全会精神”学习宣传活动，年内宣讲200余场次。参与省委宣传部“五创四评”活动，中路铺镇党委书记李洪运被评为“党员学习明星”。巩固“一村一员一课堂”“书记（局长）大讲堂”“社区论坛”等宣讲阵地。向省、市级重点党报党刊推荐发表县级领导理论文章8篇。

围绕党的群众路线教育实践活动、特色县域经济强县等主题组织宣传报道。策划16个主题系列报道，开辟14个专题专栏。在中央级媒体（包括中央级网站）上稿100

多条，省级媒体上稿300多条，市级媒体上稿1600余条。县广电台举办“我的群众观”《电视访谈》29期、“我有话要说”《电视问政》8期、《专项整治进行时》18期。组织媒体大讲堂两期。做好第九批省直新闻单位编辑记者来县实践锻炼工作。加强手机报建设，全县征订用户30000余户。加大微博、微信等新媒体平台的宣传力度，“湘潭县发布”党务政务微信公众集群平台上线试运行。出台《湘潭县舆情管理与处理暂行办法》，组织开展通讯员、舆情信息员、网评员培训班。抓好网络留言回复及网评工作，在全市各县市区中排名第二位。

组织开展县首届道德模范评选活动。持续推进群众性精神文明创建活动，组织参与省级文明县城复查迎检工作。志愿服务工作常态化开展，纳入文明单位、文明机关、文明村镇考评体系，年内，组织各类志愿服务活动100余次，参与人员8000余人次。开展“我们的节日”、“讲文明 树新风”活动。强化道德讲堂标准化建设工作，在排头乡打造一堂“湘潭县精品示范道德讲堂”。加强和改进未成年人思想道德建设，组织开展“做一个有道德的人”等主题教育实践活动，加强中央、省级乡村学校少年宫建设，推荐县一中成功申报未成年人心理健康辅导站（室）建设项目。

“文化强县”建设“八个一”工程深入推进。湘潭县成立由县长傅国平任组长的县文化强县建设领导小组，完成县图书馆、原花鼓戏剧团和电影公司在老县城的国有资产处置和玉兰芳提质改造招商规划的前期工作。《彭德怀元帅》电视连续剧开机拍摄。非遗保护和全民综合健身中心开工建设。在锦石乡、谭家山镇、分水乡启动乡镇文化广场建设试点工作。在龙口乡、白石镇、分水乡启动农村广播“村村响”工程试点工作。旅游产业健康快速发展，齐白石故居景区建设工作稳步推进，打造“白石之旅”“赏荷之旅”“碧泉之旅”等精品旅游线路。组织2014“欢乐潇湘”省第四届全民广场舞大赛湘潭市赛区的参赛工作，易俗河社区代表队和锦石乡代表队进入全省百强。组织“欢乐潇湘·幸福湘潭·莲乡大舞台”大型群众文艺会演活动、“大匠之门”名家文化艺术交流系列活动、“庆新春·闹元宵广场群众文体表演”活动、“三下乡”活动等群众性文化活动。继续加强文化和新闻出版市场治理整顿和“扫黄打非”工作。加强对全县农村有线电视及农村数字微波电视的暗访检查。

2014年，县委宣传部评为《湖南日报》发行工作先进单位、《新湘评论》推广使用工作红旗单位；全市“三下乡”工作先进单位；“三湘农民健康行”活动先进单位、2014年度人口和计划生育综合治理工作先进单位、2014年度社会治安综合治理和维护稳定工作先进单位、群众工作示范窗口等。

【首届道德模范评选表彰活动】 2014年，湘潭县制定《湘潭县道德模范评选表彰办法》、《关于评选表彰湘潭县首届道德模范的通知》，在全县开展首届道德模范评选活动。经过宣传发动、专题评审、网络投票、评选表彰等环节，评选表彰黄桂英、彭线红等10名道德模范和肖荷南、宋立新等8名道德模范提名奖获得者。县委书记谢振华根据这次评选活动撰写的文章《汇聚爱心 积善成德》在《湘潭日报》发表。

【第九批省直新闻单位编辑记者到湘潭县实践锻炼】 根据省委宣传部安排，省直新闻单位第九批10名

2014年 湘潭县首届道德模范

表1

序号	姓名	性别	住址(单位)
1	黄桂英	女	排头乡辰山村井湾组
2	彭线红	女	青山桥镇天塘村
3	颜跃华	女	湘潭县国家税务局收入核算科干部
4	张伏秋	男	石潭镇关工委
5	赵剑峰	男	湘潭县文物局
6	朱 玲	女	茶恩寺镇青坪村青山组
7	唐 伟	男	湖南韶力电气有限公司机加工车间车工班长
8	谢少军	男	湘潭县公安局交警大队副大队长
9	罗艳兰	女	石潭镇联盟村跃进组
10	马 嫩	女	谭家山镇高塘村

2014年湘潭县首届道德模范提名奖获得者

表2

序号	姓名	性别	住址(单位)
1	宋立新	男	湘潭县国家税务局税务干部
2	肖荷兰	女	石潭中心卫生院社区科主任
3	邹星辉	女	云湖桥镇石井铺村
4	韩怀恩	男	湘潭县四中教师
5	罗宇灿	男	河口镇中心学校教师
6	楚铁安	男	谭家山镇朝联小学校长
7	胡国泉	男	白石镇双新村车站组
8	王孝桂	男	湖南潇湘制泵有限公司副总经理、生产厂长、总工程师

编辑记者在湘潭县开展为期两个月的实践锻炼。2014年9月16日，县委书记谢振华参加第九批省直新闻单位编辑记者到乡镇实践锻炼座谈会。10月23日，省委宣传部副部长孔和平一行到县看望慰问挂职锻炼的编辑记者。10名编辑记者在挂职锻炼期间，按照“全面走访一遍所在乡镇的村（社区），做好一次接访工作，联系一户困难户”的要求，走进易俗河、河口、青山桥等乡镇，在《湖南日报》《潇湘晨报》《三湘都市报》和红网等刊登《一家四老齐赴“百叟宴”》《“村民敲他的门，他敲村民的门”——老村医陈国华是村里福星》《肖爹爹“认亲”》等多篇报道。县委常委、宣传部部长刘耀奇围绕这次主题撰写的文章《新闻宣传工作者的根在基层——第九批省直新闻单位编辑记者在湘潭县实践锻炼综述》《深化“走、转、改”的样本—省直媒体编辑记者在湘潭县挂职锻炼的启示》分别在人民网、红网、《湖南宣传》和《湘潭日报》上发表。

【“欢乐潇湘·幸福湘潭·莲乡大舞台”大型群众文艺会演活动】 5月至10月，湘潭县组织“欢乐潇湘·幸福湘潭·莲乡大舞台”大型群众文艺会演活动县级初赛、专场22场次，排练节目900多个，专场表演节目465个，参与排练人员6000余人，表演人员3500余人，观众人数达30万人次，展出文化图片609张、展出场地达62处。选送参加省级决赛湘潭市专场演出的《元帅树》《新农村里新事多》《喜鹊之灵》3个节目分别荣获一、二、三等奖。

【“大匠之门”名家文化艺术交流系列活动】 7月12日—18日，湘潭县举办“大匠之门”名家文化艺术交流系列活动。活动由“一个展览、一本画册、一场笔会、一堂研讨会、一次采风”共“五个一”系列活动组成。12日上午，“传承白石艺术建设文化强县”座谈会举行，数十位国内艺术界的嘉宾和相关市县领导参加会议。12日下午，“艺术家现场国画创作表演”举行，38位名家现场创作墨宝38幅。13日，嘉宾沿着“乌石—花石—白石”这条精品风景线，开展拜谒彭总纪念馆、赏荷画荷、参观白石故居的采风活动。14日，嘉宾到湘潭市齐白石纪念馆参观“大匠之门”国画作品展。其间，湘潭县向国内中国画名家征集的书画作品集《大匠之门—纪念白石老人诞辰一百五十周年全国名家国画作品集》出版。 （袁毅）

统一战线工作

【概况】 2014年，县委统战部以推进统战工作改革创新为主线，以“同心工程”创建为抓手，加强政治引导，凝聚强大力量，服务发展大局，促进社会和谐稳定，为全面建设“现代壮县，幸福莲乡”做出应有的贡献。

夯实统战工作基础。实行部机关干部联系乡镇制度，“一对一”形式加强对乡镇统战工作的指导。继续实行“网格化管理”，并不断完善，以“点线面结合”的方式，工作落实到人，严格考核奖惩。继续完善和细化对各乡镇、涉统单位、县直机关单位的统战工作年度目标考核细则、《统战信息、宣传稿件考核评比办法》。

全面规范民主党派基层组织建设。以“规范有序发展、实践忠诚合作”为主题，通过“八有建设”（党派有经费、工作有计划、办公有场地、活动有特色、参政有平台、发展有质量、年末有总结、支部有档案），开展“民主党派基层组织规范化管理建设年”活动。同时，新创办《湘潭县民主党派建言献策简报》，已刊发五期，得到县委、县政府相关领导及相关部门的高度重视。

认真做好党外代表人士工作。知联会进行换届，选举产生新一届知联会领导班子，组织知联会的常务理会成员赴新化等地参观学习，知联会成员积极参与调研成果汇报会、迎春座谈会等，知联会成员参政议政、建言献策的积极性高。党外领导干部联谊会工作进一步规范有序，建立健全财务制度，明确专人担任出纳、会计，依法进行登记注册。年内，县党外领导干部联谊会对口联系射埠镇船形村，开展同心乡村创建系列活动，并组织会员捐资2万元资助20名贫困学生。8月，组织理事会成员到株洲开展暑期谈心交流活动。积极推进特约人员工作，印发《湘潭县2014年度特约人员工作考核细则》，以“六个一活动”为核心，科学下达聘任单位和特约人员的年度工作目标任务，实行百分制计分和双向测评，结果纳入年度绩效考核，并作为评先评优重要依据。做好联谊交友工作，全县19个乡镇200余名党政负责人联系区域内400余名重点统战成员，全县24名县级领导与72名党外代表人士联谊交友，进一步融洽党内外合作共事关系。

积极引导非公经济代表人士为“现代壮县，幸福莲乡”献计出力。召开各界代表人士迎春座谈会，围绕县域经济发展和社会稳定对县委、县政府提出意见和建议共收集意见建议20条。举行各种形式的非公经济人士座谈会，加强县内企业界人士与外地企业界人士及各商会组织的交流合作。非公企业中的各级人大代表、政协委员积极提交议案提案，鼓励非公经济人士积极参政议政，共收集建议意见100条，为促进县域经济和社会全面发展提出很好的意见和建议。

加强统战信息、宣传、调研工作。按照“大统战需要大宣传，大宣传促进大统战”的工作思路，利用湘潭县网、县报、县电视台、莲乡统战网等媒体和刊物多角度、深层次、立体式地宣传新时期统一战线的性质、地位、作用、任务和统一战线成员所取得的成绩，宣传报道统一战线的重要情况和重大活动。及时向省市统战部门和县委报送统战信息、各类宣传稿件和调研文稿。年内省市网站、省市统战杂志共采用新闻稿件、各类信息200余篇。

【“四同创建”活动】 2014年，湘潭县落实省、市“同心工程”会议精神，大力整合统一战线资源力量，全力推进“四同创建”(同心园区、同心项目、同心社区、同心乡村）活动。全县共有创建点23个，其中同心乡村创建点18个，同心社区创建点3个，同心项目创建点2个。参与创建的统战组织54个，统战成员人数达737名，开展活动120余场次，发现培养党外人士170余人次，各创建点投入项目资金9000余万元，受益居民和群众达10万余人，创建活动取得明显成效。

在政策、人员力量、资金安排上重点支持，并明确将“四同创建”工作纳入对乡镇领导班子的年度绩效考核，由县财政安排25万元作为创建专项工作经费。印发《关于在全市统一战线开展“四同创建”活动的实施方案》，成立“四同创建”工作领导小组，对2014年的“四同创建”工作进行进行统一安排和周密部署。创建期间，先后组织19个乡镇、涉统单位及组织、创建项目相关部门三次召开工作推进会，先后两次对各创建点的创建工作进行全面指导和督查和考核。

确定创建工作思路是典型带动、重点指导、全面铺开。2013年全县率先在牛头岭社区开展“社区为统战成员服务，统战成员服务社区建设”为主题的“同心社区”创建工作，得到民建中央、省委统战部和民建省委的肯定。继续加大力度抓好其“同心社区”创建工作，使牛头岭社区成为全县“同心社区”的典型示范。同时，还选取群众基础好、统战资源丰富、具有一定发展潜力的易俗河镇砚井社区、谭家山镇月塘村、河口镇河口村、湖南泰达小微企业实践“两型”产业升级和白石镇马家堰中心小学“同心助学”项目为县级创建示范点，同时重点配合抓好乌石镇景泉村、梅林桥镇石梅村两个同心乡村创建。为使“同心创建”工作吸纳更多统战成员，“同心思想”影响全县各个角落，全县每个乡镇党委都选择一个村或社区开展同心创建，各涉统单位、各民主党派、统一战线组织，都对接一个“同心”创建点，全县共有两个“同心项目”，三个“同心社区”，18个“同心乡村”开展创建。

注重挖掘各种资源优势，并配置到园区、项目、社区和乡村创建中去。注重营造“同心”氛围。各创建单位利用微信公众服务平台、服务大厅电子显示屏、室外文化长廊、宣传栏等形式进行“同心”创建活动的宣传，营造浓厚的创建氛围，在统一战线成员中形成向心力，主动参与到“同心创建”当中，自觉支持同心创建。充分发挥统战资源优势，引导统一战线组织参与创建活动，形成资源整合、相互支持、各显其能、共惠民生的工作格局。砚井社区建设“侨法宣传角”，宣传党的统战方针政策，凝聚侨台属的力量，促进侨台属参与社区建设的热情。县工商联、民革易俗河总支对口支持湖南泰达小微企业实践“两型”产业升级项目。民建易俗河支部对口支持牛头岭社区。民进易俗河支部对口支持梅林桥镇白云村。民盟易俗河支部对口支持河口镇河口村。农工民主党易俗河支部对口支持谭家山镇月塘村。致公党易俗河支部对口支持砚井社区。县党外知识分子联谊会对口支持射埠镇船形村。

【推行“三测评”机制】 2014年，县委统战部联合县纪委、县委组织部、县工商联、天易示范区等部门，在全县推行统战工作实践创新项目——“三测评”机制。在全县挑选100余位非公企业主、骨干管理人员作为参评人员，精选县内36个具有行政审批执法职能的涉企服务机关单位作为测评单位，采取大会集中测评、上门专题测评、电话反向测评三种方式，重点对涉企县直机关单位进行科学评价，评议内容涉及政务公开、依法行使职权、涉企检查收费、服务质量和办事效率、作风建设情况等五个方面共包括17条50余种违法乱纪行为，测评后将结果合理运用，其中大会测评和上门测评结果纳入县委优化经济发展环境考评；电话测评情况作为对单位民意调查重要部分，按比例折合后纳入单位绩效考核总分。针对民主测评中满意度相对较低的部门和单位，县委、县政府在全县予以通报，实行约谈单位主要负责人，责成限期整改；针对企业反映的突出问题，对责任单位发放交办函，跟踪督办；针对反映职能部门及其工作人员工作作风、服务质量的个案问题，以及影响机关效能和损害经济发展环境的典型案件，一经查实，严格责任追究。在上门专题测评后，县委政府召开全县“发展环境优化年”工作推进会，对县工商局、县国土局、县林业局等8个单位发放《县长交办函》，由县长在大会上直接交办至各单位一把手。“三测评” 机制得到广大非公经济人士的支持，为进一步优化县域经济发展环境，推进机关作风转变，提高服务经济发展水平提供强大推力。12月10日，省委统战部组织开展对湘潭县“三测评”机制项目现场评审，纪检书记杨广林肯定湘潭县“三测评”机制，认为县委、县政府看得准、抓得细，优化经济发展环境取得实实在在的效果，值得推广。（李炎）

县直机关党建工作

【概况】 2014年，中共湘潭县直属机关工作委员会（以下简称县直机关工委）下辖65家机关单位170个基层党组织，其中20个单位设立基层党组织119个（3个机关党委、17个机关党总支，下辖党支部99个），45个单位设立基层党组织51个（机关党支部45个、老干党支部6个）；另外县委组织部设立湘潭县大学生村官党支部归口县直机关工委管理；县直机关工委共有党员2657名（2014年度党统数）。县直机关工委现有在职干部7人，班子成员4人，一般干部2人，离岗干部1人；离退休干部5人，内设纪工委、办公室、组宣室三个机构。2014年，县直机关工委深入贯彻落实《党和国家机关基层组织工作条例》，以“为民服务年”为载体，以“基层组织建设年”为重心，以群众路线教育实践活动为主线，狠抓思想建设、组织建设、作风建设、文化建设、制度建设，切实履行基层党建工作责任，在工作实践中不断创新思路、丰富内容、改进措施、活化载体，取得较好成效。

三型党组织建设进一步加强。在学习型党组织建设方面：县直机关工委继续实行季度学习重点推荐制度；对机关党组织书记分片组定期召开座谈会学习交流，年内，组织开展学习交流活动8次；举办知识竞赛、书记大讲坛等活动促进机关学习氛围的进一步浓厚。在创新型党组织建设方面：县直机关工委认真落实管党责任，创新机关党建工作考评方式，实行分组管理、项目化考核；实行党组织书记双述双评制度，8月各机关单位党组织结合群众路线教育实践活动召开高质量组织生活会，开展党员民主评议活动；12月16日—19日，县直机关工委组织所辖65家机关单位党组织书记分四组集中在县老干部局、人防办、环保局、信访局进行述职述廉。加强党建工作平台建设。机关党建网、党建QQ群作用进一步发挥，工委日常文件、信息全部公布到机关党建网、党建QQ群实施共享，加强工作联系。在服务型党组织建设方面：设立人才中心党支部，加强对流动党员的管理和服务；成立大学生村官党支部，使全县大学生村官党员有组织上的家；规范30个老干支部，充分发挥离退休党员的作用；充分利用县直机关工委所承接的县委、县政府的中心工作竭尽所能解决机关、农村、社区党员群众具体问题。

党员发展工作进一步规范。2014年，县直机关工委实行党员发展前党的基本知识测试制、培训制和公开答辩制；党员转正前培训制、集体谈话制和工委委员集体票决制；严把党员发展入口关。分别于4月和10月举办入党积极分子培训班和预备党员培训班各一期，分别培训入党积极分子73名，预备党员71名。年内，进行党员入党前知识测试25人，转正前集中谈话47人；年度审批发展党员28人；预备党员转正45人，延长预备党员预备期1人，取消预备党员资格1人，确保党员发展质量。

党员日常管理进一步规范。年内，县直机关工委共收缴各机关党组织交纳党费472235.3元；党员组织关系管理规范，转接党组织关系110余人；县质监局党支部升格为党总支；大学生村官党支部等16个党组织进行换届选举或补选改选，配优配强机关党组织班子，党组织力量进一步增强。2014年7月，组织对机关党组织220名党务干部进行全方位业务培训，提高党务干部的业务水平和管党能力。

机关文化主题活动深入开展。一是开展“两型”机关创建活动，在机关弘扬两型文化理念。组织开展两型机关创建活动，通过创建、申报、评比验收等一系列程序，县财政局等5个机关单位被评为县两型机关示范单位、先进单位。二是开展中华优秀传统文化进机关活动。三个培训班分别设置“优秀传统文化与精神文明”讲座。4月10日—11日，主办书记大讲坛活动，县委副书记周艳希作题为《牢记为民宗旨，践行群众路线》的辅导报告，市直机关工委书记李劲帆开展《中国何处去》的专题讲座，机关单位220名党组织负责人参加，反响很好。组织机关党员干部读经典著作，传承中华优秀传统文化。积极参加《新湘评论》“家道家风百人谈”的征稿约稿活动，全县有石潭镇杨梓村村民陈雪群和机关工委胡秋莲的“家道家风”登载于《新湘评论》第七期。三是开展廉政文化建设。以“作风建设永远在路上”为题，深入开展反四风，组织机关各单位党员干部认真学习廉洁从政规定，严格落实中央《党政机关厉行节约反对浪费条例》等文件，开展党风廉政教育，坚持教育和查处并举，年内查处机关党员干部2人，其中1人给予党内严重警告处分，1人开除党籍。

【“七一”系列活动特色凸显】 2014年，县直机关工委精心组织开展庆祝建党93周年“七一”系列活动，于7月1日召开“七一”表彰大会，对先进基层党组织、优秀共产党员、优秀党务工作者、两型机关创建等先进单位和优秀个人予以表彰。开展党员政治生日五个一活动（即进行一次交心谈心活动，重温一次入党誓词，赠读一本群众路线书籍，党员给双联对象送一次关怀，党员到社区报到开展一次以上志愿服务活动），建立一支登记在册1276名党员志愿者队伍，深入农村、社区，开展一对一结对帮扶。

【双联帮扶活动】 县直机关工委牵头组织县直机关单位开展双联帮扶工作。年内，全县110个参联机关单位、4700名机关干部在4两名县领导带领下，分成17个慰问组，集中走访困难企业80家，慰问困难职工1339人，发放慰问金64.37万元。县帮扶中心发放款物25.63万元，慰问困难职工3858人次；发放民政资金6068.41万元，解决群众生产生活困难103188人次，发放社保资金37115万元，解决群众生产生活困难37911人次。11月3日，湘潭县代表湘潭市接受省双联帮扶工作调研组的检查，省调研组高度评价湘潭县“双联”帮扶工作取得的成绩，认为“湘潭县的帮扶工作有特色、有亮点，值得全省学习”。

【机关党员到社区（村）报到工作全面铺开】 2014年，县直机关工委认真落实县委组织部印发的《关于印发〈湘潭县机关事业单位在职党员到社区（村）报到服务基层群众工作实施方案〉的通知》（潭组发〔2011〕11号）文件精神，组织所辖机关单位在职党员1895人全部到村（社区）报到，帮助解决群众一大批生产生活困难和问题。县直机关工委全体党员到易俗河镇砚井社区报到并认领党的建设、法治教育、平安共建等方面6个服务项目，参与砚井社区组织的各项活动，确保认领的服务项目有质有量。 （刘威国）

机构编制工作

【概况】 2014年，湘潭县行政机关有94家，事业单位684家，行政实有人员2227人，事业实有人员12470人。办理设立登记3家，注销登记10家，变更登记114家，完成事业单位年审381家，年检合格372家，年检审率达到96%。

坚持编委议事规则及“三个一”审批制度，按照审批权限、审批程序和规定的限额审批机构编制事项。行政编制、事业编制分类核定、分开使用，严禁混编、混岗，坚持行政事业单位新进人员凡进必考，严格把好人员入口关。按照中央和省市的要求，根据《湘潭县党政机关消化超编人员工作实施方案》确定的工作任务，消化行政超编人员47人、事业超编人员53人。强化机构编制监督检查工作。9月，组织开展教育系统机构编制实名制核查工作。

围绕新一轮县政府职能转变和机构改革的总体部署及有关要求，在整合多方意见建议的基础上，拟定《湘潭县人民政府职能转变和机构改革方案》（草案）。制定并印发《关于印发〈湘潭县事业单位分类工作方案〉和〈湘潭县事业单位分类指导目录〉及其说明的通知》（潭编委发〔2011〕11号）。在对全县所有事业单位的拟分类进行征求意见的基础上，先后对15个县直机关事业单位、19个乡镇政府所属的163个事业单位进行分类发文确定。协同法治办，组织各乡镇执法中队抽调人员赴省进行集中执法培训，取得相应的执法资格证，并统一刻制各中队印章。完成畜牧兽医水产体制改革扫尾工作，对畜牧兽医水产局的“三定”规定进行进一步的调整和完善，在认真核对人员信息的基础上，完成对畜牧兽医水产局人员的重新列编工作。进一步明晰县交通局、县公路局的职能职责；完成食品药品监督管理体制改革前期调研工作；积极申报开展综合行政执法体制改革的试点县工作。

开展行政审批制度改革，起草《湘潭县开展行政审批项目专项整治工作实施方案》（潭县政发〔2011〕4号），通过清理、审核论证及审议，原50家单位的580项行政审批和其他管理事项，最终保留县本级47家单位196项行政审批项目和86项其他管理事项，委托下放乡镇及基层3项行政许可，3项管理事项；对进驻政务服务中心的单位按《集中行政审批权设立行政审批股“三集中”的调整方案》进行事项职能、人员及审批权限的集中，拟定《湘潭县行政审批项目目录管理办法》。 （刘佳武）

党校工作

【概况】 2014年，县委党校县行政学校（以下简称党校）举办计划内各类主体班4个班次，5期，培训学员352人次。同时，配合各单位搞好培训会务服务达600余人次。

完成省级社科课题《湖南社会各阶层民生需求的调查与比较研究》；在公开刊物上发表论文7篇，其中国家级的5篇；获湘潭市委党校系统理论研讨会一等奖1篇，二等奖2篇，三等奖1篇；获省委党校系统理论研讨会二等奖1篇，三等奖1篇；获省法学会二等奖1篇。

全面完成党校整体搬迁，新党校设施投入使用，为全县干部教育事业的进一步发展夯实基础。

【第21期科干班】 5月16日—6月18日，来自乡镇和县直机关的48名副科级干部参加为期一个月的脱产学习，县委常委、组织部部长、统战部部长周贤作动员报告。课程设置着重突出理论武装、党性锻炼、政策形势分析3个方面，开设19个专题；组织开展“四个一”（一次拓展训练，一次警示教育，一次红色传统教育，一次帮扶慰问）实践活动。

【第19期青干班】 9月12日—11月20日，县委举办第19期青干班，53名青年干部参加培训。学员系统学习中国特色社会主义理论、青年干部必备知识等，围绕5个专题开展调研并撰写调研报告。培训着重提高学员的理论水平、党性修养、履职能力。

【中组部党员教育中心调研活动】 11月18日，中组部党员教育中心四处处长杨志平率调研组一行来湘潭县调研党员教育培训工作开展情况，省委组织部党员教育中心主任蔡文晖，市委常委、组织部部长、统战部部长严华，县委常委、组织部部长、统战部部长周贤等参加。调研组首先参观党校新址，详细了解党校的基础设施建设、教学资源建设等情况，然后在党校召开专题座谈，湘潭市部分市、县、区的党校负责人也进行汇报，杨志平处长对下一步的党员教育工作提出要求。

【理论宣讲】 2014年，县委党校教员到机关、乡镇、村、社区、企业宣讲习近平总书记系列讲话精神、十八届三中、四中全会精神等58场次，受众近5000人。

【新党校建成投入使用】 党校整体搬迁项目建设于2007年8月23日批准立项，2010年市重点工程柏荫路建设施工，原党校必须拆迁，新党校整体搬迁项目建设正式启动运行，工程于2012年8月开工，2013

年2月主体竣工，2014年12月10日投入使用。新党校占地1.47公顷亩，项目总投资约4300万元，建成50座教室2间，80座教室2间，100座教室1间；藏书室、阅览室各1间；40人和70人会议室各1间；多功能报告厅2个：350座和820座；学员住宿房间81间：3人房35间，双人房39间，套房6间，可容纳200人住宿；文体活动室1间；食堂能满足400人就餐，总建筑面积10777.42平方米，集干部教育培训、会展等多功能于一体。（钟丽）

党史地方志工作

【概况】 2014年，湘潭县党史地方志工作以改革创新为动力，积极履行职责，推动史志编修、史志宣传、资源开发利用等各项工作的开展；以服务为宗旨，增强史志服务功能，不断提高史志工作为经济社会发展大局服务的水平，促进史志事业科学发展。

按照省委党史研究室对《湖南党委工作纪事》组织要求，湘潭县认真撰写《湘潭县党委工作执政纪事》。《湘潭县党委工作执政纪事》全面反映2013年全县政治、经济、文化、民生和社会事业的发展状况。按照市史志办对评审《华国锋年谱》的工作要求，组织专人查对档案，认真审读，提出修改完善建议，及时完成审稿任务。

把历年编著的党史成果，送到各乡镇、村、社区、企业和学校；把党史成果上传到史志办的官方网站；在湘潭县“手机报”上登载有关党史事件和党史人物编成简短的故事；制作党史讲义和课件在学校、在农村支部、在企业、在社区、在入党积极分子培训班上讲授地方党史；协助彭德怀纪念馆推动拍摄《彭德怀元帅》电视连续剧，加大党史宣传教育力度。

开展革命遗址保护工作。县内共有革命遗址16处，彭德怀、周小舟故居等都得到较好的保护和利用。年内组织两次对县内重要革命遗址进行专题调研，向县委、县政府提交关于红色文化资源的保护和利用的调研报告、关于保护罗亦农故居旧址、保护“元帅树”等的专题调研报告和工作建议，特别是对罗亦农故居遗址的保护和利用提出总体工作思路和具体工作建议，全面启动筹建罗亦农故居遗址纪念碑标识。

3月，《湘潭县志（1988—2006）》以“省内同类志书质量较高”的评价通过省志办审核验收。之后，史志办围绕“提升质量，打造精品”的目标，吸收省志办的指导意见，组织编纂人员再次对志稿进行一轮修改打磨。增加概述、中共地方组织、人民政府、人民政协、民主党派等篇章的内容，完善地图、彩页、人物篇、附录的内容，仔细核实史料和数据，并进一步统一文风、提炼文字，使内容更翔实、史实更准确、体例更完备、文字更精炼，力争减少差错，不留遗憾。10月底完成修改，印制终审稿（志稿由概述、大事记、人物、附录和22个专篇组成，设章、节、目、子目四层构架，有98章、371节，总计130万字。全志收录传记人物61人，社会知名人士589人。刊载彩色图片120张，黑白插图33张），送方志出版社审查。11月底出版社已完成初审，初审意见认为“《湘潭县志》指导思想明确，整体设置科学，记述内容全面，条目信息丰富，编纂质量俱佳，符合《图书质量管理规定》的相关要求，是一部优秀的综合性志书，完全可以公开出版。”

完成《湘潭县审计志》《湘潭县工业志》《湘潭县广播电视志》160万字的指导和评审任务。

2014年，湘潭县史志办被湖南省委党史研究室评为全省党史工作先进集体，肖静被省地方志编纂委员会评为全省地方志工作先进个人。

【湘潭县全面构建“大党史”工作格局】 2014年，县史志办贯彻落实《中共中央关于加强和改进新形势下党史工作的意见》（中发〔2010〕10号）、《中共湖南省委关于加强和改进新形势下党史工作的实施意见》（湘发〔2010〕16号）和《中共湘潭市委关于加强和改进新形势下党史工作的实施意见》（潭市发〔2011〕4号）等文件精神以及湖南省、湘潭市党史工作会议要求，争取县委对党史工作的重视，县委两次专题听取党史工作汇报，研究解决党史工作推进中的问题。由史志办起草的《关于贯彻落实中央、省委、市委加强和改进新形势下党史工作的有关文件重点工作任务分解的通知》，经县委常委会议审议以县委办文件印发全县，文件对构建全县“大党史”工作格局进行任务分工和明确，是湘潭县在新时期推动党史工作的指导性文件。

【《中国共产党湘潭县历史简明读本》编纂出版发行】 《中国共产党湘潭县历史简明读本》自上年开始酝酿构思，2014年5月初形成11万字评审稿。史志办组织全办人员和联络组人员进行内部评审，6月上旬提请县委召开评审会议，评审会议后，根据会议修改意见进一步完善打磨、校对、审稿，6月17日送县委审定成书，18日付印。在建党93周年之际举行首发式，并发至全县乡镇、县直（驻县）机关各单位、科级以上领导班子成员、各基层党组织、学校、入党积极分子培训班学员、预备党员培训班学员、青干班学员、科干班学员近万册。《中国共产党湘潭县历史简明读本》浓缩湘潭县地方党组织从建立至1978年党的十一届三中全会召开这一历史时期的发展和活动；介绍湘潭县地方党组织历史上发生的在全省、全国有影响的事件；介绍毛泽东、彭德怀、罗亦农等无产阶级革命家和县级以上党的主要领导人及著名烈士、抗日人物的事迹和故事，为全县党员干部群众特别是广大中小学生提供一本图文并茂、通俗易懂的地方党史教育读物。同时，该书被县委列为湘潭县党的群众路线教育实践活动配套学习教材。

【《湘潭县年鉴（2014）》出版】 《湘潭县年鉴（2014）》设28个部类，52个彩页，60万字，重点记录2013年度县委县政府带领全县人民在全面建设小康社会中所取得的成绩，内设“强工壮县，惠农富民”图片专辑，集中介绍县委县政府实施“强工壮县，惠农富民”工作思路，提出“强工壮县，惠农富民”二十条举措，湘潭县奋发图强所取得的辉煌成就。图片专辑设立“强工壮县，惠农富民”概述篇、强工篇、惠农篇，共11个版，从封面到封底进行全方位包装。《湘潭县年鉴（2014）》突出重点，彰显亮点，增强可读性和实用性，发挥年鉴“传承文明、资政育人”的作用。入选彩页的单位原则上是2013年度绩效考核优秀单位，实现免费刊载，不刊载具有商业广告色彩的彩页，突出官书特点，提升年鉴品味。10月初，召开年鉴评审会议，顺利通过评审，11月初印刷出版发行，较往年提早一个月出版。

【《足迹—纪念湘潭县史志联络成立二十五年》编撰工作全面启动】 2014年，县史志联络组决定在纪念湖南省党史联络组成立30周年之际，编纂《足迹》一书，反映湘潭县史志联络组成立25年的历程。发动史志联络组老同志积极撰稿，征集图片100余张，形成4万字初稿。（丁艳平）

对台工作

【概况】 2014年，借助县委统战部创建“同心社区”活动平台，在县城牛头岭社区和砚井社区设立涉台知识宣传专栏，推动“涉台知识进社区”活动。拍摄涉台人物纪录片《乡贤》，展现县境重要涉台人物马立安先生的个人风采。及时做好联络联谊工作，数次走访慰问刘肇礼、马玉昭、向媛芝等重点台属。参与市台办组织的赴台交流团，与高雄湖南同乡会、马祖、澎湖、金门等地的工商业联合会、农会等团体和组织开展交流活动，积极推介湘潭县，初步建立起良好的互信关系。为台胞台属办实事。参与梅林桥镇道南书院扩建项目协调服务工作；积极帮县籍台胞戴岳腾先生寻找亲人；认真答复乌石镇退休教师、台属陈希麟的信访问题。推动涉台工作重点乡镇新农村建设工作。年内县台办积极与省、市相关部门联系，争取多方支持示范片项目建设，已经落实项目14个，争取省、市、县各级资金共计604万元。示范片内连接茶恩寺镇双阳村、白石镇深溪村和潭口村的12.1千米环形道路，已硬化2.3千米，深溪段、潭口段已全线完成路基拓宽工程，年底前将完成水泥硬化工程；双龙水库已完成除险加固工程；2千米潭湘堤已硬化；深溪村村部已完成主体建设工程。（李佳）

老干部工作

【概况】 2014年，湘潭县委老干部局管理和服务的离休干部和享受副县级三项待遇以上的退休干部260人，离休干部无固定收入遗孀配偶119人。离退休干部中，年龄最大的95岁，最小的63岁，分布在全县19个乡镇和72个机关、企事业单位。

年内，集中走访慰问老干部及离休干部遗孀3次共计500余人次，分别是春节走访慰问，三月的真情大走访和八月的“关爱老干部，高温送清凉”活动。5月19日至29日，在湘潭县中医医院和老县城人民医院组织全县离退休干部进行一次健康检查。7月10日，邀请人民医院医师在老县城活动中心进行保健知识讲座。对全县离休干部无固定收入配偶、遗孀生活补助发放进行一次资格认证，通过所在地村（居委会）、乡镇、县老干局三级资格审查确保离休干部无固定收入配偶（遗孀）生活补助的发放和领取准确无误。接收湘潭茶厂改制清算后两位离休干部和一位离休干部配偶移交湘潭县管理。

组织开展钓鱼、棋牌、麻将、门球、参观等一系列老干部活动。在活动中心院内新建一个气排球场。5月，举办“最美夕阳红”湘潭县离退休干部摄影大赛，向全社会征集优秀摄影作品300余幅。10月28日，组织驻市60余位离退休干部参观红色革命圣地韶山。老干部活动中心被授予“全省示范性老干部活动中心”。

面向社会和局机关征集老干部工作目标、工作精神和服务理念三个方面的核心文化理念，共征集作品220多条，经过遴选、初审及专家评审，确定“让党放心，让老干部满意”为老干部工作目标，“尊老为老、敬业奉献、创新进取”为老干部工作精神，“热心、诚心、孝心、细心、耐心”为老干部服务理念。

【离退休党员干部群众路线教育实践活动】 2014年，县委老干部局把组织离退休党员干部深入开展党的群众路线教育实践活动作为离退休干部思想政治建设的重点。组织集中理论学习11次，为离退休干部订阅《人民日报》《党建文汇》《老干部参考》《中国老年报》《老年人》等报刊。开展“我所经历的党的群众路线”“喜看新变化，共圆中国梦”征文活动。在局机关宣传栏内设立《老干之声——老干部谈群众路线》专栏。4月25—26日，举办一期离退休党员干部党支部书记培训班，全县30余名离退休老干部支部书记参加培训。

【老干部座谈会】 1月23日，县委、县政府在县委常委会议室组织召开老干部代表迎春座谈会。会上，县长傅国平通报2013年全县经济社会发展成就及2014年工作思路与目标，县委书记谢振华讲话。县四套班子主要领导及县委办、县政府办、县财政局、县人社局、县老干局等部门负责人参加会议。4月22日，谢振华带领常委班子到县委老干部局，听取老干部代表关于县委、县委领导班子开展党的群众路线教育实践活动，以及县域经济发展的意见和建议。县领导谭何龙、刘耀奇、胡亚湘等参加座谈会。12月17日，县委、县政府就白石文化广场及周边开发改造项目召开老干部代表座谈会，听取老干部们关于项目规划及发展等方面的意见和建议。

【老干部生活待遇】 巩固和完善离休干部“三个机制”，离休干部离休费按时足额发放，医药费按规定实报实销。离休干部健康休养费、无固定收入配偶（遗孀）生活补助费、电话补助费、交通费按时发放不拖欠。根据组通字〔2013〕37号、湘组〔2014〕8号和潭市组通〔2014〕10号文件精神，1937年

7月6日前参加革命工作的离休干部护理费标准由原每人每月800元提高到每人每月1800元；1937年7月7日到1945年9月2日参加革命工作的离休干部护理费标准由原每人每月400元提高到每人每月1200元；1945年9月3日到1949年9月30日参加革命工作的离休干部护理费标准由原每人每月200元提高到每人每月600元；因瘫痪等原因生活长期完全不能自理的离休干部护理费标准由原每人每月600元提高到每人每月1000元，与上述待遇不重复享受。

【涉老组织工作】 年内，共开办老年大学两期，开设诗词班、舞蹈班、戏曲班、声乐班、柔力球班、二胡班共6个主题班，共招收学员500余名。中老年保健协会编写或购买各类养生保健书籍和资料3万余册印发至全县，在《湘潭县报》开设健康教育专栏（月刊），开展保健知识讲座、第三届“保健杯”门球赛、保健知识培训、倡导禁烟等活动。9月23日，湘潭市老年保健工作经验交流会在湘潭县召开，县中老年保健协会获“全市老年保健工作先进单位”。县门球协会组织或参加县内外各种门球赛事活动28次312场，共145队次1229人次参赛，组队参加的全市农村门球赛获得全市第一名。

【“我爱‘夕阳红’”主题演讲赛举行】 2014年9月5日和22日，湘潭县“我爱‘夕阳红’”主题演讲赛由县委组织部主办，县委老干部局承办。全县19个乡镇、13个县直系统共计33名选手参赛。湖南省委老干部局一处处长丁云龙，湘潭市委组织部副部长、市委老干局局长鲁建春，县领导周艳希、周贤出席演讲决赛。县委办的莫亚丽、卫生局的陈娜获得一等奖。 （彭双飞）

关心下一代工作

【概况】 2014年，县关工委增加天易示范区、县委办、县文体广新局、县民政局4个单位为成员单位。全县19个乡镇和县直各单位机构健全。4月，联合县文广新局重新聘请46名“五老”网吧监督员。发动全县941两名“五老”结对帮助青少年，有60%以上活动开展较经常。4月15日，市关工委在湘潭县召开全市关工委工作座谈会，在全市推介县“五老”结对帮扶青少年工作经验。广泛开展十八大精神的学习、宣传和“中国梦”教育活动，举办“我的中国梦”演讲比赛，开展“美丽中国，我的中国梦”系列活动，县教育局被教育部关工委评为“美丽中国，我的中国梦”系列活动开展“先进单位”，百花小学、凤凰实验中学被教育部关工委评为“美丽中国，我的中国梦”系列活动开展“示范学校”。90家道德讲堂组织开展宣讲400余场次。3月5日，成立县青年志愿者协会，招募青年志愿者165名。开展家庭教育讲座15场；全县有68所县级示范家长学校，其中省示范家长学校1所，全国优秀家长学校2所。县政协办、团县委联合开展“政协委员牵小手·爱暖童心筑幸福”关爱农村留守儿童志愿服务活动。法治副校长、法治辅导员到学校上法治课220多堂，听课学生达9余万人；9月，举办全县青少年法律知识抢答赛。11月，文化、工商、公安、消防等部门对校园周边执法检查28次，检查经营场所180家次，取缔无证照摊点3个，收缴非法出版物400余册。县城10所中小学校开展“小手拉大手，文明交通我宣誓”的主题宣传活动。县司法局为未成年人提供法律咨询267人次，提供法律援助45起；对全县20名社区矫正未成年人实行“温情帮教”。县关工委年内，募集资金67.5万元，扶助各类贫困学生450多人次，扶助资金37.5万元。 （何天然）

9月22日，湘潭县举办“我爱夕阳红”主题演讲赛决赛 （县老干局 提供）

档案工作

【概况】 2014年，县档案局（馆）接待查档3634起，5433人次，查阅档案18425卷次，复印5024页，解决各类问题2455起。开展声像档案技术服务，拍摄“欢乐潇湘”等全县重要活动的视频数据230GB，录制成品22个。开展档案数字化工作，档案数据总容量达7.8TB。在县报、县手机报开设“莲乡档案”专栏，重点宣传监察部第30号令《档案管理违法违纪行为处分规定》、国家档案局第10号令《企业文件材料归档范围和档案保管期限规定》等档案法律法规，讲解法规条文，全面增强领导的责任意识和民众的档案意识。及时更新档案信息网站内容，优化网站栏目，加强和完善档案信息平台建设。编写6期《档案园地》，被各级采用档案工作信息79篇，其中被中国档案报（网）采用5篇，省级媒体采用7篇，市级媒体采用8篇。

县档案局连续9年被评为全省档案宣传工作先进单位。县委县政府将档案工作列入全县领导班子绩效考核内容。

【档案资源建设】 2014年，开展县城省级文明创建复检、“群众路线教育活动”、中石油县建设指挥部等重点工程和重大活动的档案管理和收集入馆工作。向社会各界征集《留田王氏八修族谱》《中华唐氏通谱总卷》《石潭文史》《长沙县通史》《中国高等艺术院校教学范本赵炽光山水绘画》等各类捐赠资料105件册。接收县生资公司、县外贸公司依法移交的改制企业档案8300多卷，组织技术人员对进馆资料进行消毒、鉴定、整理、编目入库工作。

【档案抢救工作】 2014年，争取县财政拨专项经费20万元，购置专用设备、聘用专业技术人员，联合县电视台对2003年前形成的珍贵的模拟带影像资料进行抢救修复。对1994—2003年间县城搬迁、彭总诞辰100周年、湘潭县新闻及各类晚会和专题片等全县重要重大活动声像档案资料，通过除霉、清洗、剪辑、刻录等工序，模拟带768本转化为数字带数据总量达5725GB，并全部实现硬盘和服务器存储；抢救县文化馆声像档案139GB。成功抢救、整理民国重点档案4021卷。

【馆藏档案数字化和基层档案备份工作】 2014年，加快馆藏档案目录和全文的数字化处理进程，对数据进行科学分类，全文扫描21万多张档案资料，文件级目录录入2.5万余条。开展全县机关和乡镇2013年度重要文书档案的目录和全文数字化工作，全县有61家县直单位、19个乡镇完成档案数据备份工作。

【基层档案指导工作】 2014年，指导县财政局、分水乡等60多个立档单位规范化管理建档，新增1家省一级、9家省二级达标单位。指导鑫田大酒店和韶力机车等民营企业建档工作。

【全县《档案法》实施情况检查】 3月10日开始，县人大常委会副主任韩炎带队，由人大教工委牵头组织部分县人大代表对县直机关、乡镇、学校、医院等不同类别和层次的24个单位进行一次《中华人民共和国档案法》贯彻实施情况执法检查。3月19日，县人大常委会在县档案局过渡馆二楼会议室召开《中华人民共和国档案法》贯彻实施情况汇报会。会上学习中办发〔2011〕15号《关于加强和改进新形势下档案工作的意见》和《中华人民共和国档案法》，听取县人民政府副县长陈卫兵就《中华人民共和国档案法》贯彻实施情况的专题汇报，县人大常委会主任黄忠德作讲话。同时对县档案过渡馆和新馆建设地点进行现场考察。此外，县档案局两次组织对全县重点单位档案管理进行专项档案执法检查，对存在问题的单位下达限期整改意见书，并进行定期验收。

【《档案法》培训班开班】 3月6日，县人大在人大五楼会议室开展《档案法》学习培训活动。此次学习培训由市档案局科长庞宁湘授课，对《中华人民共和国档案法》《湖南省档案管理条例》和《档案管理违法违纪行为处分规定》等档案法律法规进行全面学习。参加培训人员有县人大领导、县人大各委室全体成员、参加县档案执法检查的部分县人大代表和县档案局全体档案工作人员。

【县档案学会换届和举办学术交流会】 4月15日，县档案学会召开第三届代表大会，选举产生新一届档案学会理事会。县委常委、县委办主任谭何龙参加会议。会议回顾和总结县档案学会第二届理事会四年来的工作情况，认真分析档案学会工作面临的新形势，明确县档案学会为实现档案文化强县的重要任务。4月16日，举办全县130多名学会会员和档案员参加的业务培训与学术交流会，系统培训各门类载体档案归档整理、档案保管保护、档案数字化处理技术及档案编研等知识。

【国际档案日宣传活动】 6月9日，县档案局开展国际档案日系列宣传活动，印制1000张以档案法律法规、家庭建档知识和服务承诺为主要内容的小册子，在县政府门前街头宣传和发放。县网、县电视台、县报进行专题报道。

【岗位练兵活动】 年内，组织全局干部职工两次参加岗位练兵活动，干部职工紧扣文书档案管理、档案数据备份和档案数字化等主题，人人上台讲解档案业务知识，由评委现场点评，促进干部职工成为技能“俚手”和业务“多面手”，调动干部学习热情和工作积极性。

（谢伦丙）

（责任编校　杨红艳）

湘潭县人大常委会

概　述

【概况】　2014年，县人大常委会坚持党的领导、人民当家作主、依法治国有机统一，围绕全县工作大局，认真履行宪法和法律赋予县级人大常委会的各项职权，完成县十五届人大二次会议和2014年工作要点确定的各项目标任务。

常委会听取和审议县人民政府土地储备工作情况的报告、中小企业服务平台建设工作报告、“一府两院”《工作报告》半年度执行情况的报告、县人民政府关于全县农村环境综合治理工作情况的报告、县人民检察院关于法律监督工作情况的报告、县人民政府关于全县医患纠纷调处工作报告等专项工作报告9项。开展《档案法》《大气污染防治法》《农民专业合作社法》三部法律实施情况的执法检查；组织开展“环保世纪行”“三湘农产品质量安全行”“三湘农民健康行”和“司法公正行”活动；跟踪督办金霞山公园建设和管理、学校周边环境治理、涓江流域综合治理、刑罚判决执行监督等工作；考察特色县域经济发展、县公安局执法办案场所、高新技术产业发展、长沙航电枢纽工程湘潭县段建设情况。

常委会依法做出加强政府全口径预算决算审查监督、部门预算、城维资金安排、财政决算、调整“十二五”规划部分指标、涓水流域治理议案办理、预算调整等决议、决定7个。

常委会依法依程序任免地方国家机关工作人员81人次，其中决定任免县政府组成局局长10人次，任免法院、检察院及其他相关人员71人次。

常委会组织部分县人大代表开展县城交通秩序治理工作评议。加强和改进代表建议办理工作，修订代表建议办理办法，同时继续实行重点建议重点督办制度，并组织开展多轮督办，提升代表对建议办理满意率。组织县人大代表和县乡人大工作者开展集训。加强与代表的日常联系，支持代表依法履职，指导乡镇人大主席团开展“创优争先”、工作评议、召开人代会等活动，全面提升乡镇人大工作水平。

常委会开展以为民务实清廉为主题的党的群众路线教育实践活动，共查摆出反映常委会党组及机关工作中存在部分监督工作实效不明显、代表作用发挥不充分、机关服务能力需提高等方面的问题37个，有的放矢地制定整改措施，取得整改成效；严格落实八项规定等作风建设纪律，实现年度办公费、差旅费、公务接待费、公务用车费等都同比下降20%以上。常委会机关成功创建市级文明单位。

【启动并实施全口径财政预算决算审查监督】　2014年，县人大常委会启动并实施全口径财政监督，做出全口径财政预算决算审查监督的决定，界定全口径财政预算决算监督范围。听取政府性基金预算、国有资本经营预算、社会保险基金预算编制情况的报告；调查农口、文教、城环、财经、政法5个系统资金安排和使用情况；以主任会议建议书的形式就加强全口径预算编制、加大预算执行、提高财政监管水平、支持审计机关依法履职等4个方面向县人民政府提出建议。

【办结涓水流域综合治理议案】　涓水流域综合治理自2011年2月在县十四届人大四次会议上立案以来，通过近四年努力，相关部门编制涓水保护与建设总体规划及相关子规划，争取上级有关项目和资金支持，沿线乡镇垃圾处理等生态环境保护和水库除险加固等项目建设工作取得显著成效。2014年12月19日，在县十五届人大常委会第十五次会议上，涓水保护、开发和利用成效获得常委会组成人员肯定，以票决方式通过议案办结的决议。

【开展县城交通秩序治理工作评议】　3月，县人大常委会组织开展对县城交通秩序治理工作评议，历经动员、调查、评议和测评4个阶段，历时7个月，于9月结束。

在整个评议活动中，常委会主要负责组织协调，县人大代表始终是评议活动的主体力量，且参与活动的代表超过100人，占全体代表总数的1/3以上。通过开展专项工作评议，督促县人民政府明确部门权责，加强城区路网建设，完善交通安全设施，组织专项执法行动，优化公交站点布局和公交线路设计，实现县城交通基础设施建设大提档和交通管理水平大提升的工作目标。

【组织人大代表履职培训】 11月5日至6日，常委会组织全体县人大代表和县乡人大工作者开展集训。集训内容学习习近平总书记的重要讲话、人大代表如何审查人代会工作报告的专题讲座、人大代表建议提出与办理、县情概述及当前经济社会发展态势等内容。在培训议程上，增设法律知识测试，也是县人大常委会首次测试全体县人大代表和县乡人大工作者的法律知识。

重要会议

【县十五届人大二次会议】 2月16日—19日，县十五届人大二次会议在易俗河鑫田大酒店举行。此次会议共召开四次主席团会议、三次全体会议。2月17日上午，大会举行第一次全体会议暨开幕式，2月19日上午，大会举行第三次全体会议暨闭幕式。会议听取和审查县人大常委会和“一府两院”工作报告，审查湘潭县国民经济发展计划、财政书面报告。会议以举手表决的方式通过上述6个报告，并做出相应的决议。会议共收集代表建议336件。

【县十五届人大常委会第九会议】 1月27日召开。会议表决通过《湘潭县人大常委会2014年工作要点》；表决通过《湘潭县人大常委会工作报告》，并推定县人大常委会主任黄忠德为报告人；通过县十五届人大二次会议工作日程等具体事项（草案）。会议做出关于加强政府全口径预算决算审查监督的决定；表决通过县人大常委会代表资格审查委员会关于县十五届人大一次会议以来代表异动情况的审查报告。会议依法依程序决定人事任免。

【县十五届人大常委会第十次会议】 2月28日召开。会议听取和审查县人民政府关于2014年部门预算编制情况的报告及县人民政府关于办理潭常函〔2013〕6号（农业水费转移支付后续工作）审议意见交办函情况的报告，票决通过县人民政府该项工作办理报告。会议依法依程序决定人事任免。

【县十五届人大常委会第十一次会议】 4月29日至30日召开。会议听取和审查县人民政府关于城市维护建设资金2013年计划执行和2014年计划安排的报告，批准2014年城维资金计划安排。听取和审议县人民政府关于《档案法》和《农民专业合作社法》贯彻实施情况的报告。听取和审议县人民政府关于办理潭常函〔2013〕7号（小城镇建设和管理）以及“一府两院”办理潭常函〔2013〕8、9、10号（刑罚判决执行监督）审议意见交办函情况的报告，票决通过以上4个交办函办理工作报告。会议首次听取县人民政府关于政府性基金预算、国有资本经营预算、社会保险基金预算编制情况的报告。会议依法依程序决定“一府两院”工作人员的任免。

【县十五届人大常委会第十二次会议】 6月27日召开。会议在听取和审议县人民政府关于2013年预算执行及其他财政收支的审计工作报告的基础上，对2013年县级财政决算草案进行审查，做出批准2013年县级财政决算草案的决议。会议做出批准“十二五”规划部分指标进行调整的决议；听取和审议县人民政府关于土地储备工作情况的报告。

【县十五届人大常委会第十三次会议】 8月27日至28日召开。会议听取和审议“一府两院”在县十五届人大二次会议上所作工作报告上半年执行情况的报告。听取和审议县人民政府2014年上半年财政预算执行情况的报告。听取和审议县人民政府关于《大气污染防治法》贯彻实施情况的报告。听取县人民政府关于粮食生产情况的报告。审定通过县人大常委会部分工作制度。会议依法依程序决定人事任免。听取11位市人大代表述职。

【县十五届人大常委会第十四次会议】 10月29日至30日召开。听取和审议县人民政府关于医患纠纷调处工作、全县农村环境整治工作及县人民检察院法律监督工作情况的报告。听取和审议县人民政府办理潭常函〔2014〕1号（关于对《农民专业合作社法》贯彻实施的审议意见）、2号（关于对《档案法》贯彻实施的审议意见）、3号（关于对土地储备工作的审议意见）交办函情况的报告，票决通过三个交办函办理工作报告。听取县人民政府关于2014年新型城镇化建设情况的报告。会议依法依程序决定人事任免，听取12位市人大代表履职情况的报告。

【县十五届人大常委会第十五次会议】 12月18日至19日召开。会议听取和审查县人民政府关于2014年预算调整草案及上级转移支付资金安排情况的报告，做出批准预算调整及上级转移支付资金安排的决议。听取和审议县人民政府关于办理代表建议批评意见、常委会审议意见交办函和主任会议建议书情况的报告。听取和审议县人民政府关于涓水流域综合治理工作情况的报告。听取和审议县人民政府关于办理潭常函〔2014〕4号（《大气污染防治法》贯彻实施）审议意见交办函情况的报告。会议决定，2015年2月8日至11日（农历12月20日至23日）在易俗河鑫田大酒店召开县十五届人大三次会议；会议同时决定接受肖应、肖军、胡孝成辞去县十五届人大代表职务；依法依程序决定其他方面的人事任免。听取县人民政府关于2013年“同级审”指出问题整改工作情况的报告；以书面形式听取全县“环保世纪行”“三湘农民健康行”“三湘农产品质量安全行”“司法公正行”年度工作报告及常委会组成人员年度“三联”工作情况的报告。 （唐定伟）

（责任编校 杨红艳）

湘潭县人民政府

概　述

【概况】 2014年，全县实现地区生产总值286.8亿元，比上年增长11.6%。财政总收入22.4亿元，增长11.8%。规模工业增加值130.4亿元，增长15.3%。固定资产投资166.3亿元，增长23.5%。社会消费品零售总额64.8亿元，增长14.0%。城镇居民人均可支配收入、农民人均纯收入分别达25653元、13344万元，增长9.0%、11.4%。

全面启动国家级经开区创建工作，天易示范区获评中国湘商十大最具投资价值经济园区，完成技工贸总收入485.1亿元、完成财税收入13.5亿元。报批土地133.33公顷、征地95.33公顷、腾地274.67公顷。完成基础设施和重大产业项目52个。先进装备制造、食品、新材料三大主导产业产值占全县规模工业总产值的60%以上，产业集聚效应凸显。率先实施“一区多园”战略，3个乡镇工业园完成投资15亿元，引进企业13家，其中5家企业竣工投产。

推行项目建设“三个一”工作机制和干部跟班协调服务机制，全县推进项目建设的氛围日益浓厚。89个重点工程项目动、开工建设86个，开工率96.6%。完成投资120亿元，占年度投资计划的97%，较上年净增22.8万元。天易公路二期、农产品精深加工物流园、天易示范区创新创业基地二期等重大项目快速推进。积极开展争资引项，争取到位国、省预算内资金1.06亿元，天易生态水厂二期成功进入省市项目“笼子”。引进项目34个，其中过亿元项目5个，实现到位内资34.7亿元。大洋百货等一批重点招商项目取得积极进展。

突出城市建设，完成玉兰路、龙江路、雪松北路提质改造等22个城市基础设施项目。污水处理厂二期已投入试运行。突出城市管理，采取联合执法形式，集中整治城区“六乱”行为、城区交通秩序。城市管理市场化进程不断加快，城区净化、绿化、亮化实现提质提档，县城面貌明显改观。突出小城镇建设，完成投入1.2亿元，分水、中路铺、花石、石鼓等乡镇城镇化进程不断加快，全县城镇化率达37.5%。突出新农村建设，梅林桥“美丽乡村”示范片农贸市场建设、民居改造、太阳能路灯利用成效明显，茶恩寺金坪·复兴示范片、白石潭口示范片建设稳步推进；投入3000余万元，110个帮扶村建设任务全部完成。

34项省、市为民办实事任务全面完成。完成44所合格学校和3所公办幼儿园建设，天易小学顺利投入使用。高考各项评价指标16年蝉联全市第一。“欢乐潇湘·幸福湘潭·莲乡大舞台”群众文艺活动深入开展。新农合参合率达98.3%，保障水平进一步提高；村卫生室基本药物制度覆盖率达97.9%。推进覆盖城乡居民的社会保障体系建设，城乡居民养老保险覆盖率达100%。

推进行政审批制度改革，按照“精简一批、规范一批、下放一批”的基本思路，共清理、核减行政审批事项和其他服务事项292项，全县具有行政审批职能的单位全部进驻县政务服务中心，审批时限缩短2/3以上。加快“扩权强镇”步伐，将6项审批服务事项下放乡镇，委托乡镇授权执法工作全面启动，行政效能有效提升。推进财税改革，稳步推进预算绩效管理，提高资金使用效益；开展打击非法集资专项整治行动，维护金融秩序。出台《湘潭县土地储备管理办法》，规范土地储备和出让行为，提升土地经营效益。

认真开展党的群众路线教育实践活动，切实转变文风、会风和工作作风，提升服务水平。全年共精简文件21%，减少会议20%以上，减少各类议事协调机构50%以上；出台《湘潭县公务消费管理暂行办法》，“三公经费”支出同比下降24.8%。深入推进政府信息公开，促进权力运行公开透明；全面启动政府机构改革，推动政府职能合理配置；全面落实廉洁从政各项规定，切实做到用制度管人、管权、管事。

重要会议

【县政府第十五届第三次全体（扩大）会议】 3月2日召开，县政府全体党组成员、县纪委主要负责人、县人大、县政协联系政府工作的负责人、天易示范区管委会班子成员、各乡镇政府乡镇长、县直机关各单位负责人、县监察局各位副局长、县政府办各联系分管副县长工作的负责人等参加，会议安排部署2014年政府重点工作及廉政工作。

【县政府第十五届第四次全体（扩大）会议】 7月8日召开，县四大家主要负责人、天易示范区管委会班子成员、县人民政府党组成员、各乡镇政府乡镇长、县直机关各单位行政一把手、天易示范区各部部长、驻县有关金融企业负责人、县政府办各联系分管副县长工作的负责人参加，会议通报了2014年上半年政府工作开展情况、政府重点工作落实情况，安排部署下半年工作重点。

【县政府2014年第一次常务会议】
1月11日，由县长傅国平主持召开。会议审议《政府工作报告》、湘潭县2014年主要经济指标目标、2014年重点工程项目建设计划；学习中共中央办公厅、国务院办公厅关于春节期间有关工作、公务接待管理、公共场所禁烟有关规定以及省市纪委关于春节期间党风廉政纪律要求有关文件；传达总书记习近平关于安全生产系列重要讲话精神；听取安全生产工作情况汇报。

【县政府2014年第二次常务会议】
1月26日，由县长傅国平主持召开。会议审议《湘潭县特色产业发展2014年度实施方案》《关于加快乡镇工业发展的实施意见》；审议政府办、供销社“三定”方案和交通公路管理体制改革方案、湘潭县城区大型货车限制通行规定、《湘潭县第九次村民委员会换届选举工作实施方案》以及部分行政村合并调整方案；审议关于给予杨毅记过处分的决定。

【县政府2014年第三次常务会议】
2月26日，由县长傅国平主持召开。会议审议《〈政府工作报告〉重点工作任务分解方案》《湘潭县2014年部门预算编制方案》《湘潭县公务消费管理暂行办法》《关于进一步严格控制并规范党政机关和行政事业单位基本建设管理暂行规定》《2001年至2002年县城投放的出租车报废更新及特许经营期限的实施方案》；审定天易示范区规划区内经营性建设用地容积率遗留问题的处理方案和《湘潭天易示范区农产品精深加工园控制性详细规划》。

【县政府2014年第四次常务会议】
3月17日，由县长傅国平主持召开。会议审议2014年两会所提议案、建议、提案情况及办理意见；审议2013年度县域经济发展奖励方案；审议2014年县级领导联系重点产业、重点企业方案；听取县内普通公路超限超载治理工作和安全生产工作情况汇报；审议《湘潭县第三步规范公务员津贴补贴实施方案》《乡镇工业园管理体制和运行体制》。

【县政府2014年第五次常务会议】
4月16日，由县长傅国平主持召开。会议听取打击和处置非法集资情况汇报、.听取湘潭港易俗河港区一期工程项目情况汇报；审议《湘潭县杨河组团小城镇核心区控制性详细规划》《湘潭县服务业发展规划（2013—2020年）》；审议关于成立青山桥社区居委会的方案及县人社局关于建议给予3人政纪处分、将1人辞退、批准2人辞职的意见。

【县政府2014年第六次常务会议】
5月8日，由县长傅国平主持召开。会议审议湘潭县建设投资有限公司并入湘潭产业投资发展集团有限公司发行小微企业扶持债券的情况汇报、县发改局关于湘潭县“十二五”规划部分指标调整的情况、《特色县域经济重点县建设项目扶持补助暂行办法》；听取“特色中国.湖南湘潭县馆”电子商务平台建设情况；审议《湘潭县社会救助暂行办法》。

【县政府2014年第七次常务会议】
6月6日，由县长傅国平主持召开。会议审议《湘潭县人民政府办理人大代表建议和政协提案工作办法》《湘潭县中小微企业信用担保基金管理办法》《湘潭县湘江污染防治第一个“三年行动计划”实施方案》和《湘潭县大气污染防治行动计划实施方案》；审议关于调整城区供水价格及试行居民生活用水阶梯式水价的方案；听取全县2014年粮食收购工作汇报；审议关于进一步规范全县重点工程项目和专项工作协调指挥机构补助资金发放管理有关规定及县人社局关于建议辞退1人、给予1人开除处分的情况。

【县政府2014年第八次常务会议】
6月23日，由县长傅国平主持召开。会议听取关于省损害涉农利益行为专项督查组在全县专项督查工作汇报；审议《关于湘潭县2013年度县本级预算执行情况和其他财政收支审计结果报告》及县本级行政审批项目和其他管理事项清理以及县政务服务中心关于进一步规范政务服务工作方案；审议关于原湘潭市列家桥煤矿资产处置方案；研究优化县城公交线路有关工作。

【县政府2014年第九次常务会议】
8月6日，由县长傅国平主持召开。会议审议调整全县煤炭行业工伤保险缴费费率方案、湘潭县石潭镇原旭日山庄拍卖遗留问题处理方案、青山桥镇原村镇建设规划遗留问题处理方案、规范湘江茶恩白石段第二轮砂石经营工作方案、关于易俗河港区千吨级码头建设有关问题。

【县政府2014年第十次常务会议】
8月28日，由县长傅国平主持召开。会议审议《关于加强道路交通安全工作的实施意见》、关于县档案馆地块建设地下公共停车场建设方案、湘潭县耕地修复及农作物种植结构调整项目实施情况、《湘潭县机关事业单位借调人员管理暂行办法》；研究湘潭县建设投资有限公司投资入股湘潭企业融资担保有限责任公司方案；听取关于农村敬老院事业单位法人登记工作汇报；审议关于县恒盛化工有限公司环境问题对县环保局进行效能监察及相关人员处理意见；审议通过关于给予符进、罗石光、邹国栋行政处分，批准贺向东辞职。

【县政府2014年第十一次常务会议】
9月10日，由县长傅国平主持召开。会议通报县人民政府领导班子党的群众路线教育实践活动“两方案一计划”（领导班子及班子成员个人整改方案、专项整治工作方案、制度建设计划）；听取大洋置业公司投资项目汇报及清理规范领导小组和议事协调机构情况；审议进一步规范城镇建设工作方案及王家山煤矿棚户区改造项目不动产税收情况；听取关于实施城乡建设用地增减挂钩和土地开发项目有关情况；审议湘潭县第二次土地调查主要数据成果公布方案。

【县政府2014年第十二次常务会议】
9月30日，由县长傅国平主持召开。会议审议关于《中路铺镇总体规划（2012—2030）》《石鼓镇总体规划（2013—2030）》编制情况；研究落实省政府270号令《湖南省人民防空工程建设与维护管理规定》和省物价局、省财政厅湘价费〔2014〕60号文件精神；审议《湘潭县落后小煤矿关闭退出工作实施方案》；听取新型农村合作医疗情况汇报。

【县政府2014年第十三次常务会议】
10月23日，由县长傅国平主持召开。会议审议《石潭镇核心区控制性详细规划》；审议关于鸿泰宇矿业有限公司二矿（原人民煤矿）自行关闭情况、湘潭县2013年度生猪调出大县奖励资金使用实施方案、《2014年度秋冬农业生产市场平稳健康发展的若干意见》《湘潭县建立统一的城乡居民基本养老保险制度的实施意见》《湘潭县安全生产“党政同责，一岗双责”暂行规定》。

【县政府2014年第十四次常务会议】
12月8日，由县长傅国平主持召开。会议审议《梅林桥镇发展规划（2012—2020）》《杨嘉桥镇发展规划（2012—2020）》编制情况；审议谭家山长岭煤矿申请自行关闭退出工作、千吨级码头招商引资工作、创建全民健身示范城市工作及《2014年度重点工程项目建设奖励办法》；听取县公安局关于全县禁毒工作汇报；审议关于吴广怀、罗石清、朱修仁等人违法违纪问题的处理情况。

【县政府2014年第十五次常务会议】
12月31日，由县长傅国平主持召开。会议审议提请同意新源煤矿、邓公煤矿自行关闭退出；审议中国电力投资集团在湘潭县投资建设光伏发电项目方案、政府职能转变和机构改革方案；审议关于《花石镇总体规划（2012—2030）》编制情况；审议关于《湘潭县重度残疾人护理补贴制度实施方案》《湘潭县行政问责办法》及关于给予郭利媛行政处分的意见。

重要调研

【张硕辅调研特色县域经济重点县建设】　12月1日，副省长张硕辅率省财政厅、省农业委的相关负责人由市、县领导李江南、戴德清、谢振华、傅国平、唐正武、谭捍卫等陪同，到湘潭县实地走访调研特色县域经济重点县建设情况。张硕辅一行考察湖南省粒粒珍湘莲加工企业及建设中的天易示范区农产品精深加工园。张硕辅对湘潭县推动特色产业集聚发展的做法很认可。他说，“农产品加工企业的集中生产，既可节约成本，又可形成特色。要尽快促成特色产业园区形成规模，尤其是要打造湘莲精深加工系列产品的标准。”他建议，湘潭县委县政府研究和制定相关政策，推动农产品加工企业尤其是湘莲加工企业的抱团发展。

【袁隆平到湘潭县调研富硒彩米】
9月26日，中国杂交水稻育种专家、杂交水稻之父、中国工程院院士袁隆平由县领导周艳希、王惠芳陪同，到湘潭县考察射埠镇富硒彩米种植基地。袁隆平深入田间，实地查看彩米稻的生长情况，详细询问彩米稻的田间管理、产品销售等情况。袁隆平说，富硒彩米有特色，其五彩的颜色就如生活，丰富多彩。袁隆平高度评价五色彩米中黑米的品质。他希望，湘潭县能继续将富硒特色彩米产业做深做细，提升品质。

9月26日，中国杂交水稻育种专家、杂交水稻之父、中国工程院院士袁隆平来考察射埠镇富硒彩米种植基地
（罗建　摄）

实事项目建设

【概况】 2014年，湘潭县人民政府承担省、市为民办实事34项，及其完成情况（见下表）。

2014年湘潭县落实省、市为民办实事情况

表3

序号	实事项目	完成情况
1	新增城镇就业	加大宣传力度和培训规模，做好台账基础工作，积极开发就业岗位，深入开展专场招聘会，新增城镇就业8134人，完成8134人
2	新增农村劳动力转移就业	加大宣传力度和培训规模，做好台账基础工作，积极开发就业岗位，深入开展专场招聘会，新增农村劳动力转移就业6933人
3	农村公路建设	出台《农村公路建设和养护施工技术手册》，贯彻落实农村公路建设"七公开"，投入资金8300万元，完成实事任务115千米，各项资金均已到位，完成率100%，畅通率100%
4	生活垃圾无害化处理率	城区和周边部分乡镇生活垃圾无害化处理66713吨，平均日处理量约220吨，无害化处理率100%
5	农村危房改造	完成农村危房改造1000户
6	公共租赁住房	新增公共租赁住房110套，其中新建102套主体已竣工，已购买8套投入使用
7	新增廉租住房	8月份正式开工建设廉租住房2栋，80套，3990平方米
8	污水无害化处理率达到88%	污水处理厂总处理水量为1742.143万吨，平均日处理水量5.2160万吨，污水无害化处理率90.35%
9	新增城镇管输天然气用户	新增城镇管输天然气用户2430户
10	城市棚户区改造	已完成货币安置城市棚户区1200户
11	建设农村生活垃圾整治示范村	6个示范村均成立专门的保洁队伍，聘请专职保洁员，购置并发配垃圾桶13234余套，配备垃圾运送推车33辆，建设垃圾池146个，建立村民卫生公约，设立环境卫生监督员，开展一月一次的村民环境卫生评比，6个示范村的生活垃圾整治工作已全面完成
12	救治救助贫困重性精神病患者	通过全面摸排调查，确定81人纳入救治救助项目，于9月送至湘潭市五医院进行救治，出台《湘潭县精神卫生管理办法》，设立湘潭县重性精神障碍患者应急救助专项资金150万元，完成81位对象的救治救助工作
13	建设义务教育合格学校	新建校舍26栋、面积13352平方米；维修改造校舍面积59604平方米（新增运动场地5个、新增学生宿舍床位760个、新建学生食堂5栋、新建厕所6栋，绿化、美化运动场地等）；新增电脑室31间，添置电脑949台；新增实验室36间；新增多媒体教室31间，多媒体设备31套；新开通宽带到校31所
14	农村公办幼儿园建设	全年投入资金492.2万元，新建幼儿园1280平方米，维修改造园舍面积900平方米，建设活动场地、围墙、购置玩具、教学生活设备等
15	农民健身工程	选址时做到统筹兼顾，抓好场地建设质量，67个行政村、79个农民体育健身工程健身器材安装到位
16	室外健身路径工程	选址时做到统筹兼顾，抓好场地建设质量，2条室外健身路径工程健身器材已全部安装
17	供水厂的出厂水质全面提升	湘潭京湘供水有限责任公司二水厂建成正式通水运行、一水厂水处理工艺的升级改造及省级水质监测站的建设全面完成出厂水质全面提升
18	解决农村饮水不安全人数	全县批准建设农村饮水安全工程17处，涉及13个乡镇122个村，计划总投资3756.9万元，其中中央投资2246万元、省级配套508万元、市县配套621.48万元、其他381.42万元年内已新建农村集中供水工程4处，改扩建2处，管网延伸1处；新建单村分散供水工程10处，解决饮水不安全人数77646人

续表3

19	改扩建农村敬老院	县乡两级均制定敬老院改扩建实施方案,签署责任状完成白石、梅林桥、中路铺、石鼓、射埠5所敬老院改扩建项目
20	农村五保年分散供养标准	出台《关于提高湘潭县农村低保救助和农村五保供养标准的通知》,农村五保供养标准提高到2640元/人/年
21	城市低保月人均救助水平	出台《关于调整城乡低保救助标准的通知》,加强动态管理和资金发放工作,城市低保保障标准线为380元/人/月,A、B、C三类救助标准分别为380元/人/月、190—300元/人/月、120—180元/人/月现已全部按标准发放
22	农村低保月人均救助水平	出台《关于调整城乡低保救助标准的通知》,农村低保保障标准线提高到2400元/人/年,A、B、C三类救助标准分别调整到200元/人/月、110元/人/月、75元/人/月,加强动态管理和资金发放工作,现已全部按标准发放
23	资助农村特困户建房	全面摸底调查全县特困户住房状况,全面检查建房情况,完成78户特困户建房任务
24	扶助城乡60岁以上失独老人	为232个帮扶对象建立失独家庭管理档卡、失独家庭服务管理卡,合计发放资金83.52万元,提供家政服务2000多个小时
25	新扩无公害蔬菜专业基地	组织专业技术培训,加强基地排灌渠道、工作道路、配套设施建设,完成土样、水样的送检等,全丰、正凯、丰上丰3个蔬菜种植专业基地分别完成种植面积528亩、263亩、221亩超额完成目标任务
26	抢救性康复贫困残疾儿童	严格把关受助对象的筛选评审,组织40名脑瘫儿童到省博爱康复医院、市一医院、第四医院进行康复;5名孤独症儿童在市亲园培智学校康复
27	贫困残疾人家庭无障碍改造	制订"一户一策"方案,按照最简配置、个性化设计、设计方案及时反馈给残疾人家庭三个原则实施改造,完成17户贫困重度肢体残疾和3户视力残疾贫困家庭无障碍改造
28	免费为贫困残疾人适配助听器	组织300多名申报对象在县中医院两轮筛查,确定就学、就业阶段的适配听力残疾人105名5月,105名对象到市项目实施机构进行做膜取样,8月底全部完成装机适配
29	建设农民合作社省级示范社	经过项目申报、批复,确定彭老倌养蜂专业合作社为省级示范社彭老倌养蜂专业合作社经营范围为组织采购成员所需的养蜂生产资料和开展与养蜂相关的技术交流,现有社员320名,蜜蜂放养场8个,在本省长沙、湘潭等地拥有销售网点5个
30	建设新农村示范村	制订出台《谷塘村为民办实事新农村示范村建设实施方案》,完善基础设施建设,硬化村道、整修山塘、渠道,新增变压器2台;促进增收,发展农业产业项目,投入480万元建成草皮苗木基地8公顷、葡萄园基地5.67公顷,实现项目收入160万元,全村人均纯收入15600元左右,高于全县平均水平30%以上;美化环境,推动社会公益事业发展,完成107国道沿线60户居民房屋进行统一装修改造,完成"三边"绿化村组道路5.5千米
31	继续实施"百村帮扶"工程	"百村帮扶"工程任务全部完成,110个帮扶村累计完成项目总投入4402万元,硬化村道135千米、农网改造改线162千米,整修塘坝475口,整修渠道128千米,建沼气池250口
32	省级以上公益林管护面积到位率	县林业局与涉及生态公益林的行政村签订《公益林区划与禁划、限划管护合同》450份,护林员实行政府聘用制,签订聘用合同全县划分管护责任区155个,聘用155个护林员,做到分片监管、责任到人,管护到位率100%
33	省级以上公益林补偿资金发放到位率	全县45931公顷生态公益林补偿资金总额9795771元,均及时足额拨付给公益林所有者和经营者手中,发放率100%
34	新增社会治安视频监控摄像头	制订《平安城市电子防控系统施工组织方案》,投入资金3000万元,按照城区特殊场所、金融单位、商场及公共场所、重点学校、医院及主要路口的分布情况,共建治安监控129个,道路监控56个,电子警察16个,卡口19个县城区的"视频监控网"初步形成

县政府办公室工作

【经济研究】 2014年，为县委经济工作会、政府全会暨半年度经济形势分析会等重大会议起草大型报告、综合汇报材料和各类典型材料300余个，共计100万余字。紧跟上级有影响力的期刊最新动态，主动掌握时政亮点、政策动向，先后撰写各类论文和新闻稿件12篇，其中3篇被《湖南日报》等省级报刊采用，及时推介湘潭县人民政府工作。按照“当高参、设大谋、出精品”的总体要求，围绕特色小城镇建设、“一区多园”发展模式、煤矿关闭退出等县域经济社会发展重点工作和县政府中心工作，开展专题调研4次，形成《关于全县煤矿关闭退出的调查与思考》等调研材料4篇。参与、服务中心工作，完成省市“电视问政”等紧急重大情况的材料撰写和信息上报工作；完成重点工程项目建设、特色产业发展、涓水流域综合治理、委托授权执法等重点工作材料撰写任务；推动《稳增长促发展九条意见》等重要文件的出台；完成党的群众路线教育实践活动相关材料撰写工作。及时收集和整理全县经济社会发展情况并做好重大、突发事件的信息上报工作，全年向省、市上报信息200余条，信息工作在全市各县市区排名前列。

【政务督查】 2014年，县政府督查室共组织参与各类政务督查138次，编发《政务督查》25期，其中与县委督查室联合发通报10期；开展调研7次；办理县领导批示件12件。

【建议提案办理】 2014年，全县共收到县人大建议294件，政协提案120件；收到市人民政府交办建议3件，提案4件。所有建议提案均在规定期限内办复。其中：代表、委员所提问题已经解决或基本解决212件（A类），占50%；正在解决或列入计划逐步解决181件（B类），占43%；因目前条件限制或政策不许可等原因暂不能解决的28件（C类），占7%。与领衔人大代表和政协委员见面率100%，答复率100%。代表、委员对办理的“满意率”98%。

【民族宗教事务】 2014年，建立健全县乡村三级民族宗教工作网络，实现宗教事务管理“主体在县、延伸到乡、落实到村、规范到点”。指导县佛教协会召开换届选举会议，选举产生新的佛教协会班子成员。年内接待金霞山龙兴寺购塔人员、工程、材料商债务人200多人次，协调和化解金霞山龙兴寺因敬安大师纪念堂及祈福塔林建设矛盾纠纷，维护县域范围内宗教工作的和谐和稳定。化解石潭基督教聚会点因建堂工作引发的教会内部矛盾，确保其献堂庆典得以顺利进行。组织县佛教协会开展金秋助学活动，筹集资金2万余元资助花石、龙口、排头等乡镇的20位贫困中小学生。审批少数民族考生资格认证，审核个人民族成分更改手续，确保少数民族考生的权益得到保障。开展走访外来经商的少数民族群众活动，发放《民情联系卡》。

【协调服务】 2014年，接受协调处理有关单位之间的矛盾纠纷65起，防止群体性械斗2起，防止群体性上访5起300人次。召开各类大小协调会议70余次，年内调处65起，矛盾纠纷调处率为100%。重点加强与各矿区村（居委会、社区）、江南工业集团公司、湘潭矿业集团公司等企事业单位的协调；春节、两会、“APEC峰会”期间集中排查矛盾纠纷。加强与周边县市区的横向联系，解决湘潭矿业集团公司煤矿开采和生产影响周边地区问题，雨湖区楠竹山煤矿周边村组农赔问题，王家山煤矿关闭后遗留问题等跨区难题。

外事与侨务工作

【概况】 2014年，争取市外事侨务办拨付资金8万元，建成齐白石文化长廊；争取省外事侨务专项资金10万元，在白石故居周围装25盏太阳能（LED）路灯用于亮化。接待来县访问的外国友人和回乡探亲的华人华侨20余批。泰国华裔中学生坤祥文化行一团30余人到江声中学开展文化交流活动，学习中国传统文化如茶艺、声乐、剪纸等。11月20日，汪大卫带着马斯基市市长的邀请信再次到湘潭县与县长傅国平会面，全力推动湘潭县和美国马斯基市的国际友城缔结工作，争取双方城市的领导见面洽谈。

出台《湘潭县规范领导干部因公出国（境）管理专项整治工作实施方案》（潭县政办函〔2014〕31号），规范领导干部因公出国（境）管理。

应急管理工作

【概况】 2014年，全县形成主要领导亲自抓，分管领导具体抓，各单位全面落实的应急管理工作体制。明确工作落实到人，落实到岗，切实做到责任明确，奖罚分明。落实《湘潭县应急值守工作规范》，使全县的应急值守工作不断规范化、制度化。落实应急信息报送制度，做到准确及时，不延报、不漏报。加大财政投入，加快应急队伍和基础项目建设，加强装备与物资的储备和管理，提高全县应急处置和抢险救援的保障能力。年内成功处置全县性突发事件20余起，排除各类安全隐患200余处，开展各类专题演练200余场。

5月12日“全国防灾减灾日”，出动宣传车辆十台，在全县二十多个宣传点共展出展板130余块，悬挂宣传横幅、条幅200余条，现场发放宣传资料近10万份。县电视台、县报社、县网等新闻媒体通过开设专栏等形式向公众宣传介绍应急知识，在全县的各大中学校分别开设应急知识讲堂，应急知识深入群众。 （余成武）

政务公开和政务服务工作

【概况】 2014年，县政务中心窗口受理行政审批 22848件，办结率100%，按时办结率100%，收缴财政非税收入2.07亿元。

以县政府门户网站为主站，各单位建立虚拟子网站的方式，加强网站资源整合，建成“一个政府一个门户网站、一个部门一个子网站”的政府网站群。县政务中心不定期浏览、检查各子网站，检查结果作为年终绩效考核依据。县政府门户网站共发布县内信息2000余篇，各类通知公告13两份，政府各类文件157份，更新政务信息852篇，完善和新增栏目3个，向市级政府网上报信息1600余条，向市电子政务办报送网站阅评简报3篇。制定政府信息公开工作制度和依申请公开制度，从内容、程序、考核、责任追究等各环节入手切实规范政府信息公开工作，并在县政府门户网站和各乡镇、县直各部门子网站均设置“依申请公开”栏目。分步分批在县政府门户网站、县政务中心网站、县政务中心大厅电子显示屏上公开进驻单位所有收费事项的收费依据、收费标准，并逐步公示收费结果。

按照“事进、人进、权进”的原则，凡与企业和人民群众密切相关的审批服务事项，均纳入政务服务中心办理。优化窗口设置，将原进驻单位中办件量少的窗口进行整合；将未作为常驻窗口的其他所有具有行政审批事项的职能部门设为联合窗口；新设自来水、燃气、有线等便民服务收费窗口。加强网上审批和监察系统建设，完善系统功能，逐步将全县282项行政审批和管理事项录入系统，规范全县行政审批行为。邀请省级专业技术人员对47家县直机关单位进行“湘潭县网上政府服务和电子监察系统业务培训”。凡进驻县政务中心的收费项目按“窗口出单、非税开票、银行收款、财政统管、收支分离”的原则实行统一收费，以票据管理审批事项，常驻单位一律停发票据，推进“三集中，三到位”。10月底，联合县纪委效能室、编办、物价局等部门和单位，对部分进驻县政务中心的16家单位和3家分中心开展关于项目进驻、人员派驻、窗口授权、流程再造、规范收费等内容的督查，对督查中发现的不规范行为于12月底全部整改到位。

出台《湘潭县政务服务暂行规定》，夯实全县政务服务体系建设，健全规范政务服务队伍；修订《窗口及窗口工作人员管理办法》《窗口及工作人员绩效考核办法》《评选红旗窗口、党员先锋岗、服务示范岗实施办法》，强化服务意识、效率意识，改进工作作风，强化服务窗口管理。年内共评选出优秀窗口7个、优秀个人34人次，对窗口及窗口工作人员违纪违规行为处理4起（9人次）。

各乡镇政务服务中心狠抓硬件建设、软件建设，便民大厅规范有序，同时加强对村（社区）便民服务点的建设，保证全县所有村（社区）的便民服务点运行良好，加强基层便民大厅建设。

【行政审批制度改革】 2014年，湘潭县清理行政审批事项，将原有580项行政审批、非行政审批和办事服务项目进行梳理，保留282项。编制保留审批项目的审批职权目录，规范审批程序，缩短审批时间，方便群众办事。严格按照“一门式受理、一站式服务、一次性告知、公开承诺、限时办结”的工作要求，完善审批制度、编印47家单位《政务服务指南》。对涉及需要两个或者两个以上职能部门参与的审批事项，实行联审制度，统一受理、现场踏勘、联合审批、限时办结、依法收费，优化审批流程。开启绿色通道，对符合环保要求，缴齐费税，确保安全的各类重点项目，按照从简从快原则、限时办结原则、并联审批原则、互不制约原则，直接进入绿色通道审批。

【“12345”市民服务热线】 2014年，县政务中心加强监督信访办件，设立专人专岗，确保“12345”市长热线和“市长信箱”工作顺利开展，定期通报办理情况，并纳入政务公开年终绩效考核内容。年内受理“市长热线”284条、“市长信箱”217条、“县长热线”206条，涉及单位32家，主要集中在征地拆迁、基础设施建设、环境整治等方面，办结率100%。加强落实回访制度，对各类办理事项的办事群众进行每日电话（当面）回访，每月对回访收集到的情况予以总结，有针对性地开展整改工作。通过公开监督投诉电话、设立意见箱、摆放意见簿等形式倾听群众诉求，解决群众困难。年内受理群众来访、来电900余件，办结率100%，群众满意率98%。（王伟志）

人事人才工作

【概况】 2014年，大力实施“5518”人才引进工程，面向社会公开招录公务员27名，公开招聘“三支一扶”大学生8名、安置服务期满的两名；公开招聘事业单位专

县政务中心服务大厅 （县政务中心 提供）

业技术人员364名，其中，教育系统140名，卫生系统201名，其他机关事业单位23名。分别组织县委宣传部公开选调工作人员1名、县审计局选调专业技术人员两名。

全面推进“复退安置人员素质提升”和“技能人才振兴”工程，举办新进人员初任培训、复退安置人员培训等各类培训班7期，培训248人次。

完善机关事业单位工作人员考核、奖惩、任免体系，完成全县108个单位5663名工作人员2013年度绩效考核工作，其中记三等功166人，嘉奖975人，评为不称职（不合格）7人，基本称职（基本合格）6人，不定等次12人；办理开除3人，辞职3人，辞退3人；拓宽选人用人渠道，指导6家单位开展中层干部竞聘上岗工作。

开展职业技能鉴定26次，鉴定工种有中式烹调师、育婴师、工具钳工、维修电工、焊工、车工、数控车工等，其中传统考试23次，智能化考试3次，年内鉴定人数327人，获得初级职业资格证书231人，中级职业资格证书96人。

全县事业单位新增专业技术人员1374人，专业技术人员共有8136人。

2014年湘潭县事业单位新增专业技术人才情况

表4

专业	评定方式	高级(人)	中级(人)	初级(人)
教育	评审	55	165	4
	认定		7	206
卫生	考试评审	27	97	241
工程	评审	2	6	539
	认定			16
农业	评审		1	2
	认定			4
会计	认定			2
合计		84	276	1014

2014年湘潭县事业单位专业技术人员情况

表5

专业	合计(人)	高(人)	中(人)	初(人)
农、林、牧、渔业	356	25	143	188
建筑业	84	1	33	50
交通运输、仓储和邮政业	71	0	31	40
房地产业	31	0	9	22
科学研究和技术服务业	24	1	7	16
水利、环境和公共设施管理业	169	3	56	110
居民服务、修理和其他服务业	3	0	0	3
教育	5520	712	2924	1884
卫生和社会工作	1809	129	472	1208
文化、体育和娱乐业	30	0	9	21
公共管理、社会保障和社会组织	39	0	8	31
	8136	871	3692	3573

【工资福利】 2014年，湘潭县推进收入分配制度改革，第三步规范公务员津贴补贴工作实施到位。在职人员津贴补贴人均增长320元/月，退休人员生活补贴人均增长305元/月。年内，办理全县机关事业单位到龄退休人员退休手续360起，其中干部退休91人、工人退休111人，教师退休158人。

【胡伯俊调研湘潭县人力资源和社会保障工作】 4月30日，省委组织部副部长、省人力资源和社会保障厅党组书记、厅长胡伯俊到县调研人力资源和社会保障工作。市、县领导陈铁平、傅国平、周俊文参加调研。胡伯俊一行先后考察湖南金风食品有限公司、湖南伍子醉食品有限公司、易俗河镇政府社保经办机构以及人社局人力资源市场。在易俗河镇政府社保经办机构，胡伯俊与正在办理人脸识别认证的退休老人陈允夏进行交谈，询问其月领取多少退休金；他还与机构内的职工进行交谈，询问易俗河镇有多少退休工人，哪些人被分配在这边领取社保金等。在座谈会上，县委副书记、县长傅国平汇报湘潭县人力资源和社会保障工作的有关情况。胡伯俊肯定湘潭县的人力资源和社会保障工作。他指出，湘潭县人社部门在为民办实事、创业指导、服务群众等方面有明显的发展和进步。胡伯俊要求，湘潭县人社部门再接再厉，服务好群众、服务好民生，以“改革统揽、问题导向、创新突破、扎实推进”为方针，抓关键问题，真正解决群众面临的实际困难和问题，让人社工作再上新台阶。

【干部人事和机构编制领域专项治理】　2014年，依职对全县550家机关事业单位进行专项治理督查，重点对违反规定程序乱进人、财政“吃空响”人员、编外大量聘用人员进行全面清理整顿，共清理出“吃空响”人员27人，追缴金额138549元；清理、清退、整改在编不在岗人员465人；清理、清退、规范理顺全县各全额拨款单位编外人员479人。　（刘湘云）

4月30日，省人社厅党组书记、厅长胡伯俊到湘潭县考察人社工作

（县人社局　提供）

民政工作

【概况】　2014年，县民政局坚持“改善民生、构建和谐、服务社会”这一主线，较好地完成各项工作任务，为保障民生、维护社会稳定发挥重要作用。全年向上级争取民政资金1.6亿元，社会救助、社会福利、优抚安置、社会组织管理、社会事务管理等工作取得较大进步；开展群众路线教育实践活动，“四风”积弊得到有效整治。结合县政府“县长信箱”“书记信箱”“行风热线”等公众热线服务平台为困难群众解决难题，全年办理各类投诉、求助案件212件，做到案件办结率100%，当事人满意率100%。办理人大代表建议、政协委员提案9件，做到事事有回复、件件有落实，代表满意率100%。

2014年，县民政局被民政部评为“国家AAAA级婚姻登记机关”，被省民政厅评为“湖南省福利彩票销售工作先进单位”“湖南省2014年度县市区慈善工作先进单位”，被省文明办评为“湖南省文明卫生单位”。湘潭县被省民政厅授予全省第九次村民委员会换届选举先进县，并被确定为湖南省困境儿童基本生活保障试点单位。

【基层组织政权建设】　2014年，湘潭县开展行政村优化调整工作，从1月23日正式启动，至3月14日基本结束，完成186个行政村的优化调整任务，共计减少行政村95个，全县行政村由原来的644个调整到549个，村民委员会人数由1935人减少至1190人。组织社会工作人才培训，全县8人取得社会工作师、助理工作师资格。

【第九次村委会换届选举】　2014年2月10日，湘潭县召开第九次村民委员会换届选举动员大会，村民委员会换届选举工作正式启动。县成立以县委书记为组长的第九次村民委员会换届选举工作领导小组，发出通知，制定实施意见。至6月30日，村民委员会换届选举工作全面结束。全县19个乡镇549个村，依据《中华人民共和国村民委员会组织法》，按照预定方案全部圆满完成选举任务。经统计，本次选举登记选民739024人，实际参加投票687464人，参选率93%。经选举依法产生村委会主任549人，副主任81人，委员1190人。选举产生的新一届村委会班子中，妇女干部668，占当选总人数的36.7%；成员平均年龄45岁；大专及以上学历325人，占当选总人数17.8%；中共党员1411人，占当选总人数77.5%。

【优抚工作】　2014年，按标准及时足额发放各类抚恤补助资金和优待金7643万元；完成重点14621名优抚对象信息采集工作；认真做好评残、提残、原工程兵部队退伍军人职业病检查、残疾证换证等工作；健全优抚对象医疗减免、医疗救助和医疗优惠的医疗保障体系。同时，切实加强军休干部管理和服务工作。

【双拥工作】　2014年春节、“八一”建军节期间，开展走访慰问115次，召开座谈会40场次，发放慰问金（物资）36万元。同时，加强烈士纪念设施建设保护，新修缮零散烈士墓6座。在9月30日首个

"烈士纪念日"前夕，走访慰问全县57名烈属进行走访慰问，发放慰问金28500元。

【退伍士兵安置】 2014年，全县共接收退伍士兵501人，其中无工作安置退伍义务兵436人，需要由人民政府安置的退伍军人共65人(转业士官45人，因公致残被评为5—8级伤残军人2人，符合安置条件的城镇兵18人)。2月11日，召开全县安置工作会议。同时，建立和完善教育、培训制度，引导和组织自主就业的退役士兵352人在退役1年内参加职业教育和技能培训。

【民间组织管理】 2014年，全县新登记注册社会组织67个，采取定点、定片、定时和上门年检相结合的形式年检96家社会团体，组织全县社会团体开展"小金库"专项治理行动。12月19日，成立湘潭县社会组织工作委员会。8月底，从政务中心撤回收养登记行政审批项目，全年办理收养登记34例。

【老区建设】 2014年，湘潭县向省争取老区项目资金29万元、10个项目（分别是乡村道路项目8个：青山桥龙书村；杨嘉桥金棋村、九江村、白鹿村；河口镇青石村；白石镇谭家垅村；云湖桥镇铁炉塘村；排头乡龙潭村。乡村水利项目1个：分水乡珍鸽村。生产发展项目1个：茶恩寺镇金坪村）。项目资金通过财政部门及时下拨。

【地名管理】 2014年，根据中共湘潭市委办公室、湘潭市政府办公室《关于认真做好全市村党组织和第九次村民委员会换届选举的通知》（潭办发〔2014〕2号）文件精神，全县有18个乡镇的部分行政村进行合并调整。按照《湖南省地名管理办法》规定，经县人民政府研究同意，合并调整后的549个村中，一些村名被合并或更改。

云湖桥镇由46个村合并调整为38个村，石井铺村、云峰庵村合并为石井铺村；烈马村、龙山村合并为烈马村；咸江村、杨林村合并为芦塘村；天鹅村、安仁村合并为天鹅村；楠竹村、立新村合并为楠竹村；望梅村、荷芙村合并为望梅村；寒婆村、石牛村合并为响石村；狮形村、托山村合并为狮山村。

杨嘉桥镇由41个村合并调整为38个村，张弓塘村、花围村合并为花围村；九江村、梅林村合并为九江村；鹞子村、金棋村合并为同福村。

石潭镇由42个村合并调整为37个村，青山村、龙屈塘村合并为青和村；新合村、合德村合并为新合村；上月村、列马村合并为列家桥村；中坝村、新桅村合并为中新村；紫云村、涟滨村合并为紫涟村。

乌石镇由30个村合并调整为26个村，坝湾村、双庙村合并为双庙村；双石村、双乐村合并为石峰村；坪山村、公平村合并为平山村；云峰村、双丰村合并为双雲村。

分水乡由32个村合并调整为23个村，北林村、槐树村合并为槐北村；栗红村、杨恩村合并为永红村；石桐村、珍鸽村合并为珍鸽村；环山村、新坝村合并为新山村；白石村、石桥村合并为石桥村；豪头村、虎形村合并为虎形村；石垅村、瓦叶村合并为大冲垅村；曲江村、较场村合并为较场村；广阳村、旗山村合并为旗山村。

石鼓镇由34个村合并调整为31个村，歇马村、群星村合并为歇马村；顶峰村、铜梁村合并为铜梁峰村；七家坪村、太平村合并为七家坪村。

青山桥镇由40个村合并调整为26个村，和家村、凤坪村合并为和坪村；昌塘村、龙安村合并为观元村；大河村、沙林村合并为沙河村；草衣村、松柏村合并为松柏村；扶冲村、燕岩村合并为扶冲村；群强村、高青村合并为高强村；龙舞村、联兴村合并为龙舞村；桥头村、心田村合并为桥头铺村；石板村、石塘村、大仓村合并大兴塘村；鳌鱼村、霞岭村合并为幸福村；石门村、光福村合并为福门村，天塘村、金狮村、爱国村合并为天塘村。

中路铺镇由39个村合并调整为34个村，火口村、白泉村、竹冲村合并为竹冲村；柳桥村、傩塘村合并为柳桥村；中路铺村、中云村合并为中路铺村；金银村、田垅村合并为金银村。

谭家山镇由28个村合并调整为25个村，铜牌村、朝连村合并为石龙村；钢铁村、新龙潭村合并为石坝口村；茶元村、金泉村合并为茶金村。

梅林桥镇由38个村合并调整为34个村，月形村、石羊村合并为友谊村；尖岗村、白云村合并为白云村；大坟村、宝塔村合并为宝塔村；黄龙桥村、仁和村合并为踏龙村。

河口桥镇由35个村合并调整为29个村，枫树冲村、双板桥村合并为双丰村；红旗村、陶仑村合并为红陶村；石湾村、枫树村合并为石枫村；古塘桥村、新星村合并为古星村；西林村、京竹山村合并为西京村；青石村、董泉村合并为石泉村。

茶恩寺镇由31个村合并调整为27个村，茶恩村、护湘村合并为茶恩村；茶花村、金宝村、龙井村合并为茶花村；双江村、花房村合并为双花村。

白石镇由26个村合并调整为23个村，象形村、天平村合并为象天村；新荷村、新桥村合并为双新村；红石村、龙凤村合并为双龙村。

射埠桥镇由50个村合并调整为39个村，峡山村、来仪村合并为来仪村；柴塘村、桂花村合并为桂塘村；泉江村、桥梁村合并为高桥新村；园湖村、高丰村合并为高丰村；杉山村、星燎村合并为知青村；船形村、板桥村合并为船形村；新塘村、坝塘村合并新建村；上春村、众星村合并为上春村；巨鱼村、见龙村合并为巨鱼村，方上桥村、栗塘村合并为大方上桥村；方仑村、霞塘村合并为方霞村。

锦石乡由23个村合并调整为18个村，柏塘村、佳泉村合并为佳塘村；枫树村、碧泉村合并为碧泉村；莲塘村、胜利村合并为胜利村；新安村、剑锋村合并为剑锋村；金盘村、金湖村合并为金湖村。

排头乡由42个村合并调整为39个村，楼冲村、合云村合并为合荣村；杨家岭村、高陂塘村合并为红祺村；石岗村、四印桥村合并为先劲村。

花石镇由31个村合并调整为28个村，永丰村、永仁村合并为永仁村；园艺村、润塘村合并为润塘村；新华村、铜锣村合并为铜锣村。

龙口乡由20个村合并调整为18个村，弄子村、红岭村合并为百和村；天龙村、石牌村合并为天石村。

（责任编校 杨红艳）

政协湘潭县委员会

概 述

【概况】 2014年，县政协发挥人民政协在社会主义协商民主中的重要渠道作用，着力“议大事、谋全局、抓重点、求实效”，围绕年初提出的政治协商重点事项，常委会将专题协商与调研考察有机结合，组织专题协商3次，提出进一步发挥天易示范区对乡镇工业的带动作用、推动教育资源均衡发展、支持生态环保养殖、开展道德模范评选表彰活动等100余条意见建议。各专委会与有关单位和部门就县域经济发展、社会组织和社会服务、公共文化建设等方面开展对口协商10次，提出意见建议80余条。各联工委组就产业发展、小城镇建设、农村环境卫生整治等事项开展协商议政120多次，促进各项工作的落实。同时将提案办理协商贯穿于提案工作全过程，提高提案工作的实效。

常委会围绕乡镇工业园区发展和全县医疗卫生资源配置两个专题开展调研。调研组深入基层、深入实际掌握情况，广泛征求意见，反复研究，形成《构建乡镇工业集中发展平台，推动县域经济持续健康发展》和《关于基层医疗资源配置情况的调查与建议》两个专题调研报告，以建议案的形式呈报县委、县政府，得到高度重视。各联工委组围绕农业产业化发展、城镇基础设施建设、饮水安全等工作，开展专题调研45次，撰写调查报告36篇，其意见建议得到有关乡镇党委政府的采纳。

常委会开展农村环境综合整治工作、重点项目工程建设两个专题考察；专委会对农村水利建设、人民调解工作、国土综合整理和违法用地、农村新能源建设等工作开展专题考察18次。改进考察方式，规范考察流程，注重前期调研，深入了解情况，组织集中考察掌握实情，召开专题协商会广泛征求意见，增强专题考察的针对性和实效性。各联工委组就优化发展环境、转变工作作风等工作开展考察评议4两次。开展委派民主监督小组试点工作，向县环保局、县交通运输局、县城管局、县住建局、县公安局等5个单位委派民主监督小组。委员们发挥联系面广的优势，积极收集和反映群众的意见和诉求，收集社情民意160余条，编辑报送《社情民意》7期，向省市报送社情民意10余条。其中《加强金霞山广场的管理的建议》等社情民意引起县政府和有关部门的重视，一些人民群众反映强烈的问题得到有效解决。

常委会改进提案工作方法，注重提案办理效果。坚持主席、副主席领衔督办重点提案，县长、副县长阅批和牵头办理重要提案，专委会对口协商办理提案，提案委会同政府办加强经常性的督办和服务等措施，加强提案办理工作；制定《县政协常委会民主评议提案办理工作办法》，评议县文体广新局、县财政局、县住建局、县国土资源局、县环保局、县城乡规划局、县林业局等7家单位提案办理工作。开通网上提案办理系统，提高提案工作效率。八届二次会议共收到提案129件，经审查立案126件，提案办结率和见面率均为100%，委员对提案办理的满意率为98%，当年解决率为61%。

常委会充分发挥委员主体作用。县政府定期向政协常委会通报经济社会发展、重要工作等情况，让委员知情明政。县委县政府及其相关部门主动邀请委员参加重要工作决策和推进、绩效考核、竞聘上岗、民主测评、党的群众路线教育实践等活动，认真听取委员意见。县委县政府积极落实政协建议案、意见与建议、提案、社情民意等，并及时反馈和通报办理落实情况，做到件件有回音，事事有着落。县政协加强指导和督促联工委组开展调研、考察、评议等各种履职活动。委员们积极参与“五个一”活动，为经济社会发展提出建议意见600余条，提出提案126件，参与协调化解社会矛盾380余起，为困难群众办实事320余件，为薄弱学校建设、扶贫帮困等各项公益事业直接捐资245万元。注重扩大履职活动中的委员参与面，常委会和专委会先后邀请120名委员参加调研、考察等活动；选派21名委员参与政风行风评议及特约人员工作。

常委会充分发挥桥梁和纽带作用。通过常委会议、座谈会、调研考察、走访慰问等形式保持与人民团体、各民主党派成员和各界代表人士的经常性联系联络，为他们在政协履行职责搭建平台、畅通渠道，巩固和发展最广泛的爱国统一战线。密切与港澳台侨及其亲友的联系联络，积极引导他们参与全县经济社会发展。发挥宗教界代表人士的作用，及时了解反映信教群众意见和诉求，促进宗教和睦、社会和谐。委员们发挥自身特点和优势，密切联系界别群众，促进社会各界增进共识，形成合力。年内，全县有110名政协委员参与“四同”（同心园区、同心项目、同心社区、同心乡村）创建活动，开展统战文化、政策法律、消防安全、反邪教等宣传活动10次，收集反映社情民意200多条，开展义务医疗保健、法律援助、心理辅导等志愿服务30余次，扶贫帮困捐助财物12万多元。

县政协党组和机关领导班子根据县委的统一部署，扎实开展党的群众路线教育实践活动。聚焦“四风”问题，共征集意见建议491条，查找存在的主要问题48个，制定整改措施24项，并扎实推进整改落实。以人民政协成立65周年和县政协成立30周年为契机，召开县委政协工作会议暨县政协成立30周年纪念大会，开展政协知识百题有奖竞赛和“忠实履职，奉献莲乡”书画摄影展。通过县内媒体开展纪念县政协成立30周年、重要履职活动、委员风采等系列报道，通过县政协网站、《莲乡政协》工作刊物积极宣传中国特色社会主义理论、政协知识，反映政协工作动态，展示履职成果，刊发文章、信息200多篇，被省、市政协媒体采用工作信息15条，在《湘声报》《文史博览》上稿6篇。

【县委政协工作会议暨县政协成立30周年纪念大会】 9月25日，县委政协工作会议暨县政协成立30周年纪念大会在鑫田大酒店召开。市政协主席周放良，县领导谢振华、傅国平、周艳希、黄忠德、王惠芳、周贤、张性宇、宋小玲、王泽端、李西文、成极中、刘绵晖、刘新玉，县政协秘书长周向荣及县政协历届主席等出席会议。县政协历届副主席、秘书长、县政协常委会议组成人员、县直机关党组（党委）负责人、乡镇党委书记、政协各联工委组负责人、各界别召集人、县政协退休老干部代表等参加大会。会议回顾人民政协65周年的光辉历程，总结湘潭县政协30年走过的历程、取得的成绩和经验，进一步坚定信心，展望未来，推动县政协工作创新发展。县委书记谢振华要求，各级党委、政府要进一步提高对政协地位和作用的认识，要把政协工作放在重要位置，真正做到思想上重视、政治上关心、组织上保证、工作上支持；要尊重和保障政协委员的民主权利，经常向政协和各民主党派、各界人士通报情况，协商重大问题和重要事项，主动听取意见和建议，鼓励和支持政协委员依法履行职责，不断拓宽政协委员反映意见建议的渠道；要主动接受政协的民主监督，对政协的提案、建议案要高度重视，认真办理，积极采纳；要加大对政协工作的宣传力度，广泛深入地宣传政协的性质、地位、作用和任务，不断提高政协的社会影响，努力在全社会形成重视和支持政协工作的良好氛围，为建设“现代壮县、幸福莲乡”谱写更加辉煌的篇章。

【“忠实履职，奉献莲乡”书画摄影展】 9月25日，庆祝人民政协成立65周年暨县政协成立30周年“忠实履职·奉献莲乡”书画摄影展由县政协主席王惠芳宣布书画摄影展开幕。县领导周艳希、宋小玲、王泽端、李西文、成极中、刘绵晖、刘新玉，县政协秘书长周向荣等出席开幕式并参观书画摄影展。展出的近百幅作品具有鲜明的时代感、浓郁的生活气息和独特的艺术风格，主题突出，不同的角度，不同的艺术形式，歌颂伟大祖国65年来取得的辉煌成就，勾勒莲乡大地经济发展、社会和谐、山川秀美、人民幸福的恢宏画卷。同时展现县政协各参加单位、全体政协委员与政协工作者们认真履行政治协商、民主监督、参政议政职能的风采，表达广大政协委员和政协工作者对祖国富强、人民安康的美好祝愿。

此次书画摄影展，是庆祝人民政协成立65周年和湘潭县政协成立30周年系列活动的一项重要内容，也是县政协组织向新中国成立65周年献上的一份厚礼。

9月25日，县委政协工作会议暨县政协成立30周年纪念大会 （罗建 摄）

重要会议

【政协湘潭县第八届委员会第二次会议】 2月15日至18日，政协湘潭县第八届委员会第二次会议在县城泓熹大酒店举行。会议围绕团结、民主两大主题，采取专题协商、大会发言、联组讨论、委员提案等多种形式，积极协商议政，组织委员就推进全县改革发展建言献策，讨论和部署2014年的政协工作，补选田建国、罗湘慧、胡学军、释唯静等4名政协常务委员，圆满完成会议的各项议程。会议期间，县委书记谢振华、县长傅国平等县级领导出席会议并参加分组讨论，与委员共商全县改革发展大计、共谋民生之策。委员们就全县经济、政治、文化、社会和生态文明建设中的重大问题积极协商议政，提出许多建设性的意见。会议听取并审议通过县政协主席王惠芳所作的《政协湘潭县第八届委员会常务委员会工作报告》、副主席李西文所作的《政协湘潭县第八届委员会常务委员会八届一次会议以来提案工作情况报告》。会议听取并赞同县长傅国平所作的政府工作报告，赞同国民经济和社会发展计划报告、财政预决算报告和县人民法院、县人民检察院工作报告。县委书记谢振华在会上发表重要讲话，肯定县政协过去一年的工作，对县政协认真履行政协职能，做好2014年工作，推进全县改革发展，提出新的希望和更高的要求。

【县政协常委会第六次会议】 2月17日，政协湘潭县第八届委员会常务委员会召开第六次会议。县政协主席王惠芳主持会议，副主席宋小玲、李西文、成极中、刘绵晖、刘新玉和秘书长周向荣及全体常委参加会议，各联工委组负责人应邀列席会议。会上通过此次会议的议程；听取协商酝酿增补常务委员建议人选名单情况；协商确定增补常务委员候选人名单；举手表决协商确定总监票人、监票人名单。

【县政协常委会第七次会议】 2月18日，政协湘潭县第八届委员会常务委员会召开第七次会议，县政协主席王惠芳主持会议，副主席宋小玲、李西文、成极中、刘绵晖、刘新玉，党组成员王泽端和秘书长周向荣及全体常委参加会议，各联工委组负责人和界别召集人列席会议。会议听取分组协商讨论情况和提案征集情况汇报。截至到2014年2月17日中午12点，政协湘潭县第八届委员会第二次会议共收到委员提案118件。提案审查委员会按照《中国人民政治协商会议提案工作条例》的有关规定，对提案进行认真审查，共立案112件，有2件提案不予立案，4件作为来信来访处理。会议还协商通过大会决议以及政协湘潭县第八届委员会常务委员会2014年工作要点。

【县政协常委会第八次会议】 6月12日，县政协主席王惠芳主持召开县政协八届委员会常务委员会第八次会议。县人民政府副县长刘铁强、陈卫兵，县政协副主席宋小玲、李西文、成极中、刘绵晖、刘新玉和秘书长周向荣参加会议。会议对县政协常委会《湘潭县乡镇工业经济发展情况的调查与建议》（讨论稿）和《关于基层医疗资源配置情况的调查与建议》（讨论稿）进行分组讨论，提出引导和整合资源型、加工型企业，扶持中小微型企业做大做强，以电商模式发展传统产业；实现城乡医疗资源梯度配置，积极培养乡村医生，配齐乡镇卫生院功能等建议，并以举手表决的方式通过两个调研报告。

【县政协常委会第九次（扩大）会议】 8月12日，政协湘潭县第八届委员会常务委员会召开第九次（扩大）会议。会议由县政协副主席宋小玲主持，全体常委会议组成人员参加会议，各联工委组负责人和机关委室副主任列席会议。县委常委，副县长刘铁强应邀出席会议。会上，县人民政府通报2014年上半年全县经济社会发展情况和下阶段工作安排，通报县政协党组党的群众路线教育实践活动专题民主生活会情况，协商有关人事任免，并对县政协2014年上半年工作进行讲评。

【县政协常委会召开第十次会议暨民主评议提案办理工作会议】 11月19日，政协湘潭县第八届委员会常务委员会第十次会议暨民主评议提案办理工作会议举行。县政协主席王惠芳、副县长唐仁光、县政协副主席宋小玲、李西文、成极中、刘绵晖、刘新玉，秘书长周向荣，以及县政协常委、被评议单位主要负责人、相关提案人参加会议，本年度承办2件以上提案的单位主要负责人列席会议。会议进行相关的人事任免，并对县文广新局等7家县直机关单位的提案办理工作进行评议。

调研考察

【概况】 2014年上半年，县政协常委会围绕乡镇工业经济发展和基层医疗资源配置这两大议题分别成立专题调研组，深入基层扎实调研，听取乡镇工业经济发展方面存在产业基础薄弱、基础设施滞后、内生动力不足等问题；在基层医疗资源配置方面存在乡镇卫生院医务人员数量不足、村级卫生人员力量薄弱、高端医疗设备利用率低等问题，形成《湘潭县乡镇工业经济发展情况的调查与建议》和《关于基层医疗资源配置情况的调查与建议》等调研报告。报告提出引导和整合资源型、加工型企业，扶持中小微型企业做大做强，以电商模式发展传统产业；实现城乡医疗资源梯度配置，积极培养乡村医生，配齐乡镇卫生院功能等建议。

（责任编校　杨红艳）

民主党派·工商联

民主党派

中国国民党革命委员会湘潭县总支委员会

【概况】 2014年4月，民革湘潭县天易支部举行成立大会，选举李建秋、曾纯、张炯为第一届支委班子。至年末，民革湘潭县总支下辖4个支部，分别为民革湘潭县一、二、三支部及天易支部，共有党员48人。年内，发展新党员4人。党员中，有1人任市人大代表，1人任县政协常委，12人任县政协委员。12人担任特约人员或各类政风行风监督员。任科级实职岗位干部3人。主委杨跃军，副主委胡海强、陈敏，组织委员刘应龙，宣传委员刘冰薇。

组织党员参政议政。开展调查研究，完成调研报告两份，分别由一支部主委符利辉执笔撰写的《关于加强动物源性食品安全监管的对策与建议》，三支部主委刘文进代表教育界执笔撰写的《关于对我县农村学校垃圾进行综合治理的建议》。县政协会议期间，向政协递交个人提案5件，其中《关于在我县农林水畜及工程技术类合理招聘高校毕业生的建议》获年度优秀提案；提交社情民意13篇，其中《关于调整湘潭县县城范围内交通信号灯的建议》被县委统战部作为《湘潭县民主党派建言献策（2014年第四期）》呈送县委、县政府，得到县长傅国平重视，并亲自批示。

开展“四同”创建活动。协助民革市委联系2个“四同”创建点，分别为湖南泰达天易重工有限公司的“同心项目”创建点和梅林桥镇石梅村的“同心乡村”创建点。明确专人负责，整合资源，支持两个点的创建工作。为梅林桥镇石梅村“同心乡村”编制一个中长期规划，民革湘潭县总支的全体政协委员为石梅村“五保”老人捐款3400元等。湖南泰达天易重工有限公司的“同心项目”创建点工作于年底通过市委统战部的验收。

开展走访慰问原国民党抗战老兵活动。全县健在的抗战老兵仅11人。春节前夕，组织走访慰问4名国民党抗战老兵。12月，石鼓镇原远征军胡洪逝世，民革市委和县总支一道前往吊丧。

开展社会服务活动。暑假期间，党员刘冰薇、刘应龙参加县政协组织的“大手牵小手”活动，分别联系一位贫困家庭的孩子，一起共同生活4天，并赠送衣服等日常用品；党员陶大学为一对寒门姐弟捐赠学费10000元，为家乡乡村公路的硬化筹资50万元；党员李建秋捐款18000元、刘应龙捐款14000元为黄荆坪小学添置课桌椅；民革湘潭县总支继续在湘潭县一中开展“一对一”助学活动，党员彭银香、刘应龙、李建秋3人分别捐助结对帮扶学生学费5000元。

2014年，党员符利辉被国家农业部评为“科技推广工作先进个人”；赵修中被民革市委评为“2014年度优秀党务工作者”；陶大学、曾纯、胡术安被县委统战部评为“我为党派添光彩，和衷共济谱新篇”活动先进个人；肖靓、张炯、周应庚、沈年丰、吴展昭等5人被民革湘潭市委评为优秀党员；民革湘潭县总支被民革湖南省委评为“博爱牵手活动”先进集体。

（杨跃军）

中国民主同盟湘潭县易俗河支部委员会

【概况】 2000年12月成立易俗河支部。2014年，民盟易俗河支部发展4位新盟员。至年末，民盟易俗河支部有盟员23人，其中教师17人，9人具有高级技术职称；机关干部5人，其中2人担任副科级职务；非公经济人士1人。盟员中有1人任县政协常委，2人任县政协委员，2人任县教育局的特约人员，1人担任市、县信访局的信访听证员。支部主委吴可、副主委聂必强、组织委员马剑雄、支部宣传委员刘光辉。

组织盟员撰写政协提案两份，分别是《关于优化县城和城际公交线路的建议》和《关于县城垃圾收集和转运的建议》，得到有关部门的重视。开展社情民意调研活动，并上报社情民意调查报告《银杏路安置楼十栋附近下水道化粪池堵塞急需疏通》1份，得到有关部门的采纳并解决。调研报告《制约职业技术教育发展的瓶颈和解决办法》被省委统战部采纳。盟员马剑雄作为县电视台新闻频道第三期《电视问政》节目的点评嘉宾，对县卫生局有关过度医疗和治理黑诊所问题，对食品药品监督局有关食品安全与卫生问题进行问政和点评，对县卫生局和食品药品监督局工作进行监督。

组织召开支部会议4次，加强思想政治教育。8月，组织盟员赴韶山参观毛泽东故居，瞻仰毛泽东铜像，观看《中国出了个毛泽东》实景演出，组织学习毛泽东思想和中国共产党的优良作风，提高盟员的思想觉悟。10月，组织盟员参观考察娄底新化的紫鹊界梯田，了解当地的农耕文化和古梯田的耕作方式和灌溉方法，认识开发绿色食品和有机食品的意义，为民盟支部围绕全县农村经济发展方面进行参政议政提供重要的参考。

开展“四同”创建活动。该支部联系河口镇河口村创建“同心乡村”。8月，主委吴可带领支委班子成员到河口村考察了解，与支村两委一起商讨河口村的建设和发展。9月，为河口村村级图书室的建设捐赠4组钢制图书柜，10套阅览桌椅和部分图书。河口村的创建工作，年底获得市委统战部的验收通过。

2014年，盟员在各自岗位“双岗建功”。陈明被民盟省委评为优秀盟员；鄢光润被县委统战部评为“我为党派添光彩，和衷共济谱新篇”活动先进个人；余虹撰写的《写好看中国字，做优秀中国娃》获市教科院一等奖；楚庆辉撰写的《谈记叙文的文本解读》获市教科院一等奖，《水调歌头》一课获省教科院赛课一等奖；刘月清担任省特岗教师面试专家评委和市英语教师口试专家评委；曾平撰写的《生物复习课的细节处理》获县教研室一等奖。鄢光润撰写的多篇文章在省级刊物和中国台湾地区的报刊发表。杨智辉撰写的《秋天的韵味》在《莲乡政协》杂志上发表。

（马剑雄）

中国民主建国会易俗河支部委员会

【概况】 民建易俗河支部成立于2001年10月。2014年年末，有会员29人，会员以经济界和与经济界联系紧密的政府部门工作人员为主，其中市人大代表1人，市政协委员1人，县政协委员13人，县政协常委3人。民建易俗河支部主委林亚科，副主委郭文伟、彭建平、杨巧，支部委员周理湘、黄丹、唐筱毅。

结合县委开展的党的群众路线教育实践活动，组织会员采取集中学习与会员自学相结合的方式，提高会员的理论水平和参政议政能力。会员上报学习和工作信息10篇，其中被市级采用3篇。年内，支部选送会员到省、市学习培训5人次。11月18日，民建易俗河支委班子进行届中调整，选举新一届支委班子，实现新老交替。确定3名重点发展对象。

发动会员深入基层，及时了解社情民意，围绕政府中心工作开展调研，积极建言献策。担任政协委员的会员利用政协的平台积极参政议政，全年共提交政协个人提案5件。会员周理湘等撰写的《关于基层医疗资源配置问题的调查与研究》获省政协调研报告二等奖。公安、人社等部门聘请会员为特约人员和政风行风评议员，会员积极参加受聘单位的活动，并民主监督其工作。会员杨巧参加全县的电视问政活动。

开展“四同”创建活动。该支部联系易俗河镇砚井社区创建“同心社区”，为社区争取项目资金50万元。组织会内政协委员并邀请县戏曲家协会部分人士到牛头岭社区举办两场精彩演出，受到群众的好评。会员杨季卓、方伟等人共捐款25000元，救助50名家庭经济困难的女童。

（周理湘）

中国民主促进会易俗河支部委员会

【概况】 2014年，中国民主促进会（简称民进）湘潭市易俗河支部积极履行参政党职责，在组织建设、参政议政和社会服务等方面取得较好成绩。

开展争先创优活动，增强组织凝聚力，激发会员积极性。年内发展新会员1人。至年末，有会员21人。会员中有市政协委员3人，其中常委1人；县政协委员5人，其中常委1人；民进市委委员2人，其中副主委1人。支部主委马新国、副主委莫映礼、组织委员齐延龄、宣传委员李芳。

积极参政议政。主委马新国历经3个月，组织实施“湘潭县乡镇工业经济发展情况”调研，撰写《构建乡镇工业集中发展平台，推动县域经济持续健康发展》的调研报告获市政协二等奖。会员李凤萍参加并接待市政协主席周放良率部分市政协常委考察晓霞山的文化旅游发展活动。会员向县政协和县委统战部提交各类提案8件，社情民意3条。

开展社会服务活动。支部积极服务社会，常年资助贫困学生楚玲（每年3000元）；组织会员捐款2000元到湘潭市车站路社区慰问贫困户；会员李凤萍热心公益事业，年初到湘潭市社会福利院慰问并捐款5万元，修路、助学等捐款12万元；会员马志刚成立“湘潭云飞电子商务有限公司”，着力构建湘潭中小企业信息服务平台，资助贫困学生15.8万元，开办的晨光补校将400多名学生送入高校；会员黄赛红与电信公司合作，自筹资金800万元对湘潭县城区进行光纤改造升级；会员段立辉从事土建工作，安置劳动力350人，发放工资500万元，缴税180万元。

2014年，民进湘潭市易俗河支部被民进湖南省委评为“先进基层组织”，会员彭红光被评为省优秀会员。支部主委马新国在省社会主义学院参加由省委统战部举办为期一个月的“湖南省第17期民主党派骨干培训班”，被评为优秀学员。会员李芳被县委统战部评为“我为党派添光彩，和衷共济谱新篇”先进个人。（马新国）

中国农工民主党易俗河支部委员会

【概况】　中国农工民主党简称农工党，是以医卫、科技、文教、法律、经济界的中、高级知识分子为主要成员的政党。农工党易俗河支部成立于2000年9月28日。2014年，新吸收3名党员，至年末，有党员21人，分布在医卫、科技、教育、非公经济等领域，平均年龄44岁。党员中拥有正高职称的党员1名，副高或相当副高职称的党员8名；1人任县人大常委，2人任县政协常委，4人任县政协委员。支部主委刘新玉、副主委符小乔、组织委员周青梅、宣传委员易新民。

加强自身建设，认真组织支部活动，引导党员在各自工作岗位为湘潭县社会发展和经济建设做出应有的贡献，充分发挥参政议政、民主监督的作用。2月，政协委员符小乔递交两份提案，即《关于解决的士拒载乘坐范围为县城内的乘客的建议》《关于易俗河水印康桥二、三期延期交房的赔偿和房屋无产权证问题解决的建议》。6月，组织党员开展尿毒症患者急待社会关注为主题的调研活动，撰写调研报告《关于在县范围内增设尿毒症患者血液透析网点的建议》。党员符小乔撰写提交的社情民意《关于城区背街小巷的亮化、绿化、硬化及清洁问题的建议》《关于城区大鹏西路交通管制建议》和《关于我县城乡垃圾分类及处理的建议》，得到县委书记谢振华，县委常委、副县长刘铁强，副县长谭捍卫等领导的批示。

召开党员大会4次。新发展3名党员。组织新党员参加农工市委培训。4月和9月，分别组织党员赴江西婺源和广东海陵岛谈心考察，增强支部凝聚力。

开展公益活动。资助两名贫困大学生，分别是四川农大学生张胜利一年学费5000元，长沙理工大学学生左高隆学费6000元，解除贫困大学生的后顾之忧。在谭家山镇月塘村开展“四同创建”活动，为村发展出谋划策，并捐款2000元资助村民参加镇农民舞蹈大赛，为建设美丽和谐乡村发挥民主党派应有的作用。

【党员风采】　2014年，该支部加强党员个人素质提升和能力发挥。3月，党员易新民为市农民素质教育管理办公室主持编写一套四本35万多字的《农民素质教育培训资料》；5月，易新民主持编写梅林桥《圆梦·美丽乡村》画册，对培训和提高农民农业科技文化素质、有力推介和展示湘潭县美丽乡村建设成效发挥积极作用。

（易新明　符小乔）

工商业联合会

【概况】　2014年，县工商联围绕县委“两个强县”“三个创建”“三十工程”“农村环境卫生综合整治”的总要求，履行县工商联助手、桥梁、纽带作用，引导非公经济和非公经济人士健康成长，为县域经济和社会发展做出应有贡献。至年末，县工商联下辖易俗河、石潭等19个基层商会、1家园区商会。个人会员269名，企业会员510家。

1月，县工商联承办全县非公经济人士迎春恳谈会，县委、县政府主要领导出席并讲话；开展县内部分非公企业调研活动，及时掌握企业发展存在的困难和问题。通过座谈会和走访调研活动，广泛听取和收集会员意见，形成调研报告和会议纪要，为县委、县政府制定经济建设的大政方针提供参考依据。引导会员中的各级人大代表、政协委员撰写议案33条、提案33条，为促进县域经济和社会全面发展提出意见和建议，受到各级党委、政府的重视。4月18日，组织召开第十一届三次执委会，选举新进的执委、常委、副会长进行，并组织执委以上企业负责人评价县直机关有关单位依法行政、政务公开、办事效率等5个方面，促进全县企业发展环境和政务环境的好转。

以推进“素质工程”为主，努力加大培训力度，拓展非公企业负责人的视野。4月18日，邀请湖南省心理协会心理援助工作委员会主任、湘潭市心理学会常务副会长张杨传为200余位执委企业老总、基层商会会长、秘书长作“做快乐老板、过幸福生活”的专题讲座。5月23日—29日，组织部分企业家参加市委组织部、市工商联组织的“浙江大学·湘潭市非公企业经营管理人才高级研修班”学习。年内，共组织企业家参加学习培训1两次。

以“有求必应，尽力而为”为宗旨，完善会员投诉接待处理制度，做到热情接待、及时处理。开展“建设人民满意机关”活动，畅通非公经济人士利益诉求渠道，全面疏导非公经济人士的情绪，做好信访维稳工作，开展群众工作和民意调查工作，发挥商会在社会稳定中的“稳压器”作用。利用自办会刊《商会动态》，开办“经营之道”栏目，及时将外地及一些专家学者好的经营管理理念和方法介绍给会员，提高企业主经营管理水平，促进企业的健康成长。4月，开展“企业评政府活动”，各执委企业对全县36个涉及企业发展环境的部门和单位进行评议，统计结果呈报县委、县政府，并作为县委对各部门单位年度绩效考核的依据。

着力构建好宣教工作网络，引导会员走爱国、敬业、诚信、守法、贡献之路，树立企业主的社会责任感，同时利用宣教工作这一手段，扩大工商联影响，树立工商联这一组织的良好形象。坚持办好每月一期的会刊《商会动态》。宣传和推介优秀企业家、优秀企业、会员项目，以及银行金融产品；邀请国税、地税、技监、环保、信用联社等单位负责人为“服务指南”栏目撰稿；指导会员企业依法经营、照章纳税。每篇报道强调可读性、时效性，注重语言文字的精辟和简练，图文并茂，深受会员欢迎。积极发挥“湘潭县总商会网”的作用。宣传工商联组织、宣传党对非公经济的方针政策，积极推介优秀企业和非公经济人士，宣传该县招商引资的优惠政策，取得良好效果。开展“百企联村”活动，引导会员支持新农村建设工作，为湘潭县城乡统筹发展做贡献。根据“三创”工作要求，该会与城塘社区、易俗河镇八角村支部结对帮扶。年内，走访群众120余户，解决困难问题3个。

3月13日，组织部分企业负责人赴郴州市工商联、苏仙区工商联考察交流；6月下旬，组织部分企业家赴深圳湘潭商会及广东湘潭商会考察交流；11月24日—12月3日，主席成极中率领湘潭县企业考察团一行赴新加坡、马来西亚、泰国等国家进行为期十天的考察。年内，接待外地商会、社团组织及企业界人士来访50余次，通过与外地商会的考察交流，进一步拓展商会工作的视野。

【基层商会建设】 2014年，该会规范基层商会建设，完善《湘潭县基层商会考核实施细则》，出台《关于对基层商会考核办法》。县工商联领导班子按区域和行业分别到基层指导工作。全县乡镇、开发区的商会组织全部组建，成为服务非公经济的一支重要力量。外出考察、维权服务、培训教育等活动开展经常，社会责任增强，组织网络更加健全，各会员企业、乡镇商会之间激发工作竞争活力。年底，完成乡镇商会登记注册的前期培训和业务工作，有8家基层商会在民政部门完成登记注册，基层商会对外交流和开展活动的能力得到加强。

【非公党建】 2014年，组织全县已建党组织的非公企业负责人及党员、各商会党组织、非公企业党建工作指导员召开党的群众路线教育实践活动动员大会；组织开展以“我是主席家乡人、争做非公经济人士的贴心人”为主题的大讨论活动；开展“走企连心”调研活动一次。从4月8日至4月26日，分成三组深入非公企业基层党组织开展以“增进与企业的感情、增强心中企业的分量、拉近与企业的距离”为主要内容的党员干部走企连心活动；4月24日，县非公党工委举办全县“两新组织”党组书记培训班；组织开展好民主评议工作。县非公经济党工委组织242家“两新”党组织开展群众路线教育实践活动民主评议党员工作，共计1717名党员参加，查找党支部的问题826条，表彰党员515名，重点帮教党员121名，通过此次民主评议，党员、党组织明确今后努力的方向，制定的具体的整改措施，提升党员的素质，加强党组织的活力。 （谭浪）

【湘潭县工商业联合会】

主席 成极中

党组书记 唐声华

党组副书记、副主席 谷宏伟

党组成员、副主席 徐 琳

党组成员、副主席、秘书长 曹 颖

兼职副主席、副会长 马正湘 马光荣 尹立仁 李 明 邹石山 张祖洪 罗金海 周 建 周卫东 周志高 赵延安 赵声安 胡红辉 俞晓阳 袁扩军 唐闻骏 凌海科 彭 瑛 谢荣光 谭义军

兼职副会长 刘孟龙 周运奇 赵康宇 侯建荣 郭彩云 胡海强 周其林

【中共湘潭县非公有制经济组织工作委员会】

书 记 唐声华

副书记 徐 琳 许江池（兼）

委 员 李学军（兼） 胡厚浪（兼） 刘立新（兼） 周少如（兼） 王 睿（兼） 贺重农（兼） 万子宣（兼） 刘胜林（兼） 谷宏伟（兼） 曹 颖（兼）

（责任编校 杨柳）

群众团体

总工会

【概况】 2014年，新建基层工会150家，新发展会员11648人。至年末，全县基层工会686家，工会会员167565人，其中，女会员68096人。

县总工会先后举办酒店服务行业女职工素质提升培训班、女职工全健排舞培训班和阳光心态宣讲班，提高女职工的职业技能水平和综合素质。指导县一中历史教研组等7个班组成功创建县级“芙蓉标兵岗”，培养并表彰黄照哲等7名县级“芙蓉百岗明星”。指导创建市“芙蓉标兵岗”4个，培育选树“芙蓉百岗明星”2人。在全县范围内开展“关爱女性健康，共建和谐家庭——女职工妇科病与乳腺疾病免费（优惠）体检”活动，免费为3000多名女职工提供体检服务。深入开展工人阶级宣传月活动，举办全县工间操展示赛，来自机关、乡镇的16支代表队集中展示莲乡劳动者的运动之美。开展“模范职工之家（小家）”创建和评选活动，指导县审计局等7家单位成功创建县级“模范职工之家（小家）”，中路铺中心卫生院等2家单位创建市级“模范职工之家（小家）”。在全县乡镇工会联合会中首次开展红旗乡镇工会创建和评选活动。活动以开展乡镇工会规范化建设为基础，以党委政府重视支持好、组织网络健全好、履行基本职责好、指导帮助基层好、服务职工群众好、围绕中心开展工作好等“六好”为主要内容。排头乡工会联合会被授予湘潭县“红旗乡镇工会”称号。组织和选拔34名优秀选手参加市职工职业技能竞赛全部9个工种的比赛，其中熊利梅等三名选手荣获一等奖。与县城管局联合举办“中国梦·劳动美·我与文明同行”环卫工人技能大赛，其中22名优秀选手获奖。做好劳模的推荐、评选和表彰工作，共培养选树省工人先锋号1个、省“五一劳动奖章”1人、市劳动模范2人、市五一先锋1人。

县总工会职工维权帮扶中心成功创建省级五星级帮扶中心，县内70个帮扶站点覆盖全县19个乡镇、社区和部分非公企业。年内签订工资集体协议228份，覆盖职工14491人，职工人均工资同比增幅5.5%。力神科技有限公司等三家非公企业的厂务公开成为全市的样板。接待来访职工132人次，处理维权案件7件，为职工争取工伤、工亡补助金215万元。开展“四送”活动，举办各类培训班6期，培训职工210人次，举办专场招聘会10场，提供就业岗位35278个，为农民工提供免费服务5457人次；筹集价值7万元的清凉药品，慰问坚守户外、高温作业的一线职工、农民工3500人次；筹集助学资金13.39万元，帮扶困难职工、农民工子女96人；筹措送温暖资金25.63万元，慰问困难职工、农民工163人。做好职工医疗互助金的申请和发放工作，共发放补助金60多万元，受益职工992人次。

2014年，县总工会被评为全市工会工作“红旗单位”、湖南省“安康杯”竞赛优秀组织单位。

【“走基层听民声解民忧”活动】 2014年8月13日，县总工会组织开展“走基层、听民声、解民忧”活动。本次主题活动为职工送去《职工法律法规及传统文化读本》1万多册、各种科普知识读本和宣传资料2万多份，走访企业528家，与6000多名职工交流，发放“便民卡”6577张，形成高质量调研报告4篇。 （任晓东）

共青团

【概况】 2014年，全县有青年28万人，其中团员5.9万人，团青比例21.1%；共有团委48个，其中乡镇团委19个，县属学校团委13个，县直机关团委8个，企业、新经济组织团委5个，县直机关团工委1个，大学生团工委1个，个体私营经济组织团工委1个，团支部（总支）1453个。

成立县直机关青年工作委员

会，完成县直机关团工委换届工作。以村“两委”换届为契机，在全县开展村级团组织集中换届选举，394个行政村完成团组织换届工作，选配村级团干882人。全年新建非公有制团组织30家。继续深化大学生村官党团共建管理模式，完善村官党支部、团工委各项制度，指导大学生村官开展大调研、群众路线知识抢答赛等主题活动。印发《关于在乡镇、村（社区）团组织开展规范化建设的指导意见（试行）》，稳步实施基层共青团规范化建设。

3月，湘潭县青年志愿者协会成立，通过《湘潭县青年志愿者协会章程（草案）》并选举产生第一届理事会及秘书长、副会长、会长。协会现有注册单位会员41、个人会员838人。组织青少年志愿者开展“青春学雷锋，服务为民生”学雷锋便民志愿服务活动、“绿动莲乡”环保主题活动、“重阳扬善德·敬老志愿情”关爱老人志愿服务等数百次志愿服务活动。广大青年志愿者在服务群众生产生活、大型赛会、两型社会建设等任务中发挥积极作用。拍摄微电影《青春与志愿同行》，在国际志愿者日通过电视、网络、新媒体平台进行宣传播放，传递志愿服务的正能量。建立全县共青团系统贫困学子数据库。整合上级团委和社会资源，全年募集助学款214.68万元，资助贫困学生1287人。援建希望小学一所。联合县政协办公室开展“政协委员牵小手，爱暖童心筑幸福”关爱农村留守儿童志愿服务活动，联合县看守所开展“爱暖童心”关爱服刑在教人员未成年子女主题活动、联合“夏士莲·静新绿书包行动”邀请女子体操世界冠军刘璇走进白石镇石铺中心小学，为孩子们送上阅读的书籍。组织留守儿童参加“湖湘爱——圆梦行”体验式儿童节，通过物资帮扶，亲情疏导等形式引导青少年健康成长、全面发展；组织开展“奋斗吧，少年！”关爱留守儿童大型励志公益巡讲活动，关注留守儿童心灵健康。举办湘潭县2014年“微益中国”志愿者教师培训会，拍摄以关爱贫困青少年为主题的微电影《来自远山世界少年的渴望》。开展“我的中国梦——奋斗的青春最美丽”系列主题活动、“红领巾相约中国梦”少先队基本知识实践活动、“庆祝新中国65华诞我与国旗合个影”等中国梦主题实践教育活动。配齐配强乡镇少先队总辅导员，组织全县35名辅导员参加省、市辅导员培训，提升全县辅导员总体素质。依照《中华人民共和国未成年人保护法》和中华人民共和国《预防未成年人犯罪法》的要求，开展青少年维权普法宣传，联合县法治办等单位组织开展青少年法律知识抢答赛。依托国际禁毒日和第27个世界艾滋病日对毒品、艾滋病的防范知识进行集中宣传，在城区主要街道发放宣传资料和避孕工具，组织青年志愿者进行集中宣誓，号召各级团组织积极开展禁毒防艾宣传。组织开展“共青团与人大代表、政协委员面对面”活动，共同探讨如何加强权益保护，保障未成年人健康成长等问题。征求的意见结合调研内容形成提案和议案，并递交两会，推动关注和维护青少年合法权益良好氛围形成。深入推进“青年文明号”“青年岗位能手”评选等活动，创建县级青年文明号12家，推报市级青年文明号3家，市级青年岗位能手4人。联合县就业局、县农业局等单位，广泛开展不同领域、不同层次的青年就业创业培训，服务人数达5000余人次，帮助25名青年创业者获得贴息贷款。承办“我的事业在家乡”——湖南省共青团返乡青年创业恳谈会，为全县青年创业代表与省市县共青团、人社、农业及银行等部门搭建沟通交流平台。开通青年创业QQ群、“线下朋友圈”，成立农村致富带头人协会，凝聚各类创业青年1000余人。成功推报德诚油沙豆专业合作社负责人谭治中获评湖南省首届“乡村好青年”、湘潭县碧之源有限公司负责人黄宇纳入“湖湘青年英才”支持计划。拍摄青年创业公益微电影《怒放的青春》。举行“相约团旗下”大型相亲联谊活动3场，为全县500余名单身男女搭建交友平台，30对青年男女牵手成功。举办“青春杯”羽毛球比赛，汇聚全县各条战线、企事业单位、社会团体共43个代表队301名选手参与，为全县羽毛球爱好者提供同场竞技、交流感情的机会，丰富青年人的业余精神生活。（周琼宇）

妇女联合会

【概况】 2014年，县妇联围绕县域经济社会发展，服务大局、服务基层、服务妇女儿童，组织引领广大妇女为建设“现代壮县幸福莲乡”齐心奋斗。

年内，开展三下乡普法宣传、“三八”妇女维权周、“6·26”禁毒宣传、“蓝结行动第四季·禁毒宣传”活动、“12·1”行动起来，向“零”艾滋迈进宣传活动、“12·4”国家宪法日普法宣传日等宣传活动8次，发放宣传海报和法律援助的有关知识材料16000多份，现场接受群众法律咨询700余人次。组织100名妇女参加全省禁毒师资培训工作。3月19日、3月28日先后到杨家桥镇、射埠镇开展“送法下乡”活动。10月，筹备成立湘潭县婚姻家庭纠纷人民调解委员会，成为湖南省15个试点县（市区）之一。共受理夫妻感情不和、家庭暴力、债权债务、小孩抚养费等案件36起，其中调和12例，调离24例，接待来访群众90人次。接待来信来访来电95件，其中来访77件，来电18件。结案率为100%。

开展“护蕾行动”、ECD项目和儿童防意外伤害教育活动。“护蕾行动”，走村入户。7月30至9月30日，在锦石乡文佳村、易俗河镇牛头岭社区及全县各中小学，开展“守护童年·春蕾计划护蕾行动”培训。认真实施ECD项目。2013年，湘潭县被全国妇联与联合国儿童基金会确定为儿童早期发展社区家庭支持项目（简称ECD项目）县，2014年，县妇联到项目点开展现场督导20余次、送志愿讲学8次，召开项目点工作会议4次。6月，选送4名学员到湖北省宜昌市参加项目师资培训；9月，组织项目村负责人、志愿者到长沙参加培训；11月，组织人员到上海参加全国妇联系统儿童早期家庭教育指导培训班。开展儿童防意外伤害教育讲座。3月3日，组织教育、卫生、妇幼、计生等部门的讲师开展女童安全教育研讨会，探讨女童防性侵教育问题。3月至5月，县公安局讲师在金鹰卡通幼儿园、英才实验幼儿园、锦石乡中心幼儿园讲授儿童防拐防骗知识。全县19个乡镇在幼儿园和中小学校举办安全知识讲座23堂，听众5000人次。5月16日，召开县妇儿工委成员单位工作会议，全面部署《湘潭县（2011—2015年）妇女儿童发展规划》（简称“两个规划”）2014年度监测工作。6月12日、14日，走访调研涉及重点、难点指标的单位，确保“两个规划”各项目标和策略措施的落实，形成2014年“两纲”监测评估报告，做好“两纲”监测工作。开展关爱留守儿童活动。5月21日，县妇联到龙口乡紫桥教学点和谭家山镇朝联小学走访慰问，为孩子们送去节日祝福和礼物。5月31日，邀请县委书记谢振华、县委副书记周艳希、副县长陈卫兵分别到青山桥镇富石小学、青山桥镇中心小学、杨嘉桥镇石旗小学、梅林桥镇高岭小学和湘潭县聋哑语训部看望留守困难少年儿童并送去慰问金近2万元。创建湖南省2014年农村留守儿童心理健康辅导中心示范点1个，设县云龙中学。推荐易俗河镇百花小学、赵家洲小学和梅林桥中学申报“同一世界足球”学校。建立全县留守儿童数据库，至年末，全县在册留守儿童47930名。

开展银行—女企业家、单亲母亲座谈会活动。8月11日，邀请上海农商银行与创业培训班学员开展银企座谈会，共谋发展。12月5日，针对全县“农家女”事业的基本情况及其发展资金困难等问题，邀请县邮政银行、上海农商银行，组织全县近20名农家女召开银企对接座谈会，争取银行加大对“农家女”创业资金的放贷。3月24日，联合县人社局、迅达集团召开单身母亲创业就业座谈会，从介绍就业、创业培训、小额贷款等方面给予政策和资金支持，迅达集团在会上承诺帮助两名单身母亲的孩子进行为期3年的免费技能培训，培训后安排到迅达集团工作。加强对女企业家培养，引导服务农村经济。继续组织女企业家协会会员开展扶贫帮困活动；积极推荐湖南银远电器有限公司总经理李银辉加入湘潭市女企业家协会；对全县的女企业家、各行各业的女典型、女代表进行摸底调查，收集60多名女企业家的相关资料。7月，湘潭女企协一组（湘潭县组）在中路铺开展“远离转基因，畅响绿生活”的田园活动。12月25日，组织开展“践行四自精神，争做魅力湘女”座谈会。选送8名莲乡女在北京昌平农家女实用技能培训学校参加为期15天的SYB创业培训。

推进女性参政议政。以2014年“支村”两委换届选举为契机，引导农村妇女积极参加村级事务管理，推动妇女参政议政。在村级换届中，45名女性当选村级一把手，其中支部书记34人，村主任11名。继续开展创先争优活动，培养、推荐、表彰一批妇女工作先进集体、个人。从河口镇抽调一名年轻女干部到妇联挂职担任维权部长，推荐县财政局非税征收管理局评为湘潭市“三八红旗集体”，李庆丰、何晓梅评为湘潭市“三八红旗手”，推荐彭水平参评全国妇联三八红旗手。县第十二届九次执委（扩大）会议和庆祝“三八”国际妇女节表彰大会，分别表彰9个妇女工作先进集体、25名先进妇女工作者、2个信息工作先进单位、9名信息工作先进个人和3篇优秀调研文章。以女领会为平台，组织20名优秀女领导干部开展座谈会，畅谈莲乡发展；开展湘潭县女领会“重走元帅路勇攀乌石峰”主题活动，举办女领会“趣味运动会”。加强基层组织建设，推进村（社区）妇女之家标准化建设。指导梅林桥镇梅林村、乌石镇坝湾村、谭家山镇钢铁村、易俗河镇牛头岭社区成功创建市级“示范妇女之家”。推荐排头乡鳌州村、石鼓镇大坪台村、茶恩寺镇双花村、中路铺镇砚桥村申报市级“示范妇女之家”。选送贺红宇、杨永幸到市直部门挂职锻炼，谭英到市妇联跟班学习。开展“下基层、访妇情、办实事”妇女群众工作调研，开展“我是群众路线践行者，争做群众贴心人”主题走访慰问活动，先后慰问优秀妇女、贫困妇女、离任贫困村妇代会主任等100人次，送去慰问金6万余元。形成《关于湘潭县妇女儿童发展状况的调研》《杨嘉桥镇关于离任村妇女主任待遇的调研报告》等多篇材料。

联合迅达集团慰问321户困难家庭、68名孤儿、182户失依儿童、12位单亲母亲发放现金及物资价值50余万元；3月13日，积极与迅达集团宝莲基金会联系，筹资5万元为白石镇白石村贫困农户谭冬阳家购买收割机和犁田机各一台。资助春蕾女童66名，发放现金4万余元；全县各乡镇妇联、县直机关各单位妇委会积极开展“春蕾助学”活动，共资助贫困儿童158名，募集并发放助学金70260元。做好全国“两癌”项目普查，在茶恩寺、白石、中路铺、谭家山四个乡镇免费检查2000例。5月30日，为花石镇前进村的王菊珍送去“贫困母亲两癌救助金”1万元。通过女性安康保险，赔付两癌患者12例共计12万元。1月8日，结合“双联共建”工作，深入河口镇太和村走访慰问困难群众7户，送去2100元慰问金。

开展“共建美丽家园巾帼在行动”活动。围绕城乡环境同治，制定全年工作方案，培育5名县农村环境卫生整治师资志愿者。7月18日、9月4日、9月12日、10月24日、12月3日，组织县农村环境卫生整治师资志愿者到梅林桥、乌石、石鼓、中路铺、茶恩寺分别开展示范性农村环境卫生技能培训和宣讲，并制作一批符合当前农村实际情况的乡土教案和2万只环保袋。

【农村妇女“双学双比”竞赛活动】 2014年，在梅林桥镇、云湖桥镇等19个乡镇村举办农村妇女实用技术班培训20期，培育新型女农民1100余人。8月，联合县人力资源和社会保障局举办湘潭县妇女创业培训班（SYB），来自射埠、分水等14个乡镇具有创业意识的103名妇女参与培训并获得县人力资源和社会保障局颁发的培训合格证书，凭借该证书创业女性可以在银行获得贴息贷款，获批小贷款额度718万。选送11名下岗、失业、待业妇女参加市妇联举办的月嫂培训班。

【城镇妇女“巾帼建功”竞赛活动】 2014年，培育指导县广播电视新闻中心等4个先进集体成功创建市级“巾帼文明岗”，京湘供水有限供水营业所高亮辉等6人为市级“巾帼建功标兵”。推荐财政局国库收支管理局参评全国巾帼文明岗。3月，授予湘潭县电力局市场班等10个集体为2013—2014年度湘潭县“巾帼文明岗”荣誉称号。至年末，全县有省级文明岗4个、市级文明岗24个、县级文明岗42个。2014年，推荐湘潭县佳佳中药材种植专业合作社、正凯蔬菜种植专业合作社、湖南省湘苏园林绿化有限公司评选为湘潭市巾帼现代农业科技示范基地。推荐湘潭县春静水稻种植专业合作社参评全国巾帼现代农业科技示范基地。

【“和谐家庭”主题创建活动】 2014年，为贯彻落实中共中央《关于积极培育和践行社会主义核心价值观的意见》精神，县妇联在全县范围内开展“两型家庭”，深化“平安家庭”、“清洁示范户”等各类特色家庭，并于“三八”节期间表彰15户“两型家庭”、27户“平安家庭”、100户“清洁示范户”。同时，在全县深入开展“寻找最美家庭”“好媳妇”“好女婿”活动，在各乡镇推荐的38户候选户基础上，经综合评审、公示，县排头乡辰山村井湾组黄桂英家庭获全国“最美家庭”提名奖；排头乡黄桂英、白石镇周青云家庭获湖南省“最美家庭”奖；排头乡黄桂英、青山桥镇彭线红、白石镇周青云家庭和易俗河镇敬老院获湘潭市“最美家庭”奖。排头乡辰山村村民黄桂英、射埠镇潭花社区居民蔡果、花石镇盐浮村村民胡湘凡荣获湘潭市“十大好媳妇”“十大好女婿”荣誉；乌石镇九节龙村村民刘清立、青山桥镇观山村村民谭阳香、石潭镇正街居委会居民肖荷南、青山桥镇天塘村村民彭线红荣获湘潭市“十大好媳妇”提名奖。 （许凯）

科学技术协会

【概况】 2014年，县科协先后到白石、锦石、分水和易俗河等乡镇，开展“三下乡”春节慰问活动。5月20日，组织县级各涉农学会和县医学会等单位，在石潭镇南区举办一场科普惠农集市活动，设立7个咨询台，展出展板12块，发放资料34种3800册（套），义诊200多人。9月24日，组织县涉农学会和医学会的30多名科普志愿者在石鼓镇举行湘潭县全国科普日主场活动，设立咨询台7个，发放科普资料40多种8000余份，展出展板32块，现场咨询200多人，义诊300多人。

发现、培育中路铺镇晓霞山山味羊养殖基地、射埠镇天子山茶种植基地、继述桥养牛基地、分水乡养羊协会和一批科技示范户等，其中34户被评定为县级科技示范户；8个科普示范基地（协会、镇、社区）被评为市级先进单位，湘潭兴农智能化生态养殖科普基地、梅林桥镇黄竹村彭佰元和易俗河镇城塘社区被湘潭市科协、市财政局评为2014年市基层科普行动计划奖补单位和个人，奖金分别为5万元、4万元和3万元；江声实验中学被湖南省科协评为省级农村科普教育示范基地，城塘社区被评为省级科普示范社区；县灰鹅（大雁）养殖技术协会被中国科协、财政部授予2014年“基层科普行动计划”奖补单位，奖金为20万元。

制订学会工作计划，完善学会管理办法，引导学会积极开展各项工作。县医学会、县畜牧水产学会共有23篇文章获得市科协二、三等奖，县党建学会、县审计学会、县土木学会、县档案学会成功举行换届活动。在全县科技工作者中组建一支500多人的科普志愿者队伍，组织开展送科技下乡等活动；成功组织举办第34界青少年科技创新大赛活动。 （彭乐）

文学艺术界联合会

【概况】 湘潭县文学艺术界联合会简称文联，是县委、县政府联系广大文艺工作者的桥梁和纽带。县文联下辖作家协会、美术家协会、书法家协会、摄影家协会、戏剧曲艺家协会、音乐家协会、舞蹈家协会、民间文艺家协会、楹联家协会、洛口诗社、嘤鸣诗社、演讲与口才协会。2014年，12个协会共有会员2000余人，其中已加入国家级协会的80余人，加入省级协会的200余人，加入市级协会的500多人。全县从事文艺创作的文艺复兴爱好者20000多人。

2014年，组织“三下乡”送春联活动，先后有30多人次分别到石鼓、分水、茶恩寺、锦石、白石等5个偏远乡镇，现场书写或送出春联1000余幅。组织完成“第五届湘潭市文学艺术奖”的申报工作及湘潭市文学艺术人才“一百工程”推荐工作动员会，湘潭县首批入选人员有赵炽光、陈艳、刘铁成、尹柱中、鄢光润、鄢德全、陈沸拜、廖跃、周根厚等。组织各协会负责人和乡镇文联负责人到云湖桥镇参观乡村群众创作基地，总结交流乡镇文联创建工作，开展文化进农村、进农户活动典型经验。以《白石文苑》为主阵地，整合协会及基层文艺队伍的力量，精心编印《白石文苑》，指导各协会及乡镇文联编印《云湖》《乌石》《嘤鸣诗集》《隐山》《连乡音乐》《莲乡作家》《洛口诗声》等刊物或报纸。

诗词方面，“中华诗词之乡”云湖桥镇成功承办“湖南省农村诗词工作经验交流会”。由洛口诗社会长杨孟雄主编的《湘潭县风物诗联选》，是对湘潭原生态文化的抢救，是一笔珍贵的精神财富，展示湘潭的人文魅力。

文学方面，公开出版《楚南文化丛书》，县籍作家7本。推出赵康平革命历史长篇小说《信仰》，由现代出版社出版。革命传记文学《湘潭英烈谱》百余万字整理完毕，人物传记《天南地北壮县人》（百万字）正在编写中。

美术方面，有赵炽光、周伟红、廖跃、朱文智的作品入展第十二届全国美展湖南赛区展，其中周伟红的山水国画获省优秀奖，廖跃获油画省优秀奖。赵炽光先后在省群艺馆参加五人书画联展、山东艺术双年展、北戴河国画作品展等，并新出版一本个人山水画专集。美协副主席廖跃在“天人合一”成功举办个人油画展，县美协主席赵炽光、执行主席周伟红国画作品多次入展湘潭市委宣传部、市文联、市美协等组织的各项活动。副主席张福泉的作品入展湘潭市女画家作品邀请展。10月25日，周伟红、罗松林、陈光强、罗雄、龙建中五人山水画展在白石纪念馆展出；11月2日，在湘潭县江声实验中学展出。画展受到业内外人士的好评。

书法方面，协助县政协、县财政局、县机关工委等单位指导书法大赛活动的开展。县政协成立30周年书画摄影邀请展，邀稿数量多、质量高，集结出版作品集，并在鑫田大酒店展出，受到社会各界人士的好评；县财政局组织的乡镇财政所成立30周年庆典活动中，书法作品成为亮点。先后有书协骨干成员30余人次为县政协、县委党校、县看守所等单位创作主题作品40余幅。

演讲与口才方面，市电视台主办、文明办承办的道德讲堂走进乡村活动在排头乡录制，协会主席陈艳及会员莫亚丽、周鑫代表协会参加。会员陈娜代表湘潭县总工会参加由市总工会举办的“中国梦·劳动美·我与改革创新”主题演讲比赛获二等奖。黎蜜代表湘潭县安监局参加由市安监局举办的“增强红线意识促进安全生产”演讲比赛获三等奖。

音乐方面，市县中小学生“艺术百佳”比赛活动顺利开展，2000多人参加县级比赛，近300人参加市级比赛，成绩居全市第一。成功组织“欢乐潇湘”展演活动，有50多位音协会员参加各种演出，会员刘石花、何赛柳演出的节目弹词“元帅曲”送省参加比赛，获得省一等奖。

民间文艺方面，会员赵卫真参加“相约北京全国中老年书法大赛”获一等奖。钱山珍的《新篾匠的故事》续编，在《湘南曲艺》2014年第三期刊登。

摄影方面，与县国土局联合组织“大地情·国土杯”摄影比赛，收集作品150多件，评选出获奖作品21件；与县老干局联合组织“夕阳红”摄影比赛。在市摄影家协会组织赴香港进行湘潭市旅游推介摄影作品展中，谭学文摄影作品《大杰寺》在香港展出。2014年，县文艺界获得全国奖项6件，获得省级奖项15件，获得高级奖项40件。县文联获“市文联系统先进单位”称号。

【“大匠之门”纪念齐白石诞辰150周年大型文化艺术交流活动】 2014年，湘潭县文化艺术界的盛事“大匠之门”名家文化艺术交流五大系列成功举办。“五个一”系列活动是：一个展览、一本画册、一场笔会、一堂研讨会、一次采风。即向国内中国画名家征集约150副作品举办一次高规格的书画作品邀请展，出版一本《大匠之门纪念齐白石诞辰150周年全国名家国画作品集》，开展一次“传承白石艺术、建设文化强县”学术研讨会，一次现场创作的名家笔会，一趟涵盖赏荷画荷、参观白石故居、拜谒彭总纪念馆的采风活动。在座谈会上，朱训德、吕品田、陈传席等国内专家先后发言，就如何传承白石艺术、保护和推介白石文化品牌、建设名人故里积极热心地建言献策。活动结束后，县文联将“五个一”系列活动整理成册，分发到县委政府领导及文化强县建设小组成员手中。这次活动对于进一步高扬“齐白石”这面文化旗帜，借助白石故居整体维修工程获国家文物局批复和纳入国家文化遗产保护规划的契机，打造白石文化品牌，加强县域文化软实力建设、发展人文旅游业有积极意义。（陈艳）

残疾人联合会

【概况】 2014年，残疾人社会保障体系进一步完善。全县贫困残疾人基本生活得到稳定的制度性保障。《湘潭县重度残疾人护理补贴实施方案》从2014年5月1日起施行，重度残疾人护理补贴标准为50/月/人，共7876名重度贫困残疾人通过审批享受重残补助和护理补贴共800.195万元。城乡残疾人普遍按规定加入基本养老保险和基本医疗保险，为农村和城镇重度残疾人支付合作医疗、城镇基本医疗保险58万元。501名贫困精神病人得到服药救助，170两名重症患者得到住院救助，50户贫困精神病人家庭得到特殊救助，资金总计1648万元。残疾人社会福利范围逐步扩大。年内，为150户贫困残疾人家庭实施危房改造；为600名残疾人机动轮椅车主发放燃油补贴15.6万元。开展走访慰问贫困残疾人及家庭活动，年内共慰问残疾贫困家庭1830户，慰问资金63万元。贫困残疾人及其子女就学得到重点扶助。开展“智力扶残、后代扶强”助学活动，筹措资金28.3万元，资助全县大中小残疾学生及贫困残疾人家庭子女39两名；发动社会各界帮扶贫困残疾学生，积极联系湘潭市义工联、爱心爷爷赵在和、市青年企业家协会等社会各界爱心人士，对全县100多户贫困家庭的优秀残疾学生、40多名残疾人家庭学生进行一对一帮扶，每户资助资金或物资都在1000元以上。构建法律救助网络化格局，维护残疾人合法权益。在全县19个乡镇成立县级残疾人法律救助工作站，为残疾群众提供法律援助案件9件。全年接待来访208人，全年没有发生残疾人闹事、群访事件。残疾人基层组织建设得到保障。2014年3月，通过县委组织部任命19名乡镇残联理事长；全县578个村和社区成立村残协，选聘培训残疾人联络员，残疾人联络员补助待遇提高至100元/人/月，列入财政预算。

加强残疾人服务体系建设，完善康复服务网络，实施四大行动，初步实现残疾人“人人享有康复服务”目标。积极推进残疾人就业服务。残疾人就业保障金征收圆满完成，年审用人单位254家，各用人单位安置残疾人447人，年审资金102万元，加上县财政代扣的残保金，全年征收残保金326.8万元。举办7期就业培训班，培训残疾人

332人。组织招聘会推荐残疾人就业，全年推荐残疾人到企业就业145人。积极扶持残疾人自主创业，通过乡镇推荐，县残联入户考察核实，层层筛选，表彰30名优秀残疾人创业典型，每人奖励五千元；对近三年获得县级残疾人创业之星人选中择优向省残联报送创业对象20户，人均扶持1万元；向市残联报送15位优秀创业典型，每人获得4000—8000元的奖励。争取省残联和银信部门支持，对自主创业资金困难的优秀残疾人给予利息7%的补助，全年帮助残疾人创业贷款945万元，补助43.5万元。第二十四个法定助残日，县内广泛开展“关心帮助残疾人，实现美好中国梦”为主题的募捐活动，募集助残资金32万元。县残联网站全年及时更新工作信息134条，向中残联和省残联发稿件43篇，向市县等媒体发稿件84篇。积极挖掘、选拔残疾人文体艺术人才，参加残疾人文体活动。有10名残疾人运动员参加省第九届残运会，共获得17块金牌、8块银牌、3块铜牌的好成绩。其中游泳运动员唐再新参加在韩国仁川举办的亚洲残运会。全年组织办证工作组到全县19个乡镇上门入户为700多名重度残疾人办理残疾人证，方便重度残疾人。

实施“希望行动”，省实事0—7岁贫困残疾儿童抢救性康复，主要对脑瘫、孤独症、听力三类学前残疾儿童进行抢救性康复。年内，全县50名残疾儿童得到救助。实施省实事“贫困残疾人家庭无障碍改造”项目，投入18万余元，对中路铺镇、谭家山镇、梅林桥镇、易俗河镇的20户贫困残疾人家庭进行“个性化、人性化”无障碍改造，方便残疾人生活起居，收到“改造一家、方便一户、影响一片、震撼一村”的良好效果，得到社会各界的肯定。市实事“免费为贫困听力残疾人适配助听器”105例，救助资金70余万元，帮助听障残疾人消除听力障碍。开展残疾人辅助器具的适配、配发使用工作，发放各类辅具1028件。在“全国爱耳日”为120名听力障碍者免费装配助听器、“魏基成天籁列车”活动为80名贫困残疾人赠送助听器。争取到省民政厅假肢矫形康复中心200个免费安装假肢名额，统一组织七批共123人到长沙完成128例假肢装配。

2014年，县残联荣获市残疾人工作考核“优秀单位”。

【“爱眼光明行”活动】 湘潭县卫生局、县残联联合湘潭爱尔眼科医院开展“爱眼光明行”活动，时间为2014—2016年，对全县患有眼疾的群众实施免费眼睛健康普查，免费进行白内障、翼状胬肉手术治疗。2014年，爱尔眼科医院工作组下乡共筛查37场，参与群众2031人，430名白内障和翼状胬肉患者接受免费治疗手术，治疗效果好。

【残疾人就业培训】 2014年，县残联重视残疾人实用技术和职业技能培训，分别在乌石、茶恩寺、谭家山、石鼓等4个乡镇举办乌鸡养殖、蔬菜种植、养蜂、工艺伞制作等4期农村实用技术培训班，培训残疾人242人。年内，与县人社局联合举办盲人保健按摩、盲人计算机培训、残疾人创业等3期职业技能培训班，培训残疾人90人。

（彭志勇）

个体私营经济协会

【概况】 2014年，湘潭县个体私营经济协会下设9个分会，理事41人。新发展个体工商户会员1554户，私营企业会员260家，全县个体会员13510人，私营企业会员1920户。

引导会员创名牌。积极引导个体私营户转型升级为企业，帮助企业做大做强。在个私企业会员中开展诚信守法经营活动，表彰诚信文明经营的个体工商户和私营企业。联合各部门安排下岗职工、返乡农民工、大学毕业生、退伍军人就业、创业。组织会员开展社会公益活动。春节前后，县个私协和各分会积极开展慰问活动，将现金和过年物资分送到特困会员的家中，将专版台历或挂历分送到每个会员的手中，让会员感受到个私协会的温暖。组织开展“学雷锋”主题活动，与步步高湘潭店组织一次为期3天的为群众义务理发、修理、义诊，提供法律法规、医疗保健、识假辨假和消费维权知识咨询活动。积极组织“红盾爱心助教”活动，给全县30多名寒门学子和困难教师每人分别送去慰问金1000多元，年内，为关心下一代、教育基金、扶危解困、希望工程等社会公益事业筹资或捐款52多万元，慰问困难群众和困难会员87人，送去价值10多万元的衣服、食品、日用品等以及慰问金5万元。全年接待来信来访85人次，提供咨询115人次，协调处理各类矛盾纠纷31起，处理各类侵权事件20起，为会员挽回或避免经济损失74万余元。

2014年，县个私协会获得市工商局、市个私协会“发展个私经济先进单位”荣誉称号。 （赵静萍）

红十字会

【概况】 2014年，县红十字会积极开展救灾、救助活动，建立健全报灾制度，努力拓宽资金来源渠道，不断提高救助能力。5月6日，市红十字会常务副会长李透带领市红十字会相关领导以及义诊医疗队伍到分水乡开展义诊和慰问敬老院老人的活动。6月12日，召开全县2014年度无偿献血工作专题会议，广泛宣传动员，促进全县无偿献血事业稳步发展。会议对县卫生局等5个“2013年度无偿献血先进单位”、彭坚军等10位“2013年度无偿献血先进个人”进行表彰。6月14日（第11个“世界献血者日”），县红十字会在县政府前坪举行主题为“安全血液挽救母亲生命”的宣传活动，“爱心联盟”志愿者及爱心人士来到活动现场义务无偿献血。7月18日，县红十字会在县人民医院组织举办应急救护知识培训。年内，全县预约团体献血2000人次，献血量60多万毫升。

（黎蜜）

（责任编校 杨柳）

政 法

【概况】 2014年，湘潭县政法工作围绕“确保全县社会大局持续稳定；争创全省‘平安县’”的工作目标，加强平安建设、法治建设和过硬队伍建设。全面推进政法、综治、维稳工作，全年没有出现“一票否决”事项，社会治安综合治理工作在全市排名第二名，全县社会大局和谐稳定。

深入开展平安建设。按照省市平安建设的要求，制定《关于深化平安建设活动实施方案》，明确“平安”的标准，建立平安创建考核、奖惩激励和动态管理机制。组织开展创建平安乡镇、平安校园、平安医院活动。年内，组织两次集中走访宣传活动，引导干部群众参与平安建设。在县内各媒体建立专版专栏，及时播报平安建设的进展情况，营造共建共创氛围。

加强治安防控。加强城区治安防控体系建设，新增电子监控点200个，增强城区专职巡防力量，合理划分巡逻区域，实行24小时巡逻防控。组织县直机关干部开展徒步巡逻，在城区主要路口实行警车定点值守。完善乡镇治安巡逻大队、村（社区）义务巡逻队，以及“邻里守望”“联村联防”等群防群治机制，有效遏制各类可防性案件发生。全县抢劫、抢夺案件发案分别比上年下降47.6%、71.2%。

整治社会治安突出问题。健全严打整治的长效机制。年内，破获各类刑事案件1904起，移送起诉518人，抓获各类逃犯120名。其中，命案4起，全部侦破；破获经济犯罪案77起，挽回经济损失420余万元；侦办涉众型经济犯罪案件，涉案金额共计7.3亿元；办理涉毒刑事案件34起；破获涉赌刑事案件6起。办理涉黄涉赌行政案件145起。加强交通、消防安全管理工作，全年未发生重大交通事故和火灾事故。

推进法治建设。按照社会治理改革的要求，重点加强法律文书公开，工作流程公开，执法活动公开。法院生效法律文书全部在中国裁判文书网上予以公开发布。启动“湖南阳光警务执法办案查询系统”，开展“警营开放周”和“检务公开日”活动，召开执行听证会9场，举行执行房产阳光变卖会1场。网上开展庭审图文网络直播7场次。

开展“坚决纠正涉法涉诉中损害群众利益行为专项整治行动”。县委政法委召开专项整治工作动员会，成立以县委常委、政法委书记唐剑恒为组长的全县政法系统专项整治行动领导小组，印发实施方案。组织政法机关对收费、罚款项目和涉案财物处置进行全面排查，加强违纪行为的查处，查处办案法官吴某某的违纪行为。

开展“加强机关效能建设，优化经济发展环境”专项行动。积极应对经济下行带来的不利影响，严厉打击破坏经济秩序的违法犯罪行为，整治企业周边环境，破获涉企刑事案件48起，刑事拘留20人，逮捕19人。特别是侦办涉众型经济犯罪案10件，涉案金额共计7.3亿元。化解企地矛盾1979起。指导金融企业依法催收贷款，挽回经济损失2000余万元。

成立涉众型经济纠纷、征地拆迁及房产纠纷类问题、企业改制类问题、个人极端行为和到省进京上访问题、涉农问题等5个专项治理工作组，牵头专项治理突出问题。排查出不稳定因素120余起，其中较突出的涉稳问题18起。依法及时处置“龙畅集团”“万凯源”“金驰电缆”等问题引发的突发事件，确保县域社会大局稳定。

加强政法队伍建设。深入开展群众路线教育实践活动，围绕“三个环节”“四个关键”“五个贯穿始终"要求，精心组织推进。结合业务部门岗位练兵活动，组织集中学习5本书，收看4部电影，到彭德怀纪念馆集中宣誓。分层次召开座谈会征求意见，召开民主生活会，逐人制定整改方案和台账。修订、完善各项规章制度，认真完成各项规定动作，增强政法队伍的理论水平和工作能力。落实中央八项规定和省委九条规定，坚持每月组织一次暗访督查活动，狠抓政法机关干部作风建设。有效地提高全体政法干警廉洁意识，增强党员干警特别是领导干部的廉洁自律意识和拒腐防变能力。

开展“三官一律”进村（社区）活动。组织政法干警280多人，在全县19个乡镇成立72个“三官一律”法治工作室，统一制作标牌，记录本、便民联系卡和“三官一律”工作宣传栏，每个星期由驻室干警坐班接访或下乡走访。年内，调解矛盾纠纷751件，提供法律咨询968人次，为群众办实事125件。（杨正华）

法治政府建设

【概况】 2014年，湘潭县贯彻落实党的十八大及十八届三中、四中全会精神，树立依法行政理念，围绕全面建成小康社会目标，深入推进依法行政工作，加快法治政府建设，全县依法行政工作进展明显。

严把规范性文件审查关和规范性文件清理，确保全县出台的规范性文件合法有效。年内，共审查出台规范性文件25件，其他文件合法性审查80余起。县人民政府法治办全面审查规范性文件内容的合法性、时效性及必要性，涉及对老百姓具体权利义务进行规范的重要规范性文件，县法制办和相关职能部门进行调研，并适时召开听证会，充分听取行政相对人的意见，确保全县规范性文件的合法性和可行性。该办重点清理2003年以来以县政府和县政府办公室发布的规范性文件339件，对超过有效期的规范性文件原则上按失效处理，确需保留的由起草单位提出意见，经县人民政府审核后重新予以公布，对有效期内的规范性文件认真审查，该修改的修改，应废除的予以废除。

做好行政复议案件的审理和政府应诉工作。年内，县人民政府共受理行政复议案件16起。在行政复议案件审理过程中，注重协调，通过协调的方式及时化解双方的争议，效果良好。对于行政机关不当的执法行为要求行政机关及时予以纠正。针对影响重大的行政复议案件，该办邀请人大内司委、县法院行政庭及政府法律顾问共同会商，确保案件处理的准确性。此外，还进一步缩短行政复议的审理期限，方便快捷受理人民群众的复议申请。对行政复议启动机制，审查方式、办理主体、审理方式、决定审批、文书制作进行有益的探索和创新，逐步形成以人性化为核心的行政复议工作新模式，有效提高复议机构的办案水平和质量，树立行政复议的社会公信度。

年内，县人民政府应诉案件25起，案件性质主要集中在历史遗留问题的处理和征地拆迁等方面。针对每一起应诉案件，认真查找相关证据资料，起草答辩意见书，并积极出庭应诉，基本上确保政府行政应诉案件的不败诉。针对征地拆迁等历史遗留的案件，深入村组走访听取老百姓意见，积极与当事人协调，做好宣传法律相关工作，使村民能够理解政府、支持政府，力争当事人主动撤回行政诉讼。在行政诉讼中坚持四个制度。坚持领导应诉制度。县政府领导亲自安排或参与有关诉讼活动或专题研究行政诉讼活动，实行部门行政首长应诉责任制，把行政首长应诉作为一项考核指标；坚持会商应诉制度。通过召集法律顾问团对行政诉讼集中集体会商和评估，制定行政应诉策略，做好应诉准备；坚持协调应诉制度。建立行政诉讼案件协调机制，对当月开庭的行政诉讼案件与县人民法院逐案交换意见；坚持责任应诉制度。实行行政诉讼错案责任追究制，对败诉的行政诉讼案件进行调查和评估，对发现的行政违法过错问题依法作出相应的处理。

加大行政执法指导力度，不断规范行政执法行为。年内，采用不定期的方式到相关执法机关查阅其行政执法案卷，及时指出案卷存在的问题，对他们执法过程中相关法律文书不断进行修订。对各执法单位在执法过程中对一些适用法律把握不准、证据定性是否充足的案件，只要执法单位提出来，该办耐心解答。不断完善和创新行政权力监督机制，积极发挥法治部门协调和督查作用，切实推进依法行政进程。

做好全县行政执法人员的培训工作。年内，按照省市的统一部署和安排，做好行政执法人员换证培训工作。及时与主要执法部门联系，组织行政执法人员学习新出台的法律、法规。为了进一步简政放权，做好委托乡镇行政执法实施工作，全县18个乡镇均成立综合执法中队。该办聘请省、市法律专家及7个职能授权部门行政一把手讲授执法业务课程，全县215名乡镇综合执法队员参加集中培训5天，培训结束后进行严格的考试，对考试合格者颁发行政执法证件，有效推进全县委托乡镇行政执法工作。11月，湘潭市委托乡镇综合执法现场会在湘潭县召开，省、市领导高度评价湘潭县率先实施委托乡镇综合执法体系。（肖云祥）

信 访

【概况】 2014年，县信访局创新工作思路，健全完善工作机制，压实群众信访工作责任。推行信访“四通工作法”，规范信访事项受理办理程序，引导群众依法逐级走访，抓信访积案化解和非访治理工作。年内，接待群众来访1977批5195人次，同比批次增加17%，人次增加2%，其中集体访227批2566人次，同比批次减少2%，人次减少12%。阅处群众来信421件，同比减少27%。维护县内经济社会发展环境的和谐稳定，增强群众满意度。

2014年，县信访局被市委办、市政府办评为2014年度全市群众工作和信访工作责任目标管理考核优胜单位。

【县级领导挂牌接访制度】 落实县级挂牌接访制度，县联席办每月初将县级挂牌接访值班领导的姓名、职务和接访日期在信访接待中心大厅内予以公示，让信访群众“选”领导，增强领导干部接访的效率。每个工作日，值班接访领导坚持在县级领导接访室接待来访群众，所接待的重要信访事项由县联席办进行专题交办督办。2014年，县级领导坐班接待来访群众477批1705人次，涉及具体问题 418件。

【群众工作日活动】 各级领导干部在每月25、26、27日三天群众工作集中日内深入乡镇、进村入户走访，处理群众信访问题。发放便民一卡通34万份，公开乡镇党政负责人、站办所长及各职能部门联系电话，随时接听群众反映情况。全年县财政投入500万元，每村聘请五老人员担任群众工作协调员，及时收集反馈和调解各类矛盾纠纷。将矛盾纠纷排查化解的触角延伸到村、组、农户，做到矛盾纠纷早发现、早处置、早稳定。年内，全县机关干部参与走访106559人次，走访群众618363户次，共处理15858起矛盾纠纷，当场化解1.45万起。

【信访“四通工作法”】 搭建群众来信、走访、网上信访、电话信访“四位一体”工作平台，通过推行信访“四通工作法”，方便群众反映诉求，规范群众初信初访受理办理程序，压实责任单位的办理责任，推动群众信访问题在基层得到及时、有效解决。年内，受理和办理“一箱通”信访事项501件次、“一号通”信访事项4280件次、“一册通”信访事项779件次、“一点通”信访事项966件次，及时回复办结率达95.2%，满意率达89.5%。《湖南日报》分别于7月25日、8月1日刊载湘潭县创新信访工作系列报道《“四通工作法”开启信访工作新篇章》《基层信访：牵动政府心系群众》。

【信访积案化解“百日攻坚”行动】 6月17日，县委书记谢振华主持召开县委常委会议，专题研究信访积案化解“百日攻坚”行动。7月，全县深入开展信访积案化解“百日攻坚”行动。交办51件信访积案，分别由包括四大家主要领导、县委常委和副县长在内的25位县级领导包案。行动期间，县委书记和县长坚持每月25日左右召开专题会议，听取县级责任领导汇报积案化解情况，县联席办定期组织督查督促，到10月30日活动结束，51件信访积案中，答复解决41件，答复解决率为80.4%。10月14日，湘潭市联席办《工作简报》以《践行群众路线 湘潭县开展信访积案“百日攻坚”行动》在全市信访系统推介该县积案化解工作经验。

【全省引导群众依法逐级走访现场推介会】 2014年，湘潭县重点推进群众走访“一册通”工作法，将全面推行群众走访一册通工作法作为贯彻落实国家信访局《关于规范信访事项受理办理引导群众依法逐级反映诉求的通知》精神的重要举措。推行依法逐级走访以来，县信访局在原有群众走访“一册通”的基础上进行提炼，9月29日，《南方都市报》以《“逐级上访”新政五月：绝大多数进京上访被拒受理——信访工作着力点发生改变：全国各地信访部门探索就地化解矛盾解决诉求》一文介绍湘潭县依法逐级走访工作。12月26日，全省依法逐级走访工作现场推进会在该县鑫田大酒店五楼会议室召开，省信访局领导、市、县领导参加会议并讲话。全省部分省直单位、各市（州）、县分管信访工作领导和信访局长180人参加会议并现场观摩易俗河镇、县城管局和县人民来访接待中心依法逐级走访工作情况。12月31日，国家信访局网站推介湘潭县引导人民群众依法逐级走访工作。 （张宏）

公 安

【概况】 2014年，县公安局投入100余万元添置电脑、一体机、摄像机，保障执法办案系统的稳定运行；投入50余万元为交警大队及基层一线执法民警配备执法记录仪；投入3000万元建成看守所、拘留所、武警中队；投入近500万元建成局中心办案区、交警大队执法办案区和12个派出所执法办案区；全县公安机关的接待室、执法办案场所和服务窗口安装147个监控摄像头；平安城市电子防控系统建设完成监控前端设备安装、机房工程、软件系统安装调试、指挥中心大屏安装，于12月5日通过验收，交付使用，已协作办理案件23起、群众求助12起；完成河口、花石、云湖桥派出所办公楼装修改造工作；完成12个基层派出所的刑事技术分室的硬件建设和刑事技术装备投入配备；重新规划设立派出所社区和农村警务区39个，建设吴家巷等5个标准警务室。新招30名民警全部分配到基层派出所，将警力下沉到基层一线和实战部门，基层派出所警力占全局民警总数的50.64%；落实136名城镇退伍士兵担任辅警，加强基层保障工作。

采购巡逻处突车4辆，组建反恐防暴应急处突武装巡逻队伍，统一着特警制服，配备武器、警械，开展城区武装巡逻。在城区共抓获各类现行违法犯罪嫌疑人526人，其中刑事拘留59人，强制戒毒39人，网上逃犯 11人，行政拘留249人，行政罚款101人。协助破获刑事案件155起，协助查处行政案件318起。整治行业场所涉黄、涉赌，获涉黄、涉赌刑事案件11起，刑事拘留1人，逮捕1人，取保4人，移诉30人；办理涉黄涉赌行政案件161起，行政拘留405人。办理二代身份证43863人，出国（境）证件20177人次；开展户口清理整顿工作，注销重复户口1142个，主项信息纠错4119项，补录972人，恢复192人；对全县出租房屋重新摸排，推行挂牌管理，登记流动人口21674人，出租房屋4813户。加强安全监管，先后开展“清剿火患”战役、消防安全专项检查、消防安全“打非治违”、重大火灾隐患集中整治专项行动等，年内发生火灾202起，抢救被困人员50人，无人员伤亡，抢救和挽回财产损失650余万元，抢救被困人员28人、疏散被困人员455人。

依托四级情报信息网络，获取各类危害社会政治稳定活动的深层次、内幕性、行动性情报信息65条，预防和制止闹事苗头29起，协助有关部门稳控赴省进京非法集访的重点对象72人次，行政拘留非法信访人员25人，移送起诉1人，教育训诫90余人。做好涉稳隐患排查、矛盾纠纷化解等工作，受理各类纠纷4887起，调解成功4374起，成功率90%。接待群众来访252人次，受理信访案件20起，化解12起，4起信访积案全部化解。开展反恐防暴工作，强化涉疆、涉藏人员排查登记，开展反恐演练。完成各项警卫任务28次，确保警卫对象和各类活动的绝对安全。

主动服务经济建设，服务重点工程建设项目。全年走访重点工程建设单位471家次，排查化解各类矛盾纠纷88起。完成五洲通药业有限责任公司30周年庆典文艺晚会暨焰火燃放活动安保监管工作。集中治理重点工程建设突出治安问题，依法查处扰乱单位秩序案16起，取保1人，行政拘留16人。妥善处置部分村民堵路，阻碍天易示范区垃圾填埋场垃圾清运车辆通行的事件。开展医疗机构安全防范工作，协助化解医患纠纷12起，查处治安案件1起。

2014年，立刑事案件5038起，破案2326起，其中破现行案件2041起；共逮捕306人，移诉723人。抓捕各类网上逃犯144人，其中外省逃犯19人，本省外市逃犯21人。年内，全县发生6起命案，全部快侦快破。按照“打早打小、除恶务尽”的原则，重拳打击黑恶犯罪，打掉青山桥镇“12·1”拦路抢劫团伙、杨某某等人涉恶团伙，上报省厅认定恶势力团伙战果2个，14人。打击多发性侵财犯罪，侦破系列多发性侵财案件1523起。全面告破省厅督办的花石特大流窜盗窃农户家禽团伙案，破获系列盗窃案件434起，抓获全部涉案成员18名，挽回经济损失11万元。破获专门针对农村孤寡老人的系列入室盗窃案近60起。打掉一邵东籍流窜盗窃超市、商店团伙，破获系列盗窃案件30余起，涉案价值50余万元。打击毒品犯罪，破获涉毒刑事案件37起，打击处理40人，缴获毒品5118.59克，查处涉毒行政案件265起，行政拘留259人，强制隔离戒毒93人，收治特殊涉毒人员9人。打击经济犯罪。全年立各类经济犯罪案件94起，破案88起，移送起诉77人；坚持“破案与维稳并重”的原则，加强对涉众型经济犯罪的线索摸排，侦破涉众型经济犯罪案件54起，冻结、查封涉案资产1700余万元。

加强“阳光警务”的应用与管理，“阳光警务”系统向案件当事人或报警人发送短信20038条，接到各类投诉54起，处理投诉54起。

推进警民互动，开展警民公共关系建设，健全警民恳谈会、警营开放日、向辖区群众报告工作和“一包双联”、入户走访等民警直接联系群众制度，开展警民面对面宣传。开展破案返赃，维护群众合法权益，年内，返还赃款赃物近100万元。以市、县电视、报纸、电台、网站、网络论坛和政务微博为平台，及时宣传公安工作，传递正能量，在各级媒体共发报道310篇（条）；编发《湘潭县公安手机信息》16期，向全县18000名群众免费发送90余万条手机信息；办好县电视台专栏《孟哥讲案子》20期，通过还原案情、典型案例评析等方式，向群众宣传安全防范、公安机关打击犯罪，服务群众的成果。回复和处置网络投诉和负面舆情65条。

从严治警，强化警队建设。推行随岗训练，加强民警实战培训，开展新警一对一“师带徒”活动。全年按要求完成省厅、市局送训任务18期95人次，举办夜校学习18期，组织射击训练考核452人次，合格率达到92%。开展执法安全大整治活动，排查整改执法隐患，开展超标配备公车及公车私用、高消费、公款送礼、“庸懒散”、违规职务消费和公款大吃大喝问题等专项整治，整肃警风、改进作风，规范执法，热情服务，提升公安队伍的整体形象和群众满意度；坚持传统举报投诉和互联网举报并举，畅通举报、投诉渠道，严肃查处民警执法不作为、乱作为、消极作为等问题，政风行风热线回帖110余件，受理公安机关“12389”举报投诉2起，办理2起，查处2起；将督察机制延伸至业务工作，通过常态化的明察、暗访等方式和手段加强日常考评和管理，确保警令政令畅通，开展督察325次，编发督察通报50期，发现并整改问题33个，提出督察建议29条，处理各类受理群众投诉或短信评警不满意警情34起。

2014年，湘潭县公安局被公安部授予“210工程”示范单位和全国公安机关执法示范单位、被省公安厅评为“2013—2014年度全省公安机关执法示范单位”。组团参加市局女警信息化技能比武获一等奖，参加县总工会工间操展示赛获二等奖，参加“欢乐潇湘·幸福湘潭·莲乡大舞台”大型群众文化活动获第二名，参加市局党纪条规知识抢答竞赛获第一名。11位民警获县人民政府嘉奖，10位辅警被通报表彰。

【破获特大贩卖毒品案】 2014年11月，县公安局天易派出所民警在办理一起吸毒案件时，获悉毒品来源于一罗姓男子。经过一段时间的调查，民警掌握到梅林桥籍罗某从株洲购买毒品运送至易俗河镇、湘潭市等地进行贩卖牟利的犯罪证据。天易派出所组织所内精干力量组成专案组，开展专案侦查。11月25日晚，天易派出所联合巡防大队，在易俗河镇凤凰路某小区门口抓获正准备进行毒品交易的罗某某，现场缴获毒品冰毒210克、麻古250粒，并抓获涉嫌吸毒违法人员梅林桥籍彭某、刘某和长沙市望城区籍肖某。经审讯，犯罪嫌疑人罗某供述其贩卖毒品的犯罪事实。犯罪嫌疑人罗某被依法刑事拘留，吸毒人员彭某、刘某、肖某被依法行政拘留。

【破获系列涉农入室盗窃案】 2013年年底以来，云湖桥、河口、杨嘉桥、石潭等地发生多起入室盗窃案，涉案价值近10万元，受害人均为农村地区留守孤寡老人。县公安局专案组经过侦查发现，湘潭市岳塘区籍沈某、叶某有重大作案嫌疑。4月8日，在市公安局警令部情报信息中心的支持下，县公安局刑事专案组民警在湘潭市岳塘区抓获涉农入室盗窃犯罪嫌疑人沈某、叶某，当场扣押作案工具男式摩托车一辆。经审查，沈某、叶某供述在云湖桥、河口、杨嘉桥、石潭等地实施入室盗窃的犯罪事实。

【破获特大流窜抢劫、盗窃案】 1月20日，茶恩寺派出所接胡某报案称，当天上午，其从长沙市雨花区开小车搭载四名年轻男子到达长沙县星沙镇时被四名男子采取捆绑封嘴的方式抢走其身上的现金、手机及小车等财物，并将其扔至湘潭县茶恩寺镇一山上后逃离，损失价值约5万元。茶恩寺派出所立即组织民警紧急出警。县公安局成立专案组，展开侦破工作。专案民警勘查案发现场，寻找破案线索。通过综合信息研判、卡口视频比对等多种侦查手段，最终锁定犯罪嫌疑人双牌县籍吴某、盘某、周某有重大作案嫌疑。2月20日凌晨，专案民警兵分两路开展抓捕行动。在当地公安机关的协助下，办案民警在永州市道县县城一小旅馆内成功将吴某、盘某抓获，在长沙县某职业技术学院将周某抓捕归案。经审讯，吴某、盘某、周某3人供述在1月20日伙同双牌县籍唐某抢劫胡某汽车、手机等财物的犯罪事实，并交代从2013年2月起伙同他人在广东、深圳、云南、广西等地抢劫汽车作案6起，多次在永州市道县、广东东莞、长沙等地盗窃摩托车等财物，累计作案6起，共破获抢劫、盗窃案件13起，涉案价值40余万元。

【破获系列入豪宅砸豪车玻璃实施盗窃案】 1月31日7时许，谭家山派出所接到李某报警称，当天凌晨，李某停放在家里前坪的一辆黑色悍马车和一辆红色别克车车窗玻璃均被砸烂，车内香烟、现金等财物被盗走，卧室内现金、购物卡等被盗，损失13万余元。谭家山派出所成立专案组，在被盗财物上找到突破口。专案组民警先后赴株洲茶陵、醴陵芦淞区、石峰区以及湘潭县等地开展跟踪侦查，发现梅林桥镇籍李某有前科，有重大作案嫌疑。4月21日，专案组民警在株洲天元区大坪社区李某的租住处将其成功抓获。经审讯，李某供述自2013年10月以来在湘潭县、湘潭市雨湖区、岳塘区、株洲醴陵等地，通过翻窗进入豪华住宅或砸高档小车车窗玻璃的方式实施盗窃，作案11起，涉案价值20余万元的犯罪事实。专案组抓获涉嫌销赃的梅林桥镇籍张某。

交通管理

【概况】 2014年，县交警队全力推进交通设施建设，加快平安城市电子防控系统建设,完善红绿灯和电子监控设备，增设、亮化一批道路标志、标线和标牌，优化步步高路口、大鹏路等交通组织。开展道路交通安全隐患排查治理工作，排查安全隐患137处，治理24处，督促开展隐患路段治理113处。严格落实“五类重点车”安全监管常态化管理机制，深入推进“五类重点车”安全管理隐患排查整顿，全面澄清底数。加大无牌无证、酒后驾驶、超速超员等严重交通违法行为整治，强力整治校园车交通违法行为。加大路面查处力度，提高见警率和管理率，处罚各类交通违法行为9.2万起，行政拘留313人，全县道路交通安全形势保持持续平稳。接处警11750起，发生一般以上道路交通事故3960起，伤3420人，死亡106人，直接经济损失280万元。受理一般程序处理交通事故561起，侦破交通肇事逃逸案件31起。快处快赔中心步入正轨，办结轻微交通事故2013起， “三调联动”调解事故损害赔偿案件165起，结案标的680.85万元，引导诉讼60起，为当事人提供法律援助14起。救助基金有效运转，11起疑难事故的善后处置得以保障。维护学生交通安全，全力推进学生用车交通安全管理。严把校车和驾驶人准入关，截至2014年年底，全县核发校车标牌车辆207台，已签注校车驾驶人277人。组建护学岗，全面排查校园周边交通安全隐患，完善校园周边交通安全设施，严查校园车交通违法行为，加大对黑校车的打击力度，联合教育、交通等部门开展集中整治，深入全县596所学校开展学生用车交通安全宣讲活动。查处学生用车交通违法行为93起，发放整改函307份。

【摩托车综合整治“生命一号工程”】 2014年，推行流动车管所下乡服务，开展摩托车整治宣传到学校、到乡镇、到村组活动，实行宣传和严打并举。办理摩托车上户10477台，汽车类上户2522台，驾驶员报考5641人，摩托车年检9179台。2014年，摩托车驾驶人报考和年检均同比上升43%，涉摩死亡事故下降11%（8人），驾驶人死亡下降22%。 （郭长荣）

检 察

【概况】 2014年，县检察院受理公安机关提请批准逮捕案件315件416人，审查后批准逮捕238件305人，不批准逮捕75件109人；受理侦查机关移送审查起诉案件450件699人，审查后提起公诉395件614人，不起诉53件80人（含积案）。立案侦查贪污贿赂、渎职侵权等职务犯罪案件17件18人，起诉8件11人，判决12件21人（含积案），均被依法判处5年以上有期徒刑，其中判处10年以上有期徒刑5人，为国家挽回经济损失264万余元。

在刑事案件监督中，把执法不严、司法不公等问题作为监督重点，共监督公安机关立案7件，监督撤案5件；纠正漏捕27人，纠正漏诉29人，纠正漏罪28笔；发出纠正违法通知书36份。注重对量刑失衡问题的监督，建立裁判文书“四级审核”机制，刑事抗诉工作取得新进展。如办理的朱某某等8人非法拘禁案，通过案件承办人、部门负责人、分管领导、考评小组层层审查，严格把关，决定对判决书遗漏被告人自首情节导致量刑失衡提出抗诉，该案已被依法改判。办理民事行政执行监督案件6件，审判程序违法监督案件6件，督促行政机关依法履职和支持当事人起诉申请2件，提请民事抗诉1件。开展罪犯交付执行、羁押必要性及留所服刑情况专项检查，督促交付执行3人，变更强制措施6人。开展减刑、假释、暂予监外执行专项清理，组织重新体检，逐案审查，督促对15名不符合暂予监外执行条件的罪犯予以收监，这一做法得到最高检的肯定。

开展“送法下乡”“三官一律”进乡村、在职党员进社区报到服务基层群众等多项活动，接受法律咨询400余人次，化解矛盾纠纷170件次。坚持检察长接待日制度，妥善处理群众来信来电71件；严格依法依程序，办结刑事申诉案件2件，国家赔偿案件3件；为生活确有困难的2名刑事被害人申请司法救助，帮助其解决燃眉之急，有效化解矛盾纠纷。采取领导包案、部门协作等方式，推动息诉工作与司法调解、行政调解等有效衔接，保持连续10年涉检进京零上访。

采取教育培训与岗位练兵相结合方式，强化专业队伍建设，提升干警素质，组织全院干警政治业务学习11次，聘请专家授课3次，选送干警参加各类培训25人次；集中开展向宪法宣誓、“群众在本心中”主题演讲、庭审观摩等活动，巩固法治理念，激发干警潜能，取得良好实效。院法警大队在全省检察机关司法警察大练兵中名列前茅，胡颖被省检察院评为“全省检察机关侦查办案能手”、许建明被省检察院评为“全省刑事申诉检察业务能手”。

【安装统一业务应用系统软件】 统一业务应用系统软件对每个执法办案环节设置明确的流程指引和预警功能，对办案流程进行统一的规范化设计，对重要环节进行节点控制。实行全程线上办案、全过程公开和全方位监督。2013年11月到12月，按照最高人民检察院、湖南省人民检察院和湘潭市人民检察院的统一部署，该院抽调公诉、侦监、控申、反贪等业务部门办案骨干到湖南省检察院进行统一业务应用系统培训。12月，该院各科室全部安装统一业务应用系统培训版，供干警练习使用。2014年1月26日，统一业务应用系统正式在该院上线运行。按照《全国检察机关统一业务应用系统使用管理办法（试行）》的规定，该院的各项检察工作均在应用系统中运行。

【检务大厅启用】 2014年，该院启用新的检务大厅，将接待检务大厅搬迁至院门口，将案管部门和控告申诉部门搬迁到新的检务大厅，为人民群众提供一站式服务，方便人民群众来访反映问题。在新的检务大厅，还设立检务公开电子触摸查询系统和终结性法律文书公示显示屏，人民群众可以在查询系统便捷查询案件的立案、侦查、强制措施等情况，又可以在显示屏查看到最新的案件终结起诉情况。从此，人民群众查询案件信息，既不需要经过门卫盘问，也不需要工作人员帮助，真正实现检务公开工作从“深闺”走向“闹市”的转变。

【王石连被评为“最美群众贴心人”】 （见人物·荣誉录“湘潭县最美群众贴心人“【王石连】”）

法 院

【概况】 2014年，湘潭县法院共受理各类案件4617件（含旧存548件），审执结3932件，收结案与上年同期相比分别上升21%和19%，均创历史新高，司法绩效百分制考核名列全市基层法院第一名。

审结刑事案件407件，判处罪犯614人，其中处五年以上有期徒刑69人。从严从快打击严重危害人民群众生命财产安全犯罪，审理抢劫、抢夺、盗窃、强奸和毒品犯罪案件 203件，判处罪犯260人。坚决遏制危害民生犯罪，审理生产销售有毒有害食品和危害药品安全犯罪案件5件，判处罪犯6人。严惩贪污贿赂犯罪和渎职犯罪，公开审理7名国家工作人员受贿案及5名村级负责人贪污案。开展职务犯罪、破坏金融管理秩序和金融诈骗犯罪、组织黑社会性质组织犯罪等“三类案件”暂予监外执行清理规范工作，将符合收监执行条件的18名罪犯予以收监执行。坚持宽严相济的刑事政策，对未成年人犯罪、轻微刑事犯罪和具有自首、立功等情节的被告人依法从宽处理。深化量刑规范化工作，确保量刑公正、均衡。积极回应群众呼声，落实盗窃、诈骗、传销等侵财型案件的退赃退赔工作。

受理各类民商事案件2961件，审结2618件，其中以调解、撤诉方式结案1435件，调撤率达55%。妥善审理离婚、赡养、婚内扶养纠纷案件758件，注重保护妇女、儿童、老年人合法权益，促进家庭和睦。依法审理劳动争议案件17件，维护劳动者合法权益。快审快结机动车交通事故责任纠纷案件486件，以缓减免交诉讼费用、先予执行等措施，优先为交通事故受害人提供高效的司法服务。依法审理民间借贷纠纷案件514件，结案标的1.3亿元，引导民间资本合理流动，维护金融秩序稳定。受理龙畅洁净煤有限公司及关联企业申请重整案，努力帮助民营企业走出困境。全面启动县对外经济贸易有限公司破产财产处置工作，安置职工100余人。协助县矽砂矿资产处置组处理变现资产2处，资产变现778万元。

受理行政诉讼案件78件，审结74件，审查行政非诉执行案件297件，依法裁定准予执行286件。公开审理吴某等5人诉韶山市政府确认信息公开答复违法系列案、冯某等34人诉县教育局教育行政管理及行政赔偿案等群体性案件。裁定准许强制行政征收腾地案件23件，其中16起得以自动履行。成功组织7次强制腾地行动，积极服务云龙东路、大鹏西路延长线、湘江沿江风光带、梅林山庄项目等重点工程建设，依法支持天易示范区“征地拆迁百日攻坚”活动。依法强制关闭4家塑料污染作坊，改善当地群众生产生活环境。大力征收计划生育社会抚养费，征收到位资金共计170余万元。

执结执行案件833件，执结标的1.2亿元。推进执行规范化和信息化建设，建成执行查控信息化平台，并采取执行听证、执行裁判文书上网、执行流程网上公开、重要执行行为告知制度等方式，增强执行工作的透明度与公开度。召开执行听证会22场，召开执行兑现大会2次。加大对规避执行的打击力度和执行曝光力度，对117名拒不履行生效法律文书义务的“老赖”果断采取罚款、司法拘留等措施，将123名被执行人列入失信被执行人名单，并对外公布，促使其主动履行义务。对被执行人确无执行能力的20名经济特别困难申请人进行司法救助，发放救助资金26万余元。整合全院执行力量，积极开展“涉民生案件专项执行活动”和“百日集中执行活动”，全力化解执行积案，共执结案件319件，执行和解25件，执结标的8880万元。2014年，县法院被市中级人民法院评为全市法院“百日集中执行活动”先进集体。

审结再审案件7件，既维护正

确裁判的既判力，又及时依法纠正确有错误的生效判决，努力维护司法公正。耐心调解谭家山镇一企业损坏公路而与当地村民及村委会引发的复杂矛盾纠纷，取得很好的法律效果和社会效果。

立各类案件3830件，向中院移送上诉案件460件593卷，取回各类案件266件381卷，移送上诉状36件，调取档案手续正规齐全，无一差错。执行一小时立案制度，实行补正诉讼材料一次性书面清单告知制度，市中院在县法院召开现场会予以推介。为困难当事人缓、减、免诉讼费用110余万元，最大限度保护困难当事人的诉讼权利。年内，接待来访群众329人次，处理群众来信18件，做到接待有记录、查时有档案、事事有落实。安排人员在县涉法涉诉联合接访中心接访处访，妥善化解群众信访诉求和矛盾。加大对市中院、市委政法委交办的信访案件的办理力度，综合运用法律服务、行政协调等途径，有效办结信访案件20件。

【巡回法庭及人民法庭】 2014年，巡回法庭执结征收社会抚养费案件99件，征收社会抚养费133万余元。多措并举加大案件执行力度，一方面积极争取县计生局与乡镇政府的工作支持，另一方面重点落实查询、搜查、调查等“三查”措施，对拒不履行、妨碍执行的当事人、案外人采取司法拘留措施32人次，对构成犯罪的，依法移送公安机关。7个人民法庭发挥法庭前沿阵地职能，积极开展案件审执、巡回开庭、法治宣传、三调联动等工作，全力服务于辖区群众与经济社会发展，年内，共审结案件1741件。推行“一小时”立案举措，对符合立案条件且起诉材料齐全的，除重大、疑难案件外，最长立案审查时间不超过一小时。组织法治宣传23场次，为群众提供法律咨询，发放便民联系卡等宣传资料，组织开展巡回审判20场次，旁听人员累计4000余人次，收到“审理一案，教育一片”的社会效果。

【花石人民法庭被评为“全国法院人民法庭工作先进集体”】 7月8日，花石人民法庭被最高人民法院授予“全国法院人民法庭工作先进集体”荣誉称号。花石法庭有干警5人，辖管花石镇、龙口乡、排头乡3个乡镇，年结案率达95%，民事案件调解率达82%，所结案件无一发还重审或重大改判，无一缠诉上访，各项司法绩效指标名列全省基层法院前列。该法庭积极开展能动司法，在县交警五中队设立巡回办案点，每周二派出法官值班一天，指导交警部门依法开展行政调解，及时受理案件、开展司法调解或诉讼，实现事故认定、行政调解及诉解纷争的无缝对接，使群众更快捷、更便利地解决交通事故纠纷。针对辖区湘莲贸易纠纷多的现状，向花石湘莲协会和花石镇政府发出维护花石湘莲品牌、规范湘莲市场、及时联动处理纠纷的司法建议书。帮助花石信用社制作“逾期借款催收地址确认书”，有效根治逾期贷款诉讼时效难以保护的难题，该经验被湘潭县信用联社认可，在全县范围内予以推广施行。

（高喜朝）

2014年，花石法庭被评为全国法院人民法庭工作先进集体 （县法院 提供）

司法行政

【概况】 2014年，县司法局严格按照中央、省、市、县政法工作会议精神，认真履职，深入推进司法行政的各项职能工作。7月28日，县长傅国平在全省司法行政系统深入学习贯彻习近平总书记重要讲话精神暨重要工作推进会上，向与会的省司法厅领导、14个市州司法行政系统负责人及同步参加电视电话会议的128个县市区介绍湘潭县深入推进法治建设、努力化解社会矛盾、积极服务县域发展的经验。

2014年，县司法局被国家司法部评为全国人民调解宣传工作先进单位，被县委群众工作部评为全县群众（信访）工作先进单位，被县直机关工委评为全县双联工作先进单位等。排头司法所被省司法厅评为湖南省模范司法所，乌石司法所被省司法厅评为湖南省规范化司法所，杨嘉桥司法所被市司法局评为全市人民调解工作先进集体，梅林桥司法所被市司法局评为全市社区矫正工作先进集体，青山桥司法所被市司法局评为全市安置帮教工作先进集体，易俗河、分水、乌石、石鼓等司法所被县综治委评为全县综治工作先进单位。陈湘黔、贺望林被市司法局评为全市人民调解工作先进个人，夏光明被市司法局评为全市社区矫正工作先进个人，章金标被市司法局评为全市安置帮教工作先进个人，刘新群被县综治委评为全县综治工作先进个人。

【人民调解】 加强组织网络建设。对全县19个司法所的规范化和模范司法所建设采取“以奖代投”的激励措施，促进全县司法所的规范化建设，全县已完成8个司法所的规范化建设工作。其中，易俗河、中路铺、青山桥、排头4个司法所被省司法厅授予“省级模范司法所”，茶恩、石潭、云湖桥、乌石4个司法所被省司法厅授予“省级规范化司法所”。根据湖南省司法厅《关于进一步规范司法所外观标识及内部设置的通知》（湘司发〔2013〕80号）文件，分批次开展基层司法所外观标识及内部设置的建设工作，至年底，云湖桥、易俗河、排头、石潭、中路铺、青山桥等司法所外观标识及内部设置均已完成。大力推进矛盾纠纷排查化解“村为主”，健全覆盖全县的调解组织网络，规范村级调解组织工作流程。石潭、乌石、易俗河、分水等司法所积极推进矛盾纠纷排查化解“村为主”工作，基本实现“发现得早，排查得了，化解得好，上交得少”工作目标。开展调解专项活动，制定湘潭县《“三调联动化矛盾，息诉息访促平安”专项活动方案》，着力完善以人民调解为基础，人民调解与行政调解、司法调解相互衔接配合的三调联动工作机制，形成分工合理、权责明确、优势互补、协调联动的社会矛盾纠纷解决体系。年内，全县各类调解组织共排查调处矛盾纠纷2571件，调处成功2546件，调处成功率99%，三调联动调解731起，调解成功731起。其中，县医调中心共排查、调处各类医疗纠纷83起，调处成功82起，引导进行鉴定13起，鉴定后成功调处7起，不是医疗事故的6起做好解释疏导工作，联合公安机关打击医闹2次，治安拘留3人，赔补偿总金额达238.5万元；县交调中心共接受移送调解案件234起，调解成功166 起，结案金额687.4万元，引导当事人进入诉讼程序55起，在调处中的有13起；县婚姻家庭纠纷调解委员会于10月15日成立，年内，共受案36起，调解成功36起。

【普法依法治理】 丰富法治宣传内容。2014年，将党的十八大和十八届三中、四中全会精神所涉及的重要经济领域以及食品药品、安全生产、环境保护、劳动保障等重要民生领域的法律法规作为法治宣传的重点，以5月的农村法治宣传月、9月的青少年法治宣传周、12·4国家宪法日、“三下乡”等活动为载体，加强《宪法》《刑法》《民法》《村民委员会选举法》《村民委员会组织法》《刑事诉讼法》《治安管理处罚法》《人民调解法》等宣传。创新法治宣传形式。将“法治天地”电视栏目进行改版，进一步丰富栏目内容，使之更加贴近老百姓的生活，从而增强收视率。年内，“法治天地”电视栏目共制作20期，播放160次；进一步丰富县报、县手机报和普法依法治理网内容，大力开展法治湘潭县建设的评论和探讨；适时更新彭德怀纪念馆和湘潭县职校两个宣传基地的法治宣传长廊版面内容，不断增强宣传内容的时效性、可读性、教育性，充分发挥“两基地”在法治宣传教育工作中的作用。推进法治建设进程。把建设法治政府写进湘潭县人民政府的《政府工作报告》，推进法治政府建设。建立县委中心组和政府常务会议会前学法治度，结合县委中心组学习开展学法活动2次；组织全县141个单位进行无纸化普法考试，完成率100%，参考总人数为13099人，比上年增加3000人；举办法治讲座、普法骨干培训班、法律明白人培训班、进行警示教育等，提高全县各级领导干部法律素质和法治化管理水平。继续开展“依法决策示范领导班子”“民主法治示范村”和“诚信守法企业”的创建活动。2014年，石鼓镇大坪台村和梅林桥镇梅林村被评为全省“民主法治示范村”，河口镇三联村被推荐为全国民主法治示范村。大力开展法治文化建设，在易俗河主干道二大桥旁及莲花广场107国道旁建立两块户外大型广告宣传牌，宣传法治湘潭县建设，发动县内各单位结合自身情况进行法治文化建设，在全社会营造出浓厚的法治氛围。

【社矫安帮】 2014年年底，全县有在册社区矫正对象494人。2014年，该局接受各地人民法院和监狱委托，共对354例拟适用非监禁刑罚的刑事案件被告人（罪犯）进行适用社区矫正社会调查评估，其中344例建议适应社区矫正，8例建议慎用社区矫正，2例建议不适应社区矫正；安置帮教人员1786人，其中刑释人员1745人，解教41人。狠抓制度完善。严格执行联席会议、工作例会、联合督查等一系列长效衔接机制，加强与公、检、法各单位的协作配合。该局与检察院、看守所联合筹备建立湘潭县第一家社区矫正警示教育基地，以警示教育监外服刑人员，重点针对严管级平时表现较差、不服从管理的未成年社区矫正人员，进看守所教育基地进行学习，体现刑罚的严肃性，规范社区矫正工作有序发展。狠抓措施落实。严格执行社会调查评估制度，全面落实各项管控措施，规范社区矫正接收、管理、考核等环节工作流程，对所有社区矫正对象严格按照“宽管、普管、严管”，实施分类分级管理。出台《湘潭县社区矫正工作考核办法》，明确司法所社矫工作经费，保障社矫对象每人每年300元工作经费到位。狠抓帮扶到位。继续开展“三帮一促”活动，与人力资源和社会保障、民政等部门积极配合，积极落实国家对刑释解教人员在生产生活方面的有关政策，鼓励和扶持刑释解教人员自主创业、自谋职业，帮助其重新回归社会。同时，结合未成年人权益保护工作，启动“情暖高墙、关爱孩子”的活动。逐一登记核实县内服刑人员及强制戒毒人员的未成年子女，共摸排对象82名，对其中特别困难的孩子，采取“一帮一”的方式，落实帮扶措施。

【公证事务】 2014年，县公证处围绕当前社会热点、难点和群众期盼点，着力服务经济建设领域、基层民主法治建设领域和民生改善领域，使服务重点更为突出；结合党的群众路线教育实践活动，改进工作作风，推行便民利民措施，使服务方式更接地气。9月，县公证处整体搬迁至县政务中心，工作流程进一步规范，工作效率逐步提升。年内，县公证处组织人员深入园区，主动帮助政府做好债务风险防控，为重大工程项目建设的立项、招标、合同订立、资金使用、项目验收等工程提供有力的公证服务；深入社区，入户走访调查，了解困难居民急需办理的公证事项，特别是对老、弱、病、残等特殊群体，实行快速办理，及时提供上门服务和公证法律援助。年内，办理各类公证案件900多起，完成公证费110余万元。

【法律援助】 加大对法律援助工作的宣传力度。除充分利用特殊节日等有利时机，组织各乡镇工作站开展各类法律援助工作宣传活动之外，还在县电视台的黄金时段播放“12348”服务热线广告，在各乡镇宣传、悬挂“12348”服务热线号码；在湘潭市法治频道、湘潭县综合频道、湘潭日报、县网、局网、局公众微信、微博等平台刊播为农民工讨薪的案例和未成年人维权的专题报道。在县内的两家律师事务所建立法律援助联络点，并安排专门的联络人员，极大地方便广大人民群众。加大社会弱势群众的援助力度。以“法援苍生、与您同行”法律援助系列服务活动为载体，努力为全县农民工、老年人、妇女儿童等弱势群体排忧解难。年内，共办理法律援助案件422件，诉讼案件比例达79.5%，远超省厅70%的要求，其中刑事类57件、民事类365件，为当事人挽回经济损失3000多万元，共免去法律服务费用130多万元，有效地化解社会矛盾纠纷，在维护弱势群体权益、服务改善民生上取得新的成效。

【法律服务管理】 采取组织业务培训、开展庭审旁听、评查案件等措施，严把准入关、培训关、监管关三大关口，加强对全县法律服务市场的管理监督，建立健全一所一档、一人一档制度，增强法律服务管理的主动性，促进全县基层法律服务业迈入健康有序的发展轨道。落实《关于规范法律服务执业行为的意见》，在切实加强对法律服务工作者的职业道德教育，培养执业良知，提升执业素养的基础上，健全法律服务行业的公示制度，实现全县法律服务机构及执业者基本信息公开，对于那些群众意见大、投诉问题属实的基层法律工作者，依职权进行严肃查处，维护当事人的合法权益，增强法律服务市场的规范性。以“三官一律”“服务民主法治建设、服务基层经济社会发展、服务弱势群体权益保障”等主题活动为载体，引导和鼓励律师及法律工作者进企业、进社区开展法律服务，帮助企业构建健全法律风险防范机制，同时也为社区居民解答法律问题，参与矛盾纠纷调解，及时化解社区居民群众间的矛盾，不断增强法律从业人员的服务性。全县2家律师事务所24名律师和6家法律服务所48名法律工作者共担任155个村、10个社区、9个乡镇和78家中、小、微企业的法律顾问。同时，在市局的指导下加强司法鉴定机构的管理。 （张双）

社会治安综合治理

【概况】 2014年，县综治委以提高群众满意度为出发点和落脚点，以落实综治工作目标管理责任制为抓手，扎实推进综治工作各项基层基础工作。群众满意度测评在全省排名第72位，在全市排名第2名。落实综治工作目标管理责任制。把综治工作作为“一岗双责”纳入各级各部门绩效考核，县直单位与联系乡镇实行捆绑考核；县综治委与各乡镇、县直单位签订责任状118份；完善综治维稳工作考评办法，增加“民调”工作的考评权重（乡镇占60分，单位占50分）；将村（社区）直接纳入县综治考评。及时开展督促检查，年内，开展专项督查8次，暗访15次，对履职不到位的13个单位进行通报批评。年终按照考评办法，经“五部委”会议和县综治委全会审定，共评出5个先进乡镇（锦石乡、石潭镇、乌石镇、龙口乡、杨嘉桥镇）；5个一类乡镇（排头乡、中路铺镇、石鼓镇、易俗河镇、河口镇）；7个二类乡镇（射埠镇、分水乡、青山桥镇、白石镇、茶恩寺镇、梅林桥镇、花石镇）；2个三类乡镇（谭家山镇、云湖桥镇）。评选出先进单位23个，一类单位64个。在村级综治年度考核中，对排名在全县后50名至后11名的村实行“黄牌警告”。对排名在全县后10名的村支部书记、村主任实行预免职，村群众工作协调员予以解聘。

夯实综治基层基础工作。加强综合服务管理平台建设。按照“便民、高效、廉洁、规范”的原则，设立县人民政府政务服务中心。年内，常驻窗口单位21家，工作人员68人，行政审批服务事项193项。设立乡镇综治维稳中心，整合乡镇政务中心职能，组织公安、司法、民政、林业等部门集中办公，健全工作制度和流程，按照“一次性告知、一站式办理、一条龙服务”的原则，为群众提供更加便捷的服务。推进城区社区网格化服务管理。按照“精细化管理、零距离服务”的理念，对社区实行“三级网格管理”的模式，在城区划分432个网格，每个网格配备1名网格管理员，明确网格管理员在人口信息采集、社情民意收集等方面的职责，网格管理员在社区的组织下规范开展工作，构建“以块为主、条块结合、上下联动、多方配合”的工作模式。推进综治信息化建设。抓紧综治信息网络系统模块开发，健全县、乡镇、村、组四级信息网络，加强平安湘潭县网站建设，及时收集人民群众反映的情况信息。健全群众工作日制度，通过干部下村入户走访群众，直接了解和收集社会矛盾、违法犯罪等方面的信息。年内，通过各种渠道收集信息235条，其中重大涉稳信息89条。开展综治宣传工作。在政法系统组织开展“三个十佳”的评选表彰活动；县综治委在县电视台、县网、县报和县平安网站设立专栏、专版，有计划地开展“平安县”建设宣传；各乡镇各单位组织力量深入集镇、社区和村组，通过发放《平安建设倡议书》，运用标语、横幅、板报等形式大力开展综治宣传活动，营造良好的工作氛围。加强基层队伍建设。一方面，加强综治队伍建设。规范乡镇综治维稳中心建设，各乡镇按要求配齐综治专干，明确分管政法工作的副书记任综治办主任。支村委换届和并村后，又及时调整村（社区）综治机构人员，配齐村级群众工作协调员，确保综治工作能落实到村、组。另一方面，加强协辅警队伍建设。严格按照《湖南省公安机关协辅警管理办法》的规定，按照协辅警与政法专项编制总数1∶1的要求，全县统一招录协辅警人员423人，健全工作制度，加强教育与管理，落实待遇保障，发挥协辅警队伍在维护社会治安中的重要作用。深化平安创建活动，优化社会治安环境。以深化平安创建活动为载体，组织协调各部门履行职责，形成共建共创的局面。明确平安创建要求。将平安建设工作纳入全县经济社会发展总体规划，制定《关于深化平安建设活动实施方案》，进一步明确“平安”的标准，落实各综治成员单位的创建责任；建立平安创建考核、奖惩激励和动态管理机制，在全县深入开展平安建设，集“小安”为“大安”。强化社会治安防控。各乡镇治安巡逻大队、村（社区）义务巡逻队坚持开展经常性巡逻，完善“邻里守望”“联村联防”等群防群治机制。城区新增监控点200个，于7月1日起正式运行。在城区合理划分巡逻区域、科学布置巡逻力量，实行24小时巡逻防控，在重点时段和重点部位增加巡逻密度。继续组织县直机关干部开展徒步巡逻，在城区主要路口实行警车定点值守，增强防控合力，有效地遏制各类可防性案件发生。

开展综治专项工作。加强严重精神障碍患者管控。落实重性精神病人管控措施，开展救治救助工作。组织各乡镇和派出所深入村、组开展地毯式摸排，共摸排重性精神病人43人，建立管控工作台账，并及时录入到全国重性精神病人信息管理系统，确定管控单位、责任人，并实行“五包一”的管控措施。救助80人，对其中18名肇事肇祸严重精神障碍患者进行强制治疗，消除治安隐患。年内，没有发生重性精神病人肇事肇祸的事件。加强流动人口服务管理。制定以“政府领导、综治牵头、公安为主、各方参与、综合治理”的工作思路，加强流动人口和出租房屋的清理整顿，每个季度对各乡镇的流动人口录入情况进行抽查，抽查结果纳入年终综治考评。全县有19个流动人口和出租房屋服务管理中心和8个流动人口和出租房屋服务管理站。至年底，全县有流动人口49197人，出租房屋13562户，做到登记、录入“不漏户、不漏人”。加强学校医院周边环境整治。以创建平安校园、医院为目标，大力整治学校医院周边环境。组织开展“打非治违”“校（园）车整治”等专项行动。破获涉校园刑事案件1起，查处涉医院治安案件1起。组织开展两次集中治理非法行医专项行动，共立案查处非法行医案件33起，规范医疗服务行业秩序。加强护路护线和见义勇为工作。全面落实护路护线责任，开展“关爱·和谐”为主题的爱路护路宣传活动，排查化解涉路矛盾纠纷，开展义务护路护线活动。年内，全县未发生“五类”危行案件、油气管道破坏案件，“三电”设施盗窃破坏案件明显下降。县政府设立县见义勇为基金，表彰见义勇为行为，对李湘林等6名对象进行表彰奖励和慰问。加强治理进京非访。县委、县政府高度重视进京非访治理工作，主要领导多次召开会议进行安排部署，按照“属地管理”和“谁主管、谁负责”的原则，对省、市交办的重点对象均严格按照“五包一”的要求，逐人落实责任领导和责任人，做好疏导化解工作，确保人员吸附在当地。年内，化解积案14件，重点化解涉军重点人员刘某某的信访事项。对缠访、滞留访等人员依法训诫92人次，依法行政拘留35人次。进京非访101人次，同比下降53%。排查化解不稳定因素。完善三调联动工作机制，形成分工合理、权责明确、优势互补、协调联动的社会矛盾纠纷调处体系；加强“村为主”矛盾纠纷排查化解体系建设；对重大决策实施社会稳定风险评估，从源头预防和化解社会矛盾；加强“医调”“交调”中心建设，及时调处医患纠纷和交通事故纠纷。年内，共排查调处矛盾纠纷1951件，调处成功1928件，调处成功率98.8%。其中，成功调处医疗纠纷71起，交通事故纠纷114起；三调联动调解617起，调解成功617起。无因调处不当而发生民转刑的案件。开展反邪教警示教育，组织开展“百日会战”专项整治行动，有效遏制“法轮功”“全能神”等邪教组织在全县发展蔓延；继续深化“三年教育转化决战”活动，加强各类邪教人员的防范控制，实现“三个零”的管理目标。

维护社会稳定

【概况】 2014年，湘潭县维护社会稳定工作以强化维稳责任为抓手，认真贯彻中央、省、市维护稳定工作指示精神，圆满完成元旦、春节、全国两会、省两会、“六四”“七一”“八一”、国庆、党的十八届四中全会等重要节点、重大活动期间的维稳工作任务。

落实维稳责任。全面推行维稳工作责任、目标管理和一票否决等各项制度。年初与各乡镇各部门层层签订维稳工作责任状，明确各乡镇党委书记和各部门行政一把手为维稳工作第一责任人。通过签订责任书将维稳责任层层分解落实，形成一个职责明确、上下连贯的责任体系。

狠抓督查督办。县委、县政府组织县委督查室、纪委、维稳办、联席办等单位定期或不定期对维稳重点领域、重点人员、重点时段、重大问题进行专项督查。年内，共组织联合督查8次，暗访10次，对在督查中发现思想上不重视、工作上不落实等现象及时提出批评，责令限期整改，确保各乡镇和单位真正将维稳责任落实到位。

严格责任查究。严格按照《湘潭县预防、处置群体性事件及责任追究实施办法》和《湘潭市信访维稳工作责任追究暂行规定》等责任查究制度及维稳工作纪律要求，对工作不到位、措施不落实、反应不及时、处置不妥当，造成严重后果的单位和个人，坚决查究到位。

排查化解不稳定因素。开展“大排查、大化解、大整治”“双百”等活动，完善矛盾滚动排查、多元化解和信访长效机制，从源头上预防和减少群体性事件和非正常上访。多次有效化解部分军队退役人员、原“三师”、原农机管理员、转城户等群体分别策划的到市赴省进京集访活动，确保各大“维权”群体的相对稳定。

稳妥处置突发性事件。围绕组织指挥、情报信息、群众工作、舆论引导、后勤保障等方面，健全和完善群体性事件预防处置工作预案。年内，处置各类群体性突发性事件68起，维护全县社会大局稳定。

加强维稳情报信息预警。完善县、乡（镇）、村（社区）三级信息网络，抓住信息的搜集、研判、上报三个环节，严防迟报、瞒报、漏报三种现象。年内，物建维稳信息员164人，村级群众工作协调员578人，共反馈情报信息300余条(其中书面信息148条)，县维稳办经过研判，共综合编发《维稳信息》53期、《维稳形势分析》12期、手机专报45期，有效防范和及时化解群体性事件和非正常上访事件的发生。

全面推行社会稳定风险评估机制。落实县委、县政府制定的《关于建立维护社会稳定风险评估机制的实施意见》《关于加强和创新社会管理建立健全社会治安综合治理长效机制的实施意见》，社会稳定风险评估列入长效机制全面开展，推动维护稳定工作关口前移，做到有明显不稳定风险的政策不出台，绝大多数群众不支持的项目不立项，劳民伤财的事坚决不干。针对茶恩寺镇金坪复兴示范片、双阳示范片、竹木产业园、白石镇紫荆湖老年公寓等项目的建设、全县小煤窑整治关闭，县维稳办指导乡镇和相关单位做好风险评估报告工作，为上级领导及相关部门决策提供科学依据，保证项目的可行性、合理性、合法性及可控性。

严密掌控网络维稳动态。坚决做好虚拟社会维稳工作，及时关注评估网上舆情，主动回应化解热点涉稳问题。年内，物建维稳网评员79人，网上跟帖近500条。通过与宣传、公安、网监等部门的协调配合，主动采取措施，及时删除网上不当言论和不良信息。对在网上进行攻击诬蔑、造谣煽动、策划组织破坏活动的，迅速落地查人，共调查8人。

周密部署，做好进京非访治理工作。县委、县政府高度重视进京非访治理工作，召开一系列专题会议进行研究部署，根据各重点对象的诉求，坚持“事要解决”原则，在不违背法律的前提下，综合施策，妥善解决合理诉求。加强打击恶意进京非访、缠访，成立专案组，在取得证据后坚决依法予以打击。 (杨正华)

(责任编校　杨柳)

人民武装

【概况】 2014年，县人武部紧紧围绕“铸军魂、强素质、创特色、争一流、保稳定”的总体部署，贯彻党的十八届三中、四中全会和全军政治工作会议精神，按照“抓重点、打基础、改作风、保稳定”的目标思路，圆满完成年度工作任务。

抓政治思想教育。县人武部党委组织干部职工同步参加上级机关组织的文件学习、理论辅导授课，参加军分区开展的心得体会网上交流发言；结合到韶山、乌石等地参观见学，开展“传承传统”学习讨论。组织对“习主席系列重要讲话精神”和“牢记强军目标、献身强军实践”等规定内容进行导读学习，做到上课有笔记、讨论有心得、评比有促进。采取挂横幅、出板报和开辟网络、电视宣传专栏等形式，营造活动氛围。党委书记张性宇在县电视台新闻频道录制一期“我的群众观”电视访谈节目，开通湘潭县国防教育网，实时报道和宣传践行群众路线的典型人物和先进事迹；结合民兵整组、应急分队训练及下基层检查督导等时机，抓好现役干部、职工和专武干部、民兵人员的群众路线教育互动。3月，组织民兵参加驻地义务植树活动；两会及重要时期，组织应急分队30人在县城进行治安巡防；4月，人武部和地方有关部门到龙口乡百和村等地对困难群众进行慰问，并开展帮扶活动。

抓军事工作。按照省军区“一防五反”“12种支援保障行动”和“5种社会救援行动”任务要求，全面部署民兵整组任务，开展军事训练，不断提高干部“三套本领”和平时服务、急时应急、战时应战的能力。1月，做好全省民兵预备役整组工作会议现场准备，为会议提供高标准的应急连正规化建设现场，民兵集合点验示范和民兵整组经验介绍得到上级首长的肯定，高标准完成整组观摩试点任务。采取蹲点督导和交叉检查的形式，在县内组建完善三类分队（应急、支援、储备三类队伍）的基干民兵队伍，有序推进整组工作开展。年内，先后组织各类民兵骨干集训10批730余人次。3月26日，民兵应急连森林防火排迎接全省森林防火检查，得到省、市领导的肯定。年初，组织民兵320余人次参加茶恩寺、乌石、中路铺等乡镇扑山火行动，灭火面积33.33公顷；6月，先后组织抗洪抢险排3批共计50人次，到排头、河口等地参加执行抗洪抢险任务，安全转移村民50余人，出色完成任务。组织现役干部同步参加分区机关强化训练，重点对战场环境、作战文书等课题进行研究，严抓基础科目训练，并参加省军区的年终考核。

抓征兵工作。按照国防部、军区和省征兵办出台的一系列新政策、规定，制作15000余份宣传单、150条横幅和50块宣传栏，组织全体干部职工及专武人员在全县主要街头进行广泛宣传，利用政府手机报向全县移动客户发送征兵政策短信共计10万余条，扩大宣传范围。及时总结往年征兵工作，充分吸取经验教训，明确征兵领导小组责任分工，签订责任状，组织监察部门进行督查暗访，接受社会和舆论的监督。年内完成夏季的征兵任务，未发生责任退兵和不正之风问题。

抓后勤保障。修订后勤保障各类计划方案，做好固定资产的登统计和清查管理，严格落实财务管理规定，做到精打细算、厉行节约。实行每月收支情况、物资采购保管情况、领导个人重大事项等内容及时公开，2014年单位行政性消耗开支比上年下降30%。抓好单位的基础设施建设，逐步实现营院社会化保障，严格车辆维护保养和管理使用，做好季节性防事故工作。

【党管武装】 县委、县政府坚持把武装工作列入县委政府重要日程，确保党管武装有的放矢。县委议军会决定人武部正常工作经费、征兵工作经费、应急分队专项经费和其他建设经费给予优先保障。城镇退伍士兵技能培训、各项优抚政策落实到位。牵头协调县直单位对龙口乡（百和村、泥湾小学）、易俗河镇云龙社区进行面对面扶贫帮困，定期走访慰问驻地困难党员、群众。协调军地双方在凤凰中学、江声中学开展全县首个“抗日胜利纪念日”活动，推动全民国防教育的有力开展。年内，提拔1名基层武装部副部长任部长，调整4名武装部部长任副乡镇长，较好地激发基层武装干部爱武装、干武装的热情。

【安全管理】 县人武部严格按省军区首长指示和分区要求，重点落实安全工作部署内容，全面分析安全形势，着力查找和解决存在的问题和隐患苗头，确保部队安全稳定。组织干部职工开展学法规、用法规、守法规活动，建立以考促学机制，坚持经常考核、检查和讲评。严格落实规章制度。落实战备值班制度，做到值班首长24小时在辖区，值班干部24小时不离岗位。值班首长采取不定时抽查值班情况，定期交班讲评，严格落实处罚等措施，杜绝职工顶班、擅自离岗等问题。落实干部留营住宿和门卫登记制度，对4名准兵进行防暴反恐训练，对进出营院人员和车辆严格把关登记，确保营院安全。规范电脑、文件使用管理，严格落实上网电脑不办公和移动存储介质请领制度，完善文印室建设。严格车辆派遣制度，落实“三证一令”和干部带车规定，防范车辆事故发生。加大武器仓库的管理力度，指定军事科一名干部具体负责，定期做好枪弹的检查、维护保养。针对湘潭县服、退军人多，信访涉军问题突出，人武部党委主动作为，做好服、退军人的稳定工作，及时化解涉军维权矛盾10余起，做好4户长期上访人员的思想转化工作，完成涉军信访维稳工作。组织机关干部、职工及乡镇专武干部对涉徐信息案件进行拉网式排查，做到不漏一人，不放过任何死角，确保单位不发生政治性问题。

【国防教育】 坚持把国防教育列入党委（党组）中心组理论学习内容，纳入党校、行政干部学校等干部培训机构培训计划，纳入国动委成员单位及主要领导业务考核内容。利用“八一”建军节、县委议军会、国动委国教委会议等时机，组织领导干部过军事日、参与军事演练和国防动员工作。采取形势报告、知识讲座等形势抓好各级领导干部的经常性国防教育。5月29日，邀请国防科技大学教授彭忠秋为县委理论学习中心组成员举行“世界军事形势与中国国家安全”专题讲座；7月30日，组织全县处以上领导干部开展以“进军营、学军事、强作风、促融合”为主题的“军事日”活动，进行实弹射击并观看大型国防教育纪录片《甲午甲午》，敲响勿忘国耻的警钟；“八一”期间，组织民政局、老干局等5个县直单位领导干部、易俗河镇、中路铺镇等8个乡镇干部职工开展过军事日活动，让各级领导干部走进练兵场，接受国防教育，提高国防素养；11月，组织国动委成员单位主要负责人参加省市举办的国防动员领导干部业务考核。组织2000余名机关干部参加“强我国防、兴我中华”第八次全国国防教育主题征文和知识竞赛。

着力抓好青少年学生的国防教育。贯彻落实教育部、总参谋部、总政治部《关于全面提高学生军事训练质量的通知》精神，8—9月，组织全县高级中学、职业技术学校和部分初级中学开展为期7天的学生军训，受训学生近10000人；投入7万多元向全县所有小学赠送《全民国防教育读本》，推动国防教育进课程、进教案和进课堂；开展以国防教育为主题的军事夏令营活动，组织全县中小学生参加“维护海洋权益、共建强大国防”主题征文和“中国海洋国土和防卫政策”知识竞赛，加强青少年学生国防意识熏陶和国防知识技能培训；9月3日为首个“中国人民抗日战争胜利纪念日”， 组织全县各中小学举行一次“勿忘国耻，警钟长鸣”主题升旗及签名活动，组织观看爱国主义影片。

抓好民兵预备役人员的国防教育。结合民兵预备役组织调整、军事训练、参建参治和执行多样化军事训练任务，将国防教育纳入民兵预备役思想政治教育内容，增强民兵预备役人员的军人意识、国防观念和履职本领。贯彻全民参与、长期坚持、讲求实效的方针，采取扎实有效措施，不断扩大国防教育的社会覆盖面。结合纪念新中国成立65周年、甲午战争120周年、“九一八”事变93周年、首个“中国人民抗日战争胜利纪念日”、烈士纪念日、南京大屠杀死难者国家公祭日和第14个全民国防教育日，组织开展主题教育活动，增强教育的吸引力和实际效果。2月至10月，组织开展“关心国家安全，维护海洋权益”主题宣传教育活动，在县电视台、县国防教育网、广场电子屏幕、机关社区楼宇电子广告等公共传播平台循环播出“维护海洋权益、建设海洋强国”国防教育公益广告，宣传教育效果明显；9月“国防教育宣传月”，组织开展拉响“勿忘国耻，警钟长鸣”警报、“中国人民抗日战争胜利纪念日”主题升旗、关爱抗战老兵、走访烈士遗属、全县机关办公场所电子屏《国防教育用语100条》宣传、国防教育法律法规集中宣传等一系列活动，发放宣传资料30000多份，在全县各集镇设置国防教育宣传栏80多个，张贴宣传标语10000余条，出墙报800余处，挂宣传横幅2000余幅，利用手机报、电子政务平台群发国防教育短讯15000余条。创新形式，丰富载体。注重发挥报刊、广播、电视等大众传媒和网络等新兴媒体的教育功能。各类国防教育的新闻报道在省、市、县电视台报道达20余次，在国家、省级以上报刊、网站等媒体上稿、报道达60余次。3月，开通湘潭县全民国防教育网，成为全县全民国防教育对外展示的窗口，推动国防教育工作的信息化、网络化建设，实现国防教育在覆盖群体的新突破，在工作方法上的新创新，在社会影响力上的新提升，形成国防教育电台里有声音、电视上有影像、报刊上有文字、网站上有网页、手机上有短信的“五位一体”宣传网络格局。

（宋德喜）

武警湘潭县中队

【概况】 2014年，武警湘潭县中队联合目标单位进行安全大检查15次，联合方案演练20次，协助目标单位圆满完成押解任务1两次，押解犯人280人次。共出动兵力320人次，完成重大警卫勤务、两会安保、城市武装巡逻等临时勤务。开展各类教育100余次，发展党员4名，选拔各类集训人员12人，1人荣立三等功，10人荣立嘉奖，12人被评为优秀士兵。2014年，武警湘潭县中队连续实现安全执勤无事故32年。

【思想政治教育】 学习贯彻党的十八大、十八届三中全会和习主席重要讲话精神，开展党的群众路线教育实践活动，战斗力标准大讨论活动，开展“牢记强军目标、献身强军实践，永远做党和人民的忠诚卫士”主题教育，运用有效载体，做好经常性思想工作，引导官兵坚定理想信念，忠实履行职责使命。

（谭志勇）

武警湘潭县消防中队

【概况】 2014年，县消防工作开展消防安全排查整治专项行动，全力夯实社会火灾防控基础，强力提升灭火和应急救援能力，确保全县火灾形势持续稳定，为全县经济社会发展做出应有贡献。

抓消防安全责任制落实，推进消防社会化进程。年初，县政府召开消防工作会议，明确各乡镇、各行业系统主管单位、政府职能部门的工作责任，并将消防工作纳入综治工作考评，形成一级抓一级、一级对一级负责的消防安全网络管理新模式。年内，县委县政府重视消防工作，先后召开两次县政府常务会议、5次专题会议研究消防工作，建立并完善消防安全委员会联席会议制度；县委书记谢振华、县长傅国平多次听取消防工作情况汇报，并做出重要指示；全县各级党政领导对消防工作先后做出批示30余次；县委、县政府多位党政主要领导先后亲自带队检查消防工作。消防安全委员会各成员单位认真履行职责，扎实做好所辖行业、系统消防安全监管，共同推进消防事业发展。

抓隐患排查整治，确保全县消防安全稳定。全县以密集行动和高压态势攻坚治理火灾隐患，开展冬春火灾防控、第二次“清剿火患”战役、消防安全“打非治违”、重大火灾隐患集中整治、劳动密集型企业消防安全整治等专项行动。突出抓好消防安全网格化管理、重点单位户籍化管理、消防控制室达标创建活动等重点专项工作，完善县内62家重点单位户籍化管理档案，跟踪督导单位落实“三项报告”备案制度，推动15家控制室达标创建工作，消除2家重大火灾隐患。年内，检查单位823家，发现火灾隐患573处，督促整改538处，下发行政处罚决定书17份，责令“三停”3家，罚款12.8万元，临时查封3家。

抓消防宣传培训，提高全民消防安全意识。紧扣《全民消防安全宣传教育纲要》，立足实际，创新思维，以更新的形式、更深入人心的方式，全力打造“全民消防”新格局。联合教育局开展“快乐小报童”“大手拉小手”等暑期消防安全宣传教育系列行动。精心组织“九九”消防平安行动、安全生产月等重点宣传活动，通过消防宣传车上街下乡、驻点宣传、消防演习等方式，印制、发放各类消防宣传手册5万余份，开放消防站80余次，开展知识讲座100多场，提升人民群众的消防安全意识和自防自救能力。

抓基础设施建设，提升灭火应急救援能力。全县消防经费保障能力进一步增强，累计投入消防业务经费近600万元，增添个人防护装备1328件（套），抢险救援器材及常规器材1774件（套），特种防护装备616件（套），灭火药剂5吨，提升抵御火灾能力。天易消防站利用“融资保理”方式签订487万元的消防器材及车辆合同。年内，全县共完成灭火救援作战任务483次，抢救被困人员51人，疏散被困人员420人，抢救财产价值1583.25万元，完成十余次三级以上警保卫任务。指导辖区62家重点单位对本单位的灭火预案进行修订和完善，开展灭火演练60余次。特别是联合伍子醉槟榔厂、步步高购物广场等单位开展大型综合演练，效果良好。谭家山镇专职消防队在市支队举办的“第二届公安现役、企业专职、乡镇专职消防队伍实战化大比武”中获团体第二名。县消防中队完成总队组织的跨区域地震救援实战演练，实战能力得到锻炼。年内，湘潭县被评为“全省消防工作先进单位”。谭家山镇和易俗河镇专职消防队被评为市级先进专职消防队。

（谢方勇）

人民防空

【概况】 2014年，县人防办按照“端正作风树形象、突出重点抓宣传、依法行政抓建设”的总体思路，狠抓领导班子的思想政治和领导能力建设、党风廉政建设，夯实发展基础，完善运行机制，各项工作都取得显著成绩。

开展人防宣传教育。利用电视、报刊、网站、固定宣传栏等，对新出台的《湖南省人民防空工程建设与维护管理规定》（省政府令第270号）及《湖南省物价局 湖南省财政厅关于核定人防系统行政事业性收费标准的通知》（湘价费〔2014〕60号）进行全方位宣传。以城区为重点，全面开展学校人防教育工作。11月底，选择城区新成立的天易金霞小学开展一次人防疏散演练，增强中小学生应对处置突发事件的能力。县城共有中小学校12所，已经全部开设人防教育课，受教育学生达13000人次，受教育率和考试合格率达100%。与县委党校联合开展人防知识教育，向参加学习的各级干部赠送书籍、发放宣传资料，进一步加强对机关干部的宣传。选定砚井、牛头岭、凤形山三个社区为人防宣传教育示范点，布置专门的宣教室，添置人防器材。组织首部人民防空系列电影科教片《居安思危 备战人防》的观看与宣传。

抓好人防工程结建、行政审批。全面贯彻落实省政府270号令，出台《湘潭县人民政府关于贯彻落实〈湖南省人民防空工程建设与维护管理规定〉的实施意见》。明确人防工程统一的建设标准、费用的收取和使用、后期的维护管理，并强化责任，严格审批程序，保障经费投入。组织开展人防行政执法检查，全面清查已批未建的结建防空地下室和易地建设费征缴情况，及时纠正处理发现的问题。优化人防行政审批流程，按照“一门受理，窗口运作，统一收费，承诺办结”的机制实行审批，加强与天易示范区的联系，认真落实法规和政策，共同把好结建关。

加强人防工程维护，人防工程平战成效显著。年内，先后组织检查龙盛华府、县中医院、同丰中央广场、金霞山1号等人防工程建设项目质量，确保人防工程建设质量。坚持“长期准备、重点建设、平战结合”的方针，发挥现有工程的经济效益。离心机厂人防工程主要用于水果存储、县人民医院结合工程主要用于医疗设备和药品的存放。

抓好人防指挥通信工程。制定《湘潭县人民防空疏散预案》，通信警报建设和维护管理进一步加强，新安装警报器×台。每月定期组织检查，完善县一级人防警报分控中心建设，实现分控中心与警报器的连接能够自动控制，确保9月3日“抗战胜利纪念日”和11月1日“湖南省人民防空警报试鸣日”的警报音响覆盖率和鸣响率，实现人防警报“双百”动态达标。（廖玲）

（责任编校　杨柳）

发展与改革

【概况】 2014年，县发展和改革局围绕全县经济社会发展战略研究和规划管理工作，坚持完善经济形势分析、重点企业监测、专项调研分析等制度，加强社会经济分析与科学规划管理。出台《湘潭县服务业发展规划（2013—2020年）》，规划2013—2020年全县服务业发展的战略定位、空间布局、重点领域、重大项目和政策措施。编制《湘潭县2013年国民经济和社会发展计划执行情况与2014年国民经济和社会发展计划草案的报告》，提出全年主要经济预期目标和主要经济工作任务，指导全县经济发展。

牵头开展《湘潭县高标准农田建设2011—2020年实施方案》编制工作，规划到2020年建设高标准农田2.6万公顷。开展“三深入三强化”调查走访活动，撰写《关于加快“两型”现代农业发展的思考》《加快我县现代服务业发展的对策建议》《湘潭县公共服务平台建设情况调研报告》《积极开展争项争资，助力县域经济发展》等调研报告。完善股室、二级机构与各乡镇及县重点骨干企业的联系责任机制，定期召开经济形势分析座谈会，分析发展形势。

年内，湘潭县发展和改革局被县直机关工委评为全县双联帮扶工作先进单位、被县总工会评为工会工作先进单位。

【重点项目申报】 2014年，宏信创新创业园、芙蓉大道（五大桥—武广大道）道路工程、廉租房项目等3个项目被列入省重点建设项目。农产品精深加工园、中科纳米绿色印刷科技产业园（一期）建设项目、珠江啤酒生产基地等24个项目被列入湘潭市重点实施项目。年内申报各类项目31个，其中，中央投资项目21个，省级项目8个，市级项目2个，涉及保障性安居工程、农村饮水安全工程、四水治理、教师周转宿舍、城镇污水垃圾处理设施、培育战略新兴产业等项目。累计争取各类资金1.59亿元，其中，中央预算内资金1.36亿元、省级资金2180万元。

【固定资产投资】 2014年，县发展和改革局贯彻落实《湘潭县人民政府关于稳增长促发展的九条意见》（潭县政发〔2014〕5号）精神，改革投资审批制度，减少审批环节，优化审批流程，推进审批公开，对申报要件齐全的项目审批期限缩短为3个工作日办结。执行《湖南省政府核准的投资项目目录》（2014年本）等文件要求，县政务服务中心发改局窗口立项审批（核准、备案）项目59个，总投资30.88亿元。完成固定资产投资166.3亿元，比上年增长23.5%。建设重点工程项目89个，完成投资122.5亿元，在全市投资和重点工程项目建设工作考核中，位列第一名。招商引资签约新项目48个，其中过亿元项目10个，实际到位内资36.2亿元。实际利用外资6771.5万美元，增长23.5%。

【第三产业发展】 2014年，湘潭县第三产业实现增加值85.5亿元，比上年增长12.1%。出台全县《服务业集聚区规划》和《实施方案》，编制全县《服务业龙头企业培育三年行动计划》，建立全县《重点企业名录库》，开展全县公共服务平台建设调研并提出资源整合意见。实现社会消费品零售总额64.8亿元，同比增长14%。全县首个城市综合体项目同丰·中央广场建成投入使用。污水处理厂二期投入试运行。玉兰路、雪松北路提质改造等22个城市基础设施项目全面建成。小城镇建设投入1.7亿元，全县城镇化水平不断提高。

年内，湘潭县成为全省首批“百城千镇县乡流通再造试点县”。“特色中国·湖南馆·湘潭县馆”电子商务平台正式上线运营。

年内，湘潭县接待游客704.16万人次，实现旅游综合收入48.12亿元，增长2.2%。推出“白石之旅”“赏荷之旅”“碧泉之旅”等一日游特色旅游产品。鑫田国际大酒店成功创建国家五星级旅游饭店，湘潭县花漾山谷度假庄园、湘潭县源博园生态庄园、湘潭县龙凤庄园生态农庄、湘潭县腾辉农庄等4家单位获省旅游局批准为五星级乡村旅游区（点）。

【“两型社会”建设】 2014年，湘潭县万元GDP综合能耗下降12.62%，化学需氧量削减5.2%，氨氮削减5.61%，二氧化硫削减8.03%，氮氧化物削减6.78%，完成年度污染减排目标。

全面推进两型改革。制订出台湘江污染、大气污染防治行动计划，健全水污染和大气污染防治机制。精简行政审批，优化审批流程，县政务服务中心实行“两集中、两到位”工作机制，审批时限缩短2/3。启动授权乡镇执法，扩权强镇步伐加快。县城区居民生活用水实行阶梯水价。建立全县统一的城乡居民基本养老保险制度。医疗卫生体制改革持续推进，在全县523家村卫生室实施基本药物制度，覆盖率达到97.94%。

强化规划管理。完成中路铺镇、射埠镇等3个乡镇建设规划和石鼓镇，杨嘉桥镇等4个乡镇控制性详细规划编制。全年查处违法用地14公顷，违法占用耕地比例下降至7.12%。开展非法采砂洗砂重点整治活动，取缔非法采砂、洗砂场（点）32处。

开展两型示范创建。云龙实验小学被长株潭两型试验区工委、长株潭两型试验区管委会评为省级两型示范单位，砚井社区等5家单位被长株潭两型试验区管委会评为获批省级两型示范创建单位，彭德怀纪念馆等5家单位被湘潭市两型办评为市级两型示范和示范创建单位（项目）。《小学生两型知识教育读本》和粮食产业全程定单式社会化服务的“华绿模式”获全省推广。

推进生态文明建设。推广使用清洁能源，城区全面禁止高污染燃料。建立湘江干流及主要支流沿岸1千米范围畜禽规模养殖场退出机制。启动园区循环经济技术推广试点工作，推动工业废弃物和生活垃圾的无害化处理。农村环境综合整治纵深推进，卫生检查“插入式”评比卡、垃圾分类减量处理试点、网格化管理等创新性工作成为全市亮点。 （贾广温）

物价管理

【概况】 2014年，县物价局全面清理全县行政事业性和经营服务性单位收费项目及收费标准，取消收费项目16项，免征收费6项、降低收费项目7项，调高收费项目7项、放开收费项目12项，年内减轻企业和群众负担600万元左右。审批价费项目17项，短期培训班收费8期，备案收费9项，召开5次集体审价会，审议价费项目20项，主要涉及教育、医疗、物业、客运、旅游、行政事业性单位短期培训等领域，社会反响较好。

开展成本调查与成本监审，先后对县城生活垃圾收集运输处理、周小舟故居和齐白石故居门票、芙蓉公租房、湘潭凤凰实验中学住宿费等项目进行价格成本监审。按照省局保障性住房价格管理办法，制定芙蓉保障性住房公共租赁和廉租住房租金标准，让县城区困难家庭、新就业无房职工和外来务工人员住上保障性住房。对县城乡低保户、特困户水、电、气，实行减免政策（特困户每户每月免收8立方米水费、10千瓦时电费、4立方米燃气费、有线电视收费优惠90元/年.户；低保户每户每月免收6立方米水费、10千瓦时电费、4立方米燃气费、有线电视收费优惠90元/年·户），累计减少困难群体生活支出约300万元。制定周小舟故居门票价格，调整齐白石故居门票价格，推进湘潭县旅游与文化的融合，提升湘潭县旅游产业的整体竞争力。开展湘潭凤凰实验中学住宿费和居民小区物业价费审批工作，加强对公用事业、公益性服务价格管理。

推进资源性产品价格改革。根据《湖南省城市供水价格管理办法》要求，推进水资源价格改革和促进节约用水，依法依程序调整县城区供水价格，自2014年10月1日起执行城市居民生活用水试行阶梯式水价，价格运行平稳，群众反映良好，促进湘潭县“两型社会”的建设。

借助县网、县网手机报等平台，宣传新《价格调节基金征收管理办法》，重点宣传基金征收范围、征收标准、基金的使用、基金的管理，让新《价格调节基金征收管理办法》深入千家万户。县价格调节基金征管领导小组先后召开4次联席会议，加强与代征、被征部门的协调联系，克服宏观经济下行的影响，价格调节基金征收入库取得突破性进展，达到900多万元，同比增加800多万元。争取省市价调项目资金310万元，重点扶持33.33公顷以上的蔬菜基地有梅林示范片蔬菜产业、全丰合作社石洪基地、三汇蔬菜基地等；20公顷以上的基地有茶恩寺示范片、湘桥、绿丰、文超、文高等5家种植合作社。

开展价格监督执法检查与价格公共服务，先后开展教育、客运票价、电力、国土、农资市场、涉农、涉企、房地产市场、医疗、药品、天然气价格等专项检查。春季、秋季开学期间，会同县纪委、教育、财政等部门对全县中、小学教育收费情况进行检查；对江声实验学校、县一中、五中、九中、中路铺中学、白石中学、古城中学等，开展教育收费专项检查。多次重点检查全县化肥、农药、种子、农膜等农资价格执行情况。节假日期间，开展全县客运线路票价的监管。专项检查县人民医院、县中医院的医疗服务收费情况。专项督查县人社局、县房产局等单位开展下岗职工再就业和城镇低保户收费优惠政策落实情况，确保城市困难群众和下岗职工的价费优惠政策落到实处。年内，共检查单位50余个，查出违价金额400余万元，实行经济制裁50多万元。2014年，湘潭县价格监督检查局被中共湖南省委法治湖南建设领导小组办公室评为“2013—2015年全省依法办事示范窗口单位”。

依法抓好价格认证。加强与公安机关的联系和协作，客观公正、实事求是地开展“急”“难”“重”涉案物品价格鉴证工作。年内，开展的重点价格鉴证评估案件有“万凯缘哄抢案”“县妇幼、石鼓镇、谭家山镇故意损坏公私财物案”“省公安厅督办系列特大家畜被盗案”“县城、白石、谭家山、茶恩寺纵火案”“沪昆高铁房屋损毁案”等等，评估结论无一宗案件被投诉和质询，确保价格鉴证准确率100%。受理并出具价格鉴定结论168个，涉案金额约441万元。

做好价格监测工作，湘潭县被省物价局列为“国家级价格信息监测点”。国家监测项目为粮食和农村服务价格，省级监测项目为生猪、饲料、家禽、农资等。按要求全面、及时地采集并上报各类监测品种价格信息，未发生迟报、漏报、瞒报等问题。上报报表178份；每季度刊发价格信息简报1期，共计4期，为国家宏观经济调控和公共管理服务决策提供数据。

【价格举报“12358”专线】 2014年，县物价局畅通群众诉求渠道，着力打造“12358”品牌，重视价格举报。“12358”专线受理价格举报咨询142件，价格举报咨询答复率、案件办结率、结果反馈率和群众满意率均达到100%。该局对政风行风热线中有关价格和收费问题的帖子，密切关注，所有网贴均进行宣传和解释，及时做好网络舆情的处理和答复工作，回复网络咨询、投诉8件，及时化解价格矛盾，维护广大人民群众的合法价格权益。 （王智烽）

工商行政管理

【概况】 2014年，全县发展各类企业2374户，其中内资企业7家，私营企业677户（个人独资企业51户、普通合伙企业7户，有限责任公司及分公司363户、农民专业合作社256户），个体工商户1690户。在册市场主体总数24554户，其中，企业2838户，个体工商户21716户。协助企业至国家工商总局核名2户，冠省名62户，冠市名154户。办理21件股权出质登记，累计出质股权数额16341.5万元/万股，累计担保债权数额10510万元。

推进“品牌兴县”战略，开展商标品牌培育工作，指导优势企业争创驰名、著名商标，支持商标无形资产资本化运作。指导湖南百舌鸟鞋业有限公司等7家企业申报湖南省著名商标。全县拥有注册商标1590件，湖南省著名商标29件，驰名商标4件。查处商业贿赂、商标侵权、虚假广告和其他违法违章案件。查处制售假冒伪劣商品和侵权案件20起，案值40万元，没收并销毁侵权假冒的商品价值5.6万余元。借助媒体广告监测系统不定期24小时全天候监测电视台发布的广告，加强房地产等行业户外广告的监管。

加强食品安全监管。以各项食品市场专项整治为内容，在县内开展烟酒市场、乳制品市场、校园及周边食品安全、流通环节无照经营、夏季应用水市场、流通环节肉制品、流通环节违法添加非食用物质和滥用食品添加剂等专项整治行动，查处不合格食品54千克，查处取缔无照经营户9户，处理食品消费投诉案件，处理食品投诉案件17起，为消费者挽回经济损失3.8万元。立案查处各类食品违法案件40件。加强无照经营整治工作，排查无照经营户905户，引导办照770户。其中重点行业中黑网吧18户，非法采砂9户，烟花鞭炮经营无照户56户，成品油无照经营9户，公共娱乐行业无照28户，旅馆经营服务业无照57户，其他一般行业728户。年内开展日常巡查2670人次，下达《责令改正通知书》770份，立案查处无照经营案件41起。建立健全与公安、卫生、城管、社区、学校、行业协会等部门的整体联动长效机制。开展“红盾护农”执法行动3次，出动执法人员50余人次，检查农资经营户316户，悬挂张贴宣传标语近106幅，举办街头咨询40多次，深入田间地头，发放识别真假农资宣传资料1000余份。

查处商业贿赂和商业欺诈行为。整治医疗服务不规范行为以及医药购销领域不正当交易行为，立案查处商业贿赂和商业欺诈案件4起。查处烟草市场违法行为，出动

2014年湘潭县省著名商标名录

表6

级 别	商标名称	所属企业	评定时间
湖南省著名商标	湘正野	湖南湘正野生物饲料有限公司	2014
	堂皇+图形+字母	湖南堂皇湘莲食品有限公司	2014
	比其路+字母	湖南百舌鸟鞋业有限公司	2014
	天子山	湖南农其科技开发有限公司	2014
	神猴+图形+字母	湘潭市特种线缆有限公司	2014
	仙女+字母	湘潭市仙女竹业有限公司	2014
	南电	湖南南电电气有限公司	2014
	恩尔+图形+字母	湖南恩尔保险制造有限公司	2014
	振湘	湘潭振湘鞋业有限公司	2014(续评)
	喜来乐	一笑堂(湖南)制药有限公司	2014(续评)
	湘泵	湖南潇湘制泵有限公司	2014(续评)

执法人员69人次，执法车辆42台次，检查卷烟零售经营户98户次，要求责令整改无照经营户32户，立案查处涉烟案件33起。开展服装鞋帽类商品质量专项整治、假冒伪劣专项整治行动、重要消费品质量安全专项整治行动等工作，出动执法人员632人次，检查经营主体3154户次，打击假冒伪劣产品。

打击传销规范直销。进社区、进车站开展走访，调查出租民房情况，走访群众86人，调查出租房46家，重点调查是否有假借“连锁销售”等名义和形式的传销活动，是否有无正当职业的外地人三五成群聚集开会、学习活动的情况，是否有以介绍工作、从事经营活动等名义诱骗返乡农民工参与传销的违法行为，以及是否有以“国家开发项目”“政府秘密工程”等名义开展传销活动的行为。

开展校园周边整治工作。全县学校周边有照经营户589户，无照经营户109户，其中有照食品经营户258户，无照食品经营户49户。年内，检查校园周边经营户647户次，取缔无照经营户22户（其中取缔黑网吧2户）；共查获过期和“三无”食品327袋，销毁变质食品58公斤，没收不良玩具143件，盗版教辅书刊322册，盗版光盘171张；对117户无照经营户送达《限期办照通知书》，立案12起。

设立“12315”消费者申诉举报中心1个，下设“12315”消费者申诉举报站8个。年内，受理消费者咨询、申诉、举报案件462件，件件有答复、有落实，利用投诉、举报线索查办案件3起，为消费者挽回经济损失30多万元。（文雯）

审计管理

【概况】 2014年，县审计局完成90个单位的审计和审计调查，查出各类违纪违规金额22762万元，通过审计处理应增加财政收入5932万元。出具审计报告90份，下达审计决定26个，向相关部门提交移送处理书10份，收到处理结果7份，审计提出建议130条，采纳120条，在各级媒体发表信息34篇次。

开展对2013年度湘潭县本级财政预算执行和县财政收支情况的审计工作，审计内容主要围绕促进落实积极财政政策的各项措施、加强财政管理、完善预算制度、规范资金分配行为、提高资金使用效益等。县审计局在湘潭县人民政府第十五届二十五次常务会议上作《关于湘潭县2013年度县本级预算执行和其他财政收支的审计结果报告》。该局受湘潭县政府委托，向湘潭县人大常委会作《关于2013年度湘潭县县本级预算执行和其他财政收支的审计工作报告》，报告肯定县财政按照国家有关财经法规的规定进行预算编制、预算执行及专项资金管理，指出县财政预算编制、财政收入支出管理等方面存在的未实行全口径预算、虚增一般预算收入、超预算或无预算拨款等10个问题，提出执行全口径预决算制度，构建和完善复式预算体系，促进预算公开；推进财政科学化精细化管理，强化预算约束等6条审计建议。

围绕促进乡镇政府增强依法理财理念，规范财政收支行为，提高转移支付资金和各项民生工程资金使用效益这一目标，开展河口镇政府、中路铺镇政府的财政决算审计，着力评价被审单位各项经济指标的完成情况、预算编制与执行情况、“三公经费”控制指标的执行情况等。

开展对县发改局等10个单位主要负责人的任期经济责任审计，查出违规金额6319万元，管理不规范资金2909万元，查出个人借支长期未归还、使用假发票列支、违规套取专项资金、虚列支出套取现金私设“小金库”、个人经手贷款收入未入账等问题，出具移送处理书9份，引起相关领导的关注和重视，对于加强干部管理、监督权力运行、促进经济社会科学发展和民主法治建设等方面发挥重要的作用。

完善民生审计工作机制，发挥审计监督作用，以预算管理和资金分配为切入点，加强专项审计和审计调查，重点对再就业专项资金、小型农田水利建设资金等专项资金进行审计和审计调查。审计发现项目管理、资金使用以及项目效益等环节出现的未按项目法人制组织实施、项目设计未进行招标、未按规定使用就业专项资金等问题，提出加强政府性基金管理，完善相关专项基金、资金管理制度和有关部门适当提高小额担保贷款额度和扩大贷款范围等审计建议，确保专项资金的安全、及时、专款专用，发挥最大效益。

加强政府投资建设的竣工项目进行审计监督，基建投资审计工作注重提升发展质效和检查建设项目管理及工程质量，查处严重违纪违规问题，促进规范工程建设管理，完成投资审计项目54个，投资审计送审金额56639万元，审定金额41944万元，审计核减14695万元，审计核减率达26%。

审计和审计调查全县44家单位申报2013年度招商引资奖（含中介人奖、乡镇引进大型投资项目奖）、纳税贡献奖（含新办企业奖、纳税大户奖）、企业规模奖、品牌建设奖、楼宇经济奖、总部经济奖、优质服务奖7类奖项56个项目。经审核，申报的7类奖项有6类奖励项目符合奖励条件，应奖励477.58万元。开展对申报企业欠缴税费的审计，查出湘潭碧桂园房地产开发有限公司等11家企业欠缴企业所得税、土地使用税、水利建设基金等共计1053万元，审计督促其足额补交。

4月，省审计厅组织实施湘潭县生猪生产资金的审计，县审计局做好协调配合工作。8月，抽调3名审计人员赴郴州市参与由审计署组织的全国土地出让收支及耕地保护情况审计。（邓栋梁）

统计管理

【概况】 2014年，县统计局坚持贴近“热点、政策、需求”原则，围绕县委、县政府中心工作，加强研判工作，把握经济运行脉搏，加强与长沙、株洲等地统计部门的横向联系，寻找湘潭县发展差距，提升经济分析的深度，形成季度经济形势分析报告，科学研判经济形势。年内，撰写分析报告25篇，热点重点信息50余条，其中省级媒体采用11条次，市级28条次，县级

20条次。借助网站平台，发布综合月报、统计公报、两纲监测报告等人民群众关心的最新统计成果，提供统计服务。

强化统计基础。机房升级改造，建立健全内、外、专网建设，邀请市统计局技术工程师上课，掌握入侵防御、智能数据保护、网络防病毒服务器等新系统的工作原理和操作方法，加强信息化应用。2014年在国家局数管中心专项督查中，湘潭县统计网络和信息安全工作得到国家、省局领导的肯定。强化统计双基工作。年初，转发省统计局加强统计规范化建设的通知，明确乡镇统计规范化建设目标、措施及要求，多次到乡镇统计站检查规范化要求落实、统计电子台账建立完善等情况，并指导10个乡镇申报达标。推进统计教育创新，优化网络报名和考试流程，年内完成统计两证培训人数159人，常规业务培训200余人次。

推进统计调查法治化，大力宣传《中华人民共和国统计法》，及时转发上级关于统计违法案件查处决定，坚持依法统计，保障数据真实。年内统计执法检查单位36家，发出责令整改书，责令整改16家。

加快统计制度方法改革，主动向各调查对象传达国家、省、市统计方面新的制度以及改革的重点内容。按照整体方案，做好统计年报工作，组织实施企业创新、能源、电商、健康服务业、工业发展、投资等方面的统计改革。稳步推进“企业一套表”改革。10月下旬，经请示县政府领导同意，组成3个调研组，走访全县联网直报单位，现场指导和解答调查对象网上直报遇到的统计业务问题，提出提高基层统计联网直报工作质量要求。全县联网直报企业355家，网上直报率达100%。加强统计基本单位名录库建设。利用第三次全国经济普查工作成果，全面更新维护基本单位名录库，重点核实和比对联网直报单位，建立统一完整、不重不漏、真实可靠的基本单位名录库。

10月，县民调中心拥有国内外专业调查先进设备CATI系统启用，年内开展综治、作风建设、绩效等方面的民调，完成有效电话调查1.1万个。

【第三次全国经济普查工作】 2014年，县政府重视第三次全国经济普查工作，县、乡均成立领导小组，安排专项经费，从人、财、物方面给予保障。县统计局通过县网专栏、手机报、彩铃、微信等多种方式进行宣传发动，该局网站刊发工作信息18条，均被市统计局采用，其中《湘潭县将经济普查工作纳入年度绩效考核》等8条信息被省统计局采用。实行责任包干，按照“三包”责任，将班子成员、工作人员包干到各乡镇，实行责任捆绑，确保普查任务的落实。开展业务培训，全县19个乡镇分两批先在县里培训、然后各乡镇再组织PDA操作员进行培训。普查前，该局分7批次到各乡镇进行指导，抽取2—3家单位和个体户，对如何进行定位、纠偏、新增、拍照等，逐一实地培训PDA操作员，现场解答录入、核对等重点难点问题。在普查单位时，通过预留电话等形式，辖区内各单位可自选时间，预约普查员上门进行普查。在普查个体户时，该局协同乡镇与市场管理方沟通，通过到市场内开展宣传动员及征求意见等方式，达成共识，分时段在不影响正常经营的情况下进行普查。县政府督查室加强对第三次全国经济普查工作进度的督查，将各乡镇普查质量高低作为年度考核依据。全县600多名普查员参与第三次全国经济普查工作，共普查法人和产业活动单位5400多户，个体户3.3万多户。2014年，县统计局被湖南省第三次全国经济普查领导小组办公室评为湖南省第三次全国经济普查先进集体。 （周立理）

国土资源管理

【概况】 2014年，全县批准用地面积468.6公顷，其中工业用地185公顷，基础设施及公共服务用地200.27公顷。1月—10月，全县申报经省国土资源厅批准用地项目25个，其中工业用地项目14个，面积65.73公顷。上报建设用地项目46个，总面积204.2公顷。全年办理土地出让37宗，总面积81.81公顷。强化闲置土地清理，制定分类处置方案，收回闲置土地4宗，盘活土地资源53.33公顷。县前四年平均供地率达到75.22%，顺利达标。出台《湘潭县土地储备管理办法》《湘潭县土地储备资金管理办法》，抓节约集约用地。天易示范区被省国土资源厅评为全省节约集约用地先进开发园区二等奖，奖励用地指标10公顷。湘潭县被省国土资源厅评为“节约集约模范县创建达标单位”。推进天易公路二期、梅林山庄等项目的征拆工作，拆除房屋245栋，面积6.82公顷；完成经营性用地项目征地100.2公顷，腾地295.62公顷；完成沪昆客运专线、湘湘干线、省道313公路改造等项目的征拆扫尾工作；报请省、市人民政府批准，对杨嘉桥、谭家山、白石、河口、射埠等乡镇土地利用总体规划进行调整，涉及调整规划项目8个，面积20.2公顷，保障全县发展用地的正常报批。申报2014年度土地整治项目11个，总建设规模3246.67公顷，总投资约7710万元。完成射埠镇、梅林桥镇等土地综合整治项目9个，总建设规模4100公顷，总投资1.041亿元；完成花石镇金塘村、盐浮村等中央灾毁耕地复垦补助资金项目3个，建设规模136.23公顷，总投资393万元；实施土地开发项目14个，总投资1096万元，补充耕地面积104.4公顷，全县耕地占补平衡。

组织实施强制拆除行动6次，重点打击杨嘉桥、河口、梅林桥、易俗河、中路铺等乡镇违法占用耕地建房等违法行为，立案查处各类违法用地案件83起，查处违法用地面积16.2公顷；开展非法采砂洗砂专项整治，国土、林业、水务等部门多次联合执法，对梅林桥镇9处、青山桥镇6处、射埠镇1处、石鼓镇8处、分水乡2处、河口镇2处非法采砂洗砂场开展联合执法行动，强制拆除机械设备26处，停工停产42处。摸底调查全县非法占地建油站情况，关停非法占地加油站4家。制定《开展农村村民建房专项整治行动工作方案》，开展全面摸底排查，分类进行登记、整改；出台《湘潭县加强农村宅基地管理的实施办法》，取消村民办理建房用地手续中的行政性收费和服务性收费，年内审批村民建房办证710户，较上年增加142户。打击违法用地行为，申请法院强制执行59宗，移送公安部门追究当事人刑事责任1宗，司法拘留2人。卫片（利用卫星遥感监测等技术手段制作的叠加监测信息及有关要素后形成的专题影像图片，简称卫片）执法案件立案率100%，结案率98%，整改后全县违法占用耕地比例控制在8.69%，在全市名列第三，并通过省、市验收。将擅自在耕地上建房、挖砂、采石、采矿、取土，擅自将农民集体土地的使用权出让、转让或者出租用于非农业建设等事项的调查制止权、行政处罚权（包括自由裁量权）授权委托各乡镇人民政府组织实施。授权委托执法后，有效制止各类违法用地行为180余起。以乡镇为单位，组织拆违控违行动10余次，制止各类非法开采行为30余起。

注销矿山7家，办理矿权延续登记8家。开展超深越界检查，聘请湖南省勘察测绘院416队专业测量技术人员对全县正常生产的57家矿山进行超深越界专项检查，对7家存在超深越界行为的矿山下达处罚决定书；严格落实驻矿制度，重点加强谭家山、列家桥等重点矿区的监管，实现“零事故”“零伤亡”“零问责”的管理目标。实施各类地质灾害防治项目4个，年内未发生地质灾害引发的人员伤亡事故。

加强综合调研信息宣传工作，累计在各级媒体发表宣传稿件223篇，其中，国家级13篇，省级9篇，市级73篇，县级128篇，调研信息宣传工作在全市排名第一。加强国土资源“一张图”建设，强化国土资源基础数据集中管理，做好各种数据库的存储和安全备份，加强基础数据的整合。在“一张图”本底数据库内容建设上，覆盖全辖区2009—2011年DOM影像数据库；在核心数据库内容建设上，覆盖全辖区2009—2011年基本农田数据、土地利用规划数据，完成验收乡级土地利用总体规划数据库，规范城镇地籍数据入库检查、建库使用、实时更新等；在数据库的应用上，各类数据库实现常态化应用，

4月25日，郴州市国土资源局苏仙分局考察学习湘潭县局信息化建设工作

（县国土资源　摄）

专业类、基础类数据库在电子政务系统中同步应用。19个国土资源中心所实现网上公文传输，电子公文传输实现常态化。内网业务办理电子化程度达80%以上。3月13日，作为全省乡镇国土资源信息化建设典型在全省地理信息工作会议上作汇报演示。

2014年，湘潭县国土资源局被国土资源部评为“县级国土资源政务信息公开示范单位”，被湖南省国土资源厅评为全省“2014年度国土资源信息化建设先进单位”。

【土地登记发证中心精简审批手续】　自3月17日开始，土地登记发证中心将抵押登记由半纸质、半电子内网多环节审批精简为全电子内网审批，其流程由原来受理-局交易中心纸质审批（3个审批环节）—发证中心电子内网审批（4个审批环节）—出证，精简为受理—政务中心电子内网初审—发证中心电子内网审批（3个审批环节）—出证；同时，及时更新网上相应审批表格，发挥信息化网络平台作用，减少办事群众的往返，提高办事效率。

【郴州市国土资源局苏仙分局考察学习信息化建设工作】　4月25日，郴州市国土资源局苏仙分局局长李见秋一行12人到县国土资源局考察学习信息化建设工作。考察组一行听取县国土资源局信息网络、电子政务系统应用、门户网站建设、“一张图”工程部署等情况的汇报，并就国土资源信息化建设存在的问题、人才的引进和保障以及“一张图”工程的发展前景等进行研讨交流。

【优化经济发展环境与收费检查专项整治】　5月初，县国土资源局制定下发《湘潭县国土资源局优化经济发展环境与开展收费检查专项整治工作方案》（潭国土资发〔2014〕21号），明确各项工作任务、责任分工、牵头单位和工作要求。各部门认真清理，自查自纠，减少审批环节，优化审批流程；推行联合审批和网上审批；清理涉企收费项目。落实《湖南省规范涉企检查若干规定》，简政放权，将关卡前移。将部分行政执法权授权委托下放至各乡镇人民政府，将农村村民建房审批发证授权委托各乡镇人民政府，取消农村村民建房所有办证费用。

【地质灾害应急演练】　6月26日，县人民政府主办、县国土资源局和梅林桥镇政府协办，模拟梅林桥镇中学后山发生滑坡、百余名师生被困而组织的地质灾害应急抢险救灾演练在梅林中学校园举行。此次演

练模拟从灾害发生到组织人员抢险救灾，解除应急响应警报的全过程。整个应急演练持续半小时，检验突发地质灾害应急预案的实效性和可行性。

【低价出让国有建设用地使用权和矿业权专项清理整治行动】 7月16日，县国土资源局、监察局、财政局、审计局召开联席会议，对部署开展低价出让国有建设用地使用权和矿业权清理整治行动。副县长唐仁光主持会议。此次专项行动清理的范围为2009年1月1日至2013年12月31日期间供应的国有建设用地，2004年1月1日至2013年12月31日期间出让的矿业权。主要内容清理全县国有建设用地供应、探矿权、采矿权出让转让、资源储量结算与价款评估、出让价款收支、矿山地质环境治理备用金收缴管理等情况，完善国有建设用地使用权、矿业权价格形成机制。

【全县政协国土管理工作专题协商会议召开】 8月28日，全县政协国土管理工作专题协商会议在易俗河国土资源所三楼会议室召开。县政协主席王惠芳、县人民政府副县长唐仁光、县政协副主席宋小玲、刘绵晖，部分政协常委、委员及县国土资源局相关负责人参加会议，就全县违法用地和土地整理情况展开专题探讨和协商。县政协主席王惠芳对国土资源部门所做的工作给予充分肯定，就如何开展违法用地整治和土地整理项目实施工作提出具体要求。

【湘潭县开展规范征拆补偿费发放专项整治】 8月25日－10月31日，湘潭县开展规范征拆补偿费发放专项整治行动。此次专项整治主要排查范围为2012年以来经国务院和省政府批准及2012以前获得批准但于2012年以后具体实施征收的征地拆迁项目。主要内容是坚决纠正不按标准及时足额发放征地拆迁补偿款，严肃查处滞留截留、抵扣挪用、虚报冒领、套取侵吞各种补助资金的问题，坚决查处国家工作人员在征地拆迁等工作中办事不公、优亲厚友的行为。经过排查整改，纠正在征地过程中执行政策有偏差的项目1个，S313湘潭县米山塘至谭家山公路改建工程项目增加补偿180多万元。对近两年来全县经营性用地项目，逐宗查阅资料，分项目走访，分项目建立档案，对原有征地程序不到位的，采取措施补救程序，纠正不合法的程序行为。在原有制度的基础上，建立健全项目经理责任制度，严格规范征地拆迁工作。

8月28日，湘潭县政协国土管理工作专题协商会议 （唐筱毅 摄）

【测绘队进驻政务服务中心】 自2014年10月8日起，县国土资源局政务（发证）中心国土窗口新设立1个国土测绘登记服务窗口，由局测绘队正式进驻并负责受理县内的测绘业务。其业务范围主要包括测绘受理登记、测绘费用缴纳等，为县国土资源局一项利民便民新举措。

【国土资源授权委托乡镇执法座谈会】 11月2日，县国土资源局召开授权委托乡镇执法座谈会。局党委书记、局长肖尽红、各国土资源中心所所长及石潭、杨嘉桥、茶恩寺、射埠、石鼓、梅林桥、青山桥、中路铺、排头等九个乡镇的联合执法中队长和法治办负责人参加会议。据统计，自授权委托执法以来，制止各类违法用地现象180余起，以乡镇为单位，组织拆违控违行动10余次，拆除违法建筑面积3000多平方米，制止各类非法开采行为30余起，全县国土资源管理秩序明显好转。 （唐筱毅）

质量技术监督

【概况】 2014年，湘潭县质量技术监督局围绕“发展质监事业，服务经济社会”的主题，按照“促进发展抓质量、围绕安全抓监管、贴近民生抓打假、科技兴检强基础、加强规范树形象”的思路，抓质量、保安全、升能力、重规范、促发展，产品质量工作延续几年来的良好形势，产品质量水平不断提高。

推动质量强县、品牌兴企战略，指导企业争创名牌，帮助和组织2家企业成功申报湖南名牌。开展“3·15”和“质量月”等群众性质量活动，引导企业实施“以质取胜、诚信经营”的理念，加强产品质量监督和管理。开展企业质量信用档案数据库系统建设工作，汇总有关生产许可、产品质量监督抽查、CCC认证、名牌产品等方面的相关数据，经审核无误后录入企业质量信用档案数据库信息170余条；完善企业质量档案管理，县内23家生产许可证和CCC获证企业的电子档案和纸质档案已全部建立齐全，并根据巡查和执法检查记录及时更新档案内容。

开展《中华人民共和国特种设备安全法》的宣传，利用县政府组织的消费者权益保护宣传日、安全生产宣传咨询日、安全生产月等活动，面向群众发放特种设备知识和法律宣传资料300多份。与企业签订《特种设备安全使用承诺书》130份，明确特种设备使用单位的主体责任。指派3名工作人员考取特种设备安全监察员证，充实特种设备安全监管力量。继续完善特种设备动态监管体系建设，及时更新网络信息，做到动态监管；免费开展企业特种设备安全培训，共培训65个项目33人次。与县电视台合作，制作电梯宣传动漫在电视台滚动播出。强化日常监管，共检查企业138家，发出指令58个，整改到位32个。特种设备安全大检查工作实现持续高压并逐步常态化。

加强强制检定管理，强检设备的受检率和合格率逐年提高。开展计量惠民工作，20个乡镇卫生院，1个计育服务站接受计量免费检定，检定计划执行率100%。开展定量包装商品、加油机、能效标志和金银饰品等计量专项执法检查，巡查各类体系获证企业，维护消费者权益。

开展夏季学生服、机制砖、农资、两节、两会特定时期的产品质量专项整治工作监督抽查工作，抽检不合格产品的后处理工作进展顺利；开展危险化学品专项检查行动，辖区内4家危险化学品生产企业均已停产；开展矿山装备企业质量提升专项行动，会同市局稽查支队检查县内的7家矿山装备制造企业，处理2家无证生产矿用隔爆型直流电机和矿用隔爆型斩波调速器的企业；开展重要消费品质量安全专项大检查，实地核查县内9家重要消费品生产加工企业，共发现安全隐患5处，下达责令改正（更正）通知书3份，已整改完成安全隐患1处，其余安全隐患企业尚在整改之中；牵头开展湘潭县重要消费品质量安全专项大检查、交通运输车辆非法违法改装行为专项大检查和特种设备安全专项大检查。

开展标准化工作，做好标准相关知识、法律法规的宣传，开展企业执行标准的登记备案审查工作。年内为企业备案标准8个。继续做好代码管理工作，年内新办778家，变更178家，换证230家，年检1424家，迁出（入）12家，预赋码补办86家，注销62家，代码质量一直维持在较高水平。

加强产品质量检测能力，湖南省特色产品（湘莲）质量监督检验中心项目于2014年5月动工，12月28日主体已完工。建设规模为五层5000余平方米实验大楼，附加1000平方米钢结构车间。四季度通过二次装修设计方案，购置砝码50吨。

在县电视台、县报社、红网宣传相关的法律法规，及时公布最新工作信息；年内向市局和县政府报送工作信息15条；积极推进湘莲地理标志的规范化管理，组织开展全县莲子生产企业摸底调查，对其产品进行抽检，掌握企业产品的质量特色、质量等级、标准符合性等产品质量情况，并向企业和其他相关部门征求意见，拟订《湘潭县湘莲地理标志产品保护管理办法》，已上报县政府，将经法治办备案后颁布实施。（邹涛慧）

食品药品安全监管

【概况】 2014年年末，全县共有各类餐饮服务单位1402家，从业人员约3000余人。其中社会餐饮单位922家、学校幼儿园食堂456家、工矿食堂24家。有涉药涉械单位1002家，其中医疗器械生产企业1家，医疗器械批发企业3家，医疗器械经营企业27家，药品生产企业3家，药品经营企业184家，各类医疗机构784家。

2014年，全县食品药品安全监管工作围绕加强食品药品安全，维护群众饮食用药安全的工作重点，履行职责、开展工作。受理各类餐饮、药品医疗器械行政许可申请359个。其中餐饮服务许可证243个，药品经营单位筹建、换发申请48个，医疗器械经营企业申请9个，药品经营单位药品经营质量管理规范认证申请59个。查处各类涉药涉械违法案件148起，查处餐饮服务单位违法案件6起。

【餐饮保健食品安全监管】 加强餐饮服务单位日常监管。年内，1402家餐饮服务单位建立食品安全档案，有证单位的监督检查覆盖率达100%，完成元旦、春节、两会及中高考等重大活动及节日的餐饮食品安全监督检查，防止重大活动及节日期间的食物中毒及食源性疾患的发生。开展餐饮食品安全专项整治工作。先后开展网吧餐饮安全、早餐店餐饮安全、学校餐饮食品安全整治等专项整治行动6个。7月，在全县开展学校餐饮服务食品安全示范食堂创建工作。百花学校食堂和湘潭县云龙小学食堂获市级学校餐饮服务食品安全示范食堂。开展餐饮服务单位量化分级管理。组织1179家餐饮服务单位进行量化分级管理的评定，15家被评为量化分级管理优秀等级单位，30家被评为量化分级管理良好等级单位，1134家被评为量化分级管理一般等级单位。履行保健食品化妆品监管职能。对37家保健食品化妆品经营企业进行信息注册，纳入省局保健食品化妆品监督管理系统。6月份以来，以城区的保健食品化妆品经营场所为重点开展打击保健食品化妆品专项整治行动，共查处经营假冒保健食品案件2起，整治和规范保健食品化妆品市场秩序。

【药品医疗器械安全整治】 加强药品和医疗器械监管。全县836家涉药涉械单位实行档案化管理，建立监管工作档案。年内，开展医疗器械“五整治”、装饰性彩色平光隐形眼镜整治等专项整治14项。推进药品零售企业《药品经营质量管理规范》认证工作，制定执行新修订的《药品经营质量管理规范》工作规划。4月25日，召开“湘潭县2014年药品零售企业换发“药品经营许可证”和GSP认证暨中药材、中药饮片专项整治动员部署会”。3月和10月组织辖区内药品零售（连锁）企业的质量负责人法律法规知识和软件知识培训，药品经营企业严格依照新颁布的《药品经营质量管理规范》规范经营。开展药品电子监管和药品广告监测工作，年内进行药品电子监管161次，现场监督检查电子监管类药品30余种，监测药品广告1两次。开展食品药品监督抽检工作，抽检药品品种31批次，共检查出不合格品种6个。抽检餐饮食品10批次、保健食品5批次、化妆品2批次。开展药品不良反应监测工作，上报药品不良反应报告39两份，医疗器械不良事件报告67份。

【食品药品法律法规知识宣传】2014年，举办餐饮服务单位食品安全管理人员和学校（幼儿园）食堂食品安全人员培训班各1期，培训食品安全管理人员800余人。举办药品零售（连锁）企业的质量负责人法律法规知识培训班1期，培训药品经营单位从业人员204人。开展文明餐桌、食品安全法宣传月、应急知识等宣传活动8次，向群众宣讲食品药品安全知识。9月，在县城区开展“全国安全用药月”宣传活动，城区的药店参加本次宣传活动，并在药店前悬挂宣传标语。10月，开展“食品安全知识进校园”活动。通过举办食品安全知识讲座等形式，向教师、学生传播食品安全知识。年内，开展食品安全知识讲座6次，制作宣传展板5块，发放《食品药品安全知识宣传手册》等宣传资料2000余份，接受群众咨询1000余人次。 （卢直纯）

安全生产监督

【概况】 2014年，全县安全生产形势总体平稳，发生事故363起，生产经营性死亡13人，同比分别下降8%和持平，其中非煤矿山、危险化学品、烟花爆竹、工贸企业为零事故，零死亡。县安监局检查179家规模企业，制作检查记录328份，下达责令整改指令书13两份、整改复查意见书129份、现场处理措施决定书26份，立案5起全部结案，制作行政处罚意见告知书6份、听证告知书6份、行政处罚决定书6份、罚款24万元。委托乡镇开展规模以下企业的执法检查。

年内，湘潭县被湖南省人民政府评为“安全生产先进县”，被湘潭市人民政府评为“安全生产优胜单位”。

【百日大排查大整治】 2014年，县安委会以道路交通、建筑施工、学校（幼儿园）、煤矿、非煤矿山、危险物品、冶金等工贸、消防安全、水上交通、特种设备、挖砂洗砂等11个行业领域为重点，组织开展百日安全生产大排查大整治，排查出交通违法行为15413起，排查企业875家次，各类隐患1429条，并下达整改意见书，督促整改。其间，县委书记谢振华4次检查安全生产工作。县委副书记、县长傅国平两次检查安全生产工作，主持召开县政府安全工作紧急会议，收听收看9月23日晚全省安全生产紧急电视电话会议。县安委会发督办函两份，组织全面督查两次，牵头整治单位每月至少开展1次以上督查，依法予以顶格处罚拒不整改行为，或采取停电等强制措施，督促企业落实主体责任，推动大排查大整治的深入开展。

【安全生产示范创建】 2014年，县安监局积极开展非煤矿山、加油站等高危企业和工贸企业安全生产标准化创建，全县非煤矿山已完成基本达标任务。35家民营加油站、2家烟花批发公司和3家医药化工企业已完成三级标准化，湘潭县华绿科技有限公司已完成危险化工工艺诊断，71家工贸企业达三级标准化，改善企业的安全生产条件。按照《湘潭县创建湖南省安全生产示范县工作方案》，县安委会推进安全生产示范县创建，配套出台创建安全管理规范化建设示范村（居）委会、社区、学校、企业等4个子方案，指导164个村开展“安全生产示范村”创建活动，指导花石镇创建省级安全生产示范乡镇，全县省级示范乡镇达6个；指导谭家山、乌石等2个乡镇创建市级示范乡镇，全县示范乡镇覆盖率达94.7%。

【重点行业（领域）专项检查】 2014年，县安监局分析研判全县安全生产工作形势，根据直管行业的特点，开展专项行动。一是开展非煤矿山攻坚克难行动。将李家采石场和立鑫采石场、长兴矽砂和荷塘矽砂整合为2家矿山，取缔关闭6家非煤矿山企业，提前完成2013—2015年计划关闭任务。二是开展危险化学品企业大检查。聘请市安全生产专家库的专家赴5家危险化学品企业进行现场检查，排查隐患32条，全面提升安全生产大检查和暗查暗访的水平和效能。开展烟花爆竹打非治违，取缔关闭上海九鼎粉体材料等非法生产危险化学品4家，查处4起非法违法生产、储存烟花爆竹案，没收并处理非法烟花爆竹1万余件，协同公安部门开展打非治违，取缔分水、石鼓非法生产黑火药作坊各1个，收缴黑火药136公斤，刑拘3人，拘留1人。

【安全生产宣传教育】 开展“大宣传”活动。以开展职业病防治宣传周、安全生产活动月、新《安全生产法》等宣传活动为重点，与县网、县报、县电视台联合开设专栏宣传，发放宣传手册2.5万册、宣传单20万张。其中发放新《中华人民共和国安全生产法》读本1.3万册，宣传图5千张。开展“大培训”活动，与县委宣传部、县委党校和县法治办合作，在县委中心组开展两期安全生产专题课、县委党校主体培训班讲授5堂专题课，举办1期乡镇综合执法培训班；组建安监局安全生产工作宣讲团，到龙口、中路铺等乡镇和示范区、公路局授课，提高党政干部安全生产工作意识和业务水平。同时，加强企业“三项岗位”、全员和班组长的培训，县安监局开设烟花爆竹批发公司、零售经营单位和矿山企业负责人、企业职业卫生专题讲座等8期培训，培训安全管理和特种作业人员600余名，并督促企业抓好全员培训，提升从业人员的安全意识和操作技能。

【全县安全生产工作会议】 3月24日，县政府召开全县安全生产工作会议。县安委会全体成员单位负责人，县委办、县委组织部、县委宣传部、县人大财经委、县政协经科委、县委、县政府督查室、团县委、县直机关工委、县编办、县政府办、县法院、县检察院相关负责人，各乡镇党委书记、乡镇长、分管安全生产工作的副乡镇长和安监办常务副主任，天易示范区三促办主任，全县高危行业企业负责人等200多人参加会议。县长傅国平讲话，县委常委、常务副县长周俊文主持会议。会议总结2013年安全生产工作，部署2014安全生产重点工作任务；副县长、安委会副主任唐仁光宣读2013年度先进单位和先进个人表彰通报；县煤监局、石鼓镇在大会上发言。傅国平代表县政府与责任单位签订2014年安全生产工作目标责任书。

【湘潭县浏阳烟花爆竹经营连锁店成立】 按照《湖南省安监局关于加强和改进烟花爆竹经营安全监管工作的通知》要求，县安监局探索创建大型烟花爆竹连锁经营品牌企业，在全省率先成立第一家浏阳烟花爆竹经营连锁店。省安监局副局长李大剑于2014年11月18日为该店揭牌，并号召全省迅速推广湘潭县经验。该店总投资100万，仓库面积100平方米，已在全县乡镇建立13家加盟店，经营势头良好。（黄蓉）

煤炭安全生产监督

【概况】 2014年年初，全县有煤矿9处，按照省、市关于落后小煤矿关闭退出工作要求，8月20日，关闭茶园煤矿；10月20日，关闭湘潭鸿泰宇矿业有限公司二矿；11月26日，关闭长岭煤矿；12月31日关闭邓公煤矿、新源煤矿。至年底，全县煤矿企业从9处减少至4处，分别为鸿泰宇一矿、老屋煤矿、联营煤矿、盛家山煤矿，暂时保留的4处矿井因部分证照过期，一直处于停工停产状态。

县煤炭监督管理局开展煤矿全员培训和复工复产培训3次，培训700余人，经考核合格，颁发煤矿从业人员资格证500余人。送培特种作业人员，参加市行办举办的特种作业培训班，煤矿所有从业人员持证上岗。“3·21”鸿泰宇矿业有限公司二矿顶板事故发生后，组织召开事故分析警示会，发出事故警示通报。4月，开展警示教育，组织全局机关干部观看《煤矿百人事故案例警示教育片》，提高安全理念。集中力量抓安全“大宣传”，在春节、“五一”劳动节和“十一”国庆节等重要期间，向煤监工作人员、煤矿一线工人发送安全生产信息200多条；每月召开安全生产工作例会，每个季度召开全县煤矿安全生产工作会议，及时总结工作，发现问题。6月，在“安全生产月”活动中，组织开展煤矿安全“双七条”专题宣传、“万条标语宣安全”“安全生产宣传咨询日”等活动，组织涉煤乡镇、煤矿企业在集市、矿区悬挂横幅40余条，设置标语、警示标志、标牌等200多处。6月16日，开展“安全生产宣传咨询日”活动，在宣传现场设置大型宣传展板2块，重点宣传“双七条”，发放宣传资料2000多份；11月，开展新《中华人民共和国安全生产法》学习宣传贯彻活动，印发宣传读本1200余份，在新源煤矿、鸿泰宇一矿进行新《中华人民共和国安全生产法》专题宣讲，向煤矿企业管理人员和从业职工发放《生命安全是不可逾越的红线安全法律是必须坚守的底线——关于贯彻实施新〈中华人民共和国安全生产法〉的公开信》1000余份；11月12日，组织全县产煤乡镇分管负责人和煤矿矿长集中谈话，重点宣传、贯彻、落实以人为本的安全发展理念，宣传安全生产法律法规和安全知识。

采取“一矿一月一检查，一季一次大检查”的措施检查全县煤矿安全生产情况。年内，开展安全大检查4次，巡查检查64次，下井检查178人次，下发安监指令11份，排查安全隐患193条，隐患整改到位率99%。7月，开展“百日安全大排查大整治”行动，结合落后小煤矿关闭退出工作，每个星期到生产煤矿进行两次安全检查巡查，及时指出安全隐患，督促整改到位。不定期突击检查停工停产矿井。下发消除电力安全隐患、防治水等整改文书5份，要求各煤矿按照方案、措施、人员、资金、期限“五到位”的要求整改到位。

重点监管重点区域，重点煤矿，督促煤矿企业落实主体责任。结合全县落后小煤矿关闭退出工作，进行调查摸底，要求煤矿企业对照整治重点组织开展隐患自查自纠，每月上报自查自纠整改落实情况；加强住矿监管，重点排查落后小煤矿关闭退出工作期间的各种不安全、不稳定因素，加强对各煤矿的执法巡查、安全大检查，组织执法专项行动30次，出动执法检查人员70余人次，形成打击非法违法行为的高压态势，年内没有发生非法违法生产行为。

【落后小煤矿关闭退出】 7月，湘潭县启动落后小煤矿关闭退出工作。该局一手抓安全监管，一手抓关闭煤矿。通过宣传动员、走访座谈、组织协调等工作，年内先后有鸿泰宇二矿、长岭煤矿、邓公煤矿、新源煤矿自动提出关闭申请。经县政府常务会议批准同意后，该局派驻工作组到各煤矿，具体指导煤矿关闭退出工作的实施，监管煤矿关闭退出过程安全。茶园煤矿完善关闭退出手续，鸿泰宇二矿、长岭煤矿、邓公煤矿、新源煤矿完成关闭退出工作任务。

2014年，湘潭县煤炭监督管理局被湖南省煤炭管理局评为湖南省煤炭行业管理先进单位。（刘志元）

国有资产管理

【概况】 2014年，先后组织县矽砂矿、几个乡镇农机站、加油站等8宗资产和60余辆公务用车进行依法公开处置，拍卖总收入达3400万元，实现国有资产增值1305万元。检查全县行政事业单位经营性资产的租赁、租金和资产产权情况，依法规范租赁程序，强化经营性资产收益金的监管。结合省厅资产信息化管理建设的工作任务，清理登记全县193家行政事业单位的资产，全县共有资产47.2亿。

全县各单位建账管理，做到账账相符，账实相符，所有数据录入电脑，实行统一管理。通过多渠道筹集资金、组织改制企业资产公开拍卖，为县矽砂矿、县农机系统企业、县供销系统企业等的改制工作提供资金保障。会同县改制办检查全县改制企业的财务账目、遗留问题处理以及剩余资产管理等情况，全面公开财务情况。（陈佳妮）

招标投标管理

【概况】 2014年，围绕全县重点支出，抓好海鸥路廉租房电入户、义务教育合格学校、金霞山林相改造等工程类采购项目的招标工作，实现工程类采购规模5538万元；围绕中央一号文件工作重点，做好全县永久基本农田划定、农业生产全程社会化服务、治理重金属污染耕地等强农惠农项目的采购工作；围绕公共服务项目，积极推进政府购买服务改革步伐，对城区内道路清扫保洁、绿化维护，农村合作医疗意外伤害保险、农业生产全程社会化服务等项目进行政府购买服务采购。根据征集单位和群众意见取消政府采购申报受理程序；根据采购单位的实际需求情况按照财政部74号令规定缩短竞争性谈判公告时间；建立供应商备案制度，简化报名提交材料等程序；结合工作实际，对一些紧急采购事项，按照应急采购的程序，在不违背原则的前提下，简化程序，缩短采购时间，解决采购单位的采购需求。部分零星工程采取通过公开招标方式确定入围定点供应商，当有零星工程实施时，由采购单位按规定申报采购项目后，在定点商家中随机抽取确认中标方，不再重复整个招标程序，有效地缩短采购时间，降低采购成本。全县累计执行政府采购预算20171万元，实际采购总规模为17592万元，节约资金2579万元，节约率为12.8%。 （陈佳妮）

（责任编校 杨红艳）

建设·环保

城乡规划

【概况】 2014年，县城乡规划局完成石鼓、射埠、白石和茶恩寺等4个乡镇核心镇区1∶1000数字化地形图测绘成果验收，面积约9.28平方千米。完成石潭、石鼓、中路铺、茶恩寺等4个乡镇核心镇区控制性详细规划编制任务。完成河口、白石、射埠镇镇区建设规划编制任务。完成青山桥皮鞋工业园三期工程等27个修建性详细规划的编制设计任务。年内，召开规委会5期，规划审查例会7期，审议通过《湘潭县梅林桥“美丽乡村”示范片建设总体规划》等51个项目，项目上会率100%。完成现场勘查及项目竣工验收526处，核发“建设项目选址意见书”两份，核发“建设用地规划许可证”204本，用地规模158536平方米，“建设工程规划许可证”108本，建筑面积约341736平方米，竣工验收单9两份，“规划条件核实证书”104本，复核建筑面积175708.73平方米；“一书两证”的发放率达95%；完成行政复议工作一起；举行规划听证两次；完成规费收入420余万元。完成中药材种植基地等12个经济技术指标复核项目，完成湘潭县人民医院急诊外科住院大楼等65个建筑面积复核项目，完成金霞、尚御尊城等5个项目用地性质调整论证。畅通信访渠道，完善信访机制，举报回复率100%，案件审结率达98%。全年查处违法违规建设项目80余处，发放停建通知书61份，拆除通知书7份，下达行政处罚决定书9份；现场拆除违法建筑35处，拆除违建面积2020.1平方米，围墙78米；拆除广告招牌及雨棚20余处，拆除面积300平方米左右；接待领导督办及人民群众来信来访23件，协调化解矛盾5例，维护群众的根本利益和社会的和谐稳定。

【《湘潭县花石镇镇区控制性详细规划》审定】 1月21日，《湘潭县花石镇镇区控制性详细规划》在湘潭县城乡规划委员会2014年第一次会议上审议通过。花石镇镇区规划范围：沿荷花大道、花石大道两厢布局。根据相关部门的要求，西以大桥路为界，东到花石镇中学，北至河头村，南到观正溪，总用地面积274.27公顷。发展规模：到2020年，核心区人口规模为2.5万人，核心区建设用地面积2.54平方千米。产业布局规划：规划形成“一带一心一区五大产业组团”。▲

▲一带一心一区五大产业组团：“一带”是指涓水河旅游休闲产业带。“一心”是指湘莲集散及产品服务中心。“一区”规划在荷花大道两侧设置行政办公、教育科研、商业服务用地，作为整个区域的综合配套服务区。“五大产业园”：西部滨江高档居住产业组团：规划在涓水河东侧、花石大道北侧设置西部滨江高档居住产业组团，利用滨水优势，发展现代中高端房地产业。北部滨江居住休闲产业组团：规划在涓水河东侧、花石大道北侧、水华路西侧设置居住用地，结合滨水资源，发展居住、旅游休闲产业，形成北部滨江居住休闲产业组团。湘莲深加工组团：力争在全镇实现规模湘莲加工种植，引进和扩大湘莲深加工企业，延长湘莲产业链条，重点打造一个集科研、种植、收购、加工、销售于一体的湘莲深加工组团。南部滨江生态宜居活力产业组团：规划依靠涓水河优美的风景形成具有特色的沿涓水河高档住宅区，结合滨水资源，形成南部滨江生态宜居活力产业组团。东部低碳社区产业组团：规划在花石大道以东、荷叶路以南，结合现有水渠设置居住、商业服务业用地，发展中档房地产业，形成东部低碳社区产业组团。

【《湘潭县梅林桥镇建设规划》审定】 5月19日，《湘潭县梅林桥镇建设规划》在湘潭县城乡规划委员会2014年第二次会议审议通过。梅林桥镇规划范围：梅林桥镇镇域，包括38个行政村，面积138.4平方千米。发展规模：预计到2020年，全镇总人口为5.34万人，其中镇区人口1.4万人，城镇建设用地140公顷。发展战略：着力培育龙头项目，建立品牌效应；着力发展“两型”产业，重点发展易俗河片区下游配套产业；着力推进新型城镇化；着力推进节能减排；着力建设生态梅林桥。规划通过新开发的易俗河片区的辐射和长株潭产业带的带动，大力发展工业下游配套产品。通过产业升级和转型，提升第一产业，延长农业产业链，发展农产品深加工，增加农产品附加值，规划在梅林桥镇培育若干农业产业龙头；积极响应易俗河片区的产业类型，发展其下游配套产业链，开展都市农庄建设，大力发展第三产业；完善镇区商业网络，改善和扩大农村消费，积极发展现代服务产业，结合易俗河片区，并依托都市农业，挖掘区域资源发展旅游休闲产业。将第一产业、第二产业和第三产业有机结合，相互促进，协调发展。

【《湘潭县石潭镇镇区控制性详细规划》审定】 5月19日，《湘潭县石潭镇镇区控制性详细规划》在湘潭县城乡规划委员会2014年第二次会议上审议通过。石潭镇镇区规划范围：石潭镇核心区用地主要沿石潭大道、德怀路两厢布局，西至大桥路，东至杨嘉桥边界线，北至托下村，南边至渠道，总用地面积379.02公顷。发展规模：规划确定石潭镇核心区人口3.2万人，城镇建设用地规模为3.52平方千米。规划思想：以邓小平理论和“三个代表”重要思想为指导，以科学发展观为统领，坚持“五个统筹”，以保证粮食安全，严格保护耕地为前提，加强耕地保护和生态建设，切实开展土地整理复垦开发补充耕地工作；节约集约用地，按照把石潭镇建设成为“国家重点镇”的目标，抓住机遇，强化开放意识和创新意识，打造千年古镇生态旅游城市，大力推进城镇化、旅游产业化进程，加快与长株潭城市经济圈的融合，促进石潭经济社会可持续发展。规划策略：规划采用城乡统筹发展、特色经济发展、社会民生发展、生态环境发展、城镇特色发展五大战略，引入“产业先导、交通先行、配套共享、环境优美”的理念，将自然生态融入产业建设中，突出“绿、水、园、城”等主题，各要素之间形成功能分工和有机联系，构筑自然与人工环境的和谐统一。

【《湘潭县茶恩寺镇总体规划》审定】 5月19日，《湘潭县茶恩寺镇总体规划》在湘潭县城乡规划委员会2014年第二次会议上审议通过。茶恩寺镇规划范围：本次规划确定的规划范围为茶恩寺镇镇域范围，总面积136.7平方米千米。发展规模：至2030年，茶恩寺镇总人口约为5.00万人。规划思想：在湖南省发展“3+5”城市群和“长株潭两型社会综合配套实验区”建设的大背景下全面协调，统筹考虑。明确茶恩寺镇作为湖南省重要的竹制品生产加工基地，湘潭县重要的林业、湘莲生产基地的定位。发挥现有优势产业的优势，带动相关第二、第三产业的发展。以农业建设为中心，利用当地的自然优势，发展林业、湘莲等经济作物。突出商贸服务业、休闲旅游业及农副产品加工的建设。坚持生态环境与城市发展的平衡思想。在城市建设过程中，注重生态环境保护，创造新的发展前景，塑造景观特色，进一步挖掘研究城乡的观赏价值和旅游价值。建立南部林业产业基地，改善投资环境，引进资金和技术人才，大力发展竹制品、林木产品、湘莲食品加工等相关产业，培养支柱产业，形成规模经营。用地布局中应重点考虑近、远期建设与远景发展的结合，进行综合动态平衡，按照时空循序合理规划发展顺序。保持用地弹性，留足发展余地，增强规划预见性和可操作性。

【《湘潭县青山桥镇建设规划》审定】 8月14日，《湘潭县青山桥镇建设规划》在湘潭县城乡规划委员会2014年第三次会议审议通过。青山桥镇规划范围：以湘潭县青山桥镇行政管辖的区域为规划范围，东接花石，西连石鼓，南邻双峰、衡山，北靠分水、湘乡，总面积109.37平方千米。发展规模：至2030年，镇域总人口为5.6万人，镇区建设用地规300平方千米。产业布局：规划整体形成“一带两园三区五基地”▲的产业空间结构。规划策略：加快基础设施和生态环境建设发展战略，城乡统筹发展战略，坚持实施工业立镇战略，以旅游业为龙头，带动第三产业的全面进步，实施项目带动战略，坚持产业和城镇空间的融合发展战略。

▲“一带两园三区五基地”：“一带”是指涓水河两岸旅游产业带；“两园”分别是指青山桥皮鞋工业园和青山桥商贸物流园；“三区”分别是指青山桥镇综合服务区、晓南服务区、霞岭服务区；“五基地”分别是指三富矿泉水生产基地，现代高效农业种植基地，优质水稻种植基地，特色矿产开发及加工基地，水稻、蔬菜种植基地，畜牧业养殖基地，青山林木种植基地。

【《湘潭县中路铺镇核心区控制性详细规划》审定】 11月17日，《湘潭县中路铺镇核心区控制性详细规划》在湘潭县城乡规划委员会2014年第四次会议审议通过。中路铺镇规划范围：规划区用地主要沿国道107（湘中路）、金凤路两厢布局，西至百泉路、朝阳路、经一路，东至中碧公路，北至教育路，南到金银路，总用地面积288.7公顷。发展规模：规划确定核心区人口2.8万人，城镇建设用地规模为2.8平方千米。规划策略：明确城镇化对经济社会发展的意义，把握城镇化蕴含的机遇，准确研判城镇化发展的新趋势新特点，妥善应对城镇化面临的风险挑战。规划采用城乡统筹发展战略，发展城镇与建设“两型社会”示范窗口有机结合战略，社会民生发展战略，城镇建设与生态保护协同发展战略，革新体制、推动城镇发展战略，产业与城镇空间融合发展战略六大战略，坚持“规划引领、主动而为、重点突破、共享成果”的原则，把握“保护生态、优化提升老城、加快崛起新城”的设计策略，经营管理城乡资源，不断提高城镇化水平，加快新型城镇化建设步伐，构筑自然与人工环境的和谐统一。

【《湘潭县白石镇建设规划(2014—2030)》审定】 12月25日,《湘潭县白石镇建设规划(2014—2030)》在湘潭县城乡规划委员会2014年第五次会议上审议通过。白石镇规划范围:其镇域包括23个行政村,一个居委会,331个村民小组,总面积100.4平方千米。重点规划范围:白石镇镇区和齐白石故居景区,规划控制面积3.62平方千米。发展规模:至2030年,镇域总人口4.46万人,其中镇区人口1.6万人,镇区建设用地160.0公顷。规划思想:以党的十八大精神为指针,以改革为动力,以发展镇区经济为中心,围绕实现现代新型城镇的要求,进一步解放思想,加大改革力度,充分发挥区域和资源优势,发展壮大特色经济,加快发展第二、第三产业,培育支柱产业,不断提高人民生活水平,加快推进农村城镇化、信息化、市场化和农业现代化进程,坚持以人为本,构建和谐社会,实现白石镇经济快速健康发展和社会事业全面进步。规划策略:城乡统筹发展战略;特色经济发展战略:加快发展新兴服务业,发展绿色产业;社会民生发展战略:加强城镇公共安全;加强社会公共服务;保证基本居住条件;生态环境发展战略;城镇特色发展战略。

【《湘潭县石鼓镇核心区控制性详细规划(2014—2030)》审定】 12月25日,《湘潭县石鼓镇核心区控制性详细规划(2014—2030)》在湘潭县城乡规划委员会2014年第五次会议上审议通过。石鼓镇规划范围:包括石鼓村、海云村和珠山村,西以铜梁峰村为界,东至罗山电力站,北至石鼓财政所,南至向阳村,总用地面积209.56公顷。发展规模:到2030年,规划确定石鼓镇核心区人口2.1万人,城镇建设用地规模为2.10平方千米。规划理念:规划引入"产业驱动、生态相融、绿带连珠、边贸城镇"的规划理念,统筹镇域产业结构,提取道路、水系等自然要素,形成生态网络型的边贸城镇核心区。产业布局规划:规划形成"一带两区两大产业组团"。▲"一带两区两大产业组团":"一带"是指青山河滨水涵养产业带;"两区"是指综合配套服务区和老城风貌区;"两大产业组团"分别指北部滨水宜居产业组团和南部低碳活力产业组团。(唐纳)

住房和城乡建设

【概况】 2014年,县住建局完成非税收入1922.64万元;依法依程序发放施工许可证36个,办理竣工备案手续96个。保障性住房建设任务全面完成,共完成廉租房80套、公租房110套、棚改安置1200套、农村危房改造1000户。全县建筑行业、燃气市场安全生产形势总体平稳,安全生产年死亡率继续保持为"0"。全县建筑业建安产值突破25亿元,小城镇基础设施投入3902.6万元。

2014年,湘潭县被列为全省集镇建设示范县,花石镇、石潭镇被确定为国家级重点镇;乌石镇、白石镇被确定为省级特色镇,花石镇被确定为省级中心镇和市级特色镇。全县小城镇建设步伐进一步加快,花石、青山桥、中路铺等10个乡镇供排水专项规划完成专家评审,经省住建厅审核通过。花石镇完善排污排水项目3800余米,投入290万元;乌石镇区道路提质改造项目1800平方米,投入28万元,完成镇区第二、第三排道路硬化绿化,投入25万元;白石镇完成排污排水管道800米,投入60万元;推进石潭、射埠、中路铺等镇垃圾中转站和排头、锦石、分水等乡自来水管道铺设、排污排水等项目建设。全县19个乡镇重点建设82个项目,完成小城镇建设投入17440.6万元,其中基础设施投入3902.6万元。

完成建筑设计项目150个。其中,乡镇供排水规划10个,各类房屋咨询项目42个,设计总建筑面积约45万平方米,设计总产值完成520万元。建筑设计主要项目来源天易示范区安置区及市政项目、招商引资的工业厂房项目、部分私人联建项目及乡镇小城镇开发项目、部分乡镇供排水专项规划、县城人防专项规划、部分乡镇房屋咨询鉴定。

加强日常监督巡查。年内,开展建筑工程质量安全大检查4次,专项整治检查6次,配合示范区月考核检查1两次,季度考核检查4次,累计检查项目323项次(城区范围项目203项次,乡镇项目120项次),印发隐患整改通知书149份、停工整改通知书90份,督促改正违法行为或整改各类隐患400余处。掌握动态信息,排查各类安全隐患。围绕"安全生产月"活动,组织在建项目悬挂横幅300余条,宣传标语800余条,发放宣传资料4000余份(建筑工程安全宣传资料1000份,燃气安全宣传资料3000余份)。全年组织建筑施工安全生产专项检查252项次,查改隐患1035处,印发隐患整改通知书95份、停工整改通知8两份,查处拒不整改的违法违规项目13个,上报严重不良行为5例;燃气设施安全生产专项检查4次,查改隐患176处,印发督查整改通知书149份,责令停业通知书27份,关停取缔非法燃气网点4家,查扣气瓶84个。全县安全生产形势总体平稳,全年未发生较大质量安全事故。

加强对建筑业企业的指导,引导企业树立品牌意识,推广先进经验,完善建筑市场信用体系和市场监管体系,全县建筑业健康快速发展,建安产值突破25亿元。全县有3家建筑企业资质升级、4家企业资质增项;评选优秀建筑业企业10家、优秀建筑师5个;组织企业申报市优质工程2个、湘莲奖3个;申报AAA级(优秀企业)5家、AA级(良好企业)2家;湘潭英硕等20家公司办理建筑节能产品(材料)备案手续并予以公示;组织建造师、三类人员继续教育培训587人,培训农民工346人,建筑业企业从业人员素质得到提升。

落实《湘潭市"十二五"期间既有居住建筑节能改造实施方案》(潭政函〔2013〕147号)精神,制定《湘潭县"十二五"期间既有居住建筑节能改造实施方案》《湘潭县绿色建筑管理办法》《既有居住建筑节能改造》等文件。全县新建建筑设计阶段节能强制性标准实施率100%;民用建筑项目施工阶段执行节能强制性标准97%。新建民用（非工业）建筑工程施工图审查备案41个，面积50.04万平方米，所有民用建筑项目都含有节能篇章，无违反节能标准现象；民用建筑项目竣工备案59个，建筑面积81.83万平方米，其中实施建筑节能的建筑面积79.52万平方米。年内，竣工投入使用的既有居住建筑进行节能改造25个项目，改造房屋建筑面积15760平方米。

加强在建项目文明施工监管。全年发放施工许可证96个、竣工备案证51个。重点对主要路段工程项目在出入口清理、施工围挡设置、安全防护措施、渣土管理等方面进行严格整治。年内，新开工受监项目37个，面积约58.37万平方米；在建受监工程累计104个（其中市政工程17个），面积约226.74万平方米；竣工验收项目55个，面积约107.19万平方米；符合达标验收条件以及实行施工现场安全生产达标验收项目39个，面积约112.28万平方米，达标验收一次性通过合格率为65%；申报省、市标化工地10个，已基本通过现场审查；受监项目安全生产死亡率为“0”，工程安全受监率100%。

【建设执法】 2014年，县住建局把抓好行业监管作为维护社会和谐稳定的首要工作任务，大力整治全县建筑市场秩序。严厉打击建设领域各类违法违规建设行为，规范城乡建筑市场。该局与全县19个乡镇签订执法委托协议书，加大对乡镇建筑市场的指导监督及巡查力度。年内，县住建局开展“打非治违”专项行动6次，共查处违法、违规项目99个，下达停工通知99份（城区24份，乡镇75份），立案14起，结案12起，罚没金额79.1658万元，为历年来最高。切实维护农民工合法权益。检查县内30余个城区、园区在建建筑工地，15个乡镇在建建筑工地，涉及城区、园区建筑行业农民工3000人，乡镇建筑行业农民工500余人，涉及农民工工资2000余万元，促使建筑行业中拖欠农民工工资情况根本性好转。

【保障性安居工程】 2014年，县住建局强化措施，全力抓好保障性安居工程建设。1.廉租房建设：芙蓉廉租房5—8#楼（上年结转项目）全部竣工，于2014年12月交付使用；锦园廉租房小区（2014年新建项目），计划总投资2400万元，总建筑面积11174.71平方米，202套。该项目分三年度实施，2014年建设1#、3#楼，总建筑面积3990平方米，计划投资850万元，年度计划投资750万元，新建廉租房80套，完成投资800万元，为年度计划投资的107%。2.公租房建设：上年公共租赁房结转项目84套已全部竣工。2014年，新增公共租赁住房110套，其中新建102套，6102.7平方米，计划总投资1391.4万元；购买8套，面积478.4平方米，总投资151.4万元。已有8套购改租投入使用；新开工102套已全部竣工，完成投资1391.4万元，完成率100%。3.廉租住房租赁补贴：新增廉租住房租赁补贴保障对象129户，为年度目标任务的430%，全县享受租赁补贴保障户数为768户，累计发放租赁补贴109万元。4.危房改造：制定《湘潭县2014年农村危房改造实施方案》，争取县财政配套农户危改补贴资金。完成危房改造1000户，发放补助资金1277.25万元。5.棚户区改造：完成天易示范区赤湖、上马、沿江风光带、吴家巷、水竹五个城市棚户区改造项目，货币安置棚户区住户120户，拆迁面积96000平方米，项目总投资38400万元。 （黄丽）

城市供水

【概况】 2014年，湘潭京湘供水有限责任公司围绕以安全供水为中心、优质服务为龙头、提升效益为根本、协同发展为主线、强化管理为基础、安全生产为保障的工作思路，弘扬“创新图强、奋发有为”的企业精神，强化措施，狠抓落实，取得较好的社会效益和经济效益。至年底，公司拥有固定资产7900万元，日供水能力为6万吨，DN100以上供水主管220多千米。完成营业收入4107万元，同比增长12%。

坚持两型引领，节约资源、严控“三耗”，全年完成供水1250万吨，水质综合合格率99.8%。为适应和满足县城经济社会发展的用水需求，设计日供水10万吨的二水厂第一期工程（日供水5万吨）于12月11日实现原水顺利通水。按照国家发改委资源类改革的总体部署和省、市、县“两型社会”的建设要求，10月1日执行阶梯水价制度，发挥阶梯价格机制的调节作用，促进节约用水，提高水资源利用效率。年内，管网建设及改造投入1000多万元，完成凤凰东路、香樟路、天易路、飞羊西路、黄莺路、海鸥路至梧桐路段、玉兰路等7条道路供水管网的改造和建设，共计铺设主管网18.02千米，改造管道3.2千米，彻底消除城区部分区域的供水瓶颈及用水安全隐患，公司供水保障能力得到全面提升。

坚持“安全第一、预防为主、综合治理”安全生产方针，树立安全就是效益的观念，强化落实各项安全生产工作措施。安全生产主动加压，将原有安全生产管理级别从市三级安全生产标准化达标企业提升为省二级，按照公司《安全生产管理制度》的要求，落实安全管理、值班管理和巡查制度。逐级签订安全生产责任书，将安全生产纳入年度考核中，与经济指标同考核、同奖惩。全年开展作业环境、安全生产知识培训讲座6次，组织对重点工程项目专项安全检查1两次。6月，开展“安全生产月”活动，组织全体职工观看安全生产电教片5次，增强职工安全生产意识和防范事故发生的能力，确保安全供水。 （闵羿滔）

城市供电

【概况】 2014年，国网湘潭县供电公司隶属于湘潭市供电公司，担负着全县19个乡镇，98.94万人的电力供应，供电区域面积2132.8平方千米。该公司机构设置6个部室，8个基层班组，1个多经企业，1个农电服务公司，现有全民职工137人，集体职工26人，农电职工518人。公司所辖城区10千伏配电线路20条，回长167.798千米，其中架空配电线路107.864千米，电缆线路48.65千米，架空绝缘化率52.2%，电缆化率32.7%，配电变压器599台，其中公用变压器311台，容量284兆伏安。所辖农配网10千伏配电线路81条，回长2752.337千米，其中架空配电线路2160千米，电缆线路2.24千米，架空绝缘化率1.1%，电缆化率0.1%，配电变压器3247台，其中公用变压器2678台，容量358兆伏安。

全面实现企业经营指标。年内，完成售电量7.561亿千瓦时，同比减少0.173亿千瓦时，增长率为-0.22%；售电均价完成746.95元/兆瓦时，同比增加45.42元/兆瓦时；销售收入完成56474.04万元，同比增加2219.66万元，增长4.09%，电费回收率完成100%；高压风险可靠率完成86.64%，低压客户离柜缴费比例完成100%，远程自动抄表核算比率99.99%。城网供电可靠性99.9705%，农网供电可靠性99.927%，城网综合电压合格率99.94%；城网10千伏配电线路跳闸率同比下降50%，农网10千伏配电线路跳闸率同比下降5.49%；10千伏配电线路绝缘化率7.33%、10千伏配网线路绝缘化提升率21.7%、10千伏配网线路分段平均用户数降低率10%；多经企业年总产值5686万元，其中工程产值4860万元，总利润10万元。

安全生产局面稳定。开展“精益安全管理”和“精益生产提升年”活动，强化作业现场安全稽查，狠抓各级各类人员责任落实；严守“五类制度”，突出抓好生产工作策划与有效管控；基建、农电、消防、信息、交通安全、应急管理、电力设施保护等工作进一步加强。全年未发生人身、电网事件，未发生误操作事故，未发生火灾和交通事故。截至12月31日，公司已连续安全运行2367天。同业对标关键指标10千伏配电线路故障率有所降低，同比下降15%左右；城、农网供电可靠性各项指标全面完成，同比城网用户平均停电时间下降2.15小时/户，用户平均重复停电率0.024，线路分段率和绝缘化率均有所提升。

电网建设顺利推进。主网方面，完成110千伏天易变电站新建工程及配套4条10千伏出线的建设工程；完成35千伏石潭坝变电站输变电工程建设任务；新建35千伏中路铺变—石潭坝变输电线路工程，线路全长11千米，投资390余万元，于10月投产送电；射埠800千伏特高压换流站项目前期工作进展顺利。农网升级工程建设方面，总计投资3063万元，涉及7个批次工程，单体项目79个，其中村网改造项目43个，10千伏线路新建改造项目6个，县城配电台区改造项目30个。至12月底，已完成37个村、30个县城配电台区、4条10千伏线路的施工任务。累计组立新电杆2600余基；新建、改造10千伏线路62.044千米，低压线路109.975千米；新建、改造配电台区85个，新增、改造配变容量12025千伏安。累计完成投资约2741万元。

经营管理稳步提升。该公司作为降损年的重要举措，是开展由领导带队，各攻坚克难工作组全面参与难点台区整治工作，通过持续进行的攻坚战，结合杆上计量改造等方法，难点台区降损效果已显现。6月，紫金河所樟树二台区份结束10多年来无表用电、不交电费的历史；高山中弯台区辞退、落聘电工已装表缴费，用电秩序逐步规范，台区线损率已降到15%以下；肖冲村4个台区在11月全部装表治理到位，已正常抄表缴费；龙口老街通过多次的跟班稽查，持续打击、取缔挂钩用电，加快表计故障的处理和砍青扫障后，台区线损已降至10%左右；射埠老街及周边4个台区通过跟班稽查、计量改造，同时采取电量控制、电压调节等技术手段后，台区线损及损失电量得到有效的控制，其中有3个台区线损指标已达到降损目标值；杨家桥三合村的6个难点台区改造工作基本完成，台区线损在2015年能达到正常值。营销管理虽面临不小的压力，但一直坚持稳中求进，努力突破。在全公司的共同努力下，截至2014年12月29日，完成全年电费结零，顺利实现省公司电费回收考核指标，售电量完成7.56亿千瓦时，完成年度公司下达指标；综合线损率完成13.16%，同比降低1.95个百分点；城网台损完成3.64%，同比下降0.38个百分点；农网台区损14.17%，同比下降2.52个百分点。

供电服务质量持续提升。开展一次优质服务大讨论，增强紧迫感和责任感，杜绝“门难进、脸难看、事难办”现象；开展营业厅明察、暗访、日监控工作，不断规范前台服务行为，有效地提升营业前台服务水平；通过“3·15”消费者权益日宣传活动、供电服务进社区、供电服务进园区等方式主动服务，宣传安全用电、节能减排、便民服务等，树立供电企业良好形象；在易俗河城区、云湖桥供电所推进台区客户经理制工作，向6万多客户公布台区客户经理的电话，通过台区客户经理与客户直接沟通，第一时间为客户排忧解难、提供更快捷、更优质的服务。（白兰）

城市管理

【概况】 2014年，县城管局制定和实施《门前三包实施方案》《城区市场秩序及“五小”工作方案》《马路市场整治工作方案》，开展集中整治专项行动，重点整治出店、占道经营，主干道流动摊贩经营等行为。年内，集中整治市容市貌187次，出动人员共3700余人次，车辆610余次，发放整治通知3000余份，纠正出店经营、沿街叫卖、乱牵乱挂等各类违章行为15441件次，制止噪音扰民726次，取缔群众投诉夜宵摊位21处。全年清理非生活垃圾5000多吨，清理生活垃圾20200吨，清理城区各类“牛皮癣”7000余处，人工加班6000余次。

推行环卫园林市场化模式。郴州市、衡阳市、湘乡市、衡南县，湘潭市雨湖区、岳塘区、高新区等兄弟单位来学习交流。涌现郭秋元、楚厚资、陈菊泉等优秀环卫工作带头人。环卫女工郭秋元入围“感动湖南”候选人，湖南卫视专题报道。许爱田拾金不昧的先进事迹被市级媒体公开报道。

2014年，完成城区人行道、广场彩板维修14500米，完成12个路口的拓宽改造工程；完成牛头岭人行道隔离墩的安装67个；完成银凤路口、雪凤路口交通岛的道路渠化工程；新建城区公交站台16个，公交站牌107块。疏通排水管道27千米，清理管道淤泥约230吨。维修、更换投光灯906盏，造型灯82只，洗墙灯202支，布线1100米，总计投入150多万元；维修路灯、景观灯617盏，城区主干道路灯确保亮灯率在97%以上，背街小巷灯饰亮灯率在95%以上，设施完好率99%以上，及时修复率为100%。

年内，在白石广场增植观赏性强的大樟树12株，铺种草皮1000平方米；完成紫薇路、金桂路、银杏路等路段绿化带的香樟树植，累计种植香樟树2000余株；在天易示范区垃圾中转站旁排种香樟树500株；完成莲香公寓院内绿化建设，富豪阁社区转盘、杜鹃小区转盘的苗木种植；在海棠路沿线栽种小苗2万余株；在雪松路、金桂路、大鹏路、银杏路、云龙路、白石广场铺种草皮2万多平方米。

开展户外广告的“打非治违”集中行动，落实安全措施，严厉打击各种非法广告、牛皮癣，维护好市容市貌。年内，拆除湾仔海鲜城和白石广场七天连锁酒店等1561处违规广告，拆除违章条幅、横幅广告383条，查处乱扔、乱倾、乱倒1677人次；查处散发小广告违法行为201起，没收非法小广告28771张，清理城区牛皮癣38000多处，路灯广告全部下架，及时、快速、有效地兑现城市管理局长电视问政的承诺。

加强监管，开展3次为期5个月的渣土专项整治，全天候巡查城区道路。全年共查处违章车辆780辆，暂扣违章车辆情况650辆。自行开展整治行动180次，加班460多人次。

坚持晚班巡逻，重点搞好玉兰北路及雪松南路夜宵摊日常管理，及时发现和解决问题。安排人员在晚上规劝、告诫店主。解决油烟气味难闻、招牌占道和食客大声喧哗等问题。严格规定每一经营户，将垃圾存放到规定的地点，随时清理。

年内，办理电话投诉142件，县（市）长、书记信箱（交办、督办）16件，群众来访15件，网络信件128件，网络舆情回复45件，做到群众信件、网络、电话投诉回复率100%。上马垃圾场、白石广场绿岛广告巨石、湾仔海鲜城广告、“欣积福湾”广告巨石、白石广场及金霞山广场摊贩扰民等几百起问题得到解决。办理人大代表建议、政协委员提案14件，见面率、办结率、满意率100%。经局行政服务中心审批的户外广告事项达725件，临时占道申请事项达23件，渣土处置8件，环卫资质许可2件，改变园林绿化用地性质2件，按时办结率100%。

2014年，县城管局被评为“省文明卫生单位”“省健康单位”“市五四红旗团支部”“县青年文明号”等荣誉。民意调查满意率居全县第四名。在湖南省信访系统现场会工作经验介绍，接受全省200多名省、市、县信访局长的检阅。

（贺友根　周爽乐　周锦慧）

房产管理

【概况】 2014年，全县完成商品房开发面积48.42万平方米，实现销售收入17.66亿元，住宅商品房均价为3152元/平方米（碧桂园和商业铺面除外）；重点工程9个在建房地产项目完成总投资6.48亿元；县房产管理局协征营业税7183.61万元，契税3373.03万元；完成房地产行政事业性收入1232.2万元；累计归集物业专项维修资金1.24亿元。县内房地产开发企业36家，年内注销2家，降级1家，资质升级1家，正在申报3家暂定资质，新成立2家；依法依程序发放预售许可证18个，预售面积约47.92万平方米。至年底，全县30个开发项目使用审批584宗，拨付商品房预售款13.26亿元，监管账户余额0.67亿元。

县房产局创新窗口服务方法，成立上门流动服务小分队，多次为老弱病残、行动不便的当事人提供预约上门服务；通过网站、政务公开栏、宣传册将行政审批事项、办事程序、服务内容、承诺时限、办理科室、受理流程以及收费事项公开化和透明化，开辟绿色通道，大幅缩短办事时限。年内，办理房屋所有权初始登记546宗，发放房屋所有权证692本，登记面积95.9万平方米；办理房屋所有权转移登记3588宗，发放房屋所有权证5555本，登记面积56.67万平方米；核发他项权证3534本，登记面积450.24万平方米，设定权利价值44.21亿元，房屋产权产籍档案整理成册7122卷（册）；出具购房证明8898卷次。

加强廉租房保障措施。组织维修易俗河直管公房、雅园廉租房小区、烟塘廉租房小区，解决房屋漏水、下水道严重堵塞、线路管道老化等问题。全年维修保障性住房7500平方米，费用145678元。

宣传贯彻《湖南省物业管理条例》。县城内阳光·金松苑、和园小区、天一家园、金霞华庭、金霞美墅、尚御尊城、名府南苑金霞林语、银杏家园、欣积福湾三期、宝泰水云居、学府雅苑等14个小区办理物业管理方案确认单。指导烟草局小区和乾隆·尚书苑提升物业管理档次，碧桂园和龙盛华府等4个小区创建为“物业管理示范小区”。配合县文明办、县网，举办“幸福小区”评选活动，向社会推出一批幸福小区、示范小区，激励更多居民积极投身城市文明创建工作。

白蚁防治工作改变以往“坐”“等”的工作方式，主动上门服务。9月，购入环保型白蚁防治药物1100千克。年内，签订白蚁防治合同98份，合同面积42万平方米。接受来访来电咨询200余次，整理档案193份。年内，完成白蚁防治施工面积38.5万平方米，施工率100%。

强化房屋安全鉴定。年内，对县城内宾馆、旅社行业住宿用房、部分因旧房改造需要办理报建手续的房屋、受玉兰路提质改造及沪昆高铁施工影响的部分房屋，尤其是中小学校舍和直管公房进行安全鉴定。组织开展全县直管公房、廉租房及公租房安全大检查3次。对存在安全隐患的易俗河公房进行现场查勘，提出合理化处理建议并督促落实到位，做到不倒、不塌、不漏，实现公房安全零事故。全年查勘房屋160栋，查勘面积约86000平方米，出具房屋安全鉴定报告76

份，鉴定面积36200平方米。

加强法律法规监察。年内，协助公、检、法依法查封不动产共243宗，协助法院强制过户7宗，工作量为历年之最。查处商品房违规预售案1件，依法下达《责令改正通知书》；查处违规室内装饰装修案2件，依法下达行政文书，对当事人给予警告，及时制止违法行为，清除安全隐患；依法没收伪造房屋权证4本；维护消费者的合法权益。

12月31日，湘潭县举行保障性住房分配仪式　（县房产局　提供）

【湘潭县出台促进房地产平稳健康发展政策】　2014年，湘潭县房产管理局牵头组织各相关部门多次召开征求意见会议，研讨编制《湘潭县城市住房建设规划（2014—2020年）》，对用地总量、用地布局、开发规模和开发投资节奏进行调控和指导，力促全县房地产业健康、可持续发展。全县144平方米以下的住房开发面积占全部住房开发面积的90%以上，能够满足自住型和改善型住房需求。年内，县房产管理局牵头起草并经湘潭县人民政府办公室出台《关于促进房地产市场平稳健康发展的若干意见（试行）》和《关于实行购房补贴的实施细则》等文件，从拓宽保障性房源筹集渠道、实行购房补贴、加大金融支持力度、加大公积金支持力度、缓解开发企业资金压力以及优化市场发展环境等6个方面推出新的措施，对全县房地产健康发展起到较大的促进作用。特别是动用部分财政资金以购房补贴方式发放到普通购房业主手中，这是一项民生工程，惠及群众，有利于促进全县房地产业平稳健康发展。

【保障性住房分配职能移交】　3月31日，按政府机构改革的要求，县房产局与县住建局在县住建局廉租管理办公室完成湘潭县保障性住房分配职能的移交，县住建局廉租管理办公室将往年的保障性住房分配资料、水电立户资料以及保障性住房实物配租审批专用章移交给县房产局房政股。

【保障性住房分配】　2014年，待分配廉租住房240套，待分配公共租赁住房共计156套。分配前期资质审查、上户调查、资料审批、公示等工作于10月底全部完成。12月30日，用抽签的方式完成廉租住房房源的分配，应参加抽签对象240户，实到238户（2户放弃），抽签结束后另有8户放弃。12月31日，用抽签方式完成公共租赁住房房源的分配，应参加抽签对象156户，实到156户。386户家庭于年后分别办理保障性住房的入住手续，入住率已达到70%。

2010—2014年湘潭县商品房开发情况

表7

	2010年	2011年	2012年	2013年	2014年
商品房开发面积	64.85平方米	64.35平方米	40.27平方米	71.57平方米	48.42平方米
商品房销售收入	12.24亿元	9.42亿元	8.93亿元	24.05亿元	17.66亿元
累计归集物业专项维修资金	2473万元	3950万元	5324万元	10200万元	12400万元
行政事业性收费	1310.91万元	1292万元	1329万元	1818万元	1232.2万元
协征税	13400万元	2155万元	6330万元	9847万元	10556.64万元

住房公积金管理

【概况】　2014年，县住房公积金管理部“以科学规范运作，确保资金安全，加强内部管理，提升服务能力”为工作目标，归集工作平稳发展。全年完成归集19533.64万元，同比增长15.76%，完成年初计划102.81%。

住房公积金归集扩面工作重点在乡镇基层单位和园区企业。年内，新增单位12个，新增人员601人。受经济下滑形势的影响，有部分企业生存艰难，公积金进入停缴状态。湘潭矿业集团从2013年8月停缴，欠缴额为922.2万元。众为兴公司从2014年10月停缴。这些企业的停缴，给住房公积金归集工作带来一定的影响。

住房公积金贷款发放做到应贷尽贷。全年发放贷款569笔11364.1万元，同比增长8.99%，完成年初计划的142.05%。住房公积金贷款，坚持符合准入条件，按照市中心的有关贷款发放规定，做好贷款的合规性，做到每一笔贷款都符合规定；坚持应贷尽贷，满足广大客户的购房需求。2014年，完成县国土局和县地税局两个单位的定向楼盘按揭贷款。同时，做好住房公积金贷款回收工作。全年共收回贷款4835万元，同比增长14.93%。

（何湘龙）

2010—2014年湘潭县住房公积金主要经济指标完成情况

表8

年度	归集			放贷		收贷(万元)	上缴廉租房资金(万元)
	总额(万元)	新增单位(个)	新增人数(人)	户数(户)	总额(万元)		
2010	8650.15	14	297	457	5161.8	2600.51	309.83
2011	11991.95	27	945	645	10049.3	2913.22	252.76
2012	16459.89	14	3215	494	8529.5	3490.28	572.83
2013	16873.62	17	304	589	10427.1	4207.04	590.81
2014	19533.64	12	601	569	11364.1	4835.23	1007.34

环境保护

【概况】 2014年，县环境保护局着力于服务和监管来破解环境难题，着力于解决群众最关心、最直接、最现实的问题来维护好人民群众的环境权益，严格管理，热心服务，公正执法，全县环境质量得到明显改善。

积极推进省政府“一号重点工程”。认真落实2014年湘江污染防治三年行动计划、大气污染防治行动计划，全面推广使用清洁能源，落实“蓝天”工程。制定出台《湘潭县湘江污染防治第一个“三年行动计划”实施方案》《湘潭县大气污染防治行动计划实施方案》。加强烟气治理，城区内禁止高污染燃料，推广使用清洁能源，11家企业全面完成清洁能源改造，折合锅炉蒸吨60余吨；全县化学需氧量（COD）削减1400余吨，削减率5.2%（任务指标3.2%）；二氧化硫（SO_2）削减80余吨，削减率8.03%（任务指标3.6%）；氮氧化物（NO_x）削减60余吨，削减率6.78%（任务指标0.2%）；氨氮（NH_3.N）削减170吨，削减率5.61%（任务指标3.8%）；全面完成污染减排任务。

执行国家环保法律法规和产业政策，按照《建设项目环境影响评价分类管理名录》的规定，依法、依规、依程序及时办理。全年受理项目55个，本级审批建设项目环境影响登记表27个、建设项目环境影响报告表13个、协助省、市环保部门审批建设项目7个，正在办理建设项目8个；拒批不符合环保法律法规以及产业政策等建设项目8个。严格按照审批项目流程进行现场查勘，制定电子图片库，集体研究，所有审批的项目均不得越权审批和违规审批。推动乡镇工业园环评规划工作，支持乡镇招商引资。积极服务招商引资、重点工程、实事工程等县政府的中心工作，促成建设项目落地。

开展环境宣传。广泛宣传，健全公众参与机制。以“6·5”世界环境日为契机，联合县环保协会、县老年书法家协会等组织，在“6·5”世界环境日“安全生产宣传日”活动中开展环保宣传活动，副县长黄铁华作关于环保电视讲话；开展环保知识进学校活动，向百花小学和云龙实验小学的学生赠送《污染防治知识问答》《环保知识宣传手册》；投入资金印制10000本环保宣传手册，通过乡镇环保站发放到人民群众手中。在局办公楼显要位置设置电子显示屏，每日更新当日空气指数和污染指数。在县城重要地段和部分乡镇悬挂宣传标语，通过县电视台和白石传媒反复播放环保法律、文件。在步步高超市前坪、砚井社区和梅林桥镇举行集中宣传活动，发放宣传资料，现场解答过往群众的咨询提问，举行环保知识抢答赛，发放奖品，提高人们参与活动的积极性。

加强环境监测。2014年，完成地表水环境质量监测和湘潭县顺业污水处理厂监督性监测；分别对地表水、县自来水公司源水、湘江断面、涓水大桥断面、文家滩涟水河断面进行pH等8个项目的季度性监测和湘潭县顺业污水处理厂季度性监测。完成建设项目环保设施竣工验收监测32家、年审监测220家、污染纠纷仲裁监测47次、委托监测25次、环评6家、地表水常规监测1两次及其他常规性监督监测1两次；出具有效数据15000多个；共计完成监测收费60余万元。

强化环境监察。开展环保专项行动。在县内开展环境污染隐患大排查行动。确定以涉重金属、涉危险废物、化工、焦化、医药、尾矿库等企业和涉反复投诉、信访积案、群众反应强烈的企业，及历史遗留废渣、关闭企业遗留问题等为重点，检查企业环评制度及“三同时”制度执行情况、企业原料使用情况、污染物防治设施运行情况、危险废物管理情况、环境应急预案编制、评审等情况及历史遗留及关闭企业遗留问题。全年排查环境污染隐患55起，整治47起，另有8个环境安全隐患正在督促整治中。根据党的群众路线教育实践活动工作要求，结合环境污染隐患大排查行动相关工作，开展坚决纠正环境保护中损害群众利益行为专项整治工作，针对群众反映强烈的突出环境问题进行专项整治，确保整治工作落到实处。开展氧化锌行业专项整治。对县辖区6家氧化锌企业下达限期整改，要求各企业针对原料堆放场地，废气治理、冲渣循环废水收集处理等方面全面整改。恒盛化工、玉桥化工已取得临时危险废物经营许可证。正兴化工已停产自行淘汰退出。康大工贸、瑞兴锌业、亿鑫锌业、恒盛化工、玉桥化工已按整改要求对废气治理设施进行升级改造，含铊废水治理设施正在建设中。开展高考、中考和学业水平考试的禁噪工作，对全县三考期间环境噪声污染的监管工作做到早布置、早安排、早落实，联合公安局等职能部门对各建筑工地、歌舞娱乐厅下发有关文件并进行巡查、督查，考生的举报、投诉得到及时、准确的处理。全年征收排污费300余万元，完成排污权初次核定企业11家，完成排污权有偿使用费用征收15万元，完成非税收入393万元。

加强环境执法。全年查处各类环境违法行为20起，限期整改12家单位，立案11起，结案11起，罚款23万元；关闭杨嘉桥镇4家塑料造粒厂和三家电镀车间，并对湘潭市知照矿产品贸易有限公司的违法生产进行强制断电。全年收到各类环境污染投诉180件，其中国家信访局转办单1件、省环保厅信访登记2件、市局交办5件、县信访局3件、网上投诉80件、群众投诉89件，已处理170起。着重协调化解湘潭县荷塘水玻璃有限公司与附近村民、易俗河东汉商务会所与万宝楼居民、湖南华绿生物科技有限公司与附近村民、长通名城业主与附近企业等环境污染重点信访问题；畅通信访渠道，规范“12369”环保热线值班制度，安排专人负责网络舆情处置工作，耐心细致做好群众来访工作，积极推广信访“四通工作法”，落实首问责任制。

【农村环保】 2014年，县环保局向省环保厅申报谭家山镇钢铁村农村环境整治项目，项目总投资100余万元，建设农村饮用水水源保护工程、农村生活污水整治工程、农村生活垃圾整治工程、畜禽养殖污染处理工程等4大工程，钢铁村的农村环境得到综合治理，该项目已完工。同时，在乌石镇景泉村等全县9个村开展生活垃圾集中整治示范村为民办实事工作。2010年至2014年，全县共完成白石镇、乌石镇、排头乡等6个乡镇的环境优美乡镇的申报工作，完成创建环境生态示范村6个。先后下拨用于农村环境保护治理专项资金共计230余万元，涉及全县19个乡镇、76个行政村、50多家农村工业企业。用于农村环境治理的专项资金逐步递增，推动全县农村环境保护治理工作进程，弥补部分乡镇和行政村农村环保治理资金的不足。 （陈彬）

（责任编校 杨柳）

重点工程

【概况】 2014年，湘潭县重点工程建设项目89个（其中续建项目37个，新、改扩建项目52个），年度投资计划1236657万元。开工建设项目86个，开工率97%，与上年同期持平；完成投资1225002万元，占年度投资计划的99%，低于上年同期11个百分点。年内竣工项目26个，为紫竹南路（天易大道—武广大道）道路工程、玉兰路拓宽改造工程、园区道路提质改造工程、园区管网建设、城区电力改造工程、农村公路建设、农村信息化和三网融合通信建设、通信工程、沪昆客运专线湘潭段建设、年产40万千升啤酒生产基地建设、高空作业平台生产线建设、混凝土搅拌站建设、自动化输送设备及控制系统制造、示范区入园企业技改、乡镇企业技改、年产8万吨配矿生产线建设、湘江长沙综合枢纽工程湘潭县库区水利专项设施建设、小型农田水利建设、小（2）型水库除险加固工程、同丰·中央广场、天易金霞小学建设、金霞山1号建设、软包装印刷生产基地建设、食用槟榔仓储加工生产、油茶产业基地建设、农村危房改造工程。天易公路二期、沪昆高铁、玉兰路提质改造等重大基础设施项目竣工投入使用；年产40万千升啤酒生产基地建设等工业项目竣工投产；首个城市综合体项目同丰·中央广场投入运营；天易小学等民生实事工程建成交付使用。

县域内24个市级重点工程建设项目开工23个，计划投资848926万元，完成投资979065万元，占年度计划投资的115%；3个省级重点工程建设项目全面开工，计划投资129000万元，完成投资155060万元，占年度计划投资的120%。

2014年，湘潭县重点工程项目建设绩效考核排名全市第一，被评为“2014年度全市投资和重大项目建设突出贡献单位”。

【玉兰路拓宽改造工程】 该项目占地11.67公顷，长2926米，宽30米。完成三杆迁移、给排水改造、路面拓宽和沥青路面摊铺等，计划投资5000万元，实际完成投资8200万元。

【年产40万千升啤酒生产基地建设】该项目占地20公顷，建设年产40万千升啤酒生产线及相关附属设施，分两期建设，一期总建筑面积3万平方米，包括2栋厂房和1栋综合楼，为全县年度投资规模最大的工业类项目，一期20万千升啤酒生产线建成投产，该项目2014年计划投资25000万元，完成投资25000万元。

【同丰·中央广场】 该项目占地1.6公顷，总建筑面积约13万平方米，其中住宅面积为5万平方米，商铺面积为6万平方米，负二层为设备用房和车库，负1层为超市、仓库和商铺，北栋一层至五层为大型集中商业，南北两侧大楼6—23层为住宅。商圈北至湘江，南接凤凰大道，东邻锦绣湘江和白石广场，西连牛头岭老商业区，南北长约820米，向两侧各延伸约150米，两厢总用地面积约为24.48公顷。同丰·中央广场建成投入运营后，可容纳商家500余家，为近200家工商企业提供办公场所，安置就业人员1万人以上，年营业收入将达到20亿元，年创税利达1亿元以上，将成为全县规模最大、功能最全、档次最高的城市商业综合体。

【软包装印刷生产基地建设】 该项目占地8.47公顷，总建筑面积约6万平方米，包括标准化车间、仓库、办公楼及车间配套设施；建成年产1万吨软包装印刷生产线及检验、环保设施等。

【湘江长沙综合枢纽工程湘潭县库区水利专项设施建设】 该项目库岸防护15处、19000米（湘江2500米、涟水4700米、涓水11800米），改造涵闸两处。湘江长沙综合枢纽工程是省委、省政府为落实长株潭经济一体化总体规划中湘江河道统一规划和治理而决策建设的重大基础性项目；是以适应湘江水运大通道建设，提高城乡供水保障水平和长株潭三市城市发展需要为主，兼顾发电、交通等功能的大型建设工程。其中，湘潭县段影响到湘江、涓水、涟水共52千米，涉及易俗河、梅林桥、河口、杨嘉桥4个乡镇。

【天易金霞小学建设】 （见教育·科技篇【天易金霞小学建成开学】）

【沪昆客运专线湘潭段建设】 沪昆客运专线是2004年经国务院审议通过的《中长期铁路网规划》中“四纵四横”客运专线之一，里程长、技术标准高、设计时速快、投资规模最大、建设意义最深远的国家级重点工程，工期长达5年，在湘潭县境内15.123千米，涉及云湖桥镇和雨湖区响塘乡，10个自然村，50个村民小组，红线内共需征地49.14公顷，拆迁房屋190栋，56000余平方米，红线外临时用地约66.67公顷。已于2014年12月16日全线通车。

【湘潭市一季度投资及重大项目建设情况讲评会在湘潭县召开】 4月9日，湘潭市一季度投资及重大项目建设情况讲评会在天易示范区召开。市委常委、常务副市长谈文胜，县领导谢振华、傅国平、周俊文等陪同到湘潭县重点工程项目现场考察或参加讲评会。会前，市委常委、常务副市长谈文胜一行实地考察位于天易示范区农产品精深加工园、宏信创新创业园等项目，详细了解项目的建设进展情况和当前存在的问题与困难。讲评会上，市发改委等部门相关负责人介绍一季度全市投资运行和重点项目建设情况。谈文胜强调，抓好项目建设，稳定投资增长，是市委、市政府一贯坚持的工作思路，必须坚持目标不变、任务不变、责任不变，突出工作重点和难点，进一步强化服务意识、责任意识和拼搏精神，采取强有力措施，全力推进投资和重点项目建设。具体来说，要突出抓好开竣工管理，突出抓好项目投融资，突出抓好征地拆迁，突出抓好项目前期工作，突出抓好问题分类协调，突出抓好环境整治，突出抓好督办考核等7个方面。他希望各县市区、园区和项目责任主管单位在思想上再重视，措施上再务实，力度上再加大，全力推进投资和重点项目建设，确保实现时间任务同步，为完成全年目标任务，为湘潭经济的持续健康发展提供强劲支撑。（冯喜花）

2014年湘潭县部分重点工程建设项目投资进度情况

表9 单位:万元

序号	项目(企业)名称	建设规模	2014年建设任务		项目进度	2014年完成投资额
			责任目标	计划投资		
24				848926		979065
1	珠江啤酒生产基地	项目用地20公顷,建设年产40万千升啤酒生产线及相关附属设施,分两期建设	一期20万千升啤酒生产线建成投产	10000	建成投产	25000
2	200吨以上电动自卸车车身生产线建设	项目用地8公顷,建设200吨以上电动自卸车车身、高铁2.5万千牛—11万千牛桥梁支座生产线	完成主体工程	20000	项目已退出	
3	年产2万吨新型无机非金属功能搪瓷材料生产线建设	项目用地3.53公顷,新建年产2万吨新型无机非金属功能搪瓷材料生产线	建成投入使用	15000	建成投产	18000
4	食用槟榔仓储、加工生产项目	项目用地6.8公顷,建设6万平方米的槟榔自动化仓储、精深加工生产车间	完成厂房建设	20000	建成投产	30000
5	阀门生产基地建设项目	项目用地20公顷,阀门生产基地、检测中心和省级新型阀门工程技术研究中心	完成一期厂房主体工程	20000	厂房主体工程竣工	20000
6	中科纳米绿色印刷科技产业园(一期)建设项目	项目用地6.67公顷,建设年产制版设备300台、年产耗材1200万平方米和年产油墨12万支的生产线以及科研中心	完成办公楼和厂房主体工程及印刷设备、版材及油墨生产线建设	25000	办公楼、厂房主体工程竣工	25000
7	自动化输送设备及控制系统制造项目	项目用地4.5公顷,建设年产300台(套)自动化输送设备及控制系统厂房及配套用房	完成年产300台(套)自动化输送设备生产线及控制系统建设	10000	建成投产	16000
8	宏信创新创业园	项目用地80公顷,建筑面积59万平方米,包括厂房和其他附属工程建设	完成二期标准厂房和部分配套设施建设	30000	完成大部分厂房主体施工及部分附属工程建设	38000
9	天易示范区产业配套项目建设	鸿益、妙研、国发、五洲通、小龙王、吉光科技、众为兴等入园企业技改,建设软包装印刷生产基地、特种钢泵业生产等项目	完成鸿益、妙研、国发、五洲通、小龙王、吉光科技、众为兴等入园企业技改,软包装印刷生产基地、特种钢泵业生产等项目建成投产	60000	建成投产	90000
10	农产品精深加工园	项目用地23.3公顷,建设油茶及其副产品精深加工基地、年产3万吨预混料添加剂专业生产线及年产30万吨乳猪奶粉料专业生产线及相关配套设施、年产18万吨全价颗粒饲料生产线、年产5000吨的预混料生产线、年产3万吨饲料用油脂精炼及副产品深加工生产线、年产3000吨莲子食品及以荷叶、荷花、莲心为主的饮料生产线、湘莲产品质量检测中心	完成油茶及其副产品精深加工基地等项目部分主体工程及园内部分基础设施配套工程	47000	除油茶及其副产品精深加工基地只完成基础施工以外,其他入园企业基本完成主体工程建设;基中莲美食品、傲农生物完成设备安装;园内水、电、路、气通讯等基础设施基础设施基本配套到位	50000

续表9

序号	项目(企业)名称	建设规模	2014年建设任务		项目进度	2014年完成投资额
			责任目标	计划投资		
11	天易国际金融文化商业中心	项目用地12.47公顷,建筑面积71.08万平方米,包括大型商业中心、百货、生活超市、五星影院、甲级写字楼、金融商业街、高档商务酒店、国际时尚公寓、商业风情步行街及低密度高品质住宅等	年内完成40万平方米主体工程建设	85000	完成5栋高楼、41.8万平方米主体和外装修,正进行二期工程桩基础施工	85000
12	紫荆河生态城市综合体建设工程	项目用地200公顷,包括紫荆河提质改造、向东渠路(长3401米,宽40米)、东梅路(长3405米,宽40米)、芭蕉路(长1381米,宽30米)道路及相关配套设施建设	完成部分征地拆迁、芭蕉路、东梅北路、向东渠路路面和排水施工及部分配套设施建设	110000	已完成大部分征地拆迁和部分道路、排水等相关配套设施建设	105800
13	湘江防洪景观道路湘潭县段(凤凰东路-银杏北路)建设	项目用地13.33公顷,道路长1500米,宽80米,包括道路硬化及绿化、亮化、排水等配套设施建设	二水厂取水口-凤凰东路段竣工,二水厂取水口-银杏北路主车道建成通车	40000	雪松路至贵竹路段1.6千米已竣工验收;雪松路至自来水厂取水口段主车道建成通车;雪松路至杨柳路段完成绿化景观建设;贵竹路至二水厂段完成路基、排水施工	50380
14	天易示范区基础设施配套建设	项目用地87.33公顷,包括云龙东路(长4607米,宽40米)、含羞草路(长2215米,宽40米)、凤凰东路(长1530米,宽50米)、杨柳南路(长2368米,宽40米)、香樟路(长4220米,宽30米)等道路工程	含羞草路、紫竹北路完成路基、排水施工,其他道路主车道建成通车	140000	已竣工	180900
15	天易小学建设	项目用地2.4公顷,可容纳36个班级、学生1620人,建筑面积1.5万平方米,其中教学楼8433平方米,综合楼2792平方米,学生宿舍1298平方米,食堂及室内活动场地2589平方米	建成投入使用	4000	竣工投入使用	4525
16	武广大道道路工程(株洲界-飞龙桥)	项目用地55公顷,道路长7860米,宽60米,包括道路、绿化、亮化等配套设施建设	株洲界至芙蓉大道段建成通车,芙蓉大道至飞龙桥段完成部分路基和排水施工	55000	株洲界至芙蓉大道段主车道建成通车;芙蓉大道至飞龙桥段完成90%的路基土方工程	60430
17	芙蓉大道(五大桥-武广大道)道路工程	项目用地30.8公顷,道路长4400米,宽60米,包括道路、绿化、亮化等配套设施建设。	五大桥—天易大道段竣工通车,天易大道—武广大道段主车道建成通车	59000	五大桥—天易大道段竣工通车;天易大道—武广大道段主车道建成通车	66680
18	天易公路二期	项目用地42.67公顷,全长8.73千米,其中新建段4.628千米(含涓水二桥及连接线和延长线),全线按一级公路标准建设	主车道建成通车	20000	主车道建成通车	30380

续表9

序号	项目(企业)名称	建设规模	2014年建设任务		项目进度	2014年完成投资额
			责任目标	计划投资		
19	湘潭县中医院住院综合大楼暨“治未病中心”建设	项目用地0.17公顷,建筑面积2.85万平方米,层高17层,设计床位560张	完成主体工程	7000	药剂楼交付使用;住院综合大楼已完成主体工程,正在进行一次装修阶段	8000
20	廉租房建设	建设住宅面积0.39万平方米,80套	锦园廉租房项目基本完成主体建设	750	芙蓉廉租房5—8#及锦园廉租房小区1#、3#楼已主体竣工	970
21	湘江长沙综合枢纽工程湘潭县库区水利专项设施建设	库岸防护15处、19000米(湘江2500米、涟水4700米、涓水11800米),改造涵闸2处	竣工投入使用	7900	已竣工投入使用	7900
22	同丰·中央广场	项目用地1.6公顷,建筑面积约13万平方米。其中:住宅面积为5万平方米,商铺面积为6万平方米,负二层为设备用房和车库,负1层为超市、仓库和商铺,北栋一层至五层为大型集中商业,南北两侧大楼6—23层为住宅	建成投入使用	10000	负1层至5层全面营业,6—23层已通过验收并交房;米in酒店正在进行装修工程	15000
23	县公安局业务技术用房建设及平安城市电子防控系统工程	县公安局业务技术用房占地2.62公顷,建筑面积1.5万平方米,主要建一栋主楼、两栋附楼及地下停车场等;新建县城区高清治安监控点135个、高清道路监控点50个、电子警察4处、县域内电子卡口10个、简易卡口10个	县公安局业务技术用房完成主体工程,平安城市电子防控系统工程竣工投入使用	5700	业务技术用房主楼已完成主体工程,进入一次装修阶段;平安电子防控系统已投入使用	6100
24	梅林桥美丽乡村示范片建设	总规划面积14.56平方千米,包括谷梅大道、紫荆河生态改造、民居改造、农贸市场建设、梅林山庄、龙畅金谷生态农业城、梅林现代农业产业园、贤能山庄休闲度假村及梅林有机梅产业园等项目建设	紫荆河生态改造工程竣工交付使用;农贸市场建设完成主体工程;梅林现代农业园建设高标准农田600公顷,完成4个合作社建设;梅林山莊完成130.7公顷建设用地征收、安置房、27千米沥青路面和人行道建设等,龙畅金谷生态农业城建设生态观光农业园40公顷及相应的配套基础设施建设	47576	紫荆河改造600米,民居改造140户,新建农村聚居点12户,硬化谷梅大道2200米,农贸市场已完成主体建设;梅林山庄已完成13.07公顷建设用地的征拆腾和15千米沥青路面铺设、10.67公顷苗木基地、23.33公顷大棚基地、30公顷葡萄园、17.33公顷湘莲基地建设;梅林现代农业产业园已完成90%项目建设任务,国家土地出让金支持的农田水利建设项目及气象检测项目已完成,紫荆河治理工程已完成50%工程量,整治油菜66.67公顷等	45000

园区建设

湘潭天易示范区

【概况】 2014年，湘潭天易示范区完成技工贸收入485.1亿元，增长25.11%（同比，下同）；完成工业总产值339.2亿元，增长21.14%；完成规模工业企业总产值277.7亿，增长22.19%；固定资产投资120.7亿元，增长30.9%；完成财税收入13.5亿元，增长16.4%，其中税收完成7.42亿元，占总收入的55%。

产业规模不断扩大。出台招商引资信息奖励制度，重点加强二、三产业业态发展形势的研判，招商引资新签约项目14个，其中过亿元项目8个，到位资金32.5亿元，储备在谈项目20余个。通过完善入园项目“五个一”工作机制和“三促”服务机制，实行示范区领导联企业、联项目制度，加强调度，完成工业项目投资50.7亿元，投产（试产）项目12个，国发重工、吉光科技、鸿益添加剂、妙研食品、新向维包装、珠江啤酒、信诺颜料二期、特种泵业、映日荷花食品等项目投产（试产）；傲农饲料、怡源茶油、浏阳河饲料、杰萃生物、农产品检测中心等项目加快建设；宏信创新产业园一期已建成，二期33.33公顷正加紧建设。加快推进科技创新步伐，做大做强主导产业，园区规模工业企业108家，年产值过亿元企业75家，完成产值257.72亿元，占园区规模工业产值的92.8%；实现规模工业增加值86.69亿，同比增长19.3%。先进装备制造、食品医药、新材料三大主导产业完成产值265.46亿元，占规模工业企业产值的95.6%，食品医药产业突破100亿产值规模。累计纳税过百万企业95家，完成税收5.2亿元，其中工业企业36家；纳税过千万企业13家，完成税收2.95亿元，其中工业企业6家，分别是胖哥、小龙王、五洲通、伍子醉、天人合、电线电缆。成立天易示范区知识产权工作站，全年园区专利申请量和授权量分别达到112件、95件；韶力电气有限公司“‘韶力’图形+字”商标成功获批为中国驰名商标。实现高新技术产值122.7亿元，增长30.15%，R&D经费支出4.13亿元，增长15.47%。

项目建设加快推进。完成《示范区节能环保工业园控制性详细规划》编制，基本实现示范区99平方千米规划范围内控制性详细规划全覆盖。探索地块带方案出让模式，完成湘江南岸商业建筑及金霞广场用地以东2宗带方案出让地块规划方案设计。规划审查项目54个，总建筑面积246.07万平方米。完成基础设施建设投资48.1亿元，在建项目23个，竣工项目40个。芙蓉大道、武广大道、大鹏西路、湘莲大道、黄莺路等骨干路网逐步完善；滨江风光带、天易生态水厂、金霞山森林公园等配套设施稳步推进，农产品精深加工园“三纵五横”道路框架全面铺开，天易小学和玉兰路、雪松北路、杨柳北路、贵竹北路等城区道路提质改造等一批项目竣工投运。天易公路二期、芙蓉大道、香樟北路、黄莺西路等9条道路农历年底竣工通车，完成湘莲质检中心主体、滨江风光带景观建设和芙蓉、水竹、贵竹安置区的扫尾工作。

要素保障及时有效。拓宽融资渠道，融资到位40亿元，完成年任务的133%。通过汉海拍卖、华浦梁行等专业土地营销策划平台，积极参与区域推介会、委托招商等，全力推介园区地块。争取80个各类上级专项补助资金1.02亿元，其中直接用于示范区基础设施及民生配套建设资金6635万元。批回133.62公顷建设用地，荣获节约集约用地开发园区先进单位，奖励用地指标10公顷，实施城乡建设用地双挂钩项目，新增建设用地指标14.97公顷。成立经开区土地储备中心，全面启动一笑堂和古汉堂、原一补、力威液压和电线电缆等项目用地回购，示范区范围内10宗260公顷联合储备土地清理处置到位。签订土地协议45个95.56公顷；腾地274.67公顷；签订房屋合同257户，其中集体土地上234户；安全拆除房屋280户，迁坟1144冢。

内部管理日趋规范。实行以图管地模式，建立726.67公顷土地资源信息库，包括地类、房屋及青苗设施等地上附着物、人口、证照等信息，为征地拆迁和依法腾地提供第一手资料。制订前期工作计划，完成画眉路、凤凰东路、滨江路、质检中心、上马卫生院、湾东港改扩建工程等36个项目的前期工作。出台签证管理、现场管理手册，加强对工程建设各方责任主体行为的监督与管理。严格实行部门预算，公用经费同比减少10%以上。强化工程审计监督，完成工程结算审核141项，核减率30.25%；完成工程预算评审91项，核减率39.46%；对凤凰东路、芙蓉大道、紫竹路等工程项目跟踪审计36项。加强对各类合同协议法律把关工作，审核各类协议合同及规范性文件125个。

改革创新步伐加快。创新综合执法机制，单设示范区综合执法机构，形成规划执法、城市管理、控违拆违、维护稳定等方面的执法合力。查处违法建筑190处3.87万平方米，组织集中行动3次，拆除违法建筑70处1.23万平方米，成功劝导37户违建户自行拆除违法建筑45处近1万平方米。创新基础设施建设投入与管理机制，形成水电气与园区新建道路同步设计、施工建设的新模式，解决在新开发区域因投资回报不够水电气等部门先期不愿投入的问题，避免道路重复开挖建设造成的资源浪费，为入园企业落户后及时跟进水电气等基础配套提供便利条件。创新征拆工作机制。规范城市房屋征收，由征拆办具体实施国有土地上房屋征收工作，确保主体合法、程序依规。实行征拆一线中队“一条龙”包干服务，加强项目腾地服务对接。由纪监室前期主动介入拆迁户的资料外调工作，为补偿提供合法有效依据，节约征拆资金逾400万元。

发展环境更加优化。深入开展“为民务实清廉”为主题的党的群众路线教育实践活动，认真践行“我服务、我示范”工作标准，进一步提高干部职工的服务意识和履职能力。精简行政审批，简化审批程序，将15项审批精简为3项，规划例会和专家评审会实行两会合一，提高审批效率，减轻业主负担。严格落实湘潭县各职能部门对园区企业检查备案制度，加强对职能部门执法的监管，预防违规检查行为的发生。积极推动十大环保工程，落实环保“三同时”验收制度，完成映日荷花食品项目等37个项目的环评审批；完成小龙王槟榔、五洲通药业等企业清洁能源改造；推广太阳能光伏发电。启动湘江沿岸1千米畜禽养殖项目退出工作和红燕山地区的四通化工重金属治理工程，金霞山森林公园管理和绿心保护得到新的加强；启动园区循环经济技术推广试点工作，推动工业废弃物和生活垃圾的无害化处理，人居环境逐步改善。坚持以人为本，做好拆迁户安置工作，货币安置207户，发放购房补贴款42户930万元、生产生活帮扶资金165户2634.15万元、购房优惠补贴48户171万元。规范信访体制，分类建立台账，落实责任，加强部门协调联动，开展“百日攻坚”信访积案化解工作，成功化缓解信访积案12起，妥善协调解决黄莺路占地收回、中特房产、县人民医院等用地历史遗留问题。全面落实安全生产责任，狠抓安全生产宣传教育培训和安全隐患排查整改工作，组织安全生产大检查4次，督促企业及时整改隐患480余处，推动安全生产形势持续稳定好转。

【湘潭天易示范区喜获“2013中国湘商十大最具投资价值经济园区”】 7月9日，“芙蓉王·2013中国湘商力量总评榜颁奖盛典暨湘商创业与发展高峰论坛”在长沙举行，湘潭天易示范区获“2013中国湘商十大最具投资价值经济园区”，党工委委员、管委会副主任唐争耀代表湘潭天易示范区参加会议并领奖。此次活动为中国湘商力量总评榜活动第四届，由中国商业文化研究会、湖南省工商业联合会、湖南日报报业集团、中国湘商力量总评榜活动组委会联袂主办，商业文化杂志社、湖南日报《湘商时代》、天下湘商网联合承办，共设置“2013中国湘商十大新闻事件”“2013中国湘商十大推动力人物（机构）”“2013中国湘商十大最具投资价值经济园区”“2013年度中国湘商十大新锐人物”“2013中国湘商十大风云人物”五大评选奖项。湘潭天易示范区评为“十大最具投资价值经济园区”，在中国湘商群体中的知名度和影响力得以提升。

湘潭天易示范区荣获2013年度湘商十大最具投资价值经济园区（天易示范区 提供）

【宏信创新产业园正式挂牌湖南省中小企业创业基地】 2013年12月湖南省经信委下发通知，湘潭天易示范区宏信创新产业园等67个创业基地被认定为湖南省第一批省级中小企业创业基地，可享受省里制定的相应扶持政策。经过一年的努力，2014年1月16日，湘潭天易示范区宏信创新产业园正式挂牌湖南省中小企业创业基地，示范区管委会领导唐向前、杨欣荣与宏信创新产业园负责人李四连等为基地进行剪彩和揭牌。宏信创新产业园于2012年5月被引进到天易示范区，规划总占面积94.33公顷，总投资达25亿元，全部建成后可容纳200余家企业入园。第一期主体建设基本完成，吸引近30家企业进驻。

【陈三新调研湘潭天易示范区】 2月17日，湘潭市委书记陈三新一行考察中科纳米绿色印刷科技产业园，在听取中科纳新技术负责人绿色印刷技术的技术支持及今后发展

湖南省中小企业创业基地——宏信创新产业园 （天易示范区 提供）

7月17日，市委书记陈三新在珠江啤酒调研　　（天易示范区 提供）

等相关情况汇报后，就该技术在推广运用、覆盖范围等关键问题与项目负责人交流。陈三新指出，在激烈的市场竞争下，更要重视科学技术的革新与进步，绿色技术一旦推广，将是印刷技术的又一次革命。7月17日，市委书记陈三新一行到湘潭县调研县域经济工作，考察园区企业珠江啤酒、国发重工。强调精准发力，精准施策，进一步优化经济发展环境，促进稳增长目标的落实。结合当前开展的党的群众路线教育实践活动，强调要在抓经济工作的过程中切实改进干部作风，大力治理庸政懒政，形成广大干部勇于担当、敢于碰硬、主动作为的局面，全面推动经济工作和其他各项工作的开展。11月18日，市委书记陈三新率市发改委、市农办、市国土局、市交通局、市住建局负责人一行实地考察农产品精深加工物流园及芙蓉大道、武广大道、天易二水厂、滨江风光带等项目。“经济增长上，效益有所提高，结构有所改善；基础设施建设上，投入力度进一步加大，投资和项目建设环境不断改善，产业项目推进顺利；教育实践活动扎扎实实，有声有色，每一个环节都十分到位，取得实实在在的成效；项目建设上，新开工项目多，投资、进度完成较好，项目储备也较充足，为明年的项目安排布局打下基础。”市委书记陈三新肯定湘潭县、湘潭天易示范区今年工作的新成绩、新亮点。陈三新要求，要更加发奋努力，力争完成全年的各项工作目标任务；要不折不扣地落实、兑现教育实践活动中列出的问题整改清单，确保整改到位和问题解决，以整改实际行动和具体成效来推动作风建设和县域经济社会发展；要认认真真谋划好明年的改革与发展的大事，始终坚持发展第一，继续稳增长、调结构、促改革、惠民生、转作风。

【飞利浦·吉光LED联合生产基地正式生产】 3月17日，飞利浦·吉光LED联合生产基地一期工程建成完毕，正式启动生产。该项目预算投资5亿元，占地6.67公顷，将打造成为集LED研发、配件生产、产品总成及LED照明教育示范等功能为一体的大型工业园区，是中国中部地区最大的LED照明产品生产基地之一。

【芙蓉大道武广客运专线共线段工程等五大项目开工】 6月12日，累计投资12亿余元，芙蓉大道武广客运专线共线段工程等五大项目举行开工仪式，标志着五大项目正式进入实质性建设阶段。县委副书记、县长、天易示范区管委会主任傅国平宣布开工。湖南建工集团副总经理李湘波、市交通局副局长汤建仁，县领导周艳希、唐正武、黄忠德、王惠芳、周俊文等出席开工仪式。此次开工建设的五大项目分别为芙蓉大道武广大道共线段道路、湖南省地方特色产品（湘莲）质量监督检测中心、紫竹路、杨柳南路和画眉路。其中，芙蓉大道武广大道共线段起于武广客运连接线万利互通，跨向东渠，连接飞龙桥与G107互通，建设里程5.477千米，本段主路双向六车道，设计速度80千米/小时，项目总投资92248万元。该道路作为长株潭经济圈的一条快捷通道，是市委、市政府建设城市南二环的重要组成部分，对于拓展湘潭市中心城区发展空间、提升城市承载能力、加快长株潭城市群融合具有十分重要的意义。同时，该项目作为湘潭天易示范区四大产业基地的中轴线，是湘潭县构建“三横三纵”县域交通新格局的主动脉，对于优化园区产业布局、集聚优质项目、形成产业集群、辐射县域腹地、改善社会民生也具有重大战略意义。

【马来西亚青年企业家“组团”到天易示范区考察】 7月24日，由马来西亚丹斯里、拿督、太平局绅（马来西亚爵位称呼）郑福成率领的马来西亚青年企业家访华团一行18人到湘潭天易示范区考察。县委副书记、天易示范区管委会常务副主任唐正武，天易示范区管委会副主任杨欣荣、唐争耀会见访华团一行。这次访华团由马来西亚青年运动和马来西亚创业促进会组织，成员均为马来西亚成功的华人企业家，先后来到胖哥食品有限公司、炜达机电制造公司和碧桂园，了解园区经济发展情况。在座谈交流中，马来西亚青年企业家还详细咨询建设“两型”天易对企业的准入门槛、对企业的政策支持和天易示范区目前落户的外资企业及物流渠道等情况。唐正武向客商介绍，天易示范区正处在长株潭城市群半小时经济圈内，区位优势明显；且在大力发展先进装备制造业、农产品精深加工、现代服务业三大主导产业，重点培育节能环保、新材料两大战略产业，已有200余家入园企业，均能享受到高效快捷的政务服务和水电气齐全的配套设施，拥有广阔的发展前景，并欢迎他们来天易示范区投资兴业。

【金驰电缆重组成功】 湘潭电线电缆有限公司（简称“金驰电

缆”）在示范区发展多年，是一家研发、生产和销售电线电缆的专业性企业，产品先后荣获“湖南名牌产品”“湖南著名商标”“中国驰名商标”等荣誉称号。随着投资规模的不断扩大，8月初出现资金链断裂，湘潭县委、县政府以及示范区管委会鼎力服务，8月3日成立解决电线电缆问题的专门领导班子，由示范区管委会经济发展部、三促办等部门为成员，全面跟进、协助和支持公司应对资金链断裂的危机，分别就危机应对出谋划策，对企业维稳、企业融资协助、并购重组的投资方引进等问题与金驰电缆股东一起，深入现场，召开协调会议20余次。引进桂林电线电缆国际集团有限公司并购电线电缆部分股权，成为控股股东。在重组过程中，天易示范区管委会全力支持，高效对接，仅用两个月的时间完成企业重组的一切手续，让企业快速地恢复正常生产和经营。11月、12月的销售收入就恢复到2013年度的最高水平，从9、10月的亏损转为有100多万元的月利润，全年完成税收1141.2万元，同比增加300多万元。

【湖南五洲通药业成立30周年】
12月8日，湖南五洲通药业有限公司成立30周年。作为湘潭天易示范区医药行业的龙头企业，从1984年12月成立，经历专注做药的30年创业岁月，企业从万元资金起步到积累资本10亿余元，累计向国家缴税费2亿多元。先后获得湖南省私营企业十大行业（五百强企业）、高新技术企业、先进外来投资企业、纳税先进单位、药品生产质量管理先进单位、中国医药行业十大诚信品牌企业、全国医药行业诚信企业家、中国医药行业质量管理先进单位等荣誉。五洲通药业有3个药品生产基地，占地近20公顷，厂房面积6万平方米，职工600余人，18条生产线，160多个药品批文。2014年，投资1亿元完成湘潭天易示范区内分公司的建设，6条生产线全部建成，投资0.75亿元在山西收购天丰世保扶制药有限责任公司，并更名为“大同五洲通制药有限责任公司”，两个新建项目新增生产能力3亿元。

【湖南省地方特色产品（湘莲）质量监督检测中心主体工程封顶】
12月28日，湖南省地方特色产品（湘莲）质量监督检测中心主体工程如期封顶，这是湖南首个湘莲质检中心，该中心以湘莲及制品检测为重点，涵盖油茶制品、竹木制品、肉制品及大米制品等业务。该中心坐落于湘潭天易示范区农产品精深加工园，位于玉龙路以南、香樟路以西，占地面积1公顷，总建筑面积9667.1平方米，其中新建一栋8+1层的框架结构综合楼（地上建筑面积8062.9平方米，地下建筑面积564.2平方米）；以及新建一层单跨24米车间，建筑面积1040平方米。该中心建成后，将成为市县领先，集产品检验及风险监测、标准制修订、科技研发与成果转化等功能于一体的专业技术机构和高端技术平台，服务于湘潭县、湘潭天易示范区农产品产业发展。

（谷述良）

天易示范区茶恩竹木工业园

【概况】 2014年，根据湘潭县委、县政府“一区多园”的发展战略，在湘潭县茶恩寺镇成立天易示范区茶恩竹木工业园，形成以竹制品产业为支撑的特色产业园区。该园区总规划面积53.33公顷，已开发26.67公顷，其中竹制品市场3.33公顷，加工企业23.33公顷，有竹木加工企业40家，从业人员7000人，规模以上企业4家。全年，茶恩竹木工业园完成规模工业产值6亿元，增速达到43.2%。

2014年，园区管委会对茶恩寺镇总体规划进行修编，制定控制性详细规划，并启动园区给排水设计和平面建筑设计。投入272万元完成园区亮化工程、电力设施建设、土方平整工程和园区规划设计，园区内107国道主干道路两侧路灯全部安装完毕。现有华钢竹业等3家市农业产业化龙头企业，福鑫木业等2家省林产品龙头企业。华钢竹业、湖南祥盛、湖南福鑫和湖南润竹4家企业产值过亿元。有湖南福鑫木业的“枨鑫”、湘潭华钢竹业有限公司的“福里居、湖南润竹竹业有限公司的“冰芙蓉”等知名品牌，其中“福里居”和“冰芙蓉”占湖南市场份额的15%，润竹竹业占海南省市场份额的5%。（罗侃）

天易示范区青山皮鞋工业园

【概况】 2014年，湘潭县青山桥镇积极响应县委、县政府“一区多园”“强工惠农”的发展战略，全力推进青山皮鞋工业园建设。全年，青山皮鞋工业园完成规模工业产值9.34亿元，增速达到33.2%。到2014年止，园区已形成520万双成品鞋、5.3亿元产值的年产能，提供就业岗位3400余个，年创工资收入7100万元。

2014年，青山皮鞋工业园实行

湖南省地方特色产品(湘莲)质量监督检测中心封顶　（天易示范区 提供）

党政负责人“一对一”联点的项目建设服务机制，全年累计帮助企业申报各类项目10个，争取资金65万元，及时处理周边环境矛盾260起，建立3处园区招工信息发布栏，累计帮助企业发布各类需求信息310余条，成功招聘员工369人。投入资金2000万元完成园区三期工程20公顷规划建设用地的测量测绘、12公顷建设用地的征拆补偿、5.85公顷的建设用地报批工作；投入资金2840万元重点推进电力架设，千伏变压器安装，下水道铺设等项目建设，投入68万余元配置了各类施工安全设备，项目安全生产基础进一步夯实。引进湘潭凤舞九天鞋业、湖南爱丽丝鞋业、湖南豪友鞋业等9家企业落户园区。帮助琪尔美鞋业与湘潭云飞电子商务公司开展企业信息化管理试点工作，引导企业从家族式管理向现代化管理方式转变。协助百舌鸟、琪尔美、着意乐鞋业等企业在网上建立销售平台，新开淘宝商店16个，实现新增销售额108.6万元。联合上海农商银行在青山皮鞋工业园开展银企对接活动，帮助企业融资480万元。（罗侃）

天易示范区杨河工业园

【概况】 湘潭天易示范区杨河工业由湘潭县杨嘉桥镇片区和河口镇片区组成，形成“一轴、两片”的功能结构，“一轴”为武广大道产业发展轴，“两片”分别为西部城镇综合片和东部产业拓展片，总规划面积683.27公顷。

2014年，杨河工业园共有规模企业24家，完成规模工业产值24.4亿元，增速达到33%。为方便企业选址入园，杨河工业园管委会办公室与湘潭县城乡规划局共同编制《杨河工业园道路上线图》，图中标识出园区内64个道路控制点的坐标及高程，提供给园区和企业做参考。投资1944万元，完成园区电力设施建设、排污管道、道路建设、自来水厂、园区大道土方工程、高压电网等基础设施项目建设。杨河工业园河口片的投资5000万元湘潭东升机械已顺利投产，县离心机厂、一三电气、英达机电、韶晖电气已完成土地平整；杨河工业园杨嘉桥片的湖南牵引电气有限公司、中辉科技有限公司、熙源建材有限公司、华南电力机车有限公司均在安装调试设备；嘉鸿包装土地平整工作已全部完成。（罗侃）

（责任编校　杨红艳）

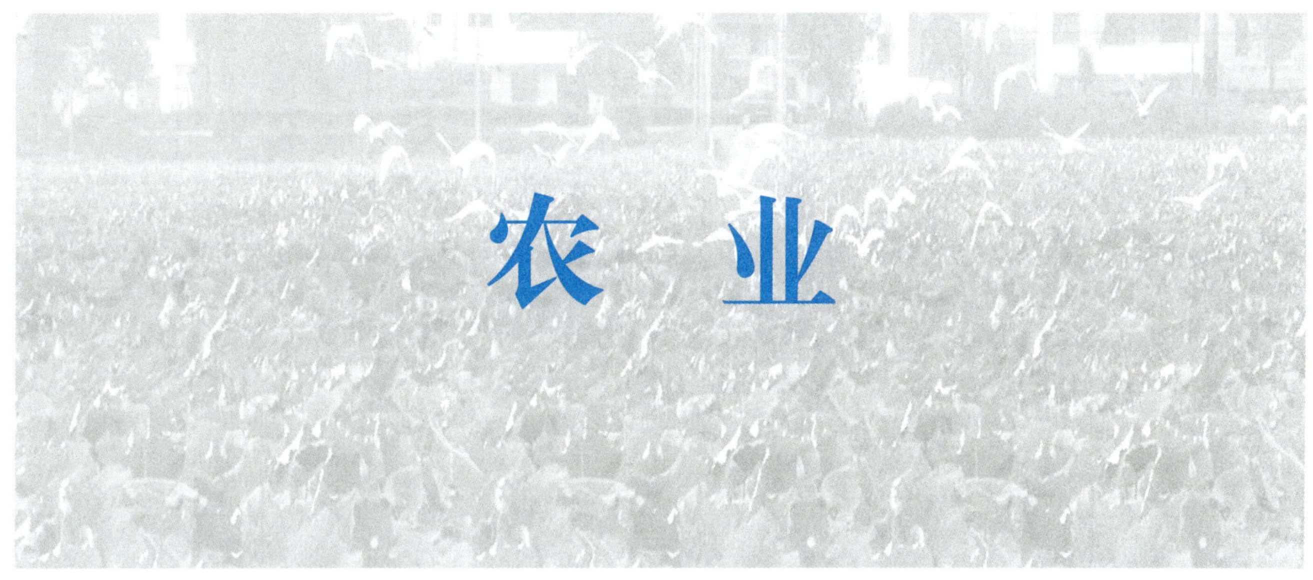

概 述

【概况】 2014年，全县完成农业增加值48.7亿元，增长5.2%；农村居民人均纯收入13344元，增长11.4%。全年完成粮食播种面积10.65万公顷，粮食总产量74.1万吨，全国产粮大县优势地位得到巩固，其他主宗农产品增产增效。出栏肉猪218.47万头，增长2.4%；完成营造林面积4950公顷，全县林木蓄积量365.9万立方米。特色县域经济重点县项目顺利推进，全年实现农业产业化产值195亿元，增长18%，宏信油茶和金风食品成功申报省农业产业化龙头企业。完成农业产业化固定资产投资7.2亿元，投资1000万元以上项目38个，天易农产品精深加工物流园基本建成。创建省级竹木产业示范园区，完成林业总产值33亿元。全程社会化服务机构不断健全，“华绿模式”在全市推广。新增农民合作社68家，全县土地流转面积4.33万公顷。农村基础设施投入5亿元。其中投入水利建设资金2.26亿元，完成各类水利工程11293处，解决农村安全饮水7.76万人；农机装备水平连续九年居全省首位；新农村建设稳步推进，三个示范片、七个“美丽乡村”和110个帮扶村共完成基础设施投入8000余万元；农村环境综合整治纵深推进，“四分法”垃圾分类减量处理模式在全市推介。落实习近平总书记“精准扶贫”讲话精神，扎实推进贫困户和贫困村的识别和建档立卡工作。成立由分管副县长牵头的工作协调领导机构，制定《湘潭县农村贫困人口识别和建档立卡工作实施方案》，完成贫困人口、贫困村识别和建档立卡工作，全县农村贫困人口48145人和28个贫困村的信息完成录入工作。年内，争取中央、省财政专项扶贫资金258万元，重点用于贫困村基础设施建设和产业发展。加强资金绩效管理，建立健全事前评估、事中监督和事后评价机制，提高资金使用效益。发挥财政扶贫资金的杠杆作用，带动贫困村投入1000余万元。农村“低保”“五保”全面提标，完成78户农村特困户建房任务；为民办实事“贫困残疾人救助工程”圆满完成。围绕“规模以上企业农产品加工产值与农业产值比”和“农村垃圾集中处理率”两项指标，强化工作举措，加强衔接协调，取得良好成效。完成规模以上企业农产品加工产值171.19亿元；农村垃圾集中处理率达到100%。

2014年，湘潭县第11次被国家农业部评为“全国粮食生产先进县”，进入全省县域经济发展先进县行列。 (黄双燕)

农业产业化

【概况】 2014年，全县完成农业产业化总产值195.03亿元，同比增长18%；农产品加工企业产值达182.1亿元，同比增长18.1%。

全县农业产业化龙头企业，在经济下行压力下，继续保持快速发展的良好势头。以胖哥、小龙王、伍子醉为主的槟榔生产企业发展尤其突出，3家企业上缴税金4415万元，安排劳动力6000余人就业，占到湘潭槟榔行业份额的50%以上。在原材料采购、生产、销售等方面形成良性循环，有效带动全县农产品加工业的发展。金风食品和宏信油茶成功申报省农业产业化龙头企业，润竹竹业、信达茧丝绸等12家企业成功申报市级龙头企业，实现新的突破。县内市级以上农业产业化龙头企业共有36家。其中，国家级龙头企业1家、省级龙头企业8家、市级龙头企业27家。加大品牌培植力度，全县农业产业化企业有中国驰名商标5个、省著名商标13个、省级名牌产品4个、绿色食品认证产品5个、专利200余项。

以特色县域经济重点县项目为重点，加快农业产业化项目建设，“1+2”农业产业园区项目进展良好。据统计，全县500万元以上农业产业化项目共有45个，完成固定

美丽乡村建设工程项目 （丁艳平摄）

资产投资5.8亿元。珠江啤酒项目已基本完成；伍子醉总投资3亿元占地6.87公顷的年加工5万吨槟榔生产基地项目进入主体建设阶段。大洲莲业整套湘莲全自动生产线项目和兴宏运湘莲加工项目已建成投产；飞跃湘莲一期厂房建设已完工；花石湘莲大市场提质改造和四期新建工程正式启动。润竹竹业、华钢竹业生产经营形势良好，正在推进改、扩建工作。梅林休闲山庄新修道路5千米，新建大小蓄水水坝（塘坝）13座、农民饮水水井3个，到年底项目累计投入1.1亿元。

认真落实《湘潭县关于加快发展农民合作社的意见》，大力培育农民合作社、家庭农场、专业大户等新型农业经营主体，加快健全土地经营权流转市场，推进特色农产品基地建设。全县农民合作社达358家、家庭农场19家，带动农户12万户，水田和山地流转面积达2.07万公顷。大洲湘莲公司26.67公顷“寸三莲”原种场基地和韶茶干线花石段两厢及花石湘莲市场—罗汉山—花石水库的万亩湘莲高产示范片全面建成；完成油茶新造、低改1400公顷；落实茶叶、西瓜等经济作物面积1.17万公顷。源博园、龙凤山庄等休闲基地建设来势喜人，龙凤山庄被评定为省五星级休闲农庄，享受省级农业产业化龙头企业待遇。 （黄双燕）

美丽乡村建设

【概况】 2014年，全县美丽乡村建设主要是抓好梅林桥美丽乡村示范片建设。年内，梅林桥美丽乡村示范片农田水利建设、道路硬化、农贸市场建设、紫荆河生态改造、民居改造、产业发展等8大项目建设共完成投资8000多万元。

夯实基础，增强发展后劲。新建村部2个，整修村部2个，发展党员12人，深入开展党的群众路线教育实践活动，抓好农村基层组织建设。举办示范片5个村三大专职干部基层党建和美丽乡村、“两型社会”专题培训班，建设100米中华传统文化和两型社会知识宣传文化长廊，编印2000本《圆梦·美丽乡村》宣传画册。完成村级公路硬化8千米、通组公路15千米；梅林国家级农业综合开发项目完成高标准农田600公顷、排灌站4座和11.4千米骨干渠、9千米农田机耕道路硬化等建设；架设太阳能路灯200盏，新建沼气池50个，推广使用太阳能热水器150套、节能灯具2000多只、节能灶具120套、节水龙头200余个等；完成1个村的农网改造；有线电视、网络、电话基本普及。完成谷梅大道（谷塘—高桥—梅林环线公路）7千米的规划设计、线路勘测、工程预算、施工图等前期工作，投入700多万元，提质改造梅林村段2.6千米的环线公路；完成7.9千米紫荆河生态改造的方案设计、拆违、招投标等前期准备工作，争取国债资金1500万元，于2014年11月9日动工建设，预计2015年3月前完成。

改善民生，提高幸福指数。大力开展村容村貌整治，投入400余万元，分3批对107国道沿线和梅林桥横街的118户民居实施“穿衣戴帽”工程；完成“三边”绿化10千米、重点开展省“两型村庄”创建活动，开展“两型家庭”“两型学校”等主题的创建、评比活动。采取“政府引导、民间资本为主、投资与管理相统一”的原则推进农贸市场建设，占地1.64公顷梅林桥农贸市场综合大楼主体工程已竣工，同时，完成1500平方米钢架交易大棚、摊位和600平方米篮球场建设，预计2015年1月底可投入使用。大力发展农村社会事业，完成梅林幼儿园省办园标准建设、梅林小学合格制学校建设，完成农村居民点建设1个、农村危房改造15户，充实4个村的农家书屋，建设5处群众健身休闲广场；成立梅林桥美丽乡村示范片治安巡逻中队；抓紧实施镇敬老院改扩建工程；农村基本医疗保险、养老保险覆盖率、参与率达100%。

发展产业，促进增收致富。示范片内，保持发扬优质稻、生猪等原有传统、特色产业，又重点规划连片建设66.67公顷油菜、266.67公顷绿肥、40公顷湘莲基地、18.67公顷有机葡萄园、6.67公顷草皮基地、6.67公顷花卉苗木基地、66.67公顷蔬菜基地和333.33公顷高产优质稻基地，初步形成“春看油菜、夏赏荷花、秋摘葡萄、四季蔬菜、全面发展”的产业发展格局。根据自愿、有偿的原则，引进春静水稻、惠农水稻、莲发莲子、科利特种水产养殖、彭老馆养蜂、谷塘草皮等专业合作社，土地实行集中连片流转，政府根据合作社的类别给予适当扶持奖励。全年流转水田、山地面积达300公顷。龙畅金谷·紫荆河生态农业园项目采用“会员订单式”模式发展农业，“企业+家庭农场”模式经营农业，围绕农产品供给、乡村旅游及农耕文化体验等功能，重点发展绿色、生态、高效现代农业，打造集农产品生产、加工、仓储、物流、休闲、旅游为一体的城镇化现代农业综合体。实现土地流转50公顷，建立蔬菜基地25.33公顷，湘莲基地24.67公顷。梅林山庄项目计划总投资逾10亿元，分两期建设，滚动开发，计划四年建成。已征地18.67公顷，拆迁安置23户，已完成投资1.3亿元，建好13.33公顷葡萄园、苗木基地、水产养殖、蔬菜种植、垂钓中心和家禽养殖等项目，终极目标是打造成湘潭乡村旅游第一村。梅林现代农业园完成投资2000多万元，流转土地109.07公顷，硬化道路5.4千米，建设国家级良种石榴光雾工厂化快繁暨示范栽培基地、绿色蔬菜大棚3200平方米、绿化苗木苗圃5.33公顷、“四季香”瓜果采摘园20公顷等。（黄双燕）

百村帮扶工程

【概况】 2014年，全县110个帮扶村累计完成项目总投入4402万元，占年计划的103.2%。其中村民筹资1596万元，占年计划的102.6%；争取上级投入1920万元，占年计划的104.2%；其他筹资886万元，占年计划的102.3%。硬化村道135千米，完成年任务的107.2%。农网改造改线162千米，完成年任务的112.3%。水利建设方面，整修塘坝475口，占年计划的110.9%，整修渠道128千米，占年计划的110.4%。建沼气池250口，完成年任务的108.7%。内有90个市级帮扶村累计完成项目总投入3667.6万元，占年计划的103.2%。其中村民筹资1415万元，占年计划的106.4%；争取上级投入1580万元，占年计划的101.4%；其他筹资672.6万元，占年计划的101%。硬化村道115千米，完成年任务的104.4%；农网改造改线120千米，完成年任务的107.3%；整修塘坝400口，占年计划的112.4%，整修渠道106千米，占年计划的109%；建沼气池130口，完成年任务的104%。

领导重视，帮扶村建设有序进行。县委、县政府重视帮扶村建设，召开县委农村工作会议，全面部署帮扶村建设工作。同时，安排专项资金，重点支持相关项目建设。

激活主体，群众参与热情高。支村两委和帮扶村工作队员深入村组群众，及时了解情况，并通过召开会议、张贴标语、出宣传栏等多种形式，发动群众投身新农村建设之中。全县110个帮扶村村民自筹资金近1600多万元，用于道路、水利、农电提质改造等基础建设。河口镇河口村村民自发拓宽路基，夯实基础，且自筹资金16万余元，超额完成年初硬化路面计划，解决400余人的出行问题。

主攻产业，农民增收亮点多。帮扶村把发展生产、建设主导产业作为工作的着力点来抓。锦石乡碧泉村在成立湘潭县碧泉潭水稻合作社的基础上，又成立碧泉潭土鸡养殖专业合作社，发展农业户5家，围山养殖鸡10000多只，总计投入20万元，已建成生态娃娃鱼养殖基地1个，新引进矿泉水厂1个。

加强建设，班子战斗力强。110个帮扶村党支部结合党的群众路线教育实践活动，加强村级班子建设，较好地发挥建设社会主义新农村建设的能力，带领群众共同致富的能力，保持农村社会和谐稳定的能力。中路铺镇拗柴村严格按照党章的要求和组织程序，培养入党积极分子两名，为村注入了新鲜血液，5月，村党支部委员会召集全体党员在新的组织中心室学习科学发展观，在党强有力的号召下，又有两名先进青年向支部递交入党申请书。

实施科技帮扶。引进推广新品种新技术，积极申报科研项目，科学引导扶植成立各类农民专业合作经济组织，有效承担起对农民的技术和市场信息等服务工作。加大科技帮扶力度，及时为帮扶村送技术、送信息。在阳光培训工程、农业实用技术培训、青年农民教育工程、扶贫开发培训工程、农业科技入户示范工程等方面给予帮扶村重点支持，为帮扶村培训一批种养业能人、科技带头人、农村经纪人和专业合作组织领办人。

加强领导，健全考核机制。县委、县政府明确县新农村建设指导委员会负责对新农村建设帮扶工作的领导，成立帮扶村办（设县农办内），配齐配强专门人员，负责帮扶村日常工作的管理。定期召开会议，掌握帮扶村工作情况，及时研究部署工作。强化考核机制，将帮扶村工作列入县委对乡（镇）的绩效考核工作，作为一项重要工作加强对乡镇的检查和督促。并制定新农村建设帮扶村工作的考核办法，对帮扶村实行动态管理，年终要根据考核办法逐一检查验收。（黄双燕）

扶贫开发工作

【概况】 2014年，县委、县政府把促进农民增收致富和持续减少贫困人口作为全面建成小康社会的重要举措，以产业扶贫为突破口，不断创新扶贫工作机制，加大扶贫开发力度，全县扶贫工作取得良好成效。

突出贫困户识别，推进建档立卡。县政府制定印发《湘潭县农村贫困人口识别和建档立卡工作实施方案》，成立由分管副县长牵头的工作协调领导机构，配套安排专项工作经费。召开全县贫困户识别和建档立卡工作动员会，各乡镇也相应制定工作方案，明确责任领导和工作人员，按程序积极开展工作。全县新识别贫困人口的重点安排在青山桥镇、分水乡、石鼓镇、龙口乡、乌石镇、茶恩寺镇等6个较边远的乡镇。民政部门已识别的农村“低保”“五保”户此次不再重新识别，直接登记、录入。至年底，完成贫困人口识别工作，识别出贫困人口2005户5277人。全县贫困人口全部完成入户登记和信息录入，正进行数据信息的导入、完善。贫困村识别严格按照“村申请、乡镇公示申报、县审定、报省市备案”的程序，识别出省级贫困村28个。

突出产业扶贫，增加农民收入。坚持把发展特色产业作为促进农民脱贫致富的重要举措来抓，大力培育农民合作社、家庭农场、专业大户等新型农业经营主体，带动农民增收。县内农民合作社达到350家，辐射带动农户13.9万户，涌现出信达种桑养蚕合作社、雁芙农牧合作社、湘田水稻种植合作社等一批运行管理规范、带动能力强的农民合作社。湘潭县信达茧丝绸有限公司领办的湘潭县信达种桑养蚕专业合作社，与国家扶贫龙头企业—广东信达茧丝绸股份有限公司签订合作共建协议，在花石、龙口等乡镇发展社员319户，带动养蚕农户525户，栽桑面积108.8公顷。年内，回收鲜茧190多吨，向农户兑付鲜茧款627.3万元，户均12000元，解决500多名农村剩余劳动力就业。10月，该合作社被评为“湖南省社会扶贫先进集体”。

突出资金监管，落实扶贫政策。2014年，下达到全县的中央、省财政专项扶贫资金重点用于贫困村基础设施建设和产业发展。财政扶贫资金总额的70%安排在20个省、市贫困村，其中用于产业扶持的资金达到60.5%。全县财政扶贫资金采取县财政统一报账、国库集中支付的方式，确保专款专用，落到实处。县扶贫办和县财政局监管资金的使用，并要求各村及时将扶贫资金使用情况予以公示，增加资金使用透明度。年内，共带动贫困村投入600余万元，硬化村组道路15千米、整修渠道10.5千米、整修塘坝49处，发展油茶种植53.33公顷、蔬菜40公顷、高档优质稻280公顷，充分发挥财政扶贫资金的杠杆作用。 (黄双燕)

农村环境整治

【概况】 2014年，县内农村环境综合整治工作在2012年试点、2013年扩面的基础上，按照“巩固基础、突出重点、打造精品、提升档次、健全机制”的总体思路，求真务实，攻坚克难，改革创新，使城乡面貌不断改善，人居环境不断优化，人民群众满意度不断攀升，有力地推动农村环境综合整治向纵深发展，为全面建成小康社会做出积极贡献。农村环境卫生检查“插入式”评比卡、垃圾分类减量处理试点、网格化管理等创新性工作成为全市亮点，被广泛推广。

实施网格管理。在前两年完善县乡两级工作机构的基础上，加强村级环境卫生整治工作网格化建设。结合支村两委换届选举，在全县549个村明确由一名村支委成员兼任村环保专干，与村民小组长、妇女组长和老协会共同组成村级环境卫生管理机构，主要负责村级环境卫生宣传、巡查、评比、资料等日常工作。按照200—250户配备1个保洁员的标准，健全村级保洁队伍，明确保洁员的“清扫员”“宣传员”“评比员”“回收员”的“四员”岗位职责。全县基本形成全覆盖、无缝隙的县乡村三级管理网络和卫生保洁体系，确保乡村环境卫生整治措施的落实。

建立经费保障机制。农村环境综合整治工作经费纳入县级财政预算，全年安排专项资金2000万元，其中，1000万元用于乡镇村基本工作经费，1000万元用于垃圾分类、三边绿化、马路市场整治等专项整治工作。各乡镇克服困难，压缩开支，挤出经费。村级也争取上级支持，发动知名人士捐款，解决资金缺口，确保基本需要。据统计，全年用于农村环境综合整治的直接经费达到3000万元。

完善考核机制。增加考核频次，按照不固定检查人员、不通知检查时间、不确定检查范围的“三不原则”，对乡镇考核由以前的每月1次暗访增加到两次，由每次检查2个村增加到3个村，基本保证全县所有村一年至少能够检查两次以上，促进村级环境卫生由突击迎检向常态管理的转变。同时加大奖罚力度，每季度对前9名的乡镇按照5万元、3万元、2万元三个等次给予奖励；对最后三名的乡镇分别给予3万元、2万元、1万元的罚款，其主要负责人在全县讲评会上作表态发言；对每次在市检中扣分的乡镇季度实行加倍扣分，对每次在市检中没扣分的乡镇季度直加2分，并给予1万元的奖励。加强重点考核。一方面推行季度中心工作考核，每季度安排一到二项中心工作，季末进行考核，占季度总分的10分。另一方面健全人居环境整治村工作考核，对52个省市人居环境重点村制定专项考核办法，从8月起实行单独的、连续5个月的考核，考核成绩与以奖代投资金挂钩。同时，将农村环境综合整治工作纳入科级领导班子年度绩效考核内容，对乡镇突出垃圾分类减量处理、农村环境卫生逐月检查评比、养殖粪污处理、马路市场整治等重点工作；对县直单位作为中心工作考核，成员单位考核目标完成情况，非成员单位直接与所联系乡镇的年度综合考评考核挂钩。

实行垃圾分类减量处理。按照“试点、扩面、全覆盖”的思路，采取“四分法”（能沤就沤、能烧就烧、能埋就埋、能收就收）的方式，推进农村生活垃圾分类减量处理，有效破解垃圾处理难题。以点带面、稳步推进垃圾分类减量试点。选择中路铺镇竹冲村作为试点村起步，发动村上知名人士捐资，新建垃圾分类回收站、垃圾简易填埋场以及村民集居点三格式分类垃圾回收池120个，购置到户的可回收和不可回收垃圾桶1980只，在村道旁以及人口集中点立金属宣传牌240块，制定并完善环境卫生公约、门前三包责任制、农户卫生评比办法等管理制度，通过支村两委的广泛宣传、指导、督促，大多数村民不断增强垃圾分类意识，自5月实施垃圾分类减量处理以来，村上需要集中处理的垃圾量较之前减少80%以上，该村被市确定为全市农村环境卫生精细化管理、农村垃圾分类减量处理示范村。全县各乡镇学习竹冲村的做法，从实际出发，按照“三有”基本标准（有设施、有人员、有制度）和“因地制宜，便民实用”的基本原则，积极推进试点，到年底，有65个村启动运转，涌现射埠镇金岭村、龙口乡琵琶村等一批典型村。县财政投入40多万元，为试点村统一购置A、B、C三类垃圾回收桶或回收篓近2万个。乌石镇试行市场化运作模式，利用个体废品回收站成立乌石镇环保回收合作总社，制定相关管理制度，由总社负责收集6个分社的可回收垃圾，镇上给予一定的补助。利用供销系统的优势，由县供销社牵头成立县再生资源回收总公司，采取村收集、乡集中、县处理的模式，集中处理全县可回收垃圾，由县财政承担相关的费用。在卫生清扫及日常保洁的基础上，开展专项整治行动，推进农村环境综合整治工作，进一步改善乡村面貌。

大力开展国（省、县、乡）道沿线环境综合整治。彻底清除可视范围内的白色垃圾，铲除杂草，疏通排水沟，拆除电线杆上的破损广告招牌、横幅以及破败空心屋，围挡废品回收站点，统一规范垃圾池设置。至年底，除破败空心屋尚未拆除外，基本完成整治任务，消除视觉污染，美化出行环境。整治马路市场。按照“摊位划线经营、交通有人疏导、卫生及时清扫”的目标要求，重点整治国（省、县、乡）道边的55个马路市场，大部分市场基本整治到位。争取支持，加强农村集贸市场的建设，茶恩寺镇千家农贸市场即将投入使用，投资2000多万元的梅林桥市场基本完成主体工程建设任务，2015年春节前正式投入使用，彻底解决以107国道为市场的状况。

治理养殖粪污。按照“四有两分离一封闭”的基本要求，利用国家生猪调出大县奖励资金和项目资金，重点治理规模养殖户产生的养殖粪污。在2013年治理219家养殖场（户）粪污基础上，再完成150户生猪规模养殖户粪污治理任务。抓住湘江流域重金属污染治理特大项目的机遇，制定《湘潭县生猪养殖控制性规划》，科学划定禁止养殖区、限制养殖区和开放养殖区，从源头上治理养殖粪污。

整治城镇环境。在县城区，重点修补主次干道和人行道彩板、疏通下水道，查处出店（占道）经营以及车辆乱停乱靠行为；在镇区，重点强化镇区秩序整治，探索管理新模式。乌石镇作为综合整治的示范镇区，完成主街道门店招牌的统一规范，抓紧中心广场提质改造；河口镇开启镇区及主要公路保洁市场化运作后，中路铺镇试行镇区保洁市场化运作模式，以年72万元的价格承包给株洲宏利德专业公司，试运效果良好。

推进“三边”绿化。重点打造梅林桥镇、白石镇等10个乡镇的“三边”绿化示范片，完成公路绿化200千米、水渠绿化5千米、庭院绿化7500户，促进美丽乡村建设。抓住关键群体的培训教育。组织以农村妇女为主的农村环境综合整治义务宣讲团，通过视频、PPT等方式深入浅出地讲解环境污染带来的危害，讲授生活垃圾的分类与处理、家庭内务整理、房前屋后卫生打扫等知识。已在梅林桥镇、乌石镇、石鼓镇开展3期宣讲，共有300余名妇女参加培训；将农村环境综合整治纳入村党支部书记、村主任培训内容，聘请专家讲课。充分发挥校园阵地作用，深入开展以环境卫生为主题的“小手拉大手”活动，全面引导青少年从小树立节约资源、保护环境的理念。主办“美丽莲乡·我的家园”文学、演出作品征文活动；印制“实施垃圾分类处置保护环境有益健康”宣传单，张贴到户；结合党的群众路线教育实践活动，与群众直面交流，切实解决群众实际问题近1000个；制作数千环保购物袋，在重要活动分发；抓住主流媒体的宣传报道。充分运用省、市、县媒体以及微博、微信、标语、宣传栏等形式，广泛宣传发动，推介先进典型，增进共识，使农村环境整治入心、入脑，形成人人参与，齐抓共管，合力营造环境整治的良好氛围。年内，各级主流媒体专题报道湘潭县农村环境综合整治的典型经验、工作动态信息近300条。（黄双燕）

农村环境整治成果 （县整治办 提供）

特色县域经济建设

【概况】 2013年，湖南省人民政府决定实施发展特色县域经济强县工程，并于1月31日正式下发《关于发展特色县域经济强县的意见》（湘政发〔2013〕1号）文件，明确省财政每年重点扶持3个特色产业、每个特色产业每年扶持3个重点县、每个重点县省里滚动支持3年、省财政对每个重点县的支持不低于3亿元、扶持政策暂定实施3轮。县委县政府深刻领会政策精神，抢抓政策机遇，积极开展申报工作。县委书记谢振华、县长傅国平多次主持召开会议，安排部署相关工作。成立由县长傅国平任组长，常务副县长周俊文、副县长谭捍卫、天易示范区管委会副主任杨欣荣任副组长的县发展特色县域经济领导小组，县政府办、县财政局、县农办、县发改局、示范区经济发展部、县国土局、县环保局、县经信局、县统计局、县人社局、县农业局、县畜牧局、县粮食局、县林业局、县科技局、县商务局等部门一把手为小组成员，并从财政局、农办、发改局、统计局、经信局抽调专门人员，组成特色县域经济重点县申报工作办公室。经过县市区申报、市州审核推荐、省级评选3个环节的激烈角逐，6月3日，湘潭县入选湖南省第一轮（2013—2015年）特色县域经济农副产品加工产业重点县，为全县农副产品加工业的转型升级，县域经济的发展壮大，赢得了机遇和空间。

2014年，县特色办认真落实政策要求，围绕既定工作目标，强化工作举措，全力推动特色产业提质增效。全县实现农业产业化产值200亿元，增长21%；实现农副产品加工业总产值188.7亿元，增加值56亿元；城镇居民人均可支配收入分别达到2.57万元、1.33万元，增长9%、11.4%；新增就业人数2.77万人；新增规模以上企业5家；新增省著名商标4个。园区建设、招商引资等成效明显，产业发展势头强劲。

县委、县政府高度重视。县发展特色县域经济领导小组，由县长挂帅，明确常务副县长主管，21家职能部门纳入成员单位，抽调精干力量成立县特色办，健全规章制度，强化日常工作。县政府召开常务会议，进行专题研究，召开工作调度会，集思广益，凝聚工作合力。出台《湘潭县人民政府关于稳增长促发展的九条意见》及土地、招商引资、县域经济奖励、税费减免等优惠政策，全力保障要素供给，提振企业发展信心，切实支持实体经济发展。全县整合各类涉农资金2.6亿元；积极引导各金融机构加大对企业的信贷支持，全年各金融机构投入农副产品加工类贷款达到18.5亿元；出台《湘潭县中小微企业信用担保基金管理暂行办法》，成立县信用担保管理中心，获得银行授信额度1.2亿元。年内，已发放农副产品加工企业信用贷款2000余万元。全省唯一的地方特色农副产品检测中心—湖南省地方特色产品（湘莲）质量监督检验中心落户建设，科技特派员创业链工作，校企联姻、产学研科技平台建设工作，500万科技发展计划专项资金的设立，搭建起强有力的科技创新平台，并取得良好效果。宏兴隆获评省级企业技术中心，粒粒珍与湖南高校合作研发的即食膨化香酥莲顺利投产，进驻美国市场，远销国内外。设立人才引进的专项扶持补助奖励，鼓励农副产品加工企业引进人才。金风米业等3家农副产品加工企业引进的9名高级管理人才享受相关扶持补助。借助各类载体，做好宣传推广，服务企业发展。斥资百万建设湖南省首家县市级地方馆—淘宝网“特色中国·湘潭县馆”，吸引121家特色产业企业参与首批线上推广，点击量超过2.5亿次，实现销售额2000余万元。改版升级“中国湘莲网”，重点突出对“莲文化、莲企业、莲产品”的宣传和展示。积极组织、引导企业参加各类展会活动，搞好跟踪服务。举办赏荷之旅活动，莲文化、莲企业、莲产品、莲基地得到进一步宣传推广。

特色产业发展提质增效。天易示范区农产品精深加工物流园提质，完成基础设施投资近6亿元，园区框架基本建成；园区内省地方特色产品（湘莲）质量检测检验中心完成主体工程建设，实验室功能布置及二次装修公司均已确定，外挂工程及装修方案有序推进；映日荷花湘莲、珠江啤酒等17家农副产品加工企业入园发展；全年实现农产品精深加工业（食品）产值100亿元以上；实施“一区多园”战略，拓展园区框架，辐射带动杨河工业园、茶恩竹木工业园的快速发展，加快花石特色小城镇和梅林现代农业园建设，构建乡镇工业园与天易示范区政策共享、产业互补、发展协同的新格局。特色产业项目提速。全县重点实施农副产品加工业精深加工项目32个，项目总投资近40亿元，粒粒珍、鸿益、妙妍、华绿等23个项目建成投产。其中精选13个精深加工及扩大再生产的湘莲产业项目予以扶持，带动社会投资12亿元，已有8个项目建成投产。投资1.1亿元的映日荷花湘莲新建项目即将投产运营，预计实现年销售收入2.6亿元，年创税700万元以上；飞跃、华为等湘莲企业建设项目有序推进。特色产业品牌提档。全县新增宏信油茶、金风米业2家省级农业产业化龙头企业，新增莲美湘莲、飞跃湘莲、润竹竹业等12家市级农业产业化龙头企业，宏信“百里醇”等4家农副产品加工企业的产品获评省著名商标。全县农副产品加工业市级以上产业化龙头企业65家，省著名商标（名牌产品）19个，中国驰名商标5个。特色产业增效。全年投入重点县专项资金2000余万元用于扶持湘莲产业，湘莲产业实现规模工业总产值45.2亿元，同比增长21%，占全县农副产品加工业的31%；新增农产品精深加工企业10家，新增生产线20条，预计新落户企业全部投产后年产值将达到20亿元以上；撬动社会各类资本投入达30亿元；带动就业人5.8万人。全县农副产品加工业市级以上产业化龙头企业达到65家，省著名商标（名牌产品）19个，中国驰名商标5个。

县人民政府先后出台《湘潭县特色县域经济重点县专项资金管理暂行办法》《湘潭县特色县域经济重点县项目建设管理暂行办法》《湘潭县特色县域经济重点县建设项目扶持补助暂行办法》《湘潭县特色县域经济重点县专项资金绩效管理办法》等系列文件，在项目管理、资金监管、金融扶持等方面积极探索。建立项目投资评审制度、项目动态管理机制和全过程监管机制，确保项目申报和建设的质量。建立资金专户管理制度，落实一支笔审批制度，对专项资金实行统筹管理、统一调度，加强审计监督，严抓细管，确保专款专用。按照《湘潭县特色县域经济重点县专项资金绩效管理办法》，落实绩效管理责任，严格奖惩政策，做到花钱必问效，无效必问责，确保专项资金发挥最大效益。 （朱习华　徐倩）

农村能源建设

【概况】 2014年，县能源生态局以农村可再生能源建设为主线，新建2013年中央预算内投资户用沼气池700口，推广太阳能热水器1500台，安装太阳能路灯500盏。大力推进广发牲猪、伟鸿杨嘉桥基地、伟鸿白云基地三处大型沼气工程建设，科学布局5个服务网点。

2014年，争取项目资金432.45万元，完成任务的144%。分别为2013退耕还林太阳能热水器项目、2013中央预算户用沼气项目、2013养殖小区和联户沼气项目、2013服务网点项目、2014年农村户用沼气项目、2014养殖小区和联户沼气、2014年农村服务网点、2014年湖南科星生态农业有限公司大型沼气综合利工程。完成2013年中央预算内投资户用沼气池700口，总投资384万元。其中，中央投资112万元，省配套11万元，市县配套22万元，其他投资239万元。同时，发放沼气灶具配件700套，发放水泥1050吨。全面启动户用沼气建设电子信息化管理模式，各施工队提供沼气用户的项目建设信息图片和资料，包括主池、气柜、项目标识牌、安全使用常识、沼气建设户主照片等图片。项目的验收以电子档案信息为基础，有效提高工作效率，提高为农民服务水平。

完成2013年养殖小区和联户沼气工程项目，建设规模为5处，供气户数100户，总投资80.2万元，中央投资19.2万元。拓宽发展领域，引领能源新技术。认真抓好伟鸿杨嘉桥800立方米、伟鸿白云1000立方米、广发生猪600立方米大型沼气工程建设工作。做好太阳能的推广示范工作。完成2013年度巩固退耕还林成果太阳能热水器项目，此项目涵盖6个乡镇26个村181台太阳能热水器，涉及退耕还林户181户，共投入54.3万元，其中国家支持专项资金27.15万元、地方自筹27.15万元。太阳能路灯推广继续采用"村上自筹与政府补助"相结合的形式推广安装。全年累计安装太阳能路灯500盏。天易示范区园区企业高耐合金有限公司、斯瑞摩等八家企业完成近6万平方米屋顶太阳能电站项目，全县光伏发电装机容量达到7兆瓦。湘电新能源有限公司投资5亿元在石鼓镇的昌山区域和中路铺的晓霞山区域建设风电场开发项目正在进行前期开发工作，项目建成后，每年可发电6000万千瓦时，已经完成测风塔建设。在石潭镇八角村探索利用地下水作为媒介，通过管道循环使房间夏季降温、冬季升温的技术，已有500户使用。沼气发电。2013新建的伟鸿飞龙桥基地、兴龙牧业和新农泰三个大型沼气工程配套建设发电项目，三项目正常运行并发电。同时针对中型规模养殖场100—200立方米沼气工程沼气有剩余的问题，在河口天白服务点开展5千瓦时沼气发电试用，取得成功，对于探索中型沼气工程沼气利用新路子具有重要意义。全面利用沼气，尽显综合效益。在梅林桥镇郭家桥秸秆沼气工程将沼渣沼液综合循环利用形成"稻—沼—菜"模式，共有13.33公顷无公害蔬菜基地，年可节约农药化肥开支20万元。在云湖桥镇脐橙基地综合利用"猪—沼—果"模式，新建中型沼气工程2个，安装太阳能路灯诱蛾灯20盏，在100公顷脐橙和20公顷茶叶种植中广泛使用沼肥，年节约农药化肥开支5万元。在石潭镇综合利用"猪—沼—林"模式，采用供粪形式对26.67公顷苗木进行沼渣沼液加肥，年节约农药化肥开支5万元；在杨嘉桥镇实施800立方沼气工程项目，新增一组沼气专用发电机50千瓦，新建有机复合肥生产车间300平方米，增置沼渣沼液储藏灌溉系统，利用"猪—沼—茶"模式，发展油茶林基地100公顷。通过循环利用，彻底解决养殖场污水排放污染问题，每年可发电10万千瓦以上，年节约农药化肥开支20万元以上。

2014年，县能源生态局被评为"2014年全省农村能源建设先进单位"。

【农村能源服务网点建设】 2014年，完成2013年的5个网点的合理布局，项目总投资32.5万元，其中中央投资17.5万元。全县累计网点107处。省级示范网点石潭镇中塘、河口镇天白等服务内容包括新建各类沼气池、沼气池维修、原料供应、沼渣沼液供应和运输、太阳能热水器安装及维修、高效生物质炉灶安装及维修。网点上安装移动式、气囊式及不锈钢式沼气储气柜及太阳能路灯、太阳能热水器、太阳能屋顶发电、中型沼气工程及高标准的联户沼气示范工程，实现"一网点六种新能源同时利用"，服务网点按照"规格高、器材全、技术强、服务好"的要求，获得上级部门和群众的好评。积极探索旧病池维修改造工作思路，着力提高沼气使用率。在杨嘉桥镇新福村率先示点采取"三个一点"模式，即"村上支持一点、县可再生能源协会扶助一点、农户自筹一点"的办法，对存在"斜、哑、漏、停"等现象的病旧池进行维修改造，对280户沼气灶总成进行更换，对94户输气管道进行更新，110个储气柜支架和26个气柜的进行维修；对20余户因缺少发酵原料导致停用的沼气池组织运送发酵原料，沼气正常使用率达到100%。

【农村能源知识培训班开班】 10月31日至11月1日，湘潭县召开农村能源知识培训班。全县沼气施工队负责人、各大型沼气项目业主、骨干网点负责人、协会工作人员约60人参加培训。培训内容为农村户用沼气工程建设、沼气工程投资成本及财务管理、安全生产、后续服务管理及大型沼气工程运行及维护。学习以理论教学和现场观摩相结合，培训人员现场观摩梅林桥秸秆沼气集中供气工程、郭家桥服务网点及省级示范点河口镇天白服务网点，统一参加能源知识考试测评。（谢艳群）

农村经济管理

【概况】 2014年，全县农村实现经济总收入1798603.9万元，同比增长4%；实现农民所得1127843万元，同比增长9%；农民人均所得12387.7元，同比增加978.7元，增长8.6%。农业收入387533万元，比2013年增长7%；林业收入48005万元，比2013年增长15%；牧业收入364917万元，比2013年增长5%；渔业收入42051万元，比2013年增长9%。

【规范村级财务管理】 至2014年12月31日，全县完成账务结转的村549个，占全县村数100%；257个村做账4次以上，138个村做账3次，做账两次的村154个；培训乡镇和村一级财务人员2000余人次，主要讲解村级会计科目账户设置、财务公开、合并村账务处理、会计服务中心监管、村级财务清理审计时注重的问题等内容。选择排头乡作为2014年全县村级财务规范化管理的示范乡，协助排头乡制定一系列规范管理的制度、表册、流程，并在全县进行推广。2014年，起草并实施《村干部经济责任审计实施办法》，村级财务审计工作成为各乡镇常态性工作。

【减负惠农工作】 2014年，县农经局制定《湘潭县2014年农民负担监督管理工作意见》《湘潭县坚决纠正损害涉农利益行为专项整治工作方案》。全县共发放农民负担监督卡24万余份。对全县19个乡镇的农经、财政干部和村组干部进行减负惠农政策培训的巡回宣讲。对省减负办在全县落实惠农减负政策检查中发现的10类问题，逐一进行整改落实。10月21日—22日，县委、县政府督查室组织县减负办、教育、财政、农机等部门对16个乡镇的惠农减负政策落实情况进行督查，对督查过程中发现的问题及时下发督查通报，要求相关部门逐项认真抓好问题的整改工作。通过专项整治，全县已清退违规收费47.4万元，补发惠农资金2352万元，追缴违纪资金34.3万元。

【新型农业经营主体建设】 2014年，全县新增农民专业合作社68家，其中新增国家级示范社3家、省级示范社1家、市级示范社5家、预计达到县级示范社标准的8—10家。在合作社建设上，该局从章程制定、制度建设、注册登记、会计培训、规范运营等方面给予全力指导。涌现利群生猪养殖、信达蚕桑、彭老倌养蜂合作社等一批典型农民专业合作社，带动农户致富，形成专业化生产的新格局，提高农产品市场的竞争力，促进当地农村经济发展。5月，完善湘潭县农民专业合作社信息台账，将2009年以来的信息进行完善、补充、更新。6月，重新修订完善《湘潭县农民专业合作社建设标准文本》《湘潭县农民专业合作社硬件布置标准文本》《湘潭县农民专业合作社章程、制度范本》等3个合作社示范社建设标准文本，使全县合作社规范建设有章可循。组织全县列入2014年财政发展引导资金范围内的十大主导、十大特色合作社业务培训，指导其规范化运作，在验收合格的基础上，给予十大主导合作社5万元、十大特色合作社3万元的发展引导资金。

【农村土地流转服务】 2014年，湘潭县选择土地流转基础较好的梅林桥镇、河口镇、谭家山镇、排头乡、石鼓镇5个乡镇进行土地流转服务中介机构试点。其中谭家山镇长塘村引进湖南林之神生物科技有限公司，流转田地9.3公顷，该项目系省林业厅高产油茶500万株培育基地，员工达140余人。石洪村引进泉丰蔬菜种植专业合作社，租赁土地40余公顷，投入600万元—700万元，涉及5个组。梅林桥镇黄竹村引进湖南博驰生态农业有限公司，承包山、田共计113公顷，投入资金2000多万元，进行立体农作物开发。现已开发46.7公顷，种植100余种果木。建有蓄水500立方米的水塔，承包20多口水塘。全县流转面积达到42233公顷左右，其中耕地面积达到23333公顷以上。

【农村土地确权登记试点】 2014年，全省部署开展土地确权登记颁证工作，湘潭县选择谭家山镇泉丰村进行试点。6月，县政府成立湘潭县农村土地承包经营权确权登记工作领导小组，由县人民政府分管副县长任组长；谭家山镇召开相关会议，镇政府成立试点工作小组。在经费安排方面，按照省、市测算标准，结合工作实际，县政府及时安排工作经费。在技术公司选定方面，根据县政府采购办的要求选择技术力量强的省第二测绘院作为试点工作的技术单位。10月22日，省确权登记颁证领导小组来湘潭县进行督查，此项工作得到省领导的肯定，确权颁证试点工作已顺利完成。

（黄银）

农业综合开发

【概况】 2014年，湘潭县获得上级批复的农业开发项目9个，争取财政资金5947万元，其中，国家农业综合开发现代农业园区试点项目1个（含农业综合开发土地治理项目1个，产业化经营财政补助项目6个），财政资金2800万元；常规农业综合开发项目5个，财政资金3147万元（含土地治理项目1个，财政资金2019万元；产业化经营项目3个，财政资金350万元）；部门、地方项目3个，财政资金778万元。年内实际实施的项目8个，1个常规产业化经营项目因诸多因素终止实施，完成财政资金投资5807万元。

【国家农业综合开发现代农业园区试点项目】 湘潭县梅林现代农业园区系国家农业综合开发首批现代农业园区试点项目，建设期为三年（2013年—2015年），计划总投资4.14亿元，争取并获得财政资金9400万元，其中农业综合开发财政资金8400万元，园区于2013年12月获得批复，主要集中在2014年和2015年两年实施。2014年，园区2013年度高标项目全面完成，实现总投资1600万元，其中财政投资1400万元，改造排灌站4座共计45千瓦，开挖疏浚渠道25千米，衬砌渠道11.4千米，整修山塘4口，改良土壤66.67公顷，购置农用动力机械20台套，建设沼气池50个，在山地、渠道、路边植树绿化40公顷，修建田间机耕路8.95千米（硬化干道6.85千米，整修支路2.1千米）；园区2013年和2014年产业化经营项目基本完成，两年分别实施产业化经营项目6个，扶持3家农业产业化龙头企业和5家农民专业合作社，其中2013年实现总投资2797.08万元（含财政资金1400万元），2014年拟总投资3078.33万元（含财政资金1400万元）。随着项目的实施，粮食作物的种植全面实现机械化操作，全程社会化服务体系的推广实现统一耕种，统一管理和统一销售，产业发展促使农民专业合作社和龙头企业不断壮大，达到企业发展、财政增收与富农强农同步推进，形成园区经济的增长极，湖南金风食品有限责任公司于2014年被评为“省级农业产业化龙头企业”，彭老倌养蜂专业合作社成为“省级示范社”。

【土地治理项目】 2014年，农业综合开发土地治理项目为湘潭县射埠园湖高标准农田建设项目，涉及射埠镇园湖、筱里、荷花、白水、旺冲、洪湖6个村，计划总投资2309万元（分两批下达计划批复，第一批为1387万元，第二批922万元），其中财政资金2019万元（第一批财政资金1213万元，第二批财政资金806万元），群众自筹资金及投劳折资290万元，15支中标施工队伍于11月上旬正式动工建设，建设高标准农田示范面积1013.33公顷，建设排灌站6座，开挖疏浚渠道18千米，衬砌渠道29.08千米，小型蓄

国家农业综合开发现代农业园试点项目——梅林现代农业园区建设项目

（县农开办 提供）

排水工程22座，修建机耕路13.86千米，购置农用动力机械10台，造林53.33公顷。通过项目建设，新增和改善灌溉面积720公顷，新增和改善除涝面积293.33公顷，新增节水灌溉面积280公顷，年节约水量59.6万立方米，新增农田林网防护面积53.33公顷，新增农机动力200千瓦，新增粮食生产能力163.57万公斤，农民年纯收入增加总额234.5万元。

【产业化经营项目】 2014年，上级批准实施常规产业化经营财政补助项目3个，计划总投资1208.75万元，其中，财政补助资金350万元，但实际实施项目两个，完成投资793.66万元，其中，财政资金210万元。湖南农其科技开发有限公司的“年产500吨精炼茶籽油扩建项目”，拟总投资612.35万元，其中财政资金140万元，实际完成投资618.42万元，改造生产车间800平方米，新建恒温仓库290平方米，新建检验研发室110平方米，购置茶籽油精炼设备22台套；湘潭县三利生猪饲养专业合作社的“1万头良种仔猪繁育基地改扩建项目”，拟总投资169.35万元，其中财政资金70万元，实际完成投资175.24万元，建设配怀舍720平方米、产子舍576平方米，改造保育舍432平方米、饲料加工室300平方米，场区绿化450平方米，购置设备240台套，引进种猪212头；湖南天盛米业有限公司的“1.5万吨优质稻米加工改建项目”，拟总投资427.05万元，其中，申请财政资金140万元，该项目因在实施过程中突发合同纠纷，导致项目无法继续实施，项目单位自主申请退出，省农开办已同意终止实施。

【农业综合开发部门地方项目】 2014年，共获得农业综合开发部门、地方项目财政资金778万元，分别是湘潭县水利局负责实施的花石灌区项目（财政资金560万元）；湘潭县林业局负责实施的油茶丰产林基地示范项目（财政资金210万元）；地方立项项目8万元。

【省农开办到湘潭县调研梅林现代农业园区建设工作】 7月29日，省农开办主任李丙力、副主任余健来一行到湘潭县调研国家农业综合开发梅林现代农业园区试点项目建设情况，县人民政府副县长谭捍卫陪同调研，介绍园区发展情况。李丙力对园区建设工作给予充分肯定，并对梅林现代农业园区、提升农开项目质量提出宝贵的意见和建议。

（刘仙桃）

种植业

【概况】 2014年，湘潭县实现粮食播种面积10.65万公顷，比上年增加2233.33公顷。其中，超级稻2.33万公顷，优质稻6.75万公顷，完成秋冬种生产3.39万公顷。早稻亩产450千克，晚稻亩产523.7千克，旱粮亩产506.7千克，粮食总产量80.12万吨。完成经济作物生产面积1.24万公顷。重点抓好湘莲、茶叶生产。积极争取上级项目支持，扶持湘莲发展，建立花石、河口、梅林等5个66.67公顷规模生产基地。支持“羊鹿”“船形”茶叶品牌建设，培育“莺鸣春”茶叶新品牌。结合重金属污染耕地修复及农作物种植结构调整试点项目，谭家山种植蚕桑134.2公顷，河口、梅林等地种植花卉苗木73.33公顷。完成蔬菜种植面积16680公顷，其中，专业蔬菜面积515.73公顷，总产值13.76亿元。设施蔬菜栽培面积1093.33公顷，比上年增加13.33公顷。争取项目资金，扶持培育蔬菜专业组织，发展蔬菜专业组织及企业45家。

2014年，湘潭县第11次被国家农业部评为“全国粮食生产先进单位”。

【实施湘米工程】 2014年，全县种植优质稻6.73万公顷，其中中档优质稻4.6万公顷、高档优质稻2.13万公顷，重点扶持高档优质稻基地建设4000公顷，确保种植高档优质稻每亩增收300元以上。重点扶持湘潭顺天农业科技开发有限公司彩色稻种植加工、湘潭惠农水稻种植合作社优质有机稻生产和湖南金风食品有限责任公司糕粉生产建设，实现产品销售利税增长50%以上。重点支持两个片区共1333.33公顷的高档优质稻连片种植基地建设，一个片区以石潭镇为核心，包括石潭、杨嘉桥、乌石、河口四个乡镇，面积800公顷；另一个片区以射埠镇为核心，包括射埠、锦石、排头、花石四个乡镇，面积533.33公顷。

【推进农业生产全程社会化服务试点】 积极申报试点项目，精心制定实施方案，选择石潭、排头、茶恩寺3个乡镇为主要试点乡镇，采取“点面结合”方式，以全程社会化服务方式为主，适当向周边乡镇辐射，辐射面积1666.67公顷。2013年晚稻完成病虫害专业化防治服务面积4000.6公顷，机收服务面积4005.33公顷，烘干、晾晒和仓储服务31768.8吨，冬种绿肥农资供应服务面积889.33公顷；2014年早稻完成农资供应服务面积2363.33公顷，机耕服务面积3660.6公顷，机插服务面积2975.22公顷，农技推广服务面积4000公顷，田间管理服务面积5996.74公顷。

【重金属污染耕地修复治理项目】 2014年，根据省农业厅耕地修复治理项目实施方案要求，结合全县耕地污染实际，分别制定《湘潭县2014年重金属污染耕地修复治理施用石灰实施方案》《2014年湘潭县重金属污染耕地修复治理综合技术实施方案》《2014年湘潭县耕地修复治理项目绿肥生产方案》，耕地修复治理项目实施工作有序开展。17个乡镇125个村和县原种场进行耕地修复治理，主要采取“1+5”的综合修复治理技术，具体是：施用石灰：在全县6583.87公顷的达标生产区和3602.53公顷的管控专产区，共计10186.4公顷稻田，分早、晚稻两次施用，施用石灰1.56万吨。种植绿肥：在达标生产区内种植绿肥4866.67公顷。推广紫云英、腊油菜和肥田萝卜“三花”混播技术与绿肥种植模式，发放紫云英种子84吨、腊油菜籽14.6吨、肥田萝卜籽29.2吨、根瘤菌73万毫升。增施有机肥：达标生产区增施商品有机肥4400公顷，项目区农户在晚稻翻耕时与基肥一起深施有机肥0.88万吨。优化稻田水分管理：实施面积为6583.87公顷，全县15个项目乡镇共计安排管水人员1297人，并与15个乡镇、1297名管水员分别签订责任合同。施用叶面肥：在达标生产区全面施用叶面肥6583.87公顷。项目区农户16.4万瓶叶面肥（100毫升/瓶）发放到位。

创建两个耕地修复核心示范片，分别是梅林桥镇白云村示范片、示范面积172公顷，河口镇板桥村示范片（现更名金丰村），示范面积135.47公顷。开展5个耕地修复治理综合技术效果监测点试验，分别在梅林桥镇白云村白马组、河口镇齐力村石泥组、谭家山镇高山村书公组、射埠镇射埠村水竹组、白石镇新桥村新塘组，共取土壤25个、稻谷样品20个，送省农科院农化检测中心检测。在梅林桥镇白云村白马组开展1个重金属污染稻田修复效果试验。

【实施测土配方施肥补贴项目】 2014年，按照《湘潭县2014年测土配方施肥实施方案》，完成测土配方施肥面积10.15万公顷，其中早稻4.17万公顷，中稻266.67公顷，晚稻4.57万公顷，玉米533.33公顷，油菜5333.33公顷，蔬菜6733.33公顷，其他作物1333.33公顷，推广配方肥29287吨，配方肥应用面积达到6.3万公顷。在青山桥、石潭、白石三个乡镇开展3个配方校正试验。完成2013年土壤检测任务，实验室制样603个，化验3694项次。完成2014年“三年一轮回”土壤取样，共取样550个。

青山桥镇开展整建制推进测土配方施肥，每村创建1个1.33公顷以上示范方，共26个村级示范方，推广测土配方施肥面积4000公顷，配方肥施用592吨（折纯），配方肥使用面积达2666.67公顷。配方肥推广应用面积达到67%，配方肥使用量达到化肥使用总量的46%以上。

【湘潭县秸秆禁烧和重金属污染耕地水稻秸秆移除试点】 根据《长株潭管控专产区耕地秸秆移除试点2014年实施方案》和《湘潭县大气污染防治行动计划实施方案》等文件要求，制定《湘潭县2014年秸秆禁烧工作实施方案》和《湘潭县重金属污染耕地水稻秸秆移除试点2014年实施方案》，于5月中旬至11月底（夏、秋两季）在县内实行秸秆全面禁烧。各乡镇、自然村加强配合，认真落实秸秆禁烧工作的各项措施，积极做好宣传、疏导和禁烧期间日常监督管理，秸秆焚烧隐患得到根本性好转，同时在全县境内重金属污染耕地区分别建立1个水稻秸秆移除主试点，3—5个水稻秸秆移除分试点，对茶恩寺、白石、谭家山、梅林桥、易俗河等19个乡镇重金属污染耕地区域内3333.33公顷稻田进行试点，收购水稻秸秆1万吨，全部用于生物质发电和其他工业用途，避免试点区水稻秸秆对农田的二次污染，以达到逐年降低农田土壤重金属含量的效果。

【“寸三莲”原种繁育基地建设】 按照县委、县政府《湘莲产业发展规划》的要求，县财政安排300万支持湘莲生产。在花石镇涓江村租赁26.67公顷水田建立湘莲原种场，3月下旬完成寸三莲种藕征集与种植，从全县7个乡镇21个村30个点采集疑似寸三莲品种种藕400支，全部移栽到提纯复壮小区。引进品种资源，从江西省引进籽莲品种10个。初步筛选出田间表现好、花色一致、籽粒均匀等外观特性与寸三莲品种相近的小区种源。与聘请的农大和农科院教授一起开展“寸三莲”提纯复壮及湘莲腐败病科研攻关工作；扶持连片规模种植，适当引导莲农扩大种植规模，连片33.33公顷以上的湘莲种植基地，按150元／亩的标准给予补贴；鼓励扶持湘莲标准化生产基地建设，推广绿色湘莲生产技术，标准化生产基地使用的生物农药、杀虫灯等给予专项补贴。

【病虫统防统治】 2014年，发布《病虫情报》11期，200万份，有效指导全县农作物大面积病虫害防治。同时稳妥推进病虫害专业化统防统治，统防统治面积3.47万公顷，主要覆盖全县19个乡镇的高产创建和8个高档优质稻基地示范区。全年大面上共防治病虫害面积达1750万亩次，水稻等农作物单个病虫危害损失率控制在3%以内，病虫危害损失率控制在5%以内。

（谭铖程）

养殖业

【概况】 2014年，全县生猪出栏

218.47万头，增长2.4%。年末存栏126.87万头，其中：存栏母猪11.2万头；家禽出笼381.97万羽，存笼421.35万羽；牛出栏1.58万头，存栏0.68万头；羊出栏6.62万头，存栏4万头。全县水产养殖面积6600公顷，其中池塘5213.33公顷，水库1386.66公顷，水产品总产量3.78万吨，实现渔业总产值3.35亿元。县畜牧局开展春、秋两季重大动物疫病集中免疫行动，全县畜禽疫情平稳，实现“疫情不扩散，人员不感染”的防控目标。全县养殖业生产保持持续健康的发展态势，养殖业产值48亿元，占农业产值58%以上。

【动物疫病综合防控】 2014年，县畜牧局在实施重大动物疫病免疫月月补免基础上，重点开展春、秋两季集中免疫行动，共免疫注射猪瘟、猪口蹄疫、高致病性猪蓝耳病159.06万头份，牛口蹄疫15033头份、羊口蹄疫89509只，高致病性禽流感458.66万羽，全县畜禽免疫密度100%。规范重大动物疫情应急处置、应急物资和疫情信息管理工作，加强应急队伍、疫情监测点的建设，共建设动物疫情监测点19个（生猪养殖场设13个，禽场4个，羊场1个，牛场1个）。开展生猪流行性腹泻、伪狂犬、羊瘟、H7N9等重大疫情的流行病学调查28次。加强农贸市场、定点屠宰市场的日常检测、监测和检查，对5个集贸市场50个摊位3900羽鸡采样390份血样和鼻腔拭子、10个规模养殖户5万羽鸡采样160份血样和鼻腔拭子送检。

【动物卫生监督】 2014年，组织开展全县养殖环节“瘦肉精”专项监测，共抽查育肥后期生猪尿样1109个，肉牛尿样9个，肉羊尿样19个，共检测33812个项，未发现非法添加违禁物品现象，瘦肉精等违禁品检出率为“0”。切实加强规模养殖场动物防疫条件管理和生物安全管理，指导养殖场（户）落实动物防疫制度，全县共监督检查规模养殖场552户，对118户不符合动物防疫条件的提出整改意见。全县共计打捞病死动物943次，病死猪8053头，禽类976羽，无害化处理养殖环节病死猪16922头；共打击处理动物卫生违法案件5起。与兽药、饲料经营企业、饲料经营户签订安全承诺书，发放《饲料经营、使用普法必读》1800余份；严格执行兽药GMP后续动态监管制度；全面开展GSP兽药经营企业监管及推进工作，加强饲料市场的日常监管，在饲料经营环节抽样60个，涉及生产企业41家，对7个不合格饲料批次依法做出行政处罚。

【湘江干流养殖污染防治】 2014年，湘江干流养殖污染防治工作有序推进，制定《湘潭县湘江干流养殖污染防治工作实施方案》和“三区划分”的《通告》；进一步核实基础数据，印发《退养工作乡镇工作流程》《退出养殖协议书》《禁养承诺书》《技术服务合同》及《退养户建档要求及内容》等指导性意见；强化对规模养殖场实施“退养、搬迁、治理”分类指导，印发《湘潭县湘江干流沿岸规模畜禽养殖企业废弃物综合利用与服务方案的通知》，开展“一对一”的技术指导与服务，技术指导员上户指导260人次，签订技术服务合同80余份。全县共与107户养殖户签订《退出养殖协议书》，完成退养92户，拆除栏舍面积3.18万平方米。

【渔政管理】 4月1日至6月30日，为湘江春季禁渔时期。县渔政站采取常态化日夜沿河巡查、与市渔政站联合执法等方式，加大执法力度，同时扫除执法的盲点死角，查处违法行为12起，没收非法捕捞渔船3艘、非法捕捞渔具22件。

（杨琼）

林　业

【概况】 2014年，湘潭县完成营造林任务3573.47公顷，完成退耕还林项目200公顷，中央油茶产业发展项目466.67公顷，巩固退耕还林成果项目106.8公顷，长江防护林项目222.33公顷，特色县域经济油茶产业项目933.33公顷，中央财政森林抚育项目933.33公顷，面上造林711公顷，县政府重点工程油茶产业基地建设2000公顷。全县林地保有量和森林覆盖率保持在9.9万公顷、44.9%水平，森林资源蓄积量增长率达到3.03%。新增高产油茶林3万亩，“三边”绿化示范片10个，国家级“生态文明”村1个，省级示范基地1个，省级示范园区1个，省级“秀美村庄”2个，省级生态家园示范村1个。

2014年，县林业局被评为“省森林防火先进单位”“十二五森林资源二类调查先进单位”等。

【义务植树】 全民义务植树219万株，超额完成19万株，造林面积1865.4公顷，建设全民义务植树基地23个，绿化县乡公路、河道、水渠共45.2千米，参加全民义务植树50余万人次，尽责率达到99%，金霞山、晓霞山义务植树基地被评为市级全民义务植树示范基地。

【“三边”绿化】 完成11个乡镇示范片及全县面上“三边”绿化任务，绿化县、乡、村级公路和水渠240.99千米，庭院7855户，高速铁路、高速公路、国省道两边可视范围内的裸露山地515.27公顷，打造出韶茶干线花石段、茶恩寺段，湘湘干线石潭段，锦石乡东风街集镇区域、群英渠、向东渠以及梅林桥谷塘村等“三边”绿化景观带。白石镇尹家冲村被评为全国生态文化村，杏花村被评为省级生态家园示范村。

【造林育苗】 湘潭县育苗1.45公顷，其中，国外松育苗面积0.8公顷，可生产合格苗50万株；油茶0.39公顷，可生产合格苗50万株；杉木0.13公顷，可生产合格苗15万株，其他育苗面积0.13公顷，可生产合格苗8万株。共生产合格苗123万株，其中一级苗87万株、二级苗36万株，基本保障全县造林用苗。

【野生动植物保护】 4月8日，湘潭县开展“爱鸟周”活动。湘潭县电视台、湘潭县网等媒体播报《关于加强野生动物资源保护的公告》，19个乡镇发放1000余份通告；开展候鸟等野生动物保护“天剑”专项行动，行动期间查获破坏野生动植物资源案件5起，放生蛇类100余斤，震慑违法经营者。建立河口镇桐家坝等5个野生动物疫源疫病监测点，落实花石水库、青山河、中路铺水库等21个湿地小班，湘潭县的湿地保护率达到48.2%。

【有害生物防治】 建立县、乡、村三级测报网络和联络员报告制度，设立县级林业有害生物监测中心1个，易俗河镇等乡镇级林业有害生物监测站4个，村级林业有害生物监测点38个。定时、准确发出各虫种、各虫期的监测预报，全面完成松材线虫病的春季、秋冬季普查工作，全县测报率达到100%。在狠抓松毛虫、松梢螟、竹蝗等有害生物防治的基础上，着重抓好竹青虫的防治工作。2014年，各类生物危害防治面积2866.67公顷，投入资金10余万元，无公害防治率达到100%。

【林业资源管理】 年内，下达木材生产计划59500立方米，毛竹78万根，实际采伐7494.93立方米，毛竹5.7万根，没有突破采伐指标。严格征占用林地管理，上报并批回征占用林地项目28宗，面积56.12公顷，收缴森林植被恢复费660.46万元，批准临时用地1宗，收缴植被恢复费33360元。湘潭县核准集体部分镇林场3200公顷，村组林场8466.67公顷，个人林地3.43万公顷，涉及林农10万余户，下拨公益林补偿资金1134.06万元，资金到位率和管护到位率均达到100%。规范产地检疫办理手续，完成5万余立方米木材、8万余根南竹、1500余株苗木的产地检疫，产地检疫合格率达100%，调运检疫100%。集中开展打击乱征滥占、乱采滥挖、乱捕滥猎等违法行为专项行动4次。依法取缔违法加工木材单位1家，下发责令整改通知书15份，共查处无证木材40立方米、活立木128株，处罚9人，罚款42800元，补征育林基金41200元，移送收购无证木材案4起至森林公安局。查处6起无证运输木材案，没收无证活立木60余株，收缴木材30余吨，依法处理6人，收缴育林基金5万余元。查处非法占用林地行政案件8起，罚款97990元，关停山地洗砂场地3处，下发非法占用林地采土、采砂、采石《停止违法行为通知书》19份，申请湘潭县人民法院强制执行1起，移送森林公安涉嫌刑事案件1起。湘潭县森林公安局共受理各类森林案件15起，结案15起，其中森林刑事案件为8起，林业行政案件7起。

【森林防火】 2014年，湘潭县发生森林火灾223起，均得到有效控制，没有发生重特大森林火灾和人员伤亡事故，火灾受害率控制在0.8‰以内。县森林防火指挥部组建成立全县森林防火护林员队伍，聘用森林防火护林员500余人。组建成立以林业干部为主的森林火灾扑救专业设备操作队伍，人员达到30人。县人民政府及时调拨资金150万元，补充添置加拿大进口油锯20台，国产油锯25台，加拿大进口水泵2台，国产水泵5组，先后组织4次县级培训。县森林公安局立案侦办7起失火案件，依法实施刑事强制措施7人。

【林业产业】 2014年，全县林业总产值达到33亿元，增长率超过23%，其中第一产业10.5亿元，第二产业19亿元，第三产业3.5亿元。宏信高产油茶示范基地被评为省级示范基地，天易示范区茶恩寺竹木产业园正式开工建设。争取实施退耕还林等国家、省级项目9个，争取资金2000余万元；完成固定资产投资1亿元。以射埠万亩高产油茶基地为中心，完成县政府重点工程油茶产业基地建设任务，新造666.67公顷，低改1333.33公顷，宏信油茶基地荣获“省油茶高产栽培示范园”称号；依托白石万亩丰产南竹基地，低改666.67公顷，覆盖白石、茶恩寺等乡镇的南竹产业圈基本形成。湘潭县林下种药，林下养殖发展迅速，林下经济产值3.2亿元。湖南雁芙农业有限公司林下养鸡产值达1亿元，带动农户2000多户。佳佳中药材种植有限公司，承包林地种植中药材，面积达333.33公顷，实现产值3500万元。湖南华钢竹业有限公司大力发展竹制小家具，实现增加产值6000万。湖南润竹竹业有限公司开拓电子商务平台，借力天猫商城注册“席丫丫”品牌，实现销售收入增长5500万元。

【张硕辅调研湘潭县森林防火工作】 3月27日，湖南省副省长张硕辅到湘潭县调研森林防火工作。省政府副秘书长陈吉芳、省林业厅厅长邓三龙、省森林公安局局长姜汉辉，市领导胡伟林、戴德清，县领导谢振华、张性宇等陪同。张硕辅一行到湘潭县武装部观摩民兵应急分队的装备使用演练，了解民兵工作生活情况，而后在金霞山森林公园，张硕辅一行沿着公园游道，查看生态环境和森林防火的相关宣传标语，听取县委书记谢振华介绍湘潭县森林防火工作的举措和落实情况，指出湘潭县要在强化生态环境

湘潭县组建50人森林消防专业队伍 （齐骏 摄）

3月27日，副省长张硕辅到湘潭县检查指导森林防火工作 （肖淦 摄）

保护的基础上，进一步加强森林资源的日常维护和管理。

（莫丽娟）

水 利

【概况】 2014年，全县完成水利建设投入2.26亿元，争取各级投入1.1亿元，完成固定资产投资9357万元。完成各类水利工程11293处，山平塘清淤扩容加固2529口，高标准渠道建设618千米，堤垸、渠道清淤扫障2714千米，机埠更新改造135处，河坝改造92座，恢复重点水毁工程1200处，12座小（2）型病险水库除险加固，朝阳渠深塘湾至白石寺门前河段治理和紫荆河治理工程（京广至高桥段），小型农田水利重点县建设任务。面上水利建设由乡镇组织实施的133处重点工程、120个“五小”项目村建设任务和涓水流域合兴、延化两座坝除险加固，水土流失治理3.1平方千米，完成7.76万人农村饮水安全工程建设。

取水许可证年检、年审68家，新发证3家，征收水资源费53万余元，关停易俗河城区供水管网覆盖范围的自备水井5家，划定27个集中式饮用水源地保护范围，做好水源地保护确界立碑工作。制定《湘潭县涓水流域保护和综合治理发展规划》和《湘潭县水生态文明建设实施方案》等方案，以全市排名第一的成绩通过市政府对县水资源的考核。2014年，湘潭县工业增加值用水量为79.22立方米/万元，新立项53个项目，没有国家、省明文禁止的高耗水企业和需整改关停而未整改关停的企业。水功能区水质达标率在市控制范围内。“一江两水”共五个断面的4个季度的监测结果显示，均达到Ⅲ类水质。10月1日，实施县城区居民生活用水阶梯水价，全面落实用水户协会扶持政策，水行政审批事项由21项精减至14项，提高审批服务效率。

开展3月22日“世界水日”和“中国水周”的水法律法规宣传活动，电视宣传40余次，省、市、县各级报纸和刊物宣传30余篇，各类网站宣传50余篇，配合县电视台录制一期电视问政节目。举办一期水行政执法培训班，将部分水行政执法权下放乡镇，推进联合执法。办理人大代表、政协委员建议提案87件，处理各类信访120余件。受理各类行政审批事项10件，办结率100%。编制水土保持方案（表）6个，水土保持规费征收81万元。2014年，县水务局被评为全省水利建设先进单位。

【全省水利建设流动现场会】 （见乡镇篇“排头乡”［全省水利建设流动观察会］）

【农村饮水安全工作推进会】 8月28日，副县长谭捍卫主持召开全县农村饮水安全工作推进会议。县政府办、县水务局、县发改局、县财政局、县环保局、县卫生局负责人和2014年项目乡镇分管乡镇长、水利站长及龙口乡、锦石乡、排头乡相关负责人出席会议。突出2014年县农村饮水安全工作重点，对“十二五”农村饮水安全规划的落实，申报的项目进行清查，做好“十三五”农村饮水安全规划，尽快实施新建项目，严格农村饮水安全项目的考核问责，顺利推进农村饮水安全工程。

【朝阳渠治理工程】 11月开工建设的湘潭县朝阳渠深塘湾至寺门前治理的5.90千米河道段主要包括对朝阳渠深塘湾至寺门前河段干流群英闸往上游至瑞公桥上游60米段，长3.68千米（0+018~3+698）河段进行疏挖、护砌；对朝阳渠深塘湾至寺门前河段干流群英闸往上游至瑞公桥上游60米段范围内重要的险工、险段进行除险加固；对汇入的白泉支渠、永泉支渠，分别长为1.69千米、0.53千米进行疏挖及部分渠段进行护砌；完善防汛和管理设施等。项目概算总投资2102.73万元，其中国债资金1212万元。工程于12月底竣工。

【小型农田水利重点县建设】 11月16日开工建设的湘潭县2013年度小型农田水利重点县建设项目总投资2410.22万元，2014年4月3日竣工。工程涉及射埠镇的烟塘、张公、坝塘、上春、众星、新塘、射埠和河口镇的红旗、陶仑、有余、紫塘、板桥、芦花、连托、高司、沙泉16村。建设内容包括：新修渠道19条21.2千米，衬砌改造渠道71条73.70千米；改造机埠5处共100千瓦；改造山塘81座；改造河坝18座；改造排洪渠13.7千米，低压管道灌溉33.33公顷，完成高标准农田建设1333.33公顷。

2014年11月16日开工建设的湘潭县小型农田水利重点县建设项目总投资2439.75万元，2015年3月竣工。工程涉及锦石乡、排头乡，共17个村，受益人口2.41万人，耕地面积1560公顷。主要建设内容包括：改造山塘82口，改造河坝25处；新修渠道23条26.20千米、改造渠道60条65.25千米、排水沟清淤改造8条13.40千米；新建灌泵站4台、改造8台；渠系建筑物59处，其中新建15处、改造44处；高效节水灌溉33.47公顷（管灌）。工程的实施能有效改善项目区的小型农田水利基础设施条件，发挥农田灌排体系整体效益，提升农业抗灾减灾能力和综合生产能力，产生良好的经济效益、社会效益和生态效益。（齐华志）

防汛抗旱

【概况】 2月21日—24日，县防指派出5个检查组到各乡镇对防汛准备情况进行全面检查，10处在建涉水工程建立台账、明确责任，排查出影响安全度汛的险工隐患136处。及时调整防指成员，明确要求33个防指成员单位防汛准备工作落到实处。修订和完善堤防及水库防洪预案和方案，对县内山洪灾害非工程措施监测系统和预警系统进行排查。分乡镇对防汛物资进行清理、统计。从4月1日起，县防指全面启动防汛值班工作，做到24小时有党委成员带班、专人值班。湘潭县应对8次强降雨和涓水高洪水位的考验，面上抗旱工作相对顺利，未出现大的险情和灾情，全面实现防汛抗旱“三个确保”目标。3月18日，省水利厅副厅长甘明辉一行来县督查防汛备汛工作。5月29日，省教育厅党组成员、工委委员、副厅长杨定忠一行4人到县检查防汛抗旱工作。6月5日，市领导严华、廖国锋等来县指导检查防汛工作。

【防汛紧急会商会】 6月20日上午8时，副县长、县防汛抗旱指挥部常务副指挥长谭捍卫在县防汛会商室主持召开防汛紧急会商会，研究部署防汛抗灾工作，县政府办、县应急办、县水务局、县国土局、县气象局等有关部门负责人参加会议。6月19日8时至6月20日9时全县大部分地区普降大雨，6月20日9时洋潭电站开闸泄洪，下泄流量448立方米/秒；20日，全县有14座小（1）型水库、80座小（2）型水库泄洪。防汛抗灾工作按Ⅲ级响应执行，各级、各部门紧急行动，派出工作组分赴山洪灾害重点乡镇指导开展防汛工作。（齐华志）

水　政

【概况】 2014年，县水务局组织水政执法巡查350余次，出动人员1200余人次，查处各类水事案件80余起，发出责令停止和限期改正通知书共18份。开展河道采砂整治等工作，未发生行政复议、行政诉讼和行政投诉等事件。

【世界水日和中国水周宣传活动】 3月22日是第二十二届“世界水日”，3月22日—28日是第二十七届“中国水周”。联合国确定2014年“世界水日”的宣传主题是“水与能源”（WaterandEnergy）。中国纪念2014年“世界水日”和“中国水周”活动的宣传主题为“加强河湖管理，建设水生态文明”。活动期间，组织水政执法人员对涟水、涓水河进行为期五天的宣传，认真宣传《中华人民共和国水法》《湖南省湘江保护条例》等法律法规，设立水法大型广告宣传牌、张贴横幅、主题宣传画等，各乡镇水利站、局二级机构积极参与活动。

【河道采砂管理工作】 2014年，县河道采砂综合整治工作指挥部组织交通海事、公安、国土、属地乡镇等部门开展联合执法4次，接群众举报90余次，依法扣押、拆除挖机6台次，切割挖砂船11艘（河口吟江坝3艘、石潭境内6艘、回龙桥禁采区2艘）、吸砂船4艘（杨嘉桥段），制止违法行为2起。

（齐华志）

农业机械化

【概况】 2014年，全县农机拥有量和总动力达到32.5万台、149.4万千瓦，同比增长3%和2.7%，农机装备水平大幅提升，连续九年位居全省前列。农机生产总值8亿多元，农作物综合机械化率59.8%，是全省一类农机大县。其中水稻机耕率达到99%，机收率达到98%，机插率达到22.3%，水稻综合机械化率达到75.69%，全县水稻耕、收已基本实现机械化。

水稻育插秧机械化技术推广。创新一套“大田小拱膜育”模式，方便高效，节约秧块运输成本，得到农户一致好评，同时对新购插秧机且全年实施机插秧面积不低于13.33公顷的除享受国家农机购置补贴外再实施手扶式2500元/台、高速8000元/台的县级补贴，共计落实累加补贴43.39万元，完成机插秧面积2.3万公顷，推广水稻插秧机169台，是省下达任务的140.7%。

农机专业合作组织跨越发展。全县新增农机合作社34家，总数达到54家。其中服务面积达到333.33公顷以上有3家、66.66公顷以上有15家。14家服务组织配备48台套烘干设备，日烘干能力达到1100吨以上，实现湘潭县粮食烘干“零”突破。排头国兵农机专业合作社首次引进6架植保飞机进行作业服务，服务面涉及6个乡镇，作业面积达到2666.66公顷。省政府出台两个“百千万”工程，湘潭县第一批有13家合作社申报创建达标，全省排名第二。

农机安全生产稳步推进。落实农机安全生产责任制和“一岗双责”制，局长坚持每月下基层至少1次、分管副局长至少两次，进行安全生产检查。6月，开展农机安全生产集中督查整治活动，共发现并排除安全隐患12起，纠正违规行为24起，责令限期整改2起。10月，摸底清查全县运输型拖拉机，对未进行年检的拖拉机造册移交交警；全年各乡镇农推中心分别与所在地交警开展4次以上联合执法，纠正违章违法行为60余台车次。全年上户机车1445台、年检机车1502台；互助保险参保机车858台、35.57万元，同比增长330%。创建6个村“平安农机示范村”，新增60户“平安农机示范户”，全部验收合格，全县示范村达到78个、示范户780户，全年无重特大农机安全事故的发生。

农机培训进一步规范。全市农机培训考试实行交叉考试办法，雨湖、岳塘的农机培训工作纳入湘潭县。严格落实“考试报批、逢考必监、考官异地”的考试制度，切实做到理论培训、技术培训不少于规定课时，技术培训保证机手能熟练掌握有关操作技能。全年开展各类农机培训班22期，培训各类农机手1985人，积极争取县“阳光工程”和“新型职业农民培育工程”培训指标，先后开展阳光工程职业技术培训班2期、农机作业新型职业农民培育班1期，培训农民200人，全部验收合格。同时，根据省市文件精神对县拖拉机培训学校要求社会化服务与管理进行整改。

2014年，湘潭县农机局被评为全省农机工作、水稻育插秧机械化技术推广、农机科教质量工作、农机产业发展4个省级先进单位和全市农机化工作、水稻育插秧机械化技术推广2个市级先进单位。

【农机购置补贴政策】 2014年，继续实施“全价提机，直补到卡”的补贴模式，坚持公平、公正、透明原则，严格要求，坚持做到“三见一查”。全年开展县级核查7次，落实农业部廉政风险防控机制建设的意见，制定全县农机购置补贴工作廉政风险防控方案，层层签订工作责任书，开展农机购置补贴反腐倡廉警示教育活动两次，共发放指标确认书7353份，申请补贴资金2550.2万元，同比增长37.5%，补贴农机具9035台套，受益农户6842户。

【油菜生产全程机械化技术推广工作】 2014年，湘潭县申报油菜生产全程机械化技术推广项目，并建立66.67公顷以上的油菜全程机械化示范基地3个，33.34公顷以上的油菜全程机械化示范点3个，全县冬季油菜种植面积1.01万公顷，基本实现机耕，机播面积达到6066.67公顷。

【财政支持农业生产全程社会化服务试点项目】 2014年，财政支持农业生产全程社会化服务试点项目区完成机收服务4053.33公顷、机耕服务3853.33公顷、机插服务2973.33公顷、农机技术推广示范服务4000公顷，共落实补助资金518

4月15日，湘潭机械化插秧大型演示活动在排头乡举行 （黄志坚 提供）

万元。项目实施中推广的“华绿模式”已得到省市县领导高度重视、支持和广泛宣传推介，也得到项目区农民积极支持与参与。

【全县全程社会化服务招标会】 按照《湖南省财政支持农业生产全程社会化服务试点实施方案》要求，为切实做好试点工作，公平、公正选好服务组织，确保农民得实惠、试点见实效，2月19日，湘潭县召开财政支持农业生产全程社会化服务项目2014年招标工作会议，对服务组织进行公开招标。全县18家农机（农业）专业合作组织参加竞标，会议委托湘潭凌云招标咨询有限责任公司主持，县政府采购办和县财政局全程参与监督。招标会议遵循公开、公正、公平的基本原则，依法依规、严格程序，专家评审组对18家合作组织的规模、生产设备、技术力量、经营状况、财务状况、管理制度、服务价格以及作业环节实施方案等方面进行全面的评审，评分由高到低确定15家农机（农业）专业合作组织中标。

【大型机插秧演示会】 4月15日，由县人民政府和市农机局主办、县农机局和农业局以及排头乡人民政府承办的2014年湘潭机械化插秧大型演示活动在排头乡同心村、桐梓村、红卫村三个机插秧示范点举办，演示水田面积26.66多公顷，7种品牌16台各类高速、手扶式插秧机在田间来回穿梭，吸引周边200多名农民观看。省农业厅党组成员、省农机局长王罗方，省农业厅植保站长李一平，市农机局长李梦林及县领导傅国平、宋小玲等领导以及有关部门、乡镇、村的干部观看演示活动。

【王罗方到湘潭县调研秋冬农业生产】 10月12日，省农业厅党组成员、省农机局长王罗方一行到湘潭县排头乡农邦农机专业合作社农业生产现场了解情况，并听取县农机局、农邦合作社的工作汇报，肯定湘潭县秋冬农业生产工作。王罗方强调，农机部门一定要组织好农业机械投入秋冬农业生产，农机技术人员要深入基层、深入农户，积极为农户、为农机服好务，确保农业生产圆满完成。同时，观看合作社烘干、仓储基地，要求湘潭县要充分抓住省政府关于实施两个“百千万”工程加快现代农业建设机遇，按照“小、精、坚”的要求，提高全县农业组织化程度和机械化服务水平。

【湘潭县新型职业农民机插秧技术培训班】 11月17日，湘潭县农机局新型职业农民培训班第一期在湘潭县石潭镇开班，经过乡镇农机站的推荐以及层层筛选，最终确定50人作为第一期学员。邀请省、市专家积极探索培训模式，创新优化培训内容。培训采取“4+3”的培训方式（理论教学四天和操作教学三天），主要内容有水稻高产技术栽培、水稻病虫害防控防治、发动机的维修与保养、收割机的基本机构常见故障与排除方法、插秧机的工作原理与主要作业参数、水稻机械化种植大田育插秧作业技术等。

（黄志坚）

气象

【概况】 2014年，县气象局做好专题预报和决策气象服务工作，发布春运、春耕春播、夏收夏种等专题预报、周报共70余次。2月，为缓解旱情和防范森林火灾，开展冬季人工增雨作业5次。6月24日，首次参加全县地质灾害应急演练。7月22日，该局和环保局联合组织林业、农业、城管、规划建设、水利、能源、畜牧、交警等部门召开雾霾天气防御联席工作会议，就湘潭县雾霾天气日益加重的状况、产生的雾霾天气影响进行分析，提出六个方面的气象应对建议。

【汛期气象服务】 2014年1-10月，湘潭县平均降水量为1376.5毫米，比历年同期1257.3毫米多119.2毫米。3月20日至9月汛期期间概括为：降水充沛，降水过程平稳，共有9次≥50.0毫米的降水过程。5月25日，气象服务为涓水流域最高洪峰顺利通过保驾护航。据统计，2014年，全县9次较强降水过程预报准确，服务超前，预警及时，无一堤、一坝倒塌，无一人员死伤。

【农气象服务“两个体系”】 2014年，县气象局在关键的春耕、春播农事季节突出发挥气象服务作用，及时发布为农气象服务专题，多次到田间地头向农民专业合作社、农村种养大户等提供“面对面”服务，特别是针对种粮大户，做到天气转变前有预报、有电话、有预警，事中有联系，有订正预报，事后有了解有分析。年内为8家种养大户提供直通式的气象服务。10月27日，该局就秋冬生产工作，降低气象灾害带来的农业损失，组织农口系统召开农业气象灾害联合会商会。

2014年，该局在湖南省城乡统筹建设示范点——梅林桥现代农业园建设一个标准化的为农气象服务站，形成区域气象自动站、气象预警、移动火箭作业点、为农业气象服务站四合一的综合性气象为农服务基地，并向省局申报项目，争取明年湘潭县纳入全国气象部门为农气象服务“两个体系”（农业气象服务体系、农村气象灾害防御体系）实施县。 （黄昕怡 辜倩）

移民开发

【概况】 2014年，县移民部门安排移民后扶资金2066.72万元，实施后扶项目291个，用于交通、水利、农电改造等基础设施项目建设。解决4个乡镇3094人的安全饮水问题，有效地改善库区和移民安置区的饮水难题。强力推进移民培训，组织培训移民658人次。其中，实用技术培训515人，技能培训143人。发放口粮补贴资金94.43万元，安排小水库项目扶助资金53万元。全县初步形成以油茶产业开发为重点，兼顾发展茶叶、桑蚕的移民产业发展格局。2014年，新建油茶基地87.67公顷，茶叶基地13.33公顷，桑蚕基地20公顷。

强化移民后扶资金监管。全县移民后扶资金实行专账管理，项目扶持资金严格执行县级报账制的相关规定。通过乡镇财税管理信息网，以银行“一卡通”形式，及时足额发放移民直补资金750.81万元。全县年度项目计划在湘潭县移民网上公示，组织移民后扶项目验收，开展乌石、龙口等5个乡镇2013年度移民后扶资金使用情况专项审计。

坚持属地管理原则，严格落实“综治、信访维稳责任制”，每月进行矛盾排查，实行“台账”管理，把问题解决在萌芽状态。年内，接待群众来访23人次，妥善处理来信2件，来电28件，干部下访、约访200余人次，妥善处理要求提高水淹区口粮补贴标准、要求登记为移民后扶人口、要求解决库区遗留工程问题等多起移民群众反映强烈的难点问题，保持库区和移民安置区的社会和谐稳定。

2014年，县移民局被评为湖南省移民工作先进单位、湖南省信访维稳工作先进单位、湘潭市移民后扶工作先进单位、湘潭县人口和计划生育综合治理工作模范单位等荣誉。

【湘江长沙综合枢纽湘潭县库区水利专项工程】 湘江长沙综合枢纽工程湘潭县库区水利专项建设涉及湘江、涟水、涓水沿线的易俗河、梅林桥、河口、杨家桥4个乡镇，工程主要包括库岸防护18.9千米、涵闸改造7处。县移民局在项目建设过程中切实履行实施主体、责任主体职责，主动作为，制订项目实施管理办法，坚持每周召开调度例会制度，及时协调解决矛盾问题，督促施工进度和质量。工程从2013年11月开工，至2014年3月底全部竣工，共完成投资5000万元。9月25日—26日，县移民局组织湖南省水利水电勘测设计研究总院、湖南省湘怡移民工程监理咨询有限公司、湖南洞庭水电咨询监理有限公司，邀请湘潭市移民局以及接管乡镇和所有施工单位对湘江长沙综合枢纽湘潭县库区水利专项工程进行完工验收。验收组察看施工现场、审阅完工资料后一致同意该工程通过验收。 （钱镏）

（责任编校 杨柳）

概 述

【概况】 2014年，湘潭县新增规模企业27家，规模工业企业总数达到208家，实现规模以上工业总产值427亿元，同比增长17.3%。其中，装备机电制造和食品两大主导产业分别完成产值140.76亿和131.78亿，增速分别达到26.1%和12.6%，全县占比达到32.9%和30.8%；信息化产业、新材料和部分拥有核心竞争力的高新技术企业，分别完成产值47.34亿、55.93亿、95.1亿，增速分别达到24%、26.9%、15.9%。完成规模工业增加值131.4亿，同比增长15.3%，位列全市第一。规模以上工业利润14.52亿元，同比增长19.11%。完成工业固定资产投资103亿，同比增长37%。万元规模工业增加值能耗下降率28%，万元增加值能耗折合0.31吨标煤/万元。

【乡镇工业园区建设】 2014年，湘潭县委、县政府出台《关于加快乡镇工业园发展的实施意见》，重点发展以天易示范区为首的茶恩竹木工业园、青山皮鞋工业园、杨河工业园，制定《2014年乡镇工业园发展工作方案》《乡镇工业发展专项资金管理办法》和《乡镇工业园区考核办法》，编制《湘潭天易示范区乡镇工业园企业建设审批流程》，引导乡镇工业园区集中精力抓主要工作和推进工作进程。2014年，天易示范区实现规模工业产值277.7亿，增速达到22.2%，占全县的64.9%；茶恩竹木工业园实现规模工业产值6亿，增速达到43.2%；青山皮鞋工业园实现规模工业产值9.34亿，增速达到33.2%；杨河工业园实现规模工业产值24.4亿，增速达到33%。各园区采用“走出去、请进来”的招商战略，青山皮鞋工业园新引进项目9个，杨河工业园新引进项目4个。

【节能降耗】 2014年，湘潭县经济和信息化局（以下简称县经信局）以转方式调结构为重点，加大技改投入，落实节能政策，推进节能减排。年内完成工业技改96亿，同比增长33%。万元规模工业能耗降低率达到28%。加快推行企业清洁生产，加强对企业清洁生产的有关法律、法规、政策、专业知识的宣传，促进企业加快清洁生产项目的实施，鼓励3家企业自愿开展清洁生产推进工程。组织湘潭南方电机车有限公司等2家企业申报并获得市级节能项目补助资金；组织康普一笑堂等3家企业申报并获得省级节能项目补助资金；引导县振兴石膏矿、县石膏矿等4家企业申报中央财政关闭小企业补助资金。

【两化融合】 2014年，县内有电子信息产业企业28家，其中，规模以上企业10家，实现产值47.34亿元，增速达26.9%，产值增速高于全县规模企业总体水平9.6个百分点。有7家企业成功申报省、市信息产业和信息化项目，1家企业成功申报第三批互联网发展专项资金，争取省、市信息化项目资金115万元。县经信局指导湘潭云飞电子商务有限公司开发的集产业链整合、合同管理、企业内部管理、生产管理、仓库管理为一体的湘潭区域产业平台在琪尔美鞋业全面试点，已具备向整个园区推广的条件；指导泰达、特种线缆等60多家企业建立内部局域网。组织企业参加国家、省、市、县两化融合贯标、两化融合推进、信息技术培训、电子商务促进等学习会议10次；组织10家企业参加全国两化融合评估，50家企业参加省2014年两化融合评估，采集两化融合数据近6000条，有效掌握全县两化融合现状。

【企业服务】 2014年，湘潭县制定《2014年县级领导联系重点产业、重点企业责任分工的通知》，县经信局党委成员联系重点企业及乡镇，努力拓宽服务渠道。设立中小企业服务热线、开通湘潭县经信局官方微信平台，有会员300余人，共发布政务微信130余期；搭建中小微企业信用担保平台；建立湘潭县中小企业公共服务平台网，实现县中小企业服务网与省中小企业公共服务平台的对接和融合；起草《湘潭县中小企业服务体系发展规划（2015年-2020年）》初稿。制定《2014年湘潭县企业家能力提升工程实施方案》，先后组织100多家县内重点规模企业管理人员参加各类培训班和对接会10余次；7月6日—12日，首次联合县委组织部及浙江大学组织47家县域企业管理人员在浙江大学举办湖南省湘潭县企业经营管理人才高级研修班。选择吉光科技、韶力电气等40余家县域中小企业申报国家、省、市中小企业、信息化、新型工业化、节能减排、技术创新等项目，实现到位资金1500万元。加强银企对接，为县内重点规模企业融资8亿余元。设立中小企业信用担保基金1200万元，争取上海农商银行湘潭县支行给予县内中小微企业1.2亿元的授信额度。

【国有工业企业改革】 湘潭县经直国有工业企业共有15家，已全部改制完毕。2014年，主要是做好改制企业的安置扫尾工作。年内，组织对县矽砂矿的5处资产处置，共计变现资金1333万元，县矽砂矿的职工安置扫尾工作全面完成；组织对原县造纸厂的资产进行管理，部分厂房实行租赁；对县属企业外贸公司的职工进行安置补偿；启动对县建设局下属企业工程公司的破产工作。

【全市首个经信系统的“公众微信平台”开通】 1月29日，县经信局开通全市首个经信系统的“公众微信平台”。微信用户只需通过二维码扫描添加或通过按搜索“xtx-txjxj”进行关注，即可免费定制该局发布的政务信息。该微信平台主要发布最新的政策解读、融资信息、管理咨询、人才培训、项目申报等企业服务类信息。年内，微信用户有会员300余人，发布政务微信130余期。

【资本市场助推湘潭县中小企业发展专题培训会】 3月7日，县经信局牵头组织湘潭县中小企业负责人20余人，参加由世纪证券有限公司主讲的资本市场助推湘潭县中小企业发展专题交流会。参加交流会的企业负责人为部分重点企业负责人和企业界的政协委员。专题交流会上，主讲人通过解读“新三板”市场的定义、上市的要求，以及与主板、创业板的差别；各级政府对新三板的支持和奖励政策等方面的内容，让中小企业家了解拓宽中小企业投资渠道的方式以及如何解决中小企业融资困难，创新融资理念等。

【银企对接活动】 4月25日，县经信局联合上海农商银行举办专场银企对接活动。县内部分政协委员企业和园区部分重点企业共30余家参加此次对接会。会上，上海农商银行向各位企业代表详细介绍经济形势和背景，上海农商行的授信业务，如何帮助企业进行财务状况诊断，增值服务内容以及中小企业金融服务方案等内容，同时还就中小企业最新融资产品进行详细的讲解。

【湘潭县乡镇工业园发展办公室设立】 5月14日，潭编委发〔2014〕6号文批复：同意设立湘潭县乡镇工业园发展办公室，为隶属县经信局管理的事业机构，股级，核定全额拨款事业编制3名。其职能为贯彻落实国家、省、市关于发展乡镇工业的方针政策，组织实施全县乡镇工业发展规划；指导乡镇工业产业，产品结构和布局结构调整；负责乡镇工业园发展协调领导小组办公室日常工作；对工业园发展进行动态监测和分析研究；协调处理乡镇工业园开发建设过程中出现的重大问题；协助抓好招商引资工作；负责指导乡镇工业企业进行技术创新和产业升级，创新方法服务乡镇工业企业发展。

【《湘潭县工业志》评审会召开】 5月23日，《湘潭县工业经济志》评审会在县经信局召开，县工业志的评审专家及相关单位负责人对《湘潭县工业经济志》进行点评并提出修改意见。《湘潭县工业经济志》于2013年5月基本形成初稿。志稿除概述、大事记外，共8章42节，涉及县内的工业、轻工业、乡镇企业和民营工业企业4个层面，时间跨度约70年。县工业志的编纂时间虽然较长，宏观地记载湘潭县工业经济发展曲折起伏的全过程，也微观地记述企业特别是县经直国有、集体企业的发展到改制的全过程，资料是极其宝贵的，不但为全县从事工业管理的人员提供宝贵的历史资料，还可以发挥“存史、资政、育人”的作用。

【湘潭产业平台培训班开班】 6月26日，重点信息化项目湘潭区域产业电子商务平台操作应用培训班正式开班。第一期培训班的学员是来自青山桥皮鞋工业园湖南琪尔美鞋业有限公司各个岗位的7名员工，主要培训内容是计算机基本操作知识和产业平台各功能模块的操作应用知识与技能。该平台是湘潭县首个助力中小企业信息化的网络应用平台，由县经信局等相关部门指导、湘潭云飞电子商务有限公司具体实施。其主要设计理念为，利用公共云部署信息化环境，为中小企业提供低成本、符合企业实际情况的外部供应链管理和内部生产管理信息化解决方案。应用产业平台可帮助企业从高投入、封闭式的单一信息链向低成本、开放式的信息生态圈转变，有利于促进产业集聚，形成产业集群，提高企业和区域经济的整体竞争力。

【湘潭县企业经营管理人才高级研修班】 7月6日—12日，由湘潭县委组织部主办，湘潭县经济和信息化局承办的湘潭县企业经营管理人才高级研修班在在浙江大学华家池校区开班培训。全县47名规模企业的高层管理人员参加此次培训。培训期间，浙江大学知名专家、教授从中国宏观经济形势分析与企业应对策略、企业资本运作与投资风险管理以及转型与升级—后危机时代企业生存智慧等内容上进行深入分析和详细讲解。根据发展的现状，专家教授们对全县经济发展、企业生产经营提出具体建议和意见。此次培训班是2014年湘潭县六项人才培养工程项目之一，旨在通过培训，帮助企业高层管理人员开阔视野、更新观念，提升能力。

主要行业

【机电工业】 2014年年末，县内规模工业企业中，有机电类企业70家，实现产值140.7亿元，同比增长26.19%。主要产品有电线电缆、工程装备机械、矿山机械等。湘潭市电线电缆有限公司“金驰牌”通用橡套软电缆、湘潭离心机有限公司“湘力牌”离心机、湖南韶力机车有限公司“韶力”XK、ZK系列矿用电机车等产品被评为湖南省名牌产品，湘潭市电机车厂“韶力”商标及图被国家工商总局评定为中国驰名商标。

【医药工业】 2014年年末，县内规模工业企业中，有医药类企业4家，全年实现产值9.58亿元，同比增长23.29%。其中，年产值过亿元的企业有3家。主要产品是中成药、粉针剂、水针剂。医药工业的龙头企业有湖南五洲通药业有限公司、湖南康普制药湘潭（一笑堂）分公司等。湖南康普制药湘潭（一笑堂）分公司出品的“喜来乐”牌阿归养血颗粒及补肾益寿片等产品被评为湖南省名牌产品。

【食品工业】 2014年年末，县内规模工业企业中，有食品类企业38家，全年实现产值131.78亿元，同比增长12.6%。其中，年产值过亿元的企业有19家。主要产品是湘莲、茶叶、粮食、槟榔等。湖南胖哥食品有限责任公司“胖哥牌”槟榔、小龙王食品有限公司“小龙王牌”食用槟榔、湖南粒粒珍湘莲有限公司“粒粒珍”牌湘莲、湖南宏兴隆湘莲食品有限公司“宏兴隆”牌湘莲等产品被评为湖南省名牌产品。

【信息化产业】 2014年年末，县内规模工业企业中，有信息化产业类企业10家，年产值全部过亿。实现产值47.34亿元，同比增长26.9%。主要产品是电子元器件、LED、智能生产线、数控设备、电线电缆、特种线缆等。信息化产业龙头企业有湘潭市电线电缆有限公司、湖南韶力电气有限公司、湘潭市特种线缆有限公司。

【新材料】 2014年年末，县内规模工业企业中，有新材料类企业34家，实现产值55.93亿元，同比增长24%。其中，年产值过亿元的企业有26家。主要产品是混凝土、节能材料、机械装备材料。新材料龙头企业有湖南信诺颜料科技有限公司、湖南斯瑞摩科技有限公司。

（罗侃）

2014年湘潭县主要工业经济指标完成情况

表10

项目	单位	2013	增长率	2014	增长率
规模企业个数	家	201	8.60%	208	3.50%
规模工业产值	亿	364.5	18%	427.6	17.30%
规模工业增加值	亿	109.17	16%	131.4	15.30%
天易示范区产值	亿	223.86	31.20%	277.7	22.20%
天易示范区增加值	亿	67.41	22.70%	86.69	19.30%
天易示范区产值占比	%	61.41	13.50%	64.9	5.70%
天易示范区增加值占比	%	61.74	16.90%	66.5	7.70%
工业固定资产投资	亿	76	66%	103	37%
工业技改	亿	71	63%	96	33%
利润	亿	12.19	17.07%	14.52	19.11%

（责任编校 杨柳）

交通·邮政·通信

交通运输

【概况】 2014年，县交通运输局坚持以交通项目建设为重点，全县公路网络进一步完善并提质；坚持以队伍建设为保障，交通运输行业管理能力进一步加强并提升。年内，完成交通项目建设的投入资金达18.2608亿元，同比增长17.4%。承办两会关于农村公路建设与养护、干线公路建设、客运秩序行业管理、交通路网、公交规划等方面建议和提案97件，涉及19个乡镇、4家企业和教育界、经济界、宗教界、医卫界，提交建议和提案的市、县人大代表238人次、政协委员49人次。见面率、办结率、解决率、满意率均为100%。

年内，县交通运输局被湖南省交通运输厅评为2014年度湖南省交通运输行政执法评议考核优秀单位、湖南省交通运输系统统计先进单位；被市爱卫会评为市级文明卫生单位；再次获得全市交通运输发展管理考核目标第一名、农村公路建设县重点工程建设优胜项目二等奖的好成绩；同时，连续十年保持全县春运安全无事故，获得市、县春运工作先进单位及县级文明单位、县群众（信访）工作先进单位等多项荣誉称号。

【交通项目建设】 干线公路项目建设稳步推进。完成投资金额16.329亿元（干线公路建设15.749亿元、干线公路养护5800万元）。芙蓉大道二期与武广大道重合段5.99千米的路基已完工；天易公路二期7.065千米主干道竣工通车；S330武广高铁连接线Ⅰ标段2.27千米建成通车，Ⅱ标段10.335千米开工建设，Ⅲ标段14.955千米完成前期工作；湘湘、韶茶干线及S313的安保设施全部安装完毕，湘湘、韶茶干线的交竣工及S313的交工验收工作全面完成。抢抓沪昆高速复线规划建设机遇，争取在县境内设置4个互通口，将新建易花线一期项目调整进入“十二五”交通建设规划，并启动该项目的前期工作。千吨级码头建设招商引资取得实效。2013年12月，湘潭港易俗河港区千吨级码头项目原投资主体湖南龙畅投资集团因公司投资项目多，无力承担港区一期工程项目投资，要求退出项目建设。经第三方审计和政府投资审计审定，作为结算依据后，龙畅物流有限公司不再作为该项目的投资主体。2014年4月至11月，县政府委托县交通运输局作为招商主体，与湖南德茂宥和能源投资开发有限公司就港区项目转让事宜多次洽谈，续建的招商引资工作取得实效，湖南德茂宥和能源投资开发有限公司已开工建设。农村公路建设超目标完成。2014年度《政府工作报告》提出200千米农村公路硬化建设目标，争取省级农村公路建设计划123.4千米，县级安排专项资金2000万元，实际完成300千米的农村公路硬化建设里程，该项实现投资达1.2026亿元，超额完成年度目标任务。农村公路养护管理巩固加强。完善养护管理体制，重新调整19个乡镇日常养护经费补助标准，经常性养护路段按照定岗、定责、定人、定酬的方式，组织日常养护。全年完成危桥改造17座，创建文明示范路54.8千米，修复青山桥镇陈龙线等10多处水毁工程，增补完善学校、幼儿园周边交通标志牌及波形护栏等安保设施660余处，全县农村公路优良路率达84.84%、路面PQI中等路率达86.21%、绿化率达77.8%。

【公共交通建设】 优化、调整县城公交线路。多方征求意见，多次与市城客局、规划局、市交通运输局协商，调整23路和108路城际公交的运行线路，同时将县城4条公交线路进行优化，新增（调整）站牌、站点、公交港湾106处，调整优化后的公交线路覆盖天易小学、天易汽车站等方向线路、站点。新增3条县域公交线路。10月28日，开通123路公交线路（湘潭义乌小商品城——天易宏信创业园），填补易俗河西向与市区无公交车的空白。11月26日，市内10路公交延伸至湘潭县一中。12月1日，101路公交线路（湘潭九华——湘潭县）延伸至江声中学，覆盖海棠路以东天易示范区部分地段。新增县域公交的开通，解决县一中与市区、县城与市区西向的公共交通出行问题。

【交通运输安全生产】 以开展“安全生产大检查”“打非治违”“安全生产月”等活动为载体，通过召开会议、组织教育培训、粘贴宣传标语、印发文件、资料、发短信等方式加大安全文化建设，营造浓厚的安全生产氛围，培养安全自主意识，加强安全生产宣传教育，促进安全生产。落实有主题、有内容、有参会人员的运输企业安全例会制度，时刻敲响“安全重于泰山”的警钟，让安全发展理念深入人心。年内，在办公区、检测站、汽车站悬挂安全宣传横幅31条、标语57张，散发宣传资料4000余份，通过出租车顶的LED显示屏循环滚动播放安全标语10万余条次。组织开展1次大型的突发事件应急救援演练，加强从业人员应对突发事件（事故）的反应和处置能力。组织从业人员进行法律法规讲解和安全事故案例分析3次。组织业务骨干参加省、市安全、法规教育达17人次。加强安全生产源头管理。加强驻站人员力量。驻牛头岭站人员由2人增至4人，明确驻站人员责任，要求严格履行“三关一监督”职责，督促客运站和进站客运经营者签订和履行协议、合法经营，严格执行“三不进站、六不出站”制度，发现问题，立即要求整改，并跟踪整改到位。加强站场巡查检查。制定《客运站巡查管理制度》，规范客运站经营者与进站发车的客运经营者经营行为，排查安全隐患，隐患整改率达到100%；落实局主要领导带队安全生产检查制度，加强对车站、运输车辆各项安全指标的定期检查和不定期重点抽查。规范督促运输企业进行日安全检查制度，确保对所有客运车辆安全进行全面普查。严格车辆检测。按照“谁检测、谁负责”“谁签章、谁负责”“谁发证、谁负责”的原则，严格要求车辆维护。年内，检测货运车辆4600余台，客运车辆384台，营运客车和危货运输车辆维护率达到100%，承运人责任险投保率达100%，发挥源头管理、长效管理的行政职能。全县道路运输企业“两客一危”车辆的北斗卫星兼容车载终端安装全部安装，8吨及8吨以上货运车辆、半牵挂车辆安装进展顺利；出租车、公交车全部安装GPS，设立专门监控室，专人负责，利用北斗卫星平台、GPS监控平台对车辆运行、停放等进行安全监管，发现问题，及时提醒、阻止和汇报。定时组织检查客、货运车辆监控平台连接情况，对断开的接入平台进行及时的联系，查明原因，及时恢复，同时，抽查重点企业营运平台监控情况，检查“监管平台日登记表”，充分利用监管平台，科学抓好安全生产。仅节假日安全输送旅客114万次，全县道路运输市场安全、稳定。落实乡镇渡船“县管、乡包、村落实”管理制度，持续开展水上交通安全专项整治，开展水上交通安全巡查105次，发现隐患5处和6起客渡船不签单发航情况，并及时整改到位，纠正不穿拿救生衣和超载行为39起，纠正违章船舶49艘次，取缔私设浮桥1座，成功处置“5·25”涓水河花石至射埠段一艘自卸船舶走锚失控事故，确保县内水上交通安全。

【交通行业管理】 坚持依法行政和文明执法。加大执法队伍教育培训力度，组织全体执法人员参加执法培训，学习《中华人民共和国行政强制法》《中华人民共和国道路运输条例》等法律、法规以及执法文书的制作和案件处理。严格按照省市相关文件精神，运政执法坚持“四统一”，提升交通执法形象；制定《湘潭县交通运输局行政执法评议考核工作实施方案》，用制度管人，约束人，依法严厉查处不作为、乱作为等违法乱纪行为，不断提高执法人员素质。认真履行治理公路、水上“三乱”职责。加大督查、暗访督导力度，及时查处群众投诉反映的“三乱”行为，巩固全县所有公路、水路无“三乱”成果，有效地提高执法水平和执法效能。“打非治违”，净化道路运输市场。常态化灵活执法，实行“5+2”“白+黑”，早、晚错时工作，加大对城区重点区域、重点路段的非法营运和违章行为的查处打击力度。采取劝导、蹲点守候、从严处理三步骤专项治理摩托车长期占用公交港现象，强化摩托车停放习惯。牛头岭地区，采用设立禁停标志、设置物理隔离带等方法，阻止涉嫌非法营运车辆在以上路段聚集停靠；开展联合执法专项整治。加强与交警大队、城管局等相关执法部门的协作，结合治超治限、道路运输专项整治行动，持续打击“黑车”“鸟车”等非法客运行为，遏制非法营运和违章运输等行为，保障运输市场健康发展，县城交通秩序和道路客运秩序得到有效改善。规范出租汽车经营行为。强化企业主体责任，要求各运输公司认真组织自查、自纠，发现问题并跟踪整改到位。加强行业监管，制定《湘潭县出租汽车服务质量信誉考核实施细则（试行）方案》，出租车企业及驾驶员进行月度考核，内容计入企业质量信誉考核。制定《湘潭市、县联合执法整治出租车运营秩序工作方案》，与市城市客运管理局联合执法，县、市实现资源共享，初步实现同城同治模式。提高从业人员素质，严格新进出租车从业人员资料审核，统一归口湘潭市交通培训中心培训，不服从管理的从业人员一律清退出市场。接受各方监督。采取召开会议、从业培训方式加强对从业人员规范经营宣传，增强企业的主体意识，提高从业人员的自律意识；主动接受社会监督，通过“电视问政”、报纸、网站等媒体宣传《出租汽车管理办法》、出租汽车投诉流程、投诉电话等，增强乘客的自主维权意识和维权力度。改善农村客运市场环境。对所有新增线路、提前报废更新申请事项不予审批，对部分到期线路进行运力压缩，为城乡公交一体化改革减轻压力。规范营运车辆停靠管理。通过召开各道路班线企业负责人会议，控制站外候客时间，发放严禁乱停乱靠告示，安装“进站候车”提示牌，联合县交警队、县汽车站采取“临时停靠点+全天值守”等方式，在牛头岭处划立“道路班线、公交车临时停靠点”，派人全天守候，规范农村客运车辆的停靠行为。优化群众出行环境。对全县客运车辆经过路线、地段逐一摸底，查找原因，改善条件，新建农村客运招呼站20个，创建“群众满意客运站”1个，确保全县乡镇班车通车率达100%，行政村班车通车率为98.54%，改善群众出行条件。加强监管，规范配套服务。严格驾培工作。全程跟踪驾校教学大纲的落实，确保教学课时、内容落实到位；严厉查处超配学员、突击补学、代考等严重违章行为；坚持教学进度备案申报制，有效地预防在教学课时上的作假行为。督促县内4家驾校严格执行“国标”要求，积极整改，完善设备设施，完善办学条件。规范维修市场。以维修企业质量信誉作为维修企业考核标准，引导企业在提高维修质量、完善内部管理上下功夫，严厉查处、打击二级维护作业项目不到位、倒卖维修合格证的行为。依法许可。年内完成车辆年审和新证换发3700余个，新许可货运车辆300余台。（旷军）

公路建设与管理

【概况】 2014年，县公路局管辖主要县道12条，分别为砂易线、河岭线、蔡石线、石中线、云回线、山花线、进站线、湘青线、牛下线、瓦乌线、湘湘干线、韶茶干线，共计里程259.789千米，代湘潭市公路管理局管养G107、G320线，S313线，共计里程97.828千米。

加强日常路政管理。年内，组织进行所辖公路路域环境两次大型集中综合整治行动和若干小型行动，重点加强县域公路两侧路障、占道经营、非公路标志牌、违法搭建、马路市场整治工作，共拆除非公路标志牌204块，清除路障523处、规范摊点摆放620处。完成路政巡查265工日，查处违法建筑59处，查处路损案件6起，查处超限超载车辆1000余台次，实现非税收入120余万元。超限超载治理 。根据省政府办10月《关于印发〈湖南省治理车辆超限超载工作方案〉的通知》文件精神，县公路局联合公安、运政、城管等部门参与全县车辆超限超载整治行动。因新形势下治超工作需要，县公路局分两批招聘34名基层一线养护职工充实到路政执法队伍，经过培训合格后投入到治超工作中，工作在一线的路政执法队员达到70名；筹措大量资金用于超限超载治理工作，建成河口和回龙桥治超站，并落实执法中队驻站管理。下半年再投入专项资金360余万元用于人员、治超装备、办公、车辆的改善，在公安、运政、城管、示范区规建部及乡镇等部门的参与和配合下，形成全县“一盘棋”的治超态势，力保超限超载率控制在2%。

开展公路大修。县政府安排资金1000余万元重点改造山花线，年内完成该线路3.6千米大修、青山桥镇区0.987千米路面基层加宽处置。实施危桥改造。完成射埠三桥危桥改造及涓水桥桥面修补工程，此两项工程合计投资58万元。2014年，县公路局管养的国、省道好路率年初目标为72%，至年底，好路率指标达到73.5%，超过年初计划1.5个百分点；县道好路率年初目标50%，年底好路率达到52.3%，超过年初计划2.3个百分点。

强化路政管理。路政案件查处率100%，结案率98%，无行政复议案件。加强公路养护。投入资金500万元（市级），完成G320中修换板20000平方米公路养护任务；投入资金286万元，完成河岭线5000平方米、砂易线5000平方米、射埠集镇地段3000平方米公路养护任务。开展预防性养护。完成县道公路清灌缝112000米，裂纹处置6600米，板底灌注78500平方米预防性养护任务。修复水毁工程。投入经费20万余元，清理水毁塌方1960平方米共36处。开展农村环境整治。清扫管辖道路每周不少于两次，做好重点路段、城乡接合部及集镇路段的路面路肩清扫、水沟清理、垃圾杂物清除和绿篱修剪等工作，年内投入80万元资金，投入13600工日人工，车辆3500台次，清除垃圾1087立方米，路容路貌得到进一步改善。加强公路日常养护。清挖水沟362千米，清除垃圾杂物2826立方米，清扫水泥路面5256.16千米，清扫沥青路面1818千米，整理路肩101467平方米，路肩打除草剂171千米，浆砌片石2183立方米/30处，安装涵洞227米/26处，修剪路肩草790千米；绿篱修剪235千米，修整行道树320千米，日常养护投入沥青材料110吨多。安保工程。韶茶、湘湘两条干线增设波形护栏16000米，完成投资400万元，确保两条干线省级交工验收。加强站房建设。在已建立起河口、吴家巷、回龙桥3家中心养护站的基础上，投入16万余元改造古城中心养护站。投入资金40万元购置5台养护生产车辆，投入18万余元购置清扫车、平板夯、冲击夯、绿篱机等设备。强化安全生产管理。出台《安全生产管理办法》，全面落实“一岗双责”“党政同责”的安全生产工作责任制，签订安全生产目标责任状，坚持季度安全例会，对年内发生的一起交通事故进行责任追究，安全生产形势良好。

2014年上半年，组队参加湘潭市公路管理局组织的“雨季杯”养护竞赛，获得第一名。基层养护站队左林、周颂波代表湘潭市参加全省公路养护技术技能比赛获水泥路面清灌缝二等奖。（宋炜）

邮　政

【概况】 2014年，县邮政局辖28个金融网点（20个农村支局，8个直辖所），有综合性邮政营业网点32个，全部实行电子化营业。该局承担全县19个乡镇、549个行政村、近百万人口的邮政通信普遍服务，开展的主要业务有：函件、包件、物流、电子汇兑、邮政储蓄、代理保险、电信代办、报刊发行、集邮、电子邮政等，同时面向全县农村农民开展小额贷款业务。

业务收入持续稳定增长。截至12月底，累计完成收入5776.84万元（另管控收入288.78万元），完成年计划的100.69%，较上年同期增加772.63万元，增幅达14.6%。收入绝对值排名全区第一。其中金融类业务完成4405.48万元，同期增加绝对值541.29万元，增幅达14.01%；邮务类业务完成1246.21万元；速物类业务完成111.6万元，同期增加绝对值8.84万元，增幅达15.12%。

金融类业务再创佳绩。截至12月31日，全年邮储总余额为315964万元，其中活期余额为73063万，活期占比为23.12%，累计净增40647万元，净增绝对值排全区首位。邮储规模排全省第13位，点均余额为11284.42万元，较上年同期增加1451.67万元。累计新增绿卡48642张，较上年同期增加5563张，累计活卡率为 67.93%。其中，金融IC卡新增42058张。新增商户POS机25台，其中无线POS机3台，新增商易通机具11台，12月电子银行结存34967户，全年新增电子银行22159户，电子银行替代率为44.79%。累计发展新单保费11544.85万元 ，保费较上年同期增加7178.39万元。新单保费排全省第五位，点均保费412.32万元。中邮保险出单1852.35万元，中邮期缴135.95万元。

邮务类业务快速发展。函件业务：完成收入290.29万元，完成年计划的100.1%。其中，贺卡收入为71.24万元。封片卡收入完成181.226万元，完成计划的113%，签订定制型客户单数60户，超额完成市分公司下达的各项指标任务。采集录入留守儿童信息47920条，占全区信息采集量的70%，位居全区第一。报刊发行：大收订进机流转额925.05万元，完成市分公司计划的101.65%。大收订缴款率达75%，达到计划指标。集邮：完成业务收入196.37万元，完成年计划的119.74%。邮品鉴赏会，销售额近50万。新邮预定完成年册、套票1718套，840册，小版123个，大版12个，提前一个月完成计划任务。绿卡短信：累计新增绿卡短信用户76437户，点均7.58户，完成年计划的110.1%，累计同比增幅24.9%，增加绝对值15224户。其中“06”代发短信4033户，占比5.3%。惠民优选：2014年7-12月，发展会员17316个，有效会员3953个，有效占比22.3%，销售额66.18万元。在全区前列。电信代办：截至12月底，累计移动放号14042户。完成代收费1.7亿元，同比增幅70%，代收城电费5014.37万元，农电费9967.92万元，燃气费98.78万元，国税153.7万元。自由一族车险业务：截至12月31日，共计揽收车险135单，揽收商业保费36.07万元，在全区排名第一。

服务能力进一步提升。网点转型有效推进。年内，大鹏路、中路铺、茶恩寺、花石、石潭、楠竹山、射埠7个点进行转型网点的改造。除在网点形象和功能配备上进行提升，还在员工素质、服务水平上狠下功夫，确保转型工作取得实效。其他网点进行简化版转型，在员工销售方式、服务水平、营销理念上进行转变，推动全局业务的稳步提升。服务质量得到提高。受理客户咨询、投诉和来信来访等600件次，均100%结案妥处。开展营业“6S”现场管理和投递整治，提升邮政服务质量专项活动，强化日常检查，促进县内邮政服务质量的提升。

财务管理进一步加强。成本费用总支出4400.19万元，资产负债率为66%，较年初55%下降11%。实现收支差额1738.55万元，同比节约收支差17.17万元，大收订缴款率达75%。全县邮政管理费用同比大幅下降，业务招待费下降13.9%，会议费下降11.2%，差旅费下降69%。

安全生产管理更加有序。贯彻落实重点岗位安全履职检查定期报告制度，健全安全管理机制。完善硬件设施建设。金融网点的电视监控和防弹玻璃安全率达到100%，安防基础设施100%达标。开展两会期间安全生产大检查，及时发现和整改各类安全隐患，实现各类事故案件“零”目标。

【代开国税发票在全县铺开】2013年11月底，湘潭县邮政与县国税局代开代征合作项目签约。从2013年12月起，该局先期在大鹏路、易俗河、石潭、花石、青山桥等邮政支局所进行试点服务。2014年6月1日起，县邮政所有邮政电子化网点（含邮政营业网点、综合服务平台）依次全部开通办理代开代征国税发票业务。

【代收水费试点运行】 9月17日，县邮政局与湘潭京湘供水有限公司签订《代收水费合作协议》，先行在县城区大鹏路、易俗河、牛头岭、梅林4个自营网点和14个城区代办点正式向社会推出代收自来水水费业务，进而逐步推向全县。

【农村支局投递社会化改革全面完成】县邮政局通过委代办形式，将农村支局的投递功能转给综合服务平台的代办人员。至6月底，全局17个农村支局全部完成投递段道优化改革，统一制作综合服务平台标识标牌，集中培训代办人员。至12月底，全县共建设综合服务平台91个，纯代投点7个，其他收费网点35个，助农取款点32个。

（左秋梅）

电　信

【概况】 2014年，县电信分公司设有综合管理部、财务部、销售服务部、政企销售部、易俗河城市营业分部、渠道服务中心、校园客户中心、网络部、接入网维护中心、客户端维护中心共10个部门。下设18个支局，分别为河口支局、石潭支局、云湖桥支局、乌石支局、杨家桥支局、梅林桥支局、中路铺支局、谭家山支局、白石铺支局、茶恩寺支局、射埠支局、锦石支局、排头支局、花石支局、龙口支局、青山桥支局、汾水支局和石鼓支局。

年内，完成业务收入7888.8万元，增幅10.29%。发展移动用户41814户，累计净增宽带1395户，年末移动用户98333户，净增移动用户4627户。建设EPON设备5个，共计建设窄带端口160个、宽带端口384个；完成95个小区FTTH工程建设，完成77个村落光网建设，新建6000个FTTH端口；完成3G基站建设3个、4G基站建设26个，全县基站数量达171个，信号覆盖率达到92%。投资2000万元。其中，设备投资600万元，主干配线光缆投资700万元，驻地网管道建设投资100万元，C网基站建设投资600万元。

推进光网建设，新增光网小区

95个，新增光网村77个，新建6000个FTTH端口。光网建设整村推进，遵循“借国家政策之势，联合乡政府发文，迅速打开村支两委口子，村组沟通发力”的原则，由熟悉潜在客户的村干部带领农村支局及其网点的营销人员去村民家营销，效果好。（唐宇　彭思瑞）

移动通信

【概况】　2014年，湘潭县移动通信分公司是负责湘潭县域移动通信网络建设运行管理和经营服务的运营商，下设综合部、网络部、市场部（含政企中心、业务支撑中心），以及5个乡镇营业部。

2014年，湘潭县移动通信分公司坚持“立足地方，服务人民，奉献社会”的宗旨，始终践行中国移动“正德厚生　臻于至善”的企业核心价值观，紧跟信息技术潮流，加快基础通信网络建设，实现全县4G网络的有效覆盖，全年新增4G基站374个。网上通话用户数突破36万户，市场占有率始终保持在80%左右，年运营收入达2.5个多亿，年上缴税金近千万元，企业人均劳动生产率、服务质量在全省、市同行业中名列前茅。（黄霞湘）

联通通信

【概况】　2014年，中国联通湘潭县分公司设有综合中心、市场中心、集团中心、宽固中心、客服中心共5个部门。下设7个乡镇办，2个网格，分别为中路铺乡镇办、石潭乡镇办、云湖桥乡镇办、青山桥乡镇办、射埠乡镇办、花石乡镇办、锰矿乡镇办、天易网格、牛头岭网格。在职员工40人。

年内，完成业务收入8067万元，累计净增宽带2300户，年末移动用户13万户。完成3G基站建设257个、4G基站建设65个，全县基站数量达530个，信号覆盖率达到100%。（沈娜）

（责任编校　杨柳）

商　务

【概况】　2014年，全县社会消费品零售总额实现64.8亿元，同比增长14%。外贸进出口实现4000万美元，同比增长15%。商贸流通重点工程完成投资2.6亿元，完成年计划的186%。其中，同丰·中央广场项目所有工程通过验收并交付使用，农贸市场标准化建设完成投资4000万元，粮食产业全程社会化服务体系建设完成投资7000万元。商贸流通业在扩大就业、改善民生、增加财政收入、促进全县经济社会发展等方面发挥重要作用。

2014年，商贸流通工作继续纳入乡镇绩效考核体系，向上争取资金成效显著；项目建设进展顺利，城区、乡镇各类市场建设全面加快。"特色中国·湘潭县馆"正式登录淘宝网"特色中国·湖南馆"频道，成为湖南省首家县市级地方馆，有121家企业正式入驻，交易额已达3300万元；新农村商务信息建设有新平台，在夏季农产品网上购销对接会上参加商户数排名全国第8位。

开展诚信示范企业创建、农贸市场、报废汽车回收拆解以及再生资源回收市场等联合整治行动。联合检查主要商业大街、大型商场超市；积极探索农贸市场常态化管理模式，牵头成立易俗河农贸市场管理中队，负责易俗河农贸市场及周边管理；协调并指导各乡镇开展马路市场综合整治及长效巩固工作，在海棠路沿线报废汽车回收拆解市场开展专项整治活动；做好全县生猪定点屠宰管理工作，联合县畜牧局、环保局对杨家桥友谊肉联厂的改造进行指导，发放B类屠宰证；重点加强10家"酒类诚信经营示范店"跟踪监督检查，累计开展酒类市场执法检查200余家次，组织在全县各大型商场、超市、加油站、农贸市场等商贸流通企业开展安全生产集中检查3次，开展例行安全生产检查9次。

【成品油监管】　2014年，县商务局贯彻国家、省、市制定的成品油管理的一系列方针政策，注意加强与各部门和乡镇的协调配合，组织各职能部门和成品油供应企业开会研究，畅通工作管理渠道。同时，加强成品油法律法规的宣传，完善各项管理制度。加快农村加油网点建设工作，严格审批程序，油站的审批建立局务会联合审批制度，通过正规程序申报成品油零售经营批准证书，满足群众生产生活用油需要。强化加油站年检，年检率达100%。会同相关部门对违法、违规建设的油站以及无证非法经营的油站进行整治，规范成品油市场。开展成品油打非治违专项整治行动，检查加油站、点100余家次，下达责令改正通知书10余份，责令停止违法行为通知书20余份。

【对外贸易】　2014年，县商务局及时掌握信息与政策，积极发展加工贸易，促进县域外向型经济发展，全县保持外贸进出口的平稳发展态势。年内，完成外贸进出口总额4000万美元，其中加工贸易完成142万美元。县内发生进出口业务企业23家，新增业绩企业4家。加强对外服务平台建设，设立湘潭县对外劳务合作报名服务窗口。组织人员参加对外劳务专场招聘会20场，对外劳务领域已拓展到10多个国家和地区，累计对外输出劳务人员1200人次。

【同丰·中央广场项目竣工】　2011年，湖南同丰置业有限公司通过网上平台拍卖的方式以7420万元的价格成功拍到原县国土资源局地块，并投资建设同丰·中央广场，携手步步高商业连锁股份有限公司共同开展战略合作。2012年8月1日，该项目正式开始进行基础施工；2013年1月18日，项目楼盘正式开盘销售；2014年9月19日，步步高购物广场正式入驻该项目开业营业；2014年12月15日，该项目开始对业主交房。该项目累计完成投资4.95亿元，包括裙楼5层、两栋塔楼30层，高度约100米，总建筑面积131010.2平方米，其中地下两层为3万多平方米，地上商业、写字楼面积10万平方米。同丰·中央广场项目的建成，在县城形成一个具有现代化风格的商贸经济中心，吸引具有大型综合购物、餐饮、服务消费功能的龙头店、旗舰店入驻，成为强力拉动县域经济的重要一极。 （肖湘）

招商引资

【概况】 2014年，全县新引进项目48个，其中过亿元项目10个。实现到位内资36.2亿元，实际利用外资6771.5万美元。湘潭县内资、外资完成水平在全市5个市县（区）均排名第一。

包装发布园区载体类、商贸综合项目等24个招商引资项目，并编印项目手册，拟定《湘潭县招商引资项目评价办法》。《办法》分项目从产业导向、管理程序和考核、退出机制等六大部分，规范全县招商工作。走访乡镇和天易示范区企业400余人（次），为杨嘉桥镇海大饲料、石潭鸿润玻璃、河口东方管桩等企业解决征地拆迁困难、建设资金不足等问题20多个；为云湖桥镇大雷特种玻璃项目在示范区新建项目基地提供材料申报、协调联系等服务；为外来投资企业代办各类手续30多次（个），企业满意率达100%；排查处理矛盾纠纷12起。

参加台湾湖南文化美食节节会、投洽会等国际级和国家级的招商节会活动4次，开展小分队招商特别是承接长三角、珠三角地区产业转移的小分队招商20余次，外出考察上海大山合有限公司莲子产业综合经营发展项目、凯华电子、中船重工固废弃资源利用项目等等80多个项目，接待外来投资客商450余人（次），普罗集团（罗莎蛋糕）、深圳金康光电有限公司、中国供销总社对外贸易公司、珠海中江投资有限公司、普罗集团、湖南中粮可口可乐饮料有限公司等知名企业（集团）先后来县考察项目，洽谈合作事宜。

围绕县委、县政府“一区带三园”的发展思路，为三大乡镇园区搜集招商信息、推介产业项目。先后向杨河中小企业工业园推介中船重工固体废弃物利用项目等10余个优质项目，杨河中小企业工业园引进项目7个，投资总额约2亿元。利用浙江省“腾笼换鸟”政策、温岭制鞋业产业转移的机会，承接温岭鞋业产业转移，借助“中国第一竹乡”浙江安吉的先进经验，推进茶恩竹木产业园的发展壮大，借助温岭和安吉当地鞋革业和竹木产业行业协会的力量，分管县领导率队赴浙江温州进行招商考察，并在温岭举办湘潭天易示范区青山皮鞋工业园招商引资座谈会，主动、灵活的招商方式为湘潭县特别是乡镇工业园区赢得更多、更高端的投资关注。未纳入乡镇工业园区的部分乡镇充分利用自身优势大力引进项目，云湖桥镇引进资源再生项目等4大工业项目，项目投资超过5000万元，工业规模进一步扩大，增强发展后劲。

年内，湘潭县招商合作局被湖南省经协评为“2014年度全省内联引资工作先进单位”。

2010年—2014年湘潭县招商引资情况

表11

年度	引进项目个数	过亿元项目个数	到位内资(亿元)	到位外资(万美元)
2010	68	7	23.5	4400
2011	88	13	24.8	4980
2012	62	12	32	5400
2013	60	15	36.5	5484
2014	48	10	36.2	6771.5
合计	326	57	153	27035.5

【湘潭县招商引资工作动员大会暨招商引资项目集中签约仪式】 4月23日，湘潭县招商引资工作动员大会暨招商引资项目签约仪式在鑫田国际大酒店举行。由湖南中建五局混凝土有限公司总投资1亿元、占地3.33公顷、预计产值1.5亿元的环保混凝土搅拌站项目，由湘潭县荷味食品有限公司总投资5000万元、占地2公顷、预计产值8000万元的湘菜食材加工项目，由湘潭东升电气有限公司总投资2000万元、占地1.33公顷、预计产值5000万元的矿山机械产品生产项目，由湖南智高鞋业有限公司总投资1000万元、占地0.67公顷、预计产值5000万元的皮鞋生产项目，由湖南康尔佳药业集团有限公司总投资2000万元、占地1.33公顷、预计产值6000万元的中药材种植及加工项目，由湘潭华南电机车有限公司总投资5086万元、占地2公顷、预计产值13500万元的年产1500台工矿电机车项目，由Mini-hotel觅你酒店管理有限公司总投资2500万元、占地8172平方米、预计产值2000万元的同丰·中央广场觅你酒店等7个重点项目在会上集中签约，落户湘潭县。7个项目总投资27586万元，预计年产值54500万元以上。

【天易示范区青山皮鞋工业园招商引资座谈会】 5月16—17日，副县长唐仁光率县招商局、经信局、青山桥镇主要负责人及青山皮鞋工业园入园企业代表组成的小分队招商代表团赴浙江温州、温岭考察温州知名鞋革企业，并在温岭举办湘潭天易示范区青山皮鞋工业园招商引资座谈会。座谈会邀请湖南湘潭籍企业家和温岭地区将近40余家鞋革业企业主参加。座谈会详细介绍湘潭县情、天易示范区青山皮鞋工业园的发展情况和园区招商引资优惠政策。代表团一行还考察温州大顺鞋机厂、澳伦鞋业集团、纳斯特鞋业，并参观学习瓯海竹湾工业园区，了解学习制鞋业的先进设备、工艺及管理模式。唐仁光代表县委县政府欢迎企业家们来湘潭天易示范区青山皮鞋工业园考察，将全力创造最优的环境、最优的服务，提供最优惠的政策，打造最优的平台，欢迎企业家们回乡创业，合力整合青山皮鞋产业相关资源，提升青山皮鞋知名度，打造中国中部鞋都。

【傅国平率团参加第十届泛珠三角区域合作与发展论坛暨经贸洽谈会】 10月12日至14日，中共湘潭县委副书记、县长傅国平率团参加第十届泛珠三角区域合作与发展论坛暨经贸洽谈会（珠洽会）。参加本次活动的还有湘潭天易示范区副主任杨欣荣、县招商局、杨嘉桥镇相关负责人、天易示范区经济发展部。傅国平一行先后赴广东海大集团、深圳泰邦集团有限公司高层就项目合作推进事宜进行洽谈，与东莞市凯华电子有限公司等湘潭天易示范区正在对接的产业转移类项目进行洽谈，并与泰邦集团有限公司高层就在岳临高速公路湘潭县段新设互通口进行对接；参加湘潭市人民政府主办的重要客商座谈会，会上重点推介湘潭天易示范区；还陪同湘潭市人民政府副市长陈小山考察富联盛国际控股集团有限公司，参观深圳湘潭商会新办公地址，并进行友好交谈。此次以珠洽会为契机，开展系列招商和对接活动，推动湘潭县项目洽谈和建设进程。（李杜杜）

供销合作

【概况】 2014年，县供销合作社以农资协会为平台，依托“金大地农资有限公司”，严格按照“五统一”的要求，新发展5家连锁经营网络终端，全县经营网点达到130多家，形成较为规范、完善的连锁配送网络，农资市场占有率达到70%以上，发挥农资市场主渠道作用，保障全县的农业生产。

争取政策扶持，项目建设稳步推进。指导德诚33.33公顷油莎豆示范基地建设项目申报为2015年国家农业综合开发供销合作总社新型示范项目，已进入专家评审阶段。与市社一起完成拟报2014年“新网工程”项目现场调查和项目单位财务初步审查工作。指导湖南雁湖农牧公司2000万湘黄鸡物流配送中心项目申报为国家“新网工程”项目。严格项目建设标准。及时与省、市社、农开办和项目单位沟通衔接，2013年全国总社农业综合开发项目（湖南粒粒珍3000吨湘莲加工产品扩建项目、八角香菇200万棒香菇种植示范基地新建项目）顺利通过省级验收。狠抓项目培育。年内，培育羊鹿茶种植专业合作社和信达种桑养蚕专业合作社两个项目。推荐湖南雁湖农牧有限公司拟申报2015年全国供销合作社系统农业产业化龙头企业。

抓改制，稳妥处置企业职工各类诉求。该社直属企业县农业生产资料公司已进入改制程序，改制工作组进驻企业，选出职工代表，召开多次协调会，反复宣讲有关企业改制政策，稳妥推进改制工作。

拓业务，组建全县再生资源回收网络，为全县城乡环境卫生同治工作的深入推进做出贡献。（熊璞）

粮食购销

【概况】 2014年，县粮食局以粮食储备为主业，以产业发展为主攻，以市场监管为主责，以安全稳定为前提，为县域经济的发展做出不懈的努力，各项工作取得显著成效。全县粮食企业完成销售收入5亿元，完成重点工程项目固定资产投资2010万元，加工粮食7.8万吨，实现粮食加工产值3.5亿元，签订粮食收购订单19813.33公顷，收购粮食10.5万吨。湘潭县裕湘粮食购销有限公司获得“全国粮食系统先进集体”荣誉。

落实粮食收购政策，保证农民余粮应收尽收。年内，湖南省再度启动早籼稻和中晚籼稻最低收购价执行预案。该局开展粮食产购情况调查和仓容摸底，督促企业做好各项准备工作；制定粮食收购工作方案及应急预案；加强收购政策宣传，让农民送明白粮、放心粮。争取县委、县政府重视及公安、交通、城管、卫生等相关部门和乡镇的密切配合。针对粮食收购仓容严重不足的情况，督促裕湘公司提前轮空3200吨县级储备粮，快速完成5000吨高大平房仓建设，督促华绿生物科技有限公司按期完成2万吨仓库的改造，督促中储粮白云分库维修改造棚仓1万吨，协调裕湘公司租用闲置仓库1万吨。鼓励各粮食企业积极入市收购，充分利用闲置仓容。通过采取一系列措施，基本解决仓容不足的困难，全县共收购粮食10.5万吨。

严格执行《粮食流通管理条例》，维护粮食流通市场秩序。严把粮食收购市场准入关，对申请办理“粮食收购许可证”的单位和个人，按照《条例》的规定严格把关。年内，全县核定有效粮食收购许可单位53家。加强粮食行政执法，认真开展粮食流通市场监管，维护收购市场秩序。严格执行稻谷销售出库监管规定，跟踪调查2013年最低收购价稻谷政策性销售企业，及时掌握销售出库流向，防止应作饲料粮的稻谷进入口粮市场的违规行为。

积极争资争项，推动粮食产业项目建设。积极开展项目申报，先后争取粮油千亿产业、危仓老库维修改造、市经信部门中小微企业发展等项目资金1000多万元。金风食品公司粮食精深加工项目作为市、县两级重点工程，投资2010万元，工程进展顺利，项目基本完成，被认定为省级农业产业化龙头企业。县裕湘粮食购销有限公司，发挥国有粮食企业的主渠道作用和龙体企业的带动作用，取得良好的经济效益和社会效益。

加强技术改造，推动基础设施项目建设。裕湘公司、华绿公司开展危仓老库维修改造工作，共投资1600余万元，新建仓容5000吨、仓间棚仓600平方米，升级改造仓容2

万吨；茶元、双禾、紫金米厂等单位，投入资金120余万元，改造加工设备及其配套设施。

强化仓储责任，确保库存粮食安全。健全和完善仓储管理制度，严格执行粮油仓储规范化管理的规定，提高仓储管理水平，改善仓储条件，提高科学储粮水平，确保储粮质量安全。开展粮食保防知识培训，通过理论学习和现场操作演练，提高保防知识水平和实际操作能力。全县粮食仓储工作达到“一符四无”的要求，连续44年实现“一符四无”粮仓县。

强化质量责任，确保粮油食品安全。强化原粮质量监管，明确企业主体责任，县粮食局与相关企业签订粮油食品安全责任书。在监督检查过程中，重点排查霉变、污染原粮，发现一起，查处一起。年内，检查企业27家，对各类问题提出整改措施。开展一次“放心粮油开放日”活动，提高消费者粮油食品安全意识。

强化安全责任，确保安全生产无事故。贯彻落实有关安全生产的文件和会议精神，把安全生产工作作为一项重要的、常态化的工作，健全和完善安全生产责任制度，加强日常监管和宣传，开展“打非治违”“百日安全专项整治”等一系列的检查整治活动。开展安全生产达标工作，金风食品公司的安全生产标准化建设验收达标。

强化维稳责任，确保系统平安稳定。积极化解和处理各类矛盾纠纷，认真对待和处理历史遗留问题，主动变上访为下访，全年下访80余人次，为重点人员解决实际困难，防止群访集访现象的发生。

（刘博滔）

烟草专卖

【概况】 2014年，县烟草专卖局（分公司）积极谋划“三大课题”、提升“五个形象”、树立“三种风气”，开展“四为”活动，夯实基础、勇于创新，各项工作保持良好发展态势。年内，销售卷烟45126箱，单箱均价24480元，同比增长8.41%。查获涉烟违法案件137起，其中国标级假烟网络案件1起，涉案金额达120万元；查获各类卷烟272.5万支，其中假冒卷烟12.38万支，罚没收入20.05万元，刑拘5人，批捕4人，判刑4人。

加强许可证监管。年内，依职权注销烟草许可证326户，暂停烟草业务处理130户，延续25户，业态变更212户，新办烟草许可证291个，全县持证运行户3264户。坚持精益管理。大力组织客户培训，共召开培训会27场，培训客户2086人次，覆盖面达到63%。开展“师带徒”活动，鼓励员工参加职业技能考试，7名客户经理通过初级营销员技能鉴定。同时，通过组织经验交流会议、交叉参观优秀片区、开展工作技巧宣讲课程等活动，达到互助互学、共同进步的效果。加大对客户经理的考核，将全县市场16个片区整合成5个小组，设小组长，实行小组责任制，将小组评比纳入绩效考核，形成你追我赶的良好势头。

企业管理水平提高。强化安全生产，年内开展安全大检查14次，组织全员参加应急疏散演练1次，投入安全专项资金7万余元。按照省局一体化综合管理体系建设要求，修改流程68个，新增工作流程4个，遵照“横向到边纵向到底”的方针，逐步实现体系文件“管用、好用、实用”。加强宣传力度，及时报道工作动态。年内有45篇报道被省局网站采用。开展“3·15”法治宣传活动，组织全体员工参加六五普法无纸化考试。食堂管理不断加强，引入“碧源春”农场蔬果供应柜，规范绿色健康的食材来源，选聘优秀厨师，着力提高菜品质量和服务水平。为员工安排休息室，并配套洗衣机、浴室、热水器等生活设施，解决新员工的吃住难题。办公场所更换节能灯，员工活动中心新增按摩椅等健身器材，绿化带增添苗木，办公楼开辟吸烟室，清洗办公楼外墙，营造舒适、整洁、规范的工作环境。企业文化建设氛围浓厚。大力宣传“莲品文化”，展现“风正、心齐、奉公、感恩”的企业风尚，开展莲品论坛、道德讲堂、莲心向廉等活动，组队参加全市系统第二届青年论坛“莲心向廉”活动，获最优演讲选手及案例演绎第一名，参加湘潭县“欢乐潇湘·幸福湘潭·莲乡大舞台”活动，获县直机关赛区三等奖，成立羽毛球、足球兴趣小组，丰富职工业余生活。关心离退休同志，组织慰问老同志13次，开展老同志集体活动3次。开展“636”志愿者服务活动，先后开展爱心捐赠、看望凤形山社区困难户、赴龙口乡中心帮扶贫困学生等活动，累计捐款近11万元，展现企业回报社会的良好形象。开展省级文明标兵单位创建工作，成立组织机构，召开两次动员大会，出台创建方案，落实工作责任，按月督查进度进行考核，年内顺利通过省文明办的检查验收。

（唐海云）

旅 游

【概况】 湘潭县历史悠久，伟人名人众多，举世有名；文化底蕴厚重，“湖湘文化”“白石文化”“湘莲文化”和“唢呐文化”源远流长；自然风光独特，湘江、涓水、涟水和隐山、昌山、乌石峰、金霞山等山水如画；区位条件优越，107国道、320国道，京珠、上瑞、潭衡高速以及湘黔铁路、武广高铁等贯穿全境。2014年，湘潭县创建成为“湖南省旅游强县”。全县已拥有1个国家AAAA级旅游景区（彭德怀纪念馆）、2个国家AAA级旅游景区（五龙山大杰寺、周小舟故居）、1个国家AA级旅游景区（齐白石生态文化旅游区）、1家五星级旅游饭店（鑫田国际大酒店）、2家三星级旅游饭店（润玉酒店和长江宾馆）、2个省级特色旅游名镇（乌石镇和白石镇）、2个省级特色旅游名村（乌石村和金霞村）、100余家乡村旅游区（点）（其中省级授牌的14家，五星级以上的4家）、1个省级红色旅游景点（周小舟故居）、1个省级工业旅游示范点和省级旅游购物示范点（湖南宏兴隆食品有限公司）、1家省级三星级旅行社（金侨国际旅行社）、10家省级家庭旅馆等旅游品牌。

2014年，县旅游局确立“以项目引商、以景点引客”的工作主题，全面贯彻执行《中华人民共和国旅游法》等法律法规，加强旅游产品开发，扩大宣传营销范围，抓好旅游项目招商，不断改善旅游接待服务设施、提高服务水平，全面推进县域旅游产业发展。年内，全县实现接待游客约704.16万人次，实现旅游综合收入约48.12亿元。

【旅游线路开发】 4月17日，“探寻白石故里，畅游秀美莲乡”启动仪式暨“白石之旅”一日游产品发布会在国家AAA级旅游景区五龙山大杰寺举行。活动吸引17家新闻媒体，300余名游客体验“白石之旅”新线路。7月13日，“游千年古镇赏万亩荷花”湘潭县花石赏荷之旅正式对外发布。市内200余名游客作为“花石赏荷之旅”的首批团客参与体验。“花石赏荷之旅”共接待游客4万人次。9月26日，“碧泉之旅”也迎来首批游客。湘潭县3条生态文化休闲旅游线路的发布和启动，推动全县地接旅游的发展，实现将游客引进来、留下来。

【旅游项目建设】 2014年，依托县内白石文化、湖湘文化、红色文化等资源优势，包装策划一批市场前景广阔、综合拉动作用强的旅游项目，编制湘潭县旅游项目招商书。年内，先后接待北京、浙江、福建等地客商，考察隐山湖湘文化生态旅游区项目、花石湘莲基地项目和易俗河老街项目。配合指导白石文化生态旅游区、白石人家休闲农家乐、梅林山庄等重点旅游项目的开发建设，3个项目累计投资1.29亿元。

【旅游宾馆酒店】 2014年，全县共有星级宾馆酒店3家，分别是五星级旅游饭店——鑫田国际大酒店，三星级旅游饭店——润玉酒店和长江宾馆。鑫田国际大酒店严格对照《旅游饭店星级划分与评定》，斥资4000余万元对酒店硬件和软件设施进行优化提质和升级改造，重点打造绿色环保优美、文化氛围浓郁、后台管理精细三大项目，提升酒店整体形象，创建成为国家五星级旅游饭店，成为全县第一家，全市第二家五星级旅游饭店。三星级旅游饭店润玉酒店和长江宾馆不断加强品质和服务的提升，通过省市星级饭店的评审复核。

【乡村旅游区（点）建设】 2014年，各乡村旅游区（点）调整思路，转变理念，创新经营，挖掘新市场，提升服务，努力实现“服务星级化”、“产品特色化”。乡村旅游区（点）成为带动农民就业、增加农民收入，推动旅游产业结构调整的重要力量。年内，接待游客170.12万人次，实现经营收入5.16亿元。经营乡村旅游区（点）的重点镇有易俗河镇、河口镇、中路铺镇、云湖桥镇、乌石镇。县内已授牌的省级乡村旅游区（点）共计14家，其中五星级乡村旅游区（点）4家，四星级乡村旅游区（点）1家，三星级乡村旅游区（点）8家，二星级乡村旅游区（点）1家。

【景区景点】 县内共有A级景区4处，分别是国家AAAA级景区——彭德怀纪念馆，国家AAA级景区（点）——周小舟故居和五龙山大杰寺，国家AA级景区——白石文化生态旅游区。2014年，重点指导红色旅游景区建设，将彭德怀纪念馆建设为廉政文化教育基地，接待党的群众路线教育实践活动专线游客200多批次，30余万人。指导五龙山大杰寺完成高压电线线路铺设工作，对景区内的旅游标识牌及时进行维护。配合上级旅游部门完成对白石生态文化旅游区、彭德怀纪念馆的“A”级旅游景区复核。AAA级景区五龙山大杰寺和周小舟故居启动门票收费管理制度，新增管理和讲解服务人员36人，景区服务日渐成熟规范。

【旅游行业管理】 2014年，组织相关人员参加全国红办举办的“全国红色旅游导游员、讲解员培训班”，提高红色旅游从业人员素质；对全县宾馆酒店、旅行社、景区景点、星级乡村旅游区（点）等旅游企事业单位实行标准化指导，加强旅游服务质量监督检查，推动旅游产业规范化、标准化、制度化发展。建立旅游、交通、消防、工商、卫生等部门联合执法机制，在重要节假日开展旅游安全专项大检查。年内，共向旅游企事业单位发出书面整改和口头意见60余条，全县没有发生一起旅游安全事件和旅游投诉事件。

【旅游执法】 7月7日—21日，首次启动县内旅游行政执法。共出动检查人员21人次，检查旅行社2家，旅行社分公司和分社9家，旅行社服务网点2家，发现涉嫌违法违规案件线索21条。查处旅行社虚假宣传、零负团消费、超范围经营服务，强迫游客购物、提供虚假服务承诺等违法违规行为，为树立文明、诚信、热忱导游的形象，打造安全旅游、放心旅游、诚信旅游氛围奠定基础。

【旅游活动宣传】 2014年，新开通湘潭县旅游微信公众账号，利用移动终端设备随时随地发布县内外最新旅游资讯，将受用群众范围实现最大化。先后开展“5·19”中国旅游日、《中华人民共和国旅游法》知识竞赛、国内12家主流媒体“感悟民族精神追寻红色记忆”红色旅游采风等活动，组织县内旅游企业参加第五届湖南省旅游商品博览会，石鼓油纸伞和湖湘木刻艺术作品《乡情》分别荣获2014年中国湖南旅游商品大赛湖南优秀旅游景区纪念品银奖和铜奖，五星级乡村旅游区点龙凤庄园被评为“湖南乡村旅游十大好去处”之“乡村休闲生态水果采摘园”。10月16日，在香港举办的湘潭旅游推介会上，向与会嘉宾和香港的旅游界代表重点推介彭德怀纪念馆景区、白石文化旅游区和洛口古镇项目。12月，着力推动湖南旅游电子商务平台的推广和使用，该平台集在线服务、网络营销、网上预订、网上支付等智慧旅游于一体，是湘潭县特色旅游产品和精品旅游线路自我宣传、自我销售的窗口。全县已有五龙山大杰寺、鑫田国际大酒店、龙凤庄园、湖湘木刻等8家涉旅企业加盟此平台，该平台的上线运营标志着全县旅游产业发展正式迈入电商时代。

（沈全花）

湘潭县旅游景区基本情况

表12

序号	景区(点)名称	等级	电话	地址
1	彭德怀纪念馆	AAAA	57838100	乌石镇乌石村
2	周小舟故居	AAA	57880807	排头乡星星村
3	五龙山大杰寺	AAA	57590433	中路铺镇柱塘村
4	白石文化生态旅游区	AA	57892020	白石镇

彭德怀纪念馆

【概况】 彭德怀纪念馆坐落于湘潭县西南的乌石镇，于1998年10月建成开馆，是以全国重点文物保护单位——彭德怀故居为依托建立起来的全国唯一一座完整、系统地介绍彭德怀生平业绩的传记性专馆。该馆纪念设施有彭德怀故居、彭德怀纪念馆、彭德怀铜像、彭德怀墓、德怀亭、烈士墓等，控制面积30公顷，占地面积10.67公顷，现有陈列室1400平方米，文物资料库房200余平方米，展线370余米，拥有文物藏品2302件，照片资料3000余件，共有干部职工53人。拥有国家AAAA级旅游景区、全国爱国主义教育基地、国家国防教育示范基地等8项国家级荣誉，被上海同济大学、中国农业银行上海分行、湖南步步高连锁有限公司等160余家企事业单位确定为爱国主义教育基地和德育教育基地。

2014年，彭德怀纪念馆接待游客819405人次，同比增长36.4%，讲解接待1094批次，其中重要接待43批，实现综合经济收入772.59万元，征集文物藏品32件，上传可移动文物信息642件，完成彭德怀墓地和彭德怀铜像省级文物保护单位的申报工作和国家AAAA级景区的复核工作，完成宿舍楼修缮、探水建井、净水设备安装、安防、消防、亮化及数字IP网络广播系统工程的竣工及验收工作。

以宣教活动、新闻媒体和自身平台为载体，开展希望工程“一元捐”、两型宣传、“送党课进机关”、纪念彭德怀同志诞辰116周年暨红三军团长征出发80周年等主题活动。举办《群众路线和“中国梦”》《十八届三中全会精神解读》等专题讲座。在《祖国》《湖南日报》《湖南国防教育》《湘潭日报》《湘潭晚报》等市级以上刊物发表《彭德怀与习仲勋的烽火情谊——纪念彭德怀同志诞辰116周年暨习仲勋同志诞辰101周年》《扬起红色文化猎猎旌旗吹响国防教育铮铮号角》等11篇文章，在湖南新闻网、湘潭在线、湘潭县网等网络媒体上发布宣传信息10余条。年内，编辑印发《彭德怀纪念馆馆刊》4期，发布官方网站信息154条，对官方微博、微信进行实时更新，邀请省、市、县多家新闻媒体就活动开展、经验成效等内容进行采访报道。

加强研究型人才培养，提升学术研究水平，广泛开展学术交流。在中国博物馆协会第六届会员代表大会暨2014博物馆相关产品与技术博览会和湖南省博物馆学会2014年会暨纪念馆建设专题学术研讨会上提交《彭德怀故居保护与开发利用工作的思考》《名人故居保护现状和前瞻性探讨》《陈列内容设计与形式设计的探讨——以彭德怀生平业绩展为例》3篇论文，馆长李日方、陈列保管科科长张小莉分别作主题发言。在“湖南红色旅游景区文化建设热点沙龙”上以“打造景区文化，提升软实力”为题作交流发言，邓小平故居、胡耀邦故居、永州、邵阳等地区的同行到彭德怀纪念馆进行考察交流。

年内，彭德怀纪念馆评为湖南省2013届文明风景旅游区、湖南省文明卫生单位两项省级荣誉以及20项市、县级荣誉。

【彭德怀纪念馆成为党的群众路线教育实践活动基地建设】 2014年，彭德怀纪念馆打造党的群众路线教育实践活动基地作为党建工作的核心，在上年推出的群众路线教育实践活动基地八大主题活动▲的基础上，将工作人员分为学习资料、接待外联、宣传教育3个工作小组，编印《党的群众路线教育实践活动学习参考资料》，搜集《世纪伟人彭德怀》《庐山风云》《忠魂》《群众路线的忠实践行者——彭德怀》等作为学教活动学习资料，到全市机关乡镇开展以《弘扬彭总精神，争做为民务实清廉的表率》为题的党课宣讲。基地建成后，接待省内外280多批党员干部到彭德怀纪念馆开展党性教育。

▲党的群众路线教育实践活动基地八大主题活动：即“一次入党誓词重温，坚定理想信念”，“一堂群众路线党课，奠定群众观念”，“一部专题教育宣传片，筑牢思想防线”，“一场民主生活会，纠改不正之风”，“一顿忆苦之餐，体验革命艰辛”，“一次义务劳动，体验基层生活”，“一次文体活动，培养团队理念”，“一次文化之旅，传承湖湘精神”。

【《彭德怀元帅》电视连续剧开拍】 拍摄《彭德怀元帅》电视连续剧是湘潭市文化强市的一个重要内容，也是彭德怀纪念馆“六个一”文化工程▲中的重点项目。该剧由解放军总后勤部电视艺术中心、八一电影制片厂、彭德怀纪念馆、上海影视集团联合发起拍摄，习近平总书记、中央军委副主席范长龙、许其亮及总后政委、上将刘源分别批示同意，由第九届全国政协副主席、上将赵南起和总后政委、上将刘源担任该剧的总顾问，计划拍摄40集，总投资6000多万元。2014年10月，剧本通过中宣部重大革命历史题材审查办审查，经国家广电总局批准拍摄，9月成立摄制组，在全国范围内遴选总导演、导演及演员，12月20日在人民大会堂召开新闻发布会，中宣部、总政、总后、国家广电总局、中国文联等中直机关领导和总后艺术中心、八一电影制片厂、彭德怀纪念馆、上海影视集团等电视剧联合摄制单位负责人出席会议，中共历史上五大书记、十大元帅、十大将和西北野战军高级干部的红二代200余人及彭总家属代表和彭总家乡代表湘潭市市长胡伟林、湘潭县县长傅国平出席，习远平代表红二代发言，制片人、主演、导演、中国文联原副主席李准、总后副政委、中将刘生杰分别讲话，胡伟林市长在发布会上致辞。随后在北京王佐影视基地举行开机仪式。新华社等30余家国家级媒体进行报道，50多家门户网站转发，三天点击率过亿，好评和跟帖上千万条。

▲彭德怀纪念馆“六个一”文化工程：即一个过目不忘的形象标识、一条耳熟能详的形象宣传语、一本精美的宣传手册、一支广为传唱的景区歌曲、一个反映景区形象的宣传片、一部宣传彭德怀元帅的电视连续剧。前五项均已完成，电视剧《彭德怀元帅》于2012年启动，正在拍摄当中。

【彭德怀同志诞辰116周年暨红三军团长征出发80周年系列纪念活动】 10月24日，在彭德怀纪念馆铜像广场举行纪念彭德怀同志诞辰116周年暨红三军团长征出发80周年系列活动。第二炮兵原副政委罗东进中将，广州军区联勤部原部长唐新秋少将，湖南省军区原副政委黄祖示少将，湘潭军分区司令员杨扬，中华爱国工程联合会常务顾问陈干群大校，中华爱国工程联合会秘书长李和平，二炮55基地后勤部副部长林家华，中华爱国工程联合会理事邵雷，《祖国》杂志社湖南记者站站长欧洋果全，中国收藏家协会书报刊收藏委员会常务副秘书长、全国纸质品收藏联盟连环画收藏活动委员会副主任姚嘉康，中共湘潭县委常委、县委宣传部部长刘耀奇，中共湘潭县委常委、县人武部政委张性宇，县关工委、彭德怀纪念馆、乌石镇、县教育局、共青团湘潭县委及彭老总的亲属代表颜莲英女士等党政军领导、社会各界人士及数百名学生代表参加此次活动。该活动由中华爱国工程联合会、中共湘潭县委、县人民政府共同主办，彭德怀纪念馆、彭德怀希望小学承办，包括向彭德怀铜像敬献花篮仪式、少先队“彭德怀”中队授旗仪式、彭德怀纪念文集《石穿》首发仪式及姚嘉康先生藏品捐赠仪式等内容《湖南日报》《湘潭日报》《湘潭晚报》，湘潭县网等省、市、县多家媒体进行跟踪报道。

【彭德怀纪念馆亮化及数字IP广播系统工程】 2014年，彭德怀纪念馆亮化及数字IP广播系统两项工程同步施工，投入资金54万余元，安装和更换庭院灯17盏、投光灯26盏、草坪灯7盏，增设铸铝音柱13个、室内音响4个、吸顶喇叭9个、草地音响18个，铺设电缆电线7828米，年底基本完工，硬件设施达全国先进水平。（胡茜）

（责任编校　杨柳）

财 政

【概况】 2014年，全县完成财政总收入223698万元，同比增长11.8%；完成财政总支出383500万元，同比增长9.8%。

落实中央“营改增”、扶持小微企业发展、取消部分行政事业性收费等政策性减税减费政策，挖掘新兴税源，加强薄弱环节征管，加强对行政事业性收费收入、国土收入等重点非税收入的征管。税收收入完成126642万元（包括地方税收收入和上划中央“四税”收入），占财政总收入的56.6%，比上年提高1.5个百分点；纳入公共财政预算管理的非税收入完成9.7亿元，比上年增长8.2%。

实现全口径预算编制。在编制公共预算的基础上，试编社会保险基金预算、国有资本经营预算和政府性基金预算。选取发改局、公安局、司法局等24家单位作为试点单位，推行部门预决算及“三公”经费预决算公开工作。

启动预算绩效管理。按时间节点抓好对2014年财政支出项目的预算绩效管理和上年财政支出项目的绩效评价工作。2013年度完成上报的绩效自评项目45个，涉及预算资金2亿元。2014年度完成绩效目标申报的项目60个，涉及预算资金3亿元。建立绩效运行跟踪监控机制，定期采集绩效运行信息并汇总分析，跟踪管理绩效目标运行情况。

推行乡镇财政预算标准化。要求全县19个乡镇按照“预算控制指标，指标控制计划，计划控制支出”的原则和“两上两下”的编制程序要求，编制乡镇财政预算。

加强政府性债务管理。结合实际，拟定《债务管理工作方案》《政府性债务管理办法》《政府偿债准备金制度》。依托地方政府性债务管理系统，完善地方政府性债务月报、季报和年报。及时与债务单位进行核对，在保证数据完整性、准确性基础上，及时更新数据库数据，通过债务率、逾期率等指标对债务进行动态监控。全面清理存量债务，逐步降低债务余额。设立偿债准备金1亿元，专项用于偿还即将到期的政府性债务。

加强“三公”经费管理。在省、市率先起草出台《湘潭县公务消费管理暂行办法》，规定公务消费的审批程序、核算内容和行为标准。在制定部门预算时，对乡镇和县直机关单位下达“三公”经费预算指标一律按上年“三公”经费决算数核减20%。牵头成立公务消费监督检查小组，检查全县60%县直机关单位、学校和19个乡镇的公务消费执行情况。

整合专项资金。规范资金分配审批程序，压缩资金分配自由裁量权，重点加大对民生领域专项资金的整合力度。通过整合宣传、文体、广播等资金1000万元，推进文化专项建设；通过整合小农水建设资金、水利建设基金等资金1500万元，加大水利建设力度；通过申报中央财政整合涉农资金支持现代农业项目，整合涉农资金4000万元，集中投入农村基础设施建设。

规范公务员津补贴。参与制定并实施《湘潭县机关单位第三步规范公务员津贴补贴实施方案》，将全县津贴补贴水平从2013年的人均年发放额19600元调高至2014年的人均年发放额23200元。11月，完成对全县离休人员、全额拨款单位的编制内退休人员和公务员单位及参公单位、义务教育学校的在编在职人员津贴补贴（绩效工资）标准审核工作，并按照规范后的津贴补贴（绩效工资）标准统一发放。

【首届财税知识抢答赛】 3—6月，县财政局按照湖南省财政学会《关于开展财税知识网络答题竞赛活动的通知》的相关要求，以“立足本职、重在参与、全面提高”为目标，以首届全国财政系统财税知识网络答题竞赛活动为平台，组织开展湘潭县财税知识答题竞赛活动。活动包括活动准备、网络答题学习、网络答题集中答题、知识抢答赛初赛、知识抢答赛决赛、总结表彰等6个阶段。初赛有18名选手胜出，组成6支参赛队伍参加决赛。经过决赛中必答题、抢答题、风险题的三轮比拼，匡石、唐甜、张敏敏组成的参赛小组获得第一名。

（陈佳妮）

国家税务

【概况】 2014年，县国税局围绕“强作风、谋改革、求创新”的工作主题，攻坚克难，锐意进取，各项工作齐头并进、和谐发展。质效并举，税收收入艰难增长。至年末，全县累计入库税收收入46820万元，同比增收807万元，增长1.75%。

年内，受国内经济增速放缓、市场疲软等因素影响，县内主体税源——煤炭行业几近停产，重点企业相继缺失，部分企业陷入债务危机，国税工作遭遇前所未有的压力和挑战。县国税局严格组织收入原则，真实掌控税源。同时，加强征管基础建设。制定、落实行业管理办法和税源巡查制度。推行邮政代开普通发票业务，实现所有乡镇全覆盖。建立风控机制，强化税收风险管理。开展防范和打击虚开虚抵涉税违法行为专项行动，全面清理“一户多证”现象，对苗木类专业合作社、混凝土等行业进行纳税评估，年内评估入库税款及滞纳金1541万元，并在全市国税系统纳税评估案例竞赛中，荣获两个三等奖。严厉打击发票违法犯罪行为，查处花石陶瓷机械厂、欣荣塑料等一批偷税漏税大要案，强化稽查的打击效应，稽查查补入库税款605万余元。

强化责任，依法治税全面深化。推进铁路运输和邮政电信业营改增试点，试点纳税人199户，营改增增值税入库1600万元，80%的试点纳税人税负持平或下降。平稳推进农产品进项税额核定扣除工作，及时将减免税政策告知纳税人，建立纳税人备案类减免税管理台账。年内，全县享受增值税减免税优惠政策的有111户，享受所得税优惠政策的有328户，共计为纳税人减免税额7674万元。加强退税企业的户籍管理，成立出口退税风险管理团队，建立函调工作台账，为14户生产性出口企业办理免抵退税额380万余元，为3户外贸企业办理出口退税322万元。开展合法性审查工作，贯彻落实取消和下放行政审批事项，推动简政放权政策的落实。年内，共清理并公开行政审批事项61项。

紧贴需求，纳税服务铸就品牌。根据纳税人的需求，对内扎实开展政治业务培训，严格落实晨会服务制、周五业务例会制等，学习贯彻总局规定的九类1120个服务规范，并在全市的办税服务业务操作竞赛中取得团体第一的好成绩，包揽个人成绩的前两名；对外全面优化纳税服务，以便民办税春风行动为契机，推行首问责任制、延时服务、预约服务等举措，有效提升纳税人满意度，形成纳税服务品牌。

年内，经省国税局推荐，县国税局接受《人民日报》《光明日报》等中央主流媒体的采访、报道，并被省国税局授予“全省国税系统五星级办税服务厅”荣誉称号。县国税局并续创“省级文明单位”的荣誉称号，被县综治委评为“湘潭县综合治理先进单位”。青山桥税务分局被省总工会评为“省级模范职工小家”。

【“三百行动”】 3月至9月，在党的群众路线教育实践活动中，县国税局各支部开展“利用一百天时间，动员一百名干部，为纳税人和基层干部群众办一百件实事”的“三百行动”活动。“三百行动”共持续近200天，县局机关党委所辖10个支部的120余名党员干部均以不同形式参加1次以上活动，为纳税人和基层干部群众解决问题107个。创新推出的“在线工作法”，前置7个办税程序，减少18道审批环节，减少24次纸质资料报送。此工作法得到上级局的肯定和纳税人的好评。

【颜跃华被评为湘潭县首届道德模范】 （见人物·荣誉录“湘潭县首届道德模范【颜跃华】”）

（黄志标）

地方税务

【概况】 2014年，县地税局围绕省局“两强一优”、市局“两保两提三建设”的工作主线，按照县局年初制定的“一二三三五”工作思路，推进“五个地税”建设，全局各项工作迎难而上，地税收入量质攀升。累计组织入库各项收入（全口径）85203万元，增收15493万元，增长22.22%。其中政府考核口径入库地方税收79504万元，增长23.6%，完成省、市局下达计划73352万元的108.38%，费金收入入库5463万元，增收122万元，增长2.28%，收入增幅居全省20强县市前列。

夯实基础，征收管理固本强基。以省、市征管工作经验交流会为契机，全面夯实征管基础。完成城区税源专业化管理试点。制定《县局税源专业化管理试点实施方案》，在城区两个分局探索并推行按纳税人规模、行业、风险、信用等级等实行多元化分级分类管理，优化管理资源配置。重点税源管理分局建立部门定期联系协作制度，定期和国税、工商、技术监督、发改统计等部门进行户籍比对，了解税源重点户管理存在的问题和隐患。一般税源管理分局抓好全县10419户个体户税收征管，其中达起征点户315户，年双定税款634.85万元，同比减少33.1%。开展针对摩托车销售、婚纱影楼、网吧行业税收清理工作，采取纳税人座谈、税法宣讲、现场办公、当面双定等形式，提高税法遵从度。

积极推进数据清理工作。根据《全省地税系统数据管理办法》以及《湘潭市地方税务局关于开展数据质量清理工作的通知》要求，在二分局率先进行数据质量清理试点，分“三步走”开展大集中系统数据清理工作，在欠税信息、纳税人信息、纳税人发票资格认定、建安项目登记等方面进行核查比对，年内清理错误信息上万条。

主动构建综合治税平台。组织学习《湖南省税收保障办法》，积极衔接财政、国土、房产等部门成立税收保障工作领导小组，负责税收保障工作的日常协调调度，建立联席会议制度和定期联系通报制度，加强税收征管协作，积极构建综合治税平台。依法办事，法治管税有效推进。坚持用法治思维规范税收执法。认真学习《税收执法风险防控案例探析》，开展风险防控培训，提高运用法治思维和法治方式处理问题的能力。重点抓好土地增值税清算工作，做好“营改增”测算、核查、移交和后续管理等工作。年内，清查全县2005年以来开发的408个房地产建安项目，共计查补入库税款18425.9万元；注重个人股权转让、高收入群体个人所得税的政策宣传和管理服务，完成12万元以上个税申报工作，自行申报纳税人已达589人，完成市局下达计划的107.09%。此项工作与重点费源管理共同作为全市税收业务推进会的亮点项目进行专题介绍。税务稽查惩戒有力。以推行税收执法管理信息系统为载体，全面落实“一案双查双报告”。对重点纳税企业推行“查前预告、企业自查、案头分析、重点检查”新的稽查方式，年内查补税款2277万元，发挥“稽内查外”“以查促管”的作用。

拓宽税法宣传渠道。利用“纳税人俱乐部”传统媒介宣传造势，探索微信、微博、微电影等新兴宣传媒介和平台，增强全民法治意识。拍摄微电影《传承》宣传先进税宣典型，推行《税企沙龙》电子杂志，与湘潭县报社共同开办税收宣传专栏，让税法知识深入人心。优化服务，征纳关系更加和谐。坚持用“六心”创“六优”，融汇“三四五”(3H+4S+50)理念，认真落实《全国县级税务机关纳税服务规范》，切实提高服务质效。提升服务质量。严格落实领导坐厅、限时服务、延时服务、首问责任等制度；安排专人导税，简化办税流程，延伸“超级信使”手机短信平台深度，涵盖常态化的申报、欠税提醒和税收新政的发布解读，年内共发送提醒短信10178条，拉近征纳距离；在申报期增设便民办税通道，开通小微企业、A类纳税人专用绿色通道，合理分流纳税人，实现“无开票”快捷服务；在服务中心增设5台高清摄像头、窗口录音设备，保护纳税人合法权益。

落实税收减免。落实营业税起征点调高和支持小微企业、高新技术等系列税收减税政策，全县小微企业累计享受优惠280户次，减免营业税15.3万元；个体工商户及其他个人享受优惠1823户次，减免营业税1367.78万元，有效保障纳税人合法权益。规范行政审批。按照市局印发的《涉税审批事项业务流程标准》，坚持依法行政，放管结合，加强事中事后管理。通过税务网站、纳服特邀督导员、公开投诉、举报监督电话等渠道，及时收集纳税人建议、举报及投诉，全年开展61次回访，纳税服务满意度达到98%以上。

2014年，县地税一分局被中共湖南省委法治湖南建设领导小组办公室授予“全省依法办事示范窗口单位”荣誉，被全国总工会授予“全国模范职工小家”；县地税三、四分局分别被市文明委授予省、市级文明窗口单位。 (徐珊珊)

(责任编校 杨柳)

概　述

【概况】　2014年，驻县银行类金融机构11家，营业网点137个，工作人员1177人。年末全县银行类金融机构存款余额266.51亿元，比上年末净增38.83亿元，增长17.05%；贷款余额166.17亿元，比上年末净增29.93亿元，增长21.97%；存贷比为62.35%。驻县保险公司18家。寿险保费收入3.22亿元，赔付支出0.9亿元；产险保费收入1.85亿元，赔付支出1.03亿元。县内有小额贷款公司2家。其中，湘潭县海盛小额贷款有限公司注册资本1亿元，全年累计发放贷款5980万元，累计收回贷款8781万元，贷款余额6967万元；湘潭县鑫田小额贷款有限公司注册资本1亿元，年内累计发放贷款8451万元，累计收回贷款7921万元，贷款余额11597万元。县内有融资性担保机构2家，为湖南力邦投资担保有限公司和湘潭正兴投资担保有限公司，全年新增融资性担保业务8640万元，年末在保责任余额8840万元。年内，全县金融机构缴纳税收12600万元。

金　融

湘潭县农村信用合作联社

【概况】　2014年，湘潭县农村信用合作联社（简称县联社）围绕“转变作风、双量齐升、降解不良、深化改革”这一主题，以做大市场份额和提升资产质量为目标，以服务“三农”、服务社区、服务中小微企业为己任，加强管理、创新服务、严控风险，全县农村信用社事业持续、稳定、健康发展。至年末，全县农村信用社各项存款余额为1095388万元，增加138403万元，比年初增长14.49%。其中低成本存款余额为143587万元，占比为13.13%。各项贷款余额为630246万元，比年初增加17764万元，增长2.9%。其中农业贷款余额为618700万元，占贷款总额的98.17%。1—12月，核销呆账贷款18157万元，实际贷款增长35921万元。不良贷款余额为121138万元，不良贷款占比为19.22%。全年发行福祥卡487875张，福祥卡累计688182张，存款余额为74839.04万元，占存款总额的6.84%，比年初增加10290.04万元。有ATM30台、CRS机5台，助农POS机138台。累计开通网银客户数为3149户，比年初增加2407户；手机银行客户数为12019户，比年初增加11682户；贴芯卡手机银行户数为1768户。通过资金市场共计办理债权质押式逆回购业务187笔，运用资金275.75亿元，累计实现收入13727万元；办理同业存款业务4笔，运用资金10.1亿元，累计实现收入830万元；持有债券3000万元，累计实现收入137万元；信托投资8亿元，实现收入6484万元。全年实现总收入83813万元，总支出78856万元，实现账面利润4957万元。经营利润与2013年同期相比，增加1689万元，增幅为5.7%；贷款损失准备余额为42440万元，比年初增加8942万元；拨备覆盖率为35.03%，比年初提高2.4个百分点。股金余额为32022.88万元，比年初减少785.49万元。其中，资格股余额为6713.35万元，占比20.96%，比年初减少3268.23万元；投资股余额为25309.52万元，占比79.04%，比年初增加2482.75万元；资格股的改造完成全年任务的65.36%。

【信贷服务地方经济发展】　2014年，县联社由放大放多转为做小做实，大力支持地方实体经济和传统产业升级，按照“先授信、后用信”的原则，对200万元以上贷款进行前台准入及贷前调查工作。累计调查大额贷款178户，金额146451万元。完成对6家企业客户的评级授信，授信金额33800万元，完成对112户个人客户授信，授信金额175845万元。与昭山示范区水果市场商户“金阳城”签订战略合作协议。其次，重新开办承兑汇票贴现业务，截至12月底，共办理业务40笔，金额1659.5万元；转贴现7笔，金额4000万元。

【压降不良贷款】 2014年，县联社加强不良贷款的清收工作，全面提升资产质量。在县委、县政府的支持下对公职人员的不良贷款制定处置方案，年内收回党政不良贷款75万元，收回湘潭县法院不良贷款30万元，收回卫生系统不良贷款17.2万元。开展不良贷款责任认定与追究，实行不良贷款责任认定和责任追究“一把手”负责制，开展法律清收，加快法律诉讼程序。年内共起诉44起，涉及标的24180万元；申请强制执行23起，涉及标的6238万元；通过诉讼和执行共计收回14笔，收回贷款本息3020万元。做好呆账核销工作。按照国家财政部、税务局等相关文件规定，严格把关审核上报资料，积极与税务、鉴证部门进行沟通协调，共核销不良贷款10056笔，金额18252.73万元。

【金融业务创新发展】 2014年，县联社加快金融业务创新发展，提升市场竞争潜力。推广“福祥便民卡”与小额农贷相结合，即将传统的小额农贷通过福祥便民卡的方式进行发放，实现传统信贷业务和电子银行业务的有机结合，客户可以用此卡便捷的办理现金存取款、转账、POS消费、网上支付、代收代付、自助银行、网上银行、电话银行、手机银行、小额贷款等金融服务。投入2000万元添置设备，承揽全县农村46万张社保IC卡的发卡工作。推广贴芯手机银行和金融IC卡，提升农村金融服务力度，以全“芯”的IC卡为农民朋友提供更为安全的资金存取业务，稳固基础客户。与移动公司签订战略合作协议，双方将全面实现在客户资源、营销渠道、产品推广等方面的共享，充分整合双方优势资源，为广大群众提供更加贴心、丰富、便捷的金融和通讯服务。开通ETC业务“一站式”服务，为ETC及非现金支付用户提供业务咨询、开通、ETC电子标签发行及安装、柜面及自助充值等多种服务。 （洪艺彰）

中国农业银行湘潭县支行

【概况】 2014年，中国农业银行湘潭县支行落实“固本、提质、求进”这一定位，优化内部管理、加速经营转型和深化改革创新，较好地完成各项工作任务，在全市农行系统排名第一。至年末，在职职工162人，网点12个，遍布县域城乡。全行各项存款余额49亿元，时点净增6.41亿元，与同期比较增加1.2亿元。其中储蓄余额39.35亿元，时点比年初增加4.3亿元，比同期增加1217万元，计划完成率达到114.1%，对公存款9.57亿元，时点比年初增加2.12亿元，比同期增加1.06亿元。各项贷款时点净增6.63亿元，余额达到21.8亿元。其中，对公贷款余额17亿元，较年初净增5.9亿元。个人一般贷款4.6亿元，较年初净增5055万元。

【“村村通”惠农通机具布放工程】 2014年6月，农业银行湘潭县支行加大资源投入，在全县实施“村村通”惠农通机具布放工程。农行加大乡镇网点的宣传，并组建专门队伍安装维护各村机具，确保农村支付环境持续、有效地完善。截至9月30日，全县有438个村完成惠农通机具布放工作，布放率达到73%，有效机具319台，机具有效率73%。农行布放惠农通机具，方便农村居民更好地享受金融服务，缴纳社保资金、水、电、通信等费用。农行的惠农通机具布放率、机具有效使用率均位居金融机构首位。

【农行服务地方经济发展】 2014年，农业银行湘潭县支行紧扣“服务三农，推动县域经济发展”这一主题，服务地方经济发展。一是服务“三农”。对湘潭县槟榔等食品加工企业、电气装备企业给予重点支持，企业贷款累计达16个多亿，贷款投放规模仅次于信用社，是四大行贷款投放力度最大的金融机构；逐年加大对湘莲市场、生猪养殖行业、农产品深加工行业、农村生产经营等领域的贷款支持，与伟鸿生猪养殖基地、茶恩寺林制品企业等“三农”产品建立良好的信贷合作，并创新“公司+农户”的担保模式实现农户个人贷款的增长。积极探索林权抵押、流转土地抵押等方式，解决农村经营主体担保缺失的问题，以更好地支持三农产业与县域经济的发展。二是服务县城基础设施建设。年内对湘潭县经建投发放基础设施贷款2.2亿元，此笔贷款是湖南农行唯一一家对县域政府融资平台发放的项目贷款，为天易大道、芙蓉大道的建设提供资金保障，实现金融支持政府基础设施项目建设的新突破。还加大对湘潭县财政的支持力度，发放3年期贷款3000万元。三是服务公益事业。加大对湘潭县人民医院等3家公立医院、湘潭县一中等公立学校的金融支持，对3家医院累计发放贷款达1亿元，以支持医疗卫生、教育等政府性事业的发展。

四是服务招商引资及重点项目。落实配套金融服务方案，加快杜邦集团、泰邦集团项目落地实施，积极融资支持潭衡高速新建晓南互通项目。 （石庆祥）

中国农业发展银行湘潭县支行

【概况】 2014年，中国农业发展银行湘潭县支行把握发挥农业政策性支农作用的历史机遇，坚持稳中求进，较好地完成全年工作任务。

至年末，各项贷款余额为68274万元，贷款客户12家。其中，政策性贷款及准政策性收购贷款余额为63544万元；商业性贷款余额为4730万元。全年累计发放贷款29200万元，同比减少7219万元。各项存款余额13447万元，比年初减少2722万元，其中，企事业单位存款12427万元，比年初减少2351万元；财政存款余额为1020万元，比年初减少371万元。实现中间业务收入77万元。其中结算手续费收入1万元，代理保险手续费收入15万元，投融资顾问收入60万元，外币汇兑收益1万元。

【信贷支农主体业务】 2014年，中国农业发展银行湘潭县支行坚持政策性立行方向，以主体业务为关键投向，支持粮棉油收购不出问题。在收购过程中，坚持履行“不打白条”和“保供稳价”，全年发放收购贷款1100万元，收购粮食4100万吨。凸现政策性银行优势，在支持农村基础设施贷款中突出重点，优化结构，稳中求进谋发展，全力支持县域农业基础设施建设。对现有客户实行优胜劣汰淘汰制，严格准入门槛，大力支持全县粮食、牲猪、湘莲、饲料、化肥、兽药等龙头企业的发展，现已有市级以上龙头企业客户8家，促进县域经济的发展。（马红毅）

中国银行易俗河支行

【概况】 2014年，中国银行易俗河支行以发展为主线，以支持地方经济建设、支持三农为中心，以高品质、专业化的服务为手段，积极拓展市场、创新产品、培育客户，实现各项业务的全面增长。至年末，各项存款时点余额达到98559万元。其中，个人储蓄存款余额为86000万元，较年初增长13146万元，人民币一般性公司存款余额为12559万元，较年初下降2689万元。实现贷款累计投放28000万元。贷款余额为73795万元，其中个人贷款余额52862万元，较年初增长4392万元，新增投放12503万元。公司贷款余额20933万元，全年投放15880万元，累计贴现4108万元。贷款不良余额191万元，关注类贷款余额238万元，在可控范围之内。全年新增企业网银交易客户数137户，个人网银客户2657户，手机银行667户。对公产品方面，全年新增对公短信通40户，电子回单箱34户，现金管理平台3户，单位结算卡36张。对私产品方面，新增借记卡IC卡8111张、其中福农卡2603张，社会保障IC卡3947张。贷记IC卡678张、白金卡144张、银行卡活动卡120张、POS机活动商户25户、三方存管新增82户、短信通新增3888户、分期付1270.28万元。

【服务社会经济发展】 2014年，中国银行易俗河支行提出“担当社会责任、做最好的银行”口号，围绕县政府工作目标，积极以信贷为手段并配以优惠的价格、高效的服务来支持、服务湘潭县经济发展。一是重点支持县域特色项目。年内为政府重点招商项目——珠江啤酒年产20万吨生产线建设项目提供2亿元授信总量，为省行业龙头企业——湖南胖哥食品有限责任公司提供贷款3800万元，发放顺业污水项目贷款3950万元，为县一中提供授信支持1500万元，为湘潭县凤凰中学提供800万元贷款，对县人民医院提供流动资金贷款3100万元。二是服务中小微企业。加大中小微企业的授信支持力度，拓宽企业融资渠道，充分利用“新模式中小企业贷款”“小微企业贷款”“联保联贷”等模式以及国结产品贸易融资优势，加快授信审批及贷款投放进程，截至12月末，共有中小企业授信客户19户，授信余额9820万元。重点支持县域特色竹木企业，对湖南润竹竹业有限公司、湘潭县华钢竹业有限公司等6家企业授信2200万元。大力协助发展特色三农企业，为湖南涟湘河食品有限公司、湖南堂皇湘莲有限责任公司及湖南万凯源丰华农业科技有限公司等农业企业提供授信2100万元。三是立足市场需求开展楼盘按揭贷款业务。全年续做楼盘13家，新增楼盘5家，先后为乾隆尚书院、龙盛华府、山水金庭、中特慧谷、名府南苑、城南花园、涓江香水湾、同丰中央广场、君逸华庭等楼盘叙作按揭贷款，累计实现投放12503万元，余额5.3亿元。（陈君明）

中国建设银行易俗河支行

【概况】 2014年，中国建设银行易俗河支行立足县域经济，深入推进业务转型和结构调整，大力支持地方经济发展。至年末，全口径存款时点余额127836万元，较年初时点新增27767万元，在县域金融机构同业中全口径存款余额和新增排名第二，市场份额提升1.46%。各项贷款时点余额13.5亿元。其中，公司类贷款11.9亿元，个人类贷款2.6亿元。新增贷款投放4.05亿元。其中，重点支持天易示范区政府融资项目1亿元，重点支持胖哥槟榔、湘潭县中医院、江声实验学校、电线电缆等大中型企事业单位。大力扶持县内的小微企业21户，累计发放贷款0.7亿元。年内，实现中间业务收入1180万元，同比新增720万元，增幅156%。

【建设服务地方经济发展】 中国建设银行易俗河支行大力支持湘潭县各类企事业单位的发展，重点支持天易示范区管委会、湘潭县土地储备中心、湖南胖哥食品有限责任公司、湘潭电线电缆有限公司、湖南星光环保机械有限公司等一大批存量信贷客户评级和授信业务，确保资产业务稳定健康发展。同时，以县域小微企业为重点，深入园区和乡镇，重点支持湘潭县重点产业和龙头企业，支持湘莲产业发展，定期与湘潭湘莲协会沟通，扶持莲美、莲冠、粒粒珍、兴宏运等湘莲生产加工企业扩大生产经营规模；支持竹木产业发展和园区企业发展，挖掘客户需求，调整客户结构，对入驻园区的欣荣塑料、银钴特变提供厂房购置贷，对友谊包装、中诚科技、乐为机车等提供税易贷，服务县域经济发展。（唐婉）

中国工商银行湘潭县支行

【概况】 2014年，中国工商银行湘潭县支行强化“主动服务”理念，制定《个人中高端客户维护方案》，资产500万元以上的高净值客户由支行行长进行专属服务；资产50万元以上（含）的高净值客户由支行分管行长进行专属服务；资产5万元以上（含）客户由支行员工进行认领维护。通过免费上门安装ETC、主动进行信用卡的精准营销、主动上门进行产品宣传等多种途径吸引客户前来办理业务，购买产品。全年支行5万元以上资产客户数较年初增加410户，资产增加4453万元，其中20万元以上资产客户数增加78户，资产增加2770万元，客户数实现量质双增。实行行长大堂值班制，加强阵地营销。开展“差别服务”，依靠优质客户资源带动各项存款快速增长。强化“风险控制”措施，严格信贷客户准入管理，严格落实担保抵押，加快信贷调整，加强贷后管理，确保贷款“放得出、押得住、收得回”。

至年末，各项存款时点12433万元，较年初增长5979万元。其中，储蓄存款时点10747万元，比年初增加4837万元；公司存款时点1686万元，比年初增加1142万元。贷款总额达51185万元。其中，大型项目贷款余额32425万元。分别贷款给潭衡高速21700万元、沪昆高速4000万元、鑫田大酒店6725万元，海洋生物6440万元；为中小企业贷款18760万元。贷款不良率为零。（胡成方）

中国邮政储蓄银行湘潭县支行

【概况】 2014年，中国邮政储蓄银行湘潭县支行按照“夯实基础，精细管理，转型升级，稳中求进”十六字方针精神，以服务“三农”，服务民生，支持县域新农村建设为工作切入点，以活跃县域经济、个体工商户、小企业为工作重点，开展经营管理工作，企业管理逐步完善，企业实力逐渐增强，业务发展逐步提升。

至年末，储蓄存款为8.5亿元，年累计净增1.13亿元，增幅排名全市第二，规模排名全省县（市）支行第一。各项贷款5.17亿元，其中，小额贷款0.5亿元，净增排全区第一位；商业贷款2.88亿元，综合消费（含一手房、汽消、信消）贷款1.29亿元，净增排全区第二位；中小微企业贷款0.5亿元。全年完成业务收入3762万元，同比增幅14.11%，人均创收48万元；实现利润1878万元，人均创利24万元。上缴各类税金300多万元。销售代理保险391万元。信用卡发卡427张。累计布放POS机91台。电子银行客户3171户，网银替代率达到65%。累计销售基金30万元。销售理财产品日均保有量1018万元。累计销售国债175万元。累计发放绿卡通卡10231张。

【信贷业务快速发展】 中国邮政储蓄银行湘潭县支行坚持“信贷为王”的营销理念，围绕“两小”贷款，做出“小”的特色（户小额多），加大对中小微企业贷款投放力度，支持天易示范区工业园、青山桥皮鞋工业园、花石镇湘莲大市场、茶恩寺镇竹木建材市场、云湖桥生猪养殖等县内重点产业和企业发展，信贷业务发展势头高涨，特色业务优势明显，信贷规模逐年成倍增长。年内，累计向全县农村、个体工商户发放小额贷款、商务贷款5.1亿元，累计发放贷款笔数2100笔，支持“三农”和实体经济发展。

【贷款逾期清收显成效】 中国邮政储蓄银行湘潭县支行大力开展资产保全工作，多措并举合力清收逾期贷款，全年共计收回逾期资金83万元，完成年清收任务（63万元）的131.74%；核销呆账24户，金额99.6万元；向法院起诉抵押贷款逾期客户2户，诉讼标的35万元，法院已判决1户，撤诉1户；起诉小额贷款逾期客户32户，诉讼标的126万元，法院已判决29户，撤诉3户。至年末，各类贷款逾期不良率为0.67%。（周霞）

华融湘江银行湘潭县支行

【概况】 2014年，华融湘江银行湘潭县支行围绕“稳中求进、稳中求新、稳中求变，稳中求实”的工作思路，实现业务的稳健和持续发展。

至年末，各类存款时点余额为123338万元，较年初增长16596万元。其中，对公时点存款较年初增长5637万元；储蓄时点存款较年初增长10960万元。各类贷款余额117604万元，较年初增长50256万元。全年累计上缴利税920万元。

【服务地方经济发展】 华融湘江银行湘潭县支行加强对政府和天易示范区的支持，通过委托贷款引入县建投资金5亿元，对县建投投放贷款3亿元。加大民生领域的支持力度，发放县中医院项目贷款9000万元，云龙小学项目贷款4000万元。支持地方特色行业和特色企业发展，对湖南胖哥食品有限公司、湖南伍子醉食品有限公司两家企业授信金额达到2.4亿元。支持园区中小企业发展，向湖南新向维包装有限公司、湖南傲农生物科技有限公司、湖南傲派自动化设备限公司、莲美食品有限公司、东方宏裕物流有限公司等一批优质民营企业发放贷款，累计发放贷款5000余万元。立足县域经济，与县内乾隆尚书苑”“祥霖九华新城”“巨友中央公馆”等一批优质楼盘开发商开展合作，共签订按揭贷款合同100余户。

【业务多元化发展】 华融湘江银行湘潭县支行配合示范区发放征拆资金2亿余元以上，并带动保险、理财、华融卡等零售业务的营销。通过公私联动，发展电机车厂、韶力电气、傲农生物科技等单位的代发业务。开拓胖哥、伍子醉等企业的理财业务，业务走上多元化发展模式。（王平）

上海农商银行湘潭县支行

【概况】 上海农商银行成立于2005年8月25日，是在上海农信社基础上全国首家整体改制成立的股份制商业银行，是由上海国资控股、澳新银行参股、总部设在上海的法人银行。上海农商银行湘潭县支行于2011年6月28日开业，成为上海农商银行在湖南设立的首家分支机构。2014年，在县境有3个网点，员工54人。至年末，各项存款将超17亿元，各项贷款28亿元，存贷比175%，税收突破1500万元。

【服务地方经济发展】 2014年，上海农商银行湘潭县支行围绕县委县政府的各项重点工作，整合资源优势，优化信贷结构，加强对重点项目的关注和调查力度，加大信贷投入，大力支持县域经济的发展。一是服务经济发展主战场。加强对天易示范区基础设施建设的支持，为天易示范区发放项目贷款2亿元。二是服务于中小微企业。与县人民政府合作，成立湘潭县中小企业信用担保基金，县财政出资1200万元建立中小企业信用担保基金，为企业提供信用贷款担保；该行给予县内中小企业12000万元的信用授信额度（其中，每户企业最高可授信200万元），为中小企业、农民合作社提供信用贷款及相关金融服务，支持县内符合条件的中小微企业和农民合作社发展，已为符合条件的8家中小企业发放信用贷款1700万元。至年末，发放中小微企业贷款余额近10亿元，支行服务的中小微企业授信客户已占全部企业授信客户总数的85%以上。三是服务特色县域经济强县建设。该行与县人民政府就湘潭县建设特色县域经济强县达成战略合作协议，在2013年至2017年5年内，对于湘潭县湘莲、油茶、竹木、粮食、生猪等特色优势产业在金融指导和融资上给予重点扶植，对于天易示范区及区内农业龙头企业在融资方面给予重点支持。合作协议签订后，支行通过邀请县域特色产业相关企业负责人来行考察以及组织客户经理走基层、进乡镇、问需求，积极对接企业，已与湖南堂皇湘莲等16家县域特色农业企业以及3家农业专业合作社开展合作，授信余额2亿余元，支持特色经济发展。四是支持湘潭县房地产业的发展。该行重点支持湘潭县大同房地产锦绣名都、碧桂园、金霞山一号、欣积福湾等房地产楼盘建设，其中为大同房产和金芙蓉置业发放开发贷款1.1亿元，为县域居民购房提供按揭贷款，按揭贷款客户2000余户、发放按揭贷款余额6亿余元。

【湘潭花石分理处开业】　3月26日，上海农商银行湘潭县支行第三个网点——湘潭花石分理处开业，成为湖南省首个将网点设在乡镇的股份制银行，距离支行本部50余千米。花石镇是湘潭县距城区最偏远的乡镇之一，将网点设在花石镇主要为了支持湘潭县（湘莲）特色农业产业发展以及为花石、龙口、石鼓三个湘潭县最为偏远的乡村居民送去优质的金融服务。花石分理处开业后，全力融入农村、服务农村，每月举办2场“送金融知识下乡”活动，积极助力当地政府主办“湘莲文化节”，并创新活动载体，主办上海农商银行“乡村电影节”“美食文化节”“广场舞蹈节”等各类文化活动10余场，受到当地农民的热烈欢迎。　　（马建光）

中国光大银行湘潭天易支行

【概况】　中国光大银行成立于1992年8月，是直属国务院的部级公司，总部设于北京，是经国务院批复并经中国人民银行批准设立的金融企业，为客户提供全面的商业银行产品与服务。1997年1月完成股份制改造，成为中国第一家，国有控股并有国际金融参股的全国性股份制商业银行。截至2012年年末，中国光大银行已在全国28个省、自治区和直辖市设立37家一级分行和多家二级分行以及遍布全国的网点。2012年，在英国《银行家》杂志2012年按资产总额排名“世界1000家大银行”中，中国光大银行列第80位。2013年12月20日，中国光大银行在香港联交所主板成功上市。

2014年6月17日，中国光大银行湘潭天易支行成立。该行积极开展市场营销，各项工作全面推进，取得较好的成绩。至年末，一般性存款达3.02亿元，较年初增长3.02亿元。其中对公存款达1.67亿元，较年初增长1.67亿元；储蓄存款达1.35亿元，较年初增长1.35亿元。各项贷款余额达3.03亿元，其中公司类贷款2.87亿元，个贷0.16亿元；全年实现净利润117万元。

【网点建设】　中国光大银行湘潭天易支行建立和完善一整套规章制度，严格落实“三会二课一志”工作，增强员工的法治意识、风险意识及责任意识，形成以机制强化内控，以制度严格管理的内部管理模式。同时，该行注重品牌形象，坚持优势文明服务、阳光服务的理念，在服务手段大胆创新，相继推出延时营业、上门服务、业务创新等一系列服务举措，为客户提供全方位、周到、便捷、高效的服务，赢得客户的信任，全面提升窗口形象。至年末，各项存款余额3.02亿元，各项贷款余额3.03万元，各项业务指标全面完成，得到市行及分行领导的好评。　　（张乐）

长沙银行湘潭县支行

【概况】　长沙银行成立于1997年5月，是湖南首家区域性股份制商业银行，现拥有广州、株洲、湘潭、常德、娄底、郴州、益阳、怀化等地分支机构24家、营业网点101个，控股发起湘西、祁阳、宜章三家长行村镇银行。长沙银行立行以来始终坚持差异化、特色化的发展道路，确定政务金融、小微金融、社区金融、网络金融和管理资产等五大核心业务板块，初步形成自身的经营特色和核心竞争能力。长沙银行在地方经济发展中勇担金融先锋，积极支持产业升级、绿色环保和消费、外贸等重点领域，对地方经济信贷投入超过810亿元。该行通过设立小企业信贷中心，引进微贷技术，推进专营支行建设，在长沙市场为中小企业授信占比达40%，累计支持小巨人企业、拟上市企业、园区企业20000余家，中小微企业贷款余额超过500亿元。面对利率市场化的逼近和互联网金融的兴起，加快普惠金融建设，积极在社区金融、消费金融、财富管理等符合零售特征的业务领域加快创新与整合，已建成社区银行155家，与中国银联、中通服共同研发的“掌钱”移动互联网综合金融服务平台用户突破300万，资金交易量超过260亿元。2014年年底，长沙银行资产总额达到2121.78亿元，一般性存款总额达到1518.1亿元，表内外授信总额达到1021亿元，实现利润31.32亿元。各项结构性指标基本达到上市银行水平，连续十年保持25%以上的价值增长，资产规模跻身全球银行500强，综合实力挺进中国服务业500强、中国金融业100强。

2014年9月25日，长沙银行湘潭县支行开业。借助市分行的市场影响力，充分发挥自身的硬件、软件优势，打造一支积极向上、有凝聚力的团队。提升营销理念和工作技能，内控管理制度逐步完善。各项指标稳步上升，至年末，存款余额18023.1万元，其中储蓄存款2642.89万元。贷款余额64936万元。销售理财产品3200万元。　　（罗兴）

证 券

方正证券湘潭县营业部

【概况】 方正证券股份有限公司湘潭县凤凰中路证券营业部成立于2012年6月，营业面积423.6平方米，是湘潭县唯一一家合法的证券经营机构。2013年，获得经纪人资格，为全县人民提供全金融牌照的投资理财平台。至2014年底，营业部在册员工9人，业务范围已由最初的单一证券经纪业务扩展到包含证券经纪业务、融资融券业务、期货业务、基金代销业务的综合型证券营业部。在业务资格不断完善的同时，营业部积极向财富管理转型，大力推进信用业务，实现证券经纪与期货经纪一体化。客户资产达1.98亿元，累计实现交易量49.25亿元，实现考核利润163万元,各项业务指标逐年增长。 （郭洁）

保 险

中国人民财产保险湘潭支公司

【概况】 2014年，中国人民财产保险湘潭支公司继续深化改革与创新，坚持稳健经营，全面提升管理水平，公司业务平稳增长，实现可持续发展。

截至2014年11月30日，完成签单保费7062万元，完成年计划的85.02%，较上年同期增长14%，其中常规险种签单保费3647万元，完成年计划的75.05%，同比增长15.82%，其中车险2856万元，完成年计划的76.36%，同比增长2.31%，非车非农险792万元，完成年计划的70.67%，同比增长121.25%；政策性农业保险实现签单保费3415万元，完成年计划的99.06%，同比增长12.12%。累计实现实收保费6069万元，较上年同期增长2.01%，完成年计划的73.06%；其中常规险种实收保费3895万元，完成年计划的80.15%，同比增长13.68%，其中车险2856万元，完成年计划的76.36%，同比增长2.3%，非车非农险1040万元，完成年计划的92.83%，同比增长63.70%；政策性农业保险实现实收保费2173万元，完成年计划的63.05%，同比减少13.85%。直接赔款4233万元，赔付率74.05%，综合成本率87.52%，费用率13.47%，实现报表利润654万元。

【农险业务稳步增长】 中国人民财产保险湘潭支公司建立完善农险信息平台，克服水稻保险工作经费同期下降2.5%，取消能繁母猪保险防疫激励费用等不利因素，改变过去水稻保险简单投模式，大力推行种植大户保险。早稻单独投保3.33公顷以上大户153户，涉及面积2万多亩。晚稻单独投保2公顷以上种植大户196户，单独投保面积达2266.67公顷，大大提高农户自缴保费比例。开办湘莲特色农业保险，保费规模300万元。提高育肥猪承保条件，坚持有质量的承保，真实准确的承保。全年实现政策性农业保险3415万元，同比增长12.12%。 （严靓）

中国人寿保险湘潭支公司

【概况】 2014年，中国人寿保险股份有湘潭县支公司以提升客户服务满意度为服务工作的落脚点，不断优化简化服务流程，改进服务举措，开展“诚信我为先”活动，确保公司经营效益和经营品质，业务保持着稳中有升的发展态势。公司员工队伍有24人，平均年龄35岁，均为大专以上学历。有销售人员400余人，其中销售主管40余人，保持销售队伍规模的稳定。

至年末，实现保费收入10660万元，其中新单保费4730万元、新单期交保费1570万元、短险保费708万元，整体业务规模保持稳定，市场份额保持在40%以上。给付各类满期款项7410万元，给付各类理赔款5446万元，服务近30万人次。

【推出小额惠民保险】 中国人寿保险股份湘潭县支公司推广几款上缴费最低、投保门槛最低、保障最全、保障最高的保险产品以提升老百姓保障水平。一是推出学生平安保险。此险种年缴费70元/人，累计保险保障达16.9万元，其中10万元的重大疾病保障，3万元的住院医疗保障，0.9万元的意外医疗保障，残疾和烧伤意外医疗3万，全县承保的学生达9万余人，为青少年的健康成长及学校教学提供有利的保险保障。二是推出计划生育家庭意外伤害保险，是政府生育关怀的一个组成部分。此险种年缴费30元/户，累计保险保障达3.2万元，可以承保家庭5人。承保县内计划生育家庭2万余户，承保人数超10万人。三是推出女性防癌保险。此险种年缴费10元/人，保险保障1万元，专为四类女性癌症提供保险保障。

【农村营销网点建设】 2014年，中国人寿保险股份有限公司湘潭县支公司有农村营销服务部10个，拥有农村营销员350多人，覆盖或辐射全县所有乡镇。该公司加大对农村营销服务部硬件、软件建设，每个农村营销部投入超过5万元。农村营销部的建立和发展，为当地老百姓提供保险宣传和保险服务，同时吸纳当地社会人口的劳动就业，促进社会稳定和谐。 （马秀娟）

中国平安财产保险湘潭县支公司

【概况】 中国平安财产保险湘潭县支公司于2009年成立，坐落于湘潭县易俗河镇雪松中路海松四路，设总经理室、综合管理部、市场部和业务部，职场办公总面积450平方米，现有职工24人，其中正式员工20人，劳务派遣员工4人。公司秉承着集团“服务至上、客户至上”的经营理念，坚持合规经营，业务部分为直销、综拓、代理、车行、电销及银保6大渠道。公司年保费以电销为主，约占总保费的48%。2014年，公司保费规模达4120万元，已报告赔付率控制在55%以下。 （吕良凤）

中华联合保险湘潭县支公司

【概况】 2014年，中华联合保险湘潭县支公司大胆创新，开办特色农业保险，承保县内14个乡镇的公益林护林员意外保险，加强与县政府合作，进入政府机关公务用车保险采购定点单位，完成各项目标任务，保持着健康持续发展。

至年末，完成保费总收入2277.89万元，其中车险1444.52万元；非车险483.22万元；农险350.15万元。代收车船使用税109万余元，缴纳营业税和各类附加税93万余元。

（颜晓丹）

（责任编校 杨红艳）

教 育

【概况】 2014年，全县投入200多万元建成“两型”示范学校3所（县九中、分水中学、凤凰实验中学），课改样板学校1所（烟塘小学），特色学校4所（云龙实验中学、歇马中学、乌石希望小学、百花小学）。

开展教师业务能力培训活动。培训教师1825人，其中参加国培450人，省培73人，市培609人，县培693人，县教育局被市教育局评为全市国培工作先进单位。开展创建语言文字规范化示范校活动，易俗河镇烟塘中心小学创建成为市语言文字规范化示范校，凤凰实验中学、中路铺中学创建成为市规范汉字书写特色学校和省经典诵读特色学校。

出台《湘潭县学校2014年校园安全及周边环境治理工作规划》《湘潭县教育系统“打非治违”工作方案》，投入170余万元完善学校、幼儿园周边交通设施。开展“百警千师讲万课”“四赛两创”“我把安全带回家”等法治安全教育活动，完善法治副校长制度建设。全县有3所学校被评为省级安全文明校园，有7所学校被评为市级安全文明校园，有71所学校被评为县级安全文明校园。12月，湘潭县被省教育厅、财政厅评为“省平安校园示范县”。

开展党的群众路线教育实践活动，通过网络舆情、投诉举报、民主评议等渠道扩大社会的监督面。加强对党员干部执行《廉政准则》情况的监督检查，开展作风建设督查和明察暗访活动，落实厉行节约要求，“三公”经费较上年同期压缩28%。印发《湘潭县教育局坚决纠正发展教育事业中损害群众利益行为专项整治工作方案》《关于严肃查处利用职务插手教材教辅选用专项整治方案》，构建网络、来电、来信、来访“四位一体”举报网络，拓宽反腐败的渠道。

印发《湘潭县教育局治理有偿家教家养暂行办法》，落实省市规定的“一教一辅”要求，将《教育部等五部委关于2014年规范教育收费治理教育乱收费工作的实施意见》转发至各学校，组织开展地毯式的治理教育乱收费专项检查。加强收费监督，实行收费公示，增大收费透明度。设立举报箱和举报电话，接受社会监督。及时查处违反市“三局”文件的乱收费和违规发放教师补助的情况。

制订《湘潭县创建教育强县三年行动计划》（2013—2015）中提出的打造“师德师风建设”名片的目标，印发《〈湘潭县中小学教师职业道德考核办法（试行）〉的通知》。开展师德调研，召开师德建设专题会议18次，研究解决师德师风建设上的人、财、物、事问题11个。组织师德师风建设先进事迹报告团，分成8个小组，开展32场演讲；组织开展县直学校“转作风、树形象”师德师风演讲比赛，县一中汤雯娟等6位教师获一等奖。开展“十佳师德标兵”“十佳班主任”“十佳青年教师”“十佳校长”评选活动，其中聂灿新等2位教师被市教育局评为市级“师德标兵”。2014年，湘潭县被省教育厅评为“省师德师风建设先进县”，分水乡彭何小学校长朱伏军和茶恩寺中学马新华老师被提名为“党和人民满意的好教师”评选活动湖南省候选人。

根据“两型课堂理论研究及实践探索课题”的要求，坚持课改引路和教学视导相结合，分别以烟塘小学、云龙小学和百花小学为龙头，通过“定题-设计-研究-授课-评议-讲座”等环节，开展“携手大课堂”活动；采取“推门听课”“预约听课”“订单式”和“菜单式”服务相结合的方式，组织教师说课、赛课、评课等一系列的活动，提高教师业务水平和教育教学质量。

制定原民办教师和代课教师生活困难补助工作实施方案和原民办教师和代课教师享受生活困难补助人员身份和工作年限认定办法。12月16日，县政府召开工作动员会。

会后，进行原民办教师和代课教师资格初审和第一次公示，并将5572份个人材料全部上报。

开展“学雷锋”主题教育活动、“三爱、三节”主题教育活动和“美丽中国，我的中国梦”主题教育系列活动，县教育局被教育部关工委评为“‘美丽中国　我的中国梦’示范单位”，凤凰实验中学、百花学校被教育部关工委评为“‘美丽中国　我的中国梦’示范学校”。

开展“我的幸福家庭”中小学生作文、绘画比赛，庆祝国庆等系列活动；组织开展“践行核心价值，我做文明卫生小使者”第十届青少年书信绘画比赛活动以及“社会主义核心价值观进校园”系列活动；在县二中召开德育工作现场研讨会，县委常委、宣传部部长刘耀奇出席会议并讲话。

4月19日，组织全县第十一届中小学生艺术百佳评选，近2000名中小学生参加比赛，546人获县一等奖并获“艺术百佳”称号，18人获市一等奖并获“艺术百佳”称号。5月24日，在江声实验学校举行“欢乐潇湘·幸福湘潭·莲乡大舞台”教育系统专场演出。凤凰实验中学、易俗河镇中心校等单位的节目代表教育系统参加县、市、省的比赛。10月24—26日，在江声实验学校举行第二十七届中小学生田径运动会，全县有36支代表队758名运动员参加比赛，凤凰中学等24支代表队获得体育成绩优胜奖，云龙实验中学等8支代表队获得精神文明风尚奖。百花学校足球队参加全省校园足球比赛，获得小学甲组第二名、小学乙组第三名。开展“小手拉大手，共建新农村”系列活动，师生共同参与，深入大街小巷，清理卫生死角，拾捡果皮纸屑，全面治理脏乱差。（朱勇钢）

学前教育

【概况】 2014年，全县经教育局审批注册的民办幼教机构共有180所，公办幼儿园共16所，全县在读幼儿17464人，幼师1487人。组织全县幼儿园园长和幼儿园教师培训。学前教育稳步发展，城镇和农村儿童学前一年教育和三年教育入班率分别达到100%和86.6%。投入资金492.2万元，创建3所公办幼儿园。

组织全县首届幼师赛课活动，决赛分三个赛点，历时　两天，共有33名幼师参赛，有13个教师荣获一等奖。

7月31日、10月18日，组织两次新课程培训，聘请全省专家学者、教材编写人员到会讲课，有近700人次参加培训。

以石潭镇为现场，组织召开全县学前教育推进工作会议，会议观摩2所优秀的幼儿园，听取有关幼儿园管理的经验介绍，并布置下一阶段的工作。

启动学前教育信息系统工作；完成国培以及省市组织的各项培训任务；起草全县《公办幼儿园委托经营协议书》；迎接省人大教科文卫委员会对全县学前教育的考察，并得到省领导的肯定。（朱勇钢）

义务教育

【概况】 2014年，全县招收六周岁一年级学龄儿童7717人，适龄儿童少年入学率达100%，年巩固率为99.5%，三类残疾少年儿童入学率达70%；小学毕业生7026人，并根据“就近入学”原则整体升入初中。全县在校初中生32053人。初中辍学率控制在0.5%以内，毕业发证率99.5%，初中毕业生升入高中阶段学校的入学率88.5%。年内，有44所农村义务教育阶段学校通过省合格学校验收，投入资金4964.8余万元，改善学校办学条件，促进全县教育的均衡发展。专任教师学历合格率小学达99.63%，初中97.71%，小学专任教师专科以上学历的教师比率为84%，初中专任教师本科以上学历教师比率为75.37%。初中毕业会考九科及格率、优秀率和人均总分三项指标连续五年位居全市第一。在市教育局召开的年度教育教学质量总结表彰会上，江声实验学校、云龙小学、雁坪中学、列家桥中学、茶恩寺中学、中路铺中学等学校获市教育局表彰通报。

【天易金霞学校建成开学】 2013年7月，湘潭天易示范区投资10476.61万元，占地2.4公顷的天易金霞学校建设正式动工，2014年9月1日投入使用。学校总建筑面积15412平方米，建有教学楼、综合楼、双层学生食堂、塑胶运动场、足球场、篮球场等设施，配备机器人活动室、围棋室、体操武术室、美术室、音乐室、心理咨询室、心理活动室、学生阅览室、风雨活动长廊、具备同步录播功能的多媒体室以及能容纳200多人的报告厅等功能室。天易金霞小学，硬件设备是迄今为止湘潭县内规格最高的一所小学。可容纳36个班级、学生1620人。2014年9月1日，天易金霞小学建成开学。有教学班27个，教师63人，学生1310人。该校除招收易俗河城区海棠路以东到向东渠以西，云龙路以北到湘江以南区域的适龄儿童，承担分流百花小学和赵家洲小学部分学生的任务，解决城区小学大班额的“老大难”问题。（朱勇钢）

高中教育

【概况】 2014年，全县共有普通高中学校10所，其中公办8所，民办2所（云龙实验中学、凤凰中学）。省级示范性高中三所（县一中，凤凰中学，县五中）；市级示范性高中4所（县二中、县四中、县九中、云龙实验中学）。普通高中在校生20128人（其中公办在校生14145人，民办学校在校生5983人）。

高考全县一本、二本上线2599人（不含单招、招飞、外省艺术专业上线者），占全市的47.82%，上线率38.87%（比全市上线率高4.65%）；，5人被清华、北大录取，4人被空军飞行学员录取，7人进入全市理科前10名，4人进入全市文科前10名；总分600分以上152人（占全市的49.51%）；高考成绩第16次蝉联全市第一。

县一中、县二中、县五中、云龙中学、凤凰中学的学考一次性合格率均超过96%，名列全市前茅，县二中、云龙中学、县九中获全省教育行政主管部门通报表彰。

（朱勇钢）

2014年湘潭县幼儿园、中小学基本情况

表13

类别	学校数(所)			班级数(个)			在校学生数(人)			教工总数(人)			专任教师数(人)		
	共计	教育部门办	其他	共计	教育部门办	其他	共计	教育部门办	其他	共计	教育部门办	其他	共计	教育部门办	其他
幼儿园	163	13	150	629	32	597	17464	974	16490	1487	68	1419	737	36	701
中小学合计	261	242	10	2218	1913	305	103404			7024	5662	1362	6387	5322	1065
小　学	183	182	1	1295	1264	31	44552			2473	2301	172	2332	2254	78
初　中	52	50	2	598	412	186	32060			2695	2036	659	2448	1862	586
高　中	10	8	2	325	237	88	20107			1350	1003	347	1178	907	271
职业中专校	7	2	5				6685			506	322	184	429	299	130

说明：幼儿园学生数含办园点人数，其中后来增加的未计算在内。教育部门办为公办，其他为民办。

职业教育

【概况】 2014年，全县有中等职业技术学校3所（其中公办1所，民办2所），在籍学生6685人，教职工506人；全县有乡镇农校19所，职教中心1所（湘潭县职业技术学校）。年内，驾校培训3893人；“千名科技型”人才培训60人；退役士兵技能培训478人，其中已发证381人，乡镇防治员培训72人，乡镇科技信息员培训95人，普通话培训92人。

在湖南省职业院校学生技能竞赛中，县职校共派出7名选手，获得平面模特、汽车二级维护和车轮定位、钣金、涂漆等项目的6个省级奖项。

在2014年湘潭市职业教育与成人教育优秀论文评审活动中，获一等奖5个、二等奖7个、三等奖12个。在湘潭市职业院校师生技能竞赛中，荣获团体总分一等奖，优秀组织奖，其中市级一等奖5个，技术能手1个、市级二等奖17个，市级三等奖23个。

在湘潭市教育科学“十二五”规划2014年县（市）区、市直单位立项课题中，张立新主持的课题《“日赞教育”与中职学生健康成长的研究》获市级课题、省级一般资助课题立项；胡秋高主持的课题《湘潭县特色农村中职教育的创建》和刘建和主持的课题《湖南各类教育合作办学成功案例研究——中职汽车专业校企合作研究》获市级课题立项。 （朱勇钢）

民办教育

【概况】 2014年，全县有注册的民办教育机构202所，其中中小学5所，职校5所（实际现存2所，外迁2所，停招1所），培训机构12所，幼儿园180所。民办中小学校有学生39533人，其中小学生1302人，占全县小学学生总人数的2.92%，初中生12420人，占全县初中学生总数的38.74%；高中生5968人，占全县高中学生总数的29.68%。凤凰中学为省示范高中学校，江声实验学校、云龙小学为全省首批“两型”示范学校创建单位；云龙小学、就业职业技术学校、江声实验学校、英才幼儿园、中路铺欣欣幼儿园为全省“骨干民办学校”创建单位；梅林白云阳光幼儿园为省级“规范民办学校”。

【规范民办教育办学行为】 全县各乡镇本着“规范一批，整改一批，关停一批”的原则，制定分批指导，分类整治的工作思路，加大清理整治非法办学的力度。截至2014年年底，全县共关停20所非法幼儿园，有27所幼儿园批准发证，另有19所幼儿园已获得筹设批准书。非法幼儿园从暑假之前的84家减少到现在的21家。规范民办教育年检，江声实验学校等35所学校被评为县级综合评估优秀单位，11个民办教育机构评为市级年检优秀单位，有19个民办学校被评为限期整改，并在《湘潭日报》上公示年检评估结果。为29所申请办证的幼儿园颁发办学许可证，报批38个幼儿园为2014年全市普惠性幼儿园。

（朱勇钢）

农民素质教育

【概况】 2014年，县农民素质教育管理办公室围绕全县经济和农村工作重点，大力培训农民，全面提高农民素质，促进劳务经济发展。年内，培训农民9.8万人次，转移农村劳动力32.82万人次，实现劳务收入63.8亿元。

年初，县农民素质教育和发展劳务经济协调领导小组办公室印发《关于认真做好2014年农民培训及劳务经济工作的通知》，将农民素质教育任务下达到各乡（镇），领导小组召开成员单位会议，明确相关部门和各乡镇农民培训工作职责，提出具体工作要求。积极与县委组织部、县农办、县人社局等部门协调，把春耕生产、“三下乡”活动、农村中等专业实用人才培养项目和农村党员大培训四者有机结合，利用村委会、文化活动室、乡（镇）成人教育学校和农家课堂为培训阵地对农民进行各类培训。牵头主动对接市人民政府“现代农业十大工程”的“农村劳动力转移培训工程”。加大对电工、焊工、汽车美容、保温防腐等20多个专业和技能的培训力度。在示范村和实训基地组织开展28期农民培训和新型职业农民培育及全县村主任轮训中，都将美丽乡村建设和农村环境综合整治工作列入培训课程。同时结合“双联共建”“群众工作村”、

徒步巡逻等中心工作，进村入户宣讲政策和要求，并印发资料10000多份发放到农民手中。主任周令被县农村环境综合整治工作领导小组评为全县农村环境综合整治工作先进个人。

开展劳务经济调研活动。年内，先后在花石、谭家山、射埠等乡（镇）开展劳务经济调研活动，掌握全县劳务经济发展现状，找出问题和差距，撰写调研报告为县域劳务经济发展、农民增收致富出谋划策。注重自身的宣传，撰写信息40多条，县台、县报、县网上稿30多条，省农广校、市农教办采用信息20条，各项工作均取得新的进步。2014年，县农民素质教育管理办公室被市农教办评为信息工作先进单位，被省农广校评为年度先进集体。

【确定农民培训及实训基地】 年内，该办经过认真考察，选定锦石乡泗水村、杨嘉桥镇西花村和柳湖村作为农民素质教育和发展劳务经济示范村。根据粮猪生产大县的县情，选定湘田水稻种植合作社、利群生猪专业合作社等4家企业作为实训基地。年内，先后在示范村开展培训12期，在实训基地开展培训16期，将水稻种植、生猪养殖、油茶、脐橙栽培技术和美丽乡村建设等专业技术和政策知识送进田间地头，直接培训农民5000人次，印发资料10000多份。

【启动省新型职业农民培育工程】 2014年，根据省农业委、省财政厅湘农联［2014］27号文件精神，该办负责100名生产经营型职业农民培训工作，确定项目为生猪生产新型职业农民培训。培训班于年底结业，培训生产经营型职业农民108人。学员已通过理论考试和技能考核，进入发证和省市验收阶段。

（戴志平）

科 技

【概况】 2014年，县科技局以改革创新为动力，以项目建设为抓手，以“服务人”“激活人”为重点，加快实施创新驱动发展战略，加强战略性新兴产业、省可持续发展实验区和省农业科技示范园建设，适应新常态，实施新发展，为推进“现代壮县，幸福莲乡”提供新引擎新动力。至年末，全县国家高新技术企业已达26家，高新技术产值达到149亿元，高新技术产业增加值占GDP比重达到15.67%左右。新增湖南康宁达医疗设备有限公司、湘潭赛虎电池有限责任公司、湖南信诺颜料有限公司3家为国家高新技术企业。专利申请总量为571件，同比增长6.73%。其中，发明专利申请128件，同比增长52.4%，发明专利申请占总申请量的22.4%，授权总量为235件，同比增长2.62%，职务申请率达到90%以上。

积极申报科技项目。组织企业争取2014年度省、市各类科技项目资金957万元。其中，宏信公司申报的“高效冷榨油茶生产线的研发”项目获得国家科技部2014年度中小企业发展专项资金科技创新、科技服务和科技型中小企业创业投资引导基金100万元无偿资助。宏兴隆湘莲食品有限公司、湖南粒粒珍湘莲有限公司、湖南金凤食品有限责任公司的项目获得湖南省特色县域经济重点县项目支持300万元。湘潭市电机车厂有限公司的“矿用运输设备专用开关磁阻电机及传动系统关键技术的研究与应用”项目成功争取资金支持200万元。

注重科技条件建设。2014年，湘潭县天一生产力促进中心帮助全县11家企业申报创新基金，组织培训讲座3次；湘潭县特色产业科技信息综合服务平台帮助全县9个站点获评省级优秀基层站点（全市总共14个）。建立湘潭天易示范区专利工作服务站，为全县企业提供知识产权检索、申报、管理、培训服务，提高全县专利工作的管理、执法和服务水平。

加强科技特派员工作。下派科技特派员53名。从省农大、农科院等高校和科研院所选聘13名专家教授作为创业链科技特派员，组织成功申报国家级湘莲产业科技特派员创业链，湖南省湘莲产业科技特派员创业链、油茶产业省级科技特派员工作站。组织科技特派员小组交流研讨活动12场，专题讲座5次，研讨共性技术课题10个，加强科技特派员工作的交流与合作。粒粒珍、鹏扬生态、飞龙牧业、天鹅湖等一大批农业企业通过科技特派员搭桥，与高校及科研院所开展产学研合作，组建5家省市级农产品精深加工技术工程中心、技术研发中心。在湘莲科技特派员的指导帮助下，粒粒珍湘莲有限公司的“湘莲腐败病原微生物学特性及防控技术研究与示范推广”项目和莲美公司的“壳莲一体化设备技术研究与示范”项目申报为湘潭市湘莲专项重点项目，获项目资金40万。顺天农业科技有限公司的降低镉含量关键技术研究与示范，获项目资金10万。

重视产学研用结合。围绕先进装备制造、新材料、节能环保、生物医药、农产品精深加工等产业开展技术攻关和课题研究。围绕水稻产地环境重金属镉污染突出，引导组织湘潭顺天农业科技有限公司与湖南省农科院水稻所联合开展降低稻米中镉含量关键技术攻关；组织湖南碧源环保工程建设有限公司与县基层办、县能源局、县畜牧局等单位进行沟通衔接，以“生猪养殖粪污资源化与减排技术集成示范工程”为主题成功申报2014年度湖南省科技惠民计划，开展生猪养殖粪污治理技术攻关，为全省生猪养殖业的可持续发展提供示范；青山绿水特种养殖有限公司的朗德鹅引种繁育及饲养配套技术研究与推广和农富农机公司的履带行走式微型水稻联合收割机研发与应用2个研发项目获得市科技进步二等奖。湘潭电机车厂有限责任公司获产学研合作单位奖，湘潭高耐合金制造有限公司和湘潭农富农业机械科技有限公司2家企业获市科技进步三等奖。7月，湖南莲美食品有限公司与湘潭大学合作研发的一体化钻芯机成功申请发明专利并被中央电视台科技频道专题报道。

【创新人才】 2014年，该局贯彻落实《湘潭县中长期人才发展规划纲要（2010-2020年）》，大力推进创新型科技人才培养工程计划实施，组织开展2014年度全县科技奖励评审，表彰奖励优秀科技项目和科技人员；以企业为主体、项目为载体，引导企业引进高层次人才，选送技术骨干到高等科研院所学习，鼓励企业与高校、科研院所开展多渠道、多形式的产学研结合，建立优秀人才培养基地。10月12-17日，组织全县企事业单位创新型科技人才和科技管理人员赴上海交通大学参加湘潭县科技创新与科技管理人才高级研修班，聘请上海市社会科学研究院副院长、研究员张兆安、上海交通大学安泰经济管理学院教授王毅捷等专家教授主讲，全县企事业单位创新型科技人才和科技管理人员科技和经营管理能力得以提高。

【知识产权】 2014年，该局全面落实《湘潭县知识产权战略实施意见》《湘潭县建设省知识产权示范县实施方案（2013——2015）》，健全完善专利资助等配套措施。以专利转化为目标，探索知识产权质押贷款办法，缓解科技中小型企业融资难题。推进知识产权项目延伸到新领域，新增湘潭泵业集团有限公司、湖南金风食品有限责任公司等2个县级知识产权优培企业，湘潭市电线电缆有限公司、湖南力威液压设备有限公司等2个专利产业化示范企业。 （王漾）

（责任编校 杨柳）

文化·体育·传媒

文 化

【概况】 2014年，县文化体育广电新闻出版（版权）局落实县委、县政府关于加快“文化强县”建设的指示精神，紧密结合县域文体事业发展实际，以转变作风、服务群众为核心，精心谋划，务实创新，各项工作全方位推进。

组织开展“春节读好书·新书进万家”活动。农家书屋管理员及志愿者120多人参与活动，累计为13000余农户赠送图书21020余本。举办“我们的中国梦·文化进万家”系列活动，600多名学生志愿者在节假日担任农家书屋管理员。

落实“送戏下乡、演艺惠民”工程。县湖湘文化艺术有限责任公司演出180场次，超额完成演出任务。新排并上演大型花鼓戏优秀传统剧目《宝莲灯》《父母官》等5台和大型歌舞综艺小品节目1台。组织举办湘潭县“欢乐潇湘·幸福湘潭·莲乡大舞台”群众文艺会演活动23场，排练节目900多个，参与排练人员6000余人，登台表演人员3500多人次，观众人数达30万人次；新创优秀节目《元帅树》《新农村里新事多》《喜鹊之灵》分别获省级决赛一、二、三等奖。各乡镇制作“欢乐潇湘”群众文化活动宣传栏，展出文化图片609张、展出场地62处。县城社区代表队和锦石乡代表队在湖湘公园广场举行的“欢乐潇湘·幸福湘潭·莲乡大舞台”广场舞大赛湘潭市复赛中，成功跻身全省百强。县文化馆选送的《爱情三部曲》《江边有个湘潭县》，参加2014年“全省群众艺术馆、文化馆（站）业务人员技能竞赛”分别荣获一等奖和优秀视频节目奖。

落实广播电视“村村通”工程。投入110万元（直播卫星除外），完成2244户有线电视入户工作（其中直播卫星728户），及时将直播卫星用户资料录入直播卫星村村通用户管理系统。全县25支放映队伍负责全县19个乡镇549个村和16个社区的农村电影放映任务，年内共放映电影7716场。其中，“今典影院”和“步步高影城”共放映电影4367场，观众人数91950人次。

完成文化经营场所的年度核验和全省统一换证工作。举办2期文化场所业主培训班。加强文化经营场所日常监管，开展文化经营场所的“扫黄打非”“校园周边环境整治行动”“安全生产大检查”等各类专项整治行动，整顿文化经营秩序。年内，检查1240余人次，检查经营单位1300余家次，收缴各类非法出版物及印刷品26000余册（张），取缔游商摊点10个，下达限期整改通知书68份，受理各类群众举报9件，实施各类行政处罚案件17起，保障出版物市场的健康和繁荣。

2014年，湘潭县被国家文化部评为2014—2016年度“中国民间文化艺术之乡”，被湖南省文化厅评为2014—2016年度“湖南民间文化艺术之乡”。“全国文化先进县”通过国家文化部复查；《元帅树》等3个优秀节目分获“欢乐潇湘”群众文艺会演省级决赛一、二、三等奖；莫柏槐被评为全国文化系统先进工作者，其作品《青山乡韵》参加湘潭市第五届文艺成果评选获评文艺成果提名奖。

【文物管理与保护】 编制国家级非物质文化遗产项目“十三五”保护规划；组织“全国第九个文化遗产日——湘潭县非物质文化遗产保护项目进校园宣传展示活动”备受赞誉；县唢呐艺术团参加“湖湘记忆——2014文化遗产日湖南非物质文化遗产优秀节目展演”获专家和省城观众一致好评。在第一次全国可移动文物普查中，全县143个国有单位完成数据摸底和调查登记造册工作，调查登记表发放回收率、调查覆盖率均达100%。此次文物普查，反馈有文物（物资遗存）的单位5家，系统外3家，共反馈有文物（物资遗存）54018件（套），系统外有50716件（套）。成立周小舟故居管理所。完成齐白石故居本体维修工程验收、故居保护范围内环境整治、故居内辅助陈列、管理接待用房规划设计等系列工作，配合开展纪念齐白石诞辰150周年活动。圆满组织“5·18”国际博物馆日系列宣传活动。

经县物价局价审会研究批复，于2014年10月1日起周小舟故居和齐白石故居的参观门票执行新的价格标准。周小舟故居参观门票每人每次20元，齐白石故居参观门票每人每次15元。在门票新政推行的同时，物价部门明确相关优惠政策。此举措出台，有利于国家文物重点保护单位齐白石故居和湖南省文物重点保护单位周小舟故居的保护。

2014年湘潭县文物保护单位

表14

名 称	级 别	地 点
彭德怀故居	国保	彭德怀纪念馆
齐白石故居	国保	白石镇杏花村
尹氏宗祠	省保	白石镇尹家冲村
寺门前义渡	省保	白石镇潭口村
黎氏故居	省保	中路铺镇菱角村
周小舟故居	省保	排头乡星星村
胡安国、胡宏墓	省保	排头乡黄荆村
濂溪书堂	市保	排头乡黄荆村
桂再堂	市保	排头乡紫山村
碧泉潭	市保	锦石乡碧泉村
石家大屋	市保	排头乡政府
砚井	县保	易俗河镇砚井社区
汉城桥	县保	花石镇长岭村
王闿运墓	县保	杨嘉桥镇石旗村
乌石峰庙	县保	乌石镇乌石村
天妃宫	县保	白石镇杏花村

【图书管理】 2014年，县图书馆新增图书4500余册、报刊180余种，接待读者8.5万人次，其中电子阅览室5000人次，借阅图书12.3万余册次，办理借书证550余个。全国文化信息资源共享工程湘潭县支中心正常运行，接收国家中心及省中心各种资源4TB，丰富数字资源。组织开展“4·23”世界读书日、“六一”儿童节的“我读书，我快乐”等活动。组织参加湘潭市第五届莲城读书月——中华经典诗文诵读展演活动，百花学校代表队荣获“优秀演出奖”。在第五届“莲城读书月”活动中，湘潭县图书馆被评为先进单位；组织参加三湘读书月——2014年湖南省少年儿童“中国梦·我心中的故事”系列读书活动，百花学校获“阅读活动奖”。

（王益妍）

【图书发行】 2014年，湖南省新华书店有限责任公司坚持努力发挥新华书店的主渠道和精神文明建设的阵地作用，齐心协力，开拓进取，攻坚克难，完成年度各项经济任务指标，为推进“文化强县”建设做出贡献。

严格遵守国家对教材发行的有关规定，做好春季、秋季教材的发行，全县中小学学生在开学前用到正版教材。牛头岭门市部装修重整门面，调整陈列摆设，使其更加科学化、人性化。在实行会员制的同时，还实行微信营销。利用省店信息平台，做到“为读者找书，为书找读者”。在云龙中学，开办湘潭县第一个校园书店——云龙中学布克校园书店，赢得师生、家长的好评。在全县240余所中小学建立新华书店校园服务点。（张捷）

【省文化厅调研湘潭县文化产业】 5月7日，省文化厅副厅长肖凌之一行到湘潭县开展文化产业实体经济发展情况专题调研活动。调研组实地考察走访湖南纳新印刷技术发展有限公司的中科纳米绿色印刷产业园项目工地和湖南（华夏）白石文化传媒有限公司。11月17日，省文化厅副厅长鄢福初一行到县调研文体事业发展实况，调研内容主要是县域文化基础设施建设、财政文化投入、文化产业发展、市场监管与服务、文艺作品创作与演出、文物保护等情况。

【歌德电子书借阅机服务】 2014年10月，县图书馆投资3万元，在公共阅览室大厅配置一台新设备——歌德电子书借阅机（24小时电子书自助借阅系统）。该设备预装2000余册独家授权电子图书，并定期更新，标志莲乡公益阅读逐步迈入数字化时代。

【莫柏槐被评为“全国文化系统先进工作者”】 莫柏槐，男，1964年6月生，湘潭县石鼓镇人，中共党员，本科学历，国家一级演奏员（正高），现任湘潭县文化体育广电新闻出版局党组书记、局长，湖南省第十次党代会代表、湘潭市十四届人大代表，全国首批非遗保护项目“青山唢呐”国家级代表性传承人，中国音乐家协会、中国音协民族管乐研究会会员，湖南省唢呐专业委员会副会长，湖南省戏曲专业委员会常务理事，湖南省民族管弦乐学会理事，湖南省音协打击乐专业委员会理事，湘潭市音协副主席。多年来，该同志克己勤政、求实创新、以德服人，勤于思考、善于研究、勇于探索，充分利用自己的专业特长指导工作，为推动文化事业发展做出突出贡献。他撰写的音乐论文11次获省级以上奖励；2002年—2012年获县人民政府嘉奖七次、记三等功四次；2006年3月，被省文化厅、省人事厅记一等功，被聘为世界文化艺术研究中心研究员，并获评湘潭市第三批优秀专家；2008年获评国家一级演奏员；2009年获评湘潭县首届“服务县域发展十大公仆”；2012年被评为湘潭市第五批优秀专家。在他的带领下，县文化馆2004年被省委宣传部、省文化厅评为“热心服务群众先进基层文化单位”，2007年被中宣部、文化部评为“全国服务农民服务基层文化建设先进集体”；县文化馆和图书馆先后被评定为“国家一级馆”。担任县文体局局长后，2009年湘潭县成功创建“全国文化先进单位（县）”。五年后，2014年12月18日，莫柏槐在北京人民大会堂出席全国文化系统先进工作者表彰大会，被国家人力资源和社会保障部、文化部联合授予“全国文化系统先进工作者”荣誉称号。

【赵剑峰被评为湘潭县首届道德模范】 （见人物·荣誉录“湘潭县首届道德模范【赵剑峰】”）

【赵在和被评为“湘潭县最美群众贴心人”】 （见人物·荣誉录“湘潭县最美群众贴心人【赵在和】”）

（王益妍）

体 育

【概况】 2014年，湘潭县重视全民健身工作，贯彻落实《湘潭市全民健身实施计划（2011—2015年）》文件精神，积极创建全民健身示范城市。

全面落实体育惠民工程，扩大公益体育设施覆盖范围。“雪炭工程”（湘潭县全民健身中心综合楼）项目正在建设中；建成锦石乡、谭家山镇文体广场；全县城乡各安装19套室外健身路径；完成省级实事工程项目——射埠敬老院、莲乡公寓室外健身路径健身器材免费发放安装及79个行政村农民健身工程点建设工作。

开展全民健身运动，群众体育活动丰富多彩。年内，组织开展正月十五“庆新春·闹元宵”系列文体活动；湘潭县组队参加“欢乐潇湘·群舞飞扬”湖南省第四届全民广场舞大赛，选派的两支广场舞队入选“全省百强”；组队参加湖南省首届“屈原杯”群众性龙舟大赛；与卫生局共同举办“幸福我生活、健康莲乡人”为主题的登山活动，吸引一批干部群众参与；举办中老年广场健身舞大赛、“美丽乡村”广场舞展示赛、庆“三八”趣味运动会、“五一”工间操展示赛、环城健康跑以及“全民健康生活方式日”大型登山活动等系列活动；组队参加湘潭市机关干部篮球赛获第二名；加大社会体育指导员的培训力度，培训工间操社会体育指导员100余名；完成第六次全国体育场地普查和第四次国民体质监测。

竞技体育水平大幅攀升。深入各学校选拔运动苗子，组织训练，进行重点培养。逐步完善江声中学举重馆、中路铺水库皮划艇和赛艇训练基地设施。在抓好传统体育项目田径、乒乓球训练的同时，加强举重、皮划艇、赛艇等项目业余训练；7月-10月，组队参加湖南省第十二届运动会的举重、赛艇、皮划艇、乒乓球、田径、篮球、足球等项目比赛。12月29日至30日，全市体育系统在韶山市德盛宾馆羽毛球馆举办2014年“体彩杯”气排球比赛，湘潭县代表队荣获一等奖。

体育彩票销售再获丰收。增加体彩发行站点，加大宣传力度，拓展体育即开型彩票“顶呱刮”市场，发行额度增大，体彩工作进入全省县市区先进行列。

体育市场安全规范有序。定期和不定期检查全县的体育活动场所，开展生产安全大检查16次，出动安检人员60人次，车辆30台次，湘潭县体育场所、俱乐部安全有序开放。 （王益妍）

传 媒

广播电视

【概况】 2014年，县广播电视台围绕新农村建设、“创建文明县城”、建设“平安湘潭县”、推动“三个创建”、落实“十大民生实事”“强基”工程、作风建设年活动等县委政府工作重点、中心进行重点关注、宣传。年内，策划6个以上的大型专题报道。宣扬发展主流，引领舆论，唱响跨越赶超的主旋律。在中央、省市级媒体发稿152条。其中，省级电视媒体8条，《湘潭县：一学生拾金不昧两分钟内将拾到的4400元钱上交银行》《湘潭县退养栏舍面积15000平方米 全力推进湘江干流养殖污染防治》《十多万斤芽白卖不动 蔬菜种植户心急如焚》在湖南卫视播出；纸质媒体外发稿39条，其中，吴竹采写的《莲乡涌动乡情》通讯在《湖南日报》刊发后，被中央党建网、“中央群众路线网”全文转载。

坚持“新闻立台”的办台宗旨，所有新闻、专题、广告执行“党管导向”原则，执行三审、监播监看、重播重审制度，强化总编室安全播出实行新闻讲评制，组织记者编辑业务培训、鼓励向上级媒体发稿、坚决抵制“三俗”提升宣传质量。栏目宣传采取制片人负责制，将栏目采编工作分配到人，实现栏目质量的整体提升，夯实新闻阵地。

开办“湘潭县新闻频道”“湘潭县综合频道”“湘潭县资讯频道”3个频道。3月将原“湘潭县经

湘潭县电视台台庆20周年联欢晚会 （谭勇利 摄）

济频道”更名为“湘潭县新闻频道”。以《湘潭县新闻》、自办栏目为主，转播中央台《新闻联播》，穿插高品质电视剧和品牌商业广告。打造具特色、内容丰富、形式生动的“新闻”频道。各频道均实行全数字化硬盘播出，每天坚持16个小时的播出，播出时间8:00-24:00。自办10个专栏，拍摄《江边有个美丽的湘潭县》《湘潭县兵要地志》《广电20年台庆专题片》等10个电视专题片，制作并滚动播放以关爱女孩和留守儿童、消防、安全生产、节能减排、文明餐桌、党风廉政建设、弘扬传统文化、社会主义核心价值观等为主题的公益广告30余条，引领社会风气。

改善广播电视基础设施，投入60万元用于设备功能升级，投资30多万元对台院内家属楼实行用水用电分离，投入35万元对广电中心办公楼进行整体修缮、清洗、美化，投入近20万元对县乡联网干线进行升级、改造，全年投入150万元，县广电台的硬件设施跻身全省县级媒体前五强。

拓展创收平台。转变经营理念，探索新平台建设，丰富广告内涵，提升广告品质，注重强化客户服务，稳定大客户，开发新客户。开办“你看电视我送礼”等栏目，重新激发商家参与的积极性，全年超额完成创收任务。发展有线数字电视，新开服务窗口，与卖场联合开展促销、加强小区宣传、排除故障服务时间延长到晚上10点，重点开发高清电视、宽带网络、电视回看、影视点播、电视家教等增值业务，推行乡镇宽带业务，丰富电视服务功能，创新管理机制，提升服务理念。新装有线数字电视2800户，宽带和互动点播用户2800户，经营创收1300万元，全县有线网络公司在册用户3.8万户。

《“我有话要说”电视问政》节目直播现场 （谭勇利 摄）

无线数字微波在困境中发展。年初，受移动4G影响，全县无线数字微波信号传输被严重干扰，上万户农村微波用户无法正常收看电视，该台迅速启动应急方案，为用户升级为分米波机顶盒，春节前夕局势得到有效控制。8月，市无线电委员会下达微波频段清理的通知，无线新增用户量明显减少。10月底，微波转国标用户11287户，微波公司损失近600万元。该台与省人大代表、省台、省无线电委员会的多次协调，微波公司突破重围，稳住严峻局势，全年实际新装用户3125户，完成经营产值600万元。

2014年，县广电台被县委、县政府评为“三湘农民健康行”活动先进单位、“双联”帮扶工作先进单位、农村环境综合整治工作先进单位、防范和处理邪教工作先进单位、县直单位群众工作示范窗口、社会治安综合治理和维护稳定工作考核一类单位、先进基层党组织。新闻中心在全市“行业百佳”巾帼建功竞赛活动中被湘潭市妇联评为2013—2014年度湘潭市“巾帼文明岗”。

2014年湘潭县新闻频道节目时间

表15

播出时间	节目内容
7:55-8:00	开机(湘潭县风光片5分钟)
8:00-8:30	重播《湘潭县新闻》星期二至星期六、《绝版现场》(一、日)
08:35-09:15	重播晚间星梦剧场(1)
9:20-10:00	重播晚间星梦剧场(2)
10:05-10:45	重播晚间星梦剧场(3)
10:50-11:20	奋斗(首播)
11:25-11:55	农广天地(首播)
12:00-12:05	健康美食集锦
12:05-12:35	湘潭县新闻(周二至周六重播)、爱莲说(周日重播)、人口之窗 (周一重播)
12:40-12:50	中国民间艺人、中华传统小吃(首播)
13:00-16:00	传奇剧场4集连播
16:05-16:50	莲乡影院上
16:55-17:45	莲乡影院下
17:50-18:20	第一首映(周一至周日)
18:30-19:00	国家地理百年典藏
19:00-19:30	转播中央台新闻联播
19:35-20:00	湘潭县新闻(周一至周五首播)、法制天地、爱我国防 (周六首播)、人口之窗 (周日首播)
20:05-20:10	莲乡气象
20:15-20:35	走进新农村、孟哥说法(半月播栏目周一首播)、爱廉说(2月播栏目 周二首播)、卫士(1月播栏目周三首播)、消防零距离 (半月播栏目 周四首播)、莲乡交警(半月播 周五首播)、第一首映(周六 周日)
20:40-21:05	天眼 (首播)
21:10-23:30	星梦剧场
23:30-24:00	重播20:15电视中心栏目(周一至周六)、绝版现场(周日)
24:00-24:30	重播《湘潭县新闻》

【湘潭县新闻频道】 2014年，县广播电视台突出“新闻立台”“特色强台”的办台宗旨，3月将原“湘潭县经济频道”更名为“湘潭县新闻频道”。改版后的“湘潭县新闻频道”以贴近实际、贴近群众、贴近生活为宗旨，全力打造以新闻资讯节目为主，独具魅力的县内新闻媒体。主要栏目有：《湘潭县新闻》《法治天地》《莲乡交警》《消防零距离》《人口之窗》《走进新农村》《夜夜关注》《法治天地》《爱廉说》《问政》《孟哥讲案子》《卫士》《第一首映》《奋斗》《莲乡气象》《星梦剧场》等栏目。

《湘潭县新闻》栏目，坚持每周五期新闻“5（时政）+3（社会）”的基本格局，年内制作285期2736条；《孟哥讲案子》栏目，是该台打造的第一档全面反映湘潭县公安局工作，展现莲乡铁骨铮铮、忠诚英勇人民警察良好形象的方言“脱口秀”栏目。栏目由干警担任主持人，以活泼、生动的“脱口秀”形式阐述近期发生的各类案件，宣传相关法律法规，凸显莲乡干警打击犯罪的坚定决心。年内采编制作完成20期；《卫士》栏目，为11月新开办的一档纪实性栏目。通过纪实的拍摄手法，对医卫系统的工作状态进行一个梳理，用真实的现场镜头，平实的老百姓语言，来诠释医务工作者淡泊名利、甘于奉献、救死扶伤的精神，年内播出两期；《法治天地》栏目，年内制作20期，以生动的案例吸引观众眼球，增强广大人民群众的法律意识和法治观念，为“创社会管理综合治理先进县”营造良好的舆论氛围；《人口之窗》栏目，年内制作12期，每月制作一期，每期不少于10分钟，当月首播，次月重播；《走进新农村》栏目，以服务三农为中心，重点围绕新农村建设、特色县域经济重点县建设、文化强县建设、农村环境卫生综合整治四大主题，多方位、多层次反映莲乡新农村建设，打造具有湘潭县特色的对农精品栏目。每周制作一期，综合频道周一晚首播，经济、资讯频道重播，年内制作20期；《电视问政》栏目，按照党的群众路线教育实践活动要求，采取百姓问、干部答、群众评的方式，对县直机关单位日常工作中存在的问题进行曝光，将工作置于群众的监督之下，进一步提高行政效能，优化发展环境，年内制作播出7期；《我的群众观》栏目，邀请10名县委常委领导和19个乡镇一把手，向广大电视机前的观众详细阐述他们的群众观，以及带头扎实开展党的群众路线教育实践活动所采取的一系列坚定举措，年内播出29期；《消防零距离》栏目，由《警钟长鸣》《隐患直击》《消防课堂》3个板块构成，营造浓厚的消防安全氛围，提高全民消防安全意识，推动消防工作社会化进程，创造良好的消防安全环境，年内制作12期；《莲乡交警》栏目，以媒体的视角关注莲乡交警的执法工作，展现基层交警的警容警貌和风采，以全县道路交通管理工作为主线，以解说交通法规、宣传交管措施、曝光交通违法行为等为主要内容，年内制作播出20期。

【湘潭县资讯频道】 湘潭县资讯频道以新闻资讯节目为主，以生活节目为重要补充，发挥电视传播优势，打造成集新闻、资讯、娱乐、服务于一体的电视媒体。主要栏目有《资讯影院》《奇趣大自然》《传奇中国》《快乐生活一点通》《开心动画吧》《情感剧场》。

【湘潭县综合频道】 湘潭县综合频道主要以“剧”为核心，有针对性地编排好4个剧场，每天播出2本单本剧，播出5集连续剧，全方位的锁定不同收视人群。主要栏目有《经典影院》《纪录片场》《明星影院》《生活剧场》《偶像剧场》。

【制作群众路线教育实践工作系列节目】 2014年，县广电台重点打造一系列群众路线教育实践活动电视专题专栏，包括“我的群众观”电视访谈29期、“我有话要说”电视问政7期、《专项整治进行时》18期栏目，《整改进行时》不定时播出21期，策划播出推动医患互动的节目《卫士》专题，让全县人民切身感受到湘潭县群众路线教育实践活动的成果。作为群众路线教育实践活动的后续巩固，在县委组织部党建办的指导下，首次对乡镇党委书记抓党建履责情况进行述职评议，被誉为“一堂最生动的党课”。

【湘潭县电视台建台20周年庆典活动】 2014年，是湘潭县电视台建台20周年。县电视台组织一系列庆祝活动，活动主要包括出版一本广电志（《湘潭县广播电视志》第二卷）、印制一本广电特刊（《江边有个湘潭县》第13期）、布置一场图片展（“热烈庆祝湘潭县电视台建台20周年”和“湘潭县大事记1994—2014”图片展）、拍摄一部专题片（《传奇—湘潭县广播电视台建台二十周年回眸》专题片）、举办一场联欢晚会（“视觉传达美莲乡——”湘潭县电视台建台20周年联欢晚会）、召开四次座谈会（台庆20周年职工座谈会、台庆20周年退休老干座谈会、台庆20周年现场办公会、台庆20周年座谈会）、开展四次工会活动（拔河比赛、登山比赛、演讲比赛、征文比赛）。9月17日，县长傅国平到广电现场办公，研究解决广电事业发展面临的一些实际困难；9月23日，举行庆典活动，县委书记谢振华等县五大家一把手、市文体广新局局长李冬平、市广电台台长熊兴保、《湖南日报》社湘潭分社社长曹辉等参加座谈会，省直新闻单位第九批10名挂职锻炼编辑记者出席会议。当晚，领导和嘉宾们观看该台干部职工自编自演的联欢晚会。

【湘潭县第四届K歌之王】 K歌之王是湘潭县的一项大型品牌群众文化活动，每两年一届，由县委宣传部主办，县网、县广电台、县报社承办，以群众喜好为准绳，是莲乡顶级音乐赛事。2014年湘潭县第四届K歌之王由“龙畅城市广场”冠名，赛事以“中国梦　莲乡梦”为主题。5月报名，8月18日晚决赛，历时4个月之久，报名选手200多名，经过海选、初选、复赛、决赛等环节，12强进入决赛。选手寻念夺冠。

农村广播“村村响”试点工程安装现场（赵辉林　摄）

【农村广播“村村响”试点工程】 2014年，湘潭县农村广播“村村响”工程为全省第二批试点工程，是各级领导关注的宣传文化阵地和防灾减灾应急广播体系建设工程，纳入湘潭县打造文化强县的重要项目。7月31日，全县广播村村响试点工作协调会议召开，10月完成设备招标，年底建成一个县级平台，3个乡镇广播站，64个村级广播室，设备安装调试在2015年春节前全部完工。

【广电音像资料启动修复】 县广电台组织20多万元专项资金用于抢救建台以来的重要声像档案，6月开始正式启动抢救工作，把建台20年来及青山桥电视转播台的声像档案全部转为数字化信号，实现双份异地保存。档案室建设达到省二级标准。

湘潭县广播电台

【概况】 2008年，经省广电局同意，县广电局调频广播（106.5MHz）发射台由湘潭县易俗河镇凤凰路489号迁至湘潭县响塘乡仙女山（湘广科技字〔2008〕32）。2008年6月27日，县广电局与湖南金鹰之声传媒有限公司签订调频广播频率FM106.5MHz合作合同，合作期限十五年，从2009年1月1日（以正式开播日为准，十五年）起至2023年12月31日止。双方共同承担广播节目联合开发。由湖南金鹰之声传媒有限公司湘潭分公司独家代理FM106.5MHz的广告经营县广播电视台、电台实行《湘潭县新闻》资源共享，并严格执行当日20:00—20:15首播，次日8:00—8:15重播制度以及新闻三审制度。

湘潭县报

【概况】 《湘潭县报》作为县委、县政府权威发布的一个重要平台，履行宣传喉舌作用，围绕中心、服务大局，为县域经济社会发展呐喊助威。以每周一期、对开彩版大报形式，作为内部刊物免费赠阅，每期1万份，发行到县内各乡镇、机关、企事业单位和县籍知名人士。由县广播电视台具体承办，工作人员由县广播电视台内部组合，工作经费由县财政每年预算28万元，其余不足部分由县广播电视台自行解决。全年出版49期，每期四版。

2014年，县报记者在上级媒体上发表稿件39篇。其中通讯《45年如一日照顾瘫痪丈夫　温情坚守换来家庭和谐》被《中国新闻网》和《今日女报》采纳，同时文中的黄桂英家庭入选全国“最美家庭”评选。《致力打造全省标杆型基层海事单位——湘潭县海事工作纪实》发表在《中国海事》杂志上。

《湘潭县报》社维护和打造专业视频网站——《湘潭县视频网》，上传《湘潭县新闻》、各类电视专题栏目、大型活动、晚会和湘潭县报电子版。通过发挥互联网优势，继续强化外宣功能。　（吴竹　黄希群）

（责任编校　杨柳）

卫生·医疗

概 述

【概况】 2014年年末，全县有医疗机构779个。其中，县直医疗卫生单位5个、乡镇（中心）卫生院19个、卫生院分院及医务室139个、门诊部5个、村卫生室542个、个体诊所44个，计生服务站（所）16个，民营医院7个，厂矿职工医院1个，县级医院分院1个。医疗机构开放床位3268张，平均每千人拥有医院床位3.8张。有卫生技术人员4113人。其中，执业（助理）医师1553人，执业护士1420人，乡村医生580人。每千人拥有卫生技术人员4.87人。

2014年，县卫生局全体干部职工凝心聚力、攻坚克难、扎实工作，不断推进医药卫生体制改革，做好农村卫生、公共卫生、医改等重点工作，统筹推进各项工作均衡发展，不断提升全县人民健康水平，促进卫生事业持续健康稳步发展，为县域经济社会发展做出贡献。项目建设顺利稳步实施，全面启动和稳妥推进村卫生室基本药物制度，每千人拥有床位数3.8张，全县参合率为98.34%，在统筹地区新农合政策范围内住院费用补偿率为79.88%，居民电子健康建档率83.36%，儿童免疫规划疫苗合格率以乡镇为单位达到96.7%，产妇住院分娩率100%，5岁以下儿童死亡率6.9‰，卫生监督覆盖率达100%。提前实现小康社会指标。

2014年，湘潭县疾控工作在“省疾控工作会议”上作先进典型经验交流，并创建为“湖南省慢性病综合防控示范区”。县妇幼保健院妇幼健康服务工作被国家卫生和计划生育委员会办公厅评为“全国妇幼健康服务先进集体”，被湖南省妇幼保健与优生优育协会评为“全省优秀基层妇幼保健院”。县卫生监督所被湖南省爱国卫生运动委员会评为“省级文明卫生单位”。

【医药卫生体制改革】 2014年，县内稳步实施国家基本药物制度，534家村卫生室中启动实施国家基本药物制度有523家，覆盖率达97.94%。至年底，基层医疗卫生机构药品累计让利达5130多万元，减轻老百姓就医用药负担。新型农村合作医疗（简称“新农合”）保障实现普惠群众。全县参合率为98.34%。“新农合”共补偿559640人次，各类补偿基金共计3.07亿元。参合农民受益面为68.56%，住院实际补偿率62.95%，统筹地区“新农合”政策范围内住院费用补偿率为79.88%，对20种重大疾病补助累计8129人次。基层医疗卫生机构运行新机制不断完善。成立和完善乡村一体化管理办公室。规范人员聘用和编制管理，完成卫生系统201名工作人员公开招聘工作。加强乡镇卫生院管理，累计化解债务980.26万元。区域卫生信息化建设不断推进。实现县级平台与市级平台以及公共卫生信息系统的对接。完成药品监管系统的入网登记。

【疾病预防控制】 2014年，全县报告法定传染病5076例，死亡率0.42/10万。无甲类传染病报告。累计免费建立居民电子健康档案818749份，建档率83.36%。65岁以上老人规范管理率100%，健康体检率90.04%。儿童免疫规划疫苗合格接种率以乡镇为单位达96.7%，8月龄儿童麻风疫苗及时接种率达95.8%。科学处置突发公共卫生事件流感疫情3起，手足口病疫情2起，布鲁氏菌病疫情1起。完成省、市为民办实事工程，救治救助81位贫困重性精神病患者。加强手足口病、人禽流感、不明原因肺炎、钩体、流感等重点传染病监测工作。加强艾滋病患者、活动性肺结核患者免费治疗工作。启动食源性疾病报告系统，对食品安全开展全方位监管和风险预警。2014年，“湖南省疾病预防控制工作会议”在湘潭县疾控中心召开，湘潭县疾控工作在大会上作先进典型经验交流。

【卫生监督】 2014年，发放卫生许可证121个，查处各类违反卫生法律法规案件76起（非法行医案件

54起、生活饮用水案件9起、公共场所13起)。对医疗卫生、放射卫生、学校卫生、公共场所、生活饮用水、传染病防治等卫生监督覆盖率达100%。检查医疗机构1629户次，调查非法行医单位152家，取缔无证黑诊所29户次，立案查处医疗案件54起。共收缴罚没款29.77万元，没收药品、器械8箱。开展坚决纠正医疗卫生方面损害群众利益行为专项整治工作，查处违规医疗广告8起。对全县244家生活饮用水单位进行卫生监督检查，共监督检查269户次，立案查处生活饮用水卫生违法案件8起。共检查各类学校卫生460家、幼儿园45所。对全县辖区451家公共场所经营单位开展日常性卫生监督检查。量化分级评定312家并进行信息公示。规范136家“五小”经营单位的卫生管理。检查生活美容场所30家。对13家存在违法行为的公共场所经营单位进行立案查处，共收缴罚没款8.3万元。

【医疗服务】 2014年，继续开展“三好一满意”、优质护理服务、抗菌药物临床合理应用、医院感染管理、医疗废弃物处理、医疗质量安全、院前急救等专项整治行动。深入开展非法药品购销行为、大处方专项整治。县级医院共完成32个病种1572例临床路径管理，派驻21人向13家乡镇(中心)卫生院对口支援。县级医院急门诊疗441861人次，住院76711人次，入出院诊断符合率≥95%，乡镇(中心)卫生院门诊诊疗249620人次，住院47485人次，入出院诊断符合率≥90%。继续推进“平安医院”创建工作，定期召开医疗安全质量讲评会，促进医疗质量和服务态度全面提升，配合县医疗纠纷调处中心调处医疗纠纷64起，调处成功率95%以上。

【爱国卫生】 2014年，开展卫生创建活动。全县创建省级文明卫生单位5家、市级文明卫生单位5家，市级卫生镇2家，市级卫生村8家，并组织对2011年以前创建的46家省级文明卫生单位进行复查。深入推进城乡环境卫生整洁行动。建立健全农村环境卫生整治网络，全面实施精细化管理，推进65个村的垃圾分类试点工作。通过持续整治，有效改善人居环境，有力促进美丽莲乡建设。广泛开展病媒生物防制工作。组织发动广大群众治理环境卫生，消除滋生地，大力推进病媒生物防制市场化运作，提高消杀效果，降低以“四害”(老鼠、苍蝇、蚊子、蟑螂)为重点的病媒生物密度，控制相关疾病传播。推进禁烟控烟工作，干部群众控烟意识不断增强，社会控烟氛围逐步形成。

【农村卫生】 2014年，医疗卫生基础建设项目顺利实施。完成县中医院外科综合大楼暨“治未病中心”主体建设，完成梅林卫生院、河口卫生院改扩建项目，谭家山镇卫生院实现整体搬迁。云湖桥镇卫生院整体搬迁项目进入施工阶段，51个村卫生室建设项目全部启动。县急救指挥中心即将投入使用。人才队伍建设进一步加强。培养重点学科带头人5名，引进副高级以上专业技术职称3人。选派业务骨干到县级以上医院进修86人次，参加上级各类培训553人次。完成全科医师转岗培训17人，农村订单定向医学生免费培养定向就业2人，乡村医师本土化培养10人，组织在职人员各类培训共1765人。深入开展“三基”培训和技能比武。全面完成中路铺、石鼓卫生院中医能力建设工程。14家乡镇(中心)卫生院建设数字化整体实验室。

【妇幼保健】 2014年，共有活产9422人，产妇9333人，住院分娩率100%，高危孕妇住院分娩率100%；产妇系统管理率90.25%；早孕建卡率91.12%；农村孕产妇住院分娩补助率100%；叶酸服用率93.50%；婚前医学检查率92.90%；医疗保健机构分娩产妇8730人，活产8756人，剖宫产率38.36%；产妇产前筛查率82.29%；产妇艾滋病抗体检测率100%；产妇梅毒检测率99.93%；产妇乙肝表面抗原检测率99.94%；孕产妇死亡1人，孕产妇死亡率10.61/10万；乳腺癌检查2000人，完成率100%；孕期健康教育参与率85.50%；0—6岁儿童健康管理率91.22%；0—3岁儿童系统管理率87.93%；5岁以下儿童死亡率6.9‰；0—6岁血红蛋白检测率76.66%；新生儿疾病筛查率97.33%；听力筛查率92.30%。 (黎蜜)

医疗机构选介

【湘潭县人民医院】 该医院始建于1939年，是一所集医疗急救、教学科研、预防保健、康复于一体的国家二级甲等综合医院，是湘潭县农村三级医疗网络龙头医院。2014年年末，开设临床住院病区36个，医技药及辅助科室15个，职能科室18个，拥有病床1000余张。承担着全县突发公共卫生事件的应急救治，设有单独的传染病区。医院秉承“人民医院——老百姓自己的医院”的办院宗旨，谨守“厚德、精医、博爱、创新”的院训，传承“自强不息，敢为人先，不甘平凡，只求卓越”的医院精神，以公立医院改革为契机，坚持“以病人为中心，以质量为核心，以发展为主题，以能力为重点”的建设理念，坚持“科技兴院，科学管理”的治院方针，强化全员服务素质，加快基础硬件建设，强化人才队伍建设，强化大病重病综合诊治能力，强化医院内部管理，锐意进取，不断创新，实现跨越发展。医院初步构建起“资源共享、服务前移、双向转诊与技术服务品牌终端渗透”的新格局，发挥医疗“学术领先、管理表率、服务标兵”的县域龙头作用。医院先后获得“全国百姓放心示范医院”“全国卫生系统先进单位”“全国模范职工之家”“全国院务公开示范点”“全国综合医院中医药工作示范单位”等荣誉称号，跨入全省县级医院综合实力前列。医院被列为近三年重点投资建设医院和湘潭市三级医院创建单位。 (黎蜜)

(责任编校 杨柳)

社会民生

人民生活

【概况】 2014年，湘潭县城镇居民人均可支配收入25653元，比上年增长9.0%。工资性收入15864.8元，比上年增长5.7%，对可支配收入增长的贡献率为40.2%，工资性收入占人均可支配收入的比重为61.8%；经营性纯收入5061.4元，增长3.4%，贡献率为7.8%，占19.7%；财产净收入1166.8元，增长42.8%，贡献率为16.4%，占4.5%；转移净收入3560元，增长27.7%，贡献率为35.6%，占14%。城镇居民人均消费支出13120.7元，增长16.8%。消费结构中，食品烟酒支出4368.4元，占33%；衣着支出1222.2元，占9.3%；居住支出2319.8元，占17.7%；生活用品及服务支出859.5元，占6.6%；交通通信支出1452.5元，占11.1%；教育文化娱乐支出1915.2元，占14.6%；医疗保健支出739.6元，占5.6%；其他用品和服务243.5元，占1.9%。城镇每百户居民家庭拥有汽车28辆、电脑90台、冰箱100台、空调136台。年末，人均居住面积为50.6平方米。

农村居民人均可支配收入13344元，增长11.4%。工资性收入6793.4元，比上年增长10.9%，对可支配收入增长的贡献率为48.8%，工资性收入占可支配收入的比重为50.9%；经营性纯收入4036.7元，增长8.1%，贡献率为22.2%，占30.3%；财产净收入251.4元，增长35.7%，贡献率为4.8%，占1.9%；转移净收入2263元，增长17.1%，贡献率为24.2%，占16.9%。农村居民人均生活消费支出10058.8元，增长14.8%。消费结构中，食品烟酒支出3201.9元，占31.8%；衣着支出522.4元，占5.2%；居住支出2439.8元，占24.3%；生活用品及服务支出509.9元，占5.1%；交通通信支出764.1元，占7.6%；教育文化娱乐支出1334元，占13.3%；医疗保健支出1019.9元，占10.1%；其他用品和服务支出266.8元，占2.6%。农村每百户居民家庭分别拥有汽车8辆、摩托车110辆、电脑25台、手机249部、空调71台、冰箱95台。年末人均住户面积为63.5平方米。（谢卫）

人口和计划生育

【概况】 2014年，全县共出生11845人，其中，男性6274人、女性5571人，出生率12.13‰，连续三年保持“国优”，连续四年保持“省模”地位。

落实利益导向政策。年内，全县共发放“两扶一奖”资金765.3万元；独生子女费从原来5元/人/月提高到15元/人/月，共发放独生子女费291万元。启动“关爱失独家庭”扶助制度，补助300元/月/人，共扶助232户，扶助资金83.5万元。筹措慰问金28万元，慰问计生困难家庭和困难计生工作者1425人。深入开展惠民工程，先后制定《计划生育优秀高考学生奖励方案》和《长效节育措施奖励办法》，共为213名计划生育优秀高考学生发放奖励金11万元。对纯女户落实结扎的奖励1000元/例，医院妇产科奖励220元/例，共发放奖励资金45万元。

发挥宣传教育先导作用。先后开展“5·29”协会活动日、“7·11”世界人口日和青春期健康知识讲座进校园系列活动，开通县人口计生局微信公众服务号，“湘潭县人口网”的总访问量已逾150万人次。投入20万元在白石广场公园、凯旋和府小区设立50块公益牌，在县内主要干道新增10块大型公益广告牌，重新修缮“阳光计生”宣传橱窗153块。

规范行政管理行为。湘潭天易示范区出台《征地拆迁计划生育规定》。（明确2014年以后的政策外出生不享受任何征地拆迁安置补偿，未征收到位的社会抚养费在征拆补偿款项中予以代扣，规范征地拆迁违法生育对象管理机制。）加大社会抚养费征管力度。县委常委会专题研究社会抚养费征管工作，明确年底考核乡镇党政主要领导带头抓社会抚养费征收情况。年内，征收社会抚养费同比增长8%。强化举报有奖、B超管理、出生实名登记、联合办案等制度，查处2起“两非”典型案件，出生婴儿性别比得到有效控制。第九届村委会换届选举期间，共审查19个乡镇2490名候选人资格，共取消53个单位、127名个人的评先评优资格。

【综合治理推进年】 加大流动人口区域协作力度，监控平台匹配率99.4%，重要信息反馈及时率100%，办理异地一孩生育证18本。加强实时通系统的快速处理，共录入产前信息6.1万条，发送优生优育信息1.2万条。严格坚持综合治理。明确和细化23个县直计生综治单位的工作职责、责任追究及奖罚措施。卫生部门新农合补偿对象376户，补偿金额88万元；人社部门对农村独女户、两女户家庭增加5元/人/月的农村养老金，为120户计划生育家庭优先安排技能培训和技能补贴；房产部门为计划生育户办理房产登记优惠200元/户；住建部门对施工单位和务工人员严格实行“三册两证”监管制度；对考上全日制大学移民户计划生育家庭一次性奖励2000—3000元。

【计划生育全面竞赛活动】 全面开展全员人口信息数据清理工作，全县空填项减少1.3万条，生养信息空填项减少6.4万条，达到全省先进水平。开展冬、春季优质服务竞赛活动，先后调查57个样本点，达到预期效果。年内，共有4名计生系统干部得到提拔重用；6个乡镇重新明确计生分管领导和计生办主任，队伍结构得到进一步优化。

【优质服务深化年】 在县内广泛推行全程优质技术服务。县站完善和提升服务功能分区，启动开展全程技术服务功能，重点推进孕前型管理，将孕前检查、免费普查和手术随访有机整合，分时段下乡开展普查服务，年内已普查18万育龄妇女，治病9000人次。 （徐戬）

劳动就业

【概况】 2014年，全县实现新增农村劳动力转移就业6933人，城镇新增就业8134人，失业人员再就业1444人，就业困难对象就业296人，农村劳动力转移就业32.4万人，实现劳务收入60亿元，城镇登记失业率控制在4.5%以内。开发公益性岗位415个，发放公益性岗位补贴436万元。组织11家企业赴市参加“百家名企高校行”大学毕业生招聘会，新增高校毕业生就业见习基地3家，50名大学生进入见习基地，缓解高校毕业生就业难题。年内，举办招聘会55场。其中，开展“春风行动”暨“就业援助”和“稳增长促发展”专场招聘15场，例行招聘会40场，提供就业岗位4万余个，为企业和劳动者之间搭建便捷的就业信息服务和交流平台。采用“送培训下乡”、校企合作、工学结合等方式开展职业技能培训，培训总人数5389人。鼓励创业促就业工作，受理创业贷款贴息申请项目214个，申请贷款金额2432万元，支付创业贷款贴息资金105.9万元，涉及返乡农民工、复退军人等创业贷款人员420人。

【职业技能鉴定】 开展职业技能鉴定26次，鉴定人数327人。鉴定工种有中式烹调师、育婴师、工具钳工、维修电工、焊工、车工、数控车工等，其中传统考试23次，智能化考试3次。获得初级职业资格证书231人，中级职业资格证书96人。

【技能人才培训工程】 湘潭县与县职业技术学校签订实施市千名技能人才培训工程（60名）委托培训协议，为湘潭南方电机车等公司开展维修电工、车工、焊工3个工种的技能培训60人。

【劳动力信息采集“百日会战”】 完善公共就业服务信息平台，提高就业服务能力和水平，准确掌握劳动力资源和用人单位就业和需求情况。2014年6月27日至8月29日，县人社局在县内开展劳动力资源信息采集工作“百日会战”。对象为湘潭县户籍劳动力资源信息和辖区内机关、企事业单位和非企业社会化团体用人信息，采集的内容包括劳动力（16—59周岁未办理退休手续）的个人基本信息、劳动技能信息、个人就业信息、参加社保信息；单位的基本情况、已享受就业服务政策、参加社保信息和单位用工需求信息。共采集、录入数据33万条。

【“稳增长、促发展”专场招聘会】 年内，县人社局主办，石潭镇、石鼓镇、龙口乡、河口镇、排头乡、谭家山镇、白石镇、易俗河镇、梅林桥镇、乌石镇、分水乡等11个乡镇协办“稳增长、促发展”专场招聘会15场，提供工作岗位5000余个，累计吸引求职者3000余人参与，现场达成初步就业意向895人。

【第一期女性创业培训】 8月11—20日，由县人社局、县妇联联合主办的第一期女性创业培训班正式开班。培训对象为经营种养殖户、专业合作社、个体户及企业等各经济实体中的妇女，培训37名。培训师资力量是市理工职院创业培训方面的专家。此次培训，有利于增强妇女就业创业、自我发展的信心和能力，鼓励并扶持妇女积极投身经济社会建设，实现发家致富，促进县域经济又好又快发展。

【组队参加市职业技能竞赛】 6月21日至23日，由湘潭市人社局和市总工会联合举办的2014年湘潭市职业技能竞赛在湖南电气职业技术学院举行，全市21支代表队、518名选手参加比赛。县人社局组织县内32名技能选手参加数控车工、车工、加工中心、汽车修理工、育婴师和水环境监测等6个工种8个组别比赛，湖南敏锐科技有限公司傅昭获车工项目一等奖；湖南韶力电气有限公司唐伟和湘潭县就业职业技术学校张振雄获车工项目二等奖；湖南敏锐科技有限公司周友坚获数控车工项目二等奖，湖南泰达天易重工有限公司唐名湘获车工项目三等奖，湖南敏锐科技有限公司刘喜华获数控车工项目三等奖，湘潭北斗汽车销售服务有限公司陈宗龙获汽车修理工项目三等奖。其中，湘潭北斗汽车销售服务有限公司陈宗龙被市人社局和市总工会评为湘潭市“技术能手”荣誉称号。

劳动监察

【概况】 2014年，县内先后开展农民工工资支付、人力资源市场清理整顿等劳动专项执法行动6次，对3家企业开展社会保险扩面征缴执法，优化用工环境。主动监察用人单位165家次，分季度对城区在建建筑工地和房地产企业在建项目进行执法检查，为860名劳动者追讨工资685万余元。新增农民工工资保障金185万元，累计存入保障金917万元，支付农民工工资保障金104万元，较好地保障农民工的合法权益。

【劳动争议仲裁】 年内，受理劳动争议案件103起。其中，工伤待遇争议34起，劳动报酬争议19起，解除劳动关系经济补偿或赔偿金争议45起，其他争议5起。已结案94起。其中，调解56起，裁决26起，撤诉12起，依法中止1起，调解率为72.3%，劳动者获得各类补偿586万元。受理工伤认定案件1050件，结案率100%，现场调查462人次。妥善化解万凯源群体性劳资纠纷，维护劳动者的合法权益。

【劳动关系】 年内，指导50多家用人单位规范用工，组织全县机关、企事业单位相关负责人及人事政工劳资人员200多人进行“规范管理劳动关系”专题培训，从源头上减少劳动争议纠纷。推进工资集体协商，签订工资集体协议211份，覆盖企业544家，覆盖职工13708人，已组建工会组织的企业工资集体协商建制率达88%。启动劳动用工备案工作，湖南大地包装、碧桂园湘潭分公司两家企业申请批准实行特殊工时制，并回访此两家企业。

社会保障

【概况】 2014年，县人社局贯彻落实《中华人民共和国社会保险法》，按照广覆盖、保基本、多层次、可持续的原则，稳步推进扩面征缴，完善社保体系，提高保障水平，加快构建覆盖城乡居民的社会保障体系。至年底，全县参保总人数达到84万人次，自行征缴社会保险金5.03亿元，各项待遇按时足额发放。

【企业职工养老保险】 年内，全县企业养老保险参保人数65624人。其中，在职参保人数45012人，离退休人数20612人。基金收入27501万元，基金支出40500万元。年内，完成2014年企业退休人员基本养老金调待工作，全县有19419名符合条件的企业退休人员月人均增加178元，人均达到1582元/月。推进各类特殊群体参保工作，新增城镇灵活就业人员654人，新增天易示范区被征地农民养老保险参保839人。

【机关事业单位养老保险】 年内，全县机关事业单位养老保险参保人数23323人。其中，在职参保人数15680人，离退休人数7643人。基金收入12620万元，基金支出11926万元。

【失业保险】 年内，全县失业保险参保人数21510人，基金收入939.13万元，基金支出608.08万元。失业人员领取失业金标准由原来的760元/月提高到916元/月。

【医疗生育保险】 年内，全县城镇职工医保参保人数45310人，基金收入11632万元，基金支出11292万元；特殊人群（离休干部、伤残军人）参保438人，基金收入844万元，基金支出1048万元；城镇居民医保实际参保人数51377人，基金收入1625万元，基金支出1872万元；生育保险参保人数27929人，基金收入430万元，基金支出198万元。新增医保定点、协议单位32家，县内就医购药环境更加方便快捷。

2014年1月1日起，湘潭县调整医疗保险政策，进一步减轻人民群众负担。通过大幅提高参保者统筹基金年度最高支付限额，让利于人民群众。基本医疗保险由3万元提高到9万元，大病互助医疗保险由15万提高到25万元。首次住院自负段作适当调整：三级医院由1050元调整为900元，二级医院由县外840元、县内600元统一调整为700元，一级及以下医院仍为500元，再次住院自负段均为300元；进入统筹基金支付标准后，在职人员和退休人员个人负担部分在原有基础上也均有5%—10%等不同程度的减轻；从2014年2月1日起，生育保险政策也在生育医疗费用、产前检查、计生手术等项目上进行调整。组织城镇居民大病门诊补助鉴定，5907人受惠于特殊病种门诊补助政策。

【工伤保险】 年内，全县工伤保险参保人数76902人，新增2211人。基金收入1951万元，基金支出2602.7万元。根据煤炭行业工伤事故频发及职业病确诊情况，经县人民政府常务会研究同意将费率由原来的12元/吨提高到18元/吨。

【城乡居民社会养老保险】 2014年，全县城乡居民社会养老保险登记参保人数530175人，基金收入15497万元，发放待遇161242人，基金支出11510.3万元。从2014年7月份起，城乡居民基本养老保险基础养老金由原来每人每月55元提高至每人每月60元。全面启动第一批农村居民社会保障发放工作，发放农村居民社会保障卡46.4万余张。全县城乡居民参保对象实现社保“一卡通”。 （刘湘云）

住房保障

【概况】 2014年，县住建局强化措施，全力抓好保障性安居工程建设。1.廉租房建设：芙蓉廉租房5–8#楼（上年结转项目）全部竣工，于2014年12月份交付使用。锦园廉租房小区（2014年新建项目），计划总投资2400万元，总建筑面积11174.71平方米，202套。该项目分三年度实施，2014年建设1#、3#楼，总建筑面积3990平方米，计划总投资850万元，年度计划投资750万元，新建廉租房80套，完成投资800万元，为年度计划投资的107%。2.公租房建设：上年公共租赁房结转项目84套已全部竣工。2014年，新增公共租赁住房110套，其中新建102套，6102.7平方米，计划总投资1391.4万元；购买8套，面积478.4平方米，总投资151.4万元。已有8套购改租已投入使用；新开工102套已全部竣工，完成投资1391.4万元，完成率100%。3.廉租住房租赁补贴：年内新增廉租住房租赁补贴保障对象129户，为年度目标任务的430%。全县享受租赁补贴保障户数为768户，累计发放租赁补贴109万元。4.危房改造：制定《湘潭县2014年农村危房改造实施方案》，争取县财政配套农户危改补贴资金。年内完成危房改造1000户，发放补助资金1277.25万元。5.棚户区改造：完成天易示范区赤湖、上马、沿江风光带、吴家巷、水竹等5个城市棚户区改造项目，货币安置棚户区住户120户，拆迁面积96000平方米，项目总投资38400万元。（黄丽）

社会事务

城乡低保

【概况】 2014年，县民政局加强救助动态管理，基本实现全县城乡困难群众各类困难的救助全覆盖，累计救助6万余人次。城市低保保障标准达到380元/人/月，农村低保保障标准达到2400元/人/年。湘潭县人民政府出台《关于进一步加强和改进最低生活保障工作的实施意见》（潭县政发〔2014〕7号）文件。至年底，全县有城市低保对象6069户、9242人，发放保障金及一次性价格临时补贴28862.6168万元；有农村低保对象16728户、33623人，发放保障金及一次性价格临时补贴4483.5775万元。

成立湘潭县社会救助工作领导小组，建立社会救助工作联席会议制度，召开全县社会救助工作第一次联席会议，建立救助申请家庭经济状况核对机制，初步拟定核对办法。

建立社会救助“一门受理、协同办理”机制。以易俗河镇社会救助受理中心为试点，在全县19个乡镇人民政府成立统一受理社会救助申请的窗口。

制定印发《湘潭县2014年城乡低保年审及农村“五保”清查工作实施方案》、《关于全面规范我县农村低保工作的通知》和《关于在全县开展城乡低保“阳光行动”活动的实施方案》等文件，召开全县农村低保规范管理工作会议，安排部署农村低保专项整治工作。年内共清退不符合条件的城市低保对象349户、710人，新批城市低保对象180户、337人；清退不符合条件的农村低保对象898户、2662人，新批农村低保对象2014户、3687人；清退不符合条件的农村“五保”对象665人，新批农村“五保”对象468人。投入资金70余万元，统一更换19个乡镇以《社会救助暂行办法》为主要内容的宣传板块，549个村统一制作安装村级民政事务公示栏，长期公示农村低保和农村“五保”享受对象等社会事务。

【农村“五保”供养】 2014年，全县农村“五保”供养对象9155人，农村“五保”分散供养标准提高到每人每年2640元，累计发放“五保”供养经费及一次性价格临时补贴2812.36万元。出台《关于提高湘潭县农村低保救助和农村“五保”供养标准的通知》（潭县政办函〔2014〕44号）。

【敬老院建设】 2014年，全县投入资金1250万元，新改扩建敬老院5所（白石镇中心敬老院、梅林桥镇中心敬老院、中路铺镇敬老院、石鼓镇中心敬老院、射埠中心敬老院），共增加建筑面积8028.07平方米，新增床位300余张。年内，新入住敬老院老人200余人，全县共有1600余名老人入住敬老院。

救灾救济

【概况】 2014年，湘潭县遭受严重的洪涝、泥石流等自然灾害，19个乡镇全部受灾，受灾人口283459人，紧急转移安置4634人，倒塌房屋1269间，水电、交通、通信、森林、绿化等均遭受不同程度的破坏，直接经济损失13690万元。年内，争取上级下拨各类救灾资金600万元。其中，2013年冬令270万、2014年春荒60万、2014年应急200万、2014年灾后重建70万。发放救灾衣被2000多件。救灾资金严格按照“户申报、村评议、乡镇审核、县审批”的程序进行发放，发放程序做到政策公开、程序公开、对象公开、数额公开，启用“一卡通”发放救灾资金，为全省第一。

2014年，湘潭县在全省救灾救济工作会议上专题汇报救灾资金“一卡通”发放的工作情况。

【农村特困户住房建设】 2014年，湘潭县按照《2014年湘潭市资助农村特困户建房工作方案》的要求，出台《湘潭县关于切实做好资助农村特困户建房工作实施方案》，成立县农村特困户建房工作领导小组，坚持实行各乡（镇）“一把手工程”。年内，全县共有78户农村特困户住房建设、建房补助资金按照农村危房改造重点帮扶对象4万元的标准实行补助，实行指标一次到户，建房补助资金在房屋建设完成并验收合格后一次性拨付到位，共发放补助312万。

临时救助

【概况】 2014年，湘潭县财政预算安排临时救助资金98.5万元，共救助597人，发放救助金85万元。启动“五位一体”医疗救助制度，全县19个乡镇和市、县级27家定点医院全部实行“一站式”即时结算。年内，医疗救助67199人次，列支救助金1397.38万元。

婚姻登记

【概况】 4月，县婚姻登记处被国家民政部评为国家AAAA级婚姻登记机关。年内，先后接待天津、怀化等地民政局来该处学习考察。年内，办理结婚登记7828对，离婚登记1958对，补办结婚登记71对，补发结婚登记1158对，补离71对，出具证明3895份，查档案出证390余人次。

【湘潭县婚姻家庭纠纷人民调解委员会成立】 10月15日，湘潭县民政局与县妇联、县司法局联合成立湘潭县婚姻家庭纠纷人民调解委员会，委员会办公场所设县民政局院内，县法院、县公安局各设一婚姻家庭纠纷调解室，并建立起一支由律师、法官、警官、妇女工作者、婚姻家庭工作者、基层法律工作者、心理咨询师等组成的专（兼）职人民调解员队伍。

福利事业

【概况】 2014年，全县销售福利彩票4670万元，同比增长555万元，增幅13.4%，完成省中心下达目标任务（4350万）的107%，完成市中心下达目标任务（4440万）的105%，完成市中心下达争取目标任务（5000万）的93.4%。依法组织对13家福利企业进行年检，取消1家。开展困境儿童基本生活保障试点工作，审批符合政策条件对象82人。

老龄工作

【概况】 2014年，县内60岁以上人口数为17.21万人，百岁老人有26名。10月1日起，老年人优待证的办理权限下放到乡镇，年内，为全县65岁以上的老年人免费办理“老年优待证”5038本。启动和实施湘潭县基本养老服务补贴制度，为1499名80岁以上的失能半失能贫困家庭的老人提供每人每月20元的基本养老服务，共发放补贴资金35.9万元。完成《湖南省分类指导加快推进全面建成小康社会考评办法》（湘康〔2013〕4号）中提出的基本养老补贴覆盖率的考核目标，累计发放高龄生活补贴220.13万元。河口镇红旗村和双丰村、石潭镇联盟村、易俗河镇百花社区老年协会成为省级养老服务示范点。启动老年人意外伤害保险工作。开展敬老月活动，完成75所农村幸福院建设。

【湘潭县社会福利中心正式启用】 湘潭县社会福利中心于2013年启动建设。该中心位于湘潭县易俗河镇海棠南路390号，占地面积2.93万平方米，总建筑面积2.34万平方米，建有综合服务大楼、残儿托养培训中心、托养中心、儿童助养中心、光荣院大楼。该中心是集养老、护理、康复、医疗、休闲为一体的综合型福利示范基地，可容纳200名城市“三无”老人和孤儿。2014年1月正式运营。年内，入住老人40人。

2014年湘潭县百岁老人情况

表16

姓名	性别	出生日期	地 址
唐与谋	男	1914.12.25	青山桥镇马栏村
曾张氏	女	1913.11.26	杨嘉桥镇蛟托村
张邓氏	女	1914.10.28	杨嘉桥镇羊鹿村
张秀莲	女	1911.6.17	石鼓镇云霞村
朱春英	女	1906.03.15	石鼓镇西冲村
朱桂兰	女	1914.10.15	石鼓镇歇马村
赵菊媛	女	1914.10.31	石鼓镇福霄村
朱秀英	女	1908.10.22	石潭镇八角村栗山组
沈晋钦	男	1913.12.02	石潭镇莲花村麻塘组
向秀英	女	1914.05.09	中路铺镇柳桥村六鸣组
陈吴氏	女	1912.08.17	云湖桥镇寒婆村
唐友元	女	1914.05.06	谭家山镇茅亭村芋岭组
龙淑珍	女	1910.02.28	谭家山镇高塘村有豹组
汤玉池	女	1912.03.09	易俗河镇烟塘村下城塘组
陈友如	男	1914.02.11	易俗河镇山塘村茶林组
王昌佳	女	1910.5.17	排头乡藕塘村
周新兰	女	1910.11.8	龙口乡团建村

续表16

姓名	性别	出生日期	地 址
赵得英	女	1913.12.22	射埠镇高泉村泉湖组
唐富英	女	1914.06.11	分水乡大垅村
方厚生	男	1914.09.06	分水珍鸽村庙湾组
左季秋	男	1914.09.19	分水乡广林村塘湾组
贺保珍	女	1910.06.15	花石镇盐浮村石门村民组
姜德凤	女	1912.11.02	花石镇涓江村公平村民组
程辉芍	女	1913.01.02	花石镇东晓村集中村民组
张李氏	女	1913.02.08	河口镇太和村大同组

慈善工作

【“福彩帮帮帮·助孤行动”】 12月16日，开展“福彩帮帮帮·助孤行动”，争取湘潭市义工联合会通力合作，联系各界仁人志士、企业名流，现场捐赠儿童孤儿15人，平均每人3000元，共计45000元。

【“爱的背包行动”】 11月14日，湘潭县石潭镇古城中心小学举行鸿基金“爱的背包”活动。该活动得到民政部慈善总会鸿基金的大力支持，活动现场为石潭、乌石两镇留守儿童发放书包5000个，价值50万元以上。中国福利基金会理事长刘光和、鸿基金理事长陈伟鸿、省慈善总会常务副会长王振杰等领导出席活动。

2014年，鸿基金为鲁甸地震募集捐款4000元。

【殡葬管理】 2014年，全县火化遗体482具。同时，落实困难群体遗体免费火化政策，为“五保”、低保等特困群体支付遗体运输、遗体火化、遗体冷冻等费用共计75万元。

（龚卓）

乡 镇

云湖桥镇

【概况】 云湖桥镇地处湘潭县西北部，总面积127.9平方千米，辖38个行政村和1个社区，总人口63621人。2014年，完成财税收入2907万元，国税收入1603万元，地税收入1304万元，同比增长19%。农民人均纯收入12965元，增长10%。全年实现工业总产值24.6亿元，同比增长15%；新增规模以上企业2家，规模以上实现工业总产值14.8亿元，同比增长44%；实现规模以上企业利润6912万元，同比增长16%；工业企业技术改造投入完成5.02亿元，同比增长11%；全镇规模工业企业万元产值能耗下降27.5%。

年内，招商引资项目3个，投资额均过千万元，实际到位5833万元。其中，湘潭湘平资源再生科技有限公司8万吨配矿生产线项目成功试产，总投资2000万；湖南正大畜禽湘潭县高湖繁育场被定为湘潭县重点工程，总投资5000万元，已完成投入3323万元；富泰盛业环保有限公司总投资1000万，已到位资金510万元。

全年农业总产值4.7亿元，增加值2.869亿元，增长10.3%。落实早稻面积2866.67公顷，晚稻3040公顷。施用石灰修复治理耕地533.33公顷，粮食总产量4.54万吨。完成造林任务70公顷，中幼林抚育间伐40公顷，义务植树10.5万株。存栏生猪4.94万头，存笼禽8.6万羽。投入水利建设资金628万元，完成水利工程560处，其中山平塘107口，高标准渠道11.3千米，清污扫障119.3千米，新建、维修、改造机埠7处，6个“五小”项目村工程顺利推进。申报和修建人饮水工程3处，解决人饮水困难13000余人。完成35千瓦变电站建设，对5个台区进行配变增容，完成两个村的农网改造工程。壮大特色产业，新增两家专业合作社，形成百灵生猪专业合作社、湘潭县脐橙协会、韶源茶叶种植合作社、炼秋生猪饲养合作社为主的特色产业阵地。安仁村被评为省级林业科技推广示范村；东塘村被评为省级生态家园示范村；行寅贤脐橙、浩丰杨梅基地被评为市级特色林业产业示范基地。培训农民3000余人次；投放各型耕、种、收机械1800台套，新推广插秧机12台，机插面积845.33公顷；累计发放农机购置补贴202台82万元；成立镇土地流转服务中心，流转土地1680公顷。

全镇年内出生640人，符合政策生育率87.2%，多孩率2.65%，性别比107；落实节育措施816例，征收社会抚养费110万元；有序开展“单独二孩”工作；开展孕前优生遗传检查3500人次。参加新农合5.3万多人，参合率95.8%，门诊及住院补偿4.5万人次；城镇居民医疗保险已参保1245人，参加新农保12895人；发放社保IC卡28522张，完成率98.6%；享受城镇低保210户，379人；享受农村低保1029户；五保户421人，资金全部实行社会化发放。完成15项为民办实事项目，其中，新增城镇就业人员474人。良湖中心小学、大安小学、楠竹中学完成义务教育合格学校建设。资助农村特困户建房5户，实施危房改造45户。救治救助贫困重性精神病患者5人，抢救性康复贫困残疾儿童3名，免费为6名贫困残疾人适配助听器。

举办“欢乐潇湘·幸福湘潭·莲乡大舞台”大型群众文艺会演活动和湖南省农村诗词工作经验交流会，选派石井铺村参加全县广场舞比赛；制作近百米文化宣传长廊，刊印《云湖》双月刊6期；开展大型传统龙舟赛。在集中、北岸、立新、云湖社区4个村建设体育健身工程，在响石、移山村等5个村开展农村广播“村村响”试点工作。清风、史家坳、马栏桥、建东、新南村被列为人居环境村，楚家村被评为“美丽乡村”，垃圾分类试点工作成为全市亮点。

落实安全生产责任制。全年检查生产经营企业150次，关闭、取缔非法生产经营单位3家；创建“无邪”“无毒”“平安”乡镇，立刑事案件180起，破获105起，受理行政案件222起。开展党政负责人大接访活动，推进“信访中心户长”责任制，解决各类问题1000余件，接受群众咨询12000人次；完成村“两委”换届，全镇46个村（合并为38个行政村）村级财务及民生工程项目资金管理使用情况进行自查自纠。

开展党的群众路线教育实践活动，创建云湖桥镇政务网“党的群众路线”宣传专栏和16个群众路线教育实践活动示范点，组织党员干部到彭德怀纪念馆进行党的群众路线学习；开展廉政诗词征集活动，征集廉政诗词、楹联20余篇。

2014年云湖桥镇各行政村基本情况

表17

村名	面积（平方千米）	户数（户）	人口（人）	农村经济总收入(万元)	农村经济总费用(万元)	农村经济净收入(万元)	农民人均纯收入(元)
芦塘村	6.5	626	1866	3512.32	2144.1	1368.22	12952
烈马村	7.1	598	1871	3516.85	2137.34	1379.51	12951
天鹅村	6.0	634	1902	3805.86	2284.5	1521.36	12971
楠竹村	3.3	777	2364	4766.95	2883.48	1883.47	13011
北岸村	4.5	620	1806	3689.45	2177.56	1511.89	13125
高湖村	2.9	364	1103	2611.35	1676.1	935.25	13001
良湖村	3.1	472	1396	2601.26	1678.72	922.54	12966
望梅村	5.1	809	2474	4786.76	2898.55	1888.21	12958
建东村	2.0	368	1152	2211.54	1358.08	853.46	12969
建新村	3.1	413	1326	2608.56	1683.91	924.65	12958
移山村	2.4	443	1331	2669.71	1714.35	955.36	12965
立山村	2.4	456	1397	2653.14	1707.27	945.87	12961
塘湾村	3.3	662	2043	4256.18	2623.4	1632.78	12975
史家坳村	4.8	665	2084	4015.26	2486.71	1528.55	12970
清风村	2.4	502	1543	3123.28	1999.65	1123.63	12976
狮山村	5.0	718	2172	4120.52	2498.31	1622.21	12966
烟山村	3.6	444	1272	2342.18	1475.96	866.22	12975
古湖村	3.6	495	1460	2645.62	1703.29	942.33	12945
大安村	3.6	455	1353	2511.26	1578.57	932.69	12900
天星村	3.0	341	1004	2006.11	1153.97	852.14	12901
响石村	4.7	660	1994	3882.76	2356.87	1525.89	12966
石家村	3.5	485	1471	2811.85	1810.62	1001.23	12970
熊家村	3.0	454	1369	2463.89	1553.64	910.25	12950
黄金村	3.6	499	1459	2589.52	1649.98	939.54	12941
东塘村	4.6	626	1914	3885.67	2357.09	1528.58	12951
石马咀村	2.9	480	1428	2905.23	1785	1120.23	12982
楚家村	2.2	324	1028	2304.11	1417.75	886.36	13002
云湖村	2.5	554	1649	3218.63	2005.76	1212.87	12896

续表 17

村名	面积（平方千米）	户数（户）	人口（人）	农村经济总收入(万元)	农村经济总费用(万元)	农村经济净收入(万元)	农民人均纯收入(元)
石井铺村	4.5	944	2941	5818.33	3706.12	2112.21	12972
新南村	2.0	467	1493	2811.47	1805.84	1005.63	12968
飞轮村	3.3	503	1572	3052.19	1928.63	1123.56	12952
集中村	1.0	358	1096	2098.66	1232.82	865.84	12951
王家湾村	2.0	401	1181	2216.42	1383.86	832.56	12966
七里村	1.9	494	1540	3352.11	2029.26	1322.85	12983
侯家村	1.8	372	1124	2024.15	1163.83	860.32	12945
税湖村	2.3	417	1266	2255.24	1439.98	815.26	12950
马栏桥村	2.4	337	1061	2164.21	1362.65	801.56	12965
铁炉塘村	2.0	384	1170	2256.78	1429.09	827.69	12966

【湖南省农村诗词工作经验交流会】 10月13日，湖南省农村诗词工作经验交流会在云湖桥镇举行。中华诗词学会常务副会长李文朝将军，省人大原副主任朱东阳，省诗词协会会长赵焱森，省委组织部原副部长、省人社厅原厅长、省诗词协会第一副会长彭崇谷，市委副书记李江南，市委原副书记杨慕如，市委常委、宣传部部长蒋锋，市政协副主席、市文联主席李光泉，市政协原副主席刘声耀，县委副书记周艳希，县委常委、宣传部部长刘耀奇，全省14个地州市的诗词协会及其农村诗社负责人出席会议。云湖桥镇作为全省首家乡镇文联和“中华诗词之乡”，在会上作典型发言。 （胡超均）

石潭镇

【概况】 石潭镇位于湘潭县西部边陲，北接云湖桥镇，南临乌石镇，东临杨嘉桥镇和射埠镇，西接湘乡市东郊乡。320国道和湘黔铁路复线与涟水平行，横穿北部，“韶茶”“湘湘”两条县级公路干线从镇内经过，贯通南北与东西。镇域总面积124.87平方千米，耕地面积4304.33公顷，其中水田4082.27公顷、旱地222.06公顷。辖4个管区，37个村、5个居委会，630个村（居）民小组，2014年年末总人口数7.4万人。

全年实现规模企业总产值6亿元，规模企业产销率99.8%，能耗下降幅度15%，固定资产投入2.3亿元，其中技术改造投入2亿元，实现旺润玻璃续投资800万元。实现财政总收入3248万元，国地税收入1561万元（其中国税142万元，地税1419万元），同比增加261万元，增长20%。坚持执行国库集中支付，严格执行公务消费指标管理制度，同比压缩80万元。全年采集劳动力信息4.3万条，转移农村劳动力2.3万人，实现劳务收入4.51亿元，农业总产值达7.29亿元，增长6%；农民人均收入达12776元，同比上升9.5个百分点。年内，该镇获批“全县财政支持农业全程社会化服务试点乡镇”。

全镇早晚稻种植面积8266.67公顷，粮食总产6.03万吨，发展种粮大户60户。高档优质稻种植2133.33公顷，同比增加266.67公顷，亩平增收70元。2万亩农业全程社会化服务试点成功起步，推广插秧机11台，实现机插秧面积571.73公顷，连续八次获“湘潭市粮食生产先进乡镇”。推广各类大中型农业机械65台，完成农机购置补贴228.3万元，共计606台。全年发展生猪44万头，存栏生猪13万头，出栏生猪31万头。推荐24户规模养殖户享受湘潭县生猪调出大县奖励资金130万元，全镇良种覆盖率达到91%以上。

全年实现耕地流转面积1586.67公顷，发展中塘、通湖等5处西瓜、蔬菜特色基地。加强和指导农民专业合作组织规范建设，新增7家，累计达31家，其中6家已成为省市县示范性合作组织。群众自主开展庭院绿化，全镇“三边”绿化14.6千米。

全年添置主干道路灯110盏，完成镇区4处公共绿化休闲广场的建设改造，街道补植绿化苗木300余株；农业银行至石潭大道交汇处长约1.1千米道路改造全部竣工；建设1.08千米污水管网工程；完成自来水主、支管网改造建设32千米。

推进城镇管理体制改革，组建成立石潭镇综合执法中队，完成《石潭镇核心区控制性详细规划》的编制，命名并安装镇区街道路标、楼栋门牌。控制全镇新增违法用地，完成建筑面积5万余平方米的违法用地摸底造册工作。年内，该镇获批“全国重点镇”。

全年共计完成各类水利工程672处，投入劳动工日64万个，移动土石方61万方，高标准渠道建设16千米，万方以上骨干塘77口，完成渠道清污扫障171千米。投入52万元，落实移民后扶工程11处。全长4.5千米的马黄线公路硬化竣工通车。完成村组道路硬化20千米。建设户用沼气池40口、中型沼气工程4座。

新建农村幸福院4所，白托敬老院维修改造及两所敬老院道路硬化竣工。落实新型农村养老保险和合作医疗政策，新农保参保率100%、新农合参合率96%。2014年，通过国务院医改办督查。落实危房改造54户。规范组建村级残疾人协会，残疾人康复器材添置齐全，获批“全市残疾人服务示范乡镇”；建设伍子醉、口味王两家槟榔食品企业生产基地，解决农村剩余劳动力就近就业500人。

彩虹等3所小学“合格学校”通过验收，关闭5所非法办园幼儿园，教育教学质量连续5年名列全县前茅。加强农家书屋免费开放管理，坑山、杨梓、中塘9.8千米有线电视网络干线光缆改造竣工。镇供电营业所通过省“示范所”验收考核。

开展“欢乐潇湘·幸福湘潭·莲乡大舞台”大型群众文艺会演活动；举办“五四”青年节“我的中国梦”主题演讲比赛以及“青春正当时”主题文艺会演；连续免费印发《石潭政报》15期，出版《石潭文史》第四辑、《石潭诗词》第三辑；3人入围县首届“道德模范”系列人物，计生专干张红波获县级“最美群众贴心人”和市级提名奖。

落实“一岗双责”“党政同责”责任制，开展“六五”普法宣传教育，开展平安创建，打击刑事犯罪，侦破刑事案件231件、办结治安案件229件；发挥三调联动作用，推进巡回法庭办案，排查矛盾纠纷365件，调处359件；开展百日攻坚战，化解县交办事项和信访积案4个；落实各类特护期稳控措施，加强突发事件处理，实现非法进京零上访；社会管理综合治理民意调查排名全市第四、全县第二。

坚持民主科学决策，落实“三重一大”和“三不一末”制度；依法依程序开展支村两委换届选举和行政村合并调整工作，支村两委力量选优配强；践行党的群众路线教育实践活动，开展大走访，收集各类社情民意1815条，重点开展“走读”治理、改进文风会风等10项专项整治行动，精简会议文件30%。

培养入党积极分子47名，发展预备党员24名，表彰先进基层党组织6个，优秀共产党员76名；普庆村党支部被县委评为先进基层党组织；冯香元和黄海朋被评为县级优秀共产党员。

2014年石潭镇各行政村基本情况

表18

村名	面积(平方千米)	户数(户)	人口(人)	农村经济总收入(万元)	农村经济总费用(万元)	农村经济净收入(万元)	农民人均纯收入(元)
古云村	2	481	1891	7048.69	4313.80	2734.89	14990
古城村	2.4	540	2284	6392.84	3912.42	2480.42	13676
莳竹村	2.5	547	2074	5951.25	3642.17	2309.09	12800
联盟村	2.7	625	2651	5943.84	3637.63	2306.21	12776
兆托村	2.5	608	2480	5998.45	3671.05	2327.40	12860
托下村	2.4	620	2320	5990.14	3665.97	2324.17	12865
九龙村	1.7	304	1188	5883.87	3600.93	2282.94	12670
通湖村	2	386	1543	5945.22	3638.47	2306.75	12780
莲花村	3.8	426	1680	6088.45	3726.13	2362.32	13060
白龙村	3.4	494	1732	5721.14	3501.34	2219.80	12421
分水村	3.7	350	1349	6025.59	3687.66	2337.93	12750
向韶村	3	600	2145	7174.88	4391.03	2783.85	15220
芙蓉村	3.2	645	2580	6035.63	3693.81	2341.82	12950
八角村	3.3	637	2548	6388.38	3909.69	2478.69	13507
青和村	5.3	500	1930	5598.98	3426.58	2172.40	12085
枫树村	3.3	203	736	5560.46	3403.00	2157.46	12060
甘露塘村	3.4	344	1200	5536.85	3388.55	2148.30	12020
列家桥村	3.8	500	1700	6013.82	3680.46	2333.36	12923

续表 18

村 名	面积(平方千米)	户数(户)	人口(人)	农村经济总收入(万元)	农村经济总费用(万元)	农村经济净收入(万元)	农民人均纯收入(元)
龙泉村	2.8	310	1140	5712.72	3496.18	2216.54	12322
中新村	4.8	610	1980	5545.92	3394.10	2151.82	11988
毛塘村	4.1	401	1380	5568.56	3407.96	2160.60	12025
洪望村	5	365	1358	5492.06	3361.14	2130.92	11859
屯下村	3	365	1358	5720.89	3501.18	2219.71	12320
普庆村	2	265	970	5997.92	3670.73	2327.19	13138
双马村	4.2	510	1783	5882.94	3600.36	2282.58	12891
马桥村	4.3	548	1820	5535	3387.42	2147.58	12750
草塘村	4.1	438	1738	6054.36	3705.27	2349.09	12954
饶田村	3.9	428	1628	5272.1	3226.53	2045.57	12765
坑山村	4	310	1245	5256.81	3217.17	2039.64	12520
杨梓村	1.9	376	1535	5076.63	3106.90	1969.73	12340
中塘村	3.9	386	1390	6093.59	3729.28	2364.31	12975
紫涟村	3.3	589	2350	5536.74	3388.48	2148.26	12755
白托村	2.5	540	1800	5537.04	3388.67	2148.37	12756
光荣村	2.6	442	1642	5040.26	3084.64	1955.62	12239
文佳村	3.1	495	1825	6506.56	4093.68	2412.88	13302
新庄村	3.4	458	1700	5027.64	3076.92	1950.72	11746
新合村	8.1	765	2900	5364.36	3282.99	2081.37	12654

【石潭镇入选全国重点镇】 石潭镇位于韶茶、湘湘两条干线公路交汇处，地理位置优越，镇区面积3.5平方千米，城镇人口2.2万人，城镇化率达32%。2006年被列为湖南省小城镇建设示范镇，2012年获批全国第三批发展改革试点城镇。2014年8月1日，国家住房和城乡建设部等多部门联合下发通知，重新确定3675个镇列为全国重点镇，石潭入围。

【鸿基金"爱的背包"活动】 11月14日，鸿基金关爱留守儿童成长计划之"爱的背包"走进湖南首站——湘潭县站。捐赠组一行来到石潭镇古城中心小学开展爱心捐赠活动，为石潭镇和乌石镇的小学生们送上"爱的背包"。此次活动，主要针对石潭和乌石18所小学的5000名留守儿童进行捐赠。鸿基金"爱的背包"包含1个带有反光条的安全书包，1本儿童教育专家推荐的课外图书，以及1把爱心手电、1本家庭相册、24个贴好邮票的信封和1张课程表。中国社会福利基金会理事长刘光和、鸿基金理事长陈伟鸿、省民政厅副厅长、省慈善总会副会长李劲夫，市领导李江南、县领导傅国平、谭捍卫等参加活动。

【财盟大厦建设项目落成】 该项目位于镇南区中心街南端与湘湘干线交叉路口，同紫瑞花园电梯楼隔路相矗。由地下车库和7层电梯房构成，占地面积1500平方米，总建筑面积8000平方米，总投资3500万元。大厦于2013年10月动工兴建，涉及五大分项目，即"购物广场、娱乐歌厅、网络会所、宾馆住宿、商务会所"。其中设在一楼、二楼的湘江购物广场，由诚信、鹏泰两家连锁超市股东投资创建。2014年年底，该项目所及五大分项目已全部开始运营。

【科能现代农业科技发展有限公司落户石潭】 湘潭科能现代农业科技发展有限公司落户向韶村，占地面积5.33公顷，范围涉及该镇向韶村谢家、石家和山脚下3个村民小组，是石潭镇招商引资的重点项目。2013年下半年开始引进，2014年进入全面启动阶段。该项目计划投资5000万元，已完成投资2000万元，将建成集农业观光、淡水鱼养殖、餐饮、休闲娱乐于一体的特色生态农庄。该项目整体布局和设计已基本定局，水利设施建设基本完成，办公楼主体工程完工。

【梅桂园项目启动】 梅桂园位于莲花村，园区规划面积80公顷，计划投资3500万元，建成集花卉苗木、无公害化蔬菜瓜果、淡水鱼养殖、农业观光、休闲娱乐于一体的农业综合开发生态示范园。2014年年底，基础设施建设已基本完成，山地成形高标准梯田86.67公顷，培育苗木7.5万株，栽植树木1.3万棵，实际总投资1300万元。

【张伏秋被评为湘潭县首届道德模范】 （见人物·荣誉录“湘潭县首届道德模范【张伏秋】”）

【罗艳兰被评为湘潭县首届道德模范】 （见人物·荣誉录“湘潭县首届道德模范【罗艳兰】”）

【张红波被评为湘潭县最美群众贴心人】 （见人物篇·荣誉录“湘潭县最美群众贴心人【张红波】”）

（张波）

乌石镇

【概况】 乌石镇位于湘潭县西南部，东与锦石乡相邻，南与排头乡接壤，西与湘乡市近邻，北与石潭镇相连，距县城约40千米，彭德怀元帅的故乡，湖南省著名旅游乡镇。2014年，全镇总面积97.4平方千米，耕地面积2143公顷，其中水田1971公顷，旱土171公顷，林地4983公顷。辖26个村民委员会，1个居委会，390个村民小组。总人口数3.88万人，共1.06万户。有43个基层党支部，党员1247名。

全镇工业总产值3.63亿元，规模企业总产值3.84万元，同比增长25.8%，规模企业产销率达到99.9%。完成国税收入171万元，地税收入591.1万元。规模工业万元产值能耗下降率12.5%，规模企业利润1160万元。固定资产投资2.25亿元，招商引资到位资金700万元。

全年粮食作物播种总面积3997公顷，总产量3.24万吨，种植玉米32.7公顷，薯类80公顷，冬种油菜466.7公顷，瓜果蔬菜类60公顷。双庙村湘米工程高档优质稻万亩示范片，华江家庭农场等种粮大户，新发展群奇养蜂专业合作社，农民专业合作组织总数达到19家。农机补贴200余台，补贴资金30余万元。出栏生猪8.6万头，家禽21万羽。动物防疫密度达到97%以上。义务植树10.6万株，长防林人工造林15.3公顷，公路绿化14.5千米、水渠绿化2.5千米、庭院绿化536户；生态公益林保护建设完成总面积1200公顷；启动乌石峰周围沿线的乌石、寺冲、联塘、珍珠等7个村林区防火隔离带规划及建设。

启动特色小城镇建设，在镇区道路两旁设置高标准垃圾桶，规范统一制作商户门店招牌，不定期对镇区路灯进行修复，重点做好镇区空地硬化、绿化，改造镇区地下排水管网，污水处理厂正常运行。新建沼气池60口；硬化道路52千米；完成斑竹村农网改造；抓住国家“村村通”工程建设机遇，全面完成与县数字电视信号联网工程；成立上石坝水库西支渠、北支渠两个用水户协会，加强上石坝水库灌区的防汛抗旱工作，完成水利工程建设655处，高标准建设骨干山塘72口，高标准渠道建设10千米，清污扫障130千米。投入资金181.61万元的人饮水三期扩建工程已经完成，解决3500人饮水安全问题。投资220万元的占地1900平方米的镇中心幼儿园投入使用。

新农合参合率超过95%。全镇共有2.58万人次，补偿金额达1384万元。新农保参保3.3万人，完成率95.6%。发放低保、“五保”人员生活费用逾200万元。扩大就业，完成农村劳动力转移282人；组织农民工技能培训4期，召开现场招聘会3场；社会保险面扩大，新增企业养老保险18人、工伤保险22人、城镇居民医疗保险264人。年内出生448人，免费为全镇育龄妇女服务1.44万次。

落实社会治安综合治理各项措施，排查各类矛盾纠纷86起，调处率100%；调处成功85起，成功率98.8%。基本实现“小事不出村，大事不出镇，矛盾不上交”的工作目标。全年接待群众来访282起，其中领导接访116起，到市、县上访32人，未发生重大集体访、越级访、赴省进京访。成立一支由2两名机关干部组成的民兵应急分队，统一着装，不定期进入村组主干道巡防。2014年，社会治安综合治理民意调查取得全县第四全市第六的好成绩。

创建市级安全生产示范乡镇，制作《安全生产宣传手册》1.1万份发放到农户，先后开展校园安全、企业生产、公路客运、食品卫生、烟花鞭炮、加油站、网吧等专项检查整治行动。全面落实安全生产“党政同责、一岗双责”制度和“联校、联村、联企”三项联系制度，实行党政领导班子带队检查安全生产，实现全镇全年安全生产事故零发生，成功创建市级安全生产示范乡镇。

开展党的群众路线教育实践活动，走访2300余户，收集到各类意见建议340余条，针对收集的问题，逐一进行整改落实；“强基”工程持续深化。3月，全面完成26个村的支委换届工作及8个行政村合并调整，并组织新一届村支两委的培训工作；根据基层党组织分类定期标准，对27个村（居）党支部进行摸底分析、分类定级，有针对性地提出改进提高措施。设立村（居）党组织专项活动经费。党建工作经费25元/人/年，列入镇财政预算，确保经费到位。坚持党员发展标准，严格按照“2233”制，把好党员入口关。建立健全“服务、帮扶、管理、教育”四位一体的党员服务管理机制。开展“千万帮扶”和“双联共建”活动，建立党员与困难群众“一帮一”帮扶体系。强化干部作风，推进党风廉政建设。在“村账镇代管”的基础上，成立村务监督委员会，按照村民自治、村务公开、民主管理的原则，完善和规范镇村财务管理工作。

【农村环境整治经验在全市推广】 加强农村环境卫生宣传，推进环境卫生整治常态化，明确一名村委主要干部为环保专干，负责本村的环境治理检查、评比等工作，完善和健全评比检查机制，探索农村生活垃圾分类处理机制，成立湘潭县首家乡镇农村环保专业合作社和旗头、石峰、铁山、景泉、龙塘等5家环保专业合作分社，实现垃圾分类处理“网格化”运营，做到废弃垃圾不出村组，可回收垃圾集中。投入资金，将镇区垃圾桶升级为更为方便的体现镇域特色分类垃圾桶，在镇区新建垃圾集中焚烧屋1个，定期收集垃圾集中焚烧，减少垃圾转运量，实现垃圾减量化。环保合作社垃圾分类处理的成功经验作为典型在湘潭市新闻频道播出并在全市推广。（丁洁）

2014年乌石镇各行政村基本情况

表19

村名	面积(平方千米)	户数(户)	人口(人)	农村经济总收入(万元)	农村经济总费用(万元)	农村经济净收入(万元)	农民人均纯收入(元)
天明村	3.3	435	1374	2028.7	1438.7	590	12138
双庙村	5.7	611	2251	4063.4	2881.8	590.8	12156
龙塘村	3.3	383	1454	2042	1448.2	593.8	12218
联塘村	3.3	328	1159	2028.6	1438.7	589.9	12138
铁山村	3.3	375	1318	2009.7	1425.4	584.3	12023
乌石村	3.7	566	2010	2046.3	1451.2	595.1	12243
寺冲村	4.3	519	1978	2027.9	1438.2	589.7	12133
旗头村	3.6	446	1607	1589.3	1127.1	462.2	9509
明德村	3.2	344	1260	2010.3	1425.7	584.6	12028
龚泉村	3.4	356	1138	2011.3	1426.4	584.9	12034
平山村	3.8	522	1790	4075.1	2890	592.6	12191
狮龙村	3.1	330	1224	2021.3	1433.5	587.8	12094
安平村	3.9	413	1391	1989.7	1411.1	578.6	11905
槐塘村	4.3	399	1350	2014.9	1429	585.9	12056
岳冲村	2.9	306	1031	1703.5	1208.1	495.4	10192
景泉村	5.8	558	1911	1714.3	1215.8	498.5	10257
四美村	3.4	364	1359	1734.6	1230.2	504.4	10378
石峰村	3.4	410	1569	3469.7	2460.6	504.6	10380
双雲村	7.1	361	1417	3523.6	2498.9	512.4	10541
斑竹村	3.1	290	1090	2017.2	1430.6	586.6	12069
珍珠村	2.4	345	1043	1817.9	1289.2	528.7	10876
大塘村	4.3	477	1663	1901.1	1348.2	552.9	11374
九节龙村	2.6	296	980	1860	1318.8	541.2	11126
洪家山村	2.2	237	907	1818.2	1289.2	529	10876
奇才村	3.4	310	1060	1485.4	1053.4	432	8888
羊塘村	4.7	504	1766	1796	1274	522	10752

5月20日，乌石镇成立全县首家环保合作社 （谢阳 摄）

杨嘉桥镇

【概况】 杨嘉桥镇地处湘潭县西部，因当地邓家坝村有一座桥名曰杨嘉桥而得名。该镇东、南面与河口镇相连，西靠石潭镇，北接姜畲镇，距县城15千米，距湘潭市区8千米。湘黔铁路位临其旁，107国道、湘湘干线贯穿其境，潭衡西线高速公路途经镇10个村，已规划的湘潭市西二环线纵穿镇8个村，交通十分便利。该镇农业以种粮食、蔬菜、发展农副产品为主。羊鹿茶曾多次获国家、省、市各类奖项。工业以海泡石、石灰石为主，特别是海泡石矿藏十分丰富，占全国90%以上，为全国之最，该镇也因此被誉为“中国海泡石之乡”。镇域总面积115.92平方千米，其中陆地100.34平方千米，水域15.29平方千米，耕地面积3739.54公顷，其中水田3973.33公顷，旱地666.87公顷，人均0.07公顷。辖杨嘉桥、峡山口、荆州、雁坪4个管区，38个行政村，1个社区，2个居委会，585个村民小组，11个居民小组，16915户，62259人。2014年，财政总收入3136.9万元，财政总支出3126.8万元。实现财税收入1300万元，其中，国税收入720万元，地税收入588万元；完成“两会”清收15万元。全镇人均纯收入12788元，农民人均收入达11053元。城镇化率35%。

新增规模企业2家、转入规模企业1家。全镇12家规模企业完成总产值6.37亿元，同比增长39%。完成固定资产投资3.35亿元，新增就业人员239人。新增工业及技术改造投入，年内实际完成3.35亿元，占年计划的116.6%。全镇企业做到万元产值降耗10%，规模企业做到万元产值降耗18.6%左右。新引进项目3个，建成项目4个，完成招商引资到位资金15038.22万元，其中，新建项目到位资金12538.02万元，续建项目到位资金2500万元。县委、县政府提出“一区带多园”的发展思路，成立“天易示范区杨河工业园管委会”，指导武广长廊中小微企业集群的发展建设。该镇抢抓机遇，利用独特的区位优势，本着因地制宜、注重特色、有序推动的原则，在产业上与天易示范区互补，借助天易示范区的政策和品牌优势，推进园区建设发展。成立机构，规范管理。成立工业园区建设指挥部，挑选责任心强、业务素质高的干部组建园区办，专门负责园区范围内的管理工作。坚持规划引领、科学发展。按《湘潭县杨河组团小城镇核心区控制性详细规划》，严把企业入园关。有8家企业在园区签约落户。投资58万元，完成园区500米长排污管道工程一期建设；投资80万元，拉通300米长、15米宽的园区大道；投资80万元，完成3.7千米的园区高压线架设，并建成通电，总容量为3000千伏安，可满足6—10家中等规模企业正常使用。

重点工程在建项目9个，其中金峰长生陵园、金峰生态农业、金农农资、华绿生物科技、杨河工业园区5个重点项目建设进展顺利。

完成农业产业化产值54735万元，增长18%。全年发展双季稻面积6667.07公顷，粮食总产量10.5万吨，推广优质稻面积3000公顷；集中育秧面积180公顷，辐射周边村组种植面积近400公顷；耕地质量修复重金属污染治理20个村、总面积1737.2公顷；培训新型农民4户、培养种粮大户55户、粮食专业化合作组织4家、家庭农场3家；农民专业合作组织37个，其中新增农民专业合作组织5个，提高周边农户的种粮积极性。新湘、三合村新增6.67公顷西瓜基地；渡口村新增20公顷菜藕基地；白云村新增6.67公顷油菜示范基地；金凤村新增20公顷优质稻生产基地；叠福村和金马村新增66.67公顷高档优质稻基地。渡口村商品蔬菜面积达26.67公顷，正福、新福村商品蔬菜基地达20公顷，亩平纯收入4万元左右。

投入1200余万元，完成省通畅工程项目16.223千米乡道和7千米村道硬化；整合筹措各类资金1500万元用于水利建设，争取国家农村人饮安全项目工程建设峡山口水厂，可解决峡山口管区10个村、峡山口街及附近单位2.4万人的安全饮水。完成三合、花围、洪托、福星、震福等村的农网改造；新增有线用户220户，实现全镇全覆盖。互联网入户率达到30%；新建沼气池220个，沼气池总数达8800个；改卫、改厨、改厕率达75%。完成工程610处，完成土石方62万方，完成劳动工日62万个；完成金桥、乌石、旷家、同福、叠福、羊鹿等6个“五小”水利项目村建设任务；完成1个小农水水利建设任务；全面检修全镇11处15台排渍机、完成高标准渠道建设8千米、重点水毁水损工程恢复5处、河坝改造3处、机埠改造2处；投入700余万元建设峡山口人饮安全项目工程；全年累计投入水利建设资金1500余万元。增设农村环境卫生整治办，按照月检查、季讲评、严考核的相关要求，加大对农村环境卫生的整治力度。投入120万元用于农村环境卫生整治工作，建立完善环境卫生整治长效机制，迎接市整治办明察暗访若干次，县整治办明察24次，改善农村人居环境的卫生状况。

举办计生业务知识集中培训6期，创新建立计生干部QQ群和手机微信群，方便业务交流。推进村级计生专干竞争上岗工作，聘任新一轮计生专干。加强计生服务所硬件设施建设，提高计生综合服务能力。落实计划生育各项政策，发放独生子女保健费17.3万元；新增享受国家奖励扶助政策57对；享受独生子女特别扶助政策6对；享受城镇独生子女奖励扶助200人。落实各种节育措施共838例。全镇出生710人，出生率11.24‰，人口自然增长率3.58‰，性别比105.8。计生排名全县第5名，实现计划生育保类进位的目标。

全镇现有农村低保2285人，城镇低保651人，农村“五保”663人；共发放低保、“五保”、各种优抚款、临时救灾救济款累计达240余万元；完成荆洲村、石旗村、新福村和西花村等4个农村幸福院的建设，已通过县级验收。社会保障体系不断完善。新农保参保1.75万人，参保率80%；新农合参合5.4万人，参合率94.8%，实现城镇基本医疗保险、新农合、新农保基本覆盖。开展“春风行动”，通过组织各类招聘会，达成就业意向500余人次。全年实现农村劳动力转移就业513人，完成目标任务的103%。

教学质量稳步提升，文化卫生事业不断完善。该镇中考成绩居全县第4名；适龄儿童入学率和小升初均为100%；加强学校基础设施建设，投入152万元，完成镇中心小学排水管道建设；投入40余万元，完成镇中学礼堂建设。文化活动丰富多彩。三合、旷家、渡口、叠福4个村实施“亿万农民健身工程”；全镇38个村全部建设“农家书屋”；5月29日举办“欢乐潇湘·幸福湘潭·莲乡大舞台”杨嘉桥镇专场大型群众文艺演出活动，共有20个村的22支文艺队参加演出。医疗卫生服务水平大幅提升。为4.9万村民创建健康档案，并规范录入电子文档。对慢性病、传染病的防治工作进一步加大力度，加强对儿童健康、孕产妇健康和重性精神病的管理。

落实为民办实事项目14项，其中省实事项目9项、市实事项目5项，分解到10个责任单位具体落实。投入300余万元，建设三合小学、洪坪小学、雁坪中学3所义务教育合格学校，完成相关硬件和软件建设，验收合格；累计投入资金69.3万元，完成56户的农村危房改造任务。

设立“群众接待咨询台”，每个工作日安排两名工作人员值班，为来访群众答疑解惑，开展引导服务，并建立服务台账。年内接待来访群众200余人次，受理事项200多件，其中现场办结和解决事项180余件，机关工作效率得到显著提高。

制定机关管理制度、财务管理制度和对管区、机关干部、村、村专职干部的绩效考核办法，确保有章可循。坚持民主集中制，重要事项决策充分发扬民主。召开班子民主生活会两次，开展党的群众路线实践活动。实行青年干部培养制度，采用集中学习、交流等方式有力提升青年干部工作水平。实行党政实职联系老干部制度，全面落实老干部的政治待遇、经济待遇，优先解决老干部欠发工资。加强党员管理，切实加强基层组织建设。严把党员“进口”关，落实“2233”制发展25名新党员，培养入党积极分子28名。畅通“出口”关，对4名违纪党员依法依规进行查处。支村两委换届，选优配强村级班子成员，新一届支部书记平均年龄47.9岁，38名村委会主任中大专以上文化程度5人。整治软弱涣散党组织2个村。利用远教站点、农家书屋等平台，组织党员学习政策法规、科技文化、实用技术，并开展“机关事业单位在职党员到村报到”“双联共建”等活动，推进基层党建工作。加强活动载体建设。实施“五小设施”建设，充分利用现有闲置房屋等资源进行装修或改建，改善政府机关基本生活设施。同时镇财政安排专项经费先后3次对全镇38个村的远教设备进行维护，确保设备运行正常。

落实党风廉政建设党委主体责任和纪委监督责任，层层签订廉政责任书80余份。加强村级财务管理，镇成立财务审计组，加强对镇属单位及村（社区、居委会）资金、账务的管理与监督，促进镇属各级各单位财务管理的制度化和规范化。落实中央“八项规定”、整治“四风”等，先后出台一系列文件，修订完善“三公”经费支出、工作纪律等方面的制度规定。加强督查促作风转变。年内开展机关干部“走读”、工作纪律、牌桌上的歪风等专项检查10余次，发现问题，督促整改，对3名镇村干部进行诫勉谈话，对1名长期旷工的干部给予辞退处理。严控会务、用车、就餐等公务消费，以督查促作风转变，采取明察暗访、突击检查等形式进行监督。全镇精减文件12件，精简会议4次，下发督查通报4期，实际发生公务接待费同比减少32%。

2014年杨嘉桥镇各行政村基本情况

表20

村 名	面积（平方千米）	户数（户）	人口（人）	农村经济总收入(万元)	农村经济总费用(万元)	农村经济净收入(万元)	农民人均纯收入(元)
乌石村	3.489	302	1127	1554	227	1327	11776
洞合村	3.381	342	1236	1959	377	1582	12795
金桥村	3.123	314	1159	1911	301	1610	13892
碧源村	2.558	384	1371	2072	291	1781	12991
三合村	3.703	556	2113	3392	387	3005	14225
新湘村	2.779	384	1514	2492	391	2101	13877
龙华村	2.923	392	1458	2269	363	1906	13071
东皋村	2.736	359	1321	1883	292	1591	12044
蛟托村	2.925	428	1642	2343	361	1982	12073
金星村	2.537	405	1480	2097	341	1756	11866
白云村	2.775	379	1328	1975	322	1653	12447
石旗村	3.522	542	1888	2584	312	2272	12037
铺子岭村	4.883	656	2371	3675	340	3335	14086
九江村	5.316	485	1742	2677	479	2198	12758
金龙村	3.815	360	1251	1667	286	1381	11042
花围村	3.793	500	1881	2647	582	2065	10981
新河村	2.187	232	779	1240	297	943	12099
枫树桥村	1.742	203	768	1359	359	1000	13022
邓家坝村	3.015	268	899	1537	281	1256	13972
福星村	2.763	478	1658	2433	311	2122	12799
叠福村	3.305	528	1949	3021	366	2655	13622
荆洲村	1.668	367	1312	2043	351	1692	12898
金马村	1.888	419	1627	2413	316	2097	12886
羊鹿村	2.237	376	1318	2018	302	1716	13021
燕山村	3	362	1274	1909	282	1627	12774
西花村	4.124	408	1506	2275	331	1944	12906
银湖村	4.261	423	1353	2065	306	1759	13002
雁坪村	3.7	440	1532	2175	339	1836	11986
柳湖村	3.772	547	1977	3065	352	2713	13725
同福村	3.312	691	2625	3920	619	3301	12580
金凤村	2.057	468	1837	2552	324	2228	12131

续表20

村 名	面积(平方千米)	户数(户)	人口(人)	农村经济总收入(万元)	农村经济总费用(万元)	农村经济净收入(万元)	农民人均纯收入(元)
洪坪村	2.068	385	1584	2386	320	2066	13042
洪托村	2.484	415	1620	2412	311	2101	12971
旷家村	3.733	485	1860	2837	355	2482	13343
八托村	2.151	369	1476	2353	342	2011	13625
新福村	2.67	504	2002	2998	351	2647	13221
正福村	2.61	378	1431	2256	342	1914	13377
渡口村	2.915	485	1948	3017	377	2640	13551

【读山诗社召开《诗僧故里》新书发布会】 杨嘉桥镇文化底蕴深厚，人文资源丰富，八指头陀、张璨、张龄都是该镇诞生的名诗僧，被誉为诗僧故里文化建设的试点乡镇。该镇积极探索文化建设的新路子，着力打造特色文化。读山诗社成立于2009年，通过诗词创作、研究文史这个载体，吸引、团结、凝聚一大批思想素质高、文学水平高、追求品位高、生活质量高的优秀人士。由读山诗社编写的《诗僧故里》《八指头陀生平年表简编》已经正式出版发行。这两本书历时1年多，比较系统的整理杨嘉桥镇的古迹风貌、古今风流、往事钩沉、时代风采，为传承和宣传文化有重大意义。1月21日，杨嘉桥镇召开读山诗社《诗僧故里》《八指头陀生平年表简编》新书发布会。会议特邀中国佛教协会副会长、省佛教协会会长、全国人大代表圣辉大师参加。《诗词》报主编、读山诗社社长刘安定介绍这两本书的出版情况，并向相关单位赠送新书。

【"爱护环境卫生共建美好家园"志愿服务活动】 6月23日，杨嘉桥镇青年志愿者服务队举行誓师大会并开展"爱护环境卫生，共建美好家园"志愿服务活动。活动中，该镇团委牵头，镇机关干部、杨嘉桥中学的青年志愿者共50多人组成的环境卫生清洁志愿服务队深入镇区主要街道、农贸市场等公共场所开展捡拾垃圾、清理乱张贴行动，对群众乱扔垃圾不文明行为进行劝导、教育。志愿者以身作则，用实际行动广泛宣传爱护环境卫生的文明理念，引导广大人民群众自觉革除各种陋习。

6月23日，杨嘉桥镇开展志愿服务活动 (谭美 提供)

【"马黄公路"建设项目竣工】 马黄公路属县乡公路，途经杨嘉桥镇雁坪管区和荆洲管区14个村，全长8.8千米。为该镇的重点民生工程，共投入600多万元，严格依程序招投标，分三个标段进行施工，年底竣工通车。马黄公路的建设，方便当地2万余群众的出行。 (谭美)

河口镇

【概况】 河口镇位于湘潭县中部偏北，东临县城、梅林桥，南界射埠，西邻杨嘉桥，北与湘潭市隔江相望，因涟水、涓水在此汇入湘江，故称"河口"。潭花公路、潭衡西线贯穿全镇，水陆交通便利、区位优势明显。镇域总面积93.78平方千米，耕地面积3037.83公顷，辖3个管区，29个行政村，1个居委会，434个村民小组，11659户，43454人。

2014年，实现工业总产值17亿元、规模工业产值15.62亿元，财政收入3081万元，国税、地税收入3238万元，其中，国税收入1480万元，地税收入1758万元。5月26日，天易示范区杨河工业园管委会正式成立，标志着河口镇工业片区发展正式纳入县域经济发展战略体系。园区第一期、第二期排水排污管道建成投入使用，东升机电建成投产，东凌彩印新增为规模工业企业，英达机电、湘滋味、离心机厂和荷味食品等6个项目开工建设，停建一年之久的千吨级码头重新引进投资方。顺利推进重点工程，天易公路二期4600米的主路路基全部拉通，水稳层加工完成80%。河口镇卫生院扩建项目于10月建成投入使用。人饮水工程河口水厂扩建项目和河口三联砂场建设项目（1200公顷），有湘莲、草莓、西瓜、蔬菜等特色农产品种植基地近万亩。粮食种植面积达5333余公顷，粮食总产量4.16万吨。春秋两季动物防疫工作做到8个100%，未出现重大动物疫情。完成营造林任务40.1公顷、"三边"绿化2.8万株、全民义务植树10.2万株。开展对白米、中湾等17个村的耕地修复治理工作。

新增农村低保116户186人，取消低保83户95人，发放各类临时救济210人次，24余万元，完成特困户建房4户、危房改造50户。举办两场招聘会、1期创业培训班，组织转移就业人数152人，本地就近就业人员逐年增长，其中杨河工业园务工人员达2000人。新农合、新农保参保率分别达95%、80%，有0.5万人次获得新农合补偿，补偿金额410万余元，有0.87万人领取农村养老保障金。古塘桥中心小学、三联小学义务教育合格学校建成达标。村级"农家书屋"实现全覆盖，完成5所农村幸福院建设，新建5个农民健身广场。完成大坝、枫树等5个村农网改造升级，先后硬化齐力、陶仑等村道路21.3千米，全面硬化芦花村至沙泉村近5000人受益的莲托堤面，完成青石水库和卓江堤飞跃闸的除险保安工程，及时恢复杨柳洲等4处水毁工程，紫塘、高司等村的千亿斤粮食产能工程项目竣工。

城镇化率达39.5%，顺利完成规划修编，执法中队认真开展日常巡查，全年制止各类违法行为40余次。镇村面貌持续向好，投入资金140万元用于农村环境卫生整治工作，每3至5个村民小组配备1名保洁员，5个镇区集市及主要公路继续实行市场化运作模式，整体承包给个体常态保洁。

开展"平安建设创建"活动，重新选聘35名群众协调员，全年共答复和办理群众建议意见167件，调处化解矛盾纠纷120起，化解缓解信访老户3人。开展"打非治违""百日安全大整治""七打七治"专项行动，查处违法经营单位12家，下达责令改正书115份，关停3家存在严重安全隐患的企业，全年未发生安全生产责任事故。

组织全镇54个党支部，1600名党员深入开展党的群众路线教育实践活动，集中开展"庸懒散""三公"经费开支过大、乡镇干部"走读"等17项专项整治活动，答复和办理群众建议意见151件，调处化解矛盾纠纷104起，"三公"经费同比减少50余万元。队伍管理日益规范。村级换届圆满完成。35个行政村顺利合并调整为29个行政村；29个村圆满完成支村两委换届选举工作，其中，调整支部书记10人，村主任15人。党员管理工作逐步规范化、制度化，发展预备党员19名，入党积极分子89人，处置不合格党员5名。基层堡垒作用提升。开展"五讲五比""廉洁镇村""双联共建""千万帮扶"等主题活动，组织党代表走访慰问弱势群体、为民办实事，全年党员干部共服务困难群众100余人次，为民办实事50余件。

2014年河口镇各行政村基本情况

表21

村名	面积（平方千米）	户数（户）	人口（人）	农村经济总收入(万元)	农村经济总费用(万元)	农村经济净收入(万元)	农民人均纯收入(元)
河口村	2.7	450	1650	4340.52	1906.18	2434.34	14753
月形村	3.1	400	1562	4420.21	1958.22	2461.99	15761
齐力村	3.3	386	1468	3852.19	1670.82	2181.37	14859
先进村	4.1	374	1419	3612.12	1621.46	1990.66	14029
双丰村	4.1	470	1781	4612.51	2098.54	2513.97	14115
白米村	2.3	455	1788	4606.92	2054.28	2552.64	14276
中湾村	2.5	432	1674	4528.25	1912.20	2616.05	15627
太和村	2.2	429	1691	4650.29	1980.20	2670.09	15790
三联村	2.3	489	1849	5002.60	2120.50	2882.10	15587
山湖村	1.9	353	1367	3725.60	1620.80	2104.80	15397
天白村	3.5	306	1116	2912.50	1412.10	1500.40	13444
高司村	2.8	290	1066	2701.50	1225.60	1475.90	13845
沙泉村	2.1	402	1522	3960.26	1810.12	2150.14	14127

续表21

村名	面积(平方千米)	户数(户)	人口(人)	农村经济总收入(万元)	农村经济总费用(万元)	农村经济净收入(万元)	农民人均纯收入(元)
杨基村	1.6	254	1054	2712.12	1235.46	1476.66	14010
紫塘村	4.2	487	1824	4522.48	2106.25	2416.23	13247
莲托村	1.7	287	1137	2925.61	1401.28	1524.33	13406
双江村	1.7	235	1004	2672.49	1248.12	1424.37	14187
芦花村	2.2	359	1428	3712.28	1805.20	1907.08	13355
友余村	3.6	351	1447	3806.96	1802.32	2004.64	13854
红陶村	7.7	546	2114	5605.20	2696.23	2908.97	13761
上星桥村	3.7	368	1520	3885.29	1824.02	2061.27	13561
桐家坝村	2.9	359	1400	3712.28	1818.54	1893.74	13527
大坝村	2.7	275	1132	2816.25	1312.94	1503.31	13280
林泉村	3.6	318	1165	3012.22	1452.20	1560.02	13391
易佳村	3.0	334	1290	3402.69	1598.26	1804.43	13988
西京村	4.8	464	1724	4225.26	1999.65	2225.61	12909
古星村	4.0	418	1741	4625.16	2012.28	2612.88	15508
石泉村	7.2	497	1938	5028.28	2316.28	2712.00	13994
石枫村	3.6	375	1583	3902.13	1815.24	2086.89	13183

【天易示范区杨河工业园管委会成立】 2014年，县委、县政府提出“一区带多园”的发展思路，成立“天易示范区杨河工业园管委会”，指导武广长廊中小微企业集群的发展建设。5月26日，天易示范区杨河工业园管委会举行挂牌仪式，标志着河口和杨嘉桥两个乡镇的工业片区正式合并统一。成立工业园区建设指挥部，组建园区办，专门负责园区范围内的管理工作。坚持规划引领、科学发展。按《湘潭县杨河组团小城镇核心区控制性详细规划》，严把企业入园门槛关。杨嘉桥工业片区有8家企业签约落户园区。河口镇工业片区落户的项目有粒粒珍、君宜米业、锦华饰品等20家，11家建成投产，湘潭东升机械有限公司、湘潭县离心机厂有限公司两家企业列入2014年县重点建设项目。

【天易公路二期项目获县重点工程基础设施类项目一等奖】 天易公路二期工程全长4.628千米，是连接涓水二桥和潭衡高速的省重点项目。全年完成项目红线范围内17.211公顷征地任务，4600米的主路路基全部拉通，水稳层加工完成80%，获重点工程建设基础设施类项目一等奖。（龙博）

射埠镇

【概况】 射埠镇位于湘潭县腹部地带，涓水中游，镇区距县城30千米。东临谭家山镇、南临花石镇、西接乌石镇和锦石乡、北接河口镇和梅林桥镇。总面积170.96平方千米，山地面积8000公顷，耕地面积4400公顷，其中水田4133.33公顷，旱土266.67公顷。辖39个行政村，1个社区，630个村民小组。全镇总户数16736户，总人口60405人。潭花公路、韶井公路交叉通过，设有潭衡西线互通口，交通十分便捷。

2014年，全年完成固定资产投资32650万元，完成规模工业总产值85651万元，规模工业利润2257万元，完成招商引资6800万元；实现财税总收入1324万元，同比增长83%，其中，国税收入517万元，地税收入807万元。全镇规模企业产销率达95%，节能减排降耗18%，湘浙特种铸造有限公司、湘潭县万达灶具加工厂、大方玻璃有限公司、鑫达服装有限公司等16家传统老企业投资新增或技改投入均在800万元以上。鑫达服装、东方红鞋业实现网上接单、派单、物流配送产品，润乡涂料厂实现网上营销，二维码扫描支付。

完成粮食播种面积8933.33公顷，其中优质稻面积5933.33公顷、超级稻1866.67公顷，总产粮食约7万吨；推广大中型农业机械40台，推广插秧机10台，完成机插面积1666.67公顷，水稻生产全程机械化率达到70%；采取转包、出租、入股等方式流转土地给规模经营主体，水田流转面积达800公顷；组建高产油茶示范基地11个，新成立油茶合作社5家，新纳入油茶合作社管理的油茶林1333.33公顷；船形茶叶有限公司完成合资改制，公司茶叶基地的扩展和生态农庄一期建设已基本完成；德诚油沙豆种植专业合作社种植面积45.13公顷，入会社员突破150人。新兴产业龙头顺天农业合作社推广种植67公顷富硒彩米和80公顷富硒米，年产量约240吨，顺天富硒彩米在第十五届中国绿色食品博览会上参评，获博览会金奖。全镇规模养殖户271户，其中养猪户183户，新增猪栏面积1.2万平方米，改造栏舍6000余平方米，全年投资200万元推进规模养殖、生态养殖、标准化养殖小区的建设，共实施完成2户小区项目及2户粪污处理项目。公益林管护面积达到100%，动物防疫密度达到100%全覆盖，无疫情扩散、人员感染现象。

2014年度涉农重点工程建设主要包括园湖高标准农田示范工程、农村土地综合整治工程、万亩油茶基地建设工程，其中计划完成高标准农田建设面积1013.33公顷，连片推进农村土地整治规模1706.67公顷，两项目总投资约7909万元。高标准项目已经完成工程总量的90%，连片推进土地整治完成85%。万亩油茶基地建设工程主要分布在桂塘村和来仪村，已完成投资1600余万元，已完成50%。

全年承办的省级为民办实事项目农村公路建设合计完成13.414千米，县实事工程公路建设合计完成8.1千米。国家电网投资建设的酒泉至湖南±800千伏特高压直流输电项目换流站落户射埠，该项目路线全长2413千米，工程静态投资288亿元，规划占地22.63公顷，建设期计划两年。新建镇区道路1.5千米，新增门面200家，新建茶油市场排水排污渠800米，改建老农贸市场下水道750米，硬化茶油市场道路1500米，建成新的垃圾中转站以及公共厕所，安装镇区路灯和治安摄像头。镇区新增常住人口2000多人，茶油市场门面、房屋销售正常，各类商户陆续进驻。

全年参加农村合作医疗人数达55092人，参合率达99.15%，共兑付合作医疗补偿金额2291万元，补偿人数39870人，补偿率达到31%。对五保户、低保户、高龄老人，特困户解决临时救助22.5万元，农村低保户住院救助560人次，农村五保户住院救助325人次。通过开展“春风行动”现场招聘会、发布招工信息等多种形式完成劳动力就业900余人，人均工资在1500元以上。全年共出生710人，其中政策内出生629人，符合政策率为88.59%，冬夏季集中优质服务活动任务全面完成，全年为280对适龄夫妇进行孕前免费检查。

民调成绩位列全市第14名，全县第9名。社会治安综合治理工作围绕“法治乡镇”“平安乡镇”的建设，重点抓好反邪教活动、打击黄赌毒、预防青少年犯罪、“三官一律”建设、信访维稳等综治中心工作，实行村级综治工作承包责任制和工作考核制，建立领导接访调处机制，新增群众接待室，由当日值班领导到接待室开门办公。共接待群众事项110件，当场予以解决事项49件，下达限期交办函61张，办结回复55张。安全生产工作在安排部署“打非治违”“安全生产大整治”“安全生产月”“七打七治”活动等一系列工作中，形成安全生产“党政同责、一岗双责、齐抓共管”的良好局面，组织企业主、烟花爆竹经营户、村级安全生产信息员进行安全培训，突击检查非煤矿山15家次，危化物品、烟花爆竹生产经营单位、人群密集场所检查80家次，排查安全生产隐患12处，整改完毕11处，正在整改1处。4月成立综合执法中队，全年共宣传30次，巡查98次，制止违法行为26次，比上年同期全镇各类违法事件下降40%。强制关闭死灰复燃的射埠老街非法洗沙场，拆除其生产、供电设备，对无证经营生产的方仑油漆厂责令其立即停止生产。镇区拆违、控违执法重点打击5户情况恶劣对象，其中移交法院两户。

完成乡第九届支村两委换届选举工作和合村并组任务，合并行政村22个；扎实开展学教活动，集中开展“庸懒散”“三公”经费开支过大、乡镇干部“走读”等11项“四风”突出问题专项整治活动；推行村级财务规范化管理，在全镇39个行政村设立村务监督委员会；专项经费保障标准化村部和“五小设施”建设，村级组织活动场所实现全覆盖。 （贺钟仪）

2014年射埠镇各行政村基本情况

表22

村名	面积（平方千米）	户数（户）	人口（人）	农村经济总收入(万元)	农村经济总费用(万元)	农村经济净收入(万元)	农民人均纯收入(元)
射埠村	3.4	793	2480	4689.68	1502.88	3186.80	12850
湾塘村	2.9	395	1360	2574.48	894.88	1679.60	12350
烟塘村	2.5	412	1365	2581.22	922.74	1658.48	12150
张公村	3	298	1268	2400.32	935.78	1464.54	11550
上春村	4.3	585	2184	4129.94	1589.95	2539.99	11630
新建村	4.5	484	1769	3345.18	1264.84	2080.34	11760

续表 22

村名	面积(平方千米)	户数(户)	人口(人)	农村经济总收入(万元)	农村经济总费用(万元)	农村经济净收入(万元)	农民人均纯收入(元)
金岭村	5	323	1262	2386.44	869.52	1516.92	12020
雨华村	3.5	445	1782	3369.76	1220.67	2149.09	12060
旺冲村	3.8	372	1429	2702.24	1038.88	1663.36	11640
余佳村	4.1	419	1573	2974.54	1110.54	1864.01	11850
鹤霞村	2.7	420	1321	2498.01	898.28	1599.73	12110
白水村	3.6	502	1863	3522.93	1355.52	2167.41	11634
荷花村	2.7	302	1071	2025.26	765.77	1259.50	11760
筱里村	3.1	404	1394	2636.05	1027.38	1608.68	11540
高丰村	4.6	611	2155	4075.11	1502.04	2573.07	11940
大方上桥村	5.1	566	1895	3583.45	1200.48	2382.96	12575
高泉村	3	321	1274	2409.13	772.04	1637.09	12850
方霞村	5.5	569	2026	3831.17	1371.60	2459.56	12140
长延村	3.1	356	1266	2394.01	854.55	1539.46	12160
巨鱼村	4.3	491	1687	3190.12	1176.68	2013.43	11935
池子村	3.5	402	1315	2486.67	950.35	1536.31	11683
洪湖村	2.9	339	1300	2458.30	917.80	1540.50	11850
鹿鸣村	4.9	362	1359	2569.87	968.97	1600.90	11780
月塘村	4.9	348	1171	2214.36	863.03	1351.33	11540
泉井村	3.9	446	1769	3345.18	1142.77	2202.41	12450
谷塘村	2.2	412	1611	3046.40	1100.31	1946.09	12080
合力村	3.6	336	1201	2271.09	810.68	1460.42	12160
新桥村	5.1	404	1277	2414.81	872.19	1542.62	12080
桂塘村	7.2	476	1710	3233.61	1195.29	2038.32	11920
来仪村	3.4	480	1770	3347.07	1215.99	2131.08	12040
铁江村	4	317	1153	2180.32	834.77	1345.55	11670
碧水村	3.9	313	1169	2210.58	817.13	1393.45	11920
群台村	5	400	1465	2770.32	1035.76	1734.56	11840
团山村	5.1	431	1300	2458.30	908.70	1549.60	11920
仙凤村	7.1	458	1868	3532.39	1330.02	2202.37	11790
杉仙村	5	292	1092	2064.97	746.93	1318.04	12070
船形村	7.6	590	2190	4141.29	1539.57	2601.72	11880
高桥新村	5.9	391	1535	2902.69	1080.64	1822.05	11870
知青村	7.5	471	1726	3263.87	1211.65	2052.21	11890

锦石乡

【概况】 锦石乡位于湘潭县境中部，涓水中游，距县城36千米。东与花石镇的金塘、金丰村和射埠镇金岭村毗邻，西连乌石镇的明德、龚泉村，南与排头乡的回龙桥、雪佳、苍冲、辰山、龙潭、紫山居、长山等村接壤，与花石镇的盐埠、涓江等村隔涓水相望，北临射埠镇方仑、长延、上春、张公、新塘、余家、众星等村，因境内涓水西岸有历史悠久的锦石小集市，乡依地名。全乡总面积5670公顷，有18个行政村，辖8329户，总人口30026人，其中非农业人口920人，耕地面积1989公顷，其中水田1882公顷。经济结构以传统的种植业、养殖业为主。境内有碧泉潭，乃湖湘文化发祥地。

2014年，完成国税征收90万元，地税收入183万元。累计实现工业总产值4900万元，同比增长37.7%；工业税金95.5万元，利润总额195万元。落户在纯塘村的湘潭飞跃湘莲食品有限公司，列为县重点工程项目，总投资3000万元，年加工湘莲系列食品2800吨，一期投入2350万元，项目建设进展顺利。落户于碧泉村的湖南碧泉潭生态资源开发有限公司，一期项目已投资1395万元，主要生产的是小瓶、桶装矿泉水，年产值1000万元，运转正常。全年粮食生产播种面积3874.86公顷，粮食总产量达29290吨；以文佳村为示范点，打造集中育秧核心示范面积96.7公顷；全年种植油菜500公顷，在碧泉、太阳等村种植桑树26.7公顷，养殖桑蚕，亩产经济效益在5000元以上；全年出栏生猪达4.25万头，牛0.044万头，羊0.1733万头，家禽出笼9.8万羽，水产品保持在1386吨以上；完成长防林13.3公顷，退耕还林后续产业油茶低改10公顷。新成立文佳农机服务专业合作社和湘潭县沣鑫养牛专业合作社，共有专业合作社9家，产业公司2家，特色基地2家。落户在桂花村的苗木基地，种植苗木27.7公顷，完成投资360万元；落户于金湖村的桂鱼养殖场占地26.7公顷，有专业孵化场6公顷。

2014年，争取上级投入和自筹资金1080余万元建设10个村“小农水”工程项目建设；投入150余万元进行“五小工程”项目；投资350万余元对金湖、纯塘等5个村的“千亿斤”粮食增产工程项目、基本完成锦石村、文佳村的国土整治项目；加大行政村的电网改造，已完成太阳村、剑峰村的农电改造，东风、胜利、碧泉3个村的农电改造升级正在建设中；做好移民安置区的后期扶持项目的申报、建设管理等工作。

新增城镇就业人员72人，城镇下岗失业人员再就业任务10人，新增农业劳动力转移就业400人。慰问贫困家庭160多户，慰问金额12.5万余元。为全乡60岁以上11名失独老人提供各类扶助。做好困难群众和农村低保困难补助的发放、农村危房改造等惠民工作，完成28户危房改造工程，完成特困户建房3户；为25名贫困精神病患者免费提供诊疗和药物；为6名贫困残疾人成功配置助听器。新建锦石乡文化广场，完成佳塘村、唐家湖村等4个村的农民健身工程建设，新成立清塘、东风等6支文艺宣传队。全乡参合农民27096人，筹资162万元，参合率100%。全年全乡共补偿14530人次，其中住院补偿4366人次，门诊补偿10164人次，补偿金额927万元。新农保参保人数10312人，新增待遇领取人员185人，报死亡178人，异动修改8人。失业保险完成35人，工伤完成10人，居民基本医疗保险完成240人。

全乡有32个党组织、988名党员，全部参加群众路线教育实践活动。“多会合一”压缩各类会议30%以上，会务支出同比下降35%；减少纸质文档印发数量100余份，精简各类文件25%以上；建立廉政食堂，来客一律在食堂就餐，严禁中餐饮酒，在外就餐记餐率下降85%；全乡“三公”经费同比减少20余万元，下降20%左右。年内，完成行政村合并工作任务，行政村由23个减少至18个；完成村党支部换届选举工作，选举产生党支部委员64人，村委委员54人，新任支部书记5人、村主任7人，其中女性委员22人，占33%；大专以上文化程度委员15人，占19%；40岁以下青年委员11人，占17%。开展“两考四评”“党小组划分”“双联共建”“一村一大”等系列活动，组织全乡党员、干部深入学习党的十八大、十八届三中全会以及四中全会精神，扎实推进党员冬（春）训及民主评议党员工作。培养入党积极分子45名，发展预备党员8名，预备党员转正19名。

全面落实“一岗双责，党政同责”责任制，全面开展“打非治违”，在创建“省级安全示范乡镇”的基础上，巩固示范乡镇的成果，开展安全生产大检查，整治非法采砂、非法营运园车、餐饮场所燃气安全及食品安全专项治理，整治非法生产经营单位24家。开展集中大走访活动两次，走访群众2000余户，16000余人，答复和办理群众建议意见260件，调处化解矛盾纠纷186起。接待群众来访80人次，处理上级转办来信来访案件7起，化解信访积案1起。

2014年，锦石乡年度民调位居全县第一、全市第三，获湘潭县农村环境综合整治工作“先进乡镇”、信访“三无乡镇”荣誉称号、湘潭县人大常委会先进人大主席团、2014年度重点工程建设优胜项目二等奖等荣誉称号。

2014年锦石乡各行政村基本情况

表23

村名	面积(平方千米)	户数(户)	人口(人)	农村经济总收入(万元)	农村经济总费用(万元)	农村经济净收入(万元)	农民人均纯收入(元)
太阳村	3.2	565	2038	4550.9	1950.4	2600.5	12760
金湖村	2.7	500	2163	4804.7	2027.4	2777.3	12840
洄水村	2.2	392	1136	2445.6	1007	1438.6	12664
剑锋村	6.4	499	1820	3910	1582.6	2327.4	12788
大荷塘村	2.1	420	1578	3234.5	1212.9	2021.6	12811
东边山村	1.8	352	1180	2409.3	903.5	1505.8	12761
桂花村	4.3	421	1388	2943.2	1170.2	1773	12774
锦石村	3.2	458	1763	3659.7	1400.6	2259.1	12814
佳塘村	2.7	393	1452	2955.4	1097.1	1858.4	12799
纯塘村	2.7	440	1780	3879.4	1597.4	2282	12820
唐家湖村	1.8	490	2460	5532.5	2334.5	3198	13000
文佳村	2.2	398	1475	3202.1	1296.1	1906	12922
碧泉村	6.3	636	2157	4351.5	1614.7	2736.8	12688
大桥村	1.8	286	1080	2113.1	732	1381.1	12788
清塘村	2.2	398	1140	2316.2	868.6	1447.6	12698
苍场村	2.6	446	1220	2692.2	1136	1556.2	12756
东风村	3.5	478	1359	2922.4	1182.9	1739.5	12800
胜利村	5.0	663	2837	6038.9	2379	3659.9	12890

【胡伟林到锦石乡走访慰问】 4月22日，市委副书记、市长胡伟林率副市长戴德清及相关部门负责人来到锦石乡，走访慰问村里的老党员，并与基层群众座谈。座谈中，胡伟林询问基层群众对党和政府的政策的看法和建议，参加座谈的基层群众纷纷表达自己的观点和建议。胡伟林表示一定会将他们反映的问题和提出的建议带回去，一一梳理并一一落实。

【环境卫生综合整治探索新模式】 2014年，锦石乡从生活垃圾源头分类处理着手，探索无害化垃圾处理新模式，实行垃圾分类制度，从绿色可循环目标出发，在佳塘村建设垃圾分类回收站，在胜利村垃圾填埋场的基础上，又新建两个环保焚烧炉。全乡实现垃圾分类回收和集中焚烧。7月18日，全县农村环境综合整治工作现场推进会在锦石乡召开，与会人员实地考察锦石乡佳塘村的垃圾分类回收处理中心。争取市、县领导和相关部门现场办公，对碧泉潭流域整体开发利用，群英渠、向东渠两渠项目建设，提出指导性意见，根据实际情况，累计投入投资500余万元，对约12千米的群英渠和向东渠、东风街进行全面整治。疏浚河道，加固堤防拦水坝、泵站、涵闸和桥梁等，栽植桂花树、红叶石楠、玉兰树、女贞等7万余株观赏树木，对河堤两边进行绿化和美化。

【"探千年碧泉潭，寻湖湘文化源"旅游产品推介活动】 9月27日，200名游客齐聚锦石乡碧泉村，参与美丽乡村——"湘潭人游湘潭"之"探千年碧泉潭，寻湖湘文化源"旅游产品推介活动，体验自然与人文相宜的一日休闲之旅。推介会活动采取政府引导与市场运作相结合，市、县旅游局负责人、市旅行社协会负责人等出席活动。游客们一行参观千年名泉碧泉潭、水中"活化石"娃娃鱼养殖基地、"千年碧泉"桶装水生产基地，并在碧泉潭后山展开一场充满乐趣的寻宝活动。碧泉潭水千年不竭，水质优良，养育许多健康长寿老人，老人们欣然与游客们分享养生长寿之道。

【陈小山调研碧泉潭旅游开发工作】 11月14日，副市长陈小山率市旅游局相关部门来锦石调研碧泉潭旅

4月22日，市长胡伟林与群众座谈 （焦乐平 摄）

游开发工作，副县长陈卫兵及县旅游局、锦石乡相关负责人陪同调研。陈小山副市长一行实地查看碧泉潭旅游开发产业项目和碧泉特色产业基地，听取该乡碧泉潭旅游开发的整体规划。陈小山对锦石乡利用碧泉潭特有的水资源和良好的周边环境，按照“承湖湘之文化，启碧泉之清源，揽江南之灵秀，创生态之风光”的总体要求，结合碧泉特色农产业和文化底蕴，对碧泉水系和特色产业进行整体开发，以实现农工贸旅四大产业的联合体转型，打造一个绿色生态、文化宜居、魅力富饶的锦石表示肯定。陈小山指出，乡镇要发展旅游，需要做到“文化搭台，经济唱戏”。要将旅游文化发展和经济发展相结合，加大对公共文化服务的投入力度和人才队伍建设，将资源优势转化成经济优势，坚持绿色发展，注重生态文明，做好乡镇规划和乡村旅游规划，更好地发展乡镇旅游文化，促进经济的发展。 （俞海）

排头乡

【概况】 排头乡位于县境西南，是湖湘文化的发源地，全乡总面积130.4平方千米，辖黄荆坪、严冲、排头、留田4个管区，39个行政村，663个村民小组，总人口64902人。耕地面积4639.4公顷，旱地565公顷。2014年，排头乡党委、政府围绕“特色农业稳乡、优势工业强乡、生态旅游兴乡、湖湘文化促乡、村镇建设亮乡”的新工作思路，着力打造“三个中心、一条走廊”的经济发展框架。

2014年，实现农业总产值4.68亿元，增长5.2%。农作物播种面积10998公顷，其中粮食播种面积8130公顷，粮食总产量68448吨。仓冲、雪佳等村新增13.4公顷百合基地，同心村6.7公顷湘莲绿色食品种植基地和西瓜基地。全乡已累计出栏生猪16.2万头、鸡、鸭22.73万羽、羊4954只、牛2513头。存栏生猪500头以上的养猪专业户有2户，存栏生猪50头以上的养猪专业户有195户。

完成规模工业总产值年任务3.94亿元，完成财政税收638万元，其中，国税收入275万元，地税收入363万元。全乡有大小企业22家，其中规模企业4家，完成规模工业总产值44790.7万元，同比增长24%，完成规模工业增加值13437.2万元，同比增长24%。新增工业及技术改造投入达20700万元。全乡企业万元产值降耗9.8%，特别是规模企业万元产值降耗12.6%左右。全乡完成招商引资到位资金2361.3万元，其中新建项目湘潭华为湘莲有限公司2000万元、排头乡客运站建设项目361.3万元。

新建成村道18.5千米，消灭空白村、“断头路”，基本形成“村村相通，组组相连”的农村公路格局。投入资金2370万元开展水利建设，其中省、县重点项目1500万元，乡内面上小水利投入870万元，以干渠高标准建设为重点，完成15.7千米干渠硬化，116千米渠道清淤、25处水毁工程恢复、4座机埠更新改造，4处坝台建设、小塘小坝建设258处，重点解决4个干旱村。投入资金57万元，完成回龙桥路灯设施建设。

新增城镇就业128人，农村劳动力转移就业621人；资助农村特困户建房以及农村危房改造55户；农民健身工程已安装器材12个村；省级以上公益林保护面积以及补偿资金发放全部到位，共计发放516924.5元，涉及25个村，5500多户。新型农村养老保险、城镇居民医保达100%，农村合作医疗参合率达95%。现有农村低保户为1261

11月14日，副市长陈小山考察碧泉潭水厂 （杨彬 摄）

户，保障人口2511人，发放保障金248655元。投入182万元用于南下小学、黄荆坪中心小学、星星小学创合格学校，投资120万新建黄荆坪中学学生公寓，投资5万元添置床铺100张，投资6万翻盖留田中学礼堂及教学楼，投资4万修建严冲中学教学楼后护坡工程，投资3万改造留田中心小学围墙。

4月底，完成支村两委换届选举工作，一批政治可靠、作风民主，能依法办事、热心为村民服务，有文化、有本领、有较强治村能力，受到群众拥护的人进入新一届村民委员会领导班子。选举产生新一届支村两委成员172人，其中妇女53人，具有高中以上文化的154人，其中大专文化的有10人。全乡有基层党组织65个，其中党总支5个，村级支部39个，非公企业支部5个，学校支部8个，机关事业单位支部7个，有党员1870人。根据县委组织部的安排以及乡党委研究，明确15个县直机关及19个其他支部与39个村党支部结对。发展预备党员25名，其中女党员10人，占总数的40%；35岁以下的青年党员12人，占总数的48%；高中以上文化程度的党员22人，占总数的88%；生产、工作一线的党员16人，占总数的64%。

2014年排头乡各行政村基本情况

表24

村名	总面积(平方千米)	户数(户)	人口(人)	农村经济总收入(万元)	农村经济总费用(万元)	农村经济净收入(万元)	农民人均纯收入(元)
长山村	3.6	345	1263	2714	1240	1474	11985
东山村	4	430	1529	3487	1559	1928	11288
安全村	3.9	398	1498	2760	1105	1655	11765
黄荆村	4	568	2170	4024	1361	2663	12106
双泉村	4.2	395	1507	2608	1026	1582	11144
指南村	3.1	426	1641	3273	1486	1787	11379
霞山村	2.3	340	1485	2958	1345	1613	11520
星星村	3.4	460	1677	4123	2195	1928	11585
辰山村	3.4	416	1652	3748	1820	1928	11960
紫山村	2.9	361	1265	3054	1655	1399	11564
龙潭村	3.9	402	1353	3625	2090	1535	11370
鳌洲村	4.6	513	1910	3743	1501	2242	11861
雪佳村	3.4	369	1458	3961	2285	1676	11324
船形村	2.8	393	1385	3125	1197	1928	11635
苍冲村	4.8	501	1962	4956	2682	2274	11783
松梓村	3.3	548	2086	4911	2983	1928	11892
严冲村	3.5	546	2161	4840	2912	1928	11709
严塘村	4.4	659	2067	4607	2679	1928	11709
仁陂村	2.8	331	1279	3055	1127	1928	11919
同心村	3.8	488	2037	4662	2693	1969	11186
回龙村	3.4	365	1446	4009	1837	2172	12341
排头村	2.4	332	1361	3460	2082	1378	11980
扶冲村	3.2	325	1226	2994	1724	1270	11501

续表24

村名	总面积（平方千米）	户数（户）	人口（人）	农村经济总收入(万元)	农村经济总费用(万元)	农村经济净收入(万元)	农民人均纯收入(元)
红祺村	4	573	2068	5443	3065	2378	11568
藕塘村	2.7	321	1300	3449	1989	1460	11362
先劲村	6.9	603	2310	4970	2539	2431	11573
月塘村	3.5	360	1273	2938	1593	1345	11470
湘南村	3.4	444	1705	4211	2283	1928	11441
上南村	3.1	405	1588	3764	1836	1928	11335
南桥村	2.5	386	1488	3672	1991	1681	11454
合兴村	2.8	413	1547	3586	1945	1641	11331
毫光村	3.1	504	2030	4514	2454	2060	11017
延化村	2.7	472	1840	4411	2215	2196	12392
桐梓村	2.1	542	2007	4737	2180	2557	12876
留田村	3.1	462	1904	4232	2304	1928	11243
红卫村	1.9	525	2069	4729	1942	2787	12879
兴阳村	1.5	292	1104	2674	1447	1227	11762
中加村	1.6	301	1161	2486	1141	1345	12566
合荣村	3.4	560	2090	5047	2016	3031	11548

【全省水利流动观摩会】 1月7日，全省水利流动观摩会在排头乡举行。省水利厅厅长詹晓安率省水利厅相关负责人及全省14市、州水利局局长实地考察排头乡藕塘村山塘建设、楠木冲小型水库除险加固现场、石灰塘高标准建设工程、八斗湘塘清淤扩容防渗工程、扶冲村、仁陂村、石岗村水利冬修现场，肯定排头水利建设工作，市、县领导戴德清、傅国平、周艳希、谭捍卫等陪同。

【湘潭机械化插秧大型演示会】 （见农业篇“农业机械化”【湘潭机械化插秧大型演示会】）

【“大型市民素质教育公益电视节目——《道德讲堂》”在排头乡录制】 5月9日，由市文明办主办、县文明办承办的“大型市民素质教育公益电视节目——《道德讲堂》”在排头乡录制。县领导周艳希、刘耀奇、韩炎、陈卫兵及市、县相关单位负责人、排头乡党政负责人、各乡镇宣传委员、县内各级文明单位负责人，以及部分村民代表等参加节目录制。

1月7日，全省水利流动观摩会在排头乡举行　（排头乡 提供）

【全县减负工作现场会暨减负工作督办会】 11月21日，全县村级财务规范化管理暨减负工作督办会在排头乡召开，县委副书记周艳希，副县长谭捍卫及部分县直部门的相

5月9日，由市文明办主办、县文明办承办的“大型市民素质教育公益电视节目——《道德讲堂》”在排头乡录制 （排头乡 提供）

关负责人，各乡镇的党委书记、纪委书记等参加会议，会议由县委常委、纪委书记胡亚湘主持。会议首先观看湘潭市电视台“电视问政”第3期，关于村级财务管理的部分内容节选，所有与会人员认识到村级财务规范化管理的重要性和目前村级财务管理上所存在的漏洞。排头乡负责人介绍排头乡村级财务规范化管理工作经验，最后副县长谭捍卫、县委副书记周艳希做重要讲话。

【黄桂英被评为湘潭县首届道德模范】 （见人物·荣誉录“湘潭县首届道德模范”【黄桂英】）

【胡玉光被评为湘潭县最美群众贴心人】 （见人物·荣誉录“湘潭县最美群众贴心人”【胡玉光】）

（李姣红）

龙口乡

【概况】 老街驿道，两端明井，犹如龙珠；不息涓水，中起沙滩，犹如龙舌；自然景观，勾出“龙像”，龙口乡由此而名。位于湘潭县西南边陲，南与衡山县接壤，北与花石镇毗邻，境内层峦叠嶂，风光秀丽，土壤肥沃，物华天宝。全乡总面积6030公顷，辖18个行政村，331个村民小组，总人口30281人，城镇常住人口5793人，城镇化率20%。山林面积2400公顷，耕地面积1933公顷，水田面积1833公顷。乡内蕴藏石膏、铅锌、瓷泥等资源，最高峰琵琶山海拔327米，是南岳72峰之一。

2014年，完成固定资产投资9432万元；引入资金2300万元，企业续投资6550万元；实现财税总收入584.8万元，同比增长68%，其中，国税收入226万元，地税收入358.8万元，同比分别增长21.7%、120%；居民人均纯收入12311元，同比增长13.2%。实现农副产品跨区交易额480万元，与邻近乡镇衡山岭坡、福田铺成功对接。投入企业帮扶引导资金7034万元，企业年总产值同比增加8%。完成农村土地流转255公顷（耕地），粮食种植面积稳定在3067公顷以上，粮食总产量2.24万吨，种粮大户发展至67家，新培植11家，农民专业合作社发展至25家，新成立7家，创建潲江、琵琶油菜示范片2个；在龙口村、兴云村、董家坪村扩增湘莲种植面积54.7公顷；全乡养殖户扩大至5478家，水养殖面积达到165.2公顷，实现经济收益740多万元；双桥农机专业合作社成功申报“湖南省关于扶持500家农机专业合作社”项目；公益林管护面积达到100%。动物防疫密度达到100%全覆盖，无一例疫情扩散、人员感染现象；全年未发生森林火灾及人员伤亡事故。

硬化村道25千米，农网改线7千米；扩容、防渗、加固硬化骨干山塘95口，排灌渠道硬化10千米、清淤120千米，机埠更新改造6处、新建河坝4座；弄子连心桥工程、日华中学综合楼建设、泥湾合格小学建设、金子二桥危桥改造工程实现全面竣工、投入使用；投入1005万元，硬化集镇道路1.5千米，增设路灯40盏、环保垃圾回收桶100个，拆除违建雨棚2420平方米、违建房屋500平方米，修整镇区排水沟1000米；完成义务植树9.2万株，乡道绿化3千米、村道绿化2千米、庭院绿化300户；

全乡新农保参保人数9890人，参保率89%；新农合参加人数27360人，达到98%，发放补偿金额1156万元，对1名抢救性康复贫困残疾儿童实施救助，免费为4名贫困残疾人适配助听器。完成农村危房改造40户，资助农村特困户建房3户。年审低保600户1470人，退出低保69人，实现应保尽保、应退尽退。日华敬老院照明设施、长寿敬老院附属设施进行全面改造升级。开展创意技能人才培训班1期，举办“稳增长、促发展”龙口专场招聘会，实现农村劳动力转移就业262人，新增城镇就业60人，为各类求职者提供免费职介200人次，无零就业家庭。免费开放全部农家书屋，更新藏书1.1万余册，举办“欢乐潇湘·幸福湘潭·莲乡大舞台”大型群众文艺会演龙口专场，完成体育普查工作和见楼、潲江、大江、兴云四个村的农民体育健身工程。为部队输送12名合格兵员。

开展“法治龙口”创建活动。排查化解村级矛盾60起，受理信访案件65起，司法调解24起，成功化解信访老户肖某、胡某信访案件，全乡无非正常上访事件，维稳工作处于有序可控状态；开展“打非治违”“安全生产月”专项活动，排查安全隐患36处，未发生一起医疗纠纷事件和道路交通事故，全乡安全生产实现“零事故、零死亡”目标。金隆食品公司获安全生产示范企业称号，龙口中学和日华小学被评为县级安全生产示范学校，龙口、大江等8个村获县级安全生产示范村。

党建工作和经济工作、项目建设、产业发展等重点工作同安排部署，同检查督促，同考核奖惩。完成乡第九届支村两委换届选举工作和合村并组任务，合并行政村4个，新选任支书7人、村主任3人；扎实开展学教活动，集中开展“庸懒散”“三公”经费开支过大、乡镇干部“走读”等11项“四风”突出问题专项整治活动，共答复和办理群众建议意见120件，“三公”经费支出同比下降48%；全年培养入党积极分子33人，发展预备党员9人，处置不合格党员2人；开展“五讲五比”“廉洁乡（镇）村”“双联共建”“千万帮扶”“党员示范岗服务”等主题活动，组织党员走访慰问困难群众120余人次，解决“环库公路群众出行难”“石牌片村道破损严重急需硬化”等关系群众切身利益问题30余件；推行村级财务规范化管理，在全乡18个行政村设立村务监督委员会；专项经费保障标准化村部和“五小设施”建设，村级组织活动场所实现全覆盖，乡便民服务中心、机关食堂、文体活动室均投入使用。

2014年，龙口乡年度民调位居全县第三、全市第五。获得“市安全生产先进乡镇”“市环境卫生十佳乡镇”“县社会治安综合治理先进乡镇”“县城乡统筹就业一类乡镇”“县校车园车管理工作一类单位”等荣誉称号。

2014年龙口乡各行政村基本情况

表25

村 名	面积（平方千米）	户数（户）	人口（人）	农村经济总收入(万元)	农村经济总费用(万元)	农村经济净收入(万元)	农民人均纯收入(元)
见楼村	2.8	461	1731	3968.94	1802.59	2166.35	12515
泥湾村	4.4	799	3455	7379.93	3102.64	4277.29	12380
百和村	5.3	566	1899	4315.95	1953.21	2362.74	12442
九如村	3.1	469	1805	4028.98	1788.97	2240.01	12410
大江村	1.8	454	1646	3540.25	1536.41	2003.84	12174
潭溪村	4.1	509	1833	4025.22	1788.23	2236.99	12204
兴云村	1.4	421	1576	3423.51	1465.02	1958.49	12427
龙口村	0.9	282	1085	2166.43	817.12	1349.31	12436
董家坪村	2.1	483	1857	4213.39	1896.23	2317.16	12478
长寿村	2.6	502	1994	4415.1	1964.08	2451.02	12292
琵琶村	2.7	338	1118	2210.19	851.04	1359.15	12157
日华村	4.4	546	1866	4081.95	1788.26	2293.69	12292
金子村	3.2	317	1025	1987.65	743.09	1244.56	12142
紫桥村	5.6	425	1512	3057.69	1246.31	1811.38	11980
潲江村	3.9	417	1761	3797.26	1665.39	2131.87	12106
天石村	4.7	468	1555	3277.94	1401.21	1876.73	12069
金宝村	2.9	298	1086	2059.82	740.55	1319.27	12148
团建村	4.4	435	1477	3227.03	1365.42	1861.61	12604

【农村广播村村响试点工程率先启动】 10月，在潲江村率先启动全县“农村广播村村响”试点工程，以日常广播（新闻时事、乡情通报、农技推广、音乐直通车）和应急广播相结合的播报形式，在早、中、晚分时段播放，全年共播出36期，宣传党的方针、政策40多件次，发布乡镇通知、任务12条，播报温馨提示、应急提示7次、农业技术消息30多条。该工程在宣传、统战、民调、环境卫生、油菜示范片推广等工作的宣传发动上起到立竿见影的效果，为突发应急事件处置、惠农政策宣传提供强有力支持。

【农村环境卫生实现常态化】 2014年，龙口乡制定“一月一检查评比、一季一讲评奖罚”环境卫生奖惩机制，开展“小手拉大手”活动和“四能”(沤、烧、埋、收)垃圾分类处理试点工作，干群环卫意识大幅提升，农村环境卫生整治工作向常态化转变，真正做到垃圾的分类减量，农村垃圾处理不出村、组。通过第二季度、第四季度市对县的农村环境卫生抽查，取得零扣分的好成绩，在县对乡的综合评比中名列前茅。乡机关被评为“市级文明卫生单位”，日华村、百和村被评为“市级卫生村”，琵琶村被评为“市级垃圾分类试点先进村”；董家坪村、金宝村获“县农村环境卫生综合整治先进村”荣誉称号；兴云村、九如村、琵琶村成功创建“县级农村人居环境整治村”。

【熊幸于被评为湘潭县最美群众贴心人】 (见人物·荣誉录“湘潭县最美群众贴心人”【熊幸于】)

(宋建波)

花石镇

【概况】 花石镇位于湘潭县西南部、衡峰远峙，南接龙口乡，北抵锦石乡，东至中路铺镇，西连排头乡，涓水穿流。镇域总面积为133.4平方千米，城镇面积4.2平方千米。全镇辖28个行政村，1个社区，总人口5.5万人，其中城镇人口2万人。先后获评“全国重点镇”“湖南省百强镇”“湖南省重点镇”“湖南省中心城镇”“湖南省经济开发示范镇”“湖南省安全生产示范乡镇”“湘潭市小康镇”“湘潭市特色镇”。湘莲产业独具特色，成为全国最大的湘莲生产基地和莲子贸易集散中心，是名副其实的“湘莲之乡”。

2014年，完成规模工业企业总产值28.7亿元，固定资产投资3.58亿元，新增规模工业企业2家，规模工业企业产销率达99.9%；引进招商引资项目7个，完成到位资金5200万元；实现财税总收入1355万元，其中，国税收入805万元，地税收入550万元。花石陶瓷机械厂生产的p50全自动拉扳机、切泥机已试制成功，进入市场销售。湘潭泵业集团有限公司投入60多万元改造节能型锅炉。

实现粮食播种总面积5460公顷，落实集中育秧700公顷，杜绝人为抛荒，双季稻覆盖率达92%，粮食总产3.97吨。发展牲猪15.2万多头，鸡鸭存笼17.5万羽。完成造林63.3公顷，通过省级造林成果检查验收，完成面上三边绿化，路边2千米，水边1千米，以及庭院绿化500户，打造韶茶干线花石镇区境内路段干线公路12.8千米示范片的绿化造林。水利建设开工557处，已竣工，完成重点河坝32处，机埠11处，重点水损水毁恢复工程盐埠拦河坝已修复，前进拦河坝整修方案正在设计，金塘村涓水河堤水毁工程已修复。累计投入建设资金1200多万元。移民后扶工程正在建设中，总投资近200余万元。

对湘莲市场提质改造，投入200万元修缮2千米排水排污管道，维修市场道路，增设交通及旅游标识标志牌，翻新装修市场门牌；投入130万元，全面检修大桥路、车站路排水排污管道，解决主干道排水排污不畅的问题；投入60万元，选址前进村新建一个300平方米垃圾中转站，已定购生产设备；投入128万元，实施镇区亮化工程，主干道4000米，辅道2100米，新装170盏LED路灯，已投入使用。规范项目报批程序和手续，“一书三证”发放率达98%，城镇化率达46%。开展规范镇村建设专项整治行动，成立镇执法综合中队，开展规划跟踪监察服务，组织定期、不定期巡查违建工程，下达停工整改通知书38份，及时查处违章建筑3处。新增8名环卫工人，加强镇区的日常管理、保洁。

加大湘莲产业的投资。扩大湘莲种植面积，建设“万亩湘莲高产示范基地”；保护地标产品，在涓江村建设26.67公顷“寸三莲”原种基地，提纯复壮“寸三莲”品种；协助企业创新营销模式，做精做强。大洲公司全自动湘莲加工线成功投产，堂皇公司入驻步步高149个门店。7月，举办“花石赏荷之旅”特色旅游活动。“万亩湘莲高产示范基地”“湘莲特色旅游示范街”与十八罗汉山、花石水库、汉城桥、观政桥等景点资源相结合，“赏荷之旅”一日游路线，成为省内赏荷的首选之地。新打造的罗汉村千亩油菜基地，成为促进农民增收、推动旅游产业发展的又一特色和亮点。

年内，调处各类大的矛盾纠纷104起，调解成功104起。深化“法治湘潭县”建设，全镇创建民主法治村达100%。北斗村创建为县级民主法治示范村。完善“一岗双责”等制度，成立29个村级安全生产联组、4个企业安全生产联组，党政领导干部带队检查安全生产工作15次，未发生重大安全生产事故，成功创建省级安全生产示范乡镇。

全面完成省、市、县为民办实事工程13项；按照《社会救助暂行办法》动态调整低保、“五保”对象，建立“一门受理，协同办理”工作机制和平台，抓好敬老院安全管理；新农合参合人数50765人；完成城镇职工和居民基本医疗保险1061人，农村劳动力新增转移就业604人，城镇新增转移就业612人，劳动力技能培训50人；交通工作不断加强，行政村客运班线通达28个村，全镇硬化道路20千米；上海农商银行花石分理处已开业，金融体系不断完善；完成计划生育各项考核指标，计生工作保持全县先进行列。开展“五好家庭”“文明家庭”“平安家庭”“安全生产示范家庭”“环境卫生示范家庭”共计500户家庭的大型评比表彰活动，树立导向，全镇反响热烈。

完成铜锣和新华、永仁和永丰、润塘和园艺6村的合并工作。实行发展党员“2233”制，坚持党委把关、发展前谈话制度，新发展党员12名。按要求开展机关党员到村工作，做好党费收缴、管理工作，通过省党建工作检查。

履行“一岗双责”，出版《花石廉政简报》，设立廉政文化宣传走廊，使全镇1600多名党员干部接受廉政宣传教育；贯彻执行中央“八项规定”、省委“九项规定”，严格财务管理，“三公”经费支出同比下降18%。深入开展党的群众路线教育实践活动，整改落实重点督办项目10项，领导班子“四风”方面突出问题18项，切实纠正乡镇领导干部中存在的“走读”现象，严格执行领导干部值班住宿制度，每天确保有3名以上领导干部在单位住宿。深入转变干部工作作风，纪委加强对各类工作的督查，共发出督查通报8期。

2014年花石镇各行政村情况

表26

村名	面积（平方千米）	户数（户）	人口（人）	农村经济总收入(万元)	农村经济总费用(万元)	农村经济净收入(万元)	人均纯收入（元）
河头村	3.5	637	2578	5252.3	1672.8	3579.5	13884
七星村	6	556	2076	4024.7	1206.3	2818.4	13576
前进村	2	369	1472	2993.1	814.4	2178.7	14800
超上村	1.4	283	1165	2283.2	544.6	1738.6	14923
马垅村	5	768	2866	6461.6	2132.4	4329.2	15105
罗汉村	2.5	376	1520	2689.2	699	1990.2	13093
长岭村	3.36	431	1483	2481.3	619.9	1861.4	12551
芙蓉村	4.8	594	2138	3828.4	1131.7	2696.7	12613
棋岭村	7.5	553	2106	3589.2	1041	2548.2	12099
双溪村	4.5	444	1755	2991.1	813.6	2177.5	12407
金莲村	6.16	651	2518	4511.8	1391.4	3120.4	12392
赵家营村	4.5	469	1839	3110.6	859	2251.6	12243
涓江村	3.5	648	2478	4176.5	1264	2912.5	11753
盐埠村	3.14	661	2569	4218.3	1279.9	2938.4	11437
东晓村	5	410	1604	2395.4	587.2	1808.2	11273
润塘村	6.8	584	2265	3564.6	1031.5	2533.1	11183
盐浮村	1.8	408	1615	2417.6	596.2	1821.4	11278
金塘村	6.5	466	1683	2660.5	687.3	1973.2	11724
金丰村	12	609	2191	3480.3	998.9	2481.4	11325
永仁村	4.84	525	1894	2904.1	779.9	2124.2	11215
铜锣村	4	446	1806	2756.5	723.8	2032.7	11255
水南村	2	407	1465	2129.7	485.5	1644.2	11223
紫荆村	6	434	1672	2580.5	656.9	1923.6	11504
中心村	6	490	1803	2796.2	738.9	2057.3	11410
北斗村	3	382	1350	1974.8	426.7	1548.1	11467
天马村	5	354	1398	2092.8	471.6	1621.2	11596
兴合村	5.6	357	1358	1917.8	405.1	1512.7	11139
石坝村	5	334	1374	2092.2	471.4	1620.8	11796

【“赏荷之旅”启动】 花石镇利用自身优势，让文化、旅游和湘莲产业完美结合，推出“赏荷之旅”路线。7月13日，“赏荷之旅”路线在湘莲市场正式启动，国务院发展研究中心研究员黄平波，市、县领导张昱、刘耀奇、陈卫兵等参加开幕仪式。此次“赏荷之旅”依托湘莲文化底蕴，涵盖“寸三莲”原种场、花石荷花园、汉城桥、十八罗汉山、花石水库、湘莲特色街、周小舟故居、湖南粒粒珍湘莲有限公司等8个景点。游客不仅可以游荷花基地、览万亩荷花，观十八罗汉山、赏丹霞地貌，还可以品尝到花石豆腐、石坝米酒，参观湘莲大市场，亲自体验湘莲的生产工艺和湘莲文化。

【多种特色家庭评选活动】 9月20日，花石镇党委、政府召开千人表彰大会，开展“五好家庭”“文明家庭”“环境卫生示范家庭”“平安家庭”“安全生产示范家庭”评选活动。此次评比活动以户为单位，按照“公开、公平、公正”的原则，选出这5类特色家庭各100户。通过各村党员组长会议推荐、民主投票、基层组织审批等程序，评选出各村示范户家庭初选名单，报镇党委、政府审批评选，将最具有代表性的先进典型挖掘出来。胡运泉、陈立年等家庭获得“五好家庭”荣誉称号，彭新林、胡长发等家庭获得“文明家庭”荣誉称号，刘放明、胡孝光等家庭获得“环境卫生示范家庭”荣誉称号，李志成、胡冬云等家庭获得“平安家庭”荣誉称号，程湘江、贺卫兵等家庭获得“安全生产示范家庭”荣誉称号。 （周璇）

7月13日，“赏荷之旅”启动仪式
（花石镇 提供）

9月20日，花石镇开展多种特色家庭评选活动 （花石镇 提供）

分水乡

【概况】 分水乡位于湘潭县西南边陲，距县城60余千米，北邻湘乡市梅桥镇，东与排头乡毗邻，西与石鼓镇接壤，南临青山桥镇。全乡总面积85.33平方千米，耕地2321公顷。共有11002户，39375人，辖23个行政村，409个村民小组。乡经济以农业为主，村民主要从事制皮鞋、养殖等产业，农作物除水稻等常规作物外，经济作物以油茶种植为主，境内锰、磷、铀的藏量较大，只进行小容量开采。交通线路有X030、X028、X026县道经过境内，交通较为便利，设有中学3所、小学11所。

2014年，实现经济生产总值3.8亿元，完成国税入库45万元，地税入库128万元，“两会”清收8万元；全年完成财政总收入2593万元。完成固定资产投资6500万元，占总任务的108.3%，完成招商引资1200万元，超额140%，实现技改投入6000万元，农民人均纯收入10721元，同比增长10%。

播种水稻4400公顷，其中优质稻3000公顷，粮食总产量2.7万吨。在分水、大垅、彭何等村全面铺开农业生产全程社会化服务项目试点，覆盖面积390公顷；推广集中育秧1300公顷、机插秧320公顷，建立130公顷机插秧高产示范片，被评为县集中育秧工作先进乡镇。

全乡种养殖专业大户259户，新成立芭蕉蔬菜、文芳水稻等合作社8家，注册资金1088万元，全乡合作社23个，其中，虎豪和强民两家农机合作社成功申报省“百千万工程”，并通过市县验收。引进分水苗木合作社，流转林地16公顷，带动林业经济，实现生态效益和经济利益双提升，成为农业发展的新亮点。

全年投入140多万元，加强珍鸽、广林、同合、湾头、较场、天垅、石江7个村的水渠、山塘、河坝等建设；修复樟树坝、洞口水库东西干渠出口处等水利工程。投资3800万的省35千伏变电站项目落地分水，正在建设中。完成虎形、旗山（广阳片）两个村的电网改造，安装变压器3台，架设线路4.2千米。争取村道计划11千米，完成村道建设18千米；投资48万元的花桥改造工程顺利竣工。完成合家、大垅、长丰、湾头4个村的农村体育健身工程建设。广播“村村响”工程如期投入使用，建设发射基站24个，安装喇叭230个，实现乡域广播全覆盖。

新增农村低保99户，181人；城市低保1户，2人；农村“五保”34人；落实116人的高龄生活补贴和11名困难儿童补助。核实特困户建房3户，争取建房款13.5万元，完成危房改造65户，争取资金80多万元。新建3家农村幸福院，投入13万元用于敬老院建设和老人物资资助。发放特困家庭慰问金9.6万，269户；临时医疗救助金7.9万，77户；向困难学生发放助学金6.8万元，其他各类救济资金12.84万元。落实农村新增转移就业146人、城镇65人。实现新农合参合率93.3%、新农保参保率93%。

年内，成功举办“欢乐潇湘·幸福湘潭·莲乡大舞台”分水专场群众文艺会演，开展原创广场舞培训、春节、“六一”读书送书和科普日演讲等文化活动。完成彭何小学合格学校创建，投资300万元的公立幼儿园已完成主体建设。继续深化计生条例执行，加大计生宣传教育，优化计生服务，政策内生育、男女性别比例等逐步优化。进行新一轮的计生专干竞聘上岗，计生专干队伍素质进一步提升。

组织学校和支村两委安全知识培训4次，开展“打非治违”专项整治，乡执法中队累计组织执法40次，出动执法人员180人次，发现隐患42处，整改40处，责令停止经营2处，成功爆破分水砖厂安全隐患烟囱，依法取缔晓冲、槐北、较场3个村的4个非法采砂洗砂点，取缔黑火药生产点1处、非法办学幼儿园1所。开展乡村社会稳定排查17次，发放法治宣传资料1.2万份；接待群众来访、来电和来信76起，受理各类矛盾纠纷91起，全部处置调解成功。提供法律援助33件，积极推进16名社区矫正对象的矫正工作。全年无进京上访和群体上访事件，确保全乡社会局面的和谐稳定。

年内，完成行政村合并调整，全乡32个村合并为23个，依程序如期完成支村委换届选举，将一批致富能手、年青党员充实到支村两委，村级班子平均年龄下降2.1岁；大学学历增加3人，组织新任村干部培训4场次。扎实开展群众路线教育实践活动，乡党委梳理教育实践活动意见建议1061条，列出班子问题32个，班子成员问题134个，整改完成率93%，纠正一批“四风”问题，解决一批群众关心的重点难题。推进村级“四议两公开”和“五制”管理，严格落实“三会一课”制度和“两考四评”工作，对38个支部，1299名党员进行民主评议。新发展党员16名，其中35岁以下1两名，大专及以上文化8人，女性4人。依规处置不合格党员3名。

2014年分水乡各行政村基本情况

表27

村名	面积（平方千米）	户数（户）	人数（人）	农村经济总收入(万元)	农村经济总费用(万元)	农村经济净收入(万元)	农民人均纯收入(元)
石江村	4	325	1208	2174.40	874.71	1299.69	10759
白沙村	3	310	1046	1882.80	716.09	1166.71	11154
湾头村	4.2	368	1458	2624.40	989.11	1635.29	11216
同合村	3.8	312	1180	2124.00	821.87	1302.13	11035
大垅村	3.8	542	1758	3164.40	1226.56	1937.84	11023
天垅村	3	415	1504	2707.20	1046.78	1660.42	11040
合家村	3.8	465	1687	3036.60	1327.16	1709.44	10133
双凤村	3.6	508	1738	3128.40	1301.94	1826.46	10509
沙洲村	2.2	354	1195	2151.00	833.15	1317.85	11028
彭何村	4	435	1450	2610.00	1009.49	1600.51	11038
长丰村	3	356	1580	2844.00	1233.66	1610.34	10192
分水村	3.6	385	1485	2673.00	1025.54	1647.46	11094
广林村	3.5	420	1548	2786.40	1098.00	1688.40	10907
晓冲村	3.5	638	2035	3663.00	1411.27	2251.73	11065
旗山村	3.5	379	1420	2556.00	966.74	1589.26	11192
较场村	3	671	2661	4789.80	1980.58	2809.22	10557
虎形村	3.7	628	2408	4334.40	1840.92	2493.48	10355

续表27

村名	面积(平方千米)	户数(户)	人数(人)	农村经济总收入(万元)	农村经济总费用(万元)	农村经济净收入(万元)	农民人均纯收入(元)
石桥村	4.1	740	2536	4564.80	1940.04	2624.76	10350
大冲垅村	4	579	2023	3641.40	1508.15	2133.25	10545
珍鸽村	4.9	561	2024	3643.20	1605.23	2037.97	10069
新山村	4.8	545	1939	3490.20	1391.81	2098.39	10822
永红村	3.8	493	1754	3157.20	1337.60	1819.60	10374
槐北村	4.5	573	1738	3128.40	1368.50	1759.90	10126

【网上招商结“新果”】 2014年，分水乡党委政府坚持把招商引资作为提升全乡经济的重点工作来抓，通过互联网宣传招商引资的奖励办法及自身优势，使企业了解分水，促进企业资金与优势项目对接，吸引优势项目落户分水。该乡依托山区良好的自然环境，通过招商引进资金和人才，组建分水林业苗木合作社，总投资3000万，以种植红叶石楠、银杏等7种名贵苗木为主业，兼种植经济林。宏达米业和红宇生态养牛基地引进资金，投入工业企业技术改造4000万元。

【农村人居环境得到美化】 2014年，分水乡加强农村环境卫生宣传，推进环境卫生整治常态化，明确一名村委主要干部为环保专干，负责本村的环境治理检查、评比等工作。完善和健全评比检查机制，探索农村生活垃圾分类处理机制，加大对环境卫生整治的组织和投入，落实奖惩措施。投入74万元，聘用村级保洁员69人，营造全民参与，共创美丽乡村的氛围。以新山村市级农村环境卫生整治示范和长丰、虎形农村垃圾分类处理示范建设为抓手，促进全乡环境卫生整体好转，环境卫生评比排序提升为二类乡镇。 （胡小波）

石鼓镇

【概况】 石鼓镇地处湘潭县西南边陲，西北与湘乡市相连，西南与双峰县接壤，东南毗邻青山桥镇，东北接分水乡，是湘潭县最偏远的乡镇之一，距县城86千米。全镇辖歇马、石鼓、明道3个管区，共31个行政村和1个居委会，15209户，总人口49952人。镇域总面积为96.05平方千米，耕地面积为2583.53公顷，其中水田2342.8公顷、旱地240.73公顷。

2014年，完成工业固定资产投资9120万元，同比增长22%，工业总产值完成7100万元；规模以上工业总产值完6500万元；工业增加值完成9700万元；实现财政收入2020.6万元，同比增长10.08%。招商引资2000万元。现有企业规模不断扩大，招商引资稳步提升。旅游伞加工企业达23家，年销售收入在5000万元以上。农民人均纯收入11850元，同比增长13%；实现工农业总产值3.5亿元，同比增长10%，实现工农业生产总值1.28亿元；粮食播种面积4645.69公顷，优质稻面积完成3889.23公顷；订单农业1746.49公顷；新建农产品生产基地2个，生产粮食39860万吨。水利建设投入完成347万元.公路建设完成25千米；投入资金完成山花线石鼓至青山桥路段的重修。沼气池建设完成25个。加强动物防疫工作，未发生禽流感、生猪五号病和蓝耳病，生猪出栏10.3万头。造林面积123.32公顷，森林覆盖率达到53%。农村劳动力新增就业人数1000人；城镇新增就业人数100人；农村输出劳动力人数17924人。新增专业合作组织4个；新增固定资产投资50万元以上的农产品加工企业1个。科技培训1.2万人。国地两税收入120万元，财政收入5万元。

镇区面积0.6平方千米，有住户1257户，居民5640人。拉开“一带四区”的城镇建设框架。启动以海云村为中心的农贸市场二期工程的建设，满足农民到镇区建房、创业的需求。继续完善农贸大市场配套设施。同时启动镇区绿化、美化、净化工程。

完成12个村农家书屋出版物的补充更新。投入资金68万元，完成将军小学的义务教育合格学校的创建；投入资金63万元，完成歇马小学的义务教育合格学校的创建；投入资金73万元，完成歇马中学的义务教育合格学校的创建。省级项目村卫生室建设有七家坪村和万家村，各投入5万元；市级项目村卫生室建设有森梅村和将军村，各投入10万元。推行数字电视，全镇新开通数字电视300多户。新型农村合作医疗运转良好，门诊补偿29235人次，补偿金额48.76508万元，住院补偿7837人次，补偿金额1462.357558万元。完成农村危房改造35户。新增劳动力转移就业1420人，城镇新增就业145人，城镇居民医疗保险新增42人。新型农村社会养老保险试点工作全面启动，确保惠民工程顺利实施。农村低保、企业养老保险、职工医疗生育保险、失业保险、工伤保险、城镇居民医疗保险覆盖面不断扩大。农村劳务输出基地建设成效明显，外出务工在1.92万人左右，年创劳务收入2.3亿元以上。出生612人，出生率12.24‰，符合政策生育率79.9%。施行各种节育手术762例，综合节育措施率为91%，免费优生遗传监测220对，完成任务110%，完成社会抚养费征收133.6万元，顺利通过市、县考核验收。

坚持“四个着力”的工作措施推进平安建设。在综治网络延伸方面，采取分村民主选举出中心户长，明确中心户长的职责、管理范围和奖励办法，通过中心户长制，形成镇管区、区管村、村管中心户、中心户管人的综治网络。矛盾纠纷调处率达到100%，做到小事不出村、大事不出镇，没有出现群体性事件和非正常上访，没有发生重特大安全事故，在2014年的民调中，取得全市第八、全县第六的好成绩。

实施四议两公开、村干部“五制”管理，开展“创先争优”等活动。深化党员示范行动，在镇机关窗口单位开展“三亮三创三争三评”“共产党员示范岗”活动，在广大农村党员中开展“科学发展党员示范户”活动，做好党建工作。利用党校、党员活动室等载体，加强对广大干部群众的思想教育。做好发展新党员工作，严把党员“入口”关，新党员质量明显提高，全年吸纳预备党员23名，预备党员转正32名。

2014年石鼓镇各行政村基本情况

表28

村名	面积（平方千米）	户数（户）	人口（人）	农村经济总收入(万元)	农村经济总费用(万元)	农村经济净收入(万元)	农民人均纯收入(元)
铜梁峰村	1.7	566	2028	7379.93	1953.21	2362.74	9824
双河村	1.9	275	1013	4315.95	1788.97	2240.01	10142
山田村	2.4	247	1103	4028.98	1536.41	2003.84	10216
歇马村	3.7	421	1631	3540.25	1465.02	1958.49	10986
大坪台村	2.5	292	1266	4025.22	817.12	1349.31	10843
沿红村	2.9	387	1509	3423.51	1896.23	2317.16	10678
竹塘村	1.7	261	1139	2166.43	1964.08	2451.02	11286
路口村	2.2	345	1388	4213.39	851.04	1359.15	11035
云霞村	2.7	435	1588	4415.1	1788.26	2293.69	10723
石湖塘村	2.6	427	1559	2210.19	743.09	1244.56	10824
福霄村	1.7	284	1087	4081.95	1246.31	1811.38	10435
高家坪村	3.4	417	1536	1987.65	1665.39	2131.87	10616
西冲村	2.3	286	1091	3057.69	1401.21	1876.73	10734
花楼村	2.9	362	1425	3797.26	740.55	1319.27	10342
海荣村	3.4	435	1696	3277.94	1365.42	1861.61	10921
石鼓村	4.3	506	1977	2059.82	1536.41	1958.49	11021
万家村	4.1	457	1733	3227.03	1465.02	1349.31	11214
珠山村	3.7	513	1932	4315.95	817.12	2317.16	11436
欧冲村	2.8	364	1507	4028.98	1896.23	2451.02	10576
将军村	3.4	487	1939	3540.25	1964.08	1359.15	10341
安乐村	4.2	615	2424	4025.22	851.04	2293.69	10613

续表28

村名	面积（平方千米）	户数（户）	人口（人）	农村经济总收入(万元)	农村经济总费用(万元)	农村经济净收入(万元)	农民人均纯收入(元)
兴旺村	2.1	338	1295	3423.51	1788.26	1244.56	10345
栗山村	3.3	457	1764	2166.43	743.09	1811.38	10912
森梅村	2.5	372	1465	4213.39	1246.31	2131.87	10724
龙塅村	2.1	362	1405	4415.1	1665.39	1958.49	10881
道贯村	4.1	438	1887	2210.19	1401.21	1349.31	10621
珠联村	3.6	407	1628	4315.95	1536.41	2317.16	10975
向阳村	3.1	391	1483	4028.98	1465.02	2451.02	10542
七家坪村	2.4	426	1731	3540.25	817.12	1359.15	10623
五家嘴村	1.7	347	1091	4025.22	1896.23	2293.69	10273
四路村	3.2	352	1534	2957.62	1752.61	1205.01	10.58

【“植树修身，践行群众路线教育活动”】 3月18日，石鼓镇人民政府组织机关干部、县后盾单位、学校老师、群众志愿者120余人，分12个小组，到建仁桥至歇马加油站近6千米长的路段开展“植树修身，践行群众路线教育活动”，为家乡绿化建设出力，践行党的群众路线。此次活动完成1200株植树任务。（莫美）

3月18日，石鼓镇开展“植树修身，践行群众路线教育活动”（石鼓镇 提供）

青山桥镇

【概况】 青山桥镇位于湖南省湘潭县的西南边陲，北连湘乡市，西与双峰县接壤，南抵衡山县，东邻分水、排头、龙口三乡，距县城70千米。全镇总面积109.37平方千米，镇区面积2.7平方千米，辖26个村1个社区，总人口4.9万人，其中镇区人口1.9万人。耕地2066.67公顷，林地5666.67公顷，森林覆盖率达65%。该镇有“皮鞋之乡”、唢呐艺术之乡”称誉。

2014年，完成农业总产值3.2亿元。落实粮食播种面积4031.87公顷，粮食总产量3.2万吨。投入资金465万元，完成215余口骨干塘清淤防渗建设、400处水毁工程恢复、11千米的标准渠道建设、8座小型河坝改造、9座机埠改造和137千米渠道清淤扫障，完成镇区集中供水9800人的扩建续建配套工程。完成长防林封山育林、荒山造林、中育林抚育、南竹低改共62公顷，公益林资金发放到位率100%。

全镇有皮鞋生产企业68家，其中规模以上企业6家。皮鞋工业园1个。工业总产值共9.37亿元；规模企业实现利润2581万元、产销率达99.99%、能耗下降幅度为19.16%；工业固定资产投资完成4.02亿元；招商引资到位资金5200万元；社会消费品零售总额3.68亿元，人均收入11615元；完成国税收入262万元、地税收入211万元，财政收入2246万元。

按照县委、县政府“一区带多园”发展战略的要求，以皮鞋工业园建设为主，保持健康、持续、快速发展的良好势头。工业园固定资产总投资9600万元，技改投入5800万元，累计生产销售各类皮鞋530万双，安排就业人员3400余人，发放各类工资7100万元，创利润1250万元，实现工业总产值4.3亿元。

推进社会事业健康发展。完善城乡医疗卫生体系，农村合作医疗报销13500人次；发放临时医疗救助款5万余元。认真做好“五保”、低保年审、清查工作，共清退不符合政策低保户74户233人、五保户减少23人。发放重度残疾人补助245人，为6名耳聋残疾人提供适配助听器，为3名肢残对象装上假肢，为20名精神病人免费发放药品。免费发放老年人160套衣服鞋子。完成新农保收缴15655人，城镇居民医疗保险500人。新增农村劳动力转移就业241人、城镇新增就业282人、下岗失业人员再就业30人、困难对象再就业5人。完成农村危房改造40户、特困户建房4户。投入168万元，创建松柏小学、高青小学合格学校，完成晓南中学3栋楼电路改造，青山中学、红旗中学的提质改造以及鳌鱼学校的薄弱学校建设；完成观山、扶冲、新阳、青山等4个村的农民健身工程。推进环境卫生整治，完善村级环境卫生整治机制，推行垃圾分类处理方式，整治水域、路面、房前屋后的垃圾乱丢、乱倒现象，倡导农村居民改厨改厕，全镇环境卫生整治工作被市、县评为先进单位。

（赵新建）

2014年青山桥镇各行政村基本情况

表29

村 名	面积（平方千米）	户数（户）	人口（人）	农村经济总收入（万元）	农村经济总费用（万元）	农村经济净收入（万元）	农民人均纯收入（元）
高屯村	3.5	577	2116	2463.8	1252.1	1211.7	11643.6
和坪村	4.7	557	1970	2378.4	1208.7	1169.7	24119.1
新阳村	3.5	303	1108	1304.2	657.5	646.7	11677.0
马栏村	2.1	411	1581	1755.0	891.9	863.1	11100.3
龙书村	1.4	288	1097	1229.8	625.0	604.8	11210.2
观元村	2.5	441	1676	1883	957	926	22303.2
富石村	3.1	323	1251	1379.2	700.9	678.3	11024.8
富晓村	2.9	347	1302	1481.7	753.0	728.7	11380.1
三富村	2.9	300	1083	1281.0	651.0	630.0	11828.2
观山村	4.1	381	1443	1626.9	826.8	800.1	11274.2
松柏村	5	482	1795	2058.2	1046	1012.2	23599.3
青山村	1.9	471	1842	2011.2	1022.1	989.1	10918.4
龙舞村	5.2	360	1313	1537.2	781.2	756	23627.1
大兴塘村	7.6	533	2008	2275.9	1156.6	1109.3	34103.8
幸福村	4.9	487	1795	2079.5	1056.8	1022.7	23240.7
福门村	6.6	525	2578	2822.4	1434.3	1388.1	22063.6
天塘村	7.6	469	1657	2002.7	1017.8	9849	36263.3
桥头铺村	5.4	622	3843	2656	1349.8	1306.2	22070
高强村	5.6	534	2139	2280.2	1158.8	1121.4	21479.7
新铺村	2.7	488	2001	2083.8	1059.0	1024.8	10413.6
高山村	2.6	540	2291	2305.8	1171.8	1134	10064.6

续表29

村 名	面积(平方千米)	户数(户)	人口(人)	农村经济总收入(万元)	农村经济总费用(万元)	农村经济净收入(万元)	农民人均纯收入(元)
晓南村	2.2	555	2386	2369.9	1204.4	1165.5	9932.3
上方村	2.4	362	1449	1545.7	785.6	760.1	10667.6
四境村	3.8	262	978	1118.7	568.5	550.2	11439.1
沙河村	3.6	462	1897	1972.7	1002.5	970.2	20807.3
扶冲村	4.1	500	2019	2135	1085	1050	21129.2

【彭线红被评为湘潭县首届道德模范】 （见人物·荣誉录“湘潭县首届道德模范【彭线红】”）

（赵新建）

易俗河镇

【概况】 易俗河镇是湘潭县城关镇，是长株潭“两型社会”综合配套改革试验区核心区，全境属天易示范区规划建设范围。镇域面积74.01平方千米，其中城区面积17.3平方千米，城镇化率55%，辖16个村，9个社区居委会，431个村（居）民小组，常住人口11.54万人，其中农业人口2.8万人。

2014年，以农产品精深加工园、紫竹路、武广大道、云龙东路、金霞山路等项目为主，推进征地拆迁，组织项目村召开征拆工作动员会，配合做好勘界、放线等工作，协调矛盾纠纷，为天易示范区在建项目的顺利推进扫清障碍。签订土地协议44个、房屋拆迁合同244户，征收集体土地95.41公顷。玉兰路提质改造工程已完成，芙蓉路、五大桥已建成通车。

实现农业总产值14019万元，农民人均纯收入14465.56元。粮食播种总面积4141.26公顷，其中优质稻种植面积2430公顷，粮食总产量2.98万吨；落实水稻集中育秧506.7公顷，测土配方施肥面积达到90%；认真落实“三防”责任，完成全民义务植树8.2万株、中林间伐28.7公顷、幼林抚育6.7公顷，省级以上公益林管护面积789.8公顷，为年任务的100%，补偿资金发放到位率100%；加大防火力度，全年无大的森林火灾发生；开展动物防疫，共免疫猪瘟、猪蓝耳病、猪口蹄疫6万头，免疫禽流感7.5万羽；摸底统计湘江干（支）流沿线一千米范围内的养殖户，为23户规模养殖户安装GPS定位，配合县畜牧局、国土局对23户规模户进行地理坐标绘制和栏舍面积测量，第一批养殖户已全部退出；水利冬修投入建设资金792.26万元、劳动工日53.28万个，完成水利工程622处、土石方60.27万方；组织开展汛前安全检查，通过“6·20”等6次特大暴雨的考验。

实现规模工业总产值16.2亿元，完成年任务的100%；实现规模工业增加值4.56亿元，同比增长25.08%；规模工业企业产品销售收入16.16亿元，产销率99.8%，规模工业万元产值能耗下降15%。

按照“以建促治、以奖促治、以比促治、以考促治、以创促治”的机制，加强城郊环境卫生的整治，定期开展环境卫生评比，严格兑现奖惩，清理各类垃圾270余处、450余吨。全面宣传垃圾分类处理，并在京竹村、杨溪村和银塘村进行试点，切实做到“垃圾减量、变废为宝”。

投入450万元完成老城区下水道疏通、百花社区下水道改造及绿化带修整等工程，维修道路5000平方米、硬化道路3000平方米，城区基础设施完善。开展城乡同治，累计出动宣传车200余台次、悬挂条幅80幅，发放挂图2万份，签订“门前三包”责任书12000份，规范门店装修21家；清理整顿设置不合理的户外广告1000余处，没收宣传单8500余份。成立专职队伍对杏花一路、海松二路的马路市场进行劝导和整治，规范马路市场秩序。投入40余万元开展农村环境卫生整治，重点治理原乡政府驻地至红燕山地段，彻底解决该地“脏、乱、差”现象。开展废品回收店专项整治活动，逐步取缔城区废品回收店，引导农村废品回收店进店经营或进行围挡。在银塘村试点户外广告清理工作，改善农村广告市场的无序状况。搞好省级文明县城复查迎检。

开展大走访活动，召开群众工作专题会议4次，签订群众工作责任状25份，走访住户48957户次、11.59万人次，整理群众诉求1212条，涉及具体问题220件，解决群众突出问题189个，排查化解矛盾纠纷1093起；做好群众来访接待，接待群众171批次、251人次，涉及信访事项156项，解决133项，答复解决率达到85%，信访总量同比下降10%。

开展“安全生产月”宣传活动，组织相关部门对非煤矿山、危险化学品、烟花鞭炮、交通运输等行业进行检查，累计检查各行业领域119家次，查出一般隐患85起，隐患整改率达95%；开展百日安全大排查大整治活动和“七打七治”专项行动，检查生产经营单位75个，排查安全隐患47处，治理隐患42处，排查并取缔非法生产经营单位12家。多次召开镇内中小学校长安全学习培训会、幼儿园负责人会，校园无重大责任安全事故。

开展计生专干竞聘上岗，打破妇女主任兼任计生专干的传统模式，选优计生服务队伍。全镇出生941人，符合政策生育率87.7%，出生婴儿性别比110，实行各类节育手术939例，落实结扎82例、上环643例、流引产231例，征收社会抚养费151万元。扩大社会保障面，新型农村社会养老保险参保和续保人数达8103人，占全年任务的108%；城镇居民基本医疗保险参保和续保人数达16554人，占全年任务的131%；新增城市低保204人、农村低保57人，新增城镇就业人员2414人，失业人员再就业570人，困难就业对象再就业120人；申报危房改造项目20户，全部竣工。

组织基层党组织书记开展“联述联评联考”和“两考四评”工作，落实镇村两级党组织书记抓党建工作责任制和党风廉政建设责任制，签订党风廉政建设责任书233份，发展新党员14人，无连续三年未发展党员的空白村；深化党务、政务公开，主动公开政府信息326条，回复网上在线咨询22条。

2014年，易俗河镇获得省、市老科学技术工作者协会“老科协先进集体”、获湘潭市2013年度农村环境综合整治工作“先进乡镇”、湘潭市消防安全生产委员会2014年度“先进专职消防队”荣誉称号，牛头岭社区获湖南省精神文明建设指导委员会“湖南省2013届省级文明社区”、湘潭市关心下一代工作委员会“五好关协”称号。

2014年易俗河镇各行政村基本情况

表30

村名	面积（平方千米）	户数（户）	人口（人）	农村经济总收入(万元)	农村经济总费用(万元)	农村经济净收入(万元)	农民人均纯收入(元)
八角村	5.76	580	2046	2807.44	1263.34	1544.1	13721.63
赤湖村	6.49	978	2720	4042.61	1819.17	2223.44	14862.54
赋江村	3.29	392	1368	1649.39	742.22	907.17	12057.32
河洲村	2.4	324	1308	2195.12	987.8	1207.32	16782.3
金霞村	3.41	486	1282	1941.04	873.46	1067.58	15140.76
京竹村	2.31	680	2287	4246.32	1910.84	2335.48	18567.23
青光村	4.15	462	1672	2450.18	1102.58	1347.6	14654.23
青狮村	3.25	462	1680	2251.85	1013.33	1238.52	13403.88
山塘村	3.5	339	1245	1865.74	839.58	1026.16	14985.88
杉荫村	4.56	452	1551	1932.28	869.52	1062.76	12458.3
上马村	4.08	620	1810	2045.15	920.31	1124.84	11299.2
水竹村	5.67	789	2780	4382.8	1972.26	2410.54	15765.47
烟塘村	3.9	803	3030	4783.32	2152.49	2630.83	15786.56
杨溪村	2.31	352	1258	1618.77	728.44	890.33	12867.84
银塘村	2.68	372	1341	1992.36	896.56	1095.8	14857.32
樟树村	3.46	420	1503	2140.05	963.02	1177.03	14238.56

2014年易俗河镇社区居委会基本情况

表31

社区名称	面积（平方米）	居民小组数	党员人数	户籍人口数	流动人口数	总人口数	服务用房面积（平方米）	公共活动场所（处）
富豪阁社区	1232832	7	68	2948	2480	8236	280	1
吴家巷社区	1705182	3	68	4757	27055	32817	316	2
城塘社区	427713	13	117	5233	109	4688	300	1
百花社区	785058	18	196	8439	7568	16007	300	0

续表31

社区名称	面积(平方米)	居民小组数	党员人数	户籍人口数	流动人口数	总人口数	服务用房面积(平方米)	公共活动场所(处)
牛头岭社区	559207	17	152	8717	4443	13160	260	2
砚井社区	1215321	10	133	6342	6126	12468	300	1
云龙社区	1542447	9	46	3370	620	13057	340	0
赵家洲社区	1277743	12	40	2241	658	8489	480	0
凤形山社区	972991	8	103	4200	678	4878	500	0

【金霞村评为“湖南省特色旅游名村”】 易俗河镇金霞村坐拥金霞山、白沙洲、向东渠、紫金堤、金霞山“绿心”公园等自然旅游资源及龙兴寺、洛口古镇、金霞山农家乐等人文旅游资源。金霞村重视资源保护，擦亮“金霞山”金字招牌，加大投入，建设高星级乡村旅游区（点），培育壮大旅游业。实现全村所有村道硬化，建有停车场2个、公共厕所2个，设立游客服务和集散中心，集中展示全村旅游产品。新建垃圾池、垃圾场，专人打扫，垃圾集中无害化处理，保持村容整洁。2月26日，易俗河镇金霞村获评“湖南省特色旅游名村”。

【段林毅调研易俗河镇社会救助工作】 3月5日，省民政厅厅长段林毅率调研组到易俗河镇开展社会救助工作专项调研。段林毅一行查看易俗河镇的社会救助公示栏、城乡低保档案、低保受理室等，就城乡低保、医疗救助、低保受理程序等方面，认真听取基层民政干部意见，就一些具体工作进行交谈和探讨。随后考察赵家洲社区，了解社区社会救助工作开展情况，与低保对象进行交谈。段林毅嘱咐工作人员要精心细致做好保障服务工作。

3月5日，省民政厅厅长段林毅调研考察民政工作　　（镇民社办　提供）

【郭开朗调研易俗河镇党员群众综合服务中心】 3月11日，省委常委、组织部部长郭开朗调研易俗河镇党员群众综合服务中心，到服务大厅、劳动纠纷调处室等地，与工作人员亲切交谈，了解其职责和对党员群众综合服务中心建设的意见和建议，同时查看政务中心的办事指南，询问前来办事的群众是否便捷。得知该政务中心能为群众提供“一站式”服务，对行动不便的群众上门办理业务时，郭开朗表示满意，评价这种“想群众所想”的便民服务很贴心。随后，郭开朗到易俗河镇银塘村察看党建示范基地，了解该村组织机构、党建工作、党员学习教育和管理、党的群众路线教育实践活动开展等情况。通过调研，郭开朗认为，党的群众路线教育实践活动要密切结合实际，农民群众反映好，才证明党的群众路线教育实践活动落到实处。

（刘婕妤）

【牛头岭社区评为“湖南省2013届省级文明社区”】 5月8日，易俗河镇牛头岭社区被湖南省精神文明建设指导委员会评为“湖南省2013届省级文明社区”。该社区坚持“以人为本，服务居民”，推进文明社区创建，加强社区社会管理综合治理，确保社区拥有优良的治安秩序；实施“硬化、绿化、美化”工程，改善“脏、乱、差”局面，为居民创造设施完备、环境优美的宜居家园；健全组织机构，实施网格化管理，完善服务措施，提供高效优质服务；以为民服务为主旨，开展统筹就业、走访慰问、贫困帮扶、双联共建，扎扎实实为居民办实事、解难事。同时，该社区注重精神文明教育，积极弘扬社会公德、家庭美德和职业道德教育，建有廉政书屋、青少年图书室、职工书屋、社区“道德讲堂”；成立秧歌队、舞蹈队、健身队门球队、诗词爱好班，开展健康文明、丰富多彩的文体活动，营造“健康、积极、向上”的

10月21日，省妇联党组成员、副厅级纪检员郑丽东到牛头岭社区调研社区妇女工作情况 （何白茹 摄）

社区文化氛围，打造标准化的省级文明社区。 （高天翔 何白茹）

【省妇联领导调研易俗河镇妇联工作】 10月21日，省妇联党组成员、副厅级纪检员郑丽东、权益部支部一行到易俗河镇牛头岭社区调研指导妇联工作，湘潭市妇联主席赵欢、县妇联主席胡理芬等市、县、镇妇联相关负责人陪同调研。该社区坚持以增加妇女凝聚力、促进妇女发展为目标，将“妇女之家”建成妇女人才的培育地、政策法规的宣传窗、服务妇女的主阵地、联系妇女的连心桥、展示才能的大舞台、妇女维权的新平台，9月，易俗河镇牛头岭社区被湘潭市妇女联合会授为“湘潭市示范妇女之家”。郑丽东一行参观牛头岭社区“妇女之家”多媒体活动室、图书室等各个功能室，听取社区妇女工作情况汇报，着重了解社区“妇女服务微信号”、社区门户网站开设的“妇女之家”专栏，肯定该社区创新工作方法、延伸服务触角的工作模式，要求该社区不断提升“妇女之家”的建设内涵，真正把基层妇联建设成为党开展妇女工作的坚强阵地和深受群众喜爱的温暖之家。随后，慰问社区困难妇女刘秀君、谭平，为她们发放慰问金，送去党的关怀和温暖。 （杨建）

梅林桥镇

【概况】 梅林桥镇地处湘潭县中东部，东界株洲县的群丰乡和谭家山镇的茅亭村，南至谭家山镇，西接射埠镇的继述桥、土桥管区与河口乡的古塘桥、双板桥管区隔涓水相望，北连易俗河镇，长株潭两型社会综合配套改革试验区的核心范围，与湘潭市区隔江相望，107国道、京珠高速纵穿而过，镇域中心离株洲市区20千米，离长沙市区50千米，离长沙黄花机场68千米，交通便利，区位优势明显。全镇总面积138.4平方千米，其中26平方千米进入湘潭天易示范区规划范围，全镇有耕地面积3864公顷，辖34个村，545个村民小组，总人口50231人，是典型的工农业并举的城郊乡镇。

2014年，完成固定资产投入75086万元，完成规模企业总产值195700万元，招商引资到位资金13100万元（其中新引进资金1200万元，续建资金11900万元）；完成财税收入1721万元，同比增长521万元，其中，完成国税收入852万元，同比增加152万元，完成地税收入869万元，同比增加369万元；农民人均纯收入13464元，同比增加497元。粮食播种总面积7667公顷，粮食总产5.5万吨，落实秋冬种作物播种面积3564.8公顷（其中油菜515.3公顷、马铃薯53.4公顷、蔬菜1233.3公顷、蚕豌豆47.3公顷、绿肥1715.5公顷）；在梅林、谷塘、京广、高桥等107沿线建设一个66.7公顷油菜示范片、266.7公顷的绿肥示范片和53.4公顷的蔬菜示范片，新增农民专业合作社3家，成功申报省级示范社1家；实现机插秧面积505.6公顷，节省农民生产成本10余万元；动物防疫密度达到100%全覆盖，无疫情扩散、人员感染现象；公益林管护面积达到100%，未发生森林火灾及人员伤亡事故。

镇区完成新的总体规划修编，完成危房改造55户；硬化村级公路8千米、通组公路15千米，筹资重建程家桥、文庙桥和友爱桥三座危桥；完成水利建设700余处，投入各类资金5000多万元。投入140万元进行环境卫生综合整治，投入40余万元，重点打造107国道沿线的路边绿化和庭院绿化，镇容镇貌整洁一新。

农村合作医疗参合率达到100%，筹资工作全面完成。首批25296张农村居民社会保障卡全部发放到位。加强流动人口清查，持续稳定低生育水平，符合政策生育率86.5%，完成38名计生专干竞聘。组织慰问“春蕾女童”、留守儿童8人次，发放慰问金3200元，并与迅达集团联手对孤儿、失依儿童近20人进行帮扶，给予学习补助费2万余元。举办“欢乐潇湘·幸福湘潭·莲乡大舞台”大型群众文艺会演活动，落实高桥等5个村的“农民体育健身工程”。全面完成镇卫生院改造扩建工作。

落实“党政同责”“一岗双责”制度，学习并贯彻新《安全生产法》，落实《领导干部带队检查安全生产工作制度》，开展安全生产谈心对话活动，组织集中执法行动10次，出动执法人员95人次，检查生产经营单位132家次，排查发现隐患324处，责令停产整顿企业2家，取缔非法生产经营建设单位16家。开展集中大走访活动两次，走访到位率为100%。排查矛盾纠纷233起，调处成功率100%，接待处理好各类信访80起，社会大局保持和谐稳定。

3月开始，全镇61个党组织、1884名党员全部参加群众路线教育实践活动。至11月底，整个活动基本结束。活动期间，镇纪委对工作人员工作作风和服务效率进行明察暗访，查处上班时间上网淘宝1起；查处基层干部作风问题，给予政纪处分3起；清理在编不在岗人员2人；全面摸查党政机关办公用房，解决办公用房使用面积超标问题2起；查处村干部办事不公、损害群众利益行为1起。

完成村党支部换届、行政村合并和第九届村民委员会换届选举工作；开展“两考四评”“党小组划分”“双联共建”“一村一大”等系列活动；以软弱涣散党组织整顿为契机，以远程教育设备为依托，组织全镇党员、干部学习党的十八大、十八届三中、四中全会精神，开展党员冬（春）训及民主评议党员工作；培养入党积极分子53名，按程序发展预备党员23名，预备党员转正31名。

2014年，梅林桥镇被民政部评为“全国农村‘五保’供养工作先进单位”；评为全县绩效考核先进单位、计生工作模范乡镇、安全生产工作先进单位、春运优质服务先进单位、农村环境综合整治工作先进乡镇。

2014年梅林桥镇各行政村基本情况

表32

村 名	面积（平方千米）	户数（户）	人口（人）	农村经济总收入(万元)	农村经济总费用(万元)	农村经济净收入(万元)	农民人均纯收入(元)
荷佳村	2.4	300	1121	3822.12	2183.05	1639.07	13726
万利村	4.2	436	1648	3568.33	2195.21	1373.12	13710
联营村	3.1	310	1281	3756.24	2066.15	1700.09	13745
安营村	3	313	1231	3530.19	2288.04	1242.15	13540
千江村	2.8	375	1225	3674.66	2099.32	1575.34	13646
竹山村	4.1	273	1061	3875.28	2060.02	1815.26	13752
金盆洲村	4	319	1194	3520.41	2156.24	1364.17	13646
石壁村	5.4	672	2522	4634.61	2896.08	1738.53	13550
梅市村	4	340	1231	3528.27	2294.32	1233.95	13640
石梅村	5.3	346	1249	3458.04	2299.08	1158.96	13646
黄竹村	6.3	610	2094	4985.55	3876.07	1109.48	13646
京广村	5.2	440	1530	4105.48	2988.15	1117.33	13646
梅林村	6	620	2133	4864.54	2259.33	2605.21	13750
谷塘村	3.3	312	1193	4552.48	2573.28	1979.2	13786
洪塘村	2.5	284	999	3850.05	2626.14	1223.91	13646
高桥村	3.2	457	1078	3557.28	2445.04	1112.24	13646
谷丰村	5.5	457	1798	3962.63	2814.22	1148.41	13550
宝塔村	6.4	467	1639	4015.57	2936.04	1079.53	13580
友谊村	5.6	439	1471	4152.64	2830.06	1322.58	13646
白云村	8.5	579	2244	4841.82	3739.11	1102.71	13780
飞龙桥村	2.5	349	1356	4287.47	2165.30	2122.17	13758
划香村	3.2	417	1496	3664.54	2541.12	1123.42	13546
新虎村	4.5	489	1802	4011.27	2853.18	1158.09	13580
新湖村	2	367	1369	3955.47	2805.65	1149.82	13646
新堤村	3	407	1522	3854.18	2744.02	1110.16	13620
新长村	3.2	409	1379	3622.36	2265.52	1356.84	13585

续表 32

村 名	面积（平方千米）	户数（户）	人口（人）	农村经济总收入（万元）	农村经济总费用（万元）	农村经济净收入（万元）	农民人均纯收入（元）
踏龙村	6	483	1660	4523.18	3108.35	1414.83	13550
合龙村	3	337	1145	4066.25	2685.07	1381.18	13646
城塘村	5	380	1267	3854.32	2365.21	1489.11	13620
王家冲村	3.2	256	919	3642.56	2284.07	1358.49	13650
鹧鸪村	2.3	452	1496	4188.87	2725.64	1463.23	13625
凫塘村	2.5	367	1307	3925.20	2298.22	1626.98	13620
杨柳村	3.2	341	1213	3822.58	2348.32	1474.26	13635
郭家桥村	4	381	1473	4178.84	2115.25	2063.59	13680

【梅林桥美丽乡村示范片建设】梅林桥美丽乡村示范片含高桥、谷塘、梅林、洪塘4村，总面积14.56平方千米，辖57个村民小组，1511户，5710人；紫荆河穿片区而过，境内山清水秀，景色宜人，农业生产发达。2014年，示范片内开通乡村道路5千米、硬化村组公路23千米，新建、整修蓄水塘坝60余座，新建农民饮水水井3个，新装太阳能路灯100盏；投资1600万元，完成农业综合开发现代农业示范园区土地治理项目；投资1010万元，完成土地出让金小型农田水利建设项目；投资2400万元的紫荆河二期治理工程完成80%的工程量；完成107国道谷塘至梅林段38户民居“穿衣戴帽”二期工程改造。

7月11日，陈三新调研梅林城乡统筹示范片 （左文洋 提供）

【梅林桥农贸市场建设】 梅林桥农贸市场建设列入湘潭市梅林桥城乡统筹发展示范片十六个项目建设任务之一，同时也列入省长杜家毫联系的美丽乡村示范片主要项目建设任务之一，2014年6月明确为湘潭市2014年度农贸市场标准化改造项目。投资4500万元，建设总面积17000平方米，年底前完成第一期交易大棚、露天摊位区、临107国道商居楼、配套设施（包括道路、停车场、排水、厕所垃圾站等）等建设，并投入使用。

【土地流转新平台率先搭建】 2014年，梅林桥镇作为全县5个土地流转试点乡镇率先探索土地流转新方法、新模式，搭建土地流转新平台，在黄竹村挂牌成立湘潭县黄竹土地流转服务公司，按照“公司+基地+农户”的运作模式，在依法保护集体土地所有权和经营承包使用权的前提下，按照农民自愿，由村引导土地承包经营权利人向公司转包土地，并分组、分宗签订土地租赁合同，实现农业效益、农民收入双提升。年内，全镇流转土地120公顷，农民收入显著增加。

【陈三新调研梅林城乡统筹示范片建设】 7月11日，市委书记陈三新调研梅林城乡统筹示范片，现场查看示范片建设情况，组织梅林村干部进行座谈并对困难党员进行慰问。11月18日，市委书记陈三新率市发改委、市农办、市国土局、市交通局、市住建局负责人一行到梅林桥镇调研梅林桥城乡统筹示范片，陈三新一行现场查看示范片产业发展现状、紫荆河改造项目、梅林农贸市场等建设情况，陈三新强调示范片建设规划设计一定要科学、要生态化，要加强对村民的培训，提升经营管理技能。

【李江南调研梅林桥镇黄竹村彭老倌养蜂合作社】 6月27日，市委副书记李江南一行到梅林桥镇黄竹村调研彭老倌养蜂合作社发展情况。彭老倌养蜂专业合作社为梅林桥镇第一个成功申报省级示范农村合作社的单位，对该镇探寻农村经济合作组织的发展具有里程碑意义。调研期间，李江南观看蜜蜂取蜜过程，并品尝养蜂厂生产的蜂蜜产品，了解合作社的发展前景和建设情况，对合作社三年来为140余残疾困难户提供免费养蜂技能培训，赠送蜂蜜、提供蜂种帮助创业的爱心行为给予极大的赞赏，对彭老倌养蜂专业合作社的发展给予肯定。（董旦）

谭家山镇

【概况】 谭家山镇位于湘潭县中南部，距县城15千米，南与中路铺镇、西与射埠镇、北与梅林桥镇接壤，东与株洲县古岳峰、雷打石镇毗邻，总面积100.5平方千米。镇区辖25个村、2个社区，总人口50237人，其中农业人口3.86万。有耕地面积2556.93公顷，其中水田2395.3公顷，旱土161.6公顷，山林面积5306.67公顷，山塘1690口。境内107国道、313省道、武广高铁从中穿越，交通十分便利。

2014年，实现工业总产值20.8亿元，完成新型工业投入8亿元，实现规模企业利润4393万元，实现规模企业产销率99.6%；完成国、地税收1600万元，不足上年完成总数的30%；镇属企业新源煤矿，全年上缴财政200万元。累计为企业排忧解难15次，实现招商引资到位资金2420万元，共引进项目两个，分别为湖南林泉山农林科技有限公司和湘潭万发食品有限公司，另有在谈项目1个：湘潭吉湘建材有限公司，投入资金560万元。农作物播种面积7066.67公顷，粮食播种面积474.867公顷，总产量3.9万吨；完成义务植树1800株，组织村组绿化造林11.4万株，完成幼林抚育10公顷，荒山造林4公顷，庭院绿化166户，无重特大火灾；出栏生猪9.8万头，存栏生猪2.8万余头，存笼家禽11.9万羽，牲猪、家禽、牛羊等动物强制性免疫率达到100%。

镇财政按照5万元/村、50元/人的标准投入新农村建设。完成村级道路硬化13.55千米；累计投入620万元完成各类水利工程516处，陈家垅等6个村完成省市“五小”水利工程建设重点村建设任务，每村投入30万元以上，9个村11个移民后扶项目全部完工；新建农村沼气池22个；争取项目投入170多万元对肖冲、茶金、高山、铁炉等4个村进行农电改造升级；紫竹、石龙、茶金、南泉等4个“百村帮扶”工程成效显著。全镇新增专业合作社6个。新增土地流转面积164公顷，土地流转面积实现4421.2公顷。发放惠农补贴20余项，其中发放早稻良种补贴50.87万元，种粮直接补贴45.78万元，综合补贴273.35万元，双季稻补贴203.49万元，“五保”79.02万元，低保161.41万元，农机具购置补贴15.37万元，危房改造补助44.64万元。完成基础设施建设投入201万元，项目建设投入400万元。结合“三边绿化”项目，实施107国道、313省道沿线的绿化工程；在土地庙、分路口安装太阳能路灯60盏，完成镇区的亮化建设；完成原镇区土地庙的道路硬化，投入100万元完成农贸市场至老政府道路提质改造，实现其与省道313对接；完成安置小区至二孔桥排水管道建设，全长700米；完成位于分路口的新卫生院综合门诊大楼主楼建设，建筑面积2996平方米。

新农合参合率95%，购买农村合作医疗人数达37598人；城镇居民医疗保险扩面达2350人。开展“感恩社会、奉献爱心”、春蕾助学、金秋助学等公益筹资活动，各界人士捐献物资与资金共计18万余元，慰问贫困家庭和孤寡老人500余人，扶助贫困学子70名；助特困户建房4户。采取计生专干竞聘上岗的方式，对响垅、铁炉、石洪、新泉、长岭、陈家垅、仙娥、月塘、佐塘等9个村（社区）的计生专干进行调整。全镇出生人口535人，出生人口性别比为143：100，符合政策生育率86.54%，多孩率3.74%；落实各种避孕节育措施927例，开展免费孕前优生健康检查334人；新增奖扶54人，特扶2人，发放独生子女保健费11.9万元，摸底录入城镇独生子女父母奖励对象136例；组织全镇11名60岁以上失独老人免费体检，为失独老人提供菜单式服务。投入30万元完成镇区文体广场建设；投入700多万元完成镇卫生院的整体搬迁项目；投入1000万元完成长岭小学等6所学校的建设工程；完成《谭家山文史》编撰工作。夏季输送新兵26人。

年初，成立镇综合执法中队，开展联合执法55余次，其中对镇内安全生产工作开展4次大型检查，共排查隐患279处，下达各类安全检查文书203份，已整改270处，整改到位率96.7%，全镇零安全生产事故。共接待来访群众4000余人次，共接报警953起，发生刑事案件159起，破获刑事案件155起，现行刑事破获率排名全县第一，年内无群体性事件。

党政班子坚持民主集中制和“三重一大”决策制度。制定和完善村级绩效考核办法及机关干部管理制度，印发《谭家山镇机关制度汇编》，人手一册；开展村级班子分类定级工作，健全领导班子成员党建工作联系点制度，层层签订党建工作责任书，分季度对村党建工作进行考核；实行月工作例会制度，以文件形式明确月工作计划，加强对站办所的管理。采取干部推荐、组织考察、党委决定的方式，科学设立4个管理责任区，并将31名干部的工作关系、组织关系全部转移到管区，改变撤区并镇后全县唯一未设管区的乡镇的状况。依法依规依程序完成金泉、茶园、铜牌、朝连、新龙潭、钢铁等6个行政村的合并工作和25个村级党支部、村民委员会换届选举工作，产生3个新支部书记和12个新村主任。开展“做群众的贴心人”党的群众路线主题演讲比赛；开展第二轮党的群众路线教育实践活动，深化“双联共建”“千万帮扶”工程活动，建立干部职工“一对一”结对帮扶机制；利用村级活动场所、农家书屋、远程教育、县干部学习网等平台，开展镇村干部教育培训。发展党员17名，转正9名，培训入党积极分子4两名；各党支部开展“两考四评”活动。

2014年谭家山镇各行政村基本情况

表32

村名	面积（平方千米）	户数（户）	人口	农村经济总收入（万元）	农村经济总费用（万元）	农村经济净收入（万元）	农民人均纯收入（元）
高山村	2.2	299	1118	9614.8	7714.2	1900.6	11180
茶金村	2.8	532	1925	16555	13282.5	3272.5	11250
泉丰村	3.5	463	1724	14826.4	11895.6	2930.8	11240
肖冲村	3.2	351	1357	11670.2	9363.3	2306.9	11570
响垅村	3.2	309	1098	9442.8	7576.2	1866.6	11980
茅亭村	4.5	465	1721	14800.6	11874.9	2925.7	11210
榜塘村	2.3	337	1150	9890	7935	1955	11500
紫竹村	5.6	614	2593	22299.8	17891.7	4408.1	11930
长塘村	2.4	344	1258	10818.8	8680.2	2138.6	11580
坪塘村	3	417	1522	13089.2	10501.8	2587.4	11220
铁炉村	3.7	385	1383	11893.8	9542.7	2351.1	11830
竹霞村	3.2	351	1268	10904.8	8749.2	2155.6	11680
长岭村	4.5	709	2529	21749.4	17450.1	4299.3	11290
棠霞村	5.6	941	3143	27029.8	21686.7	5343.1	11430
南泉村	5.3	517	1957	16830.2	13503.3	3326.9	11570
新泉村	4.7	521	1980	17028	13662	3366	11800
高塘村	3.2	344	1242	10681.2	8569.8	2111.4	11420
石洪村	3.8	337	1135	9761	7831.5	1929.5	11350
月塘村	4.6	461	1751	15058.6	12081.9	2976.7	11510
仙鹅村	3.8	408	1477	12702.2	10191.3	2510.9	11770
花门村	3.4	359	1393	11979.8	9611.7	2368.1	11930
陈家垅村	4	427	1618	13914.8	11164.2	2750.6	11180
石坝口村	5.8	428	1602	13777.2	11053.8	2723.4	11020
荷叶坝村	4.3	374	1300	11180	8970	2210	11000
石龙村	5.7	414	1442	12401.2	9949.8	2451.4	11420

【首届“宏信杯”广场舞比赛】 10月17日，谭家山镇党委、政府和湖南省宏信农业有限公司联合主办2014年“同心宏信杯”首届广场舞大赛，15个代表队参加比赛，参赛节目精彩纷呈，吸引百余名群众观看演出。月塘村的《跳到北京》获一等奖，《今夜舞起来》《爱我就把我追求》《问候你》等分别获二、三等奖。

【白衣寺大雄宝殿落成】 10月26日，谭家山镇石坝口村白衣寺大雄宝殿落成，市县佛教协会、县委统战部、县民宗局、谭家山镇政府相关负责人到会庆贺。据《嘉庆志》记载，谭家山镇白衣寺始建于唐朝，历代以来钟灵毓秀，白衣大士治病救苦，慈光普照，是远近闻名的佛门圣地。1910年著名画家齐白石先生依白衣寺周边景物作水墨丹青画作《石门画册》。2004年南岳僧人释宏定主持白衣寺的发展工作，在各级党委、政府、佛教协会

10月17日,"同心宏信杯"首届广场舞大赛现场 (唐倩 摄)

及统战、民宗部门的关心支持下,广大信众捐助,投资200余万元,于2013年开始建设大雄宝殿和相关居室,于2014年建成600余平方米并投入使用。该寺正在筹备建设观音殿、弥陀殿、说法堂、天王殿、钟鼓楼和山门。

【长岭、邓公、新源煤矿关闭】 按照省市县关于小煤矿关停退出的文件和会议精神,通过会议、走访等多种形式,将小煤矿关停退出的必然性和奖补政策宣传到每个煤矿、每个村、组,在全镇基本形成共识。每一个关闭退出的煤矿,均明确具体的班子,实行"一个煤矿、一个方案、一名领导、一套班子、一抓到底"制度。2014年11月13日,股份制长岭煤矿关闭;12月28日,产煤23年的村办股份制邓公煤矿关闭;2015年1月1日,镇属集体企业新源煤矿关闭。

【环境卫生实现常态化】 2014年,投入150多万元推进农村环境综合整治工作。原则上按村(社区)人口进行投入、按季度予以拨付,即1000人以下的单位,1万元/年;1000-2000人的单位,1.5万元/年;2000人以上的单位,2万元/年(合并村按合并前投入)。坚持"减少垃圾总量,发动群众主体作用"的原则,通过月检查、月通报、季考核的考核机制,形成环境卫生综合整治的工作合力,各村基本实现常态化管理。在高山、仙娥两个村实施垃圾分类试点,取得成效,为全面推广垃圾分类回收积累经验。年内,全镇共清除垃圾1520余吨,修整美化垃圾池68处,拆除违规广告牌、指路牌484块近1910平方米。全镇环境卫生实现有效转变,在2014年全县农村环境综合整治考核中被评为先进乡镇。

【马嫩被评为湘潭县首届道德模范】(见人物·荣誉录"湘潭县首届道德模范【马嫩】") (唐倩)

中路铺镇

【概况】 中路铺镇因位于长沙至衡阳十八铺的中点而得名,辖区总面积183.6平方千米,是湘潭县面积最大的乡镇。全镇有34个行政村和1个社区居民委员会,595个村民小组,总人口6.2万人。全镇59个基层党支部,党员2449名。耕地面积3953公顷。镇区面积2.55平方千米,人口2.2万人,其中,非农业人口4000人,城镇化37.8%,流动人口日平均6000人。镇区街道形成两纵五横格局,有各类店铺1180个,中型超市5家,大型连锁药店1家,综合性农贸市场1个,菜食品专业市场1个。中路铺镇区域交通优势明显,107国道贯穿全镇南北,中碧公路连接株洲,韶井公路途经全镇20多个村,通往射埠、石潭、楠竹山,直达韶山。

2014年,财政税收1291万元,其中,国税收入751万元,地税收入540万元。规模工业总产值1.74亿元,固定资产投资2.66亿元,技改投入2.38亿元,招商引资到位资金4800万元,新引进的齐力建材、宏信鞋业、传盛珠宝、嘉盛建材等四家企业全部投产。流转土地1608公顷,落实政策性农业保险参保面积2975公顷,投保金额17.8万元;双季稻种植面积3015公顷;推广插秧机9台,落实机插秧面积568公顷。出栏生猪10万多头,存栏生猪5万多头,其中能繁母猪3168头,存笼家禽11.29万羽。存栏羊1068头、牛109头。春秋两季动物防疫达标率100%。生猪无害化处理,规模养殖户无害化处理301起2211头,公共水域69起285头。有农民专业合作社20家,新增5家农民专业合作社,分别是:湘潭县山味养牛专业合作社、湘潭县香群水稻种植专业合作社、湘潭县利文蔬菜种植专业合作社、湘潭县超旺花卉苗木种植专业合作社、湘潭县上田油茶种植专业合作社。新增市级专业合作社2家(佳佳中药材种植、正军养牛),省级专业合作社1家(雁芙农牧)。桃树村红菜苔种植亩均收入4000余元。佳佳药材种植基地实现综合产值30余万元。雁芙养殖生态农牧专业合作社被农业部评为国家蛋鸡标准化示范场,养殖的湘黄鸡被湖南省作为科技创新与技术推广基地重点推广。农机购置发放补贴182.63万元,受益农户563户。完成13公顷油菜示范片建设,全镇冬种面积1675公顷。完成退耕还林20公顷,封山育林6.67公顷,新造油茶46.67公顷,南竹低改10公顷,南竹新造6.67公顷。完成韶井公路、中潭公路、中碧公路及柳桥村、卫星村村道合计29千米道路绿化。

39个行政村合并为34个村。所有村和1个社区居民委员会,村支两委全部换届,新当选支部书记和副书记11名,新当选村主任12人,新当选村干部35岁以下的有8名,45岁以下的27名,年龄最小的30岁。2449名党员全部参加党的群众路线教育实践活动。群众反映的387个问题在规定的时间内给予分门别类的回复和处理,帮群众解决水、电、路、气、住房等民生问题111个,其中,重大民生工程有中路铺镇敬老院、石潭坝变电站、镇区环卫建设和维护等8处，老大难问题32个。

镇通过“市级卫生乡镇”创建验收。金银、响古、竹冲等村通过市级卫生村验收。竹冲村垃圾减量处理经验在全市推介，并申报湘潭市垃圾精细化处理示范点。齐白石森林公园、黎氏八骏故居、五龙山大杰寺、龙凤庄园等旅游文化资源融入县白石文化旅游线路，形成有中路铺特色的生态文化旅游品牌。晓霞山森林公园承办湘潭市山地自行车爬坡赛。龙凤庄园获“湖南五星级休闲农业庄园”称号。

城镇建设规划。落实镇区2.5平方千米的控制性详细规划，通过专家评审。完成镇区污水处理和设计实施方案，投入60余万元，改造镇区1千米供排水管道。投入50万元维修自来水厂抽水系统。整治200多个出店经营的摊位。镇区保洁实现市场化运营。处理各类建房历史遗留问题20多户，补办证件20余个，责令停工建筑工地4处，开展大型拆违活动3次，拆除违章建筑5处，镇区内未新增违章建筑。

石潭坝35千伏变电站建设完成站场以及输入线路架设，新建10千伏输出线路5.8千米。110千伏变电站落户移民创业基地。投入200余万元的南冲村国土整理项目顺利完工并投入使用，荷塘村国土整理项目已动工建设。新修村级道路18千米，移民后扶工程投入165万元，完成项目46处。全面动工550处水利冬修建设项目工程。小（2）型水库上埠塘水库完成除险加固工程建设。启动镇区至上田冲村饮水安全工程项目，可解决5000人饮水安全。

省实事项目中路铺镇敬老院新扩建工程完工投入使用。落实危房改造项目41户，其中资助特困户建房5户；新增低保户33户，累计842户，新增59人，累计1827人，农村低保退出20户，143人，城市低保新增3户，3人，退出7户，共16人。救助受灾对象401户，发放救灾救济款26.58万元，走访慰问对象393户，发放慰问款13.89万元。农村劳动力新增转移就业415人，扶持返乡（自主）创业5家；开展“春风行动”等各类大型专场招聘会。新型农村合作医疗补偿2302.8万元。完成2013年度5198公顷生态公益林造册工作，以“一卡通”方式直接将资金发给受益农民，发放公益林资金105.42万元。

办理镇人大代表建议、意见45件。开展人大代表、政协委员考察活动6次，评议政府职能站所1次。落实有男户结扎110例，纯女户结扎18例，流产引产193例，上环536例，征收社会抚养费132.8万元。建设荷塘中学学生宿舍楼，创建柱塘中心小学、荷塘中心小学、杨家小学为合格学校。组织开展“欢乐潇湘·幸福湘潭·莲乡大舞台”大型群众文艺会演中路铺专场。镇机关档案室成功创建省二级。

开展“为民务实清廉”主题大走访活动，收到各类意见建议300余条，逐条予以解决；集中解决30个群众关注的热点、难点问题。民调排名全市第13名，全县第8名。与非煤矿山、化工企业、加油站、工贸企业、烟花爆竹经营户及各村签订安全生产责任状和“打非治违”责任状，组织安全生产大检查5次，联合开展打非治违专项行动3次，关闭非法烟花鞭炮经营户2家，非法生产经营单位1家，处理违法校车2台。排查受理调处矛盾纠纷188件，调解成功188件（含“三调联动”4件），调处率、成功率为100%。履行人民调解口头协议169件、书面协议19件。村级群众工作室、镇群众工作站接待群众诉求471件次，其中答复解决451件次、交办20件次。

2014年中路铺镇各行政村基本情况

表34

村名	面积（平方千米）	户数（户）	人口（人）	农村经济总收入（万元）	农村经济总费用（万元）	农村经济净收入（万元）	农民人均纯收入（元）
竹冲村	8.6	876	3031	7144	3215	3929	12962
柳桥村	9.3	1090	3557	8562	3990	4572	12853
贺塘村	4.2	375	1440	3187	1368	1819	12635
柱塘村	4.1	435	1545	3594	1646	1948	12608
南冲村	4.7	360	1760	4077	1905	2172	12343
凤形山村	6	519	2007	4547	2019	2528	12598
茅塘村	5.9	485	1981	4622	2163	2459	12413
金银村	7.1	626	2406	5618	2584	3034	12612
杨家湾村	5.3	501	1887	4138	1746	2392	12678

续表 34

村名	面积(平方千米)	户数(户)	人口(人)	农村经济总收入(万元)	农村经济总费用(万元)	农村经济净收入(万元)	农民人均纯收入(元)
潭湖村	3.2	346	1269	2994	1389	1605	12651
双云村	3.8	320	1222	2853	1312	1541	12612
碧云村	4.5	486	1896	4182	1798	2384	12579
双江坝村	3.1	382	1455	3483	1623	1860	12781
中路铺村	3.4	483	1738	3885	1647	2238	12878
荷塘村	6.4	600	2331	5459	2533	2926	12554
天螺村	5.8	618	2318	5241	2306	2935	12664
石狮村	4.6	498	1980	4674	2150	2524	12748
佛祖村	3.01	266	1064	2423	1090	1333	12534
拗柴村	4.6	416	1580	3400	1428	1972	12486
水口桥村	3.2	348	1247	2840	1272	1568	12578
上田冲村	4.2	400	1335	3003	1321	1682	12602
响鼓村	2.4	268	1018	2174	891	1283	12599
太坪村	4	420	1640	3565	1497	2068	12611
银泉村	3.5	302	1083	2371	1005	1366	12615
金石村	10	430	1650	3675	1580	2095	12695
卫星村	7.8	461	1794	4164	1890	2274	12675
蛇形村	4	338	1303	3005	1322	1683	12576
菱角村	8.7	389	1819	4130	1817	2313	12719
群力村	7.9	567	2288	4950	2079	2871	12547
永红村	6	428	1615	3742	1684	2058	12745
大湾桥村	3.8	288	1076	2350	987	1363	12665
枧桥村	3.3	389	1530	3438	1557	1881	12295
中南村	6.8	462	1621	3791	1713	2078	12637
桃树村	5.34	348	1381	3060	1377	1683	12186

【“美丽乡村”建设】 中路铺镇开展环境整治工作，筹措资金加强环卫基础设施的建设，实施亮点工程，营造良好的人居环境，通过市级卫生乡镇创建验收。现有“省卫生示范村”柳桥村。金银、响古、竹冲等村通过“市级卫生村”验收。部分村建立垃圾分类处理回收站，解决可回收垃圾的集中存放难题。坚持把村庄绿化美化作为农村环境综合整治的重要工作，重点搞好“三边”绿化。2014年，中路铺镇被列为县“三边绿化”示范镇。镇政府投入40多万元，购入树苗11000多株，绿化公路28千米，绿化庭院300余户，打造韶井公路、中碧公路、中潭公路、柳桥村道等示范片，完成“三边绿化”任务。

1月16日，中路铺镇敬老院改扩建项目 （李健民 摄）

【中路铺镇敬老院改扩建项目竣工】 中路铺镇敬老院改扩建项目是2014年度省实事工程重点项目。该项目为兴建一幢三层近1600平方米的钢混结构大楼，有房间31间，床位62个。建成后的敬老院，院内环境优雅，绿树成荫，房屋宽敞明亮，配套齐全，为全镇老人提供一个“老有所养、老有所乐、老有所得”的生活乐园。该项目是中路铺镇政府为民办实事的又一丰硕成果。

【晓霞山湖南省文艺家深入生活联系村建设10周年座谈会】 11月8日，晓霞山湖南省文艺家深入生活联系村建设（简称省文艺村）10周年座谈会在中路铺镇菱角村举行。省政协原副主席、省文联主席谭仲池，市、县领导李光泉、刘新文、赵志超、张绪军、陈卫兵等参加座谈会。十年前，省文联根据文艺“二为”、文艺家“三贴近”方针，将中路铺镇菱角村定为省文艺村。十年来，村支两委按照“文化名村、旅游新村、经济强村”的发展思路，建成可举办容纳上千人大型文艺活动的联系村大本营，开创中国首个村级文艺讲坛——晓霞山讲坛，重建千年佛教古迹中林寺，成立晓花文学社，编印农民自办的文艺期刊《晓霞山》。会上，谭仲池肯定菱角村作为省文艺村建立十年以来所做的工作和取得的成绩，要求继续挖掘晓霞山文化底蕴，进一步发展晓霞山文化旅游产业，给老百姓带来更多的实惠。 （李健民）

11月8日，晓霞山湖南省文艺家深入生活联系村建设十周年座谈会在中路铺镇菱角村举行 （李健民 摄）

白石镇

【概况】 白石镇地处湘潭县东南部，毗邻株洲县、衡山县、衡东县，距湘潭市48千米，近瞰湘江，远眺南岳，属于长株潭衡的“金三角”，有南岳七十二峰之一晓霞山，有世界文化名人齐白石故居和台湾地区领导人马英九先生的祖籍地。境内武广高速铁路、107国道贯穿全境，青山绿水，有得天独厚的人文、自然生态环境。镇域面积100.4平方千米，有耕地2617.8公顷，其中水田2351.1公顷，旱地266.7公顷，林业用地5680公顷；辖23个行政村，1个居委会，331个村民小组，9402户，总人口4.01万人，其中农业人口37791人。

2014年，完成税收收入1183万元，其中，国税收入620万元，地税收入563万元，人均纯收入12810元。完成工业总产值380912万元，同比增长18%，企业增加值118183万元，同比增长15%；固定资产投入3.06亿元，其中，技术改造投入3.06亿元；规模工业企业实现总产值16.5亿元，同比增长20%；工业企业实现利润3680万元，同比增长20%；规模企业产销率达100%，规模工业万元产值能耗下降20%；引进湘潭县宇诚电子有限公司新建加工生产线项目和湘潭赛虎电池有限责任公司扩建生产加工线项目。

实现农业总产值35356万元，同比增长4.7%，落实粮食生产面积4600公顷，总产粮食3.3万吨，湘莲种植面积200公顷，柑橘种植面积146.7公顷，梨种植面积13.9公顷，葡萄种植面积7.3公顷，茶叶种植面积17.9公顷，西瓜种植面积153.3公顷；公益林管护面积达到100%，完成长防林新造10公顷，油茶新造18.3公顷，退耕还林及荒山造林26.7公顷，完成镇126.7公顷国外松生态示范项目、“三边绿化”等工作；实现土地流转933.3公顷，新增专业合作社4家，注册登记家庭农场1家，动物防疫密度达到100%全覆盖，无疫情扩散、人员感染现象。筹集资金2200万元完成各类水利工程600处，争取移民后扶项目投入63万元，完成渠道、坝、路等改造项目全部工程量的75%。农村公路硬化8.6千米，投入40万元新建湘江潭口寺门前渡口码头1个，投入45万元重修堰湖桥，投入100余万元对白马公路和村级公路进行维修和养护。湖田、双龙、烟墩等村各新增变压器1台，水口村完成变压器增容1台。启动实施双新、杏花、谭家垅、堰湖等村的农网改造项目。按照《湘潭县潭口—深溪—双阳新农村示范片建设总体规划》要求，在潭口、深溪两村完成高标准渠道建设2.5千米，山坪塘清淤20余口，新建抗旱机台一座；完成潭口村潭湘堤硬化2千米，基本完成潭口—深溪—双阳3.8千米道路提质改造；完成建筑面积为328平方米的深溪村村部主体工程。完成朝阳渠主、支渠渠道清理39千米，镇村主干道两边的杂草清理15千米。

年内，调解司法纠纷48起，排查和调解各类矛盾、纠纷465起，处理428起，处理率达到90%以上，协调企业各类矛盾60余起。开展“百日安全大检查”“七打七治”、道路安全、校车园车等各类专项整治行动，依法取缔非法燃气冲装点1个，整修马家堰街区危房1幢，消除鸭嘴场碎石场跨路作业、莲花建材炸药库与成品油管道安全距离不够等重大安全隐患，填制安全生产现场检查记录130份，印发责令整改书39份，复查意见书40份，现场处理措施决定书7份，排查隐患95处，已整改到位92处。

新增城镇就业75人，新增农村劳动力转移就业245人。完成象天村农村生活垃圾整治示范村申报，建成垃圾分类定点站2个。建成农民健身工程4个。完成农村危房改造30户，资助农村特困户建房4户。扶助城乡60岁以上失独老人5人，救治救助贫困重性精神病患者3人，抢救性康复贫困残疾儿童两名，为两名贫困残疾人适配助听器。省级以上公益林管护面积到位率100%，省级以上公益林补偿资金发放到位率100%。白石镇中心幼儿园建设工程及白石中心敬老院改扩建一期工程全部完成。新型农村合作医疗参合人数34500余人，参合率98%。镇内60岁以上老人领取新农保养老金待遇6824人，发放农村居民社会保障卡19510张。共出生552人，政策内生育率82.7%，多孩率2.9%。投入80多万元修缮白石小学、龙凤小学，投入70万元改造中心幼儿园，马家堰中心小学被致公党湘潭市委定为“同心项目”学校，投入80多万元用于运动场、围墙建设。组织开展“欢乐潇湘·幸福湘潭·莲乡大舞台”白石镇大型群众文艺会演等各种形式群众文化活动。

年内，白石镇党委辖5个党总支，41个党支部，其中农业党支部23个，机关事业党支部13个，非公有制企业党支部5个，党员1276名，其中农村党员1076名。完成新桥等6个村的并村工作和第九届支村两委换届，整顿软弱涣散党组织4个，发展党员16名，处置不合格党员3名，组织党员集中学习5次，入党积极分子培训1次。印发作风建设专项督查通报5期，对镇村干部遵纪廉政谈话97人次，谈话提醒14人，严格执行财经领导小组集体审批制度，“三公”经费支出同比下降21%，重点开展党的群众路线教育实践活动，县委活动办交办的4个立行立改项目全面完成，实行村民事务干部代办制，向各村派驻专职联点干部，联点干部为群众代办各类事务2296件，摘牌37块，整合台账27个，精简各类检查、考评、表彰项目41%；经过制定、调整、废止，最终完成工作制度、方案建设40项。

修订和完善《白石镇城镇总体规划（2014—2030年）》，其中齐白石故居景区建设的城市设计方案基本完成。争取市县项目投入近400万元、财政投入200多万元，完成故居前莲花池建设、入口三角区绿化提质、故居环线绿化、油菜集中种植基地及故居周边环境整治项目，完成绿化广场征地、道路指示牌建设、步行游道建设项目的前期工作。景区内道路、供电、供排水、垃圾处理、餐饮住宿等基础设施同步跟进，争取国土整理、特色农业、植树基地、杏花秀美村庄建设等市县项目支持。4月17日，“探寻白石故里，畅游秀美莲乡”暨“白石之旅”一日游产品发布会活动正式启动，白石文化旅游产品步入市场化发展轨道，年内接待游客3万余人次。7月，白石镇作为“大匠之门”莲乡采风活动的分会场，吸引大批国内书画名家慕名前来“朝圣”、采风。

推进小城镇开发一期、二期工程，其中一期土地开发0.71公顷国有土地摘牌工作已全部完成，二期土地开发建设工程一期规划建设的6栋房屋已完工，建设总面积约2万平方米，二期规划建设的5栋房屋，正在办理相关建设手续。完成镇区排污管道建设500米，维修白石大道500米，新建垃圾焚烧池110个，无公害垃圾中转站2个，添置垃圾桶80只。完成《白石镇镇区给排水规划》修编工作；争取上级投入240万元实施白石水厂提质扩网工程，已竣工并正式供水。开展专项整治行动，规范摊位摆放31个，拆除违章广告牌58块。依法依程序打击各类土地违法行为，开展土地动态巡查8两次，查处制止土地违法行为7宗，下达《责令停止土地违法行为通知书》6宗。

2014年白石镇各行政村基本情况

表35

村名	面积（平方千米）	户数（户）	人口（人）	农村经济总收入（万元）	农村经济总费用（万元）	农村经济净收入（万元）	农民人均纯收入（元）
昭公村	4.5	426	1593	3782.48	1739.94	2042.54	12822
金虎村	6.3	594	2214	4987.13	2244.21	2742.92	12389
永安村	2.5	380	1432	3423.54	1574.83	1848.71	12910
双龙村	8.6	584	2373	5769.53	2711.68	3057.85	12886
潭口村	7.1	636	2509	5928.20	2726.97	3201.23	12759
湘河村	3.0	306	1220	2826.64	1271.99	1554.65	12743
团山村	1.9	192	800	1870.66	860.50	1010.16	12627
黄茅村	4.3	512	2084	4893.98	2202.29	2691.69	12916
友爱村	4.1	528	2049	4667.93	2147.25	2520.68	12302
湖田村	3.6	320	1240	2920.55	1314.25	1606.30	12954
烟墩村	4.3	526	2041	4860.98	2236.05	2624.93	12861
堰湖村	3.0	476	2037	4803.93	2209.81	2594.12	12735
深溪村	4.2	358	1413	3237.82	1457.02	1780.80	12603
尹家冲村	6.1	332	1380	3312.52	1523.76	1788.76	12962
广桥村	8.0	284	1094	2641.20	1214.95	1426.25	13037
莲花村	2.0	232	928	2197.10	988.75	1208.35	13021
白石村	4.0	536	2129	5045.72	2321.03	2724.69	12798
水口村	6.4	420	1600	3744.58	1685.06	2059.52	12872
田桥村	2.1	278	1115	2583.76	1162.69	1421.07	12745
双新村	5.0	532	2044	4823.84	2170.73	2653.11	12980
杏花村	2.1	250	948	2239.18	1007.63	1231.55	12991
象天村	6.2	350	1490	3568.28	1641.41	1926.87	12932
谭家垅村	1.1	318	1296	3012.62	1355.68	1656.94	12785

【“白石之旅”一日游产品启动】 4月17日，“探寻白石故里，畅游秀美莲乡”暨“白石之旅”一日游产品发布会活动在AAA级景区五龙山大杰寺正式启动，当天有300名游客参与、体验“白石之旅”一日游。这是一次政企合作推广的有益探索，改变以往政府主导的模式，标志着白石文化旅游产品正式步入市场化发展轨道。

【朱训德指导齐白石故居开发建设】 4月29日，省美协主席、湖师大美术学院院长朱训德至白石镇参观齐白石故居，交流故居保护和开发建设的思路，希望湘潭县能注重弘扬白石艺术和白石精神，合理规划开发白石文化资源，并为故居题字“东方之光”，谨纪齐白石老人。县领导谢振华、刘耀奇等陪同参观。

【湖南工程学院大学生社会实践基地落户齐白石中学】 5月20日，白石镇政府与湖南工程学院共建大学生社会实践基地举行签约仪式，该基地落户齐白石中学。仪式结束后，湖南工程学院志愿者在齐白石中学首次开展支教和教学互动活动，为10名家庭贫困学生捐赠助学金5000元，至敬老院看望、慰问“五保”老人。

【农村广播村村响试点工程首次启动】 白石镇农村广播村村响试点工程于上年12月初启动，至2014年年底，该镇23个行政村均建有一个广播室，在全村范围内安装高音喇叭广播点，及时发布农情、气象等信息，便于村民获取农业科技、政策法规、科普知识等信息，提高生产技术。 （赵维）

茶恩寺镇

【概况】 茶恩寺镇位于湘潭县南端，东临湘江，与衡东县隔江相望，南与衡山县交界，西与龙口乡、花石镇接壤，西北与中路铺镇毗邻，北与白石镇相连。镇域总面积13713公顷，耕地2058.97公顷，其中水田面积1923.78公顷，旱土面积135.19公顷；有林业用地面积9294.3公顷，有林面积8832.8公顷。辖27个村，1个居委会，374个村民小组、2个居民小组，总人口4.71万人。

2014年，完成财税收入570万元，其中，国税收入200万元，地税收入370万元。实现竹木工业总产值8亿元。其中园区工业总产值6.8亿。竹木产业企业完成招商引资4179万元，技改投入5000多万元。镇内有竹木企业69家，园区内40家，从业人员7500人，规模以上企业4家。其中华钢竹业、祥盛竹业、润竹竹业、福鑫木业为市级农业产业化龙头企业。种植早稻面积为1996公顷，种植晚稻面积为2063.87公顷，粮食总产量3.09万吨。推广早稻集中育秧146.67公顷，推广插秧机58台，其中高速插秧机7台，建立上丰村和青坪村两个机插秧示范片。获农机购置补贴确认书133份，受益农户120余户，补贴农机具147台套，总补贴94.64万元。春、秋防疫工作坚持“五个不漏”和“七个100%”的防疫要求，加强检疫检测，完善动物集中免疫工作。生猪出栏3.4万头，产值6460万元，家禽出笼34.4万羽，产值2752万元。完成义务植树及村庄四旁绿化12.2万株，完成防火林带建设1千米；完成长防林人工造林14.67公顷，退耕还林人工造林10公顷，中幼林抚育100公顷。乱砍滥伐林木、非法占用林地案件的查处率达到100%。新修各类水利工程56处，其中新农村水利工程24处、镇重点工程11处，疏通河道6000米，巩固河坝2800余米，山塘清淤加固18处，累计投入资金240万元。年内，经受5次强降雨的袭击，均及时做好水毁工程的修复，最大限度地减少农业损失。投入90万元用于环境整治，镇村组织环卫队伍120人，购置环卫设施3500余件。在镇区示范片新建两个垃圾运转站，投入50余万元，启动垃圾分类试点村8个，每个村投入3万元以上。完成村道硬化14.4千米。完善镇区供排水建设、道路整修；完成108盏太阳能路灯的安装；启动自来水管网整修项目；推进青坪桥建设项目；开展非法采砂洗砂集中整治行动。

合作医疗补偿人数22604人，报销金额1436.4万元，每一例兑付都严格按照政策法规进行，无错报。农村合作医疗参合人数42739人，筹资金额为353.76万元，参合率为95.76%，超额完成任务。新生人口678人，符合政策生育率与县给定指标持平。申报5个村为2015年的农民建设体育工程项目村；4月，举办“欢乐潇湘·幸福湘潭·莲乡大舞台”大型文艺会演，组织广场舞培训；开办镇文化成果展览，丰富百姓的业余生活，营造茶恩人民健康、向上的精神面貌。5月，开展“同心乡村”创建活动，以上丰村为载体，紧密联系各统战人士，共同致力于村级发展。无较大以上安全事故的发生，安全生产形势平稳。化解信访老户两名。申报双花、柏塘等9个安全生产示范村，通过县级验收。

开展行政村合并以及支村两委换届工作。3月中旬，完成7个村的合并工作。5月上旬，完成支村两委换届工作，选出一批有干劲、能力强的支委班子。开展党的群众路线教育实践活动，成立党的群众路线教育实践活动领导小组，安排专人值守接待来访群众，详细记录群众反映的问题和困难，并逐一解决。整个活动向42个党支部和10个镇属单位征求意见两轮，发出调查问卷和征求意见函135份，收集意见2794条，梳理出需急迫解决的问题23个。开办“书记大讲堂”、党组织书记专题培训、入党积极分子培训班，结合远程教育和群众评议、领导点评工作，加强对村级党组织班子的管理和建设。6月，镇党委选派7名党支部第一书记到矛盾问题复杂、工作任务较重的村驻村工作，加强村级班子力量，推进社会主义新农村建设。

2014年茶恩寺镇各行政村基本情况

表36

村 名	面积（平方千米）	户数（户）	人口（人）	农村经济总收入(万元)	农村经济总费用(万元)	农村经济净收入(万元)	农民人均纯收入(元)
上丰村	4.4	479	1788	4754.21	2691.57	2062.64	11536
双凤村	4.8	395	1551	4326.64	2414.81	1911.83	12326
棠花村	4.16	358	1326	3865.82	2421.75	1444.07	10890
杨溪村	5.07	493	2040	4613.01	2417.68	2195.33	10761
回龙村	5.92	338	1264	4098.31	2541.34	1556.97	12317

续表36

村 名	面积(平方千米)	户数(户)	人口(人)	农村经济总收入(万元)	农村经济总费用(万元)	农村经济净收入(万元)	农民人均纯收入(元)
晓花村	4.06	430	1786	4651.36	2491.78	1959.58	12092
金坪村	4.63	480	1775	4764.56	2617.16	2147.40	12098
柏塘村	4.05	504	2088	4701.31	2426.45	2274.86	10895
复兴村	3.13	380	1429	4408.59	2551.28	1857.31	12997
千家村	6.03	630	2333	5078.94	2418.63	2660.31	11403
吴家村	4.4	369	1500	4350.24	2518.35	1831.89	12212
茶花村	8.24	666	2827	6301.27	2873.30	3427.97	12125
花桥村	5.15	405	1779	4356.84	2369.46	1987.38	11171
东山村	6.75	434	1740	4206.35	2297.23	1909.12	10972
泉坪村	4.18	362	1539	4070.29	2314.67	1755.62	11408
星月村	3.73	353	1409	4027.50	2368.14	1659.36	11777
湘衡村	5.58	475	1707	4506.48	2417.68	2088.80	12237
青坪村	5.23	514	2160	4857.26	2508.16	2349.80	10878
扶桥村	2.86	349	1339	4274.96	2511.17	1763.79	13172
双花村	9.22	490	1844	4635.27	2535.92	2099.35	11384
茶恩村	6.31	436	1959	5543.54	2915.13	2628.41	13417
熊市村	4.86	365	1637	4735.69	2687.46	2048.23	12512
樟树村	4.38	338	1501	4519.68	2590.27	1929.41	12854
弄子村	3.8	337	1277	4221.65	2607.81	2113.84	12638
荷月村	4.55	343	1431	4332.49	2519.54	2312.95	12669
樊田村	6.77	518	2438	5861.20	2687.16	3174.04	13019
双阳村	4.86	389	1669	4736.54	2590.73	2145.81	12857

【天易示范区茶恩竹木工业园挂牌成立】 3月21日，县政府正式授予茶恩寺镇竹制品市场为“湘潭天易示范区茶恩竹木工业园”标牌，茶恩寺镇组织工业园管委会领导和成员举行简朴的挂牌仪式。该园区总规划面积1平方千米，有竹木加工企业40家，从业人员7500人，规模以上企业4家。7月，茶恩竹木工业园申报湖南省省级农业示范园项目，成为全市28家申报企业中唯一保留的项目。12月，茶恩竹木产业园成功获批“湖南省现代农业特色产业园示范园区”称号，并获得省财政100万元发展专项资金。

【朱玲被评为湘潭县首届道德模范】（见人物·荣誉录“湘潭县首届道德模范”【朱玲】） （黄文亨）

（责任编校 杨柳）

全国优秀教师

【郑城乡】

女，52岁，湘潭江声实验学校优秀历史教师、班主任，中学高级历史教师，湘潭市历史学会理事。她从教30年，担任班主任27年。她三十年如一日的对学生关怀爱护、对教育事业精益求精，成就她的神奇“魔力”，她以质朴踏实的态度和认真执着的精神默默地谱写着一支美丽动人的教书育人之歌。她无私奉献，积极进取，勤奋工作，她吃苦耐劳，以学校为家、以学生为本，深受学生爱戴，深得社会好评。从1988年开始，她连续被评为湘潭县“一为两个三争”评选为先进个人。1998年至今，她连续被评为校级先进工作者和优秀班主任。2001年、2005年、2006年、2007年、2009年均被评为县“优秀班主任”。2008年，被评为湘潭县“10佳班主任”。2009年，她被评为湘潭市“优秀教师”。2010年，被学校评为江声实验学校办学十周年“突出贡献奖”。她所带的徒弟在学校“青蓝工程”活动中年年都被被评为优秀师徒。她是湘潭市历史学会理事，历任湘潭县历史学科“杏坛之星”赛课评委，被学校评为校级历史学科领路人，年年担任学校九年级历史备课组长，每期均被评为优秀备课组长；她积极参加“交互式探究教学模式”的研究实验。积极组织参加“全国教育科学九五国家重点课题——整体构建学校德育体系研究与实验”的活动，为2000年学校被评为该课题“全国先进实验学校”做出重大贡献。她积极撰写论文，论文多次获县、市、省、国家级奖励。2000年，她撰写的论文《素质教育在新世纪中学历史教学中的体现》在中学历史教学杂志发表，获得一等奖；2002年，她撰写的论文《品位人格教育》获市一等奖，省级三等奖；教案《三国鼎立》一课获得县一等奖；班会课教案《爱的甘泉》获得县一等奖；班会课教案《人字的结构就是相互支撑》获得县一等奖；2006年，她撰写的论文《中考历史开卷后》荣获县一等奖，市二等奖；2011年—2012年，她所写论文《细节拓展在历史教学中的运用》荣获县一等奖、市一等奖、省一等奖，且获得全国历史教育学会全国一等奖。2014年8月，郑城乡被教育部授予“全国优秀教师”荣誉称号。

市级劳动模范

【马正湘】

男，48岁，湖南省第十二届人大代表，现任湘潭正兴投资担保公司董事长、湘潭正兴锌业有限公司董事长兼总经理、湖南京燕化工有限公司董事长等职务。他依托市场敢为人先。2009年1月，面对因全球金融危机引发的中小企业融资难的问题，他筹措资金3000万元注册成立湘潭县首家投资担保公司，累计为近30家中小微企业提供超过5亿元的担保融资服务。他刻苦钻研勇于创新，开发两型新工艺。他在同行业中首创一种廻转窑煅烧氧化锌不需使用煤的新工艺，每年可节约燃煤2万吨，可减少排放二氧化硫600吨。他积极投入资金进行技术升级，改造立德粉生产线，每年可节约标煤1万吨，降低二氧化硫排放量500吨，节约电能60万千瓦时，减少排出废钡渣5000吨。他积极支持工会工作，倾注精力关心员工的发展。致富思源，积极回报社会，近三年，累计为社会公益事业等捐资116万余元，项目累计为当地农民带来超过1000万元的收入，上缴国家税收

2000余万元。2014年5月，湘潭市人民政府授予马正湘“湘潭市劳动模范”称号。

【谭俊岳】

男，1959年生，中共党员，湘潭县锦石乡碧泉村人。2004年起至今，担任碧泉村支部书记；2007年和2012年，分别当选为湘潭市第十三届和十四届人大代表。他带领村民发展蚕桑养殖，组织农村妇女开展家政培训，帮助村民再就业；成立湘潭县碧泉潭水稻种植合作社，开发“碧泉潭贡米”项目；引进湖南润孚生物有限公司投资3000万元，建成全国最大的仿生态娃娃鱼繁殖基地；引进湘潭市三湘泉饮品有限公司，投资1500万元，建成一个高标准桶装水厂，已于2013年10月投产见效。这些项目累计为村民提供就业岗位380个，每年创税100万元，为农民增收800万元以上。他还累计组织争取资金1000万余元，硬化乡村公路15千米，为碧泉小学新建一栋教学楼，硬化水渠8000米，硬化骨干山塘30口，改造一座危桥胜利桥，在全村全面进行农网改造，新建一栋村部。对碧泉潭进行改造和保护，并成功申报碧泉潭为“市级文物保护单位”。在他的带领下，碧泉村多次被评为“湘潭市新农村建设先进村”“湘潭市农村基层先进党支部”，连续5年被评为“湘潭县新农村建设和绩效考核一类村”；他也多次被评为“市优秀人大代表”、“县、乡优秀村干部”，还曾被省司法厅评为“优秀调解能手”。2014年5月，湘潭市人民政府授予谭俊岳“湘潭市劳动模范”称号。

湘潭县首届道德模范

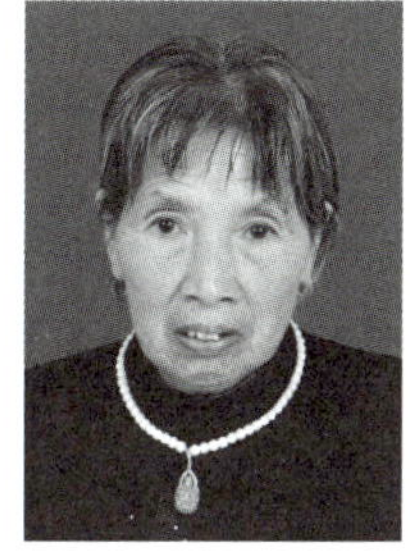

【黄桂英】

女，汉族，1945年9月生，群众，排头乡辰山村井湾组人。1969年，丈夫被查出患有类风湿性关节炎，治疗较长一段时间不见好，家里再无钱医治，只好回家吃草药。不想草药不但无效，还导致其肌肉萎缩、不能直立，继而卧床不起。45年来，黄桂英用一个传统中国女人最朴素的方式，诠释对爱人不离不弃的忠贞，对家庭的责任。2014年2月开始，全国妇联组织开展寻找“最美家庭”活动，黄桂英家庭进入候选名单，是湘潭唯一的候选家庭。2014年，湘潭县开展首届道德模范评选活动，黄桂英被县委、县政府授予“湘潭县首届道德模范”荣誉称号。

【彭线红】

女，1975年12月生，中共党员，县人大代表，现任湘潭县青山桥镇天塘村妇女主任、计生专干。1996年10月，彭线红结婚。因丈夫的大哥4年前不幸身亡，患有精神病的大嫂离家出走，从婚后第一天起，她当起6岁侄儿的妈。2011年1月16日，丈夫的二哥去世，她将婆婆、二嫂和三个侄儿，接到青山桥街上的20平方米的小店居住，组成“三合一”的9口之家，并承担整个大家庭的生活重担。2014年5月，彭线红婆婆被诊为晚期肠癌。住院期间，彭线红悉心照顾，擦澡端尿、打茶送饭。回家调养时，她更是精心护理，嘘寒问暖、寻医问药。彭线红的陪伴和照顾使婆婆安详地度过生命中最后的时光。2012年，二嫂乳腺癌恶化，卧床不起。彭线红精心护理二嫂，从不厌烦。家庭虽数遭变故，彭线红变得更坚强、更富有责任心，她发誓要将3个侄儿培养成对社会有用的人。彭线红的事迹被广泛传颂，她先后获得湖南省“五好”文明家庭、湘潭市五好文明家庭、湘潭县优秀母亲、湘潭县妇联平安家庭、湘潭县和谐家庭等荣誉。2014年，湘潭县开展首届道德模范评选活动，彭线红被县委、县政府授予“湘潭县首届道德模范”荣誉称号。

【颜跃华】

女，1972年6月生，县国家税务局收入核算科干部，市义工联合会副会长。颜跃华是一名热心公益事业的志愿者，把帮助他人当成自己最大的快乐。多年来，她积极参加省国税局论坛组织的捐资助学活动，多次自费前往偏远的永顺县、石门县参加现场捐资助学活动。经常利用周末时间，到偏远乡镇的敬老院慰问孤寡老人，并送去衣物和食品。一个偶然的机会，她得知湘潭县梅林桥镇麦子石有一名女孩患白血病，急需救助。她立刻拿出自己的储蓄，并找来志同道合的朋友，以湖南省文化旅游形象大使评选活动为契机，在活动现场募集治疗费用。她力邀爱心人士，倡议创建湘潭市义工联合会。该会于2012年10月正式注册登记，她被推选为副会长。短短两年间，志愿者达680人，走访乡镇42个，学校96所，敬老院42所，募集捐款60余万元，救助“五保”老人2100余位，贫困学生2200余位。6年来，她年均参加义工活动的时间都在2000小时以上，累计个人走访、资助贫困学生达300余人，慰问孤寡老人400余人。2014年，颜跃华获湘潭市国税系统“助人为乐”最美国税人提名奖。2014年，湘潭县开展首届道德模范评选活动，颜跃华被县委、县政府授予“湘潭县首届道德模范”荣誉称号。

【张伏秋】

男，1949年6月出生，1972年8月参加教育工作，1982年8月加入中国共产党，2009年6月退休。现任湘潭县第八届政协委员，湘潭县文史通讯员，石潭商会党支部书记、石潭镇关工委常务副主任，“五老”网吧义务监督员，石潭镇文联秘书长。他始终认为助人是快乐之本，是一种美德，人生要有善心，多点爱心，能为他人多办点好事，多帮一份忙，就多一份快乐，社会就多一份和谐。2009年退休后，他全身心地投入到公益事业中，编文史、写报告、扶贫助学等。他担任石潭镇关工委常务副主任，完善全镇47个村（居）委会和16所中小学校关协组织，确定村支部书记或村主任、学校校长任主任，“五老”任副主任，组成230人的关协队伍。募捐善款16万余元，扶助近200名贫困学生。作为石潭中学小学校外辅导员、全镇网吧义务监督员，他特别注重为青少年营造良好的教育环境。每年赴学校开展法治教育16堂以上，6000余人受到教育；组织红色旅游4场以上，600余人参与；组织报告会15场以上，与会人数近5000人；科技培训18场以上，4500余人参加培训。他还利用双休日、节假日，带领“五老”网吧义务监督员巡回在全镇网吧场所，及时制止劝阻未成年人进入网吧。他还先后协助党委、政府编辑了《今日石潭人物》《相聚在政协》《石潭文史》等书，他撰写的《古云村头看巨变》受到省里及中央相关部门的肯定。他积极充当善解人意的好邻居，坚持在大事上作表率，在小事上做协调。利用在石潭从事教育工作38年、很多村民都是他的学生的优势，成功为政府、村上调解10余起矛盾纠纷。2011年，张伏秋被评为“湘潭县关心下一代工作先进个人”，所负责的石潭镇关工委被评为“湘潭市基层五好关工委”。2012年被评为“湘潭市关心下一代工作先进个人”。2014年，湘潭县开展首届道德模范评选活动，张伏秋被县委、县政府授予“湘潭县首届道德模范”荣誉称号。

【赵剑峰】

男，1977年2月生，湘潭县青山桥镇人，中共党员，大专文化，县文体广新局干部。1994年12月，到广州军区某部服役。1998年8月，他主动请战赴长江抗洪抢险，获准随该团8连到湖北省松滋市沙道官镇长江干堤抢险。1995年—2004年，赵剑峰连续十年荣获部队嘉奖；1997年，被评为师级保密工作先进个人；1998年，参与“长江抗洪救灾”荣立三等功；2004年，获41集团军后勤部会计业务比赛第二名。2007年，他转业到县文体广新局工作。积极钻研专业知识和法律法规，先后参加潭衡西线高速公路、长沙铜官窑、易俗河大鹏西路工地等考古发掘，参与长韶娄高速公路、长沙航电淹没区的文物调查，多次参与野外文物调查。2009年8月22日凌晨3时许，家住湘潭市云塘街道小区的赵剑峰在睡梦中突然听到一阵急促的敲门声和呼喊声“院子里来了小偷！”。他二话没说，迅速穿衣下楼。此时小偷爬到该小区1栋4楼一位居民家的护窗上，已掰断护窗上的两根铁棍。坪里的小偷发现赵剑峰，叫上同伙马上下楼翻过院墙逃跑。他不顾个人安危，直追向市口腔医院宿舍方向跑的两个，大约追出两百米左右（在湘潭市韶山东路军干所大门处）抓到一个，并将其摁倒在地，就在准备将小偷抓回的时候，前面跑走的小偷又返回来，从附近建筑垃圾堆上抓起一块砖头朝他头部猛打，被他用手挡住，随即另一小偷就用作案用的铁钳朝他的后脑猛击，将其打倒在地，又连续猛踢了好几脚，赵剑峰拼尽全身力气站起来，再次被两个小偷打倒，接着小偷就往水果市场方向逃跑，赵剑峰强忍剧痛坚强地爬起来继续追赶小偷，直到因伤重体力不支而昏倒，被闻讯赶来的110民警和群众送往湘潭市中心医院救治。2009年、2011年、2013年，他被评为湘潭县文体广新系统优秀党员；2010年，获评湘潭市、湘潭县“见义勇为”先进个人；2012年，荣获湖南省“第三次全国文物普查工作”先进个人；2013年，被县委评为“湘潭县纪念周小舟诞辰100周年活动”先进个人。2014年，被市文物局评为湘潭市第一次全国可移动文物普查工作先进个人。2014年，湘潭县开展首届道德模范评选活动，赵剑峰被县委、县政府授予“湘潭县首届道德模范”荣誉称号。

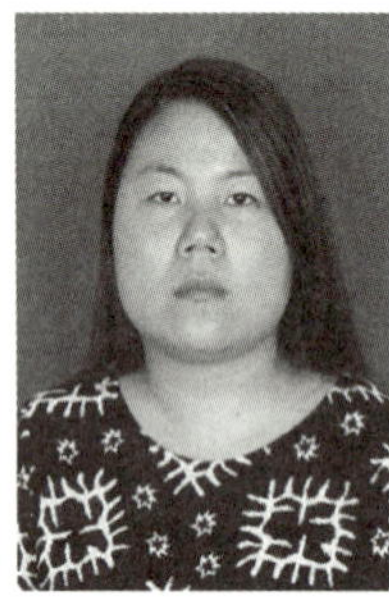

【朱　玲】

女，1987年9月生，初中文化，茶恩寺镇青坪村青山组人。2012年7月30日上午，正值茶恩寺街上的赶集日，社会闲散人员胡某某扒窃一老人钱财，朱玲目睹胡某某扒窃全过程，并告知老人，打电话叫其男友帮忙抓小偷。她在集市附近寻找扒窃嫌疑人，在茶恩寺镇供电所附近发现扒窃嫌疑人。朱玲悄悄尾随他，等其男友到达后，在群众的帮助下将犯罪嫌疑人胡某某抓获并扭送至当地派出所处理。经审讯，犯罪嫌疑人对犯罪事实供认不讳。因这一事迹，朱玲被授予“湘潭市见义勇为先进个人”和“湘潭县见义勇为先进个人”荣誉称号。2014年，湘潭县开展首届道德模范评选活动，朱玲被县委、县政府授予“湘潭县首届道德模范”荣誉称号。

【马　嫩】

女，1982年4月生，中共党员，谭家山镇高塘村人，现任湘潭县湘中建筑有限公司总经理。她真诚坦荡做人，诚实守信做事。以公司名义向社会公开八项承诺：1.凡经验收合格的工程，将建设方的拨款100%付给项目工程部，公司不克扣一分钱。2.凡是公司所进的建筑材料实行一月一次结算付清货款。3.凡公司管理人员及公司聘用的职工的工资按月按标准100%发放。4.上缴国家税收，承诺做到按政策法规按时缴纳。5.承诺保证工程质量，诚实履行合同要求，严格按照建筑法律文件办事。6.职工待遇承诺，关心职工生活，长期致力于提升职工待遇。7.履职奖罚承诺，根据业绩实行年终奖罚，对工作失职而造成重大经济损失者按照有关法律追究责任。8.社会养老保险、工伤保险承诺，凡在公司工作的职工经上级考试获得二级建造师证并与公司签订正式劳动合同的，公司全额负责缴纳社会养老保险及工伤保险。她信守承诺，诚信经营。金霞美墅19栋项目是她父亲2010年承建的工程，2014年5月，有用户反映，工程外墙瓷片因日晒雨淋，出现大约2平方米脱落。马嫩当即带领公司技术人员、安全生产科长前往现场观察，当场制定整改方案，五天内整改到位，受到用户好评。2012年至2013年，承建省重点工程S313道路改扩建工程，短缺资金1000万元，面对工程进度瓶颈，请来亲属，合力筹资1500万元，确保工程如期、如质顺利竣工，受到上级嘉奖，市、县媒体进行专题报道。2012年，为完成社会主义新农村建设中父亲未完成的村上建桥项目，她出资5万余元，邀请省、市桥梁专家至现场勘察并主持建桥工作，得到当地群众的高度评价。2013年，刚接手公司的马嫩保持冷静而清醒的头脑，大胆地进行人事、财务、管理体制的改革，精抓细管，有章可循，以过人的智慧、坚定的承诺、正确的决策，保障公司的平稳过渡，缴纳税收800万元，按时足额发放民工工资3000万元，工程合格率100%，被湘潭县工商局授予“文明经营信得过单位”光荣称号。2014年，湘潭县开展首届道德模范评选活动，马嫩被县委、县政府授予“湘潭县首届道德模范”荣誉称号。

【罗艳兰】

女，1964年8月生，石潭镇联盟村跃进组人，石潭镇商会副会长，“丽森校服服装厂”负责人。凭着顾客至上的宗旨、诚信经营的理念和优质服务，逐渐赢得顾客的心。1983年，她远赴江西上饶学习服装技术。1988年，回到家乡，在村上开设家庭服装培训经营发展。3年内，培养一批批服装人才，在广州、贵州、株洲、上海等地的。2000年，筹集资金办起“秋艳服装厂”，后改名“丽森服装厂”。办厂期间，始终把落脚点放在为顾客提供优质产品上。为确保校服质量，她严格走省、市、县三检程序。她根据市场的需求和学生的喜好精选布料，更新改造款式。该厂每年生产校服2万套、工作服2万套，同时还加工其他服装，年产值600万元。她以诚实守信打造人本信用。借贷还款从不误期，金融部门对此赞赏有加。在生产业务和售后服务上，交货及时，与广大客户建立良好的关系。对待员工，她信守承诺，关心爱护员工切身利益。她多行善举，为当地教育、村镇筑路等公益事业频频捐助。她看望“五保”老人，为贫困学生送去服装，为失学儿童送去学习生活用品，带头为当地修桥修路项目捐助。罗艳兰把诚实守信当作自己的经营理念，不仅实现自己的创业梦，也改变乡亲们的生活，她是妇女界的优秀代表。2014年，湘潭县开展首届道德模范评选活动，罗艳兰被县委、县政府授予“湘潭县首届道德模范”荣誉称号。

【唐　伟】

男，1977年1月生，中共党员，湖南韶力电气有限公司机加工车间车工班长，是公司产量质量标兵、改革领军人物。他技术娴熟，为公司产品车制转轴和轮轴2万余根，无一次品。单件耗时和刀具消耗是其他普通车工的50%，按2万根轴计算，工费、车床磨损费、电费、刀具费合计节约近10万元。他言传身教，凭技术服众，教徒弟耐心、细致，培养车工20余名，为公司机加工车间增加技术力量。他带领车工班10余人，月月如期完成任务，在2013年劳动竞赛中，率领班员超额工时2000多个，为公司及时完成合同订单做出贡献。他不忘改革，认真处理产品质量问题。车工在车制工件倒角时，总感到工件调头难，耗时长。他自己动手制作夹具，解决前述问题。公司生产的8T机车，用户在使用中，其传动部分发热磨损轴承，此信息反馈公司后，公司技术人员组织调查，摸排问题，经查，原因出自机加工的轴承套同心度不符合要求……了解情况以后，他马上投入到解决此问题的工作中，与公司技术人员和车间工人一道，制作轴承套同心度定位模，定位模制作成功后，套上工件进行车制，使工件同心度问题得到圆满解决，从此以后，8T机车再没有因此工件同心度不合要求而产生发热磨损的现象，为公司产品质量的提升做出努力。2003—2012年，唐伟连年获得公司年度先进个人称号；2008年，获得湘潭市车工技能竞赛好成绩，被省劳动厅评定为“高级技工”；2010年，被湘潭县非公党委授予“优秀党员”称号；2013年，获县车工技能竞赛第一名、湘潭县技术标兵、公司“机加工能手”等称号；2014年，获湘潭市五一先锋称号、湘潭市最美班组长称号。2014年，湘潭县开展首届道德模范评选活动，唐伟被县委、县政府授予“湘潭县首届道德模范”荣誉称号。

【谢少军】

男，1969年12月生，大专文化，中共党员，现任湘潭县公安局交警大队副大队长。他始终以“匡扶正义、除暴安良”作为从警格言，用实际行动诠释“忠诚、担当、公

正、奉献”的湘潭公安精神。他在基层派出所、治安大队工作20年，淡泊名利，不计得失，恪尽职守、任劳任怨，是领导和同事们心目中的“尽力牛”。在担任巡防、交警大队副大队长期间，立足岗位、毫不懈怠。三年加班360余次，不计报酬，甘于清贫，乐于奉献。他爱岗敬业，勇于担当。担任副大队长既要当指挥员，又要做战斗员，他勤于思考，积极探索易俗河城区现行犯罪规律，制定一套既实用又高效的警务巡逻模式，同时以身作则，率先垂范，单独或带队开展巡逻防控工作。三年中，共计抓获现行违法犯罪人员550余名，破获各类案件800余起，为人民群众挽回经济损失200余万元，是全局抓获现行违法犯罪嫌疑人数和破案数最多的干警。2014年4月，他调任交警大队副大队长，分管秩序工作，带头查处各类交通违法行为，开展城区交通秩序专项整治，共查处酒驾196起，无牌无证708起，行政拘留183人。面对危难、险重任务，他临危不惧，3次负伤，1次面临生死考验，均毫不退缩，勇于担当；面对报复威胁、金钱利诱，他义正词严，秉公执法，清正廉洁，当好公平正义的“守门人”；面对遇到困境的群众，他施以援手，及时救助，做好老百姓的贴心人。他有句口头禅：“我攒劲做事，既不为升官，更不是图钱，就是要对得住这身警服”。他凭着坚定的理想和信念，在平凡的工作岗位上磨炼自我，出色工作。近年来，被记三等功两次，多次被评为优岗，荣获嘉奖。湘潭县开展首届道德模范评选活动，谢少军被县委、县政府授予“湘潭县首届道德模范”荣誉称号。

湘潭县最美群众贴心人

【赵在和】

男，80岁，中共党员，文体广新局退休干部。“燕泥筑巢，细针挑土”用来形容赵在和退休19年来的慈善事迹不为过。他从最初每个月定额挤出一定工作经费，到现在有老板愿意每个月拨付几千元专门给他做工作经费，其“清白慈善”赢得全国各地的理解、支持，19年已经牵线搭桥助1000多名优秀寒门学子改变人生命运，事迹被中央电视台、湖南日报等权威媒体报道。2014年9月，在湘潭县委党的群众路线教育实践活动领导小组主办的“莲乡发现——最美群众贴心人”评选活动中，经测评考察、社会评选、组织评审、部门联审、县委审定等环节，被评为“最美群众贴心人”。

【汤光览】

男，汉族，1954年11月出生，中师学历，石鼓镇将军村人，湘潭县石鼓镇将军小学原原校长。汤光览从教40载，在将军学校工作38年，其中跛行32年。30多年来他以超乎常人的毅力，用独趾撑起一所山区美丽村小的感人事迹在当地广为流传，他用仅有一根大拇趾的双脚，奔波万里“化缘”，在边远贫困乡镇建起一所优质完小。将军小学现有9位老师，164名学生，是石鼓镇8个联村完小中办学条件最好的学校。这所偏远农村小学的教育教学质量在全镇多次位居前列。在大家口中，汤光览是心怀大爱的“独趾侠”。在孩子们眼中，他就是最亲的“汤爸爸”“汤爷爷”。“跛脚校长”的故事也在当地广泛流传，被众多媒体广泛宣传报道。他也先后被教育部门评为县级、市级和省级优秀教师、师德标兵，2012年，湖南教育报刊社、为先在线、湖南教育电视台、湖南教育网联合组织“湖南十大教育新闻人物”评选活动，汤光览被评为“湖南十大教育新闻人物”。同年入选“感动中国”候选人。2014年9月，在湘潭县委党的群众路线教育实践活动领导小组主办的“莲乡发现——最美群众贴心人”评选活动中，经测评考察、社会评选、组织评审、部门联审、县委审定等环节，被评为“最美群众贴心人”。

【蔡　娟】

女，37岁，中共党员，民政局老龄办副主任。37岁的她思想特别纯，现实中少有；服务特别优，令来者如归；感染能力超强，是民政婚登窗口创国家AAAA窗口的代表人物。2014年9月，在湘潭县委党的群众路线教育实践活动领导小组主办的“莲乡发现——最美群众贴心人”评选活动中，经测评考察、社会评选、组织评审、部门联审、县委审定等环节，被评为“最美群众贴心人”。

【钟金盆】

女，40岁，中共党员，县人民医院院长助理、妇产科主任。她是专家，也是县人民医院院长助理，更是任何产妇24小时随叫随到的“贴心人”。她每年休息不超过10天，一天工作12个小时。但她甘之若饴、游刃有余、人人心服口服。近年来妇产科孕妇死亡率为零，超过国际标准。2014年9月，在湘潭县委党的群众路线教育实践活动领导小组主办的“莲乡发现——最美群众贴心人”评选活动中，经测评考察、社会评选、组织评审、部门联审、县委审定等环节，被评为“最美群众贴心人”。

【王石连】

女，52岁，中共党员，控告申诉科信访专干，检察院正科级检察员。从2000年开始，王石莲已经在信访接待岗位上工作15个春秋。在这15年中，王石莲办理群众信访案件800余件、集体上访60余批，为群众办实事办好事1000余件，接待群众来访1800余人次，处理率、答复率、群众满意率均为100%，赴京上访率为零。很多积案

都是因为她责任心强，多次协调、督促相关部门而被化解的，其公道热肠为湘潭县社会稳定发挥作用。王石莲用公正诠释法律真谛，用真情展示一名检察官的情怀，用行动赢得群众的一致认可。王石莲所在的控告申诉检察科被县委、县政府、县直机关工委、县设法涉诉办公室评为“集中处理涉法涉诉信访先进集体”“共产党员示范岗位（窗口）”，并连续15年被省人民检察院被评为“省级文明接待室”，2014年9月，在湘潭县委党的群众路线教育实践活动领导小组主办的“莲乡发现——最美群众贴心人”评选活动中，经测评考察、社会评选、组织评审、部门联审、县委审定等环节，被评为“最美群众贴心人”。

【胡玉光】

男，40岁，中共党员，排头乡水管站长。2011年担任排头乡水利站长以来，创新提出“产权水利”模式，全乡掀起兴修水利的热潮。不到三年时间，全乡近千口山塘、12座水库焕然一新。排头乡成为全省水利建设先进乡镇，省、市水利工作现场会先后在这里召开。2013年大旱，他大胆提出没有先例可循的“三级提灌”构想，最终保住1500多亩农作物，帮助村民挽回220万元。2014年9月，在湘潭县委党的群众路线教育实践活动领导小组主办的“莲乡发现——最美群众贴心人”评选活动中，经测评考察、社会评选、组织评审、部门联审、县委审定等环节，被评为“最美群众贴心人”。

【张红波】

女，1980年出生，中共党员，石潭镇通湖村计生专干。2006年，她当选为通湖村计生专干，曾多次被乡镇评为先进个人、优秀村计生专干。2012年，她被确诊为肾功能不全尿毒症，每周要做两次透析，但她放不下村上的事，停不下帮助他人。利用空闲时间，她一直无偿地给村民缝补衣服、换拉链、上松紧、绞裤边。对本村的一名孤儿她像亲生母亲一样关心照顾，让一个孤儿感受到母爱的温暖，2014年被县计生局授予“优秀村级计生工作者”荣誉称号。2012年、2013年连续被县委组织部评为湘潭县“优秀村干部”，入选湘潭“最美计生人”候选人。2013年入选“中国好人榜‘敬业奉献’”候选人。七年多来，她怀着一颗忠诚、执着、仁爱的心，扎根基层，服务农村，与群众同心，向病魔叫板，用青春诠释无悔，用生命爱岗敬业。2014年9月，在湘潭县委党的群众路线教育实践活动领导小组主办的“莲乡发现——最美群众贴心人”评选活动中，经测评考察、社会评选、组织评审、部门联审、县委审定等环节，被评为“最美群众贴心人”。

【熊幸于】

男，55岁，汉族，中共党员，任龙口乡农技农机畜牧水产推广服务中心副主任。自1981年参加工作，与农业结下不解之缘，一干就是33年。33年来，他一直扎根基层，凭着对农技推广工作的一份执着，在平凡的工作岗位上默默无闻，兢兢业业，辛勤耕耘，为基层农技推广事业，为服务“三农”倾注着全部的热情，用实际行动诠释着自己的情怀和梦想，亲农、爱农、为农、帮农的思想一直贯穿他的工作之中。2014年9月，在湘潭县委党的群众路线教育实践活动领导小组主办的“莲乡发现——最美群众贴心人”评选活动中，经测评考察、社会评选、组织评审、部门联审、县委审定等环节，被评为“最美群众贴心人”。

【仇　桂】

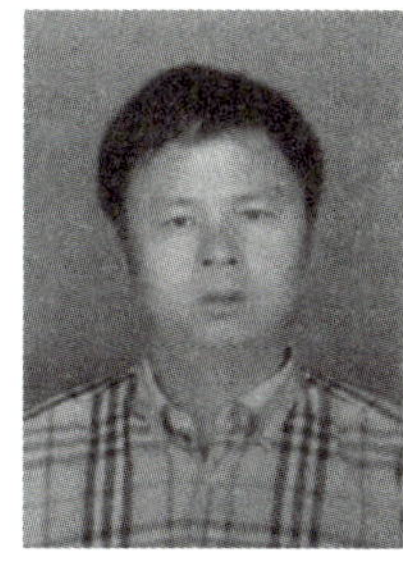

男，48岁，中共党员，县公路局路桥养护工程队队长。33年前，刚满15岁的他当上一名普通的养路工。从那时起，他总是第一个来到工班，最后一个离开，无论晴天雨天或是节假日，都会在路上发现他的身影，修补路面、疏浚涵洞、平整路肩。他不仅要带着队员一起挖掘、修整，指导他们施工，还要奔波于各作业点，联系机械，调配人员，安排进度。施工间隙，队员可以休息，他却不能，要检查质量，还要考虑安排下一步的施工任务。他每天都要比所有人跑更多的路，操更多的心，受更多的累。在他的带领下，县内107国道、河领线、砂易线等多条线路得到较好的维护，方便群众出行。2014年9月，在湘潭县委党的群众路线教育实践活动领导小组主办的“莲乡发现——最美群众贴心人”评选活动中，经测评考察、社会评选、组织评审、部门联审、县委审定等环节，被评为“最美群众贴心人”。

【姜淑斌】

女，45岁，中共党员，县人社局就业服务局局长。她较好地落实国家的就业政策，为促进湘潭县就业工作的开展贡献智慧和力量。多次被评为就业工作先进个人，2012年，在创建国家级创业型城市工作中被湘潭市人民政府评为先进个人，在全省就业和农民工工作中被省人民政府记三等功，连续两年被中国就业促进会评为就业宣传工作先进个人。2014年9月，在湘潭县委党的群众路线教育实践活动领导小组主办的“莲乡发现——最美群众贴心人”评选活动中，经测评考察、社会评选、组织评审、部门联审、县委审定等环节，被评为“最美群众贴心人”。

荣誉录

2014年度湘潭县获中央部委级表彰的先进集体名录

表37

获奖单位	获奖名称	授奖单位
湘潭县	全国粮食生产先进县	农业部
湘潭县	全国计划生育优质服务先进县	国家卫生和计划生育委员会
湘潭县	全国科技进步先进县	科学技术部
湘潭县	2014—2016年“中国民间文化艺术之乡”	文化部
湘潭县	全国文化先进县	文化部
县国土资源局	县级国土资源政务信息公开示范单位	国土资源部
花石镇 石潭镇	全国重点镇	建设部 国家发展和改革委员会 民政部 国土资源部 农业部 科学技术部
梅林桥镇人民政府	全国农村五保供养工作先进单位	民政部
县就业服务局	全国就业宣传工作先进单位	中国就业促进会
县妇幼保健院	妇幼健康服务先进集体	国家卫生和计划生育委员会办公厅
县教育局	“美丽中国 我的中国梦”示范单位	教育部关工委
百花小学 凤凰实验中学	“美丽中国 我的中国梦”示范学校	教育部关工委

2014年度湘潭县获省厅级表彰的先进集体名录

表38

获奖单位	获奖名称	授奖单位
湘潭县	全省加速推进新型工业化一等奖	湖南省人民政府
湘潭县	湖南省为民办实事工作先进单位	湖南省人民政府
湘潭县	湖南省慢性病综合防控示范区	湖南省卫生和计划生育委员会
湘潭县	师德师风建设先进县	湖南省教育厅
湘潭县	平安校园示范县	湖南省教育厅 湖南省财政厅
湘潭县	湖南省县市区防震减灾工作综合考核优秀单位	湖南省地震局
湘潭县	2014年度城乡居保经办管理服务工作优秀单位	湖南省城乡居民社会养老保险管理服务中心
湘潭天易示范区	全省加速推进新型工业化三等奖产业园区	中共湖南省委 湖南省人民政府
县人民政府春运办	湖南省春运优质服务先进单位	湖南省春运领导小组
县纪委监察局	湖南省文明单位	湖南省文明委

续表38

获奖单位	获奖名称	授奖单位
彭德怀纪念馆	湖南省文明风景旅游区	湖南省文明委
花石镇	省级安全生产示范镇	湖南省安委会
花石镇	新型城镇化建设文明单位	湖南省四化两型建设宣传活动组委会
县妇联	全省妇联系统宣传工作先进单位	湖南省妇联
县国土资源局信息中心	2014年度国土资源信息化先进单位	湖南省国土资源厅
县统计局	湖南省第三次全国经济普查先进集体	湖南省第三次全国经济普查领导小组办公室
县水务局	全省水利建设先进单位	湖南省水利厅
县信访局	全省信访工作“基层基础建设年”活动标兵单位	湖南省信访联席会议办公室 湖南省信访局
县招商局	2014年度全省内联引资工作先进单位	湖南省经协办
县地税一分局 县价格监督检查局 县烟草专卖局监督管理股	2013—2015年全省依法办事示范窗口单位	中共湖南省委法治湖南建设领导小组办公室
县林业局	全省森林防火工作先进单位	湖南省森林防火指挥部
县交通运输局	2014年度湖南省交通运输行政执法评议考核优秀单位	湖南省交通运输厅
县交通运输局	2014年度湖南省交通运输系统统计工作先进单位	湖南省交通运输厅
县妇幼保健院	湖南省优秀基层妇幼保健院	湖南省妇幼保健与优生优育协会
县卫生监督所	湖南省卫生文明单位	湖南省爱国卫生运动委员会

2014年度湘潭县获中央部委级表彰的先进个人名录

表39

姓名	单位与职务	获奖名称	授奖单位
莫柏槐	县文化体育广电新闻出版局党组书记、局长	全国文化系统先进工作者	中华人民共和国人力资源和社会保障部 中华人民共和国文化部
郑城乡	江声实验中学教师	全国优秀教师	国家教育部
姜淑斌	县就业局局长	就业宣传工作先进个人	中国就业促进会

2014年度湘潭县获省厅级表彰的先进个人名录

表40

姓名	单位与职务	获奖名称	授奖单位
李洪运	中路铺镇党委书记	湖南省为民办实事先进个人	中共湖南省委办公厅 湖南省人民政府办公厅
李洪运	中路铺镇党委书记	2014年度全省党员学习明星	中共湖南省委宣传部
胡强文	花石镇农机站站长	湖南省十佳基层农机管理员	湖南省农业厅

续表40

姓名	单位与职务	获奖名称	授奖单位
尹文湘	县统计局党组成员、副局长	湖南省第三次全国经济普查先进个人	湖南省第三次全国经济普查领导小组
肖静	县史志办党组成员、纪检组长	全省地方志工作先进个人	湖南省地方志编纂委员会
颜朝晖	县交通运输局工作人员	2014年度湖南省交通运输系统统计工作先进个人	湖南省交通运输厅
唐铁辉	杨嘉桥镇农技站工作人员	湖南省农业丰收奖（专业化防治先进个人）	湖南省农业厅
刘仙桃	县农开办综合股股长	全省信息调研先进个人	湖南省农业综合开发办公室
黄桂英家庭		湖南省“最美家庭”	湖南省妇联
周青云家庭		湖南省“最美家庭”	湖南省妇联

（责任编校　杨红艳）

2014年湘潭县国民经济主要指标

表41

指　　　标	单位	2013年	2014年
一、综合			
地区生产总值(按当年价格计算)	亿元	258.4	286.8
第一产业	亿元	48.9	48.7
第二产业	亿元	134.6	152.6
第三产业	亿元	74.9	85.5
人均地区生产总值	元	30445	33633
三次产业结构比	%	18.9:52.1:29	17.0:53.2:29.8
二、农业			
农业总产值	亿元	81.75	91.7
粮食种植面积	万公顷	10.43	10.65
粮食总产量	万吨	71.68	74.1
蔬菜种植面积	万公顷	2.21	2.25
蔬菜产量	万吨	64.35	68.14
水产品产量	万吨	3.61	3.78
禽蛋产量	万吨	1.87	1.94
出栏肉猪	万头	213.25	218.47
三、工业			
规模工业企业个数	个	202	208
规模工业企业总产值	亿元	364.6	427.6

续表41

指　　标	单位	2013年	2014年
规模工业增加值	亿元	109.2	130.4
规模工业企业实现主营业务收入	亿元	365.2	418.2
规模工业企业实现利润	亿元	12.3	14.5
四、建设领域			
(一)固定资产投资	亿元	134.6	166.3
按经济类型分			
国有投资	亿元	40.2	50.6
非国有投资	亿元	94.4	115.7
按投资方向分			
产业投资	亿元	47.2	60.8
基础设施投资	亿元	36.7	47.4
房地产开发投资	亿元	18.6	13
施工项目	个	449	431
其中:新开工项目	个	411	364
(二)建筑业			
具有资质等级的总承包和专业承包建筑业企业个数	个	21	22
具有资质等级的总承包和专业承包建筑业企业总产值	亿元	18.7	21.6
具有资质等级的总承包和专业承包建筑业企业利润总额	亿元	0.92	1.16
具有资质等级的总承包和专业承包建筑业企业完成房屋施工面积	万平方米	212	205
具有资质等级的总承包和专业承包建筑业企业完成房屋竣工面积	万平方米	107.4	93.5
五、贸易			
社会消费品零售总额	亿元	56.8	64.8
其中:批发和零售业	亿元	38.0	45.3
住宿和餐饮业	亿元	18.8	19.5

2014年湘潭县预算内财政收入情况

表42 单位:万元

项 目	2013年	2014年
财政总收入	200068	223698
一、地方财政收入	146497	165434
(一)税收收入	56766	68378
1. 国内增值税(25%)	7255	7892
2. 营业税	19633	23161
3. 企业所得税40%部分	5124	6688
4. 企业所得税退税		
5. 个人所得税40%部分	1152	1203
6. 城市维护建设税	2954	3548
7. 耕地占用税	5841	5027
8. 契税	2929	9735
9. 房产税	1084	1272
10. 印花税	765	902
11. 资源税	505	180
12. 固定资产投资方向调节税		
13. 城镇土地使用税	2748	1795
14. 土地增值税	5978	5935
15. 车船税	798	1040
16. 其他税收收入		
(二)非税收入	89731	97056
1. 专项收入	2676	3098
2. 行政事业性收费收入	18841	13788
3. 罚没收入	5790	4319
4. 国有资本经营收入		200
5. 国有资源(资产)有偿使用收入	6540	6675
6. 其他收入	55884	68876
二、上划中央“四税”收入(上划收入)	53571	58264

2014年湘潭县预算内财政支出情况

表43　　　　单位:万元

项　目	2013年	2014年
一般预算支出合计	350682	383500
其中,一般公共服务	52910	50009
外交		
国防	547	693
公共安全	15179	16893
教育	67530	67366
科学技术	6260	5347
文化体育与传媒	3565	3555
社会保障和就业	60927	66104
医疗卫生	36027	44413
节能环保	7728	6604
城乡社区事务	9402	8566
农林水事务	58755	72976
交通运输	9478	18483
资源勘探电力信息等事务	3655	3098
商业服务业等事务	5013	4370
金融监管等事务支出	8	8
援助其他地区支出		
地震灾后恢复重建支出		
国土资源气象等事务	7099	7169
住房保障支出	4076	4806
粮油物资管理事务	1850	2130
债务付息支出	432	587
其他支出(类)	241	323

(责任编校　杨红艳)

文献文摘

湘潭县人民检察院工作报告

——在湘潭县第十五届人民代表大会第三次会议上

检察长 曹海平
（2015年2月10日）

各位代表：

现在，我代表县人民检察院向大会报告工作，请予审议，并请列席的同志提出意见。

一、2014年工作回顾

2014年，在县委和上级检察院的正确领导下，在县人大、县政府、县政协以及社会各界的监督和支持下，县检察院紧紧围绕经济社会发展大局，深入贯彻落实党的十八大，十八届三中、四中全会和习近平总书记系列重要讲话精神，以法治为引领，进一步加大工作力度，认真履行法律监督职责，各项检察工作取得新进展。

（一）围绕工作大局，服务县域经济社会发展

优化经济发展环境。加强对县域经济发展形势和运行规律的研究，制定我院服务经济发展实施方案。构建服务平台，设立园区检察室，发挥职能作用，为园区经济保驾护航。积极参与整顿和规范市场经济秩序，批准逮捕合同诈骗、集资诈骗、破坏生产经营等各类犯罪嫌疑人37人，依法严厉打击招商引资、税收征管等领域和重大责任事故背后的职务犯罪，立案查处犯罪嫌疑人5人，有效净化经济发展环境，震慑犯罪。发挥行贿档案查询功能，提供查询309次，为政府大宗设备采购、重点工程建设等活动廉洁公正开展起到了积极作用。

维护群众合法权益。加强与公安、法院等单位的密切配合，对群众反映强烈的黑恶势力犯罪、暴力犯罪、涉毒犯罪和“两抢一盗”等多发性犯罪重拳出击，做到构罪即捕，快捕快诉，全力维护人民群众生命财产安全。积极参与食品、药品市场秩序整顿，依法起诉危害食品、药品安全的各类刑事犯罪嫌疑人12人，向工商行政管理、食品药品监督管理等部门发出检察建议3份，督促对相关市场开展专项整治，依法维护人民群众“舌尖上的安全”。深入查办“发生在群众身边、损害群众利益”的职务犯罪，在社会保障、征地拆迁、土地确权、纠纷调处等民生、涉农领域立案查办职务犯罪案件12件。

积极促进社会和谐。严格落实执法办案风险评估机制，对可能发生信访的案件逐案预警，把化解社会矛盾贯穿于执法办案始终。积极开展“送法下乡”“三官一律”进乡村、在职党员进社区报到服务基层群众等多项活动，接受法律咨询400余人次，化解矛盾纠纷170件次。坚持检察长接待日制度，妥善处理群众来信来电71件；严格依法依程序，办结刑事申诉案件2件，国家赔偿案件3件；为生活确有困难的两名刑事被害人申请司法救助，帮助其解决燃眉之急，有效化解矛盾纠纷。采取领导包案、部门协作等方式，推动息诉工作与司法调解、行政调解等有效衔接，保持连续10年涉检进京零上访。

（二）强化法律监督，维护司法公平公正

依法打击刑事犯罪。认真履行批捕起诉职能，从严打击危害社会稳定和影响群众安全感的严重刑事犯罪。受理公安机关提请批准逮捕案件315件416人，审查后批准逮捕238件305人，不批准逮捕75件109人；受理侦查机关移送审查起诉案件450件699人，审查后提起公诉395件614人，不起诉53件80人（含积案）。贯彻少捕慎捕要求，慎重处理轻微刑事案件。对涉嫌犯罪但无社会危险性的决定不捕37件49人。落实宽严相济政策，对犯罪情节轻微、悔罪态度好的决定不起诉64人。坚持“教育、感化、挽救”原则，加强对未成年犯的心理干预和矫正，如办理赵某涉嫌盗窃案时，我院依法做出附条件不起诉决定，同时主动邀请心理咨询

师，对其开展心理辅导和矫正，得到当地群众的一致好评。

严肃查办职务犯罪。坚决贯彻党委反腐败决策部署，进一步加大查办和预防职务犯罪工作力度。共立案侦查贪污贿赂、渎职侵权等职务犯罪案件17件18人，起诉8件11人，判决12件21人（含积案），均被依法判处5年以上有期徒刑，其中判处10年以上有期徒刑5人，为国家挽回经济损失264万余元。加大对行贿犯罪的惩处力度，坚持与查办受贿犯罪同等重视、同步查处，立案查办该类犯罪嫌疑人4人，判处5年以上有期徒刑 2人。突出查办农村基层组织工作人员职务犯罪案件，统一思想认识，注重办案效果，立案查办的9名被告人分别被判处5到11年不等有期徒刑。坚持惩防并举，积极开展预防调查，延伸执法办案效果。如在农村危房改造项目预防调查中，通过走访危改农户138户，梳理补助资金使用管理中存在的6个方面的问题，向住房和城乡建设部门发出检察建议，督促整改落实。坚持以案说法，在乌石、龙口等乡镇和部分县直机关部门开展警示宣传教育，取得了良好的预警效果。

加大诉讼监督力度。把执法不严、司法不公等问题作为监督重点，共监督公安机关立案7件，监督撤案5件；纠正漏捕27人，纠正漏诉29人，纠正漏罪28笔；发出纠正违法通知书36份。注重对量刑失衡问题的监督，建立裁判文书“四级审核”机制，刑事抗诉工作取得新进展。如办理的朱某某等8人非法拘禁案，通过案件承办人、部门负责人、分管领导、考评小组层层审查，严格把关，决定对判决书遗漏被告人自首情节导致量刑失衡提出抗诉，该案已被依法改判。办理民事行政执行监督案件6件，审判程序违法监督案件6件，督促行政机关依法履职和支持当事人起诉申请2件，提请民事抗诉1件。开展罪犯交付执行、羁押必要性及留所服刑情况专项检查，督促交付执行3人，变更强制措施6人。开展减刑、假释、暂予监外执行专项清理，组织重新体检，逐案审查，督促对15名不符合暂予监外执行条件的罪犯予以收监，这一做法得到最高检的肯定。

（三）加强自身建设，夯实检察发展根基

加强思想政治建设。切实落实主体责任，坚守责任担当，严守政治底线，采取有力措施，在“抓常、抓细、抓长”上下功夫，层层签订责任状，将党风廉政建设落到实处。认真开展党的群众路线教育实践活动，收集梳理各类意见建议658条，针对反映集中的19个方面问题，切实整改到位。加强职业道德建设，开展岗位廉政教育和各类警示教育活动，筑牢拒腐防变思想防线。

强化专业队伍建设。采取教育培训与岗位练兵相结合方式，提升干警素质，组织全院干警政治业务学习11次，聘请专家授课3次，选送干警参加各类培训25人次；集中开展向宪法宣誓、“群众在我心中”主题演讲、庭审观摩等活动，巩固法治理念，激发干警潜能，取得良好实效。院法警大队在全省检察机关司法警察大练兵中名列前茅，两名业务骨干分别获得“全省检察机关侦查办案能手”、“全省刑事申诉检察业务能手”荣誉称号，1名干警被评为“最美群众贴心人”。

推进基础设施建设。坚持科技强检战略，努力推进检察信息化进程。完成检察机关统一业务应用系统建设，实现与上级院、兄弟院之间数据互通、信息共享，把执法管理和监督制约的触角深入到每一起案件、每一个执法环节，为检察权的依法正确行使提供有效的信息化支撑和机制保障。加大资金投入力度，实现接待窗口前移，先后设置和完善案件管理室、群众接待室等专用场所，为来访群众提供更为方便、舒适的服务。

（四）坚持党的领导，主动接受各界监督

主动接受外部监督。自觉把检察工作置于县委和上级检察机关的领导之下，严格执行县委和上级院决策、部署，严格执行重大事项请示报告制度。认真落实人大常委会对法律监督工作专题审议意见，积极开展“司法公正行”活动。完善案件报备制度，及时报送不捕、不诉、撤案三类案件办理情况。推行公开听证制度，对于重大、疑难案件，部分不捕不诉案件，邀请人大代表、政协委员、“两员”代表、律师及当事人参加公开听证和答询，释法说理，提升检察执法办案公信力。

着力加强内部监督。积极发挥案管中心职能作用，形成案件统一归口、全程动态监管的管理模式，确保办案质量和办案效率提升。完善执法质量考评办法， 狠抓案件质量管理，开展执法质量季度讲评，抓问题、究原因、促整改。对捕后存疑不诉5件案件开展评查，依法追究办案人员过错责任，促进案件质量全面提升， 2014年度执法质量在全市检察机关考评中名列第一。继续搞好全案回访工作，重点回访自侦、不捕不诉、未成年人犯罪等六类案件，收集各类意见建议，开展“人情案、关系案、金钱案”专项清理整顿活动，促进廉洁公正执法。

扎实推进检务公开。积极构建新形势下检群关系，探索建立检察民情员、民情站制度。推行终结性法律文书公示，全年公示各类终结性文书170余份。开展“检察开放日”活动，邀请社会各界人士观摩庭审、现场座谈，认真听取意见建议。增加《莲乡检察》赠阅频率，扩大赠阅范围，及时向人大代表、政协委员以及全县500余个行政村投送，通报检察工作动态。开通“莲乡检察”官方微信、微博，制作“莲乡检察”宣传册，以人民群众喜闻乐见的方式宣传检察工作。

各位代表，一年来检察工作取得的成绩，离不开党委的领导，离不开人大、政府、政协以及社会各界的监督、关心和支持。在此，我代表县检察院全体干警向各位表示衷心的感谢！

回顾一年的工作，我们也清醒地认识到自身存在的问题和不足，主要表现在：法律监督能力和实效离人民群众对公平正义的期望还有一定差距；检察工作服务大局的预见性、针对性和有效性有待进一步增强；个别检察人员的政治素质、执法能力和纪律作风有待进一步提高；内部管理制度特别是案件质量考评激励机制有待进一步完善等等。这些问题，我们将在今后的工作中认真加以解决，恳请各位继续给予监督和支持。

二、2015年工作思路

2015年检察工作的总体思路是：认真学习贯彻党的十八大，十八届三中、四中全会和习近平总书记系列重要讲话精神，以加强队伍建设为抓手，以执法办案为中心，充分发挥打击、预防、监督、教育、保护等职能作用，全面提升检察工作水平，更好地服务县域经济社会健康快速发展。

（一）注重服务大局，切实促进经济社会稳定发展。积极参与市场经济秩序规范工作，加大对涉众型经济犯罪等的打击力度，着力营造诚信有序的市场环境。严肃查办和积极预防社会保障、征地拆迁、安全生产等领域的职务犯罪，深入开展查办危害民生民利渎职侵权犯罪，加强对涉农民事行政案件的法律监督。

（二）注重促进和谐，切实维护人民群众合法权益。严厉打击严重威胁人民生命财产安全的犯罪，深入推进打黑除恶专项斗争，积极参与平安创建活动，促进完善社会治安打防控体系。着力推进轻微刑事案件快速办理机制，强化对社会治安重点地区、重点人群服务管理的监督，维护社会大局稳定和县域公共安全。

（三）注重职能履行，切实增强法律监督工作实效。深化工作机制创新，积极履行新增职能，探索建立专人快速办理未成年人案件工作机制。全面加强对侦查、审判和执行活动的监督力度，着力解决错误立案、非法取证、滥用强制措施、侵犯诉讼权利、裁判不公、执行不当等诉讼活动中执法不严、司法不公的突出问题，切实维护司法公正。

（四）注重自身建设，切实提升检察队伍整体素质。严格落实中央八项规定，切实加强作风建设和过硬队伍建设。开展有针对性的教育培训和岗位练兵，提高新形势下维护社会公平正义、开展群众工作的能力和水平。深化检察机关科技信息综合体系建设，提升工作管理水平。加强自身反腐倡廉建设，严肃查办和预防检察人员违法违纪行为，为检察工作科学发展提供强有力保障。

（五）注重接受监督，切实提高检察执法公信力。坚持党的领导，严格执行党内请示报告制度，坚定不移地执行宪法和法律，认真落实人大决议，积极办理人大交办事项、代表建议和政协提案，主动邀请人大代表和政协委员考察工作，自觉接受人大、政协和社会各界的监督。继续深化检务公开，建立和完善与人大代表、政协委员联系沟通制度，密切检群关系。

各位代表，在新的一年里，我们将以更加奋发有为的精神状态和更加求真务实的工作作风，坚守法治，秉公执法，脚踏实地，埋头苦干，为县域经济建设和社会发展做出新的更大的贡献！

湘潭县人民法院工作报告

——在湘潭县第十五届人民代表大会第三次会议上

院 长 袁钢赤

（2015年2月10日）

各位代表：

现在，我代表湘潭县人民法院向大会报告工作，请予审查，并请列席的同志提出意见。

一、2014年工作回顾

2014年，我院在县委、县人大、县政府、县政协和上级法院的领导、监督、支持和指导下，深入学习贯彻党的十八大和十八届三中、四中全会精神，紧紧围绕“努力让人民群众在每一个司法案件中都感受到公平正义”的目标，始终坚持司法为民、公正司法主线，忠实履行宪法和法律赋予的神圣职责，为全县社会矛盾化解和经济发展提供了坚强有力的司法保障。一年来，我院共受理各类案件4617件（含旧存548件），审执结3932件，收结案与去年同期相比分别上升21%和19%，司法绩效百分制考核再次名列全市基层法院第一名。花石人民法庭被最高人民法院授予“全国优秀人民法庭”荣誉称号。

（一）深化司法为民理念，坚持公正司法，维护人民群众合法权益

依法惩治刑事犯罪。共审结刑事案件407件，判处罪犯614人，其中处五年以上有期徒刑69人。从严从快打击严重危害人民群众生命财产安全犯罪，审理抢劫、抢夺、盗窃、强奸和毒品犯罪案件 203件，判处罪犯260人。坚决遏制危害民生犯罪，审理生产销售有毒有害食品和危害药品安全犯罪案件5件，判处罪犯6人。严惩贪污贿赂犯罪和渎职犯罪，公开审理7名国家工作人员受贿案及5名村级负责人贪污案。开展职务犯罪、破坏金融管理秩序和金融诈骗犯罪、组织黑社会性质组织犯罪等“三类案件”暂予监外执行清理规范工作，将符合收监执行条件的18名罪犯予以收监执行。坚持宽严相济的刑事政策，对未成年人犯罪、轻微刑事犯罪和具有自首、立功等情节的被告人依法从宽处理。深化量刑规范化工作，确保量刑公正、均衡。积极回应群众呼声，落实盗窃、诈骗、传销等侵财型案件的退赃退赔工作。

妥善审理民商案件。共受理各类民商事案件2961件，审结2618件，其中以调解、撤诉方式结案1435件，调撤率达55%。妥善审理离婚、赡养、婚内扶养纠纷案件758件，注重保护妇女、儿童、老年人合法权益，促进家庭和睦。依法审理劳动争议案件17件，积极维护劳动者合法权益。快审快结机动车交通事故责任纠纷案件486件，以缓减免交诉讼费用、先予执行等措施，优先为交通事故受害人提供高效的司法服务。依法审理民间借贷纠纷案件514件，结案标的1.3亿元，引导民间资本合理流动，维护金融秩序稳定。受理龙畅洁净煤有限公司及关联企业申请重整案，努力帮助民营企业走出困境。全面启动县对外经济贸易有限公司破产财产处置工作，安置职工100余人。协助县矽砂矿资产处置组处理变现资产2处，资产变现778万元。

积极审理行政案件。受理行政诉讼案件78件，审结74件，审查行政非诉执行案件297件，依法裁

定准予执行286件。公开审理吴某等5人诉韶山市政府确认信息公开答复违法系列案、冯某等34人诉县教育局教育行政管理及行政赔偿案等群体性案件。裁定准许强制行政征收腾地案件23件，其中16起得以自动履行。成功组织7次强制腾地行动，积极服务云龙东路、大鹏西路延长线、湘江沿江风光带、梅林山庄项目等重点工程建设，依法支持天易示范区“征地拆迁百日攻坚”活动。依法强制关闭4家塑料污染作坊，改善当地群众生产生活环境。大力征收计划生育社会抚养费，征收到位资金共计170余万元。

着力破解执行难题。执结执行案件833件，执结标的1.2亿元。推进执行规范化和信息化建设，建成执行查控信息化平台，并采取执行听证、执行裁判文书上网、执行流程网上公开、重要执行行为告知制度等方式，增强执行工作的透明度与公开度。召开执行听证会22场，召开执行兑现大会两次。加大对规避执行的打击力度和执行曝光力度，对117名拒不履行生效法律文书义务的“老赖”果断采取罚款、司法拘留等措施，将123名被执行人列入失信被执行人名单，并对外公布，促使其主动履行义务。对被执行人确无执行能力的20名经济特别困难申请人进行司法救助，发放救助资金26万余元。整合全院执行力量，积极开展“涉民生案件专项执行活动”和“百日集中执行活动”，全力化解执行积案，共执结案件319件，执行和解25件，执结标的8880万元，被市中级人民法院评为全市法院“百日集中执行活动”先进集体。

（二）顺应司法改革要求，强化法治意识，不断提升司法公信力

全面打造阳光司法。着力推进裁判文书公开、审判流程公开、执行信息公开三大平台建设。在互联网上公开发布生效裁判文书1536份，深入乡镇、村组、学校等地巡回开庭24场，开展庭审网络图文直播21案，实现执行信息公开平台与各类征信平台对接。严格规范对外委托鉴定、评估、拍卖程序，共委托司法鉴定93起，委托评估57起，委托拍卖36起，均做到公开透明。举办“12.4”首个国家宪法日集中宣传暨公众开放日活动，邀请人大代表、政协委员和社区群众参观法院审判场所，旁听庭审，感受司法公开。落实人民陪审员倍增计划，选任人民陪审员90名，人民陪审员参审率达100%。

大力加强法治宣传。在《法治日报》《湖南日报》《湘潭日报》等报刊发表工作通讯和案例报道721篇，邀请湖南经济电视台、湘潭新闻频道等省市电视媒体录制新闻21次，在县电视台制作播放巡回开庭、百日集中执行专栏，让人民群众对审判执行工作有更加生动直观的感知和了解。每两个月印发一期《莲乡审判》刊物，定期制作手机报信息，建立新闻发言人制度，开通官方微博，彰显法院文化特色，扩大办案的社会效果和司法公开的影响力。

自觉主动接受监督。自觉接受人大监督，认真向县人大及其常委会报告工作，积极落实县人大及其常委会有关决议，及时向代表通报法院工作情况，主动邀请代表考察法院工作3次，观摩庭审20余场，上门办理代表建议3件，办结率、代表满意率均为100%。主动接受政协和社会各界监督，邀请政协委员来院开展百日集中执行和立案工作考察，全面开展走访群众和回访案件当事人活动，累计走访群众5000余人次，回访当事人1489人次，收集整理意见与建议49条。正视舆论监督，正确对待媒体和网民意见，对21起网络舆情进行了认真调查和及时回复。

（三）践行党的群众路线，提高服务水平，打造公正高效的法官队伍

切实转变工作作风。深入开展党的群众路线教育实践活动，进一步坚定全院干警司法为民意识。认真落实中央八项规定和省委、市委九项规定精神，广泛征求对“四风”问题的意见建议2178条，召开党组专题民主生活会，坦诚开展批评和自我批评，研究制定25条整改措施，对症下药，立行立改。加强日常纪律作风督查，累计通报批评60余人次。对7个派出法庭实行指纹签到制度，杜绝法庭“空城”现象。认真落实党风廉政建设党组主体责任，不断强化纪检组的监督责任。坚持落实司法问责制度，对案件存在瑕疵的25名承办人予以司法问责，对1名在办案过程中存在严重错误的法官给予行政记大过处分，并提请县人大常委会免去其副庭长职务，将其调离审判岗位。

认真回应群众诉求。坚持立案窗口便民服务措施，为群众提供法律咨询2000余人次。加强对人民调解工作的指导和支持，指导人民调解组织化解矛盾纠纷120余起。坚持落实班子成员包案、信访督办等制度，开通远程视频接访系统，处理群众来信138件，接待群众来访1526人次，办理信访案件18件。发挥审判监督程序的权利救济功能，审结再审案件7件。加大司法救助力度，为63名困难当事人依法缓减免交诉讼费81.4万元。组织全院干警帮助19名群众解决生产、生活实际困难。组织64名党员干警开展“到社区报到”和“双联共建”活动，派出7两名法官进驻全县72个社区（村）法治工作室，为群众提供零距离的司法服务。开展集市普法宣传21场，发送《便民服务卡》等资料1万余份。

有效提升综合素质。健全班子成员学习制度，规范党组议事决策程序，充分发挥班子的整体效能。坚持班子成员联系法庭工作制度，开展班子成员带头审理疑难复杂案件活动，全年审理案件30件。重视和加强干警教育培训工作，组织全院性业务培训12场次，以组织学习最高法院指导性案例、邀请法学专家进行专题讲座、选派24名法官参加国家法官学院及省高院举办的各类业务培训等形式，有效提高了办案法官的业务素质。坚持每季度对全院工作绩效进行民主测评，评选红旗单位及岗位之星，形成创先争优的良好氛围。优化办公环境，强化文明意识，被评为2014年度“省级文明卫生单位”。

努力提高审判质效。大力推进审判管理规范化、制度化、信息化建设，运用数字法院管理系统，对审判流程各个环节进行精细化管理，对司法绩效各个指标实行严格监管，实现司法统计报表、信息流

程管理系统和案卷零误差对接。强化案件质量“三级评查”工作，定期召开讲评大会公开亮丑，不断增强办案法官的责任意识和执法水平。建立法官办案质量台账和执法档案，将其作为考核奖罚的主要依据，提升了法官的办案热情和工作责任心。

各位代表，2014年是县人民法院审判职能充分发挥、司法环境不断优化、履职保障日渐增强的一年。成绩的取得，是县委坚强领导，县人大及其常委会依法监督，县政府、县政协和社会各界关心支持的结果，在此，我谨代表县人民法院向长期关心、支持法院工作的各位人大代表、政协委员和社会各界人士，表示衷心的感谢！

在肯定成绩的同时，我们也清醒地认识到，法院工作中还存在不少问题和困难。一是少数案件审理过程中效率不高，与人民群众的司法期盼还存在较大差距。二是队伍建设有待进一步加强，对一线办案法官的廉政教育和监督管理有待进一步强化。三是法院适应经济发展新常态，应对司法环境新变化的能力有待进一步提升，对执行难、处访难等司法审判工作中的老难题缺乏根本解决的良方。对以上问题和困难，我们将以更大的决心和勇气，采取更加有效的措施，在各方支持下认真加以解决。

二、2015年工作思路

2015年，我院工作的总体思路是：深入学习贯彻党的十八大和十八届三中、四中全会及中央政法工作会议精神，深入学习贯彻习近平总书记系列重要讲话精神，紧紧围绕“让人民群众在每一个司法案件中都感受到公平正义”的工作目标和县委、县政府的重大决策部署，主动适应形势新变化，忠实履行审判职责，积极推进司法改革，振奋精神，锐意进取，为我县加快推进全面建成小康社会提供坚实的司法保障和服务。

一是进一步抓好执法办案，更加主动地服务社会大局。严惩危害人民群众生命财产安全的“两抢一盗”犯罪、黑恶势力犯罪、毒品犯罪、非法吸收公众存款等犯罪，全力维护社会稳定。严惩贪污贿赂犯罪和渎职犯罪，深入推进反腐败工作。依法审理各类保障和改善民生案件，维护人民群众合法权益。继续坚持调解优先原则，积极化解社会矛盾。妥善审理申请破产、重整、涉众型民间借贷纠纷等案件，为产业升级、经济结构调整提供司法保障。依法审理行政案件，注重保护行政相对人合法权益，促进行政机关依法行政。加强执行工作信息化建设，健全司法网络查控系统，强化对评估拍卖等重点环节的监督，加大对涉农民工工资案件及特困当事人的执行保障力度，确保充分实现当事人胜诉权益。

二是进一步深化司法改革，更加有效地提升司法公信。坚决贯彻党中央司法体制改革精神，在上级法院统一部署下，积极稳妥地推进人民法院司法体制改革，确保法官依法独立公正行使审判权。积极开展巡回开庭、就地办案工作，将庭审活动延伸至村组社区，将矛盾纠纷化解在第一现场，增强能动司法、便民诉讼的社会效果。构建开放、动态、透明、便民的阳光司法机制，继续推进司法公开三大平台建设，办好法院门户网站，举办法院开放日活动，拓宽当事人和社会各界了解法院的渠道，提高司法公信力。

三是进一步提高为民意识，更加认真地抓好队伍建设。巩固党的群众路线教育实践活动成果，扎实改进工作作风，以为民、务实、清廉的良好形象取信于民。把反腐倡廉工作摆上更加突出的位置，着力构建评案与评廉相结合，业务管理与廉政管理相结合，质量问责与廉政问责相结合的审判管理新机制，加大对重点岗位、重点人员和重点环节的监督检查力度，以“零容忍”的态度惩治司法腐败行为，促使法官公正办案，廉洁执法。加强法官正规化、专业化、职业化建设，大力开展全员培训、岗位练兵、专题研讨，不断优化法官知识结构，提升法官队伍整体素质。

四是进一步健全约束机制，更加自觉地接受监督。旗帜鲜明地坚持党的领导，法院重大工作部署和重要活动及时向县委请示汇报，在县委领导下切实履行好工作职责。认真贯彻县人大及其常委会的决议，积极主动地向县人大常委会报告工作。全面加强与人大代表、政协委员的联络工作，虚心听取人大代表、政协委员对法院工作的意见和建议，积极办理代表建议和委员提案，切实解决代表、委员关注的热点、难点问题。主动邀请人大代表、政协委员旁听庭审、参与执行。完善人民陪审员制度，进一步发挥人民陪审员作用。强化“监督就是关爱，监督就是支持”的理念，自觉接受各界监督，不断加强和改进法院工作。

各位代表，新形势、新任务对法院工作提出了新的更高的要求。新的一年里，我们将在县委的正确领导下，在县人大及其常委会的有力监督下，在代表们的监督、支持和帮助下，牢记使命，忠实履职，攻坚克难，开拓创新，为湘潭县经济发展和社会稳定做出新贡献。

关于湘潭县2014年国民经济和社会发展计划执行情况与2015年计划（草案）的报告

——在湘潭县第十五届人民代表大会第三次会议上

县发展和改革局局长　易继辉

（2015年2月9日）

各位代表：

受县人民政府委托，我就2014年国民经济和社会发展计划执行情况与2015年计划草案向大会书面报告如下，请予审查，并请列席会议的同志提出意见。

一、2014年国民经济和社会发展计划执行情况

2014年，面对经济下行压力持续加大、经济社会发展步入新常态的形势，在县委的正确领导下，在县人大、政协的监督支持下，全县上下以深入开展党的群众路线教育实践活动为契机，紧扣建设“现代壮县、幸福莲乡”主题，继续落实“强工壮县、惠农富民”系列举措，全县经济社会保持平稳健康发展态势。全年实现地区生产总值（GDP）286.8亿元，增长11.6%

(同比，下同)；财政总收入22.4亿元，增长11.8%；固定资产投资166.3亿元，增长23.5%；社会消费品零售总额64.8亿元，增长14%；城镇居民人均可支配收入、农民人均纯收入分别达2.57万元、1.33万元，分别增长9%、11.4%。

1.三农基础不断夯实。认真办好了县级万亩高产和19个乡镇千亩高产创建示范点，完成粮食种植面积159.7万亩，粮食总产量达74万吨。投入600余万元，加快建设标准化养殖小区（场）21个，全年出栏生猪221万头。全县市级以上农业产业化龙头企业达到47家，完成农业产业化产值195亿元。投入水利建设资金2.26亿元，完成各类水利工程1.13万处；大力修缮城区防汛管网体系，为有效应对强降雨、保护人民生命财产安全提供了坚实保障。农技服务、新农村建设、农村环境综合整治等工作在巩固去年成果的基础上，均取得了新的成效。

2.工业经济稳步提质。针对全县实体经济发展面临的困境，县政府及时出台了《关于稳增长促发展的九条意见》，在引进金融机构、增加贷款发放、精简审批项目、规范涉企行为等方面为企业“牵线搭桥、减负松绑”，今年新增规模企业15家，全县规模工业企业总数达208家；完成规模工业总产值427.6亿元，增长17.3%；继续保持全市领先水平。以“一区多园”模式作为推动“强工壮县”的重要举措和有益探索，成功设立天易示范区杨河中小企业、青山皮鞋、茶恩竹木三个乡镇工业园，先后引进入园企业13家。三个乡镇工业园分别完成规模工业总产值18.2亿元、7.8亿元、5.0亿元，增速均超过全县工业发展平均水平，“一区多园”发展模式取得积极成效。

3.第三产业亮点纷呈。银杏北路核心商圈建设步伐进一步加快，全县首个城市综合体项目同丰·中央广场建成投入使用。成功争取全省首批“百城千镇县乡流通再造试点县”；完成投资1100万元，5个乡镇农贸市场建设和提质改造稳步推进；“特色中国·湖南馆·湘潭县馆”电子商务平台正式上线；完成玉兰路、雪松北路提质改造等22个城市基础设施项目；污水处理厂二期已投入试运行；一笑堂、古汉堂药厂搬迁和市民广场建设稳步推进，城区净化、绿化、亮化实现提质提档，县城面貌明显改观；完成小城镇建设投入近亿元，分水、中路铺、花石、石鼓等乡镇城镇化进程不断加快，全县城镇化率达到37.5%；加快“旅游强县”创建步伐，全年接待游客700万人次，实现旅游综合收入48亿元。

4.园区建设加快提效。全面启动创建国家级经开区工作，天易示范区获评中国湘商十大最具投资价值经济园区，综合实力位居省级以上产业园区领先地位。天易示范区主要指标继续保持高位增长。完成技工贸总收入485亿元，增长25.1%；完成财税收入13.5亿元，增长16.4%。先进装备制造、食品、新材料三大主导产业产值占全县规模工业总产值的60%以上，产业集群效应进一步凸显。完成基础设施项目投资50.7亿元，芙蓉大道二期、武广大道、大鹏西路、滨江风光带等项目稳步推进；完成重大产业项目12个，珠江啤酒、伍子醉三期等项目即将建成投产。

5.项目建设扎实推进。推行项目建设“三个一”工作机制和干部跟班协调服务机制，全县推进项目建设的氛围日益浓厚。建设重点工程项目86个，完成投资122亿元，投资总量和增速稳居全市第一。积极开展争资引项，争取到位国省预算内资金1.5亿元；引进项目48个，实现到位内资36.2亿元。中医院住院综合大楼、天易生态水厂等一批重大民生项目进展顺利。

6.社会事业持续进步。34项省市实事工程全面完成建设任务。高考各项评价指标连续十六年蝉联全市第一，全面完成44所合格学校和3所公办幼儿园建设，天易金霞小学建成投入使用；“欢乐潇湘·幸福湘潭·莲乡大舞台”群众文艺活动继续深入开展。城乡医疗救助体系不断健全，城乡低保、农村“五保”实现新提升。安全生产、综治维稳等各项工作有条不紊地开展，为全县经济发展创造良好社会环境。

各位代表，2014年虽然全县经济社会发展总体态势良好，但也存在一些困难和问题：一是企业运行难，企业开工不足，金融风险加大，上下游需求萎缩，企业融资难、成本高；二是农民持续增收难度加大，农业产业集聚度不高，经济结构需要进一步调整；三是财政收支压力大，受结构性减税等因素影响，收支矛盾突出，保民生、惠民生、改民生压力大；四是受经济周期的影响，县内外经济增长明显放缓，我县规模工业增加值、固定资产投资、社会消费品零售总额、财政总收入、城乡居民收入同比增速等指标完成压力大；五是影响社会和谐稳定的因素仍然较多，社会管理工作有待进一步加强。

二、2015年国民经济和社会发展目标

2015年，是“十二五”规划的收官之年，也是全面深化改革的关键之年。经济进入新常态对我们提出了新的发展要求，国家积极实施新型城镇化战略和扩内需稳增长惠民生政策、长株潭地区“两型社会”建设进入关键阶段，为我们提供新的发展机遇，客观分析县域经济社会发展环境，2015年我们的主要预期目标是：

——地区生产总值（GDP）增长9%以上，达到 315亿元；

——规模工业增加值增长13%以上，达到148亿元；

——财政总收入增长9%以上，达到24.4亿元；

——全社会固定资产投资增长20%以上，达到200亿元；

——社会消费品零售总额13%以上，达到73亿元；

——城镇居民人均可支配收入、农民人均纯收入分别增长11%、12%以上，分别达到2.85万元、1.49万元。

三、实现2015年国民经济和社会发展目标的主要措施

2015年我县的经济社会发展工作，将深入贯彻落实党的十八大和十八届三中、四中全会精神，以建设全面小康经济强县为目标，坚持稳中求进、改革创新，推动全县经

济社会转型发展、创新发展、统筹发展、可持续发展。具体举措是：

1.以“一区多园”为核心，切实加快强工步伐。突出天易示范区“强工壮县”主战场作用，加快国家级经开区创建工作；全力抓好招商引资，着力推进项目建设，努力保障要素供给，力争示范区融资到位30亿元以上，报批、供应土地1500亩以上，各项主要指标增长20%以上。发挥“一区多园”政策优势，因地制宜发展乡镇工业，高标准建设天易示范区三个乡镇工业园，力争“一区多园”规模工业总产值占全县70%以上。

2.以企业帮扶为要务，切实壮大实体经济。认真贯彻落实《关于稳增长促发展的九条意见》，切实帮扶企业发展，在企业做大规模、扩大有效投入、推进科技创新、加强品牌建设等方面给予大力支持。切实加强企业服务，帮助企业解决生产经营过程中的热点难点问题，进一步提振企业信心，支持实体经济做大做强，力争全年完成规模工业总产值480亿元以上，新增规模企业12家以上。

3.以农业增收为目标，切实加快惠农进程。认真抓好粮食生产、生猪生产，做好农技服务、防汛抗旱、农业保险、粮食收购等工作，确保农业稳产高产。认真抓好农业产业化，积极培育农民合作社、家庭农场、专业大户等新型农业经营主体，推进土地流转，力争全年实现农业产业化产值220亿元以上。认真抓好新农村建设，重点推进农村水利、道路、电力、能源等基础设施建设。

4.以项目建设为抓手，切实增强发展动力。严格执行项目建设“一把手”工作责任机制、“三个一”工作机制、干部跟班协调和行政许可责任单位全程代理工作机制，为项目建设提供优质服务。认真抓好突出问题的交办督办，重拳维护项目建设环境，力争完成80个以上重点工程项目年度建设任务，完成投资100亿元以上。认真研究国家投资导向和产业政策，积极储备、包装、申报一批重大产业项目，争取更多项目进入国家和省、市“笼子”，全年争取上级投资1.2亿元以上。进一步完善招商引资绩效评估体系，全面规范招商引资工作，着力引进一批优质产业项目，力争全年实现招商引资到位资金40亿元以上。

5.以改革创新为突破，切实增强发展活力。积极探索省直管县体制改革试点，凝聚共识、统筹推进，逐步建立事权、财权、行政权三统一的省直管县管理体制；全面深化行政体制、经济体制、城乡体制、社会事业、两型建设、社会管理等六大领域改革创新，坚决破除体制机制弊端，着力转变政府职能，提高行政效能，推动经济转型升级，统筹城乡协调发展，完善公共服务体系，推进生态文明机制建设，建设法治平安莲乡。进一步增强县域经济社会发展活力，加快城乡统筹一体化步伐，努力构建充满活力、富有效率、更加开放、更有利于科学发展的体制机制，为加快推进富民强县提供有力保障。

6.以改善民生为根本，切实发展社会事业。加快寄宿制中学校舍改造工程项目建设，充分发挥县域基础教育和职业教育优势，加快教育资源的合理布局和结构调整。积极实施基层卫生服务体系项目建设，加快改善我县卫生医疗条件；继续提高农村新型合作医疗制度的参合率，进一步完善覆盖全县城乡的公共医疗卫生体系。加快农民劳动力就业培训项目建设，加强对农民的组织引导和技能培训，充分发挥劳动力市场和劳务输出组织机构的作用，提高农民的就业能力，不断拓宽增收渠道；同时，进一步拓宽劳务输出渠道，千方百计为返乡农民工和下岗失业人员创造就业机会和岗位。进一步健全和完善社会保障体系，不断完善失业保险制度和城镇居民最低生活保障制度，积极发展社会救济、社会福利、优抚安置等社会保障事业。继续加大财政对民生事业的投入，深入推进“民生保障大提升”工程，着力解决群众最关注、最迫切的突出问题。以创建“全省平安县”为目标，加强社会管理综合治理，规范信访秩序，及时化解矛盾纠纷，抓实抓牢安全生产，健全社会治安综合防控体系，确保公众安全感和群众满意度。

各位代表：做好2015年的经济社会发展各项工作，任务艰巨，责任重大。让我们在县委的坚强领导下，以中央经济工作和农村工作会议精神为指针，坚定信心，团结一致，认真谋划，扎实工作，为圆满完成本次会议确定的各项任务，早日实现富民强县的“莲乡梦”而努力奋斗！

关于湘潭县2014年财政预算执行情况和2015年财政预算（草案）的报告

——在湘潭县第十五届人民代表大会第三次会议上

县财政局局长　胡自庚

（2015年2月9日）

各位代表：

我受县人民政府委托，向大会报告2014年财政预算执行情况和2015年财政预算安排（草案），请予以审查，并请列席的同志提出意见。

一、2014年全县财政预算执行情况

2014年，面对严峻复杂的宏观经济形势，全县上下团结一心，奋力拼搏，努力推进县域经济社会发展稳中有进，稳中提质，预算执行情况总体良好。

（一）一般公共预算执行情况

1.预算收入情况。2014年，全县完成财政总收入22.4亿元，比上年增加2.4亿元，增长11.81%。其中，一般公共预算收入16.54亿元，完成预算的102.8%，比上年增加0.72亿元，增长12.95%。

2.预算支出情况。2014年，一般公共预算支出38.5亿元，完成预算的100%，比上年增加3.44亿元，增长9.8%。

3.财力平衡情况。2014年，一般公共预算收入加上上级补助和上年结余结转，可安排使用的收入总量为39.8亿元；一般公共预算支出加上上解支出、结转下年等，支出总计39.8亿元，全年收支平衡。

（二）政府性基金预算执行情

况

2014年，县本级完成政府性基金收入2.23亿元，支出2.23亿元，全年收支平衡。

（二）国有资本经营预算执行情况

2014年，县本级完成国有资本经营收入0.04亿元，支出未作安排，全部调入公共预算平衡财政。

（三）社会保险基金预算执行情况

2014年，县本级完成社会保险基金收入 11.13亿元，支出11.12亿元，当年结余0.01亿元。

以上具体收支决算数待省财政厅决算批复后，再报送县人大常委会审查。

（五）财政工作主要特点

1.坚持统筹导向，创新思路聚财。一是强化收入征管。充分挖掘新兴税源和征管薄弱环节增收潜力，积极开展税收进度协调，提高组织收入工作的主动性和针对性。同时，进一步加强行政事业性收费收入、国土收入等重点非税收入的征管工作。2014年，全县完成两税收入12.7亿元，完成非税收入9.7亿元。二是争取上级支持。抓住中央实施积极的财政政策和深化财税体制改革的良好机遇，认真研究上级支持科学发展、转型发展的政策导向和公共财政的支出方向，加强同县直各部门的协调沟通，积极同上级财政部门对接，努力争取上级在转移支付、专项补助、重大项目等方面的支持，全年共计争取上级转移支付和专项补助资金23亿元以上。三是盘活国有资产。通过规范资产处置行为、加强经营性资产管理、建设国有资产管理平台等一系列举措，积极整合资源、盘活资产，努力变资源为财源。

2.坚持质量导向，做强产业生财。一是支持园区发展。加大对天易示范区的投入，充分发挥天易示范区的集聚效应，发展壮大园区经济。2014年，天易示范区完成财税总收入13.5亿元。二是支持特色产业。在上海农商银行设立1200万元中小微企业信用担保基金，授信额度达1.2亿元，为特色产业企业及农民合作社提供信用贷款及相关金融服务。同时，深化银政企合作，上海农商行开发湘莲贷、鑫通融联保贷款等符合特色产业发展的金融产品，全年引导和带动社会资本30亿元投入特色产业。三是支持乡镇工业。整合新型工业化引导资金中800万元和战略性新兴产业科技支撑行动资金中200万元用于乡镇工业园发展。同时，全额返还乡镇土地收益支持小城镇建设和乡镇园区建设。

3.坚持民生导向，精打细算用财。一是加大民生投入。2014年，全县各类民生支出达26亿元，比上年增长10%以上，占财政总支出67%以上，农业、教育、医疗卫生、社保等民生领域得到优先保障。二是科学整合资金。进一步规范资金分配审批程序，压缩资金分配自由裁量权，重点加大对民生领域专项资金的整合力度。2014年，整合财政资金近7000万元，有效推进文化、水利、农村基础设施等方面的建设。三是落实惠农政策。积极推动涉农项目和资金向合作社、大户倾斜，争取中央财政1000万支持农业生产全程社会化服务组织。累计筹措村级公益事业建设一事一议财政奖补资金9701万元，实施奖补项目567个。通过“一卡通”发放各项惠农补贴50项，发放金额3亿元。

4.坚持绩效导向，依法科学理财。一是规范预算管理。按照“财权和事权相匹配”的原则，进一步完善县乡财政管理体制，加大对乡镇工资、运转和民生方面的投入。2014年，部门预算编制实现全口径预算编制，并选取24家单位推行部门预决算及“三公”经费预决算公开工作。为积极化解政府性债务，2014年年初预算设立偿债准备金1亿元，专项用于偿还即将到期的政府性债务。二是注重绩效管理。按时间节点抓好对2014年60个财政支出项目的预算绩效管理工作和2013年45个财政支出项目的绩效评价工作。建立绩效运行跟踪监控机制，定期采集绩效运行信息，对绩效目标运行情况进行跟踪管理。三是加强支出管理。2014年，部门预算编制坚持厉行节约，压缩经费开支，减少专项项目，“三公”经费在2013年决算数的基础上压减27.8%。同时，规范专项资金管理，重点加强对涉农、民生资金的监管，实行专户管理、专账核算、封闭运行、专款专用。

总的来看，2014年预算执行情况总体良好，各项财政工作取得新进展。同时，财政发展也面临了新问题，财政运行进入了新常态：一是财政收入步入中低速增长新区间，尽管经济长期向好的趋势不会改变，但受制于产业结构中的一些长期性、结构性矛盾，在当前大调整、大转型的背景下，财政收入稳中趋缓将呈常态化；二是财政支出面临不断攀升新难题，经济社会发展对基础建设的要求和群众对民生投入的期望不断提高，预计近几年中央和省市在稳增长、惠民生、推改革等方面还有可能出台新的增支政策，支出需求还会继续攀升；三是财政管理面临社会广泛关注新要求，随着社会民主意识、法治意识的不断提升，公众对财政工作知情权、参与权和监督权的诉求越来越强烈，加强财政管理，呼应社会关注的要求将不断提高。这些新问题和新形势事关全县经济社会发展大局，我们将高度重视，通过深化改革、加强监管来积极应对并逐步加以解决。

二、2015年财政预算安排（草案）

2015年是实施新预算法的第一年。按照新预算法要求，预算编制遵循“统筹兼顾、勤俭节约、量力而行、讲求绩效和收支平衡”的原则进行。

（一）一般公共预算（草案）安排情况

2015年，财政总收入预期增长目标定为9%以上。

据此，预计全县财政总收入24.4亿元，其中一般公共预算收入17.98亿元，加上上级补助22亿元和地方政府债券收入0.7亿元，可安排使用收入总计40.68亿元。根据预算法“可以设置预算稳定调节基金”的规定，2015年，我县将设置稳定调节基金1亿元，用于弥补以后年度预算资金不足或本年度执行中出现的短收。计提稳定调节基金后，可安排使用收入总计39.68亿元。

2015年，将安排一般公共预算支出22.58亿元（含乡镇、村级经费保障支出），加上上级专项支出15.78亿元、债券还本0.37亿元和上解上级支出0.95亿元，支出总计39.68亿元，当年收支平衡。

一般公共预算支出安排如下：一般公共服务支出5.4亿元，国防支出0.07亿元，公共安全支出1.7亿元，教育支出6.78亿元，科学技术支出0.5亿元，文化体育与传媒支出0.36亿元，社会保障和就业支出6.8亿元，医疗卫生支出4.56亿元，节能环保支出0.5亿元，城乡社区事务支出0.86亿元，农林水事务支出7亿元，交通运输支出1.6亿元，资源勘探电力信息等事务支出0.25亿元，商业服务业等事物支出0.43亿元，金融监管等事务支出0.01亿元，国土资源气象等事务支出0.4亿元，住房保障支出0.25亿元，粮油物资储备事务支出0.18亿元，债务付息支出0.08亿元，其他支出0.03亿元，预备费0.6亿元。

以上支出安排数包括上级转移支付，共计38.36亿元。

（二）政府性基金预算（草案）安排情况

根据《财政部关于完善政府预算体系有关问题的通知》（财预〔2014〕368号）文件精神，从2015年起我县将地方教育费附加、残疾人就业保障金、地方水利建设基金、育林基金、森林植被恢复费等7项列入一般公共预算收支。剔除以上基金后，2015年实际纳入县本级基金预算编制范围的基金项目为7项（含土地出让收入中计提的1个专项），基金收入预算为1.44亿元，安排基金支出预算为1.44亿元，当年收支平衡。

（三）国有资本经营预算（草案）安排情况

国有资本经营预算按照收支平衡的原则编制，不列赤字，并安排资金调入一般公共预算。2015年，我县纳入国有资本经营预算的单位有3家，国有资本经营收入预算为0.05亿元，安排国有资本经营支出预算为0.01亿元，调出资金0.04亿元到一般公共预算。

（四）社会保险基金预算（草案）安排情况

2015年，纳入社会保险基金预算编制范围的基金项目为6项，社会保险基金收入预算为7.53亿元，安排社会保险基金支出预算为6.89亿元，当年结余0.64亿元。

三、2015年全县财政工作的基本思路和主要举措

根据县委的工作部署，2015年全县财政工作的指导思想和基本思路是：全面贯彻中央、省、市各项决策部署，主动适应经济发展新常态，充分发挥财政职能作用，以提高经济增长质量为中心，继续实施积极的财政政策，全力支持经济稳中求进转型升级；以深化财税体制改革为引领，贯彻落实依法理财的要求，着力提升财政现代化管理水平；以落实增收节支为重点，精心组织财政收入，调整优化支出结构，提高财政资金使用绩效，努力推动全县经济社会事业科学持续发展。

按照上述指导思想和基本思路，2015年财政部门将重点抓好以下几个方面的工作：

（一）改进调控方式，助推转型升级

一是调整支持发展思路。深入贯彻落实县政府出台的《关于稳增长促发展的九条意见》、《关于减轻企业负担优化经济发展环境有关事项的通知》等政策文件精神，从提供金融支持、减轻企业负担、提升审批效率、加快项目建设、落实财政投入等方面进一步加大对实体经济的帮扶力度。二是转变财政投入方式。财政投入由直接补贴和无偿补助为主，逐步向补贴、以奖代投、股权投资、中小企业贷款担保等多种扶持方式并重转变。三是优化经济发展环境。着力清理规范财税优惠政策，治理影响公平竞争的税收返还、税收减免缓交、低价供地等行为，充分发挥市场机制作用，确保市场主体公平有序开展竞争。

（二）落实增收节支，增强保障能力

一是科学研判形势。重点聚焦税制改革、转移支付改革、价格机制改革、事权与支出责任划分改革、优化县级基本财力保障机制等重大改革，积极做好政策的收集、整理、分析工作，准确预判形势，做好政策对接。二是精心组织收入。完善税收保障办法，加强与税务部门衔接，促进依法征税、应收尽收，继续清理规范行政事业性收费和政府性基金的执收缴库，着力提高财政收入质量。同时，进一步加强国有资产管理，促进资产合理配置和有效营运。三是是优化支出结构。坚持“人员支出按政策、公用支出按标准、项目支出按财力、其他支出按实际”的原则，严格控制建设、行政、“三公”、项目等方面的支出，适当调整财政保障范围，循序渐进地保障和改善民生，量力而为地推动建设和发展。

（三）深化财税改革，创新理财方式

一是完善预算管理体系。切实落实全口径预算管理，在2014年试编社会保险基金预算、国有资本经营预算和政府性基金预算的基础上，尝试将政府采购预算纳入预算编制体系，努力创造条件将债务预算纳入全口径预算管理。全面启动预算公开工作，除涉密部门外，所有县直单位均要公开部门预算和“三公”经费预算，并按照预算决算相衔接的原则，在第二年开始公开上年已公开各项预算的决算情况。二是推进绩效管理改革。推动预算绩效管理工作全覆盖，并将绩效评价结果作为年度预算安排和专项资金分配的重要依据，优先考虑或重点支持绩效评价结果较好的项目，减少绩效评价结果差的项目资金安排，取消无绩效或低绩效项目。三是防范政府债务风险。进一步加大对项目的调控和统筹力度，对政府性债务严格实行限额管理，加快建立风险预警机制。妥善安排好在建项目资金需求，加快建立政府债务偿债准备金制度。大力推动PPP项目建设，在政府公共投资领域积极运用PPP融资模式。

（四）推进依法理财，促进规范管理

一是规范专项资金管理。进一步集中和整合各类专项资金，加大对全县涉农项目、工业发展等的投入力度。完善专项资金管理机制，加快建立和完善专项资金项目库建设。专项资金的使用实行“先定办法，后分资金”，各个项目先制定专项资金分配使用办法，通过审核

后才能分配资金。二是强化内部监督管控。按照新预算法要求，依法自觉接受同级人大、政协的监督，上级财政部门的层级监督，审计的专门监督和社会的监督。同时，加强内控内审制度建设，结合权力清单工作，完善科学规范、职责明确、相互制约、运转有序的工作机制，防控政策制定、资金分配等环节的法律风险。三是加大财政执法力度。以《预算法》《会计法》《财政违法行为处罚处分条例》等法律法规为依据，坚持日常监管与专项检查齐头并进，充分发挥财政监督在法治财政中的免疫功能。重点加大对涉农资金、民生项目、“三公”消费等方面的监督检查，发现问题，严格依法依规处理。

各位代表，做好今年的财政工作，任务艰巨、责任重大，我们将在县委、县政府的坚强领导下，在县人大、县政协的监督指导下，攻坚克难，求真务实，开拓进取，努力完成本次会议确定的各项目标任务。

文件目录

中共湘潭县委重要文件目录

1.潭县发〔2014〕4号，《关于加快推进全面建成小康社会的决定》；

2.潭县发〔2014〕8号，《关于加快乡镇工业园发展的实施意见》；

3.潭县发〔2014〕9号，关于印发《重大事项请示报告规定》的通知；

4.潭县发〔2014〕12号，《关于实行党政正职“三个不直接分管”和“末位表态”制度的通知》；

5.潭县发〔2014〕15号，《关于全面深化改革的实施意见》；

6.潭县发〔2014〕16号，《关于加快发展村级集体经济的实施意见》。

湘潭县人民政府重要文件目录

1.潭县政发〔2014〕1号，《湘潭县关于全面推进预算绩效管理的实施意见》；

2.潭县政发〔2014〕3号，《关于印发湘潭县进一步严格控制并规范党政机关和行政事业单位基本建设管理暂行规定的通知》；

3.潭县政发〔2014〕5号，《关于稳增长促发展的九条意见》；

4.潭县政发〔2014〕7号，《关于进一步加强和改进最低生活保障工作的实施意见》；

5.潭县政发〔2014〕10号，《关于进一步规范集中办理行政审批及服务事项的通知》；

6.潭县政发〔2014〕11号，《关于加强道路交通安全工作的实施意见》；

7.潭县政发〔2014〕12号，《关于建立统一的城乡居民基本养老保险制度的实施意见》。

中共湘潭县委办公室重要文件目录

1.潭县办发〔2014〕9号，关于印发《湘潭县公务消费管理暂行办法》的通知；

2.潭县办发〔2014〕12号，《关于建立县级领导和县直单位联系乡镇责任机制的通知》；

3.潭县办发〔2014〕15号，关于印发《湘潭县党政领导后备干部工作实施办法》的通知；

4.潭县办发〔2014〕17号，关于印发《湘潭县道德模范评选表彰办法》的通知；

5.潭县办发〔2014〕18号，关于印发《湘潭县县级议事协调机构管理办法》的通知；

6.潭县办发〔2014〕19号，《关于进一步改进文风会风的意见》；

7.潭县办发〔2014〕20号，关于印发《湘潭县科级领导班子和领导干部绩效考核办法》的通知；

8.潭县办发〔2014〕21号，关于印发《中国共产党湘潭县代表大会代表联系党员和群众暂行办法》的通知；

9.潭县办发〔2014〕22号，关于印发《湘潭县党政机关国内公务接待管理办法》的通知；

10.潭县办发〔2014〕23号，关于印发《关于完善党员干部直接联系群众制度的实施意见》的通知；

11.潭县办发〔2014〕24号，关于印发《湘潭县加强突发事件信息报送和应急处置工作若干规定》的通知；

12.潭县办发〔2014〕25号，关于印发《湘潭县落实〈党委（党组）贯彻执行民主集中制的基本规则（试行）〉实施办法》的通知；

13.潭县办发〔2014〕26号，关于印发《2014—2020年湘潭县加强基层服务型党组织建设实施方案》的通知；

14.潭县办发〔2014〕27号，关于印发《湘潭县舆情应急管理工作实施办法》的通知；

15.潭县办发〔2014〕28号，关于印发《湘潭县党政领导干部安全生产“党政同责、一岗双责”暂行规定》的通知。

湘潭县人民政府办公室重要文件目录

1.潭县政办函〔2014〕17号，关于印发《湘潭县2014年重大动物疫病强制免疫计划实施方案》的通知；

2.潭县政办发〔2014〕4号，关于印发《湘潭县2014年地质灾害防治预案》的通知；

3.潭县政办函〔2014〕26号，关于印发《湘潭县党政机关停止新建楼堂馆所工作实施方案》的通知；

4.潭县政办函〔2014〕39号，关于印发《2014年度依法行政工作要点》和《2014年度依法行政考核方案》的通知；

5.潭县政办发〔2014〕7号，关于印发《湘潭县发放种粮补贴实施办法》的通知；

6.潭县政办发〔2014〕14号，关于印发《湘潭县湘江污染防治第一个“三年行动计划”实施方案》和《湘潭县大气污染防治行动计划实施方案》的通知；

7.潭县政办函〔2014〕50号，关于印发《湘潭县深入开展贯彻执行中央“八项规定”严肃财经纪律和“小金库”专项治理工作方案》的通知；

8.潭县政办发〔2014〕20号，关于印发《关于促进房地产市场平稳健康发展的若干意见》；

9.潭县政办发〔2014〕22号，关于印发《湘潭县绿色建筑实施办法》的通知。

（责任编校　杨红艳）

索 引

说 明

一、本索引采用分析索引方法，按索引条目第一字汉语拼音(同音字按声调)顺序排列。第一字相同，按第二字音序排列，依次类推。

二、部类用蓝体字标明。标引调后的阿拉伯数字表示内容所在页码，

数字首

A

B

Y

Z